LES SEPT LIVRES
de Flauius Iosephus de la guerre
ET CAPTIVITE' DES IVIFZ, TRADVITZ
DE GREC, ET MIS EN FRANCOYS PAR N. DE HER-
beray Seigneur des Essars & commissaire
ordinaire de l'artillerie
du Roy.

Acuerdo Oluido

Auec priuilege du Roy.

A' PARIS.
Pour Iean Longis, libraire tenant sa boutique au Palais, en la gallerie,
par ou lon va à la Chancellerie
1 5 5 3.

Il est deffendu par lettres paten-

tes du Roy nostre sire, à tous Imprimeurs, Libraires, & autres marchans, d'imprimer en ce Royaume, ou exposer en vente les sept liures de Flauius Iosephus de la guerre des Iuifz, dedans dix ans, à conter du iour qu'ilz serôt acheuez d'imprimer sur les peines contenuës ausdites lettres sur ce depeschées, signées par le Roy, le seigneur de Sedan mareschal de France present, & seellées sur simple queuë de cire iaune: si n'est par ceux qui par cy deuant ont fait imprimer les liures d'Amadis, & ce par la permission du Seigneur des Essars N. de Herberay, qui les a traduitz & eu charge du Roy de les faire imprimer : comme plus àplain apert es lettres du priuilege sur ce donné à Paris le dernier iour de Septembre, mil cinq cens cinquante & vn.

Acheué d'imprimer le 1 2 *de Iuillet.* 1 5 5 3 .

Le Seigneur des Essars Nicolas

DE HERBERAY COMMISSAIRE
ORDINAIRE DE L'ARTILLERIE
du Roy.

Aux Lecteurs.

Yant perdu la chose de ce monde que plus i'aymois & estimois, & recouuré a ceste ocasion vne si grande tristesse, que tombant en maladie, force m'a esté garder la chambre & le lit vn an & plus . Durant lequel, melancolie m'a tellement acompagné, que (eslongnant de moy tout ce qui me pouuoit aporter contentement) me suis trouué maintesfois sur le poinct de rendre l'ame : ce que indubitablement me fust auenu, sans le grand plaisir que i'ay prins a bien gouuerner & entretenir, & mes pasfions & la mesme melencolie, cognoissant par ce moyen, mes espritz si fort allegez, que lors que ma fin se deuoit presenter plus librement, moins la sentois aprocher de moy, augmétant neátmoins ma douleur, & mourant d'heure à autre pour nepouuoir mourir, qui a certes tát estrágé & alteré mon acoustumée façon de viure, que ie n'ay a present plaisir que par desplaisir, ny ioye que par tristesse & solitude, car encores qu'on les tienne pour mortelz ennemys de la vie, si me semble il impossible durer sans eux, me conseruant, par leur moyen, tout ainsi que la Salamádre auec le feu. Pour raison dequoy i'ay renuoyé aux Essars Florisel de Niquée, fitz d'Amadis, croistre & s'esbatre, & prins en main Iosephus, lequel m'a amplement recité le malheur qui auint aux Iuifz durant leurs guerres & dissentions, histoire propre au mal & douleur qui m'est domestique, veu que tout son discours ne parle que de chose funebre & lamentable, toutesfois beau & digne d'estre entendu, qui m'a esté le seul moyen de le mettre par escrit en nostre vulgaire Françoys. Ce que ie n'eusse iamais entrepris sans l'ayde que i'ay receu de quelques vns mes amys qui m'ont tellement secouru du Grec, que i'espere rendre l'histoire plus intelligible en nostre langue qu'elle ne fut onques en la Latine, ayant Ruffinus (comme ie pense, la traduisant d'iceluy Grec) esté si peu curieux a sa traduction, qu'en beaucoup d'endroitz se trouue tant obscur, qu'il le faudroit à toutes heures reueilller à fin de rendre raison de son dire. Et pour encores moins illustrer l'intention de Iosephus, vn (dont i'ygnore le nom) l'a mis en nostre vulgaire si mal digeré que veritablement il n'y a, en beaucoup de passages, aucun propos intelligible, ains tant s'en faut qu'il l'ayt reduit, & proprement translaté ny d'iceluy Grec ny du Latin, qu'il s'en pouuoit bien taire lors

ã ij　　　　qu'il

EPISTRE.

qu'il commença d'en parler, non que partant ie vüeille dóner blafme ny a l'vn ny à l'autre, eftimant telles fautes auenuës par la negligence des Imprimeurs ou des premiers qui en prindrent les copies. Ce qui doit aucunement excufer ceux qui par leur diligence vous ont fait part de l'intention de Iofephus: fpecialemét en ce qu'il defcrit la bataille des Iuifz, Hiftoire autant veritable qu'autre qui fe trouue apres les efcritures faintes & canoniques, pour le commencement de laquelle le Prologue vous declarera tout le contenu des fept liures parlans de cefte matiere, comme de chofe auenuë par la prouidence diuine, & punition de fi mefchant & malheureux peuple qu'eftoiét les Hebrieux de ce temps là.

Acuerdo Oluido.

FRANCOYS DE VERNASSAL QVERCInois, aux Lecteurs de Iofephe traduit par le Seigneur des Effars.

> Les Grecziadis en leur fiecle doré
> Se reputoient heureux & fortunez
> De voir en l'art d'eloquence adonnez
> Plufieurs des leurs qui l'ont moult decoré:
> Tel exercice apres fut reueré
> Par les Romains, à celà fi bien nez,
> Que maulgré tous enuieux mutinez
> Encor' en eft leur pays honoré.
> Or font les tiers les François maintenant,
> Qui vont ceft art tant bien entre tenant,
> Que Grece & Rome à France cederont:
> Entre lefquelz des Effars le beau ftille
> Et liayfon elegante & facile,
> L'honneur François immortaliferont.

> Auec le temps.

Cy commence la Table des sept

LIVRES DE F. IOSEPHVS DE LA guerre & captiuité des Iuitz.

Et Premierement.

Prologue. *Fueillet Premier.*

De la prinse & destruction de Ierusalem, par Antiochus. Chapitre Premier. *Fueillet iii.*

Des Princes qui successinement ont esté depuis Ionathas iusques à Aristobulus. chap. ii. fueillet. iiij.

Des fortunes & ce que firent en ce temps Aristobulus, Antigonus, Iudas, Esseus, Alexandre, Theodore, & Demetrius. ch. iii. fu.vi.

De la guerre d'Alexandre contre Antiochus, & Areta, Alexandra Royne, & & Hircanus. chapitre. iiii. fueillet ix.

De la guerre d'Hircanus auec les Arabes contre Aristobulus, & de la prinse de Hierusalem. chapit. v. fueillet xi.

De la guerre d'Alexandre filz d'Aristobulus contre Hircanus, & Gabinius. Chapitre vi. *fueillet xiii.*

De la mort d'Aristobulus & Alexandre son filz. Et de la guerre d'Antipater & Mitridates contre les Egiptiens. chap. vii. fueillet xvi.

Des accusations & charges que lon mist sur Antipater enuers Cesar, & de la guerre que fit Herodes. chapitre viii. fueillet xvii.

De la dissention des Romains apres la mort de Cesar, & comme Antipater fut empoisonné par Malichus. chap. ix. fueillet xix.

Comme Herodes fut acusé par les Iuifz enuers Marc Antoine, & de la vengeance qu'il en print depuis. chapitre x. fueillet xxi.

De la guerre des Parthes contre les Iuifz, de la fuyte d'Herodes, & de ce qui en auint. chapitre. xi. fueillet xxii.

De la guerre d'Herodes retournant de Rome pour le recouurement de Ierusalem & contre les brigans. chapitre xii. fueil. xxv.

De la mort de Ioseph frere d'Herodes, du siege que mit iceluy Herodes deuant Ierusalem, & de la mort d'Antigonus. chap. xiii. fueil. xxviii.

De l'embusche que mit Cleopatra pour tuer Herodes, de la bataille qu'il donna contre les Arabes, & d'vn grand tremblement de terre auenu par la Iudée. chapitre xiiii. *fueillet xxxii.*

Comme Herodes fut declaré Roy par toute la Iudée. chap. xv. fueil. xxxiiii.

De plusieurs villes construites par Herodes, & d'autres places qu'il restitua & remist de ruyne en tressumptueux edifices. chap. xvi. fueil. xxxvi.

De la diuision qu'eut Herodes auec Alexandre & Aristobulus ses enfans. chapitre. xvii. *fueillet xxxviii.*

De la côspiration d'Antipater à l'encôtre du Roy son pere. cha. xviii. fu. xlviii.

ã iiij   Comme

TABLE.

Comme la conspiration qu'auoient faite Antipater, Pheroras & autres, d'em-poisonner Herodes fut descouuerte, & par quel moyen. chap.xix. fueil. l.

De la deliberation & entreprise d'Antipater contre le Roy son pere, & de la vengence qui en fut faite. chap. xx.   fueillet lij.

De l'Aigle d'or qui fut abatuë du portail du Temple, & de la mort d'Antipater, & du roy Herodes.chap. xxi.   fueillet lvi.

TABLE DV SECOND LIVRE.

Des affaires qu'eut Archelaüs apres la mort du roy Herodes son pere, & de la mutinerie qui se leua en Ierusalem, à cause de ceux qui auoient abatu l'Ay-gle d'or. Chapitre Premier.   Fueillet lix.

Du combat & tuerie faite en Ierusalem entre les Iuifz & Sabinus. ch. ii.fu.lxi.

Des faitz de Varus contre les Iuifz qu'il fit crucifier.. chap. iii.   fueil. lxiii.

De l'institution de Lethnarchie des Iuifz.chap. iiii.   fueillet lxiiii.

D'vn qui faussement se fit nommer Alexandre.Et comment son entreprise fut des-couuerte.chapitre v.   fueillet lxv.

De la fin d'Archelaüs. chapitre vi.   fueillet lxvi.

Des tumultes qui auindrēt en Iudée durāt le temps de Felix. cha. xii. fu. lxxiii.

D'Albinus & Florus gouuerneurs de Iudée. chap. xiii.   fueil. lxxiiii.

De la cruauté que fit Florus à l'encontre des Iuifz de Cesarée & Ierusalem. chapitre xiiii.   fueillet lxxv.

D'vne autre opression que receurent les Ierosolimitains, par le dol de Florus. chapitre xv.   fueillet lxxvii.

D'vn nommé Politianus Tribun & de l'oraison d'Agrippa, par laquelle il en-horte, prie & cōseille aux Iuifz d'obeir au peuple Romain.ch. xvi.f.lxxviii.

Comme les Iuifz commencerent à eux rebeller contre les Romains. chapitre xvii.   fueillet lxxxiiii.

De la mort d'Ananias Pontife, de Manahemus, & d'autres gensd'armes Ro-mains. chapitre xviii.   fueillet lxxxvii.

Du grand meurdre de Iuifz fait en Cesarée, & par toute la Syrie. chapitre xix.   fueillet lxxxviii.

D'vne autre grāde deffaite & perte que receurent les Iuifz. ch.xx. fu.lxxxix.

Des Iuifz qui furent tuez en Alexandrie. chap. xxi.   fueillet xc.

De plusieurs Iuifz que Cestius fit mettre à mort.chap.xxii.   fueil. xci.

D'vne bataille qu'eut Cestius contre ceux de Ierusalem. chap. xxiii. fu. xci.

Comme Cestius vint assiegęr la ville de Ierusalem & d'vne grand' deffaite qui y auint.chap. xxiiii.   fueillet xciii.

De la cruauté que les Damascenieus firent aux Iuifz. Et de la peine que print Ioseph au païs de Galilée. chap. xxv.   fueillet xcv.

Des dāgers qu'euita Iosephus & de la malice de Ian de Galilée.ch.xxvi f. xcvi.

Comme Tiberias & Sepphoris furent recouurées par Iosephus.ch.xxvij.f.xcix.

Comme ceux de Ierusalem se preparerent pour mener guerre . Et de la tyran-nie

TABLE.

nie de Simon Giore. *chap. xxviij.* *fueillet c.*

TABLE DV TROISIESME LIVRE.

De Vespasian qui fut eleu duc des Romains , & de la double desconfiture des
Iuifz. *chap. Premier.* *fueillet ci.*

Description de Galilée Samarie & Iudée. *chapitre ij.* *fueillet cij.*

De l'ayde enuoyé aux Sephoritains,& de la discipline militaire des Romains.
chapitre iij. *fueillet ciiij.*

De l'alarme que Placidus donna à Iotapate. *chapitre iiij.* *fueillet cvi.*

Comme Galilée fut assaillie par Vespasian. *chapitre v.* *fueillet cvii.*

De la prise de la cité de Gadare. *chapitre vi.* *fueillet cvii.*

De l'assiegement de Iotapate. *chapitre vii.* *fueillet cviii.*

De la continuation du siege de Iotapate, de la diligence de Iosephus,& des saillies des Iuifz sur les Romains. *chapitre viii.* *fueillet cix.*

De la baterie que fit Vespasian contre Iotapate par ses beliers & autres tourmens de guerre. *chapitre ix.* *fueillet cxi.*

D'vn autre assault qui fut donné à Iotapate. *chap. x.* *fueillet cxiii*

De la prise de Iaphe par Traian & Titus. *cha.xi.* *fueillet cxiiii.*

Des Samaritains vaincuz par Cerealis. *chapitre xii.* *fueillet cxv.*

De la prise & ruyne de Iotapate. *chapitre xiii.* *fueillet cxvi.*

Comme Iosephus se racheta de mort par grande industrie & persuasion.
chapitre xiiii. *fueillet cxvii.*

De la reprise de Iope. *chapitre xv.* *fueillet cxx.*

De la reuolte de Tiberiade. *chap. xvi.* *fueillet cxxi.*

Du siege de Tarichée. *chapitre xvii.* *fueillet cxxii.*

Du lac de Genesareth,& des Fonteines de Iourdain.*chap. xviii.* *fueil. cxxiiii.*

De la prise & ruyne de Tharichée. *chapitre xix.* *fueillet cxxv.*

TABLE DV QVATRIESME LIVRE.

Du siege de Gamale, par Vespasian. *chapitre Premier.* *fueillet cxxvii.*

De la prise de la montaigne d'Itaburion faite par Placidus. *ch.ij.* *fueil.cxxix.*

De la subuertion de Gamale. *chapitre iij.* *fueillet cxxx.*

De la prise de Giscalle par Titus. *chapitre iiij.* *fueillet cxxxi.*

Du commencement de la destruction de Ierusalem. *chap. v.* *fueil cxxxiij.*

L'entrée des Idumeans en Ierusalem. *chapitre vi.* *fueillet cxxxviii.*

De la deffaite des Iuifz par les Idumeans.*chapitre vij.* *fueillet cxli.*

TABLE DV CINQIESME LIVRE.

De la continuation du meurtre fait en Ierusalem , & des cruautez des Zelottes
& Idumeans. *chapitre Premier.* *fueillet cxliii.*

De

TABLE.

De l'inteſtine diſcorde des Ieroſolimitains. chapitre ij. fueillet cxlv.

De la reddition & deſſaite des Gadariens. chapitre iii. fueillet cxlvi.

D'aucunes villes priſes, auec la deſcription de la cité de Hiericon. ch. iii. f. cxlix.

Des proprietez du Lac Aſpaltide. chapitre v. fueillet cl.

De la deſtruction de Geraſis, enſemble de la mort de Neron, Galba & Othon. chapitre vi. fueillet cli.

De Simon Geraſenus, chef de nouuelle conſpiration. chapitre vij. fueillet clii.

De Galba, Othon, Vitellius, & Veſpaſian. chapitre viij. fueillet cliiii.

Des entrepriſes de Simon contre les Zelottes. chapitre ix. fueillet clv.

Comme Veſpaſian fut nommé Empereur. chapitre x. fueillet clvi.

De la ſituation d'Egipte & deſcription de Pharos. chapitre xi. fueillet clvii.

De la deliurance de Ioſephe faite par Veſpaſian. chapitre xii. fueillet clviii.

De la mort & condicions de Vitellius. chapitre xiii. fueillet clix.

Comme Titus fut ennoyé par ſon pere Veſpaſian paracheuer l'entrepriſe contre les Iuifz. chapitre xiiii. fueillet clx.

TABLE DV SIXIESME LIVRE.

De trois ſeditions qui s'eleuerent en Ieruſalem. chapitre Premier. fueillet clxi.

Du danger ou ſe trouua Titus voulant recognoiſtre la ville & cité de Ieruſalem. chapitre ii. fueillet clxiiii.

De la braue & ineſperée ſaillie que firent les Iuifz ſur les Romains aſſeans leur camp deuant la cité. chapitre iij. fueillet clxv.

De la rumeur & meurdre qui fut fait entre ceux de Ieruſalem le propre iour des Azimes. chapitre iiii. fueillet clxvii.

D'vn ſtratageme ou ruze de guerre qu'inuenterent les Iuifz contre les Romains. chapitre v. fueillet clxviii.

La deſcription de la cité de Ieruſalem. chapitre vi. fueillet clxx.

Du reffuz que firent les Iuifz d'eux rendre aux Romains, & des ſaillies qu'ilz firent ſur eux. chapitre vii. fueillet clxxv.

D'vne tour qui fut abatuë & ruynée: & comme les deux premiers murs furent conquis. chapitre viii. fueil. clxxviii.

D'vn Iuif nommé Caſtor qui ſe moqua des Romains. chapitre ix. fueillet clxxix.

Comme le ſecond mur fut conquis par les Romains pour la deuxieſme foys. chapitre x. fueillet clxxx.

Comme les Romains leuerent des plateformes pour gaigner le troiſieſme mur. Des remonſtrances que Ioſephe fit aux Iuifz pour les faire rendre: & de la grand famine qui eſtoit en Ieruſalem. chap. xi. fueillet clxxxi.

D'aucuns Iuifz qui furent crucifiez, & les caualiers & plateformes bruſlées. chapitre xii. fueillet clxxxvi.

D'vn mur que les Romains conſtruirent en trois iours en l'entour de Ieruſalem. chapitre xiii. fueillet clxxxix.

De la famine qui fut en Ieruſalem, & d'vn autre caualier que firent les Romains

TABLE.

mains pour batre dedans la ville. chapitre xiiii.   *fueillet cxc.*

Du grand carnage qui fut fait des Iuifz tant dedans que dehors la ville de Ierusalem. chapitre xv.   *fueillet cxc.*

Du sacrilege commis au temple, & du raport qui fut fait des corps qui estoient mortz dedans la ville, & de la famine. chapitre xvi.   *fueillet cxcii.*

TABLE DV SEPTIESME LIVRE.

Du degast qui fut fait autour de Ierusalem, les remonstrances que Titus fit à ses gens, & des grans faitz d'armes d'vn soldat nommé Sabin. ch. pre. f. cxciiii.

De l'assault qui fut donné par les Romains à l'Antoniane, & comme ilz furent brauement receuz & repoussez des Iuifz. chapitre ii.   *fueillet cxcvii.*

De la force & prouësse emerueillable d'vn soldat Romain nommé Iulian. chapitre iij.   *fueillet cxcviii.*

La harangue que Iosephe fit aux Iuifz, à fin qu'ilz se rendissent aux Romains. chapitre iiij.   *fueillet cxcviii.*

Comme le combat recommença, & de quelques caualiers qui furent de rechef bastiz:& des saillies faites par les Iuifz. chapitre v.   *fueil. cc.*

De quelques Romains qui furent bruslez par la fraude des Iuifz, & d'vn nommé Arcorius qui fut sauué par vn estrange moyen. chapitre. vi.   *fueillet ccii.*

De la grande famine qu'endurerent les Iuifz. chapitre vii.   *fueillet cciiii.*

D'vne femme laquelle pressee de famine fit cuyre son filz pour le manger. chapitre viii.   *fueillet cciiij.*

Comme le mur fut pris d'assault. & le temple bruslé. chapitre ix.   *fueillet ccv.*

Comme le temple fut bruslé contre le vouloir & au grand regret de Titus. chapitre x.   *fueillet ccvii.*

De la grande boucherie qui fut faite de Iuifz:de ce qui auint à aucuns prestres, & comme le temple fut bruslé. chapitre xi.   *fueillet ccviii.*

Des signes & prodiges qui aparurent auant la ruyne de Ierusalem. ch. xii. f. ccix.

Comme Titus fut proclamé Empereur, & les prestres & sacrificateurs occis. chapitre xiii.   *fueillet ccx.*

Du butin que firent les sedicicieux:& comme la ville d'audedans fut bruslée. chapitre xiiii.   *fueillet. ccxii.*

Comme la haute ville fut prise d'assault, & de quelques Iuifz qui s'alerent rendre à la mercy des Romains. chapitre xv.   *fueillet. ccxiii.*

Comme tout ce qui restoit de la ville fut pris & gaigné. cha. xvi. *fueil. ccxiiii.*

Du grand nombre tant d'occis que de prisonniers. chapitre xvii. *fueillet ccxv.*

Sommaire & brief recueil de toute l'histoire de Ierusalem. cha. xviii. *fu. ccxvi.*

Du salaire & recompense des soldatz. chapitre. xix.   *fueillet ccxvii.*

Comme Vespasian passa la mer pour retourner à Rome. De la prise de Simon, & des ieux & spestacles qui furent faitz à la celebration du iour de la natiuité de Vespasian. chapitre xx.   *fueillet ccxviii.*

Des maux & grandes calamitez que receurent les Iuifz en Antioche.

                     chapitre

TABLE.

chapitre xxi.   *fueillet ccxix.*

L'entrée de Vespasian à Rome , *& du recueil qui luy fut fait à son retour par les Romains.* chapitre xxii.   *fueillet ccxx.*

Les faitz *& gestes de* Domitian *contre les Alemans & Gauloys.* chapitre xxiii.   *fueillet ccxxi.*

Des merueilles de la riniere nommée Sabbatique: *& des somptuositez & magnificences qui furent faites au triomphe de* Vespasian *&* Titus. chapitre xxiiii.   *fueillet ccxxii.*

Comme les chasteaux Herodion *&* Macheronte *furent pris par* Bassus Lucilius. chapitre xxv.   *fueillet ccxxiiii.*

Des Iuifz qui furent tuez par Bassus, *& comme la terre de* Iudée *fut venduë.* chapitre xxvi.   *fueillet. ccxxvi.*

De la grande calamité qui suruint au roy Antiochus , *& du degast que firent les* Alans *en* Armenie. chapitre xxvii.   *fueillet ccxxvii.*

Comme la puissante forteresse de Massada *fut prise & destruite.* chapitre xxviii.   *fueillet ccxxviii.*

Quelle fin eurent les brigans *& meurdriers qui s'estoient sauuez en* Thebes *&* Alexandrie. chapitre xxix.   *fueillet ccxxxiiii.*

Du temple d'Onias qui fut fermé en Alexandrie. chapitre xxx.   *fueillet ccxxxv.*

De la boucherie qui fut faite des Iuifz en Cirene. chapitre xxxi.   *fueillet ccxxxvi.*

FIN DE LA TABLE.

CL. COLET CHAMPENOIS. SVR
le discours de l'histoire de F. Iosephus de la
guerre des Iuifz. Au Lecteur.

Sonet.

Ne pense pas, ò fidéle Lecteur,
   Ne pense pas icy trouuer à rire,
   Si ton esprit à autre cas n'aspire
   Il te conuient chercher vn autre autheur.
De Herberay (elegant translateur
   De Iosephus) contraint ores sa Lyre,
   Non à chanter chose plaisante à lire,
   Comme autresfois, ains lamentable pleur.
Icy verras le peuple Iudaïcque
   (Trop obstiné en sa malice inique)
   Auoir souffert griene punition:
Et cognoistras, à la fin, qu'en tout lieu,
   Plus de pounoir a la dextre de Dieu
   Que tout l'effort d'humaine inuention.

Tutto per il meglio.

MARC ANTOINE PICART
au Seigneur des Essars.

Poursuy, Seigneur, l'oeuure bien commencé,
   Sans pardonner au trauail de tes yeux
   Qui t'a rendu desia fort auancé,
   Et si le temps te promet beaucoup mieux:
De la fortune, & hommes vertueux,
   Receuras dons & honneurs, sans mesure,
   O homme heureux qui, par ton soin & cure,
   Rendz tant d'espritz satisfaitz & contentz
Tous tes labeurs sont preslez à vsure
   A la fortune aux hommes & au temps.

Si mieux non pis.

R. R. S. DE LA GVILLOTIERE, VALET
de chambre ordinaire du Roy.

Du Seigneur des Essars.

Quand d'Amphion la diuine eloquence,
  D'Orphée aussi la rauissante muse
  Pour assembler la grand' troupe confuse
  Du peuple espars, employoient leurs puissance:
La vieille gent qui n'auoit cognoissance
  D'art ny raison, dont maintenant on vse,
  Soudain suyuoit ignorante & sans ruse,
  Le prime obiect de leur belle aparence.
L'âge present qui a perfection
  D'artz, de sçauoir, plein d'admiration,
  Honore & suit des Essars la faconde.
Maintz de l'Amour lon voit serfz detenuz,
  Et maintz couardz sont vaillantz deuenuz,
  Par les beaux traitz de sa plume feconde.

τῷ πόνῳ καὶ ἀγρυπνίᾳ.

LE SEIGNEVR DES ESSARS,
& de Herberay.

Aux Lecteurs.

Que cherchez-vous, amys, dedans ce liure,
Y pensez-vous trouuer l'enfant Amour?
Il est ailleurs, à chercher & poursuyure
Ieunes & vieux & chacun à son tour,
  Icy n'y a que mort, que crainte & paour,
Guerre, famine, horreur & pestilence.
Ruyne & feu, clameur & violence
Que pitié suyt lamentant pas à pas.
  Oyez les coups & de glaiue & de lance,
Voyez des vns la prouësse & vaillance,
Mais si craignez ne vous y trouuez pas.

Acuerdo Oluido.

Fueillet I.

Le premier des sept liures de Fla-
VIVS IOSEPHVS DE LA GVERRE ET
CAPTIVITE DES IVIFZ.

Prologue.

Our autant que la guerre des Iuifz contre les Romains, a esté la plus grande qui ayt esté veuë ny presque entenduë de nostre temps, soit de cité contre cité, ou de païs. Et qu'aucuns imitans l'art des Orateurs en ont fait main tes grandes narrations, peu veritables & hors de propos, n'ayans oncques veu le conflit tel qu'il auint. Autres aussi, qui s'y trouuerent ont semblablement remply leurs volumes de ceste histoire. Mais quoy? la plus grand' part d'iceux se sont autant eslongnez du chemin de verité, que les precedans: car les vns en ont parlé ou en hayne qu'ilz portoiét aux Iuifz, ou en la faueur des Romains, acusans les vns, & excusans les autres. Si que, iusques à present, le faux de ceste guerre n'a esté cogneu d'auec le pur fait tel qu'il est auenu. Au moyen dequoy, moy Iosephus, filz de Mathias, hebrieu de nation, & prestre en Hierusalem, qui des le commencement de ce tumulte me trouuay entre les Romains, & depuis (cótraint par necessité) fuz present es combatz, alarmes, & rencontres de ceste entreprinse malheureuse, & trod pitoyable pour nous, ay deliberé leur enuoyer en langue Grecque, le fait d'icelle tel qu'il auint, & que desia i'ay transmis & communiqué, en Hebrieu, aux Barbares. Or estoit en ce temps (que si gráde emotion se presenta) le peuple Romain en forte dissention & pire guerre ciuile, & d'autre part, noz Iuifz ne demandoient que trouble, ayantz lors & durát telles factions, la force, & l'argét: parquoy s'esmeurent contre l'Empire, & entreprindrent conquerir sur iceluy les parties d'Orient qu'il possedoit. Ce que veritablement il doutoit tresfort, & à bon droit, veu que noz Iherosolimitains faisoient desia estat, que ceux habitans outre le fleuue d'Eufrates, de leur nation, se rebelleroiét comme eulx & sortiroiét de l'obeïssance des Romains, qui d'autre part se trouuoient lors empeschez, contre les Gaulois leurs voysins, & peu amys des Germains qui leur faisoient la guerre, tellement qu'à bref parler, mesnage se remuoit de tous costez pres & loing: car aussi tost que Neron fut mort, l'Empire se trouua pretendu par plusieurs, ce que les gens de guerre auoient agreable, ne demádant qu'vn tel desordre en la Republique pour bien rober & butiner. Desquelles mutatiós auenuës, m'a semblé estre mal seant taire les haults faitz, & aux Grecs, & à aucuns Romains, qui pour n'y auoir esté en ont ouy faire le raport, non pas à la verité, ains selon les affe-

A   ctions

LE I. LI. DE F. IOSEPHVS.

ctions & paliations des flateurs & menteurs . Et que les Parthes , Babiloniens, Arabes loingtains, & ceux de nostre nation habitans outre le fleuue d'Eufrates & Adiabins, sceussent par ma diligence l'ocasion & comen-
cement de telle guerre , les maux & calamitez d'icelle , & la fin miserable
qu'elle print, dont (comme i'ay dit) plusieurs Romains parlent & escriuet
si loing de la verité , que toute personne de bon esprit le doit tenir plus à
fable qu'autrement : car pensant embellir & colorer l'entreprinse de leur
conqueste, ilz parlent si peu à leur auantage, qu'il vaudroit beaucoup mieux qu'ilz s'en teussent. Et qu'ainsi soit, s'ilz mettent en ieu quelqu'vn de
leur nation, ilz luy atribuēt vne gloire admirable aux hommes,& au contraire parlant de ceux de Iudée,ilz les terrassent & depriment en toute extremité. S'il est donc vray ce qu'ilz disent , & ayent noz Iuifz à gens de si
peu , qu'ilz les tiennent comme canaille ie m'esbahy pourquoy ilz desiroient receuoir honneur de la conqueste qu'ilz ont faite sur eux , veu que
ce n'est pas grand fait d'armes à vn vaillant homme combatre vn poltron.
Ny à eux semblablement (auec grand nombre de bons soldatz , conduitz
par hardiz Capitaines) venir au dessus d'vne cité pleine de gés sans cueur,
& sans experiéce, ny d'alarmes, ny d'assaux.Et encores y faire seiour,long
& ennuyeux , sans espargner ny le trauail extréme de leurs personnes , ny
la sueur cótinuélle de leurs corps. Non que ie desire pourtant louer,si n'est
auec modestie , noz pauures Citoyens desolez , ne voulant contendre ny
me formaliser contre ceux qui mettent le but & felicité de leurs escritz , à
exalter leurs Romains les paignantz telz , que nulx autres aprochent de
leurs prouësses . Ains me resoulz poursuiure en toute diligence & verité le
discours auenu d'vne part & d'autre, referuant toutesfois à mes affections,
la lamentacion des calamitez de mon païs . Considerant ceste ruïne estre
auenuë par les seules dissentions ciuilles des nostres , & seditions des Tyrans, qui acóduirent les Romains,maugré eulx,iusques dans le saint Temple. Et de ce , peult estre seur tesmoing Titus Cesar desolateur d'icelle nostre triste cité, pitoyable & misericors durant toute ceste guerre enuers le
peuple qui y estoit detenu en suiection par les seditieux & mutins, desirāt
& atendant celuy Titus, de iour à autre , les rebelles & motifz de la noyse,
eulx repentir,&(recongnoissant leur faute) demander pardon.Toutesfois
si quelqu'vn prenoit en mauuaise part,ou voulust calumnier ce que ie nar-
re contre les Tyrás & larrons,ou bien pour me voir, & ouir lamenter(contre le pur discours de l'histoire) l'infortune du païs ou i'ay prins naissance
& norriture , il me semble qu'il doit pardonner à la iuste douleur & passion qui me contraint entierement à ce faire. Considerant icelle nostre cité (iadis tant glorieuse & exaltée sur toutes celles qui furent onques souz
l'Empire des Romains)estre à present basse, miserable, & humiliée en tou
te extremité,& qu'il soit ainsi. Si nous regardons diligemment les calamitez, pauuretez & destructions auenuës aux hommes depuys le commen-
cemét du monde, nous trouuerons nulle autre comparable à celle de Hierusalem

PROLOGVE.   Fueil.   II.

rufalem, dont fes Citoyens propres, ont efté caufe & le feul motif. Tellement qu'il me femble impofsible pouuoir tant cõmander à foy mefmes,
taire cefte lamentable & trifte infortune. Toutesfois s'il fe treuue homme
plus rigoureux iuge, que la commiferation & pitié n'eft grande: ie luy fuplie qu'il s'arrefte feulemét au fens de l'hiftoire, laiffant le pleur & trifteffe à l'Autheur qui l'a recité, lequel ne trouua oneques bon cefte façon de
faire des plus eloquents Grecz, qui ont fouuent eu tant d'ocafion d'embellir leurs croniques, tant par leur fçauoir, que par la grandeur des batailles
auenuës de leur temps, au refpect defquelles, les autres guerres precedentes font de peu de renom, & neantmoins ont voulu eftre Iuges & mefdire
de ceux qui font curieux de bien efcrire,lefquelz toutesfoys les ont furpaf-
fez (par leur grande diligence) en ce qu'ilz ont entrepris de reciter, encores qu'ilz n'ayent eu l'eloquence pareille à eulx, ainfi que l'on peult voir,
es difcours des Afsiriens & Medes, qu'iceux Grecz ont mis de rechef par
efcrit, comme s'ilz auoient efté autresfois moins que bien redigez, par les
anciens Autheurs. En quoy ilz ont autant mefpris qu'ilz ont eu mauuaife
grace, de vouloir parler apres eulx: car ceux du temps paffé fe font adonnez feulement à mettre en euidence ce qui eft auenu de leur aage, & qu'ilz
ont veu de leurs propres yeulx, & non par ouy dire, qui rend certes, l'hiftoire plus fauorable, eftimans eftre chofe trefreprehéfible à vn Hiftorien
d'aioufter aucunes chofes faintes es chofes veritables, mefmes à l'endroit
de ceux qui en ont parlé comme fçauantz. S'il eft doncques ainfi, que reduire en vne langue,ce qui a efté mis en lumiere par autre, & affembler a-
uec ordre tout ce qui a efté defcrit en chafcun temps, merite la louange de
feur tefmoignage: par plus forte raifon doncq' doit eftre plus recommandé & eftimé laborieux celuy qui ne prend d'autruy la difpofition & ordre de fa matiere, ains emplit les volumes de nouuelle hiftoire, embellie
par nouueau fuiect,ainfi que i'ay fait auec grand fraiz & non moindre trauail,n'ayant crains perpetuer aux Grecz & Barbares la memoire des grãdz
& haultx faitz de guerre auenuz en la Iudée,encores que ie leur foye eftrã
ger, laiffant à ce moyen le fentier de ceux de ma nation, qui fe font feulement adonnez à defcrire, ou pour aucun certain gain, ou pour querelles
& differens qui les y ont induitz, remettants le labeur de l'hiftoire (en laquelle toute verité doit eftre contenuë & reuclée) les auétures,affemblées,
& autres faitz incidemment auenuz,aux moindres efpritz,& qui n'entendent le ftile de bien & proprement narrer les geftes ny de la guerre,ny des
Capitaines. Ce que confiderãt en moy mefmes, & voyant les plus expertz
& doctes defdaigner & ne tenir conte d'en efcrire au vray, me fuis refolu
au contraire, eftant d'auis preferer toufiours la verité à toutes chofes,& la
tenir au premier renc d'honneur qu'elle merite.

Or n'eft icy le lieu (aufsi feroit ce chofe fuperfluë) de commencer par
l'origine des Iuifz, quelz ilz furent, ny de leur iffuë hors d'Egipte. Quants
païs & Royaumes ilz ont prins, errans par les contrées, combien ilz y ont
A ii   demeuré

PROLOGVE.

demeuré, & moins à quelle ocasion ilz en partirent. Par-ce que plusieurs des nostres en ont escrit amplement & au vray, & aucuns Grecz par translation & en leur langue au plus pres de la verité. Ains reprendray les derniers erremens de noz prophetes & predecesseurs, que ie discourray (toutesfois) succintemét, par ce que ie ne me veux du tout arrester à la guerre & conflit ou ie me suis trouué, & que i'ay veuë, passant par brieueté ce qui est auenu deuant mes iours, ameneray en ieu pour commencement, comme le roy Antiochus surnommé Epiphanes apres auoir conquis & entieremét ocupé (l'espace de troys ans & demy) la fameuse ville & cité de Hierusalem, en fut expulsé & mis hors par les enfans d'Asamoneus : puis comme ceux qui vindrét apres (estans en querelles pour le gouuernemét du païs) apellerent les Romains auec Pompée. La maniere que proceda Herodes, filz d'Antipater, pour les matter & rendre obeïssants auec l'ayde des Sossins, lequel Herodes decedé, au temps qu'Auguste tenoit l'Empire des Romains, & que Quintilius Varus auoit le gouuernement des Iuifz, s'esmeurent nouuelles sedicions entre eulx. Et passant outre, raconteray aussi la guerre qui leur suruint la douzeiesme année que Neron impera, les grandes choses qui s'offrirent durant icelle par le moyen de Cestius. Les fortes resistances & deffaites, que firent noz gens sur leurs ennemys, & ce des le commencement des alarmes & escarmouches, comme ilz fortifierét les prochaines villes, & l'ocasion pour laquelle Neron (craingnant sa ruïne au moyen de la grande infortune qui auint à iceluy Cestius durant la guerre) fit son lieutenant general en ceste armée vn nommé Vespasien, lequel auec son filz aisné entra en la Iudée, le nombre des gensdarmes qui l'acompagnerent, & combien de leurs alliez furent deffaitz, par toute Galilée. Et poursuiuant ceste matiere de poinct en autre, declareray aussi par quel moyen il print les villes d'icelle, dont les aucunes se rendirent par composition, & autres qui se deffendirent iusques au bout : la discipline militaire que obseruerent iceux Romains & leur exercice, la grandeur, & que contiét l'vne & l'autre Gallilée, la nature du païs, les limites de Iudée, la proprieté de la contrée, les lacz & fontaines d'icelles, ensemble la pitié & desolation de ceux qui furent captifz en chascune desdites villes & places, le tout au vray & comme ie l'ay veu, sans desguiser la misere, en laquelle moy mesmes ay esté comme plusieurs sçauent. Poursuyuant lequel discours ne me tairay de la mort qui suruint à Neron, estans les Iuifz quasi rebuttez de longue guerre, & Vespasien sur son partement pour s'aprocher de Hierusalem : mais il fut retenu de ses gensdarmes, & nommé par eulx Empereur des Romains. Auant laquelle election se manifesterent & aparurent plusieurs signes & mutations à Rome, demonstrát la bonne fortune telle qu'elle auint à iceluy Vespasien : car il fut proclamé pour Monarque outre son gré. Et cóme allát en Egipte dóner ordre aux affaires du païs, les Iuifz tomberent de nouueau en merueilleux trouble pour les cedicions qui s'esmeurent en Hierusalem, ou les Tyrans s'y trouuerent les

plus

PROLOGVE. Fueil. III.

plus fortz : mais finablement y eut querelles & diffentions entr'eux mefmes. Puis côme eftant Titus retourné d'Egipte, entra pour la feconde fois dans la Paleftine, l'armée qu'il mift fus pour la côquerre & en quelle part il l'affembla, les ocafions qui par tant de diuerfes fois renouuellerent en cedicion noftre cité malheureufe luy prefent, les rampars & fortereffes d'icelle, le circuit & grandeur des troys murailles qui l'enuironnoient, la force du lieu bien muny de toutes chofes, l'edifice & fumptuofité du temple, la circonftance & mefure de l'hoftel preparé aux facrifices, auec les ceremonies obferuées durant les feftes, que fignifioient les fept lampes, la charge & office des preftres, l'acouftrement & parure d'iceux, & du Pontife, quel eftoit le lieu qu'on apelloit *Sancta Sanctorum*, fans y rien obmettre ou aioufter, & finablement l'impieté & rigueur des Tyrans ennemys de leurs propres, & l'humanité des Romains à l'endroit des eftrangers. Quelles & quantesfois Titus defirant la conferuation de noftre temple & cité, fe mift en effort d'auoir par bon moyen les triftes citoyens, & les reduire enfemble en bonne amytié, cognoiffant les aflictions & miferes qui deuoient fucceder au peuple, par le moyen, tant de la guerre, que de leur grande famine & pauureté. Et pour ne laiffer derriere aucune chofe, n'oubliray aufsi la iufte mifere ou tomberent ceux qui fe mirent en fuyte, auec la punition que receurent les dolens prifonniers : l'embrafemét du temple outre le gré de Titus, les grandes richeffes perduës en iceluy par cefte ocafion, & autres recueillies de la flamme, la prinfe de la ville auec les prodiges qui fe manifefterent vn peu deuant cefte future & lamentable ruine, la captiuité des Tyrans, le nombre des efclaues, & pour brief la fortune d'vn chacun malheureux Hierofolimite, qui fut telle, que les Romains glorieux, pourfuyuants leur victoire, ne pardonnerent à nulle ame viuâte, ains oprimerent fi malement le pauure peuple, que nul demoura exempt de leur dure cruauté. Apres l'execution de laquelle, & eftant les fortereffes ruïnées, & Titus emparé de tout le païs, y mift loix & inftitutions, puis s'achemina en Italie ou il receut le triumphe ordóné par les Romains aux victorieux. Toutes lefquelles chofes i'ay comprins en fept liures, fans auoir donné caufe de reprehenfion, ou acufation à ceux qui fuyans menfonges entendent le fait tel qu'il eft, ou qui ont efté prefens en cefte guerre, ne m'eftant à cefte caufe voulu arrefter fi fort au plaifir de bien & propremét mettre par efcrit, qu'à la verité de l'hyftoire pour laquelle pourfuyure commenceray felon l'ordre que i'ay tenu.

A iii   De la

LE I. LI. DE F. IOSEPHVS.
De la prinſe & deſtruction de
Hieruſalem, par Antiochus.

Chapitre   Premier.

AV temps qu'Antiochus ſurnommé Epiphanes querelloit toute la Syrie à l'encontre de Ptolomée ſixieſme. Eſtans les plus riches des Iuifz en forte diſcention, pour s'eſtimer auſsi grand l'vn que l'autre, ne voulurent ceux qui eſtoiét en dignité, endurer aucune ſubiection de nul leur ſemblable. Touteſfois Onias l'vn des Pontifes demoura le plus puiſſant: car il mit hors de la cité les enfans de Tobie, qui toſt apres ſe retirerent vers Anthiocus, luy requerans que par pitié il vouluſt (ſouz leur conduite) entreprédre la conqueſte & s'emparer de Iudée. Ce qu'il leur acorda volontiers, eſtant (& de longue main) en bonne affection de ce faire. Au moyen dequoy miſt ſus incontinent vne groſſe & puiſſante armée, auec laquelle il aſsiegea Hieruſalem, qu'il print, faiſant paſſer à la fureur & trenchãt de l'eſpée, la plus grãd' part d'iceux qui auoiét tenu le party de Ptolomée, puis entra au ſaint Temple & le pilla, donnant liberté à ſes genſdarmes & ſoldatz faire le ſemblable de la deſolée Cité, qui demoura en telle ſubiection & miſere, par l'eſpace de troys ans & demy, durant leſquelz ne fut permis au peuple adorer au ſaint temple comme il auoit de couſtume. Et ce pendant Onias qui eſtoit fuy vers Ptolomée, obtint de luy vne terre dans la prouince d'Helyopolis, ou il conſtruit
& edifia

DE LA GVERRE DES IVIFZ. Fueillet IIII.

& edifia vne petite ville & temple à la forme & semblāce de Hierusalem, comme nous deduirons cy apres & en rang qui viendra mieux à propos. Ayant doncques Antiochus prins (contre son esperance) la cité par luy asiegée, & exercé en icelle toute cruauté, desolation, & pillerie, dont il se peut auiser, auec extreme effusion de sang humain. Si ne peut la felonnie de son cueur amoindrir, ains la continuant de mal en pis, pour le respect & desplaisir qu'il auoit en soy mesmes, de ce qu'il souffrit durant le siege, interdit aux Hierosolimitains (contre leurs bonnes coustumes) non seulement la circoncision de leurs enfans, ains voulut qu'ilz sacrifiassent pourceaux dessus leurs autelz, à quoy tout le peuple insista grandement. Dont Antiochus indigné fit mourir les plus apparens, & pour continuër sa rigueur auec plus de cruauté, establit preuost Bacchides, qui s'y gouuerna en sorte, que sans espargner les plus nobles & honorables de la cité, faisoit au iourd'huy flageller l'vn, & demain mourir l'autre, comme si la ville eust esté prise & expugnée par force & à toutes les heures. Ce que ne pouuant plus souffrir les paures afligez, se mutinerent & entreprindrent d'eulx venger, pour l'execution dequoy Matthias filz d'Asamonée l'vn de noz prestres, demourant en vn lieu ou hameau surnommé Modin, s'arma auec sa famille, & cinq filz qu'il auoit, & vint meurdrir le preuost Bacchides, gaignants peu apres les montaignes (pour euiter la fureur de la garnison laissée par Antiochus) ou il demoura iusques à ce qu'il eust moyen d'apeller à sa ligue quelque nombre du peuple. Auec la seureté duquel il vint de fureur courir sus aux gés d'Antiochus qu'il deffit & mist hors de la côtrée. Et par ce moyen paruint au gouuernement du païs souz la faueur d'iceluy peuple qu'il auoit mis en liberté & hors de la seruitude des estrangers, mais peu apres ses longs iours prindrent fin, instituent en son lieu Iudas son filz aisné (lequel se doutât du retour d'Antiochus pour reconquerir ce qu'il auoit perdu) mist sus nouuelle armée, & print pour mieux se fortifier, alliance auec les Romains, ce que n'auoit oncques eu Prince de sa nation, & par le moyen d'icelle expulsa & fit du tout habandonner la contrée des Iuifz à iceluy Antiochus, sur lequel il obtint victoire, executant laquelle assaillit le hault de la ville, dont il chassa la garnison, qui n'auoit encores esté deffaite, la contraignant se retirer au plus bas. Ce fait entra dedans le temple qu'il nettoya & circuit de murailles, y ordonnant nouueaux vases pour les sacrifices, sçachant les autres profanez. Construit & esleua nouuel autel, auec establissement de ceremonies. Et sur ces entrefaites ainsi que la ville reprenoit son estat de sainteté, deceda Antiochus, laissant heritier & du regne & de la hayne, son filz Antiochus, qui peu apres assembla cinquāte mille hommes de pied, cinq mille hommes à cheual, & quatre vingtz Elephans, auec lesquelz inuada & assaillit les montaignes de Iudée, ou d'arriuée conquist vne petite ville dite Bethsura, puis passant outre, eut rencontre de Iudas auec son armée au destroit de Bethzacharie, & là fut si rude escarmouche (premier que ioindre & venir aux

A iiii

LE I. LI. DE F. IOSEPHVS.

nir aux coups) qu'Eleazarus ayant aperceu vn Elephant bien houffé & aorné de fin drap d'or, plus grand que nul des autres, & chargé d'vne haute tour (dans laquelle il penfoit Antiochus eftre affeurément) fendit la preffe, & vint de grand effort paffer à trauers la bataille des ennemys, iufques au plus pres de la befte, qu'il trouua fi grande qu'il luy fut impoffible ataindre celuy qu'il tenoit pour Roy: parquoy baiffant fon glaiue, l'en fonça dans les tripes de l'Elephant, qui tomba mort à l'inftant, & le pauure Eleazarus eftouffé audeffouz, fans que pour ce regard il fift chofe digne de louange, finon que l'entreprinfe fut hardie, & digne d'aquerir le guerdon d'honneur qu'il merita, eftimāt moins fa vie que la gloire, quant il ofa fi valeureufement tenter la mort d'Antiochus, encores que l'Elephāt ne portaft lors qu'vn homme de baffe condicion, & toutesfois quant bien il n'euft efté deceu, & que la fin du Roy fuft furuenuë par ceft effort, fi n'en pouuoit il gaigner autre reputation, que d'auoir peu prifé fa vie, faifant la brauerie dont il vfa fouz efperance feule que tel acte feroit trouué hardy & hazardeux, qui fut certain prefage à fon frere Iudas de ce qu'il fucceda en cefte guerre: car combien que veritablemét le peuple des Iuifz fift merueilleux deuoir de bien & longuement combatre (encores qu'il ne fe trouuaft en fi grand nombre que leurs ennemys) ce nonobftant Iudas, fe voyant à la fin deffauorifé de fortune, fe retira apres auoir fait groffe perte de fes gens en Gophnis auec ceux qui luy eftoiét demeurez, ou Antiochus, ne le pourfuyuit, ains print fon adreffe en Hierufalem y faifant peu de feiour, pour la grande faute de viures qu'il y trouua, au moyen dequoy (contraint par neceffité) deflogea, apres qu'il eut affis fes garnifons ou il laiffa partie de fon armée, & enuoya l'autre paffer l'hiuer en Syrie. Ce que venu à la cognoiffance de Iudas, qui ce pendant n'eftoit endormy, affembla en toute diligence, ce qui luy eftoit refté d'hommes apres la bataille, part & vint hardiment affaillir les gens d'Antiochus, qui feiournoient au hameau d'Acedofe, ou apres maint dur affault, eftant la prouëffe du vaillant Capitaine congneuë euidemment de tous les fiens par le grand nombre des ennemys qu'il tua, fut luy mefmes cruellement naüré & mis à mort, & autant en auint peu de iours apres à Ian fon frere tombant es mains des efpies d'Antiochus.

Des Princes qui fuccefsiuement

ont esté depuis Ionathas iufques à Ariftobulus.

Chapitre   II.

Ainfi

Insi succeda Ionathas à son frere Iudas, & gouuerna tressagement les affaires qui s'offrirent de là en auant en ses païs, pour lesquelz plus asseurer, print nouuelle alliance aux Romains, faisant paix auec le filz d'Antiochus: mais l'vn & l'autre traité luy profita peu: car Tryphon le Tyran gouuerneur du filz d'Antiochus, tascha le denuer de tous amys pour auoir le moyen plus facile & aysé de s'emparer & vsurper le Royaume sur luy, & pour y commencer. Venant iceluy Ionathas auec petite compagnie trouuer le roy Antiochus en Ptolemayde, le fit prendre & lier par grand' ruse, au moyen dequoy il entreprint depuis facilement la conqueste de Iudée, & y mena son exercite: Mais Simon frere de Ionathas vint au deuant & le repoussa, & chassa à sa grand' honte, dont Tryphon print tel desplaisir qu'il en fit mettre à mort Ionathas, & ce pendant iceluy Simon, entendant aux affaires, saisit Zara, Ioppe, & Iamnia, citez voysines, abatit la haute tour de la ville d'Accaron & desconfit la garnison de dedans. Or tenoit adonc Antiochus la ville de Dora asiegée, & au parauant le voyage qu'il fit en Mede, dans laquelle s'estoit retiré le malheureux Tryphon. Parquoy le Prince des Iuifz enuoya incontinent grand secours à Antiochus: Et toutesfois l'ingrat, recognoissant peu ceste faueur, ne peult iamais estaindre la felonnie qu'il auoit à l'encontre des Hierosolimitains, ce qu'il manifesta tost apres, combien que Simon luy eust aydé grâdement à exterminer & mettre à mort le tyran Tryphon: car il depescha Cendebeüs l'vn de ses capitaines auec les mieux armez de son ost pour degaster la Iudée & amener (s'il luy estoit possible) prisonnier le vaillant Simon, lequel n'ayant (pour ses ans vieux) le courage ny les braz engourdiz, mit sus son armée, & auec l'ayde de ses enfans, qu'il enuoya

LE I. LI. DE F. IOSEPHVS.

uoya deuant faire tefte à l'ennemy , luy mefmes (ayant mis embufches en plufieurs paffages) le vint rencontrer d'vn autre cofté & combatre de telle fureur qu'il en aporta la victoire , en faueur de laquelle le peuple des Iuifz le conftitua grand Pontife , par le moyen dequoy ilz demeurerent , peu apres , deliurez de la puiffance des Macedoniens , qui les auoient dominez , & ce par l'efpace de cent foixante & dix ans. Si fut depuis la fortune du vieil Simon telle que efpié par Ptolomée fon gendre , le mit cruellement à mort en vn feftin ou il l'auoit femond , & emprifonna quant & quant fa belle mere , & deux enfans fes beaux freres , & encores non affouuy de telles inhumanitez , depefcha gens pour aller meurdrir le tiers filz de Simon , nommé Ian & furnommé Hircanus : mais il en fut incontinent auerty. parquoy fe retira en Hierufalem , tant fouz la confiance qu'il eut d'eftre conferué & fauorifé du peuple (en memoire & fouuenance des merites & vertus de fon feu pere) que pour la hayne que les Citoyens auoient nouuellement conceuë contre le meurdrier , fçachant les cruautez & mefchancetez qu'il commettoit chafcun iour . Ce que vrayement le paillard n'ignoroit pas , toutesfois cuidant furprendre la ville mit fon effort d'y entrer par l'vne des portes . A' quoy Hircanus & le peuple refifterent fi vaillamment , qu'il fut contraint fe retirer au chafteau de Dagom fitué outre Hierichon , & demeura Hircanus en la dignité de Pontife , dont feu fon pere iouyt iufques à la mort , puis offrit fon facrifice à Dieu , & fe reffentant de l'outrage de Ptolomée , ayant deuant les yeux le mal-traitement qu'il faifoit encores fouffrir & à fa mere & à fes freres , partit de Hierufalé pour l'aller afsieger dans fa fortereffe , ou il eut d'arriuée toutes chofes fauorables à la conquefte de la place , qu'il euft indubitablement forcée fouuent , fans la commiferation qu'il auoit des triftes prifonniers qu'on amenoit fur les murailles toutes les heures qu'on liuroit affault , & les monftrant Ptolomée à Hircanus , le menaffoit de les precipiter du hault en bas , s'il ne faifoit retirer fes gens , dont la pitié dominoit trop plus en luy que toute rigueur , hayne , ou mal talent qu'il portaft au paillard , & de fait l'euft laiffé en repos , fans la fuafion que luy donnoit fa trifte mere toutes les fois qu'elle auoit moyen d'eftre entenduë : car elle luy cryoit que pour l'honneur de Dieu il n'euft aucun egard ny à fon torment , ny à la mort dont elle eftoit menaffée : car plus luy feroit agreable renoncer à l'immortalité mefme de fa propre ame , que pour crainte de peril il retardaft la iufte vengeance d'elle & des fiens. Certes telle opiniaftre conftance efmouuoit fouuent Hircanus à pourfuyure fon entreprinfe , dôt aufsi toft il eftoit refroidy , parce qu'il ne pouuoit bonnement comporter l'outrage & dure flagellation , que l'impitoyable Ptolomée faifoit endurer (& deuant tous) à la bonne Dame , qui aportoit à fon filz telle contrition & ferrement de cueur , qu'il demeuroit fouuét hors de foy , & quafi du tout perplex. Et ainfi doutant , maintint le fiege par longs iours. Et iufques à ce que la fefte vint , fefte dy-ie folemnifée auec autant de ceremonies entre les Iuifz que leur propre

fabat

DE LA GVERRE DES IVIFZ. Fueil. VI.

fabat: car en tel iour tout œuure de main leur eftoit deffendu . Et pour cefte ocafion demoura Ptoloméе fans eftre trauaillé de fes'ennemys. Mais le mefchant ne repofa pas ce pendant , ains (comblé de rage & forcenerie) meurdrit auec trop d'inhumanité, & la dolente mere, & les freres du bon Hircanus, & prenant la fuite, habandonna fa place, fe retirant vers Zenon furnommé Cotylas Roy de Philadelphie , ou nous le lafferons pour retourner à Antiochus , lequel encores indigné de la perte qu'il receut contre le vaillant Simon, dont nous auons touché au chapitre precedent, mift fus nouueau exercite qu'il fit marcher droit à Hierufalem , ou il afsiegea Hircanus qui s'y eftoit retiré , lequel ouurit le fepulchre du roy Dauid , le plus riche Prince de fon temps , ny deuant fa mort, & y print trois mille talentz qu'il y trouua, dont il en fit part à Antiochus de trois cens , & par le moyen d'iceux fut leué le fiege & fe retira iceluy Antiochus . Or commença de ce iour Hircanus à s'ayder d'eftrangers, auxquelz il ordonna gages (chofe encores non ouyе ny acouftumée entre les Iuifz) difsimulant la vengeance du mal qu'il auoit receu par Antiochus iufques en temps propice de fa reuenche, ce qui s'offrit toft apres: car iceluy Antiochus marchât contre les Medes , laiffa les villes & citez de Syrie fans aucunes garnifons, ny gens de guerre pour les deffendre:ce que venu à la cognoiffance d'Hircanus fi achemina , & auec groffe puiffance print d'entrée , & fans grande refiftâce les villes de Medaba, Samea, & autres places circonuoyfines,auec Sichima & Garizis. Et paffant outre vint au païs des Chutheans qui habitent es lieux adiacentz & prochains ou eft conftruit le temple femblable à celuy de Hierufalem . Puis pourfuyant fa fortune tira en Iudée, Marifa, & Doreo,& iufques en Samarie,ou il afsiegea de toutes parts la ville d'Augufta autresfoys edifiée par Herodes . Et la eftablit chefz de cefte entreprinfe Ariftobulus & Antigonus, fes deux filz , qui (auec le temps) contraignirent les afsiegez de fi pres, que force leur fut menger, par trop afpre famine, chairs & viandes non acouftumées aux hommes, & tellement que pour dernier refuge apellerent à leur fecours Antiochus furnômé Afpondius, qui y vint : mais peu y profita : car il fut deffait par Ariftobulus, qui le pourfuyuit auec fon frere iufques à Scythopolis, ou il fe fauua: parquoy reprenans leurs erres retournerent au fiege de Samarie , qu'ilz ruïnerent faifans captifz tous les Citoyens qu'ilz y trouuerent , puis reuindrent auec leurs forces afsieger Scythopolis qu'ilz forcerent, degaftans tout le territoire du mont Carmelus.

Des fortunes, & ce que firent en

ce temps Ariftobulus, Antigonus,Iudas, Effeus, Alexandre , Theodore , & Demetrius.

Chapitre   III.

Tel fut

LE I. LI. DE F. IOSEPHVS.

Tel fut le commencement & la fin de ceste derniere guerre, apres laquelle le vieillart Hircanus se retira auec ses enfans dedans la cité, ou il ne fit long seiour que trop grand' aise esmeut le peuple à nouuelle sedicion, laquelle ne cessa, ny print fin, que bonne partie d'iceluy n'eust esté taillée en pieces, & ainsi demeura en paix Hircanus le reste de sa vie & iusques à ce que ses yeulx se fermerent par mort naturelle & delaissa cinq enfans, apres auoir heureusement regné l'espace de trente troys ans acöpliz, durant lesquelz fortune luy fut prospere en toutes sortes, sans qu'il donnast oncques ocasion à creature viuante de se plaindre ou luy porter vne seule enuie par raison : mais demeura grandement recommandé enuers vn chacun, pour trois choses qui se peuuent dire de luy seul, & qu'il eut de son viuant, à sçauoir l'aministration du peuple, l'estat de Pontife, & l'esprit de prophetie, par lequel Dieu le createur à souuent parlé, & manifesté à luy mesmes maintes choses futures, specialemét le peu d'espace que ses deux filz aisnez deuoient regner, comme il auint, ainsi que ie vous declareray presentement, pour vous faire cognoistre de combien ilz s'eslongnerent de la vertu du bon Hircanus leur pere, apres le trespas duquel, Aristobulus qui estoit laisné obtint son lieu, & changeant le nom de sa principauté en regne, aorna son chef de diademe, ce que n'auoit oncques fait nul de ses predecesseurs, depuis quatre cens soixäte vnze ans & troys moys, que le peuple d'Israël (deliuré de la seruitude de Babylon) vint habiter ceste terre. Or aymoit Aristobulus de tous ses freres Antigonus qui le secondoit en aage, & pour ceste cause luy fit part en aucune sorte de ses honneurs Royaulx, & au contraire commanda lier & estroitement emprisonner ses autres freres, & sa propre mere, laquelle il fit depuis
cruelle-

DE LA GVERRE DES IVIFZ. Fueil. VII.

cruellement mourir de faim, dans la prison, souz couleur de l'administration & gouuernement qu'elle querelloit, le luy ayant laissé son mary à la fin de ses derniers iours. Toutesfois le temps ne demoura gueres à venir, que ceste impieté ne receust grande punition: car celuy propre Antigonus (qui anoit esté fait participant de son regne & tant aymé de luy) fut malheureusement occis, & suruint tel accident, apres que ceux d'Aristobulus luy eurent persuadé maintes choses mensongeres du pauure deffunct. Ce à quoy le Roy aiousta au commencement peu de foy, se doutant tresbien, qu'enuie seule estoit motif de tout ce qu'on luy raportoit, aussi s'y arresta il peu iusques à ce qu'Antigonus retourné d'vne guerre ou il auoit triumphé & aquis (entre tout le peuple) grande reputation, venant le iour de feste des tabernacles, obseruée entre les Iuifz auec grandes ceremonies: estant Aristobulus malade, entra Antigonus au temple pour adorer, & esperant supléer au default de son frere & tenir son lieu, s'estoit (pour plus luy porter d'honneur) armé ce propre iour luy & les siens, des plus riches armes qu'ilz eussent, ce que ses enuieux noterent tresbien, & en firent tellement leur profit, qu'ilz imprimerent en l'esprit d'Aristobulus, que veritablement c'estoit trop entreprins à Antigonus & sa suite sur son auctorité royal, & que tel port d'armes ne fut oncques mis en auant, que par grande arrogáce, & pour outrager sa propre personne iusques au mourir: à fin de demeurer Roy, & seul seigneur du païs: car disoient ilz: il est à croire qu'il ne se contente pas de l'honneur seulement du royaume, puis qu'il a ocasion de le pouuoir ocuper. A' quoy Aristobulus (ainsi petit à petit persuadé) eut quelque creance, & à ceste cause demeurant douteux commença à se tenir sur ses gardes, & sans faire aucune aparence de suspection qu'il eust, se retira en vn sien chasteau autresfois nommé Baris, & depuis Antonia, ou il commanda tresexpressément que nul y entrast auec armes, & si aucun y venoit armé (& fust Antigonus son propre frere) qu'on le mist à mort sans aucun remede: pour l'obseruacion dequoy, fit mettre gens en embusche dans certaines cauernes ou ilz se tindrent si longuement, qu'Aristobulus enuoya prier son frere le venir voir, mais qu'il fust auerty de ne porter armes ny couuerture de defense quelconque, toutesfoys la Royne qui s'acordoit auec les ennemys d'Antigonus, cómanda au messager qu'il dist tout autremét, & que le Roy desiroit fort (auant le partement de luy) le voir armé des belles armes qu'il portoit en Galilée, & qu'il n'auoit encores veuës pour sa lógue maladie. Si fut Antigonus prompt & prest d'obeïr au vouloir de son frere pour l'amytié tresgrande qu'il auoit cogneuë en luy, parquoy sans se deffier de la trahison premeditée, s'arma ainsi qu'ó luy mandoit, prenant son chemin droit au chasteau de Baris, mais il fut arresté entre deux, & droitemét au lieu apellé la tour de Straton ou estoit l'embusche d'Aristobulus, qui le mit soudainement à mort. Certes telle cruauté suffit assez pour seruir d'exemple à nous & à nostre posterité, faisant cognoistre à vn chacun, qu'il n'est amytié si ferme, naturelle, ny stable,

B   ble,

LE I. LI. DE F. IOSEPHVS.

ble, qu'elle ne se desioigne, & separe par faulce calomnie, ny hôme si fort asseuré, ou constant, qui ne s'oublie quelquefois, demourant vaincu par la force d'enuie. Pour doncques retourner à nostre propos. Ceste mort d'Antigonus auoit esté longs iours au parauant prophetisée par Iudas (Essean de nation) prophete, & qui oncques ne se trouua deceu en chose qu'il predist, iusques à l'heure qu'il aperceut iceluy Antigonus passer par le téple, au moyen dequoy il s'escria, disant à ses disciples & amys, qui estoient autour de luy en grand nombre : Certes le mourir ne seroit à ceste heure tresagreable, puis que verité s'est de moy tant esloignée, que ce que i'ay prophetizé par le passé se trouue faux & mensonger : car ie voy Antigonus encores maintenant viure, qui deuoit (selon ma prophetie) estre ce iourd'huy occis en la tour de Straton, distant de ce propre lieu de plus de six cens stades, & ia sont passées quatre heures du iour que cest inconuenient luy estoit predestiné. Si n'eut plustost le vieillard donné fin à sa complainte, qu'il entra en vne tresgrande melencolie & dur pensement, ainsi que l'on peut congnoistre à veüe d'œil par le triste visage qui le surprint : mais telle humeur ne luy dura gueres : car nouuelles vindrent incontinent qu'iceluy Antigonus auoit esté occis en vn lieu tenebreux, & souz terre apellé la tour de Straton, ny plus ny moins que celuy dont le prophete parloit n'a gueres, & veritablement, sans qu'il y eust aucune variation, fors que l'vne de ses tours, qui s'apelle Cesarée, est maritime, & l'autre pres Hierusalem, qui fut ce qui causa l'abus de Iudas, dont il se complaignoit si amerement. Estant doncques Antigonus meurdry laschemét par ses ennemys, Aristobulus son frere en print depuis tel desplaisir, que sa maladie rengregea tresfort, & tant luy en fut le regret dur à passer que l'esprit de luy agité d'heure à autre par telle nouuelle cruauté, ne le laissoit nullement en repos, si que tombant de mal en pis, entra en vn continuël vomissement de sang qui luy procedoit d'vne certaine excoriation d'entrailles causée par la force de la douleur qu'il auoit en son ame, dont il auint que l'vn de ses plus priuez seruiteurs, porta par fortune ce sang vomy ietter (& sans y prédre garde) droit au lieu ou fut espanché celuy propre de son feu frere, encores aparent & cognoissable : comme si par prouidence diuine le sang de l'vn deust purifier le sang de l'autre. Qui donna grand horreur à ceux qui le virent, & telle qu'ilz ne se peurent tenir d'eulx escrier à haute voix. Ce qu'entédu du roy Aristobulus s'enquist diligemment dont procedoit telle clameur, & combien que d'entrée on le luy cuyda desguiser, si en sceut il finablement la verité, fust par menace ou autrement, dequoy il larmoya assez, & tellement que, contraint par le remors de sa conscience, se mit à faire les plus durs & estranges regretz du monde. Helas, disoit il, deuoys-ie esperer que les meschancetez & meurdres que i'ay commis fussent incongneuz à Dieu qui voit toutes choses premier qu'estre faites, ainsi que tresbien ie m'aperçoy maintenant par la griefue persecution qu'il m'enuoye, vengeant la mort auancée par moy, & trop ignominieusement, à mon frere cher.

DE LA GVERRE DES IVIFZ. Fueil. VIII.

re cher. Ha! ah pauure corps infortuné iufques à quant mon ame perduë refidera elle en toy, qu'elle n'aille trouuer, quelque part qu'ilz foient, & ma trifte mere, & mon Antigonus que i'aymois tant? Quant fera-il en ma puiffance leur offrir en facrifice le pur fang qui fe contient en toy? & que ie leur habandonne du tout à fin que fortune ne fe moque plus de moy, me faifant ainfi euacuer celuy propre de mes entrailles? Et comme il cuidoit parler d'auantage les traitz de mort luy furuindrent, & rendit l'ame, apres auoir regné vn an fans plus. Ainfi demoura la Royne veuue, qui toft apres mit hors de prifon les freres de luy, laiffant à Alexandre l'entiere adminiftration du royaume qui luy eftoit iuftement efcheu, tant pour eftre laifné (aprés les deux deffuncbz) que pour la modeftie & douceur qu'on eftimoit en luy. Mais il ne tarda gueres à manifefter tout le contraire: car il fit mourir fon frere qui le fuyuoit d'aage, fouz couleur qu'il pretendoit part à la fucceffion du bon Hircanus, & prenant en fa compagnie le plus icune & dernier (qui n'auoit nulle dignité) ne luy bailla point d'affaires en maniment. Puis marcha à main forte & puiffant exercite à l'encontre de Ptolomée furnommé Lathyrus, qui auoit nouuellement prins la ville d'Afochis & le deffit auec partie de fon armée. Toutesfois n'arrefta gueres que la fortune changea: car il fe trouua vaincu & chaffé depuis par iceluy Ptolomée, lequel fe voyant deffauorifé de Cleopatra fa propre mere, fe retira en Egipte, & ce pendant Alexandre affiegea Gadara qu'il print, & le chafteau d'Amathin, place plus grande & fpacieufe qu'autre fituée fus le fleuue Iourdain, & ou eftoient en garde les precieux meubles de Theodorus, filz de Zenon, lequel auerty de cefte perte, affembla fa puiffance & vint trouuer Alexandre qu'il combatit fi vertueufemét, que fon ennemy chaffé auec la perte de dix mille Iuifz, recouura fon chafteau perdu, & tout le trefor qui eftoit dedans, ce neantmoins iceluy Alexandre n'eut le cueur amoindry: car il r'affembla nouueaux foldatz, auec lefquelz il força les piaces maritimes de Raphfia, Gaza, & Anthedon, depuis furnommé Agrippias par le roy Herodes, & les reduit & fubiugua: ce que le peuple trouua fi mauuais qu'il s'efmeut contre luy à vn iour de fefte. car comme il auient fouuent apres bon vin bon cheual, apres la penfe pleine de viandes, & la tefte de vin, viennent querelles & fedicions, trop plus ayfément que non pas à ieun. Ce à quoy Alexandre ne peut nullement refifter que par l'ayde des Pifides, & Cilices mercenaires, fans qu'il apellaft les Siriés pour la hayne enracinée qu'ilz auoient euë toufiours contre la nation Iudaïque, & doutoit qu'ilz ne peuffent acorder auec ceux qui tenoiét fon party non plus qu'aux rebelles & mutins qu'il vouloit chaftier, & defquelz il fit en fa vengeance, tel carnage, qu'il exceda le nombre de huit cens, puys dreffa fon oft vers les Arabes, qu'il debella auec les Galaàdites & Moabites. Et les ayant renduz tributaires voulut reconquerir de nouueau Amathin, que Theodorus habandonna foudain, tant luy fut douteux l'heur & profperité d'Alexandre, lequel trouuant la place defnuée & fans aucune garde, la

B ii   rafa

LE I. LI. DE F. IOSEPHVS.

rafa & deftruit. Ainfi profpera, pour vn temps, le Prince des Iuifz & iufques à ce que (le vent luy eftant contraire)entreprint de fubiuguer du tout
Obodas roy d'Arabie, mais il fut auerty de fa venuë, parquoy voulant
pouruoir à fes affaires, commanda garder les deftrois de Gaulane par ou
deuoit paffer Alexandre, lequel ne fe doutant de l'embufche, fe trouua tellement furprins & opreffé en vne vallée, que par la multitude des chame-
aux fon armée tomba en defordre & confufion telle, qu'a peine fe peut il
luy mefmes fauuer en la cité de Hierufalem, les habitans de laquelle furent
induitz à fe rebeller contre luy, voyans fa grande calamité & luy eftans
defia ennemys. Toutesfois il demeura le plus fort, fi que fix ans n'eftoient
encores expirez, qu'il tira iufques au mourir (en plufieurs & diuerfes mutinations) le fang de cinquante mille Iuifz pour le moins, qui luy fut depuis chofe peu agreable, preuoyant tresbien que meurdre fi exceffif amen-
driffoit les forces propres de fon royaume, pour à quoy obuier delibera
oublier de là en auant fa cruauté enracinée, & aquerir par amour & douceur ce que la force & la rigueur luy auoit denié, à quoy il ne peut paruenir: car tant luy voulurent mal ceux de fa nation, pour fon inconftance &
dangereux maintien, qu'ilz furent bien fi ofez (quant il leur fit demander
le moyen de les apaifer) luy declarer fans diffimulation, n'en fçauoir nul
finon fa feule mort, & encores doutoient ilz beaucoup qu'ilz luy peuffent
pardonner le cas luy auenant tel qu'ilz le luy defiroient. Ce que refoluz
luy faire cognoiftre par effect, enuoyerent à l'inftant deuers Demetrius,
furnommé Encorus, qui volontiers leur amena fecours pour l'efperance
qu'il auoit de tresbien s'en recompenfer. Eftant doncques fon armée en
chemin & arriuée à Sicima, grand nombre des Iuifz fe ioignirent à luy, fi
qu'ilz fe trouuerent enfemble troys mille hómes à cheual, & de pied quatorze mille, combien qu'Alexandre ne fuft campé loing d'eulx, mais tout
au plus pres auec feulement mille hommes de cheual, huit mille auantu-
riers mercenaires, & dix mille Iuifz de fa ligue. Toutesfois nul des deux
camps ofa oncques commencer la noyfe, ny eulx affaillir, ains tempori-
foient les deux chefz des armées, fouz l'efperance de gaigner les forces l'vn
de l'autre, à fçauoir Demetrius les mercenaires d'Alexandre, & Alexandre les Iuifz, eftans auec Demetrius. Durant lequel temps, furent enuoyez
des deux parts plufieurs Heraux pour ocafion fimulée, & premier que venir aux coups de main: mais finablemét apres auoir cogneu que nul d'eulx
pouuoit rien pratiquer fur fon ennemy, marcherent furieufement en bataille rengée, ou les mercenaires d'Alexandre fe porterent vaillamment,
& neantmoins la victoire demoura en la faueur de Demetrius, dót fix mil
le de fes Iuifz eurent telle compaffion, que confiderans le malheur & inconftance de Fortune, enuers leur Prince (lequel toufiours leur auoit efté
fauorable) habandonnerent le victorieux pour fe retirer au vaincu, qui
pour fa perte eftoit fugitif dans les montaignes. Et auint telle mutation
tant inopinément, que fi Demetrius en foupçonnoit peu, Alexandre y

penfoit

DE LA GVERRE DES IVIFZ. Fueil. IX.

penſoit encores moins. Et toutesfois iceluy Demetrius s'en trouua tant affoibly, que pour le mieux habandonna ſon camp, & ſe retira auec aucuns des ſiens, demourans les autres encores campez, eſperans touſiours deffaire Alexandre, tant luy vouloient mal de mort. Mais à la fin ſe voyans grand nombre de leur troupe taillez en pieces, force leur fut prendre le chemin de la ville de Bemeſelis qu'Alexandre aſſaillit & print depuys, auec gros nombre de priſonniers qu'il enuoya en Hieruſalem contre leſquelz (indigné de la reſiſtãce qu'ilz luy auoient faite) commanda en crucifier iuſques à huyt cens au mylieu de la cité, & les femmes & leurs enfans occis en la preſence de leurs meres. Ce qu'iceluy Alexandre regardoit tandis en face ioyeuſe, yurongnant & faiſant grand' chere entre ſes paillardes & concubines, qui aporta telle crainte & deſplaiſir à ceux de la ville que plus de huyt mille d'eulx habandónereut, la nuict enſuyuant, les marches de Iudée, ſans y retourner iuſques à ce que le cruel Tyran euſt donné fin à ſa vie, lequel s'eſtant ainſi deffait de ceux qui peu luy vouloient de bien demeura en paix quelque temps.

De la guerre d'Alexandre contre
Antiochus, & Areta, Alexandra Royne, & Hircanus.

Chapitre   IIII.

B iii   Par le

LE I. LI. DE F. IOSEPHVS.

Ar le discours precedant, vous auez entendu l'estat ou se maintenoit Alexandre, mais le repos luy dura peu, car Antiochus surnommé Dionysius, frere de Demetrius luy apresta nouuelle cousture. Celuy dont ie vous parle fut le dernier qui donna fin à la lignée de Seleucus. L'ocasion vint de ce qu'Alexandre, redoutant & faisant cas des entreprinses dont Antiochus le menassoit, estant prest d'aller contre les Arabes, pourueut tellement à ses affaires, qu'il enuironna, en peu de iours, de hautz fossez (reuestuz de forte & dure muraille auec puissantes tours de marrin) tout le païs qui est entre Antipatrys prochain des montaignes, & les riuages de Ioppe, esperant par telle inuention & forteresse, clorre & rompre entierement le passage de luy & des siens, ce que peu luy vallut: car Antiochus y arriuant combla maugré son ennemy les fossez, brusla les tours, & passa outre vers les Arabes sans prendre vengeance ny poursuyure Alexandre qui auoit mis ses efforts de l'empescher. Mais il ne tarda guere que les nouuelles en coururent iusques au roy d'Arabie, qui pour telle ocasion se retira incontinent es lieux & places de son païs plus commodes pour la seureté de luy, ou il seiourna peu, ains en sortit tost a-pres, & auec dix mil hommes de cheual qu'il auoit, se iettant à l'impourueu sur les gens d'Antiochus, les assaillit rudemēt, toutesfois ilz se deffendirent en sorte, que non obstant l'effort des Arabes (qui en faisoient meurdre & carnage merueilleux) se monstrerēt magnanimes & de grand cueur, tant que leur Roy eut moyen de se tenir en deffence: mais depuis qu'ilz le virent abatu apres auoir soustenu maint dur conflit & dangereux encombrier defendant ceux qui auoient du pire, prindrent tous la guarite, fuyans à vau de route droit au village de Cana, ou leurs ennemys les poursuyuirent de si pres, que prenant l'vn, abatant l'autre, & tuant la plus part, peu se sauuerent qu'ilz ne passassent la fureur de leurs glaiues, & encores ce peu mourut depuis de pure famine qui les acompagna, excepté quelques vns. Si fut telle la fin d'Antiochus & de ses gens, apres laquelle ceux de Damas (indignez à l'encontre de Ptoloméé, filz de Minneüs) pratiquerent Areta qu'ilz constituerent roy de Sirie la basse. Et pour ceste cause marcha tost apres en bataille, & assaillit le païs de Iudée ou il debella Alexandre, qui toutesfois s'acorda depuis si bien auec luy qu'il trouua façon de le faire retirer auec son ost, prenant iceluy Alexandre son chemin droit à la ville de Pella, qu'il força, & passant outre, vint à Gerasa, esperāt, de rechef, conquerir les grans tresors de Theodorus, parquoy vsa de diligence extreme, & faisant circuir la place en troys diuers lieux, vint au dessus de ses atentes, dequoy non encores content, assaillit Gaulande, Seleucie, & vne autre place appellée la vallée d'Antiochus. Toutes lesquelles il reduit souz sa puissance, auec le fort chasteau de Gamala, dont estoit Capitaine Demetrius, chargé de plusieurs crimes, qu'il amena quant & luy prisonnier en Iudée, ou il fit retour (estant receu en grande ioye de son peuple)

DE LA GVERRE DES IVIFZ. Fueil. XI

ple) apres auoir seiourné l'espace de troys ans entiers à faire ses conque-
stes, dont luy estoit le labeur & trauail si familier, & tourné à nature,
que se trouuant à repos, fut saisy d'vne sieüre quarte, laquelle il pensa
bien vaincre, reprenant son acoustumée façon de viure, & recommen-
cer quelque nouuelle guerre : mais le corps ia debilité par longue maladie demoura vaincu souz le faix, en sorte que peu de iours ensuyuans
il expira, luy estant au fort de ses affaires, l'an vingt & septiesme de son
regne, au gouuernement duquel il institua sa femme Alexandra, s'assu-
rant les Iuifz ne luy deuoir iamais denier l'obeïssance pour auoir tousiours soustenu leur querelle enuers luy, & obuié à son possible, à la
cruauté & inhumanité qu'il vsoit contre eulx, qui acquist à la Royne si
tresgrande & louable reputation endroit le peuple, que n'estant Alexandre frustré de son vouloir, demoura Alexandra Dame & gouuernante
en Iudée : car à parler veritablement elle entendoit tresbien les coustumes
obseruées dans le païs, abhorrant & voulant mal à ceux qui (les negli-
gentz) violoient les loix, & ceremonies, qui leur estoient comman-
dées. Or auoit elle deux filz du feu roy Alexandre, laisné desquelz se
nommoit Hircanus, qui pour son aage fut constitué Pontife, le cognoissant la mere doux, morne, & si peu spirituel qu'il ne causeroit iamais
aucun trouble ou sedition entre ses suiectz, & au contraire estimoit A-
ristobulus son second filz, trop prompt, & de poil ardant, parquoy ne
luy donna aucune superintendence en nulle des contrées, mais se gouuerna la Royne de là en auant en l'aminiftration du Royaume, par le seul
conseil d'vne maniere de Iuifz, qu'on disoit Pharisiens, lesquelz (souz
couleur de l'estime qu'ilz auoient entre le peuple, d'estre gens de bien, de
bonne vie, religieux, & entendans, sur tous autres, la vraye & pure intelligence des ceremonieuses loix) acquirent si grand credit enuers Alexandra, qu'elle les croyoit de toutes choses. Au moyen dequoy (abusant de l'honneur & douceur dont la bonne Dame vsoit enuers eulx) la
mirent & lyerent si bien en leur cordelle, qu'ilz prindrent l'auctorité de
bannyr l'vn, emprisonner l'autre, pardonner ou faire mourir qui bon
leur sembloit, vsurpans toute telle & semblable auctorité & puissance, que
peult auoir vn Roy sur ses suietz, remettant, sans plus, à la Royne, la
grandeur des fraiz, & les choses dificiles qui s'offroiét par la Iudée, à quoy
elle sçauoit tresbien pouruoir, & à plus grandes choses quant necessité les
amenoit, ainsi que l'experience se cogneut en elle peu apres : car elle renforça au double les gens qui estoient à sa solde, appellant auec eux plusieurs mercenaires, par l'ayde desquelz elle n'asseura seulement ses païs,
mais se fit craindre & redouter entre ses voysins & les estrangiers semblablement. Vn mal y auoit, que tout ainsi qu'elle sçauoit bien commander aux siens (qui estoit vn acte vertueux) elle obeyssoit encores mieulx
aux Pharisiens ypocrites, ce qu'estant congneu par eulx, machinerent la
mort d'vn personnage homme de tresgráde reputation apellé Diogenes,

B iiii   qui

LE I. LI. DE F. IOSEPHVS.

qui viuant le feu roy Alexandre, luy fut amy & feruiteur. Et luy dreſſerent telz Phariſiens ceſte cruauté, ſouz couleur de ce qu'ilz l'acuſoient auoir conſeillé le torment des huit cens captifz crucifiez, dont nous auons parlé n'a gueres, importunant la Royne, à toutes heures, faire le ſemblable aux autres qui s'en trouueroiét chargez, ce qu'elle ne leur vouloit denier, ny contredire pour ſa grande ſuperſtition, & l'eſtat religieux qu'elle penſoit eſtre en telz caffardz, qui par ce moyen furent cauſe de mettre à mort grand nombre de ceux qui leur auoient (par le paſſé) deſpleu ou cótredit, & encores euſſent ilz pis fait ſur aucuns des principaux, n'euſt eſté qu'ilz ſe retirerent vers Ariſtobulus, le ſupliant remonſtrer à Alexandra ſa mere, l'iniuſtice & inhumanité dont elle vſoit enuers ſon peuple, ce que le ieune Prince ſceut tant bien faire, qu'elle acorda la vie à tous, pardonnant aux grans pour le regard de leurs eſtatz, & leur donnant congé (ou ilz ne ſe trouuoient coulpables) s'abſenterent hors la cité. Si vindrent en ce meſme temps nouuelles que Ptolomée (ayant aſſiegé la ville de Damas) luy liuroit à toutes heures durs aſſaux, pour laquelle ſecourir, la Royne fit marcher en toute diligence ſon armée à l'encontre, & le debella & chaſſa, ſans que pour telle entreprinſe fuſt rien fait digne de grád' memoire, & touteſfois Alexandra ne ſe tint pourtant oyſiue, ains eſſaya de pratiquer (fuſt par dons ou autres moyens) le roy d'Armenie Tigranes qui tenoit Cleopatra aſſiegée en Ptolomaïde: mais il ſe retira en ce meſme temps en Armenie pour faire teſte à Luculus qui y eſtoit entré, & mis grand trouble en la conquerant, durant lequel tomba la Royne en maladie & s'empara le ieune Ariſtobulus de tous les chaſteaux & places fortes, par l'aýde du grád nombre de ſes ſeruiteurs, qui tous luy furent amys & fidelles, pour le congnoiſtre eſcort, & prompt d'eſprit, ſi que par leur moyen il vſurpa le nom & tiltre de Roy. A' quoy le fauoriſerent grandement les eſtrangers mercenaires qu'il apella, les ſouldoyant des deniers qu'il trouua es lieux de ſa conqueſte, Ce que venu à la cognoiſſance d'Alexandra, print ſi à cueur la querelle & faſcherie de ſes deux filz, qu'elle commanda enfermer la femme & les enfans d'Ariſtobulus au chaſteau autresfoys apellé Baris, dont nous auons parlé n'agueres, aſſis & edifié pres du temple, vers Septentrion, & maintenant ſurnommé Anthonia, par Anthoine lors ayant le gouuernement, ny plus ny moins qu'Auguſta & Agrippias du temps d'Auguſte & Agripa, & qui plus eſt eſperoit bien la Royne venger Hircanus des outrages qu'Ariſtobulus luy faiſoit ſouffrir, l'ayant chaſſé de ſon royaume, mais la mort la ſurprint, apres qu'elle eut regne neuf ans ſans plus, & inſtitué au parauant ſon filz aiſné Hyrcanus, heritier vniuerſel du royaume. Et neantmoins Ariſtobulus (prudent & plus fort que luy) pour l'amour & puiſſance qu'il aquiſt du peuple, demeura maiſtre, & luy donna bataille vers Hierichon, ou pluſieurs de la part d'Hircanus l'habandonnerent pour ſe ioindre à ſon ennemy. Parquoy fut contraint le pauure Roy & les ſiens prendre le hault, & ſe ſauuer par legere fuyte dans le chaſteau d'Antho-

nia, ou

nia, ou il se saisit de la femme & enfans du victorieux Aristobulus qu'il y trouua, par le moyen dequoy fut depuis fait acord entre les deux freres, demeurans les prisonniers en liberté, & Hircanus côtent de quelques honneurs qu'il se reserua portant le tiltre de frere de Roy, remettant le surplus du royaume en la puissance & dition d'Aristobulus, qui s'en empara, pour lequel acord faire vindrent s'entretrouuer au temple, ou ilz s'embracerent, & monstrans l'vn à l'autre grande amytié deuant le peuple, changerent de logis, prenant Aristobulus pour soy le palays Royal, & Hircanus la maison d'Aristobulus.

De la guerre d'Hircanus auec les

Arabes contre Aristobulus, & de la prinse de Hierusalem.

Chapitre V.

'Acord doncques fait entre les deux freres, comme vous auez entendu, aporta grande crainte aux ennemys du nouueau roy Aristobulus, car ilz n'eussent iamais pensé le royaume luy deuoir tomber entre les mains, ainsi qu'il fit, dont se trouua deceu Antipater, Idumean de nation, & estimé le plus grand, d'ancienne maison, plus riche & opulent en toutes choses, & premier dans le païs. Au reste mal voulu au possible (& de longue main) par Aristobulus. Ce que cognoissant tresbien Antipater, conseilla & incita Hircanus de iour à autre se retirer vers

Areta

LE I. LI. DE F. IOSEPHVS

Areta roy d'Arabie, & recouurer, par son moyen, le Royaume qu'il auoit perdu sans ocasion. Pour à quoy paruenir, iceluy Antipater s'achemina deuant en Arabie, & trouuant le Roy à propos, commença à luy faire plusieurs remonstrances de la part d'Hircanus, le supliant luy estre fauorable & aydant contre Aristobulus, duquel il se mit à dire toutes les meschancetez dont il se peut auiser, louant & extollant au contraire Hircanus, & si n'oublia à luy suader le grand honneur & reputation qu'il aquerroit, remettant en son estat vn tel Roy, heritier (par droit de succession, & comme plus aisné) de si grand Royaume qu'est la Iudée, & dont il estoit chassé par vn Tyran son frere. Durant lesquelles menées Hircanus qui auoit bien retenu le côseil de l'Idumean, se desroba de la cité vne nuict entre autres, & le plus secrettement qu'il peut (estant conduit par Antipater) vindrent en grande diligence eulx sauuer dans la ville de Petra en Arabie, principale demeure & sciour du Roy, ou il estoit lors qu'Antipater luy presenta Hircanus, auec tant d'humilité, & nouuelles doleances (acópagnées de richesses & presens) qu'Areta luy otroya ayde & secours pour le recouurement de Iudée, & de fait ayant assemblé cinquante mille hommes, tant de pied que de cheual, sortit d'Arabie pour assaillir Aristobulus, qui se trouuant moins fort & vaincu de la premiere rencontre, s'enfuit droit en Hierusalem, ou il fut suiuy auec telle diligéce qu'il eust esté prins si Scaurus, l'vn des Capitaines Romains, n'eust esté moyen de faire leuer le siege planté deuãt la cité. Or auoit celuy dont ie vous parle esté enuoyé au parauant d'Armenie en Syrie par Pompée le grand, qui faisoit la guerre contre Tigranes pour fauoriser Metellus & Lolius, qui tenoient Damas assiegé: mais il trouua à son arriuée la ville rendue, & là fut auerty des grandz troubles & mutations de la Iudée, qui luy donna ocasion de s'y acheminer pour l'esperance du grand gain ou il s'atendoit. Si ne fut quasi entré les limites de la Palestine, auec son armée, que les Embassadeurs des deux freres vindrent vers luy, le suplier treshumblement (& chacun pour soy) de son ayde & secours: toutesfoys quatre cens talentz, qu'il auoit prins en present d'Aristobulus, eurent trop plus de puissance, que tout le bon droit d'Hircanus, auquel (à ceste ocasion) fut incontinent mandé au nom de Pompée & de l'empire que luy & les Arabes eussent à eulx departir, & laisser en paix Aristobulus, à quoy Areta ne voulut desobeïr, ains doutant la puissance des Romains se retira auec son exercite en Philadelphie, dont Scaurus auerty, retourna semblablement en la ville de Damas, & neantmoins Aristobulus (non content de si grand bien qui luy estoit auenu d'auoir eschapé le danger d'estre prins) mist sus toutes ses forces, & poursuiuit de si pres Hircanus & sa troupe, qu'il deffit en bataille pres du lieu apellé Papyron, huict mille hommes, entre lesquelz fut trouué Phallion frere d'Antipater, dont Hircanus esbahy de si grand' perte, & se voyant desnué entierement de la faueur des Arabes, fut conseillé par iceluy Antipater auoir recours & remettre toute esperance en ceux par lesquelz

DE LA GVERRE DES IVIFZ. Fueil. XII.

quelz ceste grande infortune luy estoit auenuë : parquoy se retirerent incontinent en Damas, ou pour lors seiournoit Pompée, lequel d'arriuée ilz essayerent de gaigner par dons & mesmes moyens qu'ilz eurent Areta, luy requerant Antipater en toute humilité, qu'il luy pleust auoir pitié d'Hircanus, & le remettre en son royaume que luy detenoit par force & sans aucun droit Aristobulus, encores qu'iceluy Hircanus fust l'aisné & plus digne de porter la courône que son frere, lequel tandis ne dormoit pas, ains se retira vers Pompée, pour luy recommander son affaire qu'il tenoit quasi asseuré, à cause du present fait par luy à Scaurus, comme il vous à esté dit: Parquoy entra en la cité de Damas auecq' si bon equipage, qu'il sentoit mieux son Roy commandant, que Prince requerant. Toutesfois ennuyé du long seiour, & de la court que Pompée luy faisoit faire, estimant chose indigne de luy & de son estat de Roy, deslogea de Diospolis sans dire à Dieu, dont Pompée fut si indigné, que tenant du tout le party d'Hircanus se mist à suyure Aristobulus, auec l'armée des Romains, & ayde des Syriens, mais quant il eut passé Pella & Scythopolis, estant arriué à Corée, qui est l'entrée du païs de Iudée, venant par les lieux maritimes, eut auertissement qu'Aristobulus s'estoit fuy en vn chasteau fort, & sumptueusement edifié sur le sommet d'vne haute montaigne apellé Alexandrie, ou il luy enuoya dire qu'il eust à descendre & venir parler à luy. A' quoy Aristobulus deliberoit n'obeïr aucunement, ains plustost atendre le siege & le hazard qui en pourroit auenir, estant indigné de ce qu'il luy auoit mandé descendre & venir parler à luy, comme presumant auoir puissance & auctorité sur luy & son royaume. Toutesfois à la fin estans les siens mal asseurez, luy conseillerent tout le contraire, luy mettant deuant les yeulx la grande puissance des Romains, & le peu de moyen qu'il auoit de soustenir longuement l'aguet contre eulx. Ce que cognoissant Aristobulus veritable, vsa de tel commandement sur soy mesmes, qu'il descendit de son chasteau, & fut trouuer Pompée, à qui d'arriuée il fit plusieurs remonstrances du droit qu'il auoit au royaume qu'il possedoit, apres lesquelles retourna le chemin qu'il estoit venu, & r'entra en sa place dont il sortit pour la seconde foys pour parlamenter à son frere qui l'en pryoit, si eurent quelque propoz ensemble touchant le different de leur partage, mais Aristobulus (entier en son opinion, soustenant tousiours la couronne luy apartenir) laissant Hircanus, se retira en sa môtaigne souz le bon vouloir de Pompée, ballançant toutesfois de là en auant & tousiours, entre crainte & espoir, si qu'il se trouua tout perplex, & neantmoins visitoit de foys à autre celuy qui luy commandoit, pensant obtenir de luy paix & amytié, mais il retournoit incontinent pour ne deroguer à sa dignité & estat de Roy. Ce neantmoins voyant à la fin que, pour toute resolution, Pompée vouloit auoir de luy les places fortes qu'il tenoit, & que mesmes il auoit escrit à ceux qui les gardoient s'en departir, & Aristobulus au contraire, s'ilz n'auoient lettres escrites de sa main, habandonna son chasteau, & de

grand'

LE I. LI. DE F. IOSEPHVS.

grand' collere, le plus diligemment qu'il luy fut possible se retira en Hierusalem, deliberé de combatre Pompée, lequel auerty de telle fuite, ordóna son ost desloger, & qu'en toute extremité Aristobulus fust poursuiuy, pour luy oster tout moyen de se fortifier, à quoy ne tarda, ains le hasterét d'auantage les nouuelles qui luy suruindrent de la mort de Mitridates, le iour propre qu'il campa à Hierichon, païs le plus gras & plus abondant en toute fertilité qu'autre qui soit en Iudée, & ou il croist en grande quantité Palmes, & Baulme, lequel incisé auec pierre & cailloux trenchans, distille liqueur esmerueillable pour son naturel. Si deslogea Pompée le lendemain, & pensant mettre son siege deuant Hierusalem, marcha à l'encontre, qui estonna fort Aristobulus, lequel considerant l'extreme diligence de son ennemy vint au deuant le receuoir, & offrir (non seulement) grand' somme de deniers, ains soymesmes, Hierusalem, & tout ce qui estoit en sa puissance, qui apaisa l'ire de Pompée, toutessois il sceut tresbien le retenir en sa compagnie, & enuoyer Gabinius receuoir l'argent qu'il auoit promis, & l'obeïssance de la cité, mais les amys & compagnons d'Aristobulus luy firent visage de boys, & sans luy donner l'entrée de la premiere porte le renuoyerent comme il estoit venu, dequoy Pompée irrité autant que de chose qui luy auint oncques, commanda reserrer Aristobulus, & vint de grand' fureur circuir Hierusalem, qu'il trouua d'entrée fort mal aylée à conquerir : car d'vn costé estoient murailles espaisses au possible, & la vallée d'autre part si profonde & à pied droit, que le plus dispost de son armée n'y eust iamais monté à loysir, & qui plus est, voyant la fortification du temple vers icelle vallée (refuge & secours des assiegez ou le bas de la cité demeureroit forcé) se trouua fort douteux de son entreprinse, mais fortune luy monstra sur ces entrefaites visage & face ioyeuse, par ce qu'à l'instant se leua vne mutinerie dans la ville, sur le different d'aucuns, qui (fauorisans le party d'Aristobulus) taschoient à tenir fort & endurer toutes necessitez pour l'auctorité de leur Roy, & au contraire plusieurs liguez auec Hircanus, vouloient liurer eulx & la cité ensemble pour crainte qu'ilz auoient que les Romains, qui estoient les plus fortz, ne les voulussent par apres espergner, en quoy ilz furent les maistres : Parquoy ceux d'Aristobulus (pour se sauuer) s'emparerét du temple, & rompirent apres eulx le pont leuis qui auoit yssuë vers la cité, bien deliberez de garder la place & la tenir iusques au bout, dequoy Pompée auerty (mesmes des mutinations, d'entr'eulx) ordonna à Pilon (l'vn des Capitaines & principaux de son armée) entrer & prendre de par luy la possession de Hierusalem & du palais royal ensemble, ce qu'il fit, establissant gardes & garnisons aux lieux & endroitz ou la necessité le requeroit. Puis vint assieger le temple voyant ceux de dedans tenir fort & ne vouloir entendre à composition. A' quoy Hircanus les semonnoit fort, pour la bonne deuotion que luy & ses amys monstroient (par grand seruice & diligence) auoir en la conqueste du lieu, encores qu'il fust de grande deffense & les fossez larges &

DE LA GVERRE DES IVIFZ. Fueil. XIII.

ges & spacieux comme il vous a esté dit , pour lesquelz combler & aplanir fut ordonné que toute sorte de gens , soldatz & autres , trauailleroient a aporter fassines, & matieres qu'on ietteroit dedans. Mais les Iuifz leur dónoient tant d'affaires & leur resistoient si fort , que nul osoit en aprocher, parquoy mal aisément en fussent les Romains venuz à bout, si Pompée ne se fust auisé d'vne superstition & ceremonie qu'ont les Iuifz d'eulx abstenir es iours de sabat de tout œuure manuel, leur estant permis la deffense de leurs personnes sans plus , qui fut cause qu'il commanda chacun se retirer iusques à la feste qu'ilz vindrent de rechef pour parfaire ce qu'ilz auoient commencé & emplir les fossez , ou ilz se monstrerent si diligens que, sans danger de leurs personnes, esplanaderent les creux & esleuerent plates formes si hautes en aucuns lieux qu'ilz eurent moyen d'y dresser tours & machines aportées de Tyr , auec lesquelles ilz esbranslerent le mur , & repoussserent, à force de get de pierres, ceux qui l'auoient en garde : car tant estoient ces tours fortes & aisées, qu'on pouuoit au couuert d'icelles offendre a gré les ennemys & se contregarder quant & quant deux mesmes. Vn seul cas donnoit esbahissement à Pompée , que pour peril & danger qui se presentast aux Iuifz, ne cessoient ny retardoient en aucune sorte leurs ceremonies & institutions religieuses, ains offroient leurs vœuz & victimes à Dieu de iour en iour , ny plus ny moins & auec telle asseurance, que si la paix leur eust esté ausi familiere que la guerre , & mesmes à l'heure qu'ilz perdirent le temple par l'effort des Romains, lesquelz n'espargnans foible ne fort, meurdrirent ieunes & vieux, iusques sur les autelz. Et toutesfois durant tel piteux spectacle, les Iuifz n'obmettoient riens de leur acoustumée façon de faire, ny de chose apartenant à leur religion . Si fut prins ce temple le moys troysiesme apres le siege mis au deuant, & à peine estoit encores vne seule tour de la cité abatuë , quant Faustus Cornelius filz de Silla, se trouua premier sur la muraille, ou le suyuirent de si pres deux centeniers Furius & Fabius, auec leurs bandes, que la force leur demeura, & entrerent dans la place, tuant l'vn & abatant l'autre , & finablement (sans commiseration d'aucun) executerent leur victoire auec tant de cruauté , que non seulement ceux qui se mettoient tant soit peu en deffence : mais ceux ausi qui se vouloient sauuer au temple, estoient miserablement meurdriz , sans que pour telle furie, nul des prestres ordonnez au seruice diuin, ou autre faisant oraison, differassent leurs prieres à Dieu , ou donnassent aucune aparence de fuyr ny abandonner la place , ains demeurerent constans ny plus ny moins que si telz meurdriers y fussent suruenuz pour orer & sacrifier comme eux, Au moyen dequoy plusieurs endurerent la mort , estimás moins leur propre vie , que l'acomplissement de leur religion . Vn seul cas leur desplaisoit à merueilles, veoir ceux de leur propre secte & Iuifz comme eux , reduictz au seruice de Pompée , & leur estre plus inhumains & molestes qu'autre nation estrange de l'armée , ce qu'ilz trouuerent si abhominable , que plustost que tomber en leurs mains, ny au hazard de leur

C   miseri-

LE I. LI. DE F. IOSEPHVS.

misericorde, plusieurs se precipiterent voluntairement du hault du temple au plus bas, & lés aucuns pleins de rage & fureur, se lancerent dans l'ardante flamme qui embrasoit le lieu en diuers endrois, si que douze mile Iuifz finirent leur vie en ce iour malheureux, sans ce que peu des Romains y perissent, encores que maints eussent esté durement naurez & aux assaux & à l'execution de leur victoire, qui fut(certes)dure à suporter aux tristes assiegez, & encores plus l'insolence des estrangiers qui ouurirent lors (manifestement & en publicq) le lieu sainct, lequel iusques adonc, auoit esté tenu secret & occulte à toute personne. Toutesfoys Pompée & les siens y entrerent, & iusques à l'endroit ou le seul prestre pouuoit mettre le pied, & là considera longuement icelluy Pompée les choses singulieres qui y estoient, comme les candelabres, les lampes, la table, les vases, les ensensoirs, & le tout de pur or massif. La grand' quantité de parfums, & bonnes odeurs, & les deniers comptans dediez au temple, estimez en nombre deux mile talentz, à quoy il ne toucha n'y à chose quelconque du lieu, ains commanda le iour ensuyuant de la prinse, à ceux ordonnez à le nettoyer, qu'ilz y trauaillassent, & fissent de là en auant continuer le seruice, sacrifice & oblations, selon leur coustume, & comme au parauant, pour l'obseruation & entretenement dequoy, constitua Pontifel Iircanus, le voulant aussi recognoistre & recompenser, tant du trauail & grande vigilance qu'il auoit prinse durant le siege, que pour la subtilité qu'il moyenna enuers le commun du païs à le distraire & destourner hors du seruice & amytié d'Aristobulus, en quoy faisant il acquist la faueur & beneuolence du peuple, plus par amour que par rigueur n'y contrainte qu'il y eust peu faire, & quant aux prisonniers & captifz (entre lesquelz se trouua le beau pere d'Aristobulus, qui luy estoit aussi oncle) ceux furent decapitez que l'on cogneut auoir esté autheurs & motifz de la guerre, donnant Pompée à Faustus & autres qui valleureusement s'estoient portez (comme i'ay dit) aux assaulx precedens, plusieurs grans biens & presens, rendant au reste la cité tributaire & toute la Iudée, puis ordonna que les villes (autresfoys conquises par les Iuifz en la basse Sirie) demourassent souz l'auctorité & puissance de celuy qui lors y estoit lieutenant pour les Romains, par les loix & coustumes desquelles les citez de Grece (qui sont vers celle basse Syrie) se gouuernent, & policent à present leur peuple & suiectz. Ainsi furent reduictz les Hierosolimitains en leurs premieres limites & bornes, comme vous auez entendu, & peu apres restablit Pompée la ville de Gadara, en la faueur d'vn Demetrius, qui autresfoys luy fut serf, & depuis franc & libre, laquelle ville noz Iuifz auoiét destruicte au precedant, & qui plus est mist hors de leurs mains & pouuoir, les citez Mediterranes, Hippon, Scythopolis, Pella, Samarie, Marissa, Azotum, Iamma, & Arethusa, qu'ilz n'auoient eu loisir de ruïner pour estre preuenuz de trop pres, & quelques autres places maritimes, à sçauoir Gaza Ioppe, & Dora, auec la tour de Straton, ainsi nommée au commencement, & ores Cesarée par Herodes,

l'ayant

DE LA GVERRE DES IVIFZ.　Fueillet XIII.

l'ayant reédiffiée de nouueau & embellie de maintz superbes & sumptu-
eux edifices, toutes lesquelles villes, places & citez, Pompée remist entre
les mains des vrays Citoyens, & les annexa en la prouince de Syrie, y ordonnant chef & gouuerneur Scaurus, mesmes de tout ce qui se contient
iusques en Egypte, & au fleuue d'Eufrates, pour la seureté dequoy luy laissa deux legions, puys s'en retourna à Rome par la Cilicie, & mena quant
& luy Aristobulus prisonnier auec ses enfans. Or auoit il deux filles &
deux filz, l'vn desquelz nommé Alexandre, trouua façon d'eschaper sur le
chemin : mais l'autre apellé Antigonus fut conduict seurement auec ses
sœurs iusques en Italie.

❧De la guerre d'Alexandre
filz d'Aristobulus contre Hircanus, & Gabinius.

Chapitre　　　　　　　VI.

TElles furent les affaires de la Iudée que vous auez entendu, durant lesquelles Scaurus, estant entré en Arabie, essayoit par tous moyens aprocher la ville de Petra, mais
il n'y pouuoit paruenir, tant se trouuerent les lieux (par
ou luy conuenoit passer) rudes, mal aysez, & difficiles,
dont trop desplaisant, se mist à degaster les enuirons de
Pella. En quoy faisant il souffrit maintz griefz maux, car la famine suruint
en son camp, quelque secours de viures dôt Hircanus luy peust ayder souz
la conduite d'Antipater, lequel iceluy Scaurus (lesçachant amy & familier d'Aretha roy d'Arabie) enuoya vers luy, pour luy entamer parolles de
paix & apointement, pourueu qu'il fournist comptant quelques deniers
pour le deffray de l'armée Romaine. Ce qu'iceluy Antipater sceut tressagement mener, & si bien, qu'il en tira trois cens talentz, qui peurent plus,
que toute la puissance d'Aretha, car ilz firent desloger d'Arabie Scaurus
& marcher ailleurs. Mais pour retourner à Alexandre filz d'Aristobulus
eschappé de Pompée, apres qu'il eut assemblé grand nombre de gens de
guerre, entra en la Iudée, & commença à la saccager, trauaillant Hircanus en toutes les sortes qu'il pouuoit, souz lesperance, que l'ayât combatu
& chassé en peu de iours (comme il se promettoit) faire boulcuert puis a-
pres de Hierusalem contre tout ennemy, pensant les murailles abatues par
Pompée, estre de nouueau reédifiées, & plus fortes qu'au precedant. Toutesfoys Gabinius luy fit bien tost changer propos, car luy estant enuoyé
en Syrie, au lieu de Scaurus (auerty des entreprinses d'Alexandre) fit soudain tirer son armée encontre. Or estoit il homme de cueur, vaillant homme à l'espée, & tel qu'on le cogneut en plusieurs endroitz, ce que sçachant

C ii　　　tresbien

LE I. LI. DE F. IOSEPHVS.

tresbien Alexandre renforça son ost tant qu'ilz se trouuerent ensemble iusques au nombre de dix mile hommes de pied, & quinze cens à cheual, faisant au reste remparer & fortifier (en toute diligence) Alexandrie, Hircanie, Macheron, places assises vers les montaignes d'Arabye, & ce pendant Gabinius entroit tousiours en pais, donnant charge à Marc Antoine faire l'auant-garde & marcher deuant auec partie de l'armée Romaine, à laquelle se ioignit la troupe, d'Antipater, & celle des Iuifz, que conduysoient Malichus & Pitholaüs, qui vindrent incontinent planter leur camp deuant celuy d'Alexandre, ou peu apres arriua Gabinius auecq le reste de ses forces, lesquelles trop redoutées par iceluy Alexandre, commença à les fuïr & reculer petit à petit. Mais il fut suiuy par telle diligence, que force luy fut s'arester pres Hierusalem, & là atédre la fortune de la bataille qu'il receut, auec tant de dommage, que six mile hommes des siens y demeurerét, à sçauoir trois mile occis en la place, & trois autre mile prisonniers & captifz. Quant au reste ilz se retirerent auec luy droit en Alexandrie, ou ilz se parquerent de rechef, atendant Gabinius, lequel arriué & trouuât les ennemys encores opiniastres, & prestz de ne refuser nouuelle charge (si on la leur presentoit) essaya par tous moyens qu'il peut (premier qu'entrer en autre combat) les gaigner & pratiquer, iusques à leur remettre la faute & rebellion qu'ilz auoient faite contre l'empire Romain. Et neantmoins tout ce luy profita peu, car nul d'eulx monstra oncques semblant de vouloir abandonner leur chef & conducteur. Ains receurent la bataille pour la seconde fois, en laquelle demeurerent les Romains encores victorieux, & les autres deffaitz & repoulsez, iusques à s'enfermer dans la place, dont fut cause en partie Marc Antoine, qui se porta si vaillamment, que la grande reputation qu'il auoit acquise au precedant par ses vertuz & prouësses s'augmenta, & eut plus grand bruit que iamais entre gens de guerre priuez & estranges. Ainsi demoura Alexandre enfermé en son chasteau comme il vous a esté dit, & se trouuant Gabinius maistre de la campagne, delibera laisser au siege partie de ses gens, & auec le reste de ses forces visiter les autres villes & places, tant pour mettre ordre a réedifier les lieux ruïnez, qu'a remparer & fortifier de nouueau celles qui en auoient besoing & iusques à pouruoir & remplir d'habitans Scythopolis, Samarie, Anthedon, Appolonie, Iammia, Raphia, Marisa, Doreos, Gamala, Azotus, & plusieurs autres, chose tresagreable & de grand contentemét à ceux qui y furent ordonnez, puis retourna Gabinius au siege d'Alexandrie, ou de là en auant pressa de si pres l'ennemy, qu'il luy osta toute esperance de secours. Parquoy enuoya requerir pardon, offrant remettre en ses mains non seulement la place assiegée, mais aussi Hircanie & Macharon, ce que luy persuadoit importunément sa mere, craignant qu'à l'ocasion de ceste guerre, Aristobulus & ses enfans prisonniers, en receussent pire traitemét. Ainsi furent les places reduites au pouoir des Romains, & depuys rasées, pour oster à l'auenir tout moyen de nouuelle rebellion, durant lesquelles menées

DE LA GVERRE DES IVIFZ.   Fueil. XVI

menées la bonne Dame femme d'Aristobulus visitoit souuent Gabinius, mettant toutes peines à elle possibles, à bien le gouuerner & entretenir, à fin qu'il n'aygrist l'Empereur & le Senat contre son mary & les siens, pour mieux se venger d'Alexandre. Si ne tarda gueres depuis iceluy Gabinius à remener Hircanus en Hierusalem, ou il le restablit de nouueau en la dignité de Pontife & charge de tout le temple, changeant toutesfois & par mesme moyen l'entier gouuernement de la republique en Aristocratie, y constituant aucuns, gens de bien & d'honneur, par lesquelz elle seroit regie & entretenuë de là en auant, qui contenta beaucoup les Iuifz pour se voir deliurez de la subiection & obeïssance d'vn Roy, & pour encores mieux perpetuer icelle Aristocratie, s'auisa de separer toute la nation Iudaïque en cinq diuerses assemblées & quantons. Le premier desquelz, il ordonna estre en Hierusalem, le second en Gadare, le tiers en Amathun, le quart en Hiericon, & le dernier en Sopphoris cité de Galilée, mais gueres ne demourerent les Hierosolimitains en si bonne tranquilité: car Aristobulus ayant trouué moyen de rompre la prison ou il estoit gardé à Rome, leur aporta nouueaux troubles, par le grand amas de gens qu'il mit sus en la Palestine, les vns pour l'enuie qu'ilz eurent de piller, & les autres (qui tenoient son party) esperant luy faire seruice, à l'ayde desquelz il s'inuestit & empara legerement d'Alexandrie, qu'il pensoit bien restablir & récdifier de nouuelles murailles, toutesfois il fut incontinent auerty que Gabinius auoit depesché Sisenna, Anthonius & Seruilius pour le venir combatre, au moyen dequoy il abandonna la place & se retira à Macheron laissant tout ce qu'il auoit de gens inutiles pour mener seulement quant & luy ceux dót il se pouuoit seruir, estimez huyt mile, bien armez entre lesquelz se trouua Ptolomée ayant charge souz autruy de mile hommes, qu'il auoit amenez de Hierusalem, d'ou il s'estoit desrobé. Si fut Aristobulus suiuy de si pres par les Romains, que force luy fut receuoir la bataille, en laquelle il se maintint tant valleureusement entre les siens, que le conflit dura longue espace de temps, premier que l'on vist aucun esbransler. Toutesfois la desconfiture tourna à la fin de sa part, & demourerent morts en la place cinq mile hómes & deux mile qui se sauuerent es prochaines monticules, & quant aux autres mile, ilz se retirerent auec iceluy Aristobulus dans le chasteau, par le moyen d'vne brauade & effort qu'ilz firent, passant à trauers de leurs ennemys, or auoit esté (comme nous auons dit) la place ruïnée & abatuë au precedát: Parquoy fut le Roy contraint se loger la premiere nuict entre les ruïnes, esperant moyéner quelques treues auec son ennemy, & pendant icelles faire nouuelle assemblée de gens, & restablir le chasteau, mais les Romains ne luy permirent tant de loysir: car ilz luy coururent incontinent sus, & lors à bien assailly bien deffendu, car quelque effort qu'y peurent faire ceux de dehors, la place demoura non forcée, iusques au deuxiesme iour d'apres, qu'ilz redoublerent tant de foys les assaux, que finablement ilz en demourerent maistres, prenans prison-

C iii   niers

LE I. LI. DE F. IOSEPHVS.

niers Ariſtobulus & Antigonus ſon filz, qui eſtoit eſchapé quant & luy du pouuoir des Romains. Si furent & l'vn & l'autre amenez à Gabinius, lequel les renuoya à Rome, ſouz bonne & ſeure garde, ou arriuez (& Ariſtobulus mieux renforcé que iamais) le ſenat ordonna remener ſes enfans en Iudée, ainſi que Gabinius auoit promis à la femme d'iceluy Ariſtobulus par la reduction qui fut faite des places dót nous auons parlé cy deſſus.

Ceſte nouuelle & derniere guerre apaiſée comme auez entendu par le preſent diſcours, Gabinius delibera aller mener guerre aux Parthes : mais il fut retardé par Ptolomée: car luy retournant des païs ſituez vers Eufrates pour entrer en Egipte, eſtant ſecouru, & d'Hircanus, & par Antipater, d'argent, d'armes, de viures, & de gens, ſe trouua neantmoins empeſché: car il eut auertiſſement que les Iuifz gardoient contre luy les paſſages de Peluſe: parquoy enuoya prier Gabinius le fauoriſer en ceſt endroit, & les enchaſſer, ce qu'il fit: mais à peine fut il desllogé que l'autre Sirie s'eſmeut, & par les menées d'Alexandre filz d'Ariſtobulus, qui de ſon coſté aſſembla gros nombre de gens de guerre, menaſſant faire mourir tous les Romains qu'il pourroient trouuer dans le païs, ce qui certainement aporta nouuelle crainte à Gabinius, à quoy voulant pouruoir, eſtant ia de retour d'Egypte, depeſcha Antipater pour aller deuant, & pratiquer (s'il luy eſtoit poſſible) aucuns du party contraire, & rapaiſer par ce moyen le commencement du tumulte, ce qu'iceluy Antipater ſceut tresbien moyenner, & toutesfoys trente mil hommes demourerent encores à Alexandre, auec leſquelz il s'opiniaſtra ſi fort, qu'il ſe prepara pour donner bataille à ſon ennemy, & pour ceſte cauſe marcherent les Iuifz à l'encontre, iuſques au mont Itaburius, ou le combat fut ſi grand & perilleux, que dix mille hómes y reſterent morts en la place, & le ſurplus s'enfouyt, au moyen de quoy Gabinius retourna en Hieruſalem, ou il mit nouuelle ordre à la Police, par l'auis d'Antipater, puis marcha auec ſon exercite vers les Nabathées qu'il ſubiuga laiſſant eſchaper ſecrettement Mitridates, & Orſanes, qui au parauant eſtoient fuiz des Parthes, combien qu'il donnaſt à entendre aux ſoldatz, que la retraite de l'vn & l'autre auoit eſté faite ſans le ſceu de luy, durant toutes leſquelles factions & menées, Craſſus (enuoyé par les Romains en Syrie au lieu d'iceluy Gabinius) entra en Hieruſalé, ou d'arriuée ſaiſit tout l'or du temple pour faire les fraiz (comme il diſoit) de la guerre contre les Parthes, meſmes les deux mile talentz à quoy Pompée n'auoit onc voulu donner atainte que de l'œil, ce qui profita peu à iceluy Craſſus: car à peine eut il paſſé la riue d'Eufrates, que luy & ſon oſt perirent, toutesfois nous tairons à preſent par quel moyen ceſt infortune luy auint & iuſques à ce qu'il vienne mieux à propos pour vous dire qu'a iceluy Craſſus ſucceda Caſsius, s'eſtant au parauant fuy en ceſte prouince, qui d'arriuée repouſſa les Parthes hors de Syrie, ou ilz vouloient entrer, & de là s'achemina en la Iudée ou il print à force la ville de Tarichée, faiſant eſclaues trente mile Iuifz, & ſouffrir mort (par le moyen d'Antipater) à

Pitho

DE LA GVERRE DES IVIFZ. Fueil. XVI.

Pitholaüs homme propre & couftumier de gaigner le peuple & le tourner de la part d'Ariftobulus. Or auoit lors iceluy Antipater quatre enfans d'vne femme nommée Cypris, grandement aliée des plus nobles maifons d'Arabie, le premier defquelz fe nommoit Phafelus, le roy Herodes, Iofeph, Pherora, & Salome, & fe fentoit aymé & bien venu de tous les potentatz & feigneurs voyfins & eftrangers pour la bonne chere & liberal recueil qu'il eftoit couftumier leur faire & fouuent au roy d'Arabie, duquel il fut tellement aparenté qu'il luy enuoya en garde fes enfans, & les luy recommanda fort aufsi toft qu'il eut entreprins la guerre contre Ariftobulus : mais pour trop n'efloigner de fon reng Cafsius, entédez qu'ayât laiffé Alexandre en repos par apoinctement fait auec luy, s'en retourna vers Eufrates à fin d'empefcher le paffage des Parthes que nous laifferons là pour cefte heure, atendans de les mettre en ieu ou il fe trouuera mieux à propos.

De la mort d'Ariftobulus & Ale-

xandre fon filz. Et de la guerre d'Antipater & Mitridates contre les Egiptiens.

Chapitre   VII.

Velque temps apres les chofes dont nous auons parlé cy deffus (eftant Pompée & le fenat Romain fugitif outre la mer Ionique) Iulles Cefar tenant Rome en fa fubiection deliura & mit en liberté Ariftobulus, & luy baillant deux legions, l'enuoya en diligence vers la Syrie, efperant par fon moyen la conquerir & tout le païs adiacent à la Iudée : toutesfois l'enuie ne voulut permettre l'efpoir de Cefar ny l'entreprinfe d'Ariftobulus venir à effect : car il fut empoifonné par ceux qui tenoient le party de Pompée, demourant par longs iours depuys fans receuoir fepulture, eftant fon corps gardé en miel iufques à ce qu'Anthonine l'enuoya aux Iuifz pour le mettre au monument de leurs feuz Roys: mais fi le pauure Prince fut mal fortuné, fon filz Alexandre fe trouua encores pis auec le temps: car Scipion luy fit perdre la tefte en Antioche par le commandement de Pompée, fuyuant les charges & informations decretées contre luy des tortz & outrages qu'il fouloit exercer enuers les Romains. Or auoit iceluy Alexandre encores fa mere vers laquelle Ptolomée (filz de Minneüs qui regnoit en Chalcyde fitué fouz le mont Liban) enuoya Philippion fon filz en Afcalon, ou elle eftoit lors, luy mâdant qu'elle laiffaft venir fes autres enfans pour les tenir pres fa perfonne, à quoy Philippion fit tel deuoir qu'il amena quant & luy Antigonus & fes feurs,

C iiii   l'vne

LE I. LI. DE F. IOSEPHVS.

l'vne defquelles & la plus ieune nommée Alexandra, il print en amour & l'efpoufa: mais le vieil Roy fon pere ne l'en laiffa gueres iouïr: car luy mefmes en deuint fi amoureux, que pour l'auoir du tout fienne par mariage, meurdrit cruellement fon filz propre, qui fut caufe qu'il eut de là en auant les freres d'elle & leurs affaires en plus grande recommendation. Si mourut Pompée quelque temps apres: parquoy Antipater commença de fuyure Cefar, à qui il fit depuis maintz grans feruices: car Mitridates de Pergame ne pouuant paffer par Pelufe l'armée qu'il conduifoit en Egipte, & eftant arrefté à cefte ocafion en Afcalon, fut tellement aydé par Antipater, qu'en fa faueur les Arabes le vindrent fecourir, encores qu'ilz le congneuffent pour ieftranger, & qui plus eft luy mena de renfort troys mile Iuifz bien armez & equippez, faifans efmouuoir les plus puiffans de Sirie à le fuyure & acópaguer, mefmes iceluy Ptolomée habitant au Libam & Iamblichus fon filz, pour l'amour defquelz les villes de cefte contrée prindrét, de là en auant, les armes & la part de Cefar. Eftant doncques Mitridates renforcé comme il vous a efté dit, par le feul moyen d'Antipater, tira auffi toft vers Pelufe qu'il afsiegea, par-ce qu'ilz luy denierent ouuerture & paffage, ou fe monftra Antipater tel qu'il eftoit, hardy, & vaillant au poffible: car ayant de fon cofté fait breche, faillit le premier fur la muraille & (fuiuy des fiens) demeura Pelufe prinfe & forcée, puis paffans outre auec l'armée, prindrent le chemin droit à Cefar. Mais les Egiptiens & Iuifz, habitans la region apellée Donic, les empefcherent au commencement : toutesfois Antipater fceut tant bien iouër du plat de la langue, & les gaigner, que non feulement ilz leur acorderent paffage, ains fournirent tout loft de ce qui leur eftoit neceffaire. Ce que venu à la congnoiffance de ceux qui habitoient Memphis, allerent au deuant de Mitridates fe donner à luy de leur bon gré, qui fut caufe de le faire marcher vers vn lieu qu'on nommoit Delta qu'il circuit entierement, & là combatit les Egiptiens à l'endroit qu'on apelle le camp des Iuifz, fi fut la bataille ordonnée de façon que Mitridates auoit l'æfle dextre & Antipater la feneftre, & fe trouua le conflit fi afpre & dangereux, que Mitridates s'esbranloit, & euft efté en trefgrand peril fans le fecours d'Antipater, lequel ayant vaincu ceux qu'il auoit chargez tourna vifage droit au riuage du fleuue ou il arrefta fur cul les ennedemys qui donnoient la chaffe à Mitridates, defquelz il fit grand meurdre en les pourfuiuant iufques dans leur camp, dont il demoura maiftre fans qu'il perdift plus hault de quatre vingtz hommes, & Mitridates pour fa fuite huiét cens. Tel fut le fecours que donna Antipater à iceluy Mitridates, ce que voulant depuis recognoiftre, ne luy defrobavn feul poinét de l'honneur qu'il meritoit: ains fit le tout entendre à Cefar, fans laiffer derriere la prouëffe qu'il auoit monftrée en cefte derniere guerre contre les Egiptiens, que Cefar print tant bien, que de là en auant il luy monftra fi bon vifage, & le pourueut de telle efperance qu'il demoura encores plus affeétionné à luy faire feruice qu'il n'auoit oncques penfé au parauant, à

quoy

quoy il ne faillit pas: car auenant les affaires, oncques homme ne se hazarda tant contre l'ennemy, dequoy pouuoient respondre & porter seur tesmoignage le grand nombre de places & cicatrices qu'il auoit, semées par tous les endroitz de son corps, dont Cesar le recompensa tresbien, car aussi tost que la guerre d'Egypte eut prins fin, & qu'il fut retourné en Sirie, le fit citoyen de Rome, auec immunité & franchise de toutes charges & tributz, qu'il acompagna de telz honnestes & gracieux traitemens, qu'Antipater eut cause de s'en louër, veu mesmement qu'en sa faueur Hircanus fut confermé en l'estat de Pontife.

Des accusations & charges que

l'on mist sur Antipater enuers Cesar, & de la guerre que fit Herodes.

Chapitre   VIII.

OR en ce temps Antigonus filz d'Aristobulus vint deuant Cesar, ou il tint propos d'Antipater, pensant qu'ilz luy deussent tourner à grand deshonneur, mais il auint tout autrement: car il en demeura plus auantagé, & en la bonne grace de l'Empereur, en la presence duquel Antigonus commença sa doleance, se plaignant de la mort de son feu pere Aristobulus, qui auoit esté (comme il proposoit) empoisonné pour soustenir la querelle de l'Empereur à l'encontre de Pompée, & son propre

LE I. LI. DE F. IOSEPHVS.

propre frere decapité par le commandement de Scipion, faisant lesquelles remonstrances vsoit de telle paliation & visage feint, qu'il sembloit proprement ses paroles estre prononcées plus auec amertume de cueur, que par enuie ne mal talent qu'il portast à aucun, puis s'adressant à Hircanus & Antipater se mist à les charger & donner blasme de ce qu'ilz auoient chassé luy & ses freres du païs qui luy apartenoit, aussi des grans tortz & exactions qu'ilz faisoient au peuple, mesmes pour le secours & ayde qu'ilz auoient enuoyé à Cesar luy estant en Egypte, non pour bien qu'ilz luy voulussent, mais pour la seule crainte des anciennes querelles, & s'excuser du party de Pompée qu'ilz auoient tenu longuement. Ce qu'entendu, iceluy Antipater ne peut tant refraindre son ire que, iettât son acoustrement par terre, monstra son estomac nud, & les autres parties de son corps couertes d'vne infinité de playes. Ha ah, respondit il, quel besoing est il que ie face plus grande preuue de l'amytié & seruitude que ie dois à Cesar, veu que le tesmoignage des cicatrices, que chacun voit, est si clair que, quant ie m'en voudrois taire, elles seulles sont suffisantes pour l'asseurer du bien & honneur que ie luy veux & desire : mais au contraire, qui ne s'esmerueilleroit maintenant de la temerité d'Antigonus? lequel (imitant son pere ennemy & fugitif des Rommains) ne pretend qu'à esmouuoir peuple & faire nouueaux troubles & seditions, accusant enuers le Consul des Romains l'incoulpable, esperant souz sa parolle fardée & pleine de mensonge : captiuer sa beneuolence, & acquerir quelque bien & profit, ne se contentant de la grace qu'on luy octroya de le laisser viure : mais quoy ? on sçait assez qu'il ne desire point tant retourner au royaume pour corriger les faultes & mauuais gouuernement dont il se vente, que pour enuie qu'il a de mutiner de nouueau les Iuifz, & mettre entr'eux mesmes plus de rumeur & querelle qu'il n'y eut oncques, puis se teut, laissant l'oreille de Cesar tant satisfaite qu'il eut en meilleure opinion les acusez qu'il n'auoit au precedant ceste acusation, reputant Hircanus meriter (& iustement) l'honneur de Pontife, & quant à Antipater il luy donna le choix de quelque charge ou dignité qu'il auroit agreable, ce dont il le remercia treshumblement, & remist le tout souz son bon voulloir & plaisir, Parquoy le constitua Cesar gouuerneur de la Iudée, auec puissance & permission de refaire les murailles de Hierusalem qui estoiét demourées par terre, depuys le temps que Pompée la print d'assault, ainsi qu'il vous à esté dit, ce qu'Antipater accepta de tresbon cueur, & comme chose dont il luy auoit fait requeste au precedant, pour la confirmation de quoy, & à fin que telz honneurs demourassent en perpetuelle memoire à la posterité pour le bien d'Antipater, & augmentation à tout autre de s'éployer plus voluntiers au seruice de l'empire, manda Cesar à Rome les engrauer au Capitole. Si ne tarda gueres depuys de retourner en Sirie ou Antipater le conduict, puis s'en vint en Iudée, ou premierement il fit reédifier les ruïnes & circuir de murailles des places abatues aux guerres precedentes,

DE LA GVERRE DES IVIFZ. Fueil. XVIII.

cedentes, r'apaiſa tant par amour que par menaſſes les troubles qui ſe faiſoient par le païs, remonſtrant que ceux qui tiendroiét pour Hircanus vi-
uroient en repos & iouyroient paiſiblement tant de leurs biens & poſſeſſions que de la paix commune, & au contraire ſi par quelque eſperance
folle qu'on leur pourroit mettre deuant les yeux, adheroient à ceux qui
ne demandent que troubles & changemens nouueaux en la republique,
pour leur profit particulier, auroient, de là en auant, & experimenteroient
pour vn gouuerneur gracieux, vn dominateur aigre & dificile, pour Hircanus leur Roy traitable, vn tyran rigoureux & impitoyable, au lieu des
Romains & de Ceſar qui leur ſont amys, capitaines & chefz, qu'ilz leur ſeroient mortelz ennemys : car, diſt il, ilz n'endureroiét pas aiſément qu'on
me deſmiſt de l'auctorité & preeminance en laquelle ilz m'ont conſtitué
ſur ce païs, & ainſi pacifioit par belles parolles toute la prouince, tant qu'il
entreprint (voyant Hircanus peu ſe ſoucier des affaires du royaume & pa-
reſſeux plus que telle charge ne requeroit) de faire gouuerneur de Hieruſalem & ſuperintendent es païs circonuoyſins Phaſelus ſon filz aiſné, &
l'autre plus ieune dit Herodes, lieutenant en Gallilée, ou il trouua en quoy
employer ſon eſprit, qui luy eſtoit gentil, prompt, & naturellement enclin
à traiter affaires & choſes d'importances, ainſi qu'il monſtra bien depuis,
car pour le commancement de ſa charge & auctorité, fit prendre Ezecias
brigant treſredouté, qui degaſtoit tout le païs adiacent la Sirie, & pluſieurs de ſes compagnons qu'il commanda mettre à mort, dont toute la contrée receut tel plaiſir & contentement, que tant es villes que villages, on en
chantoit les louanges & vertuz comme ſi Dieu le leur euſt donné pour les
mettre en tranquilité, & conſeruer leurs biés & famille : au moyen dequoy
fut iceluy Herodes incontinent cogneu & aymé de Sextus Ceſar, proche
parent du grand Ceſar, & chef par toutes les marches d'icelle Sirie, dont
Phaſelus ſon frere auerty print telle emulation, qu'il ſe miſt à ſi bien gaigner l'amitié & beneuolence de ceux de Hieruſalem, ou il eſtoit gouuerneur, que ſans leur faire iniure n'y abuſer de ſa puiſſance, eſtoit crainct &
redouté de tous, qui donna à Antipater treſgrand honneur & reputation
par toute la Iudée, ou il eſtoit entierement obey, ſans que pour telle aucto
rité l'amytié d'Hircanus & de luy diminuaſt en rien pour le commancement, mais à la fin, & comme il auient aſſez de foys, il fut impoſſible que la
gloire & bonne eſtime que ces ieunes Seigneurs auoient acquiſe enuers
les Hieroſolimitains & diuulguée par tout, n'engendraſt nouuelle enuie à
Hircanus, ſpecialement pour le bon heur d'Herodes, à quoy il eſtoit ſouuent ſtimulé par l'eſguillon & grandes perſuaſions que luy donnoient aucuns de ſa court, à qui la prudence ou d'Antipater ou de ſes enfans, eſtoit,
peult eſtre, dommageable : car, diſoiét ilz a Hircanus, Sire, vous auez donc
laiſſé, à ce que nous voyons, l'entier maniment de toutes les affaires de voſtre royaume à Antipater, & à ſes filz, vous eſtant demouré le nom de Roy
ſans aucune puiſſance, mais, Sire, iuſques à quant auous deliberé ſouffrir ce-

ſte in-

LE III. DE F. IOSEPHVS

ste iniure, & vous oublier iusques là de nourrir Roys qui ne demádét qu'à vous chasser hors de vostre siege? Et qu'il soit vray, Sire, ne se sont ilz desia emparez, &(sans dissimuler)faitz seigneurs de l'étiere administratió & affaires de tout vostre païs?n'a Herodes de sa seule puissance & côtre les loix du peuple, ou vostre cómandement, faict puys n'agueres mourir plusieurs Iuifz, & sans forme quelconque de iustice? Parquoy, Sire, souz vostre correction & bon plaisir, nous serions d'auis que le mandissiez venir vers vostre maiesté, pour respondre (par sa propre bouche) s'il est Roy de vostre royaume, & qui l'a meu d'entreprendre & mettre ainsi voz suietz à mort, contreuenant à tout ordre de iustice, & à la commune loy des Iuifz. Certes telles remonstrances esmeurent si fort Hircanus que, vaincu de grand' collere, enuoya apeller Herodes pour luy faire son proces & receuoir iugement, ou il comparut, tant par l'auis de son pere, que se sentant incoulpable de ce qu'on luy mettoit assus, toutesfois il pouruent tresbien à la Gallilée auant partir, & y laissant bonnes & seures garnisons s'achemina vers Hircanus, menant aucuns des siens, non pas grand nombre, tant pour ne sembler au Roy Hircanus (s'il eust esté plus acompagné)qu'il luy voulust mal qu'ausi pour la garde de sa personne, doutát receuoir outrage de ceux qui luy portoient enuie. Or fut auerty Sextus Cesar de ceste menée, parquoy craignant Herodes estre mal traité & iniurié s'il tumboit es mains de ses acusateurs, manda incontinent à Hircanus qu'il eust à l'absouldre des charges & homicides que l'on luy mettoit assus, à quoy il obeit, estant luymesmes amy & affectionné enuers icelluy Herodes, combien qu'Herodes pensast tout le contraire, & que sa deliurance eust esté moyennée du tout oultre le vouloir d'Hircanus, au moyen dequoy se retira promptement en Damas vers Sextus Cesar, bien deliberé s'il estoit de rechef apellé en iugement n'y retourner, quoy qu'il luy deust auenir. Mais ce pendant ses enuieux luy dressent nouuelles charges, aygrissans contre luy Hircanus de iour en iour, & d'heure à autre, car ilz luy firent entendre qu'il estoit deslo gé bien marry, & en intention de luy mener guerre ce qu'Hircanus creut assez legerement, & toutesfoys il n'y pouuoit donner ordre, cognoissant Herodes plus fort & puissant que luy depuys que Sextus Cesar l'eut fait son lieutenant en la basse Syrie, & Samarie, ou il n'auoit aquis seulement l'amitié & beneuolence de tout le peuple, mais s'y estoit nouuellement fait craindre & redouter par le moyen de l'auctorité qui luy estoit acreuë, qui donnoit beaucoup à penser à Hircanus, craignant(& auec raison)qu'il luy vint courir sus à main forte, ainsi qu'il auint depuys: Car Herodes assembla grand exercite, &(en vengeance de l'iniure qu'il auoit receuë estant apelié en iugement)tira droit en Hierusalem, ou il enuoya defier Hircanus, esperant le deffaire & ruïner, à quoy il fust peruenu si Antipater son pere, & Phaselus son frere, ne fussent allez au deuant luy rompre sa grand' fureur & collere, le priant qu'il vsast sans plus de menaces & pour ce coup, sans, passer oultre, ne venir au effaitz, pardonnant au Roy souz lequel il s'estoit

agrandy,

DE LA GVERRE DES IVIFZ. Fueil. XIX.

agrandy , & en puiffance & en auctorité , car difoit le fage Antipater , fi vous auez eu quelque occafion de courroux pour auoir efté apellé en iugemét, vous deuez aufsi auoir egard , que retournaftes abfoulz : eftant par ce moyen le tort que l'on vous fit (au commencement) reparé par l'iffuë de voftre defcharge & deliurance, & neantmoins fi les remonftrances que ie vous metz deuant les yeulx ne vous fuffifent , & que deliberez faire la guerre au Roy, confiderez ie vous prie les hazardz qui en peuuent auenir tant d'vn cofté que d'autre:eftans , pour certain , les combatz faitz par les hommes, & la victoire enuoyée ou il plaift au Seigneur Dieu, & par ainfi ne vous deuez rien promettre n'y affeurer, en chofe fi hazardeufe , ne vous voyant auantagé plus qu'Hircanus en aucune chofe, car fi vous eftes puiffant aufsi l'eft-il comme vous, & qui plus eft , vous fuftes norriz enfemble, & fi vous a faict fouuent maintz bons plaifirs fans vous auoir iamais donné fafcherie finon en ceft endroit, & encores induit (còme il eft vray femblable) par faux raportz & mauuais confeil , ou veritablement il a exercé iniuftice contre vous , mais par ignorance . Ainfi fut Herodes apaifé & fe contenta pour cefte foys d'auoir dóné à cognoiftre à fon ennemy le grand apareil d'armes qu'il auoit mis fus pour l'affaillir & combatre s'il luy euft pleu. Or en ce temps auint grande efmeute & forte guerre ciuile entre les Romains eftans vers Apannia, par ce que Cecilius Baffus qui tenoit le party de Pompée , auoit occis lafchement Sextus Cefar & prins fes forces & gens de guerre à fa foulde, pour la vengeance duquel homicide, les Capines qui auoient eu charge fouz iceluy Sextus Cefar affemblerent tous les foldatz qu'ilz peurent , & auec le fecours que leur enuoya Antipater par fes enfans (tant pour l'amour qu'il portoit encores au deffunct occis , que pour la faueur du grand Cefar, duquel il eftoit amy & feruiteur) pourfuiuirent Cecilius iufques vers Apannie ou il y eut quelques coups donnez. Et en ces entrefaites, eftant ia cefte guerre fort efmeuë, arriua en Sirie Marcus depefché par le Senat pour tenir le lieu qu'y fouloit auoir Sextus.

De la diffention des Romains

apres la mort de Cefar, & comme Antipater fut empoifonné par Malichus.

Chapitre   IX.

D   En ce

LE I. LI. DE F. IOSEPHVS.

EN ce mesmes temps fut occis Cesar par Cassius & Brutus, apres qu'il eut gouuerné l'Empire l'espace de troys ans & sept moys, dont suruint & s'esmeurent grandes guerres & maintz troubles entre les Romains, car les plus riches & puissantz entrerent en partialitez les vnz contre les autres, chacun pour son regard & profit particulier, dont il auint qu'iceluy Cassius s'achemina en Syrie ou il se fit chef de l'armée qu'il trouua en Apannie, estans Bassus & Marcus ennemys l'vn de l'autre, mais il les reconsilia ensemble, de sorte que le siege de la ville fut leué & se ioignirent auecq' luy. Lors print son chemin & conduit son ost par toutes les villes, ausquelles il imposa si grosses tailles & tributz qu'il n'y auoit ordre ne raison, voire telz, qu'ilz leur estoient insuportables, car la Iudée fut cotisée à sept cens tallétz qu'Antipater (craignant Cassius) assist incontinent sur le peuple & commist ses propres enfans, & quelques autres personnages diligens, pour en faire la cueillette, mesmement son propre ennemy Malichus, tant se trouua pressé d'assembler deniers. Si fit Herodes tel deuoir de son costé qu'il aporta des premiers à Cassius (pour la Galilée) cent talentz qu'iceluy Cassius eut tant agreable, qu'il le print en amytié & faueur comme l'vn de ses principaux amys, & redarguant les autres de paresse & negligence, eut leurs villes en desdaing, & telle inimytié qu'apres auoir reduit en seruitute Gophna, Ammaus, & deux autres places plus petites, les mit en extreme necessité, & encores leur promettoit il pis, ayant recouuré Malichus, qu'il faisoit chercher par tout pour le faire mourir: mais Antipater mitigua son ire: car il luy enuoya pour iceluy Malichus cent talentz, par le moyen desquelz les villes demourerent hors de danger & luy en seureté de sa vie, ce qu'il recogneut tresmal: car tost apres

que

DE LA GVERRE DES IVIFZ. Fueil. XX.

que Cassius fut sorty de Iudée il prouchassa maintesfois la mort à Antipater souz couleur qu'il empeschoit (côme il luy estoit auis)l'acomplissemét de ses malheureuses entreprinses, dont iceluy Antipater auerty, & sachát la force de Malichus telle qu'il ne luy pourroit resister sans grosse armée, passa le fleuue Iourdain pour assembler gens & se venger. Lors congneut bien Malichus que son dessain estoit descouuert, parquoy trouua maniere de gaigner les enfans d'iceluy Antipater Phaselus, chef des garnisons de Hierusalem, & Herodes qui auoit la garde des armeures, leur donnant à entendre auec grans sermens, impudentes excuses, & deguisement de verité, qu'il ne luy estoit oncques tumbé n'y en l'esprit, n'y en la pensée, outrager n'y Antipater n'y eulx semblablement, au moyen dequoy l'apoinctement fut refait & se trouua depuys Malichus amy de Marcus, qui en ceste saison gouuernoit la Syrie, & lequel au parauant auoit resolu le faire mourir pour les troubles & seditions par luy commises en toute la contrée, ce qu'il luy pardonna toutesfois en la faueur d'Antipater. Or furét peu apres Cassius & Malichus auertiz de l'apareil que mettoient sus le ieune Cesar & Antoine à l'encontre des meurdriers de Iulles Cesar, parquoy dresserent de leur part nouuelle armée en Syrie, ou Herodes fournit la plus grád partie des choses necessaires pour leur camp, en recognoissance dequoy luy delaisserent l'entiere charge d'icelle contrée, auec gens de pied & de cheual, luy promettant Cassius apres la guerre, le faire roy de Iudée, mais ceste faueur succeda depuis à telle consequence, que la mort du bon Antipater ensuyuit, car Malichus craignant que si grande autorité atribuée à Herodes ne luy tournast à dommage & desplaisir, s'auisa de pratiquer l'vn des eschanssons du roy Hircanus à qui il donna tant d'argent, qu'il empoisonna le pauure Antipater en vn repas qu'il fit auec le Roy, ou tumba mort a l'instant l'homme du monde qui auoit esté de plusgrand' entreprinse & execution en toutes affaires, si que par son seul moyen Hircanus estoit demouré Roy, & maintenu en son royaume. Tel inconuenient donc ques succedé comme il vous a esté dit, mutina fort le peuple contre le malheureux Malichus, mais le paillard fit tant par subtilitez & ypocrisie, qu'il l'adoucit nyant fort & ferme sa coulpe lasche & meschante, non que pour celà il se tint asseuré, ains assembla tous les gens armez qu'il peut, estimant tresbien qu'Herodes (pour venger la mort de son feu pere) s'esleueroit auec sa puissance contre luy, toutesfois Phaselus fut d'auis que pour euiter la sedition du peuple, on deuoit vser d'autre moyen & plus secret. Et pour ceste cause (dissimulant le mal qu'il vouloit à Malichus) faignoit le croire toutes les fois qu'il s'excusoit & n'auoir aucune suspition sur luy, tant que luy mesmes le deschargeoit de paroles enuers vn chascun, iusques à ce que les obseques & funerailles d'Antipater furent acomplies en grand triumphe & honneur, & qu'Herodes se retira en Samarie qu'il remist en paix, apaisant le trouble & tumulte y suruenu. Puis marcha, auec son armée, droit en Hierusalem, ou il pensoit entrer aprochát le iour de la feste, mais

D ii   il fut

LE I. LI. DE F. IOSEPHVS.

il fut empesché par Malichus, lequel auerty de ceste entreprinse vint supplier Hircanus ne permettre qu'Herodes vint en tel equipage dans la cité, ce que le Roy acorda volontiers, luy mandant qu'il ne trouuoit bon, les estranges se mesler parmy son peuple, specialement lors qu'il celebroit par ieusnes, oraisons & toute simplicité, le iour & feste tant recommandée en leur loy, ce dont Herodes tint peu de conte, car nonobstant l'auis & defféces d'Hircanus, il y entra de nuict : parquoy Malichus retournant sur ses brisées, renouuella plus que iamais sa nouuelle ypocrisie, regrettant & lamentant à toutes heures Antipater, mais à beau ieu beau retour, car Herodes monstroit par aparence exterieure, qu'il aioustoit foy à telles doleances, & sans faire aucun semblant du desir qu'il auoit à se venger, dissimuloit toute sa pensée, & ce pendant enuoya lettres à Cassius par lesquelles il se plaignoit tresfort du meurdre & du meurdrier que Cassius aymoit peu, aussi luy fit il responce, qu'il ne deuoit differer sa vengeance, pour fauoriser laquelle, manda aux capitaines & gens de guerre qu'il auoit en Tyr, ayder à soustenir la iuste querelle d'Herodes, dont finablement la mort de Malichus ensuyuit, ainsi que vous entendrez. Ayant Cassius prins la ville de Laodicie chacun venoit vers luy, & de toutes pars, luy aporter coronnes & presens en signe de sa victoire & congratulation, & là print Herodes son but pour executer son vouloir, atendant son ennemy arriuer vers Cassius, mais Malichus se douta de ceste menée, parquoy delibera aller secretement deliurer son filz qui estoit en ostage en Tyr, & s'enfuyr puis apres en Iudée, & encores discouuroit-il en soy-mesmes trop plus grandes & fortes entreprinses, estant induict à telles impossibilitez par le desespoir qui luy rongeoit le cerueau, car estimât les Iuifz se reuolter enuers les Romains durant que Cassius estoit ocupé en la guerre contre Antonine, presumoit tant de soy-mesmes, que durant ce trouble il auroit moyen s'emparer du royaume, & en chasser Hircanus, mais Dieu se mocquoit de telz discours & deliberations, ainsi qu'il monstra bien depuys par Herodes, lequel cognoissant ou Malichus progetoit son destain, le preuint, en le conuiant vn iour entre autres à souper en son logis auec le roy Hircanus, ce qu'il luy acorda aysément, & pour ceste cause apella sur l'heure l'vn des siens, & comme s'il luy eust voulu commander aller deuant haster le festin luy dist tout bas qu'il auertist les Capitaines se tenir en embusche pour tuer Malichus ainsi qu'il passeroit deuant eulx, à quoy les autres ne faillirent pas, ayans expres commandement de Cassius (cóme il vous à esté dit) obeïr en tout ce que leur commanderoit Herodes, Si prindrét àdonc leurs espées & se cachans au riuage qui est deuant la cité, assaillirent Malichus, qui peu apres se trouua enuelopé de toutes partz, si qu'apres plusieurs coups, demoura occis sur la place, dont Hircanus fut si estonné, qu'il tumba esuanouy, mais il reuint à soy soudain, & demanda à Herodes qui auoit esté cause de ce meurdre, auquel fut respondu par l'vn de la troupe que Cassius l'auoit ainsi commandé. En bonne foy, dist lors Hircanus, Cassius

a beaucoup

DE LA GVERRE DES IVIFZ. Fueil. XXI.

a beaucoup fait & pour moy & pour le païs, nous ayant ainsi depeschez, de celuy qui n'aspiroit qu'à la ruine de tous deux, toutesfois on doute si le Roy parloit feinctement, ou de crainte qu'Herodes pensast qu'il fust desplaisant de la mort de Malichus.

Comme Herodes fut accusé

par les Iuifz enuers Marc Antoine, & de la veugeance qu'il en print depuis.

Chapitre X.

APres doncques que Cassius fut party de Sirie, nouuelle sedition s'esmeut en Hierusalem, parce que Felix auoit prins les armes contre Phaselus pour venger la mort de Malichus. Or estoit durant ce trouble Herodes en Damas auec Fabius capitaine Romain, & faisoit ses aprestz pour secourir son frere, mais la maladie qui luy suruint l'arresta, & neantmoins Phaselus ne laissa pas (auec sa seule force) de venir au dessus de Felix, encores que le roy Hircanus, se fust mis de la partie. Ce que depuis iceluy Phaselus luy reprocha aygrement, & sur tout qu'il s'estoit de tant oublié d'auoir laissé ocuper, par le frere de Malichus, plusieurs forteresses & chasteaux, specialement Massada, le plus fort & plus deffensable de la Iudée, qui toutesfois, ne peut estre depuis deffendu, ny gardé côtre la puissance d'Herodes : car aussi tost qu'il eut recouuré guerison, reprint non seulement Massada & toutes les autres places conquises au parauât, ains le frere mesmes de Malichus, qu'il laissa neantmoins aller incontinent par pitié & compassion. Puys chassa de Galilée Marion roy des Tyriens, lequel s'estoit desia emparé de trois bonnes places, & fait captifz plusieurs habitans de Tyr, mais Herodes les sauua & donna presens dont il aquist la beneuolence de ceux de la ville, rendant enuers eulx, leur Roy mal voulu iusques à la mort. Or auoit iceluy Marion esté ordóné par Cassius Tyran en Tyr, comme il en auoit mis par toute la Sirie, & aydoit à Antigonus filz d'Aristobulus, par ce qu'il estoit grand ennemy d'Herodes, & si auoit iceluy Antigonus pratiqué par argent Fabius, pour luy ayder, estant Ptoloméé son beau pere, principal chef & conducteur de ceste entreprinse. Si fut incontinent Herodes auerty de telz aprestz : parquoy mit si bon ordre à son affaire qu'il les alla receuoir sur les marches de la Iudée, ou il leur donna bataille, & deffit Antigonus, puis retourna en Hierusalem ou il fut tresbien receu de tout le peuple, & en grand' ioye pour la victoire obtenuë, tant que ceux mesmes, qui au precedant l'auoient eu en tresmauuaise estime, perdirent telle opinion & luy deuindrent amys, en

D iii   faueur

LE I. LI. DE F. IOSEPHVS.

faueur, mesmement de l'alliance qu'il auoit prinse auec Hircanus, espousant Mariamne fille d'Alexandre, filz d'Aristobulus, & petite fille d'Hircanus à cause de sa fille, par ainsi allyé & amy du Roy, ayant au parauant eu à femme Doris Iuisue de nation, & extraite de grande lignée, de laquelle estoit yssu Antipater son filz aisné. Or apres que Cassius eut esté occis en Philippes, & que Cesar fut retourné en Italie, & Marc Antoine en Asie, estant iceluy Antoine arriué en Bythinie, vindrent vers luy embassadeurs de tous païs, entre lesquelz ceux de Iudée proposerent maintes dures acusations à l'encontre de Phaselus & Herodes, disans qu'ilz auoient vsurpé tout le gouuernement de la Iudée sans laisser à Hircanus que le seul nom de Roy, mais Herodes, qui estoit present, leur sceut tresbien rabatre leurs coups, par le moyen de grosses sommes de deniers qu'il donna à Marc Antoine, lequel à ceste ocasion fut tellement apaisé & amy d'Herodes, que de là en auant, ses ennemys perdirét le moyen d'estre plus escoutez, & furent contraintz retourner d'ou ilz estoient partiz auec leur courte honte, & toutesfois encores ne se tindrent les Iuifz pour rebutez, ains choisirent d'entr'eulx tous, cent des principaulx & plus elegás au parler, qu'ilz transmirent de rechef vers Marc Antoine en Daphné cité prochaine d'Antioche, ou il faisoit l'amour à Cleopatra, & là proposerent de nouueau semblables accusations qu'ilz auoient autrestoys données à entendre à iceluy Marc Antoine contre Phaselus & Herodes, mais Messala les soustint fort & ferme en la presence d'Hircanus qui s'y estoit trouué pour l'alliáce qu'il auoit à eulx. Lors Marc Antoine (apres auoir longuemét escouté les deux parties) demanda à iceluy Hircanus, qui estoient à son auis les plus capables & sufisans pour bien gouuerner & manier les affaires du Royaume, lequel luy respondit qu'il n'en sçauoit autres pour tel merite qu'Herodes & Phaselus, ce qui contenta grandement Antoine : car il portoit bonne affection aux deux freres, se souuenant encores du bon recueil & traitemét qu'il receut d'Antipater le logeant en sa maison du temps qu'il vint en Iudée auec Gabinius, au moyen dequoy il les nomma & l'vn & l'autre Tetrarches, leur dónant toute puissance d'administrer la Iudée, & qui plus est cognoissans les embassadeurs Iuifz en estre indignez, cómanda que quinze d'entr'eulx fussent retenuz prisonniers souz bonne & seure garde, lesquelz il eust peu apres fait mourir sans Herodes qui pria pour eulx. Quát aux autres on les chassa de la court auec grosses paroles & iniures, qui causa, peu apres, grand trouble & tumulte en Hierusalem, & toutesfois les Iuifz renuoyerent pour la troisiesme foys leurs embassadeurs & iusques à mile personnes vers Marc Antoine estant lors à Tyr, ou il se preparoit pour marcher contre Hierusalem, mais estant auerty des mile Iuifz que ceux de la cité enuoyoient vers luy, depescha le Proconsul des Tyriens (contre lequel iceux Iuifz auoient fait plusieurs particulieres plaintes) & luy commanda expressémét saccager & faire mourir tous ceux qu'il pourroit atraper sans espargner aucun, & oultre qu'il allast confermer & mettre les

DE LA GVERRE DES IVIFZ. Fueil. XXII.

tre les deux freres en la dignité de Tetrarche, en laquelle il les auoit establiz & ordonnez. Si estoit venu parauant Herodes iusques au riuage auec Hircanus, pour remōstrer & prier iceux mile embassadeurs n'estre cause de leur ruïne, & de nouuelle guerre dans le païs, & que pour Dieu ilz regardassent sagement à leurs affaires, mais tant plus vsoit enuers eulx de douces persuasions, & plus s'aygrissoient enuers luy, dont il auint qu'Antoine enuoya compagnie de gens armez qui en deffirent plusieurs, entre grand nombre d'autres durement blessez, lesquelz Hircanus commanda soigneusement traiter & guerir, & quant aux mors il leur ordonna sepulture, & neantmoins toutes les humanitez & honneste deuoir dont il vsa enuers eulx, ne peurent empescher que ceux qui eschaperent du conflit n'essayassent à tousiours maintenir la cité en trouble & sedicion, irritant par ce moyen si fort Antoine, qu'il fit mourir les prisonniers Iuifz qu'il auoit au parauant arrestez comme il vous à esté dit.

De la guerre des Parthes contre les Iuifz, de la fuyte d'Herodes, & de ce qui en auint.

Chapitre   XI.

D iiii   Deux ans

LE I. LI. DE F. IOSEPHVS.

Eux ans apres & lors que Barzapharnes Satrappe des Parthes tenoit la Syrie auec Pacorus filz du Roy, ayant Lyſanias ſuccedé à Ptolomée ſon pere, filz de Minneüs, promiſt à iceluy Satrappe mile tallentz & cinq cens femmes en don, pourueu qu'il vouluſt eſtre moyen de faire Antigonus Roy, & priuer du Royaume Hircanus, ſi trouuerent Barzapharnes & Pacorus le preſent qu'on leur offroit ſi grand & ſi beau, qu'ilz ſe mirent aux champs, & marcha Pacorus par les lieux maritimes tandis, que Barzapharnes cheminoit par la voye Mediterranée. Si ne voulurent ceux de Tyr faire ouuerture ne receuoir Pacorus, encores que les Ptolomadiens & les Sydoniens ne luy euſſent refuſé tout ce qu'il vouloit auoir d'eulx, au moyen dequoy depeſcha l'vn des eſchanſons du Roy & qui ſe nommoit comme luy, auec vne troupe de gens de cheual, tant pour courre & degaſter le païs de Iudée, eſpier les ennemys, & ſçauoir l'eſtat en quoy ilz ſe maintenoient, que pour ſecourir Antigonus ou il en ſeroit beſoing: mais il luy eſtoit ia venu renfort du mont Carmelus: car les gens du païs luy preſenterent liberalement & de grand volunté leur ſeruice qu'il accepta les enuoyant toſt apres prendre la place qu'on apelle Drymus, ou il y eut vn fort rude conflit, & maintz hommes ruez par terre, & neantmoins les aſſaillans demourerent victorieux, & les autres deſconfitz: parquoy pourſuyuans leur bonne fortune, vindrent ſurprendre Hieruſalem, ou ilz entrerent: mais comme ilz penſoient s'emparer du palais royal, Hircanus & Phaſelus leur firent teſte auec ſi dur combat, qu'ilz les deffirent en bataille au lieu du marché, ſi qu'ilz tournerent doz, & fuyans vers le temple y demourerent enfermez, ce que voyant Hircanus & Phaſelus mirent ſoixante hommes logez es prochaines maiſons pour les garder & empeſcher de ſortir, toutesfois le peuple qui hayoit Phaſelus & ſon frere, bruſlerent les logis & les gens qui eſtoient dedans, dont Herodes print depuis telle vengeance, que pluſieurs en endurerent la mort, non ſans reuenche: car iceluy peuple luy couroit ſus à toutes heures, en ſorte que d'vn coſté & d'autre (fuſt de iour ou de nuict) y eut meurdres & grandes cruautez, iuſques enuiron le iour de Pentecouſte que les habitans tant de la cité que des autres villes (qui eſtoient venuz celebrer la feſte) ſe tindrent en armes à l'entour du temple: parquoy ſe retira Phaſelus & gaigna les murailles de la ville qu'il garda depuis, & Herodes le palays royal, faiſans à toutes heurtes ſaillies ſur les ennemys, qui ſans tenir ordre eſtoient ſouuent repouſſez & dans la cité & dans les fauxbourgs, voire iuſques au temple & rempars de dehors. Durant lequel trouble & tumulte Antigonus perſuadoit qu'on laiſſaſt entrer Pacorus pour apaiſer & mettre d'acord tous ſes differens, à quoy Phaſelus s'acorda vn peu trop de leger. Et à ceſte cauſe fut receu iceluy Pacorus & cinq cens hommes de cheual en ſa compagnie, ſouz le pretexte ſeulement de faire ceſſer toutes ſedicions & rumeurs: mais à la verité le paillard n'aſpiroit aucunement à ſi bon œuure: ains du tout à

remettre

DE LA GVERRE DES IVIFZ. Fueil. XXIII.

remettre Antigonus au royaume, pour à quoy mieux paruenir fit trouuer bon à Phaselus qu'il deuoit aller en embassade vers Barzaphanes, à fin que par son moyen on traitast plus aysément d'vne finale paix, ce qu'il consentit plustost qu'il ne deuoit, estant mesmes diuerty de ce faire par Herodes, lequel tant s'en falloit qu'il fust de cest auis, qu'il le suadoit de mettre à mort le faux trahistre Pacorus, sans s'arrester à ses paroles mensongeres: car disoit Herodes, estes vous encores aprenty pour cognoistre l'infidelité des Barbares sans foy, sans loy, & sans nulle conseruation du droit des hommes? Ce nonobstant Phaselus entreprint le voyage, & auec Hircanus se mist en chemin pour aller vers Barzaphanes, ou Pacorus les voulut conduire tant pour mieux couurir sa trahison, que pour faire perdre le soupçon qu'on pourroit auoir sur luy : au moyen dequoy ayant laissé quelque nombre de gens à cheual (apellez libres) auec Herodes, se mit en chemin acompagné de Phaselus & Hircanus, tant qu'ilz arriuerent en Galiiée vers le Satrappe, lequel sçachant qu'ilz aprochoient, commanda à ceux du païs aller en armes les receuoir. Si leur fit Barzaphanes tresgrand recueil, & palliant (souz couuerture d'amytié) le poyson de son cueur lasche, presenta plusieurs dons à Phaselus & à Hircanus, mais il les leur fit payer depuis cherement: car il mit gens en embusche pour (à leur retour) les prendre & arrester, dont Hircanus & Phaselus auertiz (estans arriuez en vn lieu maritain apellé Ecdipan) sceurent d'auantage que ceste trahison auoit esté acordée, souz coulleur de mile talentz & plusieurs femmes choisies entre cinq cens, qu'Antigonus auoit, & qu'il promettoit liurer es mains des Parthes, & oultre qu'on les espyoit la nuict, estant leur detécion retardée seulement pour n'empescher celle d'Herodes, lequel ce pendant on mettoit peine de surprendre: mais craignant qu'il se gardast mieux s'il estoit auerty de ce que l'on brassoit à son frere, tout estoit mis en surceance & dissimulation, ce qu'entendu au long par Phaselus, & mesmes que l'embusche qui les deuoit arrester estoit arriuée au plus pres d'eulx, delibera neantmoins tenir bonne compagnie à Hircanus, & ne l'habandonner pour chose qui luy deust succeder, encores qu'Ofelius l'eust semond plusieursfois du contraire, luy mettant deuant les yeulx le danger de sa personne, & l'auertissement que luy auoit enuoyé Saramalla, le plus riche & opulent de toute la Sirie, voire iusques à luy manifester apertement, & sans luy rien deguiser, la sorte qu'il auoit esté ordonné de prendre & faire mourir luy & sa troupe, & neantmoins postposant toute crainte alla trouuer Barzaphanes, auquel il reprocha hardiment la trahison dont il vouloit vser enuers eulx, & si l'auarice (disoit Phaselus) vous esmeut ou esguillonne iusques à ce poinct, estimez que i'ay le moyen de vous faire plus riche, & de plus beaux presens (me sauuant la vie) que ne vous pourroit bailler Antiochus pour rentrer au royaume de Iudée : mais le Parthe se print à excuser, & auec adiurations & execrables sermens afferma ne luy estre iamais tombé en l'esprit la lascheté de cueur dont il estoit suspicionné, ce nonob-

stant

LE I. LI. DE F. IOSEPHVS.

stant il n'eut pluſtoſt laiſſé Phaſelus pour aller trouuer Pacorus, que ceux qui eſtoient chargez mettre à execution l'entreprinſe, aprehenderent Phaſelus & Hircanus (leſquelz fort eſtonnez de ſi grande meſchanceté) ne ſe peurent tenir de blaſmer & auoir en horreur les pariuremens & deſloyautez dont le Satrape auoit vſé enuers eulx, & ce pendant l'eſchanſon enuoyé (comme il vous a eſté dit) eſſya par tous moyés faire ſortir Herodes hors de Hieruſalem, pour le prendre ainſi qu'il luy eſtoit commandé, mais il auoit ia entendu la captiuité de ſon frere Phaſelus, au moyen dequoy, ſe deffit dextrement des Barbares, doutant treſfort que les lettres qu'on luy eſcriuoit, de la trahiſon dont nous auons parlé, ne fuſſent au parauant tóbées es mains de ſes ennemys, qui eſtoit cauſe de le faire tenir ſur ſes gardes, ſans habander ſa fortereſſe, encores que Pacorus le preſſaſt fort aller au deuant de ceux qui luy aportoient icelles lettres, l'aſſeurant qu'elles ne parloient aucunement d'embuſche, ny qu'elles eſtoient retenuës de leurs ennemys, ainſi qu'il ſoupçonnoit, ains au contraire entendroit (en les receuant) comme Phaſelus s'eſtoit porté en ce voyage, & autres choſes qu'il deſiroit. Toutesfois Herodes auoit deſia eſté aſſeurément auerty de ce qui eſtoit auenu. Et d'auantage Mariamme fille d'Hircanus l'vne des plus ſages & auiſées Princeſſes de ſon temps, le pryoit à toutes heures & de grande affection, ſe tenir cloz & couuert, ſans aller aux champs comme le perſuadoit Pacorus, ny moins ſe commettre à la puiſſance d'iceux Barbares, conſiderans leurs effors & deliberations, à quoy Herodes preſta l'oreille & la creut pour ceſte foys, ce que cognoiſſans les Parthes, & qu'il leur ſeroit impoſſible recouurer vn tel hóme, de tant bon eſprit, prudent & preuoyant de ſi loing, voulurent tenir vne autre voye, mais Herodes leur rópit leurs deſſains: car vne nuict entre autres il deſlogea ſecrettement pour (auec ſes plus familiers amys) ſe retirer en Idumée, toutesfoys il fut pourſuiuy: parquoy mit ordre à faire marcher deuant, ſa mere, ſes freres, ſa fiancée, fille d'Alexandre, la mere d'elle, & le plus ieune de ſes freres, & demourant derriere auec le reſte de ſa troupe fit teſte aux Barbares, deſquelz il tailla partie en pieces, puys vint au chaſteau de Maſſada, ou il ſe tint, apres auoir deſconfit les Iuifz qui l'auoient encores plus trauaillé que les Parthes, & ſuiuy ſoixante ſtades loing de la cité, en memoire dequoy (eſtant paruenu au royaume) fit depuis conſtruire au lieu propre vne place qu'il decora de ſumptueux palais auec vne forte tour nommée du nom de luy Herodion. Si vindrent à Herodes pluſieurs ſoldatz & gens de guerre pour le ſeruir iuſques en Threſa, qui eſt en Idumée, ou il trouua ſon frere Ioſeph, lequel luy conſeilla ſe deſcharger (le plus hóneſtement qu'il pourroit) du grand nombre de peuple qui l'auoit ſuiuy, eſtimé iuſques à neuf mile hómes, nombre impoſſible d'eſtre entretenu au chaſteau de Maſſada, ce qu'iceluy Herodes eut bien pour agreable, au moyen dequoy dóna congé à pluſieurs, qui ne ſeruoyent (quant tout eſt dit) que de nombre, d'eulx retirer parmy l'Idumée, & pour ce faire leur preſenta quelque argent, puis

entra

DE LA GVERRE DES IVIFZ. Fueil. XXIIII.

entra luy & le reste des siens (gens propres à bien le secourir) dans son chasteau, ou il seiourna peu, qu'il ne vint à Petra, ville d'Arabie, apres toutesfois qu'il eut laissé dans sa place huict cens hommes de guerre tant pour garder les femmes, que pour soustenir le siege, ou il leur seroit presenté. Et ce pendant les Parthes se saisirent de Hierusalem, ou ilz saccagerent les maisons de ceux quis'estoient absentez, & mesmes le palais du Roy, sans toutesfois toucher aucunement aux deniers d'Hircanus, qui ne se môtoient qu'à trois cens tallentz, & quant au reste, oncques gents ne se trouuerent mieux deceuz: car pensans eulx faire riches au sac, entendirent que Herodes & les siens (preuoyans la desloyauté des Barbares) auoiét transporté en Idumée les plus precieux meubles qu'ilz eussent, dont les Parthes indignez se mirent à degaster toute la contrée: mesmes la cité de Marise qu'ilz pillerent, & faisans au reste Antigonus roy, luy liurerent Phaselus & Hircanus liez, & pres à receuoir telz tourmens qu'il auiseroit: ce qu'il exerça à l'heure: car il print de fureur & auec les dentz l'oreille du bon Hircanus, & la luy troncit & arracha pour luy oster tous moyens (auenant nouuelle mutation) d'aministrer le Pontificat, estant loy & statut inuiolable, que nul est receu en telle dignité, sans auoir toutes les parties du corps saines & entieres, mais Phaselus voyant telle inhumanité, esleut soudain mort plus honorable, que de tomber en la mercy d'vn tant cruel Tyran, si qu'ayant les bras & mains estroitement lyées, & hors de sa liberté & pouoir de se meffaire auec glaiue, donna par grand' viuacité de courage si grand coup de sa teste contre vne pierre, qu'il tomba mort en la place, imitant par tel acte la magnanimité & grandeur de courage de son trere Herodes, qui en auoit autant voulu faire en sa personne, demourant Hircanus au contraire lasche effeminé & tout abastardy, ainsi fut deffait le vaillant Phaselus, la mort duquel se côforma aux œuures & hautes entreprinses qu'il auoit exercées de son viuant, vray est qu'aucuns ont voulu dire que pensant bien se rompre la teste, comme il vous a esté recité, se fit seulement vne playe, dont il estoit presque guery, quant Antigonus (souz couleur de plus soigneusement le faire péser) luy enuoya vn medecin qui luy empoisonna son mal & mourut, quoy qu'il en soit, l'ocasion de sa mort doit estre bien recommandée, & tenuë en grand vertu, & si est encores le commun dire par plusieurs, que premier que rendre l'esprit, ayant par cas d'auenture entédu d'vne pauure femme qu'Herodes son frere estoit eschapé des Parthes, cómença à proferer telles ou semblables paroles. Or mourray-ie maintenant de bon cueur, & sans regret, puis que ie delaisse vn personnage viuant, qui sçaura plaindre & bien venger mon iniure sur mes enne, & pensant acheuer mys, expira. Parquoy retournerons à Barzaphanes & Pacorus, lesquelz nonobstant qu'Antigonus ne leur eust satisfait pour le regard des femmes qui leur auoit promises, si ne laisserent ilz pourtant à l'inuestir & emparer de Hierusalem, menans Hircanus prisonnier quant & eulx en leur païs, & ce pendant Herodes qui ignoroit la mort de son

frere,

LE I. LI. DE F. IOSEPHVS.

frere, print le chemin d'Arabie pour recouurer argent du Roy, auec lequel il esperoit estaindre l'auarice des Barbares, & deliurer par ce moyen Phaselus, & à fin que rien ne retardast son entreprinse, & que la ou le Roy ne voudroit recognoistre l'amytié & obligation qu'il auoit à Antipater leur feu pere, vsant d'aucune liberalité enuers ses enfans, pour mettre en liberté Phaselus, deliberoit Herodes luy demander par prest la somme necessaire pour payer sa rançon, luy laissant pour ostage & seureté son neueu filz de son frere, aagé de sept ans, qu'il conduisoit auec luy, faisant son estat offrir pour icelle rançon iusques à troys cens tallentz, & employer oultre les Tyriens pour prier pour luy: mais quoy? le bon Prince trauailloit pour neant en ce regard, ayant la destinée preuenu sa deliberation par la mort de Phaselus, qu'il porta depuis en son ame, aussi ne trouua il l'ayde aux Arabes qu'il esperoit: car Malichus leur Roy, ayant entendu l'ocasion de l'acheminement d'Herodes vers luy, enuoya au deuant luy commander qu'il ne passast oultre, ains vuidast hors les limites de ses païs, souz couleur qu'il disoit les Parthes le vouloir ainsi, combien qu'à la verité telle excuse fust seulement inuentée en intention de ne rendre les deniers, dont il estoit redeuable à feu Antipater, & moins vser enuers Herodes, & Phaselus ses enfans, de pareille liberalité qu'il auoit receuë de luy, encores qu'ilz en eussent tresgrande necessité, mais tant s'en falloit qu'il les voulust en rien recognoistre, qu'il atira gens à sa poste (& des plus grans de son royaume) prestz à nyer & affermer, qu'onques Antipater ne luy auoit baillé vn sol par prest ny en aucune garde, qui donna bien à cognoistre à Herodes les Arabes, qu'il pensoit auoir acquis à amys, luy estre tournez (pour ceste ocasion) ennemys, au moyen dequoy respondit à celuy qui de la part de Malichus luy vint interdire le passage, tout ainsi que sa douleur luy commanda, & quant & quant print son adresse vers l'Egypte logeant la premiere nuict en vn temple, ou il atendit partie de ses gens, qui estoient demourez derriere, iusques au lendemain qu'il vint en Rhinocolura, ou luy fut raporté la mort de son frere dont il receut vn grand deul, lequel rapaisé, passa, & tandis Malichus (desplaisant de l'iniure qu'il luy auoit fait souffrir) enuoya en toute diligence le rapeller: mais ceux qui eurent telle charge ne se peurent tant haster qu'il n'arriuast en Peluse premier qu'eulx, ou le passage luy fut aussi refusé par ceux qui en auoient la garde. Toutesfois il parla aux Capitaines de si bonne grace qu'ilz l'eurent depuys en telle reuerence (tant pour la renommée de luy, que pour sa dignité) qu'ilz le conduirent iusques au chasteau d'Alexandrie ou Cleopatra seiournoit lors, & le receut en grand honneur, esperant qu'il luy seruiroit & ayderoit, de là en auant, à conduire ses entreprinses dont elle le pria & solicita tresfort, mais il n'y voulut aucunement entendre, ains monta sur mer, & print en toute diligence la route de Rome, sans ce que l'aigreur de l'hyuer ny les troubles d'Italie l'en peussent destourner, faisant laquelle nauigation & costoyant Pamphilie, tomba en grand peril: car tant se trouua la mer esmeuë

DE LA GVERRE DES IVIFZ. Fueil. XXV.

meuë & enflée, qu'on fut cótraint alleger le nauire, & ietter la plus grand'
part du faiz qui estoit dedans, & neantmoins encores peut il à grand' peine gaigner Rhodes, qui lors estoit fort trauaillée de la guerre que luy menoit Cassius, toutesfois il y fut honorablement receu par vn nommé Ptolomée & Sapphinius ses amys, & combien qu'il se trouuast lors mal pourueu de deniers, si fit il diligemment construire & freter vn nouueau nauire à troys rames dans lequel (acompagné d'aucuns qui luy vouloient bien)
nauiga à Brunduse, & de là à Rome, ou il visita tout premierement Antoine pour l'ancienne amytié qu'il auoit euë à feu son pere Antipater, &
commença à piteusement luy reciter ses infortunes & auersitez auenuës à
luy & aux siens, & comme (ayant laissé ceux, qui luy touchoient de plus
pres, assiegez en vne sienne place) s'estoit embarqué par temps si impro-
pre & impetueux, qu'est l'hyuer, pour le venir trouuer, & le suplier treshumblement auoir pitié de sa commiseration, ce qu'Antoine escouta voluntiers ayant encores deuant les yeux le bon recueil & honneste hospitalité qu'il receut autresfois par Antipater son feu pere, & à present voir son
filz en si forte necessité, se trouua tellement esmeu de sa misere, qu'il delibera sur l'heure estre moyen de luy faire tomber es mains le royaume des
Iuifz, tout ainsi qu'il l'auoit fait Tetrarche, à quoy ne l'incitoit moins l'i-
nimytié & hayne qu'il auoit à Antigonus, que l'afection & bon vouloir
qu'il portoit à Herodes, reputant iceluy Antigonus vray sedicieux & ennemy des Romains. Et au contraire Herodes fauorisé de Cesar, lequel
semblablement memoratif des voyages que feu Antipater fit en Egypte
auec son pere & de la gracieuse reception, hôneur, & bon traitement qu'il
luy auoit monstré le logeant chez luy, & le preferât en toutes choses, vouloit beaucoup de bien à Herodes qu'Antoine cognoissoit prompt, prest,
diligent, & pour bien executer vne bonne entreprinse ou elle luy seroit
commise. Au moyen dequoy assembla le conseil ou se trouuerent Messa-
las & Atratenus en la presence desquelz fut remôstré les seruices faitz par
le passé viuant Antipater, l'affection, amytié, & seruitude qu'iceluy Herodes (imitant son pere) auoit portée & portoit encores aux Romains: & au
contraire, l'ingratitude & presumption d'Antigonus ennemy de la republique & contennant l'Empereur & l'Empire, non seulement pour auoir
sussité nouueaux troubles, & seditions, mais pour la grande temerité dôt
il auoit vsé, apellant à son ayde (contre l'armée des Romains) les Parthes
leurs anciens ennemys, ce qui esguillonna tellement les auditeurs en la faueur d'Herodes, qu'Antoine ne craignit point de declarer hault & cler,
qu'il estoit licite & raisonnable l'instituer seul chef & côducteur de la guer
re qu'ilz auoient contre iceux Parthes, à quoy chacun obtempera, de sorte
qu'à l'issue du pretoire fut Herodes mis au mylieu & de Cesar & d'Antoine, comme en lieu plus honorable, marchant deuant luy les Consulz auec
les Magistratz droit au capitolle, ou apres l'oblation faite aux dieux, fut
enregistré le decret du Senat. Puys vindrent au logis d'Antoine ou estoit

E   le festin

LE I. LI. DE F. IOSEPHVS.
le festin apresté.

De la guerre d'Herodes retour-
nant de Rome pour le recouurement de Hierusalem,
& contre les brigans.

Chapitre   XII.

PAr le discours du chapitre precedant il a esté bien au long fait entendre comme Herodes donnoit ordre à ses affaires, durãt lequel temps Antigonus tenoit tousiours ceux de Massada estroitement asiegez estant la place bien munie, & tresopulemment pourueuë de toutes choses necessaires à longuement maintenir vn siege, fors que d'eau doulce, dont il auoit tresgrande necessité, & telle que Ioseph frere d'Herodes, estoit sur le poinct de s'en partir & auec deux cens hommes (ausquelz il se fioit le plus) se retirer vers les Arabes, ayant entendu Malichus, leur Roy, estre desplaisant du refuz qu'il auoit fait à Herodes de le secourir: mais comme il estoit sur son partement, suruint la nuict qu'il deuoit desloger si grande pluye, & inundation d'eau, que les cysternes de Massada en furent toutes remplies, qui enfla tellement le cueur à Ioseph & aux siens, que non seulement ilz asseurerent leur place, ains firent telles & tant de saillies sur leurs ennemys, qu'ilz en deffirent vne partie en bataille, & plusieurs en diuerses embusches & surprinses, non que
fortu-

DE LA GVERRE DES IVIFZ. Fueil. XXVI.

fortune leur fuſt ſi proſpere que l'heur & la victoire demouraſt touſiours de leur coſté: ains quelquefois perdoient & gaignoiët auſsi bien ſouuent, & ainſi maintenans d'vne part & d'autre les alarmes & eſcarmouches, Vétidius l'vn des capitaines Romains, & qui auoit eſté enuoyé de Sirie pour repouſſer & reſiſter aux Parthes, dreſſa ſon chemin vers la Iudée faignant vouloir ſecourir Ioſeph, mais à la verité, il ne pretendoit qu'à tirer deniers d'Antigonus, ce qu'il monſtra bien depuys: car à peine fut il campé pres Hieruſalem, & ſes bouges remplies, qu'il retourna arriere auec partie de ſon armée, y laiſſant, toutesfois, Silon qui auoit eu part au butin, auec quelque nombre de ſoldatz pour couurir & faire qu'on ne s'aperceuſt (s'il ſe fuſt deſlogé auec tout ſon exercite) du rançonnement dont Antigonus l'apaiſa. Eſtant donc Silon demouré, comme il vous a eſté dit, iceluy Antigonus le ſolicitoit & entretenoit merueilleuſement à fin que l'eſperance qu'il auoit d'eſtre ſecouru des Parthes, ne luy fuſt empeſchée ou rompuë par luy, & ce pendant Herodes (ayant nauigé par quelques iours) vint d'Italie prendre port en Ptolomaïde, ou il aſſembla grand' puiſſance, tant d'eſtrangers que de gens du païs: puys marcha pres la Galilée contre Antigonus, eſtant acompagné des forces de Ventidius & Silon qui ſe ioignirent à luy, auſquelz Dellius (qui auoit eſté enuoyé par Antoine en ces marches) perſuadoit tant qu'il luy eſtoit poſsible fauoriſer iceluy Herodes, & le rendre paiſible du Royaume, au moyen dequoy fut Ventidius par toutes les villes reconforter les habitans, & apaiſer le tumulte que les Parthes y auoient laiſſé, & tandis Silon fut de rechef corrompu & pratiqué de la part d'Antigonus à force d'argent qu'il luy deliura, toutesfoys Herodes ne s'en trouua affoibly, n'ayant faute de gens: car à toutes heures luy en arriuoient de nouueaux, & d'auátage la Galilée s'eſtoit toute reduite ſouz ſa puiſſance ou peu s'en deſfailloit: parquoy delibera aller combatre ſes ennemys & leuer le ſiege de Maſſada pour en tirer les ſiens, qui y auoient eſté longuement encloz. Ce qu'il ne pouuoit bonnement faire ſans prendre premier Ioppe qui tenoit pour Antigonus, autrement la garniſon de dedans luy euſt trop nuy, eſtant la ſeule retraite de ſes ennemys pour luy courir ſus à ſon retour vers Hieruſalem. Or auoit eſté Silon pratiqué comme il vous a eſté dit, & pour ceſte cauſe trouua façon de faire rebeller les Iuifz qu'il tenoit en ſes bandes, & eulx reuolter à l'encótre d'Herodes, ſi qu'ilz furent bien ſi oſez de luy preſenter la bataille, en laquelle iceluy Silon (pour touſiours couurir ſon malfait) ſe trouua contre eulx, & les combatit Herodes auec petite compagnie, laquelle neantmoins demoura victorieuſe tournant les Iuifz en fuite & toutesfois Silon faignát eſtre fort empeſché ſe deffendoit contre eulx mollement, mais Herodes l'oſta de la preſſe penſant luy ſauuer la vie: apres laquelle deffaite vint aſſaillir Ioppe qu'il print, & tirant de là vers Maſſada, eut nouueau renfort de pluſieurs qui ſe ioignirent à luy, les vns en ſouuenance de l'amytié qu'ilz porterent au bon Antipater ſon pere, les autres pour le renom de luy & bienfaitz

E ii   qu'ilz

LE I. LI. DE F. IOSEPHVS.

qu'ilz auoient autresfois receuz & d'iceluy Antipater & d'Herodes, & la plufpart efperant le voir Roy regnât en paix par toute la Iudée, tant eftoit bien acompagné de gens de guerre & bons capitaines, au deuant defquelz Antigonus s'alla embufcher es paffages plus couuertz & commodes, & neantmoins telle entreprinfe porta peu de nuyfance, car maugré luy Herodes retira de la place afsiegée fes amys, & print d'auantage le chafteau de Trefa, marchant toufiours vers Hierufalem auec les bandes de Silon, & plufieurs de ceux de la ville qui s'eftoient venuz rendre à luy redoutant fa puiffance. Si planta fon fiege toft apres affez ioignant les murailles du cofté de l'Occident, ou ceux de la cité firent grand deuoir de refifter tant à force de trait qu'ilz tiroient & par les tours & deffus les rampars, que par les braues faillies qu'ilz firent fur l'auantgarde : ce que voyant Herodes commanda crier par les Heraux fi hautement que ceux de la ville les peuffent entendre qu'il eftoit là venu pour le feul bien public & faluation de la cité, fans qu'il vouluft ny efperaft prendre aucune vengeance, ne meffaire à ceux mefmes qu'il cognoiffoit certainement luy eftre mortelz ennemys, ains deliberoit oublier tout mal talent, & vfer de mifericorde & pardon general. Ce que venu à la cognoiffance d'Antigonus, empefcha tant qu'il luy fut poffible telle publication ne permettant au peuple l'efcouter, & moins fe tourner de la part de fon ennemy, priant & enhortant vn chacun mettre peine à repouffer ceux de dehors qui aprochoient trop pres la muraille, à quoy ilz obeïrent tirans fans ceffe flechez & dardz de tous coftez. Si fut defcouuerte, peu apres la menée de Silon par vne nouuelle rumeur qu'il mit de rechef entre aucuns foldatz, fouz couleur de quelque penurie ou faute qu'ilz auoient & de viures & d'argent: Parquoy commencerent à eulx mutiner, criant qu'on les enuoyaft paffer l'yuer en quelques lieux commodes, puys que es enuirons de la ville ne fe pouuoit recouurer aucune prouifion pour les fecourir, ayant Antigonus fait le degaft au precedant. Mais Herodes (fage & bien auifé) les rapaifa parlant à l'vn & à l'autre des capitaines eftans fouz la charge d'iceluy Silon, & par douces & amyables paroles les requeroit, & les foldatz auffi, ne le vouloir habandonner, atendu qu'ilz auoient efté enuoyez vers luy de la part de Cefar, d'Antoine & du Senat auffi. Et, qui plus eft (difoit il) i'efpere auât peu de iours vous mener en lieu ou vous aurez grand moyen de chaffer pauureté d'autour de vous, & vous rédre tous riches, & ce pendât luy mefmes alla par le païs leur faire aporter telle abôdance des chofes neceffaires, que tout trouble & mutinerie s'affopit, rôpant par ce moyen les deffeins de Silô. Et pour encores mieux pouruoir à l'auenir fon armée, & rendre les foldatz contens, manda à ceux de Samarie (qui nouuellement s'eftoient donnez à luy) amener bledz, vins, huilles, & autres viures la voye de Hierichon, dont Antigonus auerty enuoya dans les montaignes bon nombre de fes gens efpier les viuandiers, au deffouz dudit Hierichon, mais Herodes (pour rendre feur le chemin & leur tenir efcorte) print dix legions, à fçauoir, cinq

des

DE LA GVERRE DES IVIFZ. Fueil. XXVII.

des Romains & cinq des Iuifz: & auec quelques mercenaires meslez parmy eulx, & peu de gens à cheual, vint audit Hierichon qu'il trouua sans aucune resistance: parquoy entra dedás, & print cinq cens hommes captifz qui souloient ocuper les montaignes auec leurs femmes & enfans, à tous lesquelz il donna depuis liberté, faisant au reste piller & saccager la ville, ou ilz trouuerent plusieurs richesses & precieux meubles. Ce fait ayant laissé gens pour garder la place, se retira, asseant par garnisons l'armée des Romains, pour passer l'yuer, es lieux & places qu'il auoit conquises, tant en Iudée, Galilée, que Samarie, ce que fit en semblable Antigonus, mais par subtil moyen:car il s'ayda de Silon gaigné par argent comme il a esté dit, en la faueur duquel, & souz faux donner à entendre qu'Antoine le vouloit. Ceux de Lydie receurent partie de ses gensdarmes & s'y yuernerent. Ainsi vescurent, de là en auant, les Romains tresopulemment, & en tout plaisir, mettant repos & treues aux armes, tandis qu'Herodes depeschoit Ioseph son frere en Iudée: auec deux mile hommes de pied & quatre cens de cheual, pour se donner garde qu'Antigonus ne fist quelque nouuelle entreprinse, & quát & quant enuoya sa mere & autres ses amys, qu'il auoit retirez de Massada en Samarie pour la seureté de leurs personnes. Toutes lesquelles choses paracheuées, tourna bride vers Galilée auec ce que luy restoit de gens pour aller combatre Antigonus, & esperant chasser luy & les siens hors le royaume, vint en Sephoris en telle saison que les neiges estoient grandes & si esmerueillables, que la garnison de dedans (esbahye de son entreprinse & diligence veu l'iniure du temps) habandonna le lieu dont il se saisit, & poursuiuant sa fortune (encores que ses gens fussent trauaillez & quasi recreuz des froidures & rude saison qui les auoit tourmétez durant ces iours)ne laissa de les conduire (estás rafreschiz & pourueuz en habondance de tout ce que leur estoit necessaire) droit ou se retiroient les larrons & brigans du païs, qui lors se cachoient es cauernes & spelunques,faisans non moins de mal & destruction,que le seiour continuel de la guerre.Pour debeller lesquelz fit Herodes partir & marcher deuant trois legions de gens de pied, & vne compagnie de cheual droit au lieu d'Arbe là,ou il les fut trouuer auec le reste de sa puissance, le xl. iour d'apres:toutesfois ceux qu'il cherchoit ne s'estonnerent point de sa venuë, ains vindrét à l'encótre,bien armez & equippez,tant d'experience,hardiesse, que de cueur inclin & suiect à toute pillerie & larcin, auec lequel ilz combatirent si vaillamment, que le bataillon dextre de leur costé,mist en fuite le senestre d'Herodes,lequel voyant tel malheur & crainte auenuë es siens,y acourut soudainement,acompaigné de l'aisle de main dextre, qu'il condui soit,souz la faueur de laquelle il ne fit seulement reprendre cueur aux fuytifz,& tourner visage,ains contraignit ses ennemys de telle fureur que force leur fut,pour le secours de leur vie, faire n'y plus n'y moins que l'auantgarde d'Herodes leur auoit monstré au commencement,qui estoit la fuyte honteuse, pour laquelle leur augmenter, Herodes les poursuiuit auec

E iii   grand

LE I. LI. DE F. IOSEPHVS.

grand'tuerye iusques au fleuue Iourdain, ou la plus part tomberent mors par les chemins, & le surplus se sauua passant l'eau, au moyen dequoy demoura la Galilée hors la crainte & doute qu'elle auoit euë par le passé de telz larrons, ne restant plus que ceux qui s'estoyent retirez es cauernes, dôt les voulant chasser Herodes & rendre le païs deliuré, fut contraint faire plus long seiour en ces marches qu'il n'auoit deliberé, pour à quoy peruenir, & croistre le cueur de ses gens de cheual & de pied, & à ce que plus volontiers ilz endurassent le trauail present qui s'offroit, les recompensa de leurs fatigues passées, distribuant à vn chacun d'eux, cent cinquante dragmes d'argent, & aux capitaines beaucoup d'auantage, qu'il leur enuoya iusques aux lieux ou ilz tenoient garnison, & passoient l'yuer, mandant au reste à Pheroras son plus ieune frere qu'il eust, à faire grandes prouisions de toutes choses necessaires, & bien fermer & enuironner en toute diligence Alexandrium de fortes murailles & rempars, à quoy il obeït promptement. Or faisoit residence en ceste mesme saison Antoine en Athenes, & d'autre costé Ventidius escriuit à Silon & Herodes, aller vers luy auec leurs forces pour le soustenir côtre les Parthes, apres toutesfois auoir mis ordre aux affaires, & laissé la Iudée bien pourueuë & fournye de tout ce qu'elle auoit besoing, au moyen dequoy Herodes depescha icelluy Silon auec la pluspart de ses gens, & demeura au païs pour en purger & faire guerre aux brigans qui se tenoyent ordinairement cloz & couuertz aux combes, cauernes & vallées inaccessibles de toutes parts, estans les montaignes roides, & si peu cheminables qu'il estoit dificile voire quasi impossible y aborder que par sentes obliques & si estroites, que passant par dessus le plus asseuré y trembloit de peur, aussi les tenoit on inuincibles cognoissant les lieux si mal aysez & imprenables, estant l'embouchement de leur entrée deffendue & couuerte d'vn roc, qui s'estendoit en basseur, iusques au plus profód des abismes, & suyuoit le long d'icelles vallées, qui les rendoit de tant plus fascheuses, roides, & trop dificiles à les assaillir & prendre. Ce que considerant Herodes se tint longuement perplex & quasi frustré de son atente, aussi estoit il indubitablement, sans vn moyen dont il s'auisa, qui fut tel, il choysit de tous les siens les plus preuz & vaillans, qu'il trouua façon de faire descendre en des huches, paniers & corbeilles, du sommet des rochers iusques aux gouffres & entréces des lieux ou tenoient fort les larrons, ou paruenuz executerent plusieurs meurdres & d'eux & de leurs enfans, gettans feu & fumée à l'emboucheure & au visage des plus opiniastres qui par resistance se deffendoient & tenoient bon, dequoy auerty Herodes, fit dire à quelques vns qu'ilz eussent à le recognoistre & se retirer vers luy, leur promettant seureté & vie sauue, à quoy aucuns obeïrent plus par contrainte & necessité que de volunté qu'ilz en eussent, tellement que nul d'eux se rendit liberallement, & encores la plus grand'part aymerent mieux choisir vne mort prompte qu'vne captiuité perpetuelle auec leurs vies, entre lesquelz se trouua vn vieillart ayant femme & enfans, que le faux vilain

mit

DE LA GVERRE DES IVIFZ. Fueil. XXVIII.

mit tous cruellement à mort, ainſi que ie vous reciteray preſentement.
Celluy dont ie vous parle cognoiſſant les ſiens deſirans ſortir ſouz les condicions qu'Herodes leur promettoit, leur donna entiere liberté de ce faire
mais le malheureux (ſans eſpargner mere, femme, ny enfans) les meurdrit
tous l'vn apres l'autre, & ainſi qu'ilz yſſoient hors. Ce que voyant bien He
rodes du ſommet du rocher (pitoyable de telle impieté) perſuada tât qu'il
peut le rigoureux vieillart de pardonner à ſon propre ſang, mais tant s'en
fallut qu'il en tint aucun conte, qu'ayant commis tel parricide, luy meſmes
donna fin cruelle à ſoy meſmes, car apres qu'il eut ietté les corps occis d'vn
hault en vn plus bas, & ayant reproché au Roy ſa laſche entrepriſe contre
eux, ſe precipita ſoudain: laiſſant par ce moyen Herodes maiſtre du lieu ca
uerneux, & de ceux qui y reſtoient dedans, au moyen dequoy ayant pourueu à ce que les affaires requeroient pour ceſt endroit, retourna en Samarie, ou il delaiſſa Ptolomée auec vne partie de ſon exercite, nombre ſuſi-
ſant, pour empeſcher (comme il penſoit) toutes rebellions & ſedicions qui
euſſent peu ſuruenir, & prenant au reſte trois mile hommes de pied, & ſix
cens à cheual, marcha droit vers Antigonus pour le combatre & debeller,
durant lequel voyage, ceux qui eſtoient couſtumiers d'eſmouuoir & mettre trouble par toute la Galilée (ayans trouué ocaſion & liberté pour l'abſence de luy) prindrent Ptolomée ſi bien au deſpourueu, qu'ilz le meurdrirent ſoudainement, puis s'enfuyrent cacher es mareſcages & autres lieux
ſecretz & peu frequentez. Si fut peu apres Herodes auerty de ceſte mal'encontre, pour laquelle venger depeſcha gens qui chaſtierent ſi bien les rebelles, que (demeurans la plus part mortz & meurdriz) les places & chaſteaux qui s'eſtoient rebellez tournerent tous leurs robes, & ſe mirent de
rechef en l'obeïſſance d'Herodes, qui apres auoir leué le ſiege (deliurant
ceux qu'on tenoit encloz) condemna les mutins (pour leur delit) en cent
tallens d'amende. Si furent en ce meſmes temps les Parthes (dont nous a-
uons parlé n'agueres) deffaitz & chaſſez, & Pacorus occis, au moyen dequoy Ventidius renuoya à Herodes mile hommes de cheual, & deux legions de gens de pied, ſuyuant le mandement qu'il auoit d'Antoine, à fin
qu'il fiſt la guerre plus aſſeurément à Antigonus, de tous leſquelz eſtoit
capitaine vn nommé Machera, lequel Antigonus eſſaya fort pratiquer par
lettres, le ſupliant eſtre pour luy, & ſe rendre des ſiens, pour à quoy l'induire mieux, vſa de pluſieurs remonſtrances, mettant en ieu les tortz que
luy faiſoit Herodes, & les inſolences dont il auoit vſé & abuſé par le royaume, luy promettant au reſte, bon & gros nombre de deniers, ce qu'iceluy
Machera refuſa, eſtant mieux traité en grandz biens par Herodes qu'il ne
luy eſtoit offert par ſon ennemy, ce que toutesfois il ſceut tresbien taire &
diſſimuler enuers Antigonus: car faignant luy eſtre amy, s'achemina la
part ou il ſeiournoit lors, eſperant eſpier & ſçauoir toutes ſes entrepriſes,
ce qu'Herodes luy diſſuada tant qu'il luy fut poſſible n'eſtant d'auis qu'il
deuſt faire telle & ſi legere entrepriſe, auſi ne s'en trouua il gueres bien:

E iiii   car

LE I. LI. DE F. IOSEPHVS.

car Antigonus, se doutant de ce qui en estoit, luy fit fermer les portes au visage, & le repousser & chasser d'alentour de sa place comme ennemy de luy & des siens, que Machera print à tel ennuy que tout hôteux, & repentant, se retira vers Herodes en Ammaum ou pour venger son desplaisir, mettoit à mort tous les Iuifz qu'il rencontroit indiferamment, & sans espargner aucun, fust de ceux qui tenoient le party d'Herodes ou autres suyuans Antigonus, ce qu'Herodes trouua si mauuais qu'il delibera s'en plaindre, & pour ce faire print son chemin vers Antoine, esperant luy reciter les meschancetez, & puissance dont Machera abusoit : mais iceluy Machera (à l'esprit duquel se representoient ordinairement la grauité de ses maux & pechez) en fut auerty : parquoy courut en toute diligéce trouuer Herodes, & par belles prieres & humbles suplications, le rapaisa & fit sa paix, non que par tant Herodes diferast son voyage vers Antoine, ains se hasta plus, ayant eu nouuelles qu'iceluy Antoine menoit guerre à Samosate forte ville & bien fermée pres le fleuue d'Euphrates, qui luy sembla temps & occasion propre pour bien faire cognoistre sa vertu & grande hardiesse, acquerant par ce moyen la bóne grace d'Antoine, ainsi qu'il luy succeda depuis : car il deffit (en cheminant) les Barbares auec gros butin, au moyen dequoy Antiochus fut contraint peu apres rendre la ville, ce qu'il n'eust pas fait encores ayfément, sans la prouësse d'Herodes, qui auoit rompu ses gens, comme il vous a esté dit. Ce que venu à la cognoissance d'Antoine demoura esmerueillé & si ayse, qu'en faueur de ceste prouësse, il pourueut Herodes de plusieurs beaux estatz, luy promettant le rendre quelque iour paisible du royaume de Iudée.

De la mort de Ioseph frere d'He-

rodes, du siege que mit iceluy Herodes deuant Hierusalem, & de la mort d'Antigonus.

Chapitre   XIII.

Vrát ces menées & ainsi que toutes les choses occuroiét, comme nous auons dit, les affaires d'Herodes furét tresmal conduites en Iudée, ou il auoit laissé son frere Ioseph pour chef & gouuerneur, auec commandemét bien expres de ne rien entreprendre auant le retour de luy côtre Antigonus, se deffiant trop de Machera, pour l'auoir còngneu tel au parauant qu'il s'estoit mostré, mais Ioseph ne suyuit gueres ce conseil, car aussi tost qu'il sentit son frere loing, marcha vers Hierichon auec cinq legions que Machera luy auoit éuoyées pour faire la recolte des bledz, la saison auenuë : dont les ennemys auertiz se mirét en embuche dás

les

DE LA GVERRE DES IVIFZ. Fueil. XXIX.

les montaignes, les atendás es deftroitz & lieux mal ayfez qu'ilz deuoient paffer, ou Iofeph fut affailly, finablement occis, & les Romains deffaitz apres auoir longuement & vaillamment combatu, auenât telle faulte, pour n'auoir en toute leur troupe, homme d'experience ny gueres capitaine ou foldat pratique des armes, ains tous nouuellement leuez en Syrie, & nouueaux aufsi en telz actes, fans aucun aguerry pour monftrer le chemin aux non belliqueux & couftumiers de telles factions. Ce qui enfla le cueur à Antigonus de forte, que non content de fa belle victoire s'acouftra de telle inhumanité, qu'exerçant contre les mortz mefmes l'aigreur & furie de fon cueur, trouuant iceluy pauure Iofeph taillé en pieces, luy donna apres fa mort maintz coups dans les tripes, puis luy fepara le chef des efpaules, combien que Pheroras frere d'Herodes & de luy, euft offert cinquante talents pour le racheter tout mort. Si amena depuys ce mal-fait encores vn pire: car peu apres iceluy Antigonus mit la main fus les plus riches & principaux de Galilée, tous lefquelz il fit precipiter par fes gens dans vn lac, & quafi aufsi toft s'efmeut aufsi vne trefgrande mutation en Idumée, ou Machera fortifia vne place apellée Githa, & toutesfois Herodes ignoroit toutes ces chofes, fans qu'aucune d'icelles fuft encores venuë à la cognoiffance de luy, quant apres la prinfe de Samofate, dont nous auons parlé cy deffus, Antoine ordonna Sofsius pour lieutenant general de la Syrie, & voulut par exprès qu'il fecouruft Herodes contre Antigonus en tout ce qu'il luy feroit pofsible, puis fe retira en Egypte, au moyen dequoy iceluy Sofsius depefcha deuant deux legions en Iudée, fuyuant le cômandement d'Antoine & peu apres y marcha luy mefme auec le refte de fon armée pour toufiours croiftre les forces d'Herodes, lequel ce pendant feiournoit en Daphne, qui eft en Antioche, ou il fongea que fon frere auoit efté cruellement occis, tellement que du grand effroy il s'efueilla comme en furfault: mais à peine luy furent les yeulx ouuertz, que meffagers arriuerent qui le rendirent certain de ce qu'il auoit doute, luy recitant au long le malheur & inconuenient auenu à Iofeph, dont certainement il fe fafcha, toutesfois l'afection qu'il eut d'aller contre fes ennemys, luy fit oublier partie de fon deul, & fe haftant à cefte ocafion encores plus que fes forces ne luy permettoient, print en paffant au mont Liban, huit cens hommes de renfort, lefquelz il ioignit auec vne legion de Romains, & tous affemblez entrerét en Galilée auant le iour, rencontrans les ennemys, aufquelz ilz donnerent la chaffe iufques au lieu mefmes dont ilz eftoient fortiz, & qu'ilz afsiegerent non fans maintes efcarmouches, qui fe dreffoient d'vne part & d'autre & à toutes les heures, iufques à ce que la rigueur du temps força ceux de dehors d'eulx retirer aux prochains villages, ou peu de iours apres furuint à Herodes nouueau fecours, qu'Antoine luy enuoya, ce que venu à la cognoiffance de fes ennemys (confiderans ne pouuoir refifter à fi grand' force) habandonnerent la place vne nuict entre autres, au moyen dequoy print Herodes le chemin de Hierichon, pour (en diligence) trouuer les

meur-

LE I. LI. DE F. IOSEPHVS.

meurdriers de Ioseph son frere, ou arriué luy auint vne merueilleuse & estrange auanture, de laquelle eschapé fut estimé d'vn chacun estre bien voulu de Dieu, car à peine eut on leué les napes & sorty d'vn lieu ou il auoit donné à souper aux principaux & plus aparentz du païs que tout le logis tomba, sans porter aucun dommage, interpretant par celà Herodes, que tout ainsi auiendroit il de la fin de la guerre commencée : parquoy fit des le plus matin desloger & marcher son armée contre ses ennemys qui descendoient du hault de la montaigne pour courir sur son auantgarde premier que rencontrer les Romains. Lors se misrent à lancer dardz & iauelotz, ietter pierres & sagettes, si que plusieurs de la part d'Herodes se trouuerent naürez, & le Roy mesmes blessé d'vn coup de trait qui luy donna par le costé ainsi qu'il passoit. Or voulut bien (en ces entrefaites) Antigonus faire entendre à ceux qui le trauailloient, qu'il n'auoit seulement la hardiesse prompte & grande, mais aussi la force & nombre de gens pour les combatre, au moyen dequoy depescha l'vn de ses amys apellé Pappus meurdrier de Ioseph, qu'il enuoya en Samarie auec son exercite, lequel s'en alla assieger Macheras, & ce pendant Herodes courut le païs, sacagea cinq petites villes ou il mit à mort deux mil hommes qu'il y trouua, & le feu dedans, puis s'en retourna en son camp qu'il assist en vn hameau apellé Cana, ou luy arriuoient de iour en iour grand nombre de Iuifz tant de Hierichon qu'autre contrée, les vns pour la hayne qu'ilz portoient à Antigonus, autres pour le grand heur & bonne conduite qu'Herodes maintenoit en ceste guerre, & plusieurs pour le desir fol & inconsideré qu'ilz auoient de voir mutacion & chose nouuelle. En ces entrefaites estant iceluy Herodes auerty que Pappus s'estoit mis aux champs auec son equipage, s'apresta pour luy donner bataille dont semblablement Pappus eut auis, toutesfois (sans s'estonner pour la grand' multitude de gens qu'auoit Herodes, ny craindre la fortune) luy fit teste au commencement, mais ceste fureur ne fut longue : car à peine eurent ilz rué les premiers coups, qu'Herodes se trouua le plus fort tant se sentit animé en la vengeance de la mort de son frere, pour laquelle executer, baissant la teste (& sçachant ceux qui en estoient cause estre en la troupe) commença à n'espargner foible ny fort entrant pesle mesle, tant qu'il rompit Pappus & les siens, qu'il poursuyuit longuement, abatant l'vn & tuant l'autre, fuyans au lieu dont ilz estoient partiz, & là fut la grand' boucherie : car entrant au bourg trouuant à l'aborder ceux qui auoient esté laissez pour la garde du lieu, les vns par les rues, autres dedans les logis, & maints sur les couuertures se mist à en faire tel carnage que la pitié y estoit apparente, & pour n'en espargner aucun commanda qu'on abatist les maisons, lesquelles tombans par terre amenoient quant & quãt les pauures malheureux, qui pour euiter ceste fureur s'estoient cachez es lieux plus secretz, tellement que la pluspart se trouuoient entre les ruïnes escachez, & rompuz, & si quelqu'vn eschapoit d'auenture de ce desastre, tomboit aussi tost en vne pire estant taillé en pieces

par les

DE LA GVERRE DES IVIFZ. Fueil. XXX.

par les soldatz, promptz & animez à telle cruauté, dont s'augmenta le nóbre des vaincuz morts, en si grand' quátité, que les chemins en furent empeschez de sorte que les victorieux ny eussent sceu quasi passer, & ce pendant ceux qui par leur fuite s'estoiét des premiers retirez, ainsi qu'ilz mettoient peine d'eulx r'allier & prendre asseurance, voyant l'execution & grand meurdre que faisoient leurs ennemys, se trouuerent si fort estonnez, que tant s'en fallut qu'ilz tournassent visage, ou monstrassent contenance de recouurer leur honneur, qu'ilz s'escarterent, fuyans à vau de routte, l'vn d'vn costé & l'autre d'autre, qui estoit bien le seul moyen pour rendre Herodes paisible de Hierusalem, s'il eust poursuiuy sa fortune: mais l'iniure du temps l'empescha de ce faire, encores qu'Antigonus mesmes pensast bien estre perdu, aussi deliberoit il habandonner la ville & se sauuer quelque autre part, toutesfois les choses prindrent meilleur trait qu'il n'esperoit, car Herodes estát arresté, cóme nous auons dit, pour estre la saison froide, pluuieuse, & malaysée, donna congé le soir mesmes à tous ses amys, d'eulx aller rafreschir, & luy d'autre costé fut aux baings estát encores tout suant & eschauffé de la pesanteur de son harnois, mais à peine eut il mis ses armes bas & prest à entrer nud dedans l'eau, qu'il fut sur le poinct de tomber au plus grand peril ou il se trouua oncques: car estant acompagné d'vn page sans plus, vn soldat de ceux qui s'estoient fuiz du conflict, ayant encores l'arme en doz, & l'espée nuë au poing, sortit d'vn lieu ou il s'estoit caché ioignát les baings pour venir outrager Herodes, & aussi tost s'en presenta vn autre, puis vn tiers & le quart, voire iusques à plus grand nombre, qui tous furent tellement estonnez de la presence du Roy le voyant nud & asseuré, qu'au lieu de luy courir sus, passerent outre, & s'euaderent, sans qu'il en auint autre chose, aussi n'y auoit il personne pour les fascher ou arrester, se reputant Herodes tresheureux, d'auoir cuité vn danger si prompt & prest. Telle doncques fut l'issue de ceste bataille, demeurant entre les morts Pappus l'vn des chefz & principaux capitaines enuoyez par Antigonus, le corps duquel Herodes commanda le landemain estre aporté deuant luy, par ce qu'il estoit accusé de l'homicide auenu à Ioseph, & aussi tost luy fit trancher la teste qu'il enuoya à Pheroras son autre frere, pour luy faire entendre le plaisir qu'il auoit à la vengeance du pauure Prince malheureusement occis, & ce pendant l'yuer couloit petit à petit & la froidure du temps, parquoy se descampa Herodes l'an troisiesme qu'il fut proclamé Roy de Iudée à Rome, faisant marcher son ost vers Hierusalem, ou il le pláta & assist pres, & quasi ioignát les murailles de la ville du costé du téple, par ce que c'estoit la part plus foible & moins deffensable, & par laquelle Pompée l'auoit autresfois conquise & prinse par force, puis separa ses forces selon que la necessité le requeroit, logeant les vns d'vn costé, autres dans les faulx-bourgs, & le reste à qui il se fioit le plus l'employa à esseuer trois haultz rampars ou plateformes pour y dresser machines & instrumens à rompre muraille, Ce fait s'achemina en Samarie espouser la fille
d'Ale-

LE I. LI. DE F. IOSEPHVS.

d'Alexandre filz d'Aristobulus, qui luy auoit esté promise comme nous auons dit, auec laquelle il fit quelque seiour, estimant ses ennemys si foybles, qu'il luy sembloit bien sa presence n'estre requise au siege pour aucun temps, toutesfois apres les noces & bonnes cheres parfaites s'en retourna trouuer son camp qu'il renforça auec plus grand' puissance que deuant, car Sosius se ioignit à luy bien equippé, & acompagné & de gens de pied & de cheual, qu'il fit marcher deuant par la voye Mediterranée, prenant le chemin de Phenicie, & estans les troupes assemblées se trouuerent de nombre fait iusques à vnze legions de gens à pied, & six mile à cheual sans les alliez venuz de Sirye en bon ordre, tous lesquelz se camperēt pres les murs de la cité & du costé de Septentrion, obeïssans à Herodes comme à leur chef esleu & proclamé par le Senat, Roy & Prince du païs, & à qui Sosius de sa part portoit amytié & faueur autant qu'il luy estoit possible, ayant expres commandement par Antoine de n'y faillir, & pour ce faire l'auoit enuoyé en Iudée. Or furent incontinent ceux de Hierusalem auertiz de ce nouueau secours, parquoy commancerent de là en auant à craindre & s'espouenter, specialement le populaire & gens de peu, lesquelz estans assemblez pres le temple se desesperoient & lamentoient disans que bien heureux seroit celluy qui fineroit ses iours premier que voir la desolation qu'ilz craignoient auenir, & ce pendant autres plus affectionnez à la guerre, se mettoient par bandes pillant & robant tant dans le circuit de la ville que dehors, si qu'ilz laisserent peu ou riens que tout ne fust saccagé, fust norriture de personnes ou de bestes, non que pourtant ilz ne se tinssent tousiours promptz & dilligens à repousser les ennemys qui souuent mettoient peine d'escheller la ville & donner alarmes, tellement que ceux qui estoient de la part d'Herodes ordonnez à hausser les plateformes, & montaignes de terre & de boys pour aprocher les murs & combatre main à main, estoient d'heure à autre chassez, trouuans les assiegez mile sortes de moyens pour rompre les machines & autres instrumens qu'on auoit dressez pour leur ruïne & desolation, mais s'ilz estoient ardans en telz actes, croyez qu'ilz ne dormoient pas tandis qu'on mynoit leurs murailles, ains faisoient saillies & contremines, si qu'à bien parler, ilz se defendoient vaillamment, & de fort grand courage. Si faisoit tandis Herodes pouruoir & remedier à ceux qui roboient de iour en iour les viures comme il vous à esté dit, & à ceste fin mit gens en embusche, qui leur rompirēt, de là en auāt, leurs entreprinses, sans que plus ilz s'osassent monstrer: donnant aussi ordre à amener prouisions de tous costez & en grand' habondāce, si que nul des assaillans ne pouuoit auoir excuse, qu'il ne s'employast & combatist vaillamment: & toutesfois encores que les Romains eussent plus d'experience que les Iuifz, si n'estoient ilz de meilleur cueur n'y de plus grande hardiesse ainsi qu'ilz donnoient souuent à cognoistre, estimans leur mort moins que rien pour bien leur resister & faire teste, à quoy ilz trauailloient incessamment, mesmes à subtiliser inuentiōs nouuelles, pour les greuer,

DE LA GVERRE DES IVIFZ. Fueil. XXXI.

uer, remparer, & renforcer leur place que l'on minoit, & qu'ilz cognoissoient tresbien, parquoy firent souz terre & entre les fondemens de leur mur vne yssue, par laquelle ilz surprindrent les gens d'Herodes & en mirent plusieurs à mort, puis se retirerent esleuans vers eulx nouueaux rempars pour faire front, ou la muraille viendroit à tumber par ceste myne, bref oncq' peuple ne fit plus de deuoir sans rien obmettre pour leur deffence & seureté, deliberez endurer plustost la mort, que monstrer vn seul poinct de couardise, au moyen dequoy tout ce grand ost fut contrainct camper deuant la place cinq moys entiers, & iusques à ce qu'aucuns des plus hardys & hazardeux de la troupe, trouuerent façon de gangner & monter sur la muraille, entrans de fureur dans la ville ou les suyuirent incontinent les centeniers de Sossius, & finablemét quasi le reste de l'armée, tous lesquelz coururent vers le temple qu'ilz saccagerent, puys s'escartans qui çà qui là par les rues & maisons, mirent à mort tout ce qu'ilz rencontrerent : car les Romains furieux & despitez du long siege, n'espargnoient aucun, & encores moins les Iuifz de la part d'Herodes, au moyen dequoy & ceux qui fuyoient par les rues estroites & ceux qui de grand' frayeur s'estoient cachez & retirez es maisons & lieux couuertz, fust au temple ou autre part ne demourerent exemptz de telle cruaulté, car sans auoir egard ny à ieune ny à vieil, à femme, fille ou enfant, tout leur fut vn, sans que les prieres du Roy les peut diuertir de si grande inhumanité, encores qu'il mit grand peine de les adoulcir pour pardóner au pauure peuple, entre lequel se trouua Antigonus, lequel mal auisé & ne sentant le malheur du temps qui le pressoit & importunoit, descendit de sa maison pour se venir ietter aux piedz de Sossius : mais il en fit peu de cas, ains sans s'esmouuoir en aucune pitié ou commiseracion de l'infortune presente auenuë au triste malheureux, commança à se moquer & gausser de luy, l'apellant à toutes heurtes Antigona, encores que de là en auant il ne le traitast cóme femme, car au lieu de le recognoistre en aucune chose, commanda estre bien estroitemét lié & mis en seure garde. Or estoit tresnecessaire & conuenable à Herodes, que tout ainsi qu'il auoit domté ses ennemys il essayast de gangner encores mieux l'amour & le cueur des estrangers & alliez qui estoient venuz, & en grand nombre voir le temple & les choses saintes qui se trouuoient dedans, pour à quoy paruenir, vsa enuers les vns de si gracieuses prieres & remonstrances, qu'il les rendit siens, les autres par menasses, & quelques vns par force & puissance d'armes, cognoissant tresbien si tel peuple veoit vne foys ce qu'au seul prestre apartient, & que les reliques plus ceremonieuses fussent descouuertes & prophanées, qu'il en auroit reproche, & trop plus à souffrir en sa victoire, que s'il fust demouré vaincu, & à ceste cause y pouruent diligemment, mesmes à bien garder que nul pillage auint en la cité, dont suruint grand debat entre luy & Sossius par ce qu'il vouloit faire tumber ce butin es mains de ses legions, mais Herodes luy remonstra de bonne grace, qu'auenant tel sac, & demeurant la cité despouruenë & de

F   gens

LE I. LI. DE F. IOSEPHVS.

gens & d'argent, il demoureroit auſſi Roy ſans rien, à quoy icelluy Soſsius inſiſta fort & roide, diſant qu'il eſtoit plus que raiſonnable permettre aux ſoldatz telle proye, tant pour les recompenſer du long ſeiour & malayſe qu'ilz auoyent enduré deuant la place, que du grand deuoir ou ilz s'eſtoient mis. Vrayement reſpondit Herodes ce que vous dites n'eſt pas hors de propos, auſsi eſpere-ie leur donner tant du mien qu'ilz auront cauſe d'eux contenter. Et auſsi racheta Herodes la ville, eſtant ſur le poinct de tomber en la plus grande deſolation qu'elle s'eſtoit encores trouuée, & tenant au reſte la promeſſe qu'il fit à Soſsius, vſa de grande liberalité de Roy, tant enuers les gens de guerre qu'autres, ſi que nul d'eux s'en alla ſans auoir le poignet foncé & bien garny de bonne ſomme de deniers, parquoy ayant Soſsius offert au temple (par oblacion) vne coronne d'or, print ſon chemin vers Rome, menant quant & ſoy Antigonus pour le preſenter à Antoine, & combien qu'icelluy Antigonus fuſt eſtroitement gardé, ſi eſperoit il d'eſchaper & tromper quelque iour ſes gardes, eſtimant peu la honte au reſpect de la vie & liberté, mais ſon deſſain n'eut lieu, car receuant le loyer de ſes merites, perdit la teſte qu'on luy leua de deſſus les eſpaulles. Ce pendant Herodes (demeuré paiſible en Hieruſalem) mettoit ordre à ſes affaires, traictant ſes amys en tout honneur & benignité, & au contraire ceux qui auoient tenu le party d'Antigonus auec mort honteuſe qu'il leur faiſoit endurer, & à fin qu'il peult encores mieux de là en auant entretenir ſon auctorité & grandeur, vendit tous ſes precieux meubles, & enuoya l'argent à Antoine, & à aucuns de ſes gouuerneurs, pour luy eſtre touſiours amys & fauorables, & neantmoins tel preſent ne le ſceut garder qu'il ne tombaſt depuys en l'inconuenient tel qu'il vous ſera recité cy apres. Or eſtoit iceluy Antoine ia ataint de l'amour de Cleopatra, & en telle folie & extremité, qu'il ne prenoit plaiſir qu'à luy obeïr & complaire obtemperant (ſans aucun moyen) à toutes ſes paſsions, ce que cognoiſſant Cleopatra (qui deſia auoit exterminé ſon lignage ſans en laiſſer vn ſeul) deliberoit faire le ſemblable de tous les eſtrangers, & perſuadoit à Antoine de commencer par les principaux de Syrie, faiſant eſtat d'auoir par ce moyé leurs biens & deſpouilles, & pour ceſte cauſe eſſayoit les mettre en la malle grace d'iceluy Antoine, ſans y eſpargner Herodes, n'y Malichus roys des Iuifz & Arabes, ce qu'Antoine faingnoit trouuer bõ, encores qu'il parlaſt contre ſa propre conſciéce, ayant deuant les yeux l'iniuſtice qu'il commettroit, faiſant ainſi mourir tant gens de bien & ſi grandz ſeigneurs, toutesfois il commença de là en auant à monſtrer mauuais viſage à Herodes, luy tolliſſant grand' partie de ſes terres, ſpecialement le lieu des palmes qui eſt en Hierichon ou croiſt le baſme, duquel il fit preſent à Cleopatra, & auec ce de toutes les villes de la contrée, excepté Tyr & Sydon, ſituées dans le fleuue Eleutherus. Eſtant doneques la Royne nouuellement emparée de ces places, conduit Antoine (qui alloit contre les Parthes) iuſques au fleuue d'Euphrates ou il le laiſſa pour venir en Iudée par Apanie & Damas, ce

que

DE LA GVERRE DES IVIFZ. Fueil. XXXII.

qué sçachant Herodes mit toutes les peines qu'il peut à l'entretenir & gangner par argent & beaux presens, & si print d'elle mesme les païs qu'on luy auoit ostez, à deux cens tallens de ferme chascun an: puis luy tint compagnie iusques à Peluse luy faisant tous les seruices & obeïssances dont il se pouuoit auiser. Or retourna quelques temps apres Antoine de son voyage des Parthes, & amena quant & luy prisonnier Artabazes filz de Tigranes, duquel il fit don à Cleopatra, ensemble de toutes les richesses & despouilles qu'il auoit peu butiner durant ceste guerre.

De l'embusche que mit Cleopatra pour tuer Herodes, de la bataille qu'il donna contre les Arabes, & d'vn grand tremblement de terre auenu par la Iudée.

Chapitre   XIIII.

EN ce temps estoit la guerre Actiaque fort esmeuë en laquelle Herodes faisoit estat secourir Antoine, & auec les forces qu'il auoit assemblées en ses païs, l'aller trouuer: car il se veoit deliuré de tous troubles & emotions, ayāt nouuellement cōquis Hyrcanie que souloit tenir au parauant la sœur d'Antigonus, touteffoys Cleopatra luy rompit son entreprise, faignāt qu'elle ne desiroit qu'il se trouuast aux dangers ou Antoine estoit apelé. Or vouloit mal ceste femme, comme nous

F ii   auons

LE I. LI. DE F. IOSEPHVS.

auons dit, aux Roys autant qu'il luy eſtoit poſsible, & pour ceſte cauſe fit trouuer bon à Antoine de commettre Herodes en la guerre contre les Parthes, eſperant ou il demeureroit vaincu s'emparer de toute la Iudée, & ou la victoire ſeroit de ſon coſté ſe faire auſi Dame de l'Arabie, ruïnant par ce moyen l'vn ou l'autre des deux Roys, ce neantmoins telle ſubtilité tourna grandement à l'auantage d'iceluy Herodes, car il aſſembla pluſieurs gens tant de pied que de cheual, & vint vers Dioſpolis ou il trouua ſes ennemys qu'il deffit, encores que de prime face ilz luy monſtraſſent forte reſiſtance, & pourſuiuant ſa fortune (ayant ſceu l'emotion & reuolte des Arabes qui s'eſtoient aſſemblez en grand nombre vers Canatha, qui eſt en la baſſe Syrie, atendant les Iuifz qu'ilz deliberoient combatre) fit marcher ſon oſt droit à eux, ou eſtant arriué ſe campa, & voyant la contenance des ennemys aſſeurée & preſtz de bien le receuoir, conſidera en ſoy-meſmes, eſtre plus que neceſſaire ſe gouuerner de là en auant auec prudence & diſſimulacion, au moyen dequoy commanda incontinent faire fermer & clorre ſon camp de bonnes & fortes murailles, mais les ſoldatz ne voulurent attendre ce loiſir, ains (encores glorieux & ſe confians à leur victoire precedente) coururent furieuſement aſſaillir les Arabes qu'ilz miſrent en fuyte, laquelle pourſuyuant, ſe trouua Herodes en treſgrand danger, par les embuſches de Canatha, qu'Athemõ l'vn des capitaines de Cleopatra (de tout temps ennemy d'iceluy Herodes) auoit faict cacher pour le ſurprendre & meurdrir, ce dont les Arabes s'aperceurent incontinent, parquoy ſe rallierent & tournans viſage, ſe tindrent ioinctz & ſerrez es lieux rudes, mal aiſez & pierreux ou ilz chargerét de noũueau ceux qui les fuyoient, auec telle ardeur & viuacité de courage, que les Iuifz ſurprins, & contre leur eſperance eſtonnez, prindrent vne fuyte, non moins honteuſe pour leur honneur, que dommageable pour leur vie, car grand nombre d'iceux demourerent par les chemins mortz & taillez en pieces, tandis que les plus habiles gaignoient à vau de route Hormiza. Ainſi furent les Arabes maiſtres & victorieux & du camp des ennemys, & de ce qu'ilz trouuerent dedans. Or n'eſtoit Herodes à ce conflict: mais il y acourut legeremét & toſt apres auec ceux qui l'auoient deliuré de l'embuſche, & penſoient bien ſecourir à temps leurs cõpagnons, toutesfois ce fut trop tard & n'auint telle playe d'autre choſe, que de la deſobeïſſance des capitaines qui ne voullurent croire à Herodes, qui eſtoit d'auis, non de donner bataille, ains ſeullement ſe fortifier & diſsimuler pour quelques iours, ce faiſant Athemon n'euſt pas trouué oportunité ny moyen de le ſurprendre comme il fit, toutesfois Herodes eut bien depuys ſa reuanche courant & degaſtant tout le païs des Arabes, ſi que pour vne ſeulle victoire qu'ilz obtindrent contre luy, il en eut maintes contre eux, mais en prenant & executant ſa vengeance, le ſeigneur Dieu luy donna roydement de ſes verges, l'an de ſon regne ſeptieſme, eſtant la guerre Actiaque fort eſmeuë, car enuiron le commencement de la prime vere, ſuruint vn tremblement de terre ſi horrible &

eſpouen-

DE LA GVERRE DES IVIFZ. Fueil. XXXIII.

espouentable, que trente mile Iuifz & vne infinité de bestes furēt abismées & perdues, sans que l'armée du Roy en receust aucun mal, parce qu'elle estoit campée aux champs & à descouuert. Toutesfois les Arabes s'en hau-cerent tellement le cueur (ayans entendu la desolacion qu'on disoit estre par toute la Iudée ainsi que communément mauuaises nouuelles se publi-ent plus grandes qu'elles ne sont) qu'ilz entreprindrent & oserent bien pre sumer de conquerir toute la contrée estant deserte & sans aucune force có-me ilz pensoient, & à ceste cause l'inuaderent, & entrerent dedans, apres auoir cruellement mis à mort les ambassadeurs qui auoient esté enuoyez vers eux de la part des Iuifz. Si courut incontinent le bruit de leur delibe-racion, qui estonna les gens d'Herodes si estrangement, que rebuttez, & recreuz de leurs precedentes infortunes & calamitez, monstroient par ap-parence auoir perdu & l'honneur & le cueur pour ne faire aucune resistá-ce,ce que cognoissant le Roy commença (pour les animer & remettre) à leur tenir tel langage.

Mes amys (dit il) il me semble, que sans grand' raison vous tombez, maintenant en vne paour, qui vous est mal seante & peu honorable, ie ne dy pas que n'en ayez eu par le passé quelque occasion, vous ayant le sei-gneur Dieu visitez, & par tribulations, & par afflictions, mais de faire le semblable pour crainte des hommes, & s'estonner pour leur venuë, c'est à faire à gens sans cueur, & sans aucune consideration. Aussi quant à moy, tant s'en fault qu'ilz puissent m'intimider,ny pour leurs menaces, ny pour le desastre auenu par le tremblement de terre, que ie pense asseurément Dieu le createur leur auoir enuoyé ceste esmorce, non pour bien qu'il leur vueille, ains pour receuoir cy apres la punicion de leur mesfait:aussi ne de-uez vous estimer qu'ilz se soyent presentez, pour asseurance qu'ilz ayent, ny en leurs armes ny en leur droit : ains seulement souz vne atente folle, qu'ilz se promettent en l'infortune d'autruy. Or est indubitable que l'espe-rance qui depend de la faute d'aucun, & non de sa force, est mal fondée,& d'auantage, ny le malheur, ny la prosperité sont stables entre les hommes, ains voit on communément la fortune changer, ores d'vn costé, ores d'vn autre.Ce que vous tous, mes amys,auez peu cognoistre de vous mesmes,& ainsi auiendra il des autres. Nous auons esté n'agueres vaincuz par noz en-nemys, mais à nostre rang serons nous victorieux sur eux : car ordinaire-ment vne chose que l'on tient seure & certaine, est peu ou point gardée,ie dy peu, par-ce que la tenant comme ia auenuë & non suiette à reuolte ou mutacion, est du tout negligée, & hors du soucy des hommes pour la per-dre, & au cótraire la crainte&trop grand' paour qui nous est presente,nous fera si bien auiser à noz affaires & y prendre tel soing, que i'espere, & m'af-seure,de ce que vous doutez, qui est l'entiere victoire &bonne yssue de no-stre guerre , & pour vous monstrer que ie ne parle sans raison, & que sou-uent trop grande & legere hardiesse vous à plus nuy que profité, ie croy qu'il vous souuient bien, que ayans voulu combatre indiscretemét & con-

F iii   tre mon

LE I. LI. DE F. IOSEPHVS.

, tre mon auis, vous estes tombez en ruïne, & mesmes dernierement, ou par
, trop vous haster, Athemion dressa son embusche & me cuyda surprendre,
, & maintenant que ie voy en vous vne certaine deffiance, qui vous cause v-
, ne contenáce plus arrestée & meure que ne souliez auoir, ie ne pense point
, que le camp ne nous demeure, & ainsi le fault il presumer, iusques à venir
, aux effetz, que le conseil nous incitera à faire nostre deuoir, donnant à co-
, gnoistre à l'ennemy infidele, que ny pour l'auersité des hommes, ny pour
, affliction enuoyée de Dieu ça bas, la prouësse & vertu des Iuifz ne fut ny
, sera iamais amoindrie, ou estainte, ny tant que la vie residera en eulx, ne
, permettront à l'Arabe qui est souuent tombé en leurs mains (presque ca-
, ptif) piller ne conquester leurs biens & possessions : & toutesfois s'il vous
, semble que le tremblement de terre auenu, vous soit presage infortuné, ie
, vous suplie (vaillans hommes) considerer estre chose naturelle, veoir aux
, elemens accidens miraculeux, sans que par telles estrangetez les person-
, nes en reçoiuent dommage, mais iceux elemens propres pour le mal qui se
, font à eulx mesmes, demonstrans par telles emotions, ou vne brefue pe-
, stilence, ou vne famine malheureuse, ou autres accidens, qui toutesfois n'a-
, uiennent, & ainsi sera il de ceste guerre commancée: car elle ne nous nuira,
, encores que noz ennemys ayent à present l'auantage non plus qu'icelluy
, tremblement de terre, dont nous nous trouuons deliurez, mais au contrai-
, re, auons aparence & certain signe de la ruïne & desolacion qui doit indu-
, bitablement succeder aux Barbares, non par cas fortuit, n'y par le moyen
, d'aucun de nous, ains seullement pour la cruaulté qu'ilz ont exercée contre
, le droit de Dieu & des hommes, meurdrissans sans cause n'y raison, noz
, ambassadeurs, desquelz ilz ont faict sacrifice au ciel, qui ne laissera iamais
, vn tel meffait impuny, ains nous en permettra la vengeance sur eux, pour-
, ueu que (comme ie vous ay dit n'aguerres) vous vueillez prendre garde à ce
, que vous auez à faire, & en toute diligence vous haster tout bellement de
, les assaillir & poursuiure. Par ainsi, mes compagnons, mes amys, deliberós
, nous ie vous prie de chercher la iuste vengeance, non du tort qu'ilz ont fait
, à noz femmes, enfans, ou famille, ny pour voir le païs en hazard ou danger
, mais seullement, pour auoir reparació de l'outrage & temeraire cruaulté,
, commise par eux en la persoune de noz deleguez, lesquelz mors au móde,
, & viuans à present au ciel, conduiront nostre entreprinse trop mieux que
, nous mesmes, qui sommes encores sur la terre. Quát à moy ie delibere té-
, ter tout le premier le danger de la fortune, pourueu que me vueillez croi-
, re & obeïr à ce que ie vous diray, & conseilleray pour le bien de nous tous.
, Vous iurant & affermant (si ainsi le faites) que l'ennemy Barbare n'osera
, seullemét vous atendre, aumoins qu'il ne durera gueres si vous ne tombez
, en quelque desordre, vous gouuernans sans conseil.

Apres que le Roy eut acheué son propos & qu'il vit à veuë d'œil son armée en bonne deliberacion de bien combatre, fit son sacrifice à Dieu, puis
trauersa le fleuue Iourdain, & conduisant son ost, vint se camper pres de ses

enne-

DE LA GVERRE DES IVIFZ. Fueil. XXXIIII.

ennemys du cofté de Philadelphie, tirant droict au chafteau qui eft entre deux, pour lequel occuper & prendre premier que les Barbares, y enuoya gens: mais ilz y arriuerent trop tard : car les Arabes les auoient preuenuz, dont le Roy eut incontinent auis, parquoy bien deliberé de ioindre & recouurer la place, fans la laiffer plus longuement au pouuoir d'autres, marcha à l'encontre, & d'arriuée y eut maint coup de fiefche tiré d'vne part & d'autre, tellement qu'à bien affailly bien deffendu, toutesfois l'iffue en fut telle, que la partie d'Herodes eut le meilleur, repouffant les ennemys fi viuement, que force leur fut habandonner le chafteau afsiz en lieu hault, fi ne s'eflongnerét ilz pourtant, ains laiffans derriere leur premier camp, fe tindrét parquez tout au plus pres de leurs ennemys, faifans faire autour d'eux rempars pour leur feureté, & toutesfois il n'eftoit iour qu'Herodes ne prefentaft bataille, encores qu'il fuft moindre en nombre d'hommes que les Barbares, qui ne vouloient nullement entendre au combat ayans receu en eux-mefmes vne frayeur & timidité extreme pour auoir veu leur chef Althenus, fe prefentant à l'affaire, changer coulleur & pallir de grand' crainte, ce que fçachant Herodes vint les affaillir fi brauement, qu'apres auoir conquis & abatuz leurs rempars, entra pefle mefle, fe trouuans les autres fi preffez, par vn defefpoir, que force leur fut au commancement faire tefte & combatre, fans toutesfois ordre quelconque, fe tenans à cefte ocafion les gens de pied entre ceux de cheual, fi confufément, que telle refiftance leur aporta peu de fruict, les fauuans fans plus du grand meurdre & occifion qui leur fuft aucunë s'ilz n'euffent monftré de prime face le vifage qu'ilz tindrent, mais à la fin le cueur leur faillit, & tournerent le doz, eftás fi preffez & contraintz par les Iuifz, qu'abatant l'vn & tuát l'autre c'eftoit à qui plus toft fe fauueroit d'entr'eux par legiere fuite, tellemét qu'il en demeura cinq mile par les chemins, & le refte fe garentit dans le lieu ou premierement ilz auoient campé auant la prinfe du chafteau, & là furent incontinent affiegez de toutes pars, & de fi court, qu'ilz mouroiét quafi tous de foif par grand' faulte d'eau, au moyen dequoy enuoyerét ambaffades vers Herodes offrir pour leur redemption & liberté cinq cés tallens . Ce qu'il refufa, fans les vouloir feulement efcouter, & à cefte caufe (preffez de plus en plus d'vne foif extreme) le cinqiefme iour enfuyuant quatre mile d'eux, fe rendirent liberallement aux Iuifz qui les retindrét prifonniers, & le refte (qui eftoit en trop plus grand nombre) defefperez de tout remede, fortirét le lendemain, & entrerét furieufemét au combat, mais ilz eftoient ia fi attenuez & alangouriz de famine, qu'il en tomba mors fur la place fept mile ou plus. Ainfi demoura Herodes vengé des Arabes, leur abaiffant fi bien leur grand cueur & courage, qu'efmerueillez de fa prudence & prouidence l'efleurent de là en auant pour leur chef & gouuerneur.

F iiii　　Com-

LE I. LI. DE F. IOSEPHVS.
Comme Herodes fut declaré
Roy par toute la Iudée.

Chapitre XV.

L'Aise & grand contentement de si prospere fortune, ne demoura gueres à Herodes, que luy vindrent nouuelles tant facheuses, qu'elles eurent moyen de le faire plaindre & douloir, ce fut la victoire en laquelle Cesar debella en la guerre Actiaque Antoine, duquel il estoit amy & seruiteur affectionné, toutesfois la paour & intimidacion qu'il eut de ceste infortune, luy estoit trop plus grande que le danger dont il doutoit : car Cesar n'estima pas auoir vaincu Antoine tant qu'Herodes auroit moyen, & viuroit, neantmoins iceluy Herodes ne voulant tomber au danger ou hazard qu'il veoit en bransle, delibera y remedier & pouruoir: parquoy s'embarqua, & nauigant en Rhodes ou seiournoit pour lors Cesar, vint se presenter à luy sans diademe, mais en acoustrement d'homme priué, combien qu'au reste il sentist & en gestes & en condiciõs son Roy & grand seigneur, à quoy son parler ne contraria aucunement, ains d'vne grauité modeste commença à dire ainsi.

Certes, inuincible Cesar, l'amytié & seruitude que i'ay porté toute ma vie à Antoine, ne m'a point osté la hardiesse de me presenter deuant vostre maiesté, & luy declarer apertement le grand plaisir que i'ay prins à obeïr & complaire à celuy auquel i'estois & suis plus tenu qu'à autre qui

viue,

DE LA GVERRE DES IVIFZ. Fueil. XXXV.

viue, veu que par son seul moyen (comme chacun sçait) i'ay esté proclamé & fait Roy des Iuifz, qui me contraint ne vous taire, qu'indubitablement vous m'eussiez plus cognu que vous ne faictes en l'experience des armes, si les Arabes ne m'en eussent destourné ainsi qu'ilz ont faict. Car à parler sans faintise ou dissimulation, i'ay secouru Antoine en toutes ses affaires, & de gens, & de beaucoup de miliers de charges de froment, mesmes dernierement apres le desastre & infortune qu'il luy est succedée en Actie, sans l'auoir oncques voulu habandonner, ainsi que veritablement i'estois bien tenu, voullant recognoistre les grandz biens & faueurs qu'il m'a faictz par le passé, luy persuadant maintesfois vn tel conseil qu'il luy en fust trop mieux, s'il l'eust suyuy & trouué bon, pour reparer les faultes euidentes, ce qu'il luy eust esté facile, faisant mourir Cleopatra, à quoy obtemperant, ie ne luy promettois seullement ayde de gens, d'argent, & de toutes mes forces : mais me declarer du tout pour luy côtre vous, toutesfois l'affection aueuglée qu'il portoit à ceste femme, luy estoupoit tellemét les oreilles, que voullant Dieu vous rendre victorieux, & luy vaincu, ne peut oncques sentir en soy, ny son mal present, ny sa ruïne future, & neátmoins l'ayant aymé comme i'ay fait, m'a semblé raisonnable vouloir participer de sa fortune ainsi que i'ay de sa prosperité, parquoy (ne me tenát moins vaincu qu'il est) ay mis bas le diademe de mon chef, pour presenter à vous, victorieux Cesar, ma personne, mon bien, & le reste de ma vie, que ie metz entre voz mains, vous supliant treshumblement auoir deuant les yeux, que la raison m'a par le passé obligé à faire le deuoir que i'ay continué enuers celuy qui n'est plus, & que i'espere d'oresenauant retourner en vous s'il vous est agreable.

N'ayez, respondit Cesar, aucune crainte de receuoir mauuais traictemét de moy : car des à present ie veux que demeuriez en vostre royaume, meritant encores d'auantage, puis qu'à ce que ie voy vous n'auez iamais craint faire vray office d'amy, à qui vous auez aymé, mais aussi essayez desormais à vser de pareille fidelité enuers ceux que l'heur fauorise, à quoy ne ferez faute, & ainsi m'assure-ie de vostre prudence & vertu, tant ya que i'ayme trop mieux Antoine auoir suiuy Cleopatra que vostre conseil, car il m'en est si bien prins que ie vous ay gaigné en se perdant, vous auez à ce que i'ay entendu commancé desia à me faire seruice ayant enuoyé à Ventidius, l'vn de mes capitaines, secours côtre les gladiateurs, ie vous prie continuer, vous promettant qu'outre la confirmation que ie vous donne pour demourer Roy, que ie prendray plaisir desormais à vous faire autres biés, pour vous oster le regret que pouuez auoir à vostre feu amy.

Ce disant print le diademe & le luy mettant sur le chef, publia deuant tous vn tel decret que plusieurs louäges furent proferées à l'hôneur d'Herodes, lequel apres l'auoir humblemét remercié, luy offrit aucuns presens, auec vne affectionnée requeste, de remettre l'offence qu'Alexandre (l'vn des grandz amys d'Antoine) pouuoit auoir delinqué enuers sa maiesté, &

dont

LE I. LI. DE F. IOSEPHVS.

dont iceluy Alexandre mesmes luy demandoit pardon. Mais Cesar ne se peut vaincre soy-mesmes en cest endroit, ains refusa Herodes tout à plat tant se sentoit indigné pour plusieurs desplaisirs & trauerses que luy auoit faites celluy pour lequel on le suplioit. Et peu de iours apres deslogea de Rhodes pour marcher vers l'Egipte, ou Herodes l'acompagna & passant par la Syrie luy presenta tant d'honneur & triumphe qu'vn iour entre autres qu'iceluy Cesar faisoit la monstre de sa gendarmerie, estant Herodes à cheual tout au plus pres de luy, le mena en son logis ou le festin estoit apresté, si magnifique, que Cesar & tous ses amys y furent merueilleusemét bien traitez & receuz, mesmes iusqu'aux soldatz, lesquelz semblablement Herodes festoya, pouruoyant au reste ainsi que l'armée passoit es lieux ou les eaues deffailloient, d'y en faire porter, & autres choses necessaires, en si grand' habondance, que tous trauerserent aysément iusques à Peluse, & au tant en fit pour le retour, par le moyen dequoy, il sçeut tant bien gangner & le cueur de Cesar & de toute l'exercite que chacun, estimoit le royaume de Iudée luy estre trop petite recompése, au respect de son merite, les ayát ainsi festoyez & recueilliz, dont il auint qu'arriuez enEgipte, estans ia Antoine & Cleopatra decedez, Cesar voulant recognoistre l'amytié & bon vouloir que luy auoit monstré Herodes luy fit tous les honneurs dont il se peut auiser, puis luy rendit le païs, qu'iceluy Herodes mesmes auoit prins à ferme de Cleopatra, ainsi qu'il vous à esté n'agueres recité, y aioustant Gadara, Hyppos, & Samarie, auec quelques villes maritimes, à sçauoir Gaza, Anthedon, Ioppe, & la tour de Straton: luy donnant au reste pour sa garde quatre cens Gallathes, qui furent au precedent à icelle Cleopatra, & vsa Cesar de ses magnifiques & grandz presens à Herodes, pour la liberalité & excessiue despence, qu'il auoit monstré tant enuers luy, que ses gensd'armes, ainsi que nous auons dit, pour lesquelles encores mieux recompéser, aiousta au royaume de Iudée, la marche dite Thracon, & Batanea contiguë à Auranitis, & par le moyen que vous entendrez. Ayant Zenodorus prins à louage la maison de Lysanias, ne cessoit d'atirer & mettre en Damas larrons & brigans, qu'il amenoit de la contrée de Thracon, ce qui despleut tellement à ceux de la ville, qu'ilz furent contrainctz eux retirer à Varo lieutenant de la Syrie, pour le suplier humblement remonstrer à Cesar les torts & incursions qu'ilz receuoient des pédards que Zenodorus entretenoit, à quoy iceluy Varo obtempera volótiers, & en sorte que par son moyen fut le païs tost apres nettoyé de ceste vermine, & Zenodorus priué de ce qu'il y possedoit, que Cesar donna depuis à Herodes pour oster le moyen du tout aux brigans & larrons de retourner en Damas, le constituant au reste iceluy Cesar gouuerneur de toute la Syrie, l'an dixiesme apres son retour dans la prouince, tellement que nul des potentatz ou chefz ne pouuoient (de là en auant) rien ordonner ou executer, sans son conseil ou auis, car ainsi le vouloit Cesar, lequel sçachant peu apres la mort d'iceluy Zenodorus, fit encores vn autre present à Herodes de tout le païs qui

fict

DE LA GVERRE DES IVIFZ. Fueil. XXXVI.

siet entre Thracó & Galilée qu'Herodes tenoit peu au respect de l'amytié & bonne reputation qu'il sçauoit Cesar auoir de luy: car iceluy Cesar l'esti moit plus que nul autre apres Agrippa , & Agrippa en mesmes opinion reueroit entierement Herodes apres Cesar , parquoy se trouuant Herodes au plus hault but de felicité s'adóna de là en auant du tout en œuure sainct, & tel que vous entendrez au chapitre suyuant & non plus.

De plusieurs villes construites
par Herodes , & d'autres places qu'il restitua & remist de ruyne en treßumptueux edifices.

Chapitre   XVI.

Erodes doneques prosperant comme il vous a esté dit, & retourné en Hierusalem l'an quinziesme de son regne, remit le temple en son premier estat, & augmentát en grandeur le circuit d'enuiron deux fois autant qu'il souloit estre , le fit fermer de murailles non sans vne excessiue despence, pour les grandes sumptuositez qu'il y aiousta ainsi qu'encores on peult cognoistre par les superbes portiques de l'enuiron, esleuez par luy depuis les fondemés iusques à leur perfection de haulteur, & mesmes le chasteau situé à l'aspect de Septentrion, qu'il repara & enrichit, de si excellente architecture, qu'il sentoit mieux son palais de Roy, que sa maison priuée, parquoy le nomma Antonia, en memoire & souuenance de feu Antoine, & encores non contant de si beau logis, fit bastir vn palais pour luy outre deux autres tout au plus hault de la cité , mais auec telle magnificence & grandeur, que le temple n'estoit en riens comparable , ny à l'vn ny à l'autre, le premier desquelz il apella Cesarium, & le second Agrippium, en l'hóneur de deux siens speciaux amys, la memoire desquelz il ne voulut perpetuer seulement par grande assemblée & hauteur de pierres, ains publia leur renómée en toutes les parties de son royaume, specialement en Samarie, ou il enuironna de haults murs vne cité, qu'il nomma aussi Augusta, dont la seinture (belle & decorée) contenoit vingt stades de tour, pour laquelle habiter y fit venir six mile personnes, à qui il donna maintes bonnes terres fertiles, & opulentes pour labourer, faisant au reste, edifier au mylieu vn temple d'vne esmerueillable entreprinse, lequel il dedia à Cesar auec vne place à l'entour de trois stades & demye, pres d'icelle luy dedia vn boys, puys constitua & y establit nouuelles loix pour pollicer le peuple, dont icelluy Cesar se contenta beaucoup, & si bien qu'il luy donna outre les grandz biens qu'il auoit ia receuz de luy, vne autre cótrée, en recognoissance de laquelle liberalité Herodes luy fit encores eriger

autre

LE I. LI. DE F. IOSEPHVS.

autre temple tout de Marbre blanc en vn lieu apellé Panion, ioignant les fontaines du fleuue Iourdain, auquel est vne montaigne, le couppeau de laquelle est de hauteur inestimable, & vers le costé par ou on y descend se treuue vne cauerne qui entre dans vn roc, si estrange que la concauité d'iceluy (pleine d'eau en tresgrande habondance) ne se peult sonder pour en trouuer le fons, par longueur de corde que l'on y auale, sortát neantmoins par le pied d'iceluy tant de fontaines, que beaucoup ont voullu estimer le fleuue Iourdain en proceder, & prendre l'origine de son cours, mais nous en declarerons la verite, & ce qui en est, en lieu plus à propos. Retournans doncques sur noz brisées, & aux bastimens d'Herodes, à peine eut il parfait ceux dont nous auons parlé, qu'il cóstruit en Hierichon (entre le chasteau apellé Cypprus & les palais Royaux) maintz autres edifices, propres à loger les suruenans, ausquelz il imposa noms particuliers de ses amys, brief malaysément se pourroit trouuer lieu de renó en son royaume ou il n'eust laissé memoire de la grandeur de Cesar, tant par les temples qu'il luy consacra, que par les lonanges de luy qu'il publia par toutes les prouinces, esleuant en diuerses contrées sa statue & representacion, & d'auantage voyát iceluy Herodes la ville apellée la tour de Straton, tumber en ruïne (place au demeurát propre à perpetuer son renom) la reedifia de nouueau, & d'vne pierre blanche, auec vn tel palais, que la grandeur & bon esprit du constructeur y estoit assez cognoissable, mesmement pour le port qu'il y inuéta, comme vous entendrez, estant la place dont nous parlons assise es riuages de la mer, entre Dora & Ioppe, & aussi mal aysée d'aborder que nul autre, pour n'y auoir aucune descente seure pour les nauires: car ceux qui nauiguent de Phenicie en Egipte, se treuuent souuent agitez par le vent d'Afrique, lequel estant doux & gracieux es autres costez, est neantmoins en cest endroit si impetueux qu'il eslieue à toutes heures les vndes par dessus les rochers, rendant à ceste ocasion les flotz si enflez & tempestueux, qu'il est imposible prendre terre sans danger aparent. Ce que considerant Herodes, fit tant à force de deniers, & grand trauail de gens, qu'il surmonta le naturel mesmes, y dressant vn port trop plus spacieux & aisé à receuoir quantité de vaisseaux, que n'est pas le Pirée: & au dedás d'iceluy autres places pour aborder les nauires à quoy il est perueu, combatant & resistant à toute dificulté, si que finablement l'intention de luy à eu lieu, sans que l'insure & force de la mer, puisse faire aucun tort, n'y à la massónerie, n'y à l'excellence & enrichissement de l'architecture, si bien iointe & proprement assise, qu'il semble n'y auoir oncques eu empeschemeut n'y chose mal aysée ou dificale, pour engarder d'y eriger & cóstruire tout ce que l'on a voulu. Aussi estoient les fondemens, vingt brasses en mer de grosses pierres, dont la plus part d'icelles auoient cinquante piedz de long, neuf d'espesseur & dix de large, & quelques vnes encores plus grádes, toutes lesquelles assemblées & massonnées faisoiét vn mur, qui au sortir de l'eau auoit deux cens piedz de largeur, cent pour resister au flot & impetuosité des vagues,

apellé à

DE LA GVERRE DES IVIFZ. Fueil. XXXVII.

apellé à ceste ocasion Procymia, qui vault autant à dire, au deuant du flot, & les autres cent, ioignant le dessouz de la muraille, qui enuironne & ferme le port, estant entre deux construictes plusieurs haultes tours, la plus belle desquelles s'apelle Drusion du nom de Drusus filz de Tibere. Et pour ne laisser rien incommode en place si excellente, y auoit d'vne part & d'autre lieux propres & voultez pour loger & receuoir les marchandises qui y abordoient, & vn large esperon de pierre, pour pourmener les marchans & deuiser de leurs affaires & negoces, & par ce que selon la situation du lieu le vent de bize est le plus doux & aisé de tous autres, l'entrée d'icelluy haure auoit l'aspect du Septentrion, à l'embouchure duquel estoient trois collosses soustenuz des deux partz, par colonnes, dont celles du costé gauche (en y entrant) sont apuyées d'vne grosse tour, & à droit par deux pierres iointes ensemble, & plus haultes, qui decore & embellit grandement la nouueaulté de ce port. Et encores plus les maisons qui y ioignent, toutes edifiées de pierre blanche, & les rues compassées de mesme longueur & largeur, à l'entrée desquelles est assis le temple de Cesar sur vn monticule excellant pour son espace & beauté, & d'vn des costez, le Collosse d'icelluy Cesar non moindre que celuy de Iupiter en Olympie, sur lequel il a esté prins & fait, & à l'autre, celuy de Rome tout tel que celuy de Iuno en la ville d'Arges, dediant au surplus Herodes toute la ville à la prouince, & à ceux qui par mer arriueroient au port. Et à Cesar l'honneur du bastiment, à qui il imposa le nom de Cesarée. Et combien que tant d'architecture & si excellente que nous auons dit, fust suffisante pour immortaliser la memoire de luy, si print il plaisir d'eriger d'auantage l'amphiteatre, le theatre, & le marché, si magnifiques que merueille, ordonnant au surplus, de cinq ans en cinq ans, certaines luites & combatz qu'il apella du nom de Cesar. le commencement desquelz fut la cent quatre vingt douziesme Olympiade, auec tant de sumptuosité & habondance, que non seulement celuy qui gaignoit le pris se sentoit de la liberalité d'Herodes, mais aussi ses sucesseurs, iusques à la tierce generatió. & qui plus est reédifia la ville d'Anthedon maritime, qui durant les guerres auoit esté ruïnée, luy imposant nom d'Agrippium en memoire d'Agrippa pour perpetuer, laquelle eriga vn temple ou le nom d'Agrippa estoit graué en toutes les portes tant luy estoit affectionné amy. Et pour semblablement vser de tout deuoir enuers son pere defunct, luy construit vn monument & nouuelle cité, au plus bel endroit de son royaume, & mieux peuplé de toutes sortes de bons arbres qu'il apella Antipatris, faisant au surplus fortifier le chasteau qui est par delà Hierichon, qu'il embellit de maint enrichissement, & le dedia à sa mere, l'apellant du nom d'elle Cyprus, & vne tour en Hierusalem pour l'amour de son frere, l'excelláce de laquelle vous sera declarée cy apres venant mieux à propos, & aussi vne autre ville qu'il apella Phaselis situ) du costé de Septentrion, venant de Hierichon, laquelle il mist sus en la memoire de sondit frere, faisant au reste pour tous ses autres amys, quelque

G singula-

LE I. LI. DE F. IOSEPHVS.

singularité qui les a perpetuez , & pour foy-mefme , la fortification d'vn chafteau fitué en la montaigne du cofté d'Arabie, qu'il nóma Herodium & de nom femblable vn monticule qu'il fit affembler à main d'homme, en forme de mamelle, diftant de Hierufalem de foixante ftades , lequel il decora encores plus parfaitement que nul des autres, car la fommité d'iceluy eft circuye de mainte tour ronde , acópagné à l'enuiron de plufieurs riches palais n'eftás moins beaux & magnifiques par le dedás qu'ilz font au dehors, pour l'enrichiffemét des couuertures, efchinaux & murailles, mais ce qui rédit encores le lieu plus fumptueux & fuperbe , maintes belles fontaines venás de loing y decouroient dans canaux, & font les eaues retenuës & deuallét doucement (par deux cens degrez de marbre blanc) iufques au pied du monticule, ouurage de main d'homme admirable , mefmes par la defpence exceffiue & extreme:au plus bas duquel, fit aufsi baftir quelques autres palais, propres à bien receuoir fes amys, & les y loger, fans contrainte, tellemét qu'a voir tát de móceaux de pierres, fembloit propremét d'vne bié grandeville, quoy qu'il en foit, on n'euft iamais eftimé tel edifice, autre mét qu'vn feiour propre & digne de puiffant Roy, & neátmoins Herodes nó fatisfait encores d'auoir tant d'années employé maçons, charpétiers, & autres maneuures es endrois de fon royaume telz que vous auez entédu, ne voulut toutesfois permettre le repos d'eux, ains pour mieux faire paroiftre fa grandeur & magnificence es viles eftrangeres, fit faire à Tripoli & Damas, lieux propres à exerciter le peuple à toutes fortes d'esbatemens, & enuirôner de muraille la place apellée Biblus, à Berytus & Tyr maintz portiques , & fieges pour fe feoir & repofer, auec téples & marchez publiques:à Sydon & Damas theatres: aux Laodiciens maritimes, fort indigens d'eaues douces, aqueduétz , qui aprocherent les fources au lieu fterile : aux Afcalonites, bains & fontaines excellétes, & auec ce des portiques fouftenuz de colónes d'vn cofté & d'autre, donnant, à plufieurs particuliers, bois & prairies, afsignant en aucunes desvilles participátes de fon royaume, lieux fpacieux pour adextrer les citoyés, & aux autres vn certain reuenu perpetuel pour faire viure à iamais la grádeur & liberalité de luy, fourniffant au refte bledz & grain à plufieurs qui en eurét necefsité, voire iufques à bailler argét à ceux de Rhodes pour equiper & freter leurs vaiffeaux de toutes chofes necessaires, & ce par plufieurs fois , & reédifier à fes propres defpens le téple d'Apollo, plus riche & fumptueux qu'il n'auoit oncques efté au precedant qu'il fut bruflé & deftruit. Certes telle grande & hónefte liberalité de Prince pullula tant que les mefmes Samiens & Lyciens s'en fentirent beaucoup & toute la Ionie aufsi, du plus petit iufques au plus grád qui la merita. Doncques quel befoing eft il m'amufer d'auantage pour la manifefter veu qu'elle eft fi commune enuers les Atheniés, Lacedemoniens, Nicopolatins, & ceux de Pergame & Myfie, qu'ilz en chantét encores les louanges & honneurs, principallement pour auoir (cóme chacun entend) paué de marbre bien poly la place d'Antioche, qui eft en Sirie lógue, de vingt ftades,

des,

DE LA GVERRE DES IVIFZ. Fueil. XXXVIII.

des, mais si pleine de Lymon & de fange, que nulle ame viuante y pouuoit ayfément paffer, & pour aller à pied fec & en temps de pluye, ordonna por tiques de pareille longueur que la place , tout le long de cefte chauffée : & neantmoins quelqu'vn chatoilleux & mal aifé à contéter, pourra dire, que telle commodité n'aporta aucun profit fi n'eft à ceux de la contrée, & que par ce peu la louange d'Herodes ne merite eftre tant recommandée. Mais ie luy refpondz, que le bié qu'il a fait aux Elides fe trouua fi fructueux, que non feulement le commun de Grece luy en eft redeuable , ains aufsi toute la terre entiere, ayant feul efté caufe, que les combatz olympiques font per-petuez, lefquelz fans l'ayde & fecours de l'argent qu'il bailla , s'en alloient abolir du tout , encores qu'il ne reftaft autre marque de l'ancienne Grece, au moyen dequoy il merita à bonne caufe le nom d'Agonotheta, qui vault autant à dire comme reftaurateur de telz actes vertueux, & ce durant cinq ans qu'il fit le voyage de Rome, laiffant en reuenu, deniers clairs pour n'a-mortir la memoire de chofe tant recommandée. Si que veritablement peu ou point fe treuue encores iufques auiourd'huy Prince doué de tant hon-nefte liberalité comme a efté Herodes, duquel pour ne laiffer rien derrie-re, ie reciterois bien encores les grandes debtes qu'il acquita & les excefsifz tributz qu'il amortit: mais ce feroit propos long à difcourir , & peult eftre plus ennuyeux que plaifant, par efpecial venant à toucher comme il foula-gea d'impofitions annuëlles les Phafelites, & Balanertes, & autres petites citez de Cilicie , & fi euft encores fait d'auantage s'il n'euft craint fembler ennuyeux, ou qu'il afpiraft à extreme grádeur, eflargiffant fes graces & fai-fant plus de bien aux villes que les mefmes gouuerneurs qui les auoient en charge, & defquelz il ne defiroit eflongner l'amytié tant auoit le cueur bó & honnefte , & fi bien compofé de nature , que tout ainfi qu'il eftoit de prompt & gentil efprit, il eftoit pourueu de corps à l'equipolent , difpoft, preft & non moins prompt à executer que l'efprit à deliberer, au refte, bó picqueur de cheuaux , aymant la chaffe , & autant adroit qu'autre de fon temps : fi qu'on l'a veu quelquefois en vn mefme iour combatre quarante beftes en ces lieux, ou il fe trouue quátité de Sangliers, Cerfz, & Afnes fau-uages: mais s'il eftoit ardent à ce deduit , celuy de la guerre le contentoit encores plus, eftát bon coureur de lance, vaillant comme l'efpée, & rude au mefler, tellement qu'il eftoit par tout craint & redouté, fuft es batailles ré-gées ou tournoys de plaifir, & fi auoit d'auantage vne telle d'exterité à bié tirer de l'arc , qu'il fe pouuoit dire en ce cas n'eftre fecond à aucun , toutes lefquelles graces & faueurs luy furent familieres & quafi naturelles, au rê-fte amy de fortune, fans que iamais elle luy móftraft mauuais vifage pour guerre qu'il ayt fouftenuë, ou prefentée à l'ennemy, & fi quelquefois il luy eft mal fuccedé fa coulpe ou ignorance n'en eft en rien acufée, ains la feule trahifon des mefchans ou la temerité & prefumption des gens de guerre qu'il auoit auec luy.

G ii   De la

LE I. LI. DE F. IOSEPHVS.
De la diuision qu'eut Herodes
auec Alexandre & Aristobulus ses enfans.

Chapitre   XVII.

LEs graces, honneurs & grands biens, qu'Herodes receut de Cesar, vous ont esté amplement recitez es chapitres precedans, mesmes la prosperité & bonne fortune qui luy estoit frequente & familiere. Et maintenant qu'il vient à propos ne vous tairay ausi, comme ceste fortune changeant de robbe, luy aporta pour vn grand ayse vn long desplaisir, & pour grand heur vne continuëlle malécontre & domestique, ce que l'amour moyenna au premier, car espousant Mariamme fille d'Alexandre filz d'Aristobulus qu'il aymoit plus que soymesmes, repudia Doris natiue de Hierusalem, peu apres qu'il fut peruenu à la coronne. Or ceste Mariamme dont nous parlons, mena si bien le Roy à sa discretion, que grand mal luy en auint, car pour trop la croire & luy complaire, chassa (tost apres son retour de Rome) Antipater son filz aisné & qu'il auoit eu de sa premiere femme Doris, ne luy permettant plus entrer dans Hierusalem fors es iours de feste, & qui pis est fit meschamment occire Hircanus ayeul de la Royne, souz couleur de quelque soupçon qu'il imprima en son esprit comme vous entendrez cy apres. Ayant donné icelluy Hircanus demeuré par longs iours au pouoir de Barzaphanes quãd il fit la guerre en Syrie, & deliuré puis apres par la compassion & pitié qu'eurent de luy ceux de sa

nation

DE LA GVERRE DES IVIFZ. Fueil. XXXIX.

nation habitans oultre le fleuue d'Euphrates, voulut contre leur conseil & auis retourner prendre l'air & douceur de Hierusalem, dont mal luy en auint car s'il les eust creuz Herodes ne fust tombé au deshonneur qui luy est demeuré n'y eust esté Hircanus cruellemét mys à mort comme il fit par trop se fier & en l'amytié de son aduersaire& en l'alliáce qu'il auoit en luy qui tenoit à femme & espouse Mariamme sa petite fille. Ainsi arriua Hircanus en la cité ou,sortant des mains des ennemys, fut humainement receu de ses amys, & du Roy semblablement qui depuis le fit tuer non pour demonstrance que donnast Hircanus de r'entrer en sa dignité royalle : ains seullement par la crainéte qu'il eut que le peuple ne se rebellast ou reuoltast contre luy, sçachant icelluy Herodes le tort & iniustice qu'il faisoit au bon Hircanus luy ayant ainsi vsurpé son royaume. Mais pour retourner à Mariamme,Herodes eut d'elle cinq enfans,deux filles & trois filz, le plus ieune desquelz deceda à Rome estant es escolles, & les deux autres furent norriz en sa court & gouuernez comme enfans de Roy , tant pour la noblesse de leur mere , que par-ce qu'il les auoit engédrez depuis qu'il obtint le ceptre & la coronne de Iudée, qu'ausi pour estre tant affublé & abesly de la grand' amour qu'il portoit à leur mere qu'il ne pouuoit bonnement sentir n'y cognoistre les malheurs & ennuyz qu'elle renouuelloit de iour en autre & en sa propre maison,car elle le hayoit de sorte, que plus grand n'estoit l'embrasement qu'il auoit en elle,que la malueillance qu'elle auoit en luy,qui estoit causée en partie par la mort de son ayeul Hircanus,si qu'à ceste raison vsurpa telle puissance & si extreme liberté de tout dire , que sans aucun egard,taisoit seulement ce que ne luy venoit à la bouche , iniuriant le Roy à toutes heures, & luy mettant deuant les yeux (pour luy desplaire) & le meurdre d'Hircanus, & celuy de son frere Aristobulus qu'il occist tost apres qu'il luy eut donné la dignité de Pontife, ayant sans plus atainét l'an dixseptiesme de son aage,dont tel en fut'le motif. Auint qu'en vn iour de la feste des tabernacles, le pauure Aristobulus entra au temple ou auec ses habitz & ornemens sacrez, se presenta à l'autel pour sacrifier à Dieu,ce que voyant le peuple en grand deuotion, ententif & admiré à luy ne se peut garder qu'il ne larmoyast de grand pitié & compassion,sçachát le mal que pourchassoit Herodes à l'innocét,lequel ayant donné fin au sacrifice se retira', & acompagné du peuple vint en Hierichon , ou Herodes auoit attitré aucuns Galathes ses amys pour se baigner auec luy, & le suffoquer es bains à quoy ilz obeïrent trop inconsiderément,aussi le sçauoit bié Mariamme reprocher à Herodes & blasmer quant & quant, non luy seul, mais la mere & seur de luy , toutesfois amour luy bandoit les yeux & le tenoit en telle serre,que le bon hommeau enduroit tout patiemment & sans se collerer ou esmouuoir pour iniure qu'on luy fist ou que luy dist Mariáme encores que celles qui estoient mises en ieu,le prinssent tresmal,& sçeussent peu de gré au Roy de n'en faire autre cas, deliberans à ceste ocasion quoy qu'il en deust auenir , la mettre hors de grace & trouuer moyen que

G iii   Hero

LE I. LI. DE F. IOSEPHVS.

Herodes ne croiroit plus en elle, pour à quoy paruenir luy imprimerent au ceruueau qu'elle s'estoit forfaite enuers sa maiesté, & autres choses aysées à persuader à gens douteux qu'ilz coloroient souz vn donner à entendre qu'elle auoit enuoyé son pourtraict à Antoine, estant lors en Egipte sans estre honteuse de presenter sa personne à vn estranger adonné aux femmes absent, & tant grand seigneur, que nulle chose qu'il affectionnast ne luy pouuoit estre denyée. Lors tout ainsi qu'vn esclat de fouldre esmeut soudain la personne sur lequel il tumbe, semblablement Herodes demoura si perplex de telles nouuelles, que ialouzie n'eut moindre lieu en son esprit que la vertu y auoit autresfoys residé, cognoissant tresbien que par la lubricité & violence de Cleopatra, furent occis sans raison, & le Roy Lyzamas & Malichus l'Arabe, qui luy mist tant & telz tintouïns en la teste que veritablement il craignoit moins le rapt de sa femme par Antoine que l'auancement de sa mort par l'amour dissoluë d'elle. Et à ceste cause, estant pressé aller trouuer iceluy Antoine, qui l'auoit mandé, donna en garde celle qui le tourmentoit à Ioseph son beau frere, mary de Salome sa sœur, auquel il se fioit plus qu'en nul autre, luy commandant par expres, que si Antoine luy faisoit outrage la mettre incontinent à mort, ce qu'iceluy Ioseph declara à Mariamme non en mauuaise intencion: ains pour la persuader seulement à plus aymer Herodes & de pareil amour qu'il auoit en elle, ne les pouant souffrir ainsi eulx separer par vne telle mort, & si soudaine. Or ne tarda gueres Herodes en ce voyage qu'il ne reuint trouuer Mariamme à laquelle il ne monstra moins bon visage & signe d'amour qu'il auoit acoustumé auant son allée, ce que luy voulant persuader estre ainsi, luy iura & afferma plusieurs fois deuisans ensemble qu'en elle seule & sans plus il auoit mis son cueur & entiere affection. Vrayement monsieur, respondit Mariamme, il est piteusement à croire, aussi me l'auous tresbien monstré donnant charge de me faire mourir. Si lors Herodes fut esbahy vous le pouuez estimer: car il aperceut ce qu'il pensoit le plus secret estre manifesté dont luy tomba soudain en l'esprit, que Ioseph ne se fust de tant oublié, s'il n'eust eu part en elle, iusques a en faire son plaisir, & en abuser, qui luy causa vn tel trouble au ceruueau, que tombant quasi en frenaisie se leua de son lict, & sans se pouuoir arrester en place couroit, comme ebeté, dans son chasteau, au moyen dequoy Salome sa sœur voyant temps à propos pour se venger de Mariamme vint à Herodes, & par son beau parler le conferma mieux que deuant en son opinion, sans espargner Ioseph son propre mary qui rentorça si bien la ialouzie & soupçon que le Roy tenoit ia certain, qu'il commanda sans differer le mettre à mort & Mariamme aussi que tant il auoit aymée: mais tel mal faict ne demeura impuny: car estant la mort preuenuë, & le courroux moderé, l'amour ioua son rolle augmentant & enflammant de telle ardeur le cueur d'Herodes, qu'il apelloit à tous propos celle qui n'estoit plus, parlant à elle comme s'il l'eust encores tenuë aupres sa personne, & luy dura ceste opinion iusques à ce qu'il entendist asseurément

DE LA GVERRE DES IVIFZ. Fueil. XL.

rément que les obseques d'elle estoient parfaictes, & le corps mis en sepulture:parquoy adoulcit sa tristesse,à quoy le temps luy seruit & ayda beaucoup.Ainsi doncques qu'auez entendu prindrent fin les iours de Mariamme:mais à la hayne & indignation qu'elle eut au Roy succederent ses propres enfans,car ilz le tindrent depuis à mortel ennemy, & tel qu'ilz l'auoient eu, eux estans encores dans Rome & qu'ilz continuërent toute leur vie si que croissans d'aage croissoyent aussi en mal vouloir contre luy, pour le quel faire mieux cognoistre l'vn d'eux print à femme la fille de Salome sa tante qui auoit moyenné la mort de leur mere, & l'autre la fille d'Archelaüs roy de Capadoce par le moyen duquel commencerent à eux tenir fortz,ce que leurs malueillás firent trouuer mauuais à Herodes, car ilz luy dirent tout asseurément que l'vn & l'autre cherchoient le moyen de l'outrager, mais plus encores le gendre d'Archelaüs, lequel faisoit estat (comme ilz l'asseuroient) d'aller à Rome , & souz la faueur de son beau pere,l'acuser enuers Cesar,ce qu'entendant le Roy pensa faire teste à tous deux de Antipater son filz premier né,qu'il auoit eu de Doris,& pour ceste cause le rapella & luy monstrant tout le bon recueil & gracieux traitement , dont il se peut auiser,le prefera à tous, qui fut certes dur & insuportable à ses autres freres, considerans eulx deffenduz de mere fille de Roy,estre regettez pour celuy yssu de pauure femme de trop plus basse condicion : dont ilz se sentoient (tant pour ceste ocasion , que pour se voir eslongnez de sa presence) fort iniuriez: ce nonobstant Antipater ne laissa à bien gouuerner & entretenir son pere, luy complaisant, & adherant en sorte que souz vmbre d'vne grand' amour & fraternité qu'il monstroit auoir à ses freres, sçauoit dextrement mesdire d'eulx, & faire trouuer mauuais an Roy tout ce qu'ilz faisoient , à quoy luy tenoient espaulle & sçauoient le seconder vn tas de vauxniens qu'il auoit atirez,iouans si bien du plat de la langue en la faueur de l'vn & deffaueur des autres que finablement les enfans de Mariamme perdirent tout espoir de iamais paruenir au royaume , ayant Herodes institué par testament Antipater son heritier & successeur: pour la confirma tion dequoy l'enuoya vers Cesar en estat & compagnie de Roy , vsant de toutes choses apartenantes à la dignité Royale, excepté le diademe qu'il ne porta point , mais bien trouua moyen qu'Herodes rapella sa mere luy faisant part du lict ou feüe Mariáme souloit,reposer, & encores non content assaillit depuis ses deux freres & par deux sortes d'armes l'vne de calomnie, l'autre d'adulation,auec lesquelles il essaya par tous moyens à induire Herodes de les vouloir faire mourir, dont il auint qu'iceluy Herodes arriué à Rome , print son filz Alexandre , qui y estoit , & le mena deuant Cesar l'acusant de parricide , & qu'il l'auoit voulu empoisonner , ce dont le ieune Prince se vouloit tresbien excuser : mais à peine auoit il la liberté de se plaindre seulement, toutesfois il trouua Cesar iuge plus experimenté qu'Antipater,& plus sage qu'Herodes: parquoy dissimulant auec honneur, & le plus qui luy fut possible les fautes de son pere, se purgea des

G iiii   crimes

LE I. LI. DE F. IOSEPHVS.

crimes que l'on auoit impofez à luy & à fon frere, fe plaignant au refte de l'aftuce & malice de l'autre, qui leur pourchaffoit telle honte & vitupere. Ce qu'il fceut tresbien remonftrer & auec telle eloquence que meruelles, car à la verité le don de bien parler eftoit en luy par lequel il côfeffa (mais en toute humilité) que vrayement le Roy auoit puiffance de faire mourir & l'vn & l'autre de fes filz, ou il les trouueroit coulpables de quelque crime de maluerfacion que ce fuft, ce qu'il proferoit en fi grand' grace & côpafion, qu'il efmeut toute l'affemblée à larmoyer, & Cefar mefmes à ne donner foy à nulle des accufations qu'on leur propofoit, & à cefte caufe il les reconcilia tous deux auec le pere, moyennant qu'ilz luy obeïroient (de là en auant) en tout ce qu'il luy plairoit leur commander, luy dónant auffi puiffance de laiffer & inftituer pour Roy apres fa mort celuy qu'il voudroit eflire. parquoy s'en retourna Herodes en Iudée, & monftrant vifage d'auoir oublié tout mal talent, faifoit la meilleure contenance qu'il luy eftoit poffible, non qu'il ne luy reftaft toufiours quelque foupçon enraciné en l'efprit, à quoy Antipater ne nuyfoit pas, ains le luy faifoit augmenter d'heure à autre & efmouuoir fecretement en l'indignation de fes deux freres, ce que neantmoins il diffimuloit fagement pour la crainte de Cefar. Et en ces entrefaites trauerfant par Cilicie vint defcédre en Pelufe, ou Archelaüs (qui auoit efcrit à Rome en la faueur de fon gendre) le receut en grand honneur, & le remerciant de la reconciliation qu'il auoit faite auec Alexandre fon filz, le côduit iufques à Zephyrie & là luy prefenta vn don eftimé valloir troys cens tallens, puis prenans congé l'vn de l'autre, arriua Herodes en Hierufalem, ou il affembla le peuple, & en la prefence de fes trois filz commença à declarer l'ocafion de fon voyage à Rome, & à remercier Dieu le createur & Cefar de ce qu'ayant mis paix en fa maifon & eflongné le trouble ia trop allumé, auoit acordé fes enfans qui eftoient en forte diffention, pour le regard de la préeminence & auctorité du royaume, duquel, dift il, ie iouïray tant qu'il me fera poffible : car l'Empereur m'a nommé roy & feigneur de Iudée, laiffant en ma difcretion faire mon fucceffeur qui bon me femblera, dont certes ie me tiens grandement tenu & obligé à fa maiefté : parquoy, entendez mes amys, que de ce iour ie declare mes trois filz Roys, ce que ie fuplie treshumblement le feigneur Dieu auoir agreable, & vous tous confermer puis apres ce mien edit, que ie n'ay fait fans l'auoir longuemét premedité : car l'vn merite tel tiltre pour fon aifnéeffe, & les autres pour leur nobleffe. Or eft, comme chacun fçait, mon royaume affez grand & fufifant pour les deuoir contenter encores qu'ilz fuffent plus qu'ilz ne font. Et à cefte caufe ie vous prie mes amys honorer & reuerer deformais ceux qu'il a pleu à Cefar reünir & reconfilier enfemble, & qui par voftre Roy leur pere reçoiuent au iourd'huy la préeminence qu'il leur dóne, fans toutesfois leur atribuer plus d'auctorité que l'aage d'vn chacun d'eulx merite felon fon degré, par-ce que faifant le côtraire, vous ne ferez point tant de plaifir à celuy à qui vous offrirez plus

d'hon-

DE LA GVERRE DES IVIFZ. Fueil. XLI.

d'honneur que son aage ne requiert, que de desplaisir à l'autre, qui à ceste
ocasion sera tenu en mespris de vous, & pour autát que ie sçay assez, le motif des querelles entre enfans de Roy, se nourrir & alimenter communément par les mauuaises conditions de ceux qui les gouuernent, & au contraire ou leurs gouuerneurs sont gens de bien & d'honneur, les entretien-
nent & font viure en vertu & amytié fraternelle, r'ordonneray d'oresenauant à mes filz (pour estre pres de leurs personnes) aucuns de leurs parens
& amys, qui (selon mon desir) respondront de leur amytié & concorde,
mais au reste ie veux & entends que durant ma vie, non seulement eux, ains
tous mes capitaines & suietz ayent esperance en moy sans plus, par-ce que
ie donne à mes enfans non pas l'aministration du royaume : mais l'hóneur
& tiltre de Roy auec le plaisir du royaume, me reseruant la disposition des
affaires, qui veritablement m'apartiennent, encores que ie ne la voulusse
accepter: car comme chacun sçait i'ay vescu de bonne vie, & ne me sens encores si caducq', que ie merite estre delaissé, ny ne fuz oncques tant habá-
donné à mes plaisirs, que mes ans vieux en doiuent plustost prendre fin,
ains au contraire me suis tousiours delecté à seruir Dieu, & le remercier en
tous mes actes, qui a esté cause de me donner plus longue vie : parquoy ie
delibere ou ie m'aperceüray qu'on me vueille reculler pour suiure mes filz,
(& les tenir en plus d'auctorité que ie n'entendz) faire d'eulx mesmes la
punicion qu'ilz meriteront, non que ie leur soys enuieux, estans yssuz de
ma propre chair, mais par ce que telz honneurs faitz à icunes gens sont a-
lumette de follie, & temerité, & ainsi ceux qui feront leur deuoir soient,
asseurez, que ie le recognoistray : & aussi ou ilz se trouueront sedicieux, se
tiennent pour certains qu'ilz receüront le loyer de leur presumption &
folie, par ceux mesmes, au seruice desquelz ilz se feront adonnez, & acheminez à me desplaire, à quoy toute personne de bon iugement inclinera,
& me fauorisera, considerant estre plus que raisonnable que demeurant le
maistre, l'acord & amytié d'entre moy & mes filz s'entretienne pour le
bien de tous, ce que vous mes chers enfans, deuez desirer sur toutes choses,
estans semons à ce faire par sainte nature qui amene en nostre naissance vn
certain instinct d'amour, auec laquelle nous nous conseruons ensemble, ce
qu'elle n'a mesmes denyé es bestes brutes, & d'auantage vous souuienne,
que Cesar vous a reconciliez auecques moy qui ay puissance de vous commander, & neantmoins, mes chers enfans, ie vous prie & amonneste, que
soyez autant amys que freres, vous donnant comme i'ay declaré & de bon
cueur à tous trois, l'estat de Roy, supliant, dist il (esleuant les yeux au ciel,
les deux bras croisez sur son piz) le seigneur Dieu omnipotent vous entretenir d'acord, & confermer mon iugement. Puis les embrassa l'vn apres
l'autre, & ayant donné congé au peuple, chacun se retira, les vns souhaitans qu'il auint ainsi : & les autres (amys de troubles & mutations) faisans
semblant de n'auoir pas seulement entendu le Roy. Vn mal y eut que ses
enfans ne se trouuerent pas d'acord, ains tant s'en fallut que leur malle volunté

LE I. LI. DE F. IOSEPHVS.

lunté enracinée pullula plus fort qu'au precedent, par ce qu'Alexandre & Aristobulus estoient marris que le Roy auoit confermé Antipater en son estat pour son aisnéesse seulement, & Antipater que ses freres tenoient le second lieu apres luy, & toutesfois luy cault & sage, sçauoit couurir & pallier ceste hayne s'acomodant selon le temps & les personnes, & ses freres au contraire: car eulx estans issuz d'vne mere noble & genereuse auoient le cueur si hault qu'ilz ne taisoient vn seul poinct de ce qui leur venoit en la pensée. Or estoient ilz acompagnez & les vns & les autres de plusieurs personnages, lesquelz pour mieux les nourrir & entretenir en leurs ieunesses & folies espyoient tout ce qu'ilz faisoient & disoient, & aussi tost le venoient raporter les vns à Antipater, & les aucuns à ses freres, voire & encores plus qu'il n'estoit veritable. Mais Antipater n'auoit plustost aprins telles nouuelles qu'il n'en fist part à Herodes, en sorte que bien souuent ce que le ieune prince Alexandre auoit deuisé sans mal penser, estoit recuilly & prins comme à iniure & calomnie, faisant d'vn neant vne grand' chose, pour laquelle enflammer & aygrir enuers le Roy, iceluy Antipater auoit gens expres qui entendoient à si bien desguiser vne mensonge, qu'auec peu de verité, toutes leurs bourdes estoient creuës sans contredit, s'entretenant Antipater si bien auec ses amys, qu'ilz tenoient quasi naturellement toutes ses entreprinses secrettes, & s'il se doutoit d'aucun, trouuoit aussi tost moyen de le corrompre par dons, tellement qu'il demeuroit forgé au coing des autres, bref celuy ne faudroit pas à bien parler qui nommeroit la vie d'Antipater vn vray receptacle de toute mechanceté: car nul resta des familliers d'Alexandre, qu'il ne fust pratiqué & gaigné, ou par deniers ou force de promesses & adulations: dont à ceste ocasion il vint à chef de toutes ses entreprinses n'ignorant rien de tout ce que faisoit ou disoit iceluy Alexandre, le rendant par ce moyen & à force de mesdire odieux enuers Herodes, non qu'il luy en portast la parole, ains l'excusant à tous propos, le faisoit acuser par gens atiltrez, couurant si bien telle trahison, que pour la dissimuler du tout, monstroit en publicq' estre si desplaisant de ce que l'on imposoit à son frere, qu'on n'eust iamais estimé auoir autre amytié en luy que de bon parent: mais en secret Dieu sçait comme il l'acoustroit de toutes façons enuers le Roy, luy imprimant en l'esprit qu'il ne cherchoit autre moyen qu'à le faire mourir, non qu'il donnast aucun signe pour donner à penser que celà vint de luy, ains reculant pour mieux saulter, louoit si froidement Alexandre lors qu'il estoit blasmé, que le Roy l'estimoit tel qu'Antipater desiroit estre estimé de luy, estant par ce moyé induit à croire plus le mal contre Alexandre d'autant plus qu'iceluy Antipater l'excusoit, & à tous propos, comme s'il luy eust desiré tout le bien & auancement que luy mesmes eust voulu souhaiter pour soy mesmes, ainsi se diminuoit d'heure à autre l'amour du Roy enuers ses deux plus ieunes filz, & s'augmentoit enuers l'aisné, à quoy sçauoient tresbien ployer & cóplaire ceux qui se tenoient pres sa personne, les vns par ce qu'ainsi le voulloient,

DE LA GVERRE DES IVIFZ. Fueil. XLII.

loient,& les autres(côme Ptolomée le plus estimé de ses amys, & les mesmes freres d'Herodes auec toute sa lignée) par contrainte & commandement:& qui pis est Doris mere d'Antipater, par laquelle Herodes se gouuernoit entierement, auoit si bien pris en hayne les enfans de Mariamme que nul osoit monstrer aparence de leur porter tant soit peu de faueur,ains complaisoient du tout à Antipater tant pour l'amour & crainte d'elle que par ce que le Roy auoit expressement deffendu à tous ses amys ne parler ny adherer en aucune sorte à Alexandre. Or estoit Herodes redouté non seulement par ses suiectz: mais ausi des estrangers pour le grand honneur que Cesar luy auoit fait plus qu'a nul autre, luy donnant telle auctorité & puissance qu'il estoit en luy de deliurer quelque banny qui se trouueroit dans les villes,encores qu'elles ne fussent de son obeissance, & neantmoins iceluy Alexandre ignorant,& son frere ausi,toutes ses menées secrettes,ne s'en donnoient nulle garde: car Herodes les sçauoit tresbien dissimuler & taire.Toutesfois voyans l'amytié du Roy refroydir enuers eux, commencerent à s'en douter & aperceuoir petit à petit, au moyen dequoy se trouuerent fort indignez& mal contens,mesmes par ce qu'on les auertit qu'Antipater auoit irrité leur oncle Pheroras & Salome leur tante,parlant iceluy Pheroras à elle d'auctorité & l'aygrissant contre eux, comme si elle eust esté sa propre femme, A' quoy ne nuit pas Glaphyra qu'auoit espousé Alexandre:ains fut bien cause de chatouiller Salome d'auantage, par ce que la mesprisant, alleguoit à tous propos sa noblesse qu'elle extolloit si hault & mettoit en tel ranc, comme si elle eust deu auoir obeissance de la court du Roy,car disoit elle ie suis(comme chacun sçait)descenduë deuers mon pere de Temenus,& du costé de ma mere de Darius filz d'Hystaspis,puis deprimant toutes les femmes d'Herodes n'en faisoit conte non plus que de chambrieres, par ce qu'il les auoit espousées & choisies, non pour leur lignée & noblesse ains seulement pour leur beauté.Or est il ainsi,que veritablement le Roy eut plusieurs femmes selon la coustume des Iuifz, & pour le plaisir qu'il y prenoit,mais nulle d'elles porta oncques amytié au pauure Alexandre ains toutes luy vouloyent mal de mort,pour l'orgueil & outrecuidance de Glaphyra, à quoy leur aydoit tresbien Salome, car encores qu'Aristobulus fust son gendre & elle sa belle mere,si ne peurent ilz iamais tomber d'acord,ains eurent ensemble mile querelles, estant Salome indignée des propos d'icelle Glaphyra, à l'imitation de laquelle, Aristobulus reprochoit trop souuent à sa femme,qu'elle estoit yssue de lieu priué & innoble,se blasmant soy mesmes de s'estre(comme il disoit)mis si bas,au respect de son frere Alexandre qui auoit espousé vne Royne, ce que la ieune Dame peut tant mal comporter,que pleurant à chaudes l'armes,vint le raporter à Salome sa mere,& d'auantage qu'Alexandre son mary menassoit toutes les femmes du Roy, disant que ou l'aministration du Royaume luy auiendroit qu'il les feroit filer auec les esclaues & seruantes, & tous ses autres freres(fors Aristobulus)maistres d'escolle de village,se mocquât d'eux

par ce

LE I. LI. DE F. IOSEPHVS.

par ce qu'ilz estoient lettrez & sçauans . Si eut Salome telles nouuelles tant
à contrecueur,& s'en tint si offensée qu'elle en auisa incontinent Herodes
qui la creut, presumant qu'elle n'auseroit iamais son propre gendre ou il y
auroit aucune excuse de verité:mais de malheur à l'instant mesmes suruint
autre calomnie qui enflamma encores plus le Roy contre les deux filz de
Mariamme,ce fut qu'on luy raporta, qu'ilz regretoient à toutes heures , &
apelloient leur mere, souspirans & lamentans pour elle iour & nuict,voire
& auec si grande tristesse, & amertume,que sans cesse ilz le detestoyent,&
souhaitoient souz terre , puis que si malheureusement il auoit pourchassé
la mort d'elle, & à fin monsieur(disoit Salome) que soyez du tout auerty,
si de vostre liberalité vous faites aucun present des robes de vostre femme
deffuncte à aucune de celles que vous auez encores , croyez que ce n'est pas
sans estre grandement menassées,& par Alexandre & par Aristobulus:car
ilz n'ont crainĉte de dire en public qu'ilz esperent en bref leur faire porter
(au lieu de vestemens Royaux)robes de poil & mecaniques, ce qui fut gref
à Herodes lequel encores qu'il doutast fort ne pouuoir domter aysément
l'orgueil,& presumption de ces deux ieunes Princes ses enfans,si esperoit il
auec le temps les remettre & corriger . Parquoy les apella & estant sur son
partement pour nauiger à Rome parla à eux partie auec menasses monstrant son auĉtorité & puissance de Roy,& partie auec douces remonstran
ces,ainsi que voluntiers faiĉt le pere à son filz, les enhortant & priant tous,
d'estre ensemble bons & vrays amys, vous asseurant, dit il, si ainsi le faites,
que i'oubliray toutes voz fautes passées à la charge que d'oresenauant vous
vous corrigerez & amenderez , sur quoy il luy respondirent, en grand' reuerance,que les raportz qu'on luy auoit faiĉtz d'eux , estoient du tout faux
& controuuez ainsi qu'ilz esperoient bien verifier & luy faire cognoistre
par effeĉt , pourueu qu'il luy pleust aussi ne donner plus d'accez aux enuieux & mesdisans & moins les croire de leger : car Sire , dirent ilz, tant que
vous leur presterez l'oreille vous ne serez sans telz causeurs qui ne fauldrót
à vous entretenir parlant mal de nous, & contre verité . Assez d'autres remonstrances luy firent ses deux filz,& si honnestes , que son ire se rapaisa,
& commencerent à eux asseurer , eslongnans de leurs cueurs tout soupçon
& crainte, encores qu'ilz scauoyent tresbien le mal que leur vouloit Salome & Pheroras leur oncle,qui leur donnoit souuent dequoy resuer,car à la
verité les deux dont nous parlons leur estoient rudes & trop outrageux &
sur tous autres Pheroras , à qui Herodes faisoit part de tous les honneurs
du royaume fors le diademe,& si tenoit cent tallens de rente en appanage
& le païs situé oultre le Iourdain,duquel le Roy luy auoit fait don , & qui
plus est moyenné auec Cesar qu'il demeureroit Tetrarche , au moyen dequoy il luy acorda espouser la seur de sa femme , apres la mort de laquelle
luy promist encores l'aisnée de ses filles , & trois cens tallens de dot , mais il
la refusa,s'estant enamouré d'vne seruante,dont Herodes se voyant conté-
né eut tel desplaisir, qu'il bailla sadite fille à vn sien neueu, qui peu apres
fut

DE LA GVERRE DES IVIFZ. Fueil. XLIII.

fut occis par les Parthes, & neantmoins retourna depuys Pheroras en grace, par ce que le Roy, cognoissant la maladie d'amour, luy pardonna son mal talent, encores qu'il ne se fiast trop en luy, car plusieurs l'auertirent autresfois qu'il l'auoit voulu empoisonner viuant la royne Mariamme : parquoy ne s'y fioit nullement Herodes, & neantmoins il luy monstroit tousiours signe d'amour & aparence de grande amytié, Toutesfois il en fit auec le temps, si diligente inquisition qu'aucuns des plus familiers de Pheroras furent prins & aprehendez mais si ne voulurent ilz riens confesser, bien dirent ilz qu'a la verité Pheroras deliberoit se retirer auec les Parthes & amener quant & luy celle qu'il aymoit plus que soy mesmes, à quoy estoit participant Costobarus qu'Herodes auoit fait espouser à Salome, apres la mort de son premier mary que l'on reprint d'adultere. Si fut semblablemét Salome mise en ieu, car Pheroras auertit le Roy d'autre traicté & accord de mariage qu'elle auoit fait auec Silæus qui gouuernoit entierement le royaume d'Aarabie souz le roy Obodas son grand ennemy, toutesfois Herodes luy pardonna, & rendit absouz son frere, de toutes les acusacions dont il estoit chargé : parquoy demeura ce trouble domestique r'apaisé: mais il se renouuella tost apres du costé d'Alexandre, par l'ocasion que ie vous diray presentement.

Entendez dócques que le Roy auoit en son seruice trois eunuches à qui il portoit grand' amytié, le premier desquelz le seruoit d'eschançon, l'autre de pannetier, & le tiers de vallet de chambre, cestuy dernier dót ic vous parle couchoit souuent auec le Roy, & les seduit & pratiqua Alexandre tous trois, si bien qu'abusant d'eux en faisoit son plaisir, ce que venu à la cognoissance du Roy commanda leur donner l'estrapade, au tourmét de laquelle, ilz confesserent incontinent les promesses que leur auoit fait iceluy Alexandre, dont ilz furent deceuz, & induitz à luy obeïr, car il leur metoit deuant les yeulx le peu de bien qu'ilz deuoient esperer (comme il disoit) du vieillard & impudent Herodes qui, pour se monstrer icune, noircissoit sa barbe qui estoit ia chenuë, & ses cheueux tous blancs & caducz, si qu'ilz feroient sagement de bien penser à leurs affaires & du tout l'habandonner pour suyure, luy qui obtiendroit (voulust le Roy ou non) le royaume & se vengeroit de tous ses ennemys, faisant au contraire grandz biens & ample liberalité à tous ceux qui luy estoyent fidelles & bons amys, & qui le fauorisoiét : entre lesquelz il promettoit preferer les trois eunuches, leur remóstrant qu'il auoit maintz bons capitaines & grandz Seigneurs liguez auec luy, & qui tous luy offroient secretement leur seruice. Si fut Herodes tant esbahy & estonné de telles menées, qu'il auisa pour le myeux les taire, sans en faire aucun semblant pour l'heure mais enuoya espies de toutes partz, & gens atiltrez, pour s'enquerir & de iour & de nuyt de ce que l'on faisoit ou disoit, dont il auint qu'vn n'estoit plustost soupçóné, que la mort ne luy fust prochaine, au moyen dequoy suruindrent maintz grands maux & ini quitez en la court du Roy, car chacun commença à abuser de son courroux

H &à

LE I. LI. DE F. IOSEPHVS.

& à controuuer quelque calomnie enuers celuy qu'il auoit en hayne, l'acufant selon le mal qu'il luy desiroit: à quoy Herodes ioustoit si legere creã ce qu'il faisoit souuent perdre la vie à l'incoulpable & par diuers tourmétz lesquelz il mesuroit à sa poste & volunté, sans aucun regard ou discretion, tellement que quelquesfois celuy qui par son acusation auoit moyenné le dernier suplice à quelqu'vn, estoit luy mesmes acusé & traité au semblable car le Roy doutoit tant sa vie que, de trop extreme crainte, permettoit de fois à autre l'execution du tourment premier qu'auerer la verité du faict, se rendant à ceste ocasion si estrange & farouche, qu'il ne pouuoit regarder de bon œil ceux mesmes qu'il trouuoit innocens, ny bien traiter ses propres amys, ains deffendoit aux vns sa court, & outragoit de parolles facheuses les autres sur lesquelz il n'auoit nulle puissance de commander, durant lesquelz troubles ie vous laisse penser si Alexandre estoit en vne merueilleuse & estrange perplexité, ce nonobstant Antipater ne le voulut encores laisser en si beau train sans luy donner nouuelle charge: parquoy assembla ses parens deuant le Roy, en la presence duquel il proposa de son frere toutes les mechancetez dont il se peut auiser, qui aporta si grand' frayeur au cueur du Roy, qu'oyant recité propos si lasche & monstrueux, luy fut auis Alexandre estre deuant luy, & tenir vn cousteau nud pour l'outrager surquoy commanda incontinent le prendre & estre gardé estroitement, auec plusieurs autres ses amys, ausquelz il fit dóner la gehéne pensant qu'ilz deposeroient contre luy, mais les aucuns consentirent plustost à la mort qu'au damné vouloir d'Herodes: & les autres moins constans (forcez par la grefue douleur qu'on leur faisoit endurer) confesserent auoir souuent espié le Roy auec Alexandre & Aristobulus son frere pour le meurdrir lors qu'il seroit à la chasse, deliberant iceluy Alexandre ayant fait le coup s'en partir aussi tost, & prendre le chemin de Rome. Lors combien qu'il n'y eust aparence de verité à toute ceste deposition (qui aussi estoit controuuée & inuentée) toutesfois Herodes la creut voluntiers, & fonda là dessus l'ocasion pour laquelle il auoit fait aprehender son filz: parquoy cognoissant Alexandre, qu'il seroit impossible luy persuader au côtraire, delibera s'ayder du temps & prendre sa fortune telle qu'elle estoit en patience, durant laquelle se mist à composer quatre liures à l'encôtre de ses ennemys ou il declaroit apertement les menées qu'on luy auoit mises assus, desquelles (comme il disoit) plusieurs estoient consentans, par especial, Pheroras, & Salome qui côtre le gré d'iceluy Pheroras, estoit venuë de nuict en sa chambre & l'auoit forcé prendre son plaisir d'elle, Or estoient au pouuoir d'Herodes, ces liures qui touchoient l'honneur de plusieurs grandz princes & seigneurs, quant Archelaüs arriua en Iudée, ou il s'estoit acheminé en diligence, pour les nouuelles qu'il eut de l'infortune de son gendre: & craignát qu'il luy auint pis & à sa fille aussi, finablement les secourut, & modera auec prudence la collere & menasses du Roy, donnant par grande dissimulation du tout le tort à Alexandre, car quant il fut deuant Herodes, pour le

bien

DE LA GVERRE DES IVIFZ. Fueil. XLIIII.

bien cógratuler & gaigner le cueur de luy commença à foy afperer, difant: ou eft donc le malheureux mon gendre & voftre filz, eft il mort ou vif? s'il eft mort me foit ie vous fuplie monftré prefentement la tefte du parricide qui fi lafchement a pourchaffé la ruïne du Roy fon pere, certes mal ayfément me pourroye contenir qu'auec mes ongles ie ne le defchire & efcorche, faifant puis apres le femblable de ma fille : car encores qu'elle ne foit participante d'vn tel peché, puis que fon malheur la conduite à eftre femme de fi malheureux paillard, il ne peult eftre qu'elle ne foit aucunement maculée de fa mefchanceté, ce que vous monfieur (dift il au Roy) pouez mieux fçauoir que moy, m'efbahiffant autant que de chofe qu'il m'auint oncques (veu le danger de voftre perfonne) comme auez efté fi conftant, pour retarder iufques au iourd'huy la mort de celuy qui la vous defiroit, lequel ie penfois bien trouuer puny quant ie fuis arriué vers vous de Capadoce, d'ou ie fuis deflogé expres, pour aprendre & enquerir la verité du fait par ma fille, laquelle t'auois donnée à voftre filz en la feule confideration de vous & de voftre grandeur, parquoy ie vous fuplie, d'autant que la chofe touche & à vous & à moy, qu'auifions enfemble fur ce qu'il eft requis de faire, car puis que vous eftes pere indulgét, & peu feuere, pour punir voftre filz trop ingrat, changeons ie vous fuplie noz paffions, & foyons fucceffeurs de l'indignation l'vn de l'autre. Ainfi gaigna Archelaüs petit à petit Herodes, lequel combien qu'il fuft entier en fon opinion & du tout contraire à mifericorde, fi luy bailla il les liures qu'auoit compofez Alexandre, qu'ilz vifiterent & leurent enfemble de mot à mot, & s'areftans à chacun des articles pour en deliberer. Archelaüs achemina fi bien fon ftratageme qu'il remift du tout la faute fur ceux dont il eftoit fait mention, mefmes & fpecialement contre Pheroras : à quoy le Roy prefta ententiuement l'oreille & y donna foy, ce que cognoiffant iceluy Archelaüs commença à luy dire, fur mon dieu monfieur il efchet bien d'auifer fi l'enfant a point efté efpié par ces mefchans & malheureux, non pas vous par luy: car ie ne puis penfer ocafion pour laquelle il euft engendré fi grande hayne contre voftre maiefté, atendu mefmes qu'il iouïffoit de l'honneur & royaume, duquel il efperoit la fucceffion auenir qui me fait eftimer veritablemét qu'il a efté feduit & acheminé à mal faire par la feule legereté de fon aage: car à parler veritablement, non pas les ieunes feulz : mais aufsi les plus vieux tombent fouuent en erreur par les moyens que iedifois n'agueres, auec lefquelz auient quelque fois la ruïne & euerfion, & des groffes maifons & des plus puiffans royaumes. Si furent telles remonftrances prinfes fi bien par Herodes, qu'eftaignant le feu de fa collere, commença à la moderer contre Alexandre, & d'autant plus à s'aigrir & afperer à l'encontre de Pheroras, fur lequel auoit efté inuenté l'argument des quatre liures dont nous parlions n'agueres, ce que cogneut incontinent iceluy Pheroras & mefmes que le Roy eftoit du tout inclin à croire le confeil d'Archelaüs tant luy monftroit gráde amytié, & telle qu'en luy reftoit, à fon auis, tou-

H ii   te puif-

LE I. LI. DE F. IOSEPHVS.

te puissance d'allumer ou amortir le feu ia embrasé, parquoy resolut pour le mieux, trouuer façon se sauuer, fust par honneste moyen, ou auec toute honte effacée, qui fut cause qu'il se retira vers lay pour en grand' humilité, le suplier faire son apointement: sur quoy Archelaüs, luy respondit, qu'il ne veoit moyen d'apaiser le Roy (estant chargé de tant de crimes, & verifiez contre luy qui l'auoit voulu trahir & espier, source & cómencement des maux & malheuretez d'Alexandre) & qu'il faloit, confessant le tout librement, en demander pardon à Herodes, sans vser d'aucun desguisement, ou finesse, ou lors il essairoit d'adoucir toutes choses, & luy ayder de sa faueur si bien que le Roy demourcroit son amy, à quoy Pheroras ne voulut contredire, ains print vn vestement noir, & fondât en larmes, pour esmouuoir à cópasion & misericorde, vint se prosterner aux piedz d'Herodes le supliant oublier les fautes passées, & pour ce faire confessa hault & clair, qu'à la verité il auoit commis malheureusement tout ce dont il estoit chargé, & qui m'est, dist il, ia auenu. Sire, d'vne manie & alienacion d'esprit procedant de trop feruente amour que i'ay portée à vne femme. Or l'auoit presenté Archelaüs au Roy, pour mieux demesler sa fuzée, aussi mit il toutes les peines qu'il peut de le gaigner, luy ramenteuant de fois à autre qu'il ne falloit trouuer celà estráge veu que l'on veoit auenir cas semblables plus souuent que tous les iours, & qui plus est monsieur, disoit il, vous auez cy deuant enduré de Pheroras autres offences moins pardonnables que ceste cy, & toutesfois vsant de vostre douceur & humanité, auez tousiours preferé le bien de luy à la rigueur & vengeance, & d'auantage il est tresmal aisé, que royaumes telz que le vostre, puissent demourer longuement sans aucune mutacion: car tout ainsi qu'il auient quelquefois debilitation de membre pour la grandeur & pesanteur du corps, qui nonobstant ne doit estre tronqué ny perdu, ains est necessaire trouuer remede & moyen de la guerir : ainsi en est il souuent prins aux monarchies & royaumes, comme vous l'experimentez maintenant. Si fut par telles remóstrances rapaisé Herodes enuers Pheroras & à la persuasion d'Archelaüs, lequel pourtant ne cessoit de se monstrer fort austere & indigné enuers son gendre, car il le menassoit de luy oster sa fille & la ramener en son païs : Mais Herodes semond d'vne amour paternelle perdit tout mal talent, & commença (luy qui souloit estre requis) à faire office de requerát & prier pour Alexandre, qu'Archelaüs ne luy iouast si mauuais tour de la luy faire perdre: ce nonobstant, il faisoit de plus en plus le rigoureux, acordant de la donner à qui il plairoit au Roy, pourueu qu'Alexandre en demourast prié: car, disoit il, monsieur ie me reputeray toute ma vie heureux d'auoir amytié & aliance à vous, toutesfois Herodes ny vouloit cósentir, ains promettoit par le moyen de ceste nouuelle reconciliation faire du bien & à son filz & à sa belle fille, & d'auantage qu'il y auoit desia enfans d'eulx deux & grand' amytié, qui sera, dist il, à l'auenir ocasion d'oublier tous pechez, autrement la hardiesse de mal faire, demeureroit enracinée par leurs seules af-

DE LA GVERRE DES IVIFZ. Fueil. XLVI

les affections & desplaisir de leur mariage rópu, dont s'engendreroit puys apres vne desesperacion trop dangereuse . Lors combien qu'Archelaüs ne pretendist à autre plus grand bien qu'à rentraire ceste cousture, si donna il à cognoistre, qu'il s'y acordoit par force & importunité, dont en ensuyuit à Alexandre la bóne grace du Roy son pere, qui toutesfois dist publiquement qu'il le faloit enuoyer à Rome s'excuser enuers Cesar, par ce qu'il l'auoit au parauant auerty de toutes ces menées. Tel fut le commencement & la fin du stratageme & proiect d'Archelaüs, par lequel il mit son gendre hors de peine, viuant de là en hors ensemble en bonnes cheres & grandz traitemens, iusques à ce qu'iceluy Archelaüs vint prendre congé du Roy pour retourner en ses païs: parquoy au desloger, Herodes luy fit vn don estimé valoir soixante & dix tallens, vn trofne de pur or, enrichy de maintes pierres precieuses: des Eunuches, & vne Damoyselle pour luy seruir d'amye qui s'apelloit Pamychis: & d'auátage tout ainsi qu'il s'estoit monstré liberal à Archelaüs, se fit cognoistre pour tel enuers ceux qui l'auoiét acompagné, presentant maintz beaux dons, à chacun selon son merite, & autant en firent (& par le commandement de luy) ses parens & plus priuez amys, auec lesquelz il conduit Archelaüs iusques à Antioche, puis retourna en ludée ou suruint vn autre trop plus fin, plus malicieux & de plus grá de menée qu'Archelaüs: car il sceut tant bien pratiquer & aquerir la bonne grace d'Herodes, que par son moyen fut de rechef rompu l'acord & amytié qu'Archelaüs auoit laissée entre le Roy & son filz, dont auint depuys la ruïne du pauure Alexandre. Celuy dont ie vous parle se nommoit Euricles, de nation Laconique, homme si subtil & entreprenant, que stimulé d'vne certaine & extreme auarice faisoit estat troubler en sorte le royaume de Iudée, qu'il s'en pourroit emparer & faire Roy, proiettant son but de si grand' cautelle qu'il gaigna Herodes à force de choses singulieres qu'il luy offroit de iour à autre, ce qu'il pouuoit ayfément faire tant estoit riche, & si pernicieux qu'autre de la Grece ne s'eust peu dire d'auantage, ce que Herodes (magnifique & de grand cueur) sçauoit tresbien recognoistre & en extreme liberalité, dont toutesfois Euricles faisoit peu de cas, car son dessain aspiroit seullement à la royaulté, & cruelle effusion de sang d'autruy: parquoy cómença à tendre ses filetz, & à flater le Roy plus que iamais, le paissant de bourdes & louáges fainctes, & qui ne luy apartenoient aucunement, mais quoy? il cognoissoit desia le naturel du Prince auquel il s'accommodoit si prudemment & en paroles & en gestes qu'il ne s'eslongnoit vn seul poinct de ce en quoy il sçauoit luy dóner plaisir, dont il le sceut tellement gaigner qu'il le tenoit comme l'vn de ses speciaux & plus grás amys, & pour ceste occasion, & aussi qu'il estoit de Sparte, commença à luy porter plus d'honneur, & aux siens mesmes qu'à nulz autres priuez ou estranges, au moyen dequoy cogneut trop ayfément la maison du Roy, foible & esbranslée par les dissentions & inimytiez suruenuës (& de longue main) entre ses troys enfans, & l'afection qu'il auoit particulie-

H iii   rement

LE I. LI. DE F. IOSEPHVS.

rement à luy ou à autre : car il logea au commencement auec Antipater, qui le faisoit vn second soy-mesmes, non que partant il laissast d'entrete-nir Alexandre, ains simulloit faucement estre son amy, & d'auantage an-cien compagnon d'Archelaüs son beau pere, luy mettant deuant les yeulx que par telle amytié esprouuée, iceluy Archelaüs l'honoroit & estimoit grandement en ses affaires, & ainsi acheminant peu à peu ou il aspiroit, print autre *cognoissance* & familiarité auec Aristobulus frere d'Alexan-dre, par laquelle tous les trois freres demeurerent si estroitement liez à sa cordelle, que peu apres il les irrita les vns contre les autres : car s'estant don né à Antipater & receuant estat de luy, ne fut iamais en repos qu'il ne tra-hist Alexandre, souz couleur de reprocher souuent à iceluy Antipater, qu'il se faisoit tort de ne se tenir autrement sur ses gardes, veu que se co-gnoissant l'aisné il sçauoit assez qu'il estoit espié à toutes heures par ceux qui ne pretendoient qu'à luy tollir les esperances qui l'asseuroient de par-uenir à grandeur, & d'autre costé remonstroit à Alexandre, que luy estât filz de Royne, & ayât mesmes espousé la fille d'vn Roy, ne deuoit tollerer ny permettre son frere (descendu de mere non princesse, mais femme pri-uée) entreprendre sur le royaume, puis qu'il auoit Archelaüs son beau pe-re pour le fauoriser & secourir ou il auroit besoing, ce qui pleut fort au ieu ne Prince, estimant qu'il parlast ainsi d'asection, & pour l'amytié grande qu'il disoit auoir à iceluy Archelaüs, au moyen dequoy (luy mal auisé) postposant toute crainte arriere desploya entieremét le secret de son cueur & ne se peut tenir se plaindre au trahistre de ce qu'Antipater auoit tous-iours esté tenu en plus d'estime que luy, n'estant de merueilles si Herodes le vouloit priuer du royaume, ayant eu le cueur si lasche de mettre à mort la Princesse Mariamme sa mere, dont Euricles monstroit semblant auoir pitié & desplaisance : & toutesfois le paillard encor non content persuada Aristobulus estre de ceste partie & se complaindre en mesmes termes que faisoit son frere, ce que le flateur raporta soudain à Antipater, l'asseurant & contre verité qu'Alexandre & son frere l'auoiét maintesfois espié pour le faire mourir, dont iceluy Antipater le remercia tresfort, pensant qu'il luy donnast cest auis pour l'amytié & seule fidelité qu'il auoit en luy, & à ceste cause luy deliura si bonne somme de deniers qu'il s'en contenta, di-sant de luy tous les biens dont il se peult auiser, specialement enuers Hero-des, & encores s'y efforça d'auantage, apres qu'il eut marchádé, à pris fait, la mort d'Alexandre & Aristobulus, pour laquelle auancer vint les acuser , & l'vn & l'autre, disant au Roy. Certainement (Sire) l'honneur, le bon , traitement & honneste hospitalité qu'il vous a pleu me faire, m'ont rendu , tant vostre, que i'espere alonger vostre vie encores que de longue main le , cousteau soit preparé au poing d'Alexandre pour la vous tollir mescham-, ment, mais ie l'en ay destourné, souz couleur de luy simuler que ie voulois , estre de la partie & luy ayder : & à fin, Sire, que vous entendez d'ou proce-, de ce mal, vostre filz se plaint fort de vous, & m'a dit assez de fois, que

vous

DE LA GVERRE DES IVIFZ. Fueil. XLVI.

vous (encores non content d'auoir vsurpé le royaume que vous tenez sur ›
autruy, & mis à mort la Royne sa mere) abusez de vostre auctorité & en- ›
dommagez trop inconsiderément vostre empire, ayant institué vostre he- ›
ritier & successeur vn bastard innoble , & vilain, qui apres vostre mort ›
iouïra du bien qui ne vient de voz ancestres, ains de ceux de Mariamme ›
qui luy apartiennent comme filz d'elle: au moyen dequoy il est si hors des ›
gons qu'il delibere s'en venger & vous faire resentir & la mort d'elle, & de ›
son ayeul Hircanus, & à fin , Sire, que ie ne vous desguise rien de ce qui ›
sert au propos, il fait bien son estat que vostre filz Antipater ne iouïra ia- ›
mais du royaume (dont il le repute indigne) qu'il n'y ayt des testes rom- ›
pues , & grande effusion de sang, à quoy vous le prouoquez plus souuent ›
que tous les iours: car vous ne proferez vne seule parole (ainsi qu'il dit) qui ›
ne l'aygrisse, & à tous propos, par expres si vous tombez sur les termes de ›
noblesse: car lors vous nommez vostre Antipater seul Gentilhomme entre ›
voz enfans & il estime tout le contraire, veu que tant s'en fault qu'il soit no- ›
ble, que vous mesmes ne l'estes pas, comme il afferme, si qu'il se tient pour ›
iniurié estant cogneu filz d'vn pere tant mal allié & si peu genereux que ›
sont les vostres, & toutesfois luy qui descend des Roys par la mere est des- ›
daigné , & rebuté de vous si euidemment que s'il se treuue de fortune à ›
l'assemblée pour vous acompagner soit à courre le cerf, ou chasser le lie- ›
üre, il ne sortira vn seul mot de sa bouche qui ne vous semble mauuais: car ›
s'il vous louë, vous dites que c'est au plus loing de sa pensée ou par moque- ›
rie: s'il se taist, l'estimez encores pire, au moyen dequoy croyez, Sire, qu'il ›
vous repute meriter que l'on se soucie peu ou point ny de vostre ioye , ny ›
de vostre courroux , puis que ne monstrez bon visage comme il dit à autre, ›
qu'à vostre seul Antipater, dont il est si desplaisant qu'il n'a craint m'asseu- ›
rer tout destroussément , ou qu'il mourra , ou qu'il viendra au dessus de ›
l'embusche qu'il vous a preparée : car, dit il , si ie le tuë, i'ay moyen de me ›
sauuer par Archelaüs mon beau pere, vers lequel ie me retireray aysément, ›
puis m'en iray trouuer Cesar (qui iusques à present a ignoré les meurs & ›
façons de mon homme) qui lors sera loing pour me donner aucune crain- ›
te de raconter sa vie, & le paindre comme ie l'entendray, mettant premier, ›
en ieu les calamitez du peuple qu'il a pillé iusques aux os , l'excessiue de- ›
spence qu'il a faite , & en quelz actes & nourriture il a despendu tant de ›
deniers qu'il a tirez & sustraitz du sang de tant de personnes, sans oublier, ›
quelles gens sont ceux qui s'y sont enrichiz souz luy , l'ordre qu'il a tenu à ›
policer & gouuerner les villes & citez de son royaume, la mort de mon, ›
ayeul & de ma mere aussi, qu'il a cruellement fait occire auec toutes les au- ›
tres meschancetez & abus qu'il a commis en son estat, si qu'oyant vn tel di- ›
scours, i'estime qu'on ne me iugera iamais parricide, ains paruiendray à ce, ›
que ie desire.

Ainsi depeschoit Euricles Alexandre , mais d'autant qu'il mettoit peine de le blasmer enuers le Roy par ces propos meschans & abhominables,

H iiii   d'autant

LE I. LI. DE F. IOSEPHVS.

d'autant plus sçauoit il louër & exalter Antipater, imprimant en l'esprit d'Herodes, que luy seul (entre tous ses enfans) faisoit le deuoir de pere à filz, & qui iusques adonc auoit empesché son outrage. Or se resentoit encores le Roy des premieres querelles & opinions qu'il auoit euës d'Alexandre, & n'estoit ce feu bien estaint, quant il se raluma par ceste nouuelle acusation, se trouuant Herodes si indigné & hors de soy, qu'il ne peut nulement refraindre sa collere, laquelle Antipater enuenima tant à l'heure mesmes, qu'elle paruint à toute extremité, ainsi que vous entédrez. Ayant iceluy Antipater cogneu son pere en si beau train pour paruenir à ses intencions, vint encores atiltrer nouueaux raporteurs qui l'asseurerent auoir veu parler Alexádre en secret à Iocundus & Tyramius, autresfois maistres de son Escurie, & depuis chassez pour quelque faute ou ilz tomberent, au moyen dequoy Herodes se persuada aysément tout ce qu'on luy vouloit faire à croire, si qu'à ceste occasion il les fit emprisonner & donner depuis la torture, ou toutesfois, ilz ne confesserent aucune chose de ce qu'on leur auoit mis sus : Mais à l'instant fut aportée vne lettre d'vn capitaine qui auoit en garde le chasteau d'Alexandrie pour Herodes, quis'adressoit à Alexandre, & contenoit en somme, qu'aussi tost qu'il auroit mis à mort le Roy il se retirast en sa place, & Aristobulus aussi, & ce pendant qu'il luy aydast d'armes & autres choses necessaires: mais Alexandre s'en sceut tresbien lauer, disant que c'estoit de l'inuention de Diophantus secretaire du Roy (homme hardy, & qui sçauoit par vn merueilleux artifice contrefaire la lettre de toute main, dont finablement il merita la mort, & fut executé apres auoir par plusieurs fois esté reprins de telles faucetez) Mais pour retourner à nostre propos, Herodes mist la main sur Diophátus, & commanda luy estre donné l'estrapade, sans toutesfois qu'on peult tirer de luy chose qui luy preiudiciast, non que partant il fust relasché : ains commanda le Roy encores qu'il n'eust aparence n'indices, que trop legers & insufisans pour le molester, que l'on mist sa femme & ses enfans en estroite garde, presentât à Euricles (qui auoit aporté telle peste entre les siens, aucteur, & vray instrument de tout mal & malice) cinquante tallens en faueur & recognoissance du bien qu'il auoit receu, luy estant debteur, comme il pensoit de sa propre vie, lors print Euricles congé du Roy & arriua en Capadoce premier que les nouuelles fussent publiées de ce qu'il auoit semé en la court d'Herodes, donnant à entendre à Archelaüs la nouuelle reconciliation du Roy auec son gendre & par son moyen : ce que le bon Prince creut tant de leger, qu'il luy fit vne tresgrande liberalité, puis se retira en Grece, ou trouua façon d'en suborner encores plusieurs, desquelz il receut bonne & grosse somme de deniers : mais à la fin on auertit Cesar de sa maniere de viure, & comme il auoit mis trouble en toute l'Achaye, & ruïné plusieurs bonnes villes par sedicions & menées, à raison dequoy il fut banny & chassé, receuant partie du guerdon qu'il merita iouant le personnage qu'auez entendu: au grand deshonneur & danger d'Alexandre & Aristobulus.

DE LA GVERRE DES IVIFZ. Fueil. XLVII.

bulus. Or arriua en ceste mesme saison, que le Spartain brassoit ces troubles, Enaratus Coüs, grand amy d'Alexandre, auquel le Roy demanda s'il auoit oncq' rien sceu des factions & menées dont Euricles luy auoit donné auis, mais il afferma par serment, que non, toutesfois ceste excuse profita peu aux miserables acusez: car le Roy ne prenoit autre plaisir qu'à mal entendre parler d'eulx, & celuy estoit bien venu qui les auoit en l'opinion qu'il les tenoit, & qui pour ceste cause leur portoit haine ou rácune, à quoy ne contraria pas Salome, ains irrita Herodes d'auantage enuers eulx, & en vint l'ocasion de ce qu'Aristobulus son gendre & son neueu (la voulant faire tomber es laz ou il se sentoit prins) luy manda qu'elle se donnast garde, & que le Roy auoit deliberé la faire mourir, au moyen qu'on publyoit par tout qu'elle auoit voulu espouser Sillaüs Arabe, & que souz ombre d'iceluy mariage, elle luy auoit declaré tous les secretz du Roy, qui luy estoit ennemy, certes tel auertissement fut le dernier flot qui sumergea les tristes Alexandre & Aristobulus en leur totale ruïne: car Salome vint trouuer le Roy & luy declara entierement le conseil de son gendre Aristobulus, dont il fut si esbahy & courroucé, qu'il commanda sur l'heure les constituer prisonniers & separément, & quát & quát depescha à Rome Volumnius maistre de son camp, & Olimpius l'vn de ses speciaux amys, par lesquelz il fit sçauoir à Cesar tout le discours des menées que ses enfans faisoient contre luy. Eulx donc arriuez en la court, & ayant Cesar entendu ces nouuelles se trouua fort triste pour l'amour qu'il portoit aux ieunes Princes, toutesfois considerant qu'il luy sierroit mal oster au pere la puissance qu'il doit auoir sur ses enfans, fit response qu'il se r'aportoit à luy d'en ordóner comme il auiseroit, & que neantmoins il feroit tresbien d'assembler ses parens & les principaux gouuerneurs de la prouince, pour s'enquerir plus amplement sur la verité du fait, & que ou il les trouueroit coulpables qu'il les fist mourir, non pas pour auoir entreprins d'eulx absenter, ouquel cas il les deuoit punir modestement & sans trop de rigueur: en obtemperant auquel conseil (estans ses ambassadeurs de retour en Iudée) Herodes fit apeller à Berythus grand' cópagnie de Iuges, dont les gouuerneurs tenoient le premier lieu, & escriuit Cesar à Sauinius & Pedanius ambassadeurs, d'eulx y trouuer, & semblablement à Volumnius lieutenant de la Syrie, & à tous les parens & amys du Roy, comme Salome, Pheroras, & autres pricipaux d'icelle Syrie, excepté à Archelaüs qu'Herodes tenoit pour suspect, à cause qu'il estoit beau pere d'Alexandre. Or se douta le Roy que la presence de ses filz accusez esmeust à pitié ceste cópagnie: parquoy, ne voulut qu'ilz y fussent presentez, sçachant tresbien que ou Alexandre auroit permission d'estre escouté, il persuaderoit aisément ses Iuges à le tenir pour excusé: parquoy commanda qu'on les laissast en Platane (qui est vn bourg des Sydoniens) puis estant au mylieu de l'assemblée, commança à faire ses remonstrances & à soy asperer contre ses deux filz, tout ainsi que s'ilz y eussent esté en personne, disant qu'ilz l'auoient espié, sans, toutesfois, s'arrester beau-

LE I. LI. DE F. IOSEPHVS.

ster beaucoup à ce guet à pend, par ce qu'il doutoit ne le pouuoir aisément prouuer : parquoy passa outre, les accusant par iniures & oprobres des forfaictures proiettées à l'encontre de sa personne : pour la punition desquelles il persuadoit à toute l'assistâce qu'ilz meritoient pis que la mort, & par ce que nul y contredisoit agrauoit de plus fort en plus fort le malefice, tachant souz ceste couleur atirer le peuple à sa commiseration contre ceux qui l'auoient cruellement voulu meurdrir, sur lesquelz, dist il, i'ay maintenant si bonne ataínte, que i'espere chacun de vous estre de mon auis, ce qu'entendu par Saturnius oppina le premier & furét les deux Princes condamnez, non pas à mort : car il allegua n'estre raisonnable ny d'equité, que de trois enfans qu'auoit le Roy, il n'en demourast qu'vn seul, à quoy, les deux ambassadeurs & quelques autres se condescendirent aisément, mais Volumnius parla tout au contraire & côclud rigoureusement au dernier suplice, auec le surplus des autres qui n'auoient encores donné leur voix, les vns pour captiuer la beneuolence du Roy, & les autres, plus pour le mal qu'ilz luy desiroient, que pour hayne ou indignacion qu'ilz eussent aux pauures accusez. Cependant toute la Syrie & Iudée atendoit l'issuë de ceste tragedie, n'estimant Herodes si impitoyable pere, qu'il consentist iamais à la mort de ceux ausquelz il auoit donné la vie, & toutesfois les ayant fait conduire en Thyr, & de là prenant le chemin de Cesarée par mer, discouroit en soy-mesmes la maniere de les faire executer, quant l'vn de ses anciens hommes d'armes apellé Tiron (qui auoit vn sien filz seruiteur & priué d'Alexâdre, par le moyen dequoy il portoit grande affection aux deux freres) ne se peut tenir de plaindre & lamenter le tort & iniustice qu'on leur faisoit souffrir, auec telle abondance de passion & extreme melencolie, qu'il en perdit l'entendement, en sorte qu'il se mist à crier en tous lieux ou il arriuoit, que iustice estoit mise souz le pied, verité esgarée, & nature du tout confuse, & par ainsi la vie des hommes pleine d'iniquité & mile autres propoz telz que la manie le conseilloit & contraignoit de dire sans craindre nullement le danger de sa personne, ainsi qu'il monstra bien depuys : car il vint se presenter deuant le Roy & s'asperant contre luy commença à l'increper & reprendre, disant qu'il estoit le plus malheureux homme de la terre prestant ainsi l'oreille, & croire au raport d'vn tas de flateurs qui luy faisoient habandonner les enfans qu'il deuoit tenir chers comme sa propre vie, & pour monstrer que ie ne parle à toy sans raison (disoit encores le vieillard) on sçait assez que tu donnes foy aux propos que te tiennent Pheroras & Salome, lesquelz tu as par tant de foys condânez à mourir, & neantmoins tu les escoutes, & n'auises pas, que t'ayant destitué de vrays & legitimes successeurs, & laissé seul auec Antipater, esperent le gouuerner & manier du tout à leur plaisir. Mais penses tu point, par ta foy, en quelle mauuaise estime est ton Antipater entre tes gensdarmes & amys pour le tort qu'il a commis à ses freres, les ayant acheminez au gibet com-

DE LA GVERRE DES IVIFZ. Fueil. XLVIII.

bet comme il est aparent. Certes ilz ont tous si grande compassion d'eulx, que les mesmes gouuerneurs de tes prouinces les plaignent & regrettent à toutes heures. Puis se mist à nómer ceux desquelz il entendoit parler dont Herodes esmeu, commanda incontinent les prendre & emprisonner auec l'incensé Tiron & son filz quant & eulx, car l'vn des barbiers du Roy apellé Tryphon se vint lors presenter, & de gayeté de cueur, s'acusa soymesmes, disant au Roy que Tiron l'auoit souuent persuadé (du temps qu'il le seruoit de son estat de barbier) luy couper la gorge, luy ayant presenté de la part d'Alexandre grande somme de deniers & autres bons presens: parquoy fut serré cóme les autres, à tous lesquelz l'on dóna depuis la gehéne forte & roide, toutesfois nul d'eulx confessa chose qui luy peust nuire, ny parla depuis ce maistre barbier à son desauantage comme il auoit fait au precedent: dont le Roy fort indigné, voulut que l'on tirast d'auantage Tiron le vieil gendarme & deuát son filz, qui fut chose tant amere au ieune homme que (semond & contraint de trop grande amytié filiale, ne pouuant plus comporter le tourment de son pere) suplia treshumblement le Roy luy vouloir pardonner, à la charge qu'il luy declareroit le fait tel qu'il estoit, ce qu'Herodes luy acorda voluntiers, lors commença à dire. Verité est, Sire (pour le vous faire court) que mon pere à esté asseurément induit & persuadé maintesfois par Alexádre à vous faire mourir. Mais s'il disoit celà pour deliurer seulement son pere du mal qu'il luy voyoit soufrir, ou qu'il fust ainsi on en doute, quoy qu'il soit Herodes ayant conceu vne inimytié mortelle à l'encontre de luy & de tous les accusez, sceut faire trouuer au peuple sa cause si iuste, que mutinant tous ceux deuant lesquelz il se plaignoit, eurent Tiron, & ses adherans si odieux qu'ilz les lapidérét auec le barbier, & quant & quant fit le Roy desloger Alexandre & Aristobulus & mener en Sebaste loing de Cesarée, ou il commanda les estrangler, ce qu'estant mis à execution, ordonna qu'on portast les corps inhumer au chasteau d'Alexandrion, auec Alexandre leur ayeul maternel.

De la conspiration d'Antipater

à l'encontre du Roy son pere.

Chapitre   XVIII.

Ainsi donc-

Ainsi doncques paruenu Antipater à ses desseins, estant asseuré de la succession d'Herodes, se gouuerna si estrangement, qu'il tomba en l'indignation de tous les Iuifz, car nul ignoroit que faucement & malicieusement, il auoit controuué les calomnies par lesquelles ses freres receurét mort ignominieuse, & toutesfois il se tenoit tousiours douteux : car il veoit croistre & augmenter la lignée des tristes defunctz. Or auoit eu Alexandre de Glaphire deux enfans masles, à sçauoir Tigranes & Alexandre, & Aristobulus de Berenice (fille de Salome) trois, Herodes, Agrippa, & Aristobulus auec Herodias & Mariamme filles, & s'estoit retirée icelle Glaphyra en Capadoce apres la mort de son mary auec son douaire : & quant à Berenice femme d'Aristobulus, Herodes la maria à l'oncle maternel d'Antipater, & ce par le moyé & à la suscitatió d'iceluy Antipater, qui l'auoit ainsi pourchassé pour apaiser aucunemét sa tante Salome qui luy vouloit peu de bien, mais il se recócilia auec elle & Pheroras, pratiquant les amys de Cesar à force de presens qu'il leur enuoya iusques à Rome, & semblablement Saturninus & ceux d'aupres de luy, estans en Syrie. Ce neantmoins tant plus il estandoit sa liberalité, d'autant moins estoit il bien voulu : car le plus aueuglé cognoissoit assez que telle magnificence descendoit plus de crainte que de sa propre vertu, au moyen dequoy ceux mesmes enuers lesquelz il s'eslargissoit ne luy desiroient plus d'auancement que ceux à qui il donnoit peu ou point, si que & les vns & les autres luy estoient entierement contraires, & toutesfois il continuoit tousiours ceste prodigalité, voyant le Roy prendre soing des orphelins, & contre son esperance se monstrer si fort repentant d'auoir condamné leurs

peres,

DE LA GVERRE DES IVIFZ. Fueil. XLIX.

peres, que conuertiffant fa tyrannie en pitié faifoit plus de cas de fes petitz filz que iamais, dequoy voulant donner certain tefmoignage fit (vn iour entre autres) affembler fes parens & fpeciaux amys, aufquelz monftrant les ieunes pupilles, ne fe peut côtenir de foufpirer, & fondant quafi en larmes commença à leur dire ainfi.

Helas feigneurs ie cognois bien maintenant, que mon feul malheur, & trifte deftinée ont ofté les peres à ces pauures orphelins que vous voyez, deuant vous, encores ieunes & tendres, dont certes i'ay au cueur vne ad-, mirable commiferation de grande amour paternelle que ie leur porte:, mais s'il plaift à Dieu le createur i'efpere deformais mettre peine fi i'ay e-, fté rigoureux & cruel aux peres, reparer la faute, & me monftrer aux en-, fans humain & ayeul debonnaire, leur donnant gouuerneurs qui (m'e-, ftans bons & fidelles amys) prendront foing de leurs perfonnes ainfi qu'il, apartient, & pour cefte caufe ay ie defia fiancé la fille de Pheroras au plus, aifné des enfans de feu mon filz Alexandre à fin (dift il en parlant à fon, frere) que vous luy foyez d'orefenauant oncle & pere, & à voftre filz An-, tipater ie donne aufi la fille d'Ariftobulus, & fi veux que mon Herodes, preigne la fœur d'elle, qui eft comme chacun fçait defcendue du cofté ma-, ternel du grand Pontife : celuy donc qui m'ayme obtempere à mon vou-, loir fans y contredire, & n'entrepreigne ame viuante me tollir deformais, cefte deliberation, priant à iointes mains le feigneur tout puiffant auoir a-, greables ces mariages, pour le bien de mon royaume & de mes fucceffeurs, , & regarder aufi ces petitz orphelins d'œil plus doux & gracieux que n'ôt, efté leurs feuz peres. Ce difant les groffes larmes luy tôboient tout le long, de la face, puis ayant baifé & embraffé ceux qu'il tenoit par les mains, fe re-, tira, laiffant Antipater fi defplaifant, qu'il entra en vne crainte apparente donnant bien à cognoiftre à chacun combien telz propos luy auoient efté peu agreables, eftimant en foy mefmes ces honneurs & careffes auancer fa totale ruïne & deftruction, & que tout iroit de mal en pis pour luy, fi Phe-roras (qui eftoit tetrarche) s'alloit vne foys auec Archelaüs leur ayeul, e-ftant mal voulu de tous comme il eftoit, & au contraire les ieunes enfans plaintz, & meritans commiferation du peuple, auquel la mort d'Alexan-dre & Ariftobulus fe manifeftoit à toute heure, & par vn continuël regret & fouuenir, parquoy delibera faire tant, s'il luy eftoit poffible, qu'il rom-proit les aliáces & mariages qu'Herodes auoit propofez, toutesfois il crai-gnoit s'adreffer à luy pour le furprendre par quelque fineffe ou futilité, le cognoiffant fafcheux & trop fufpect, & à cefte caufe conclud le venir fu-plier treshumblement, qu'il ne le priuaft de l'honneur dont luy mefmes l'auoit eftimé digne, & ne luy laiffer le nom & tiltre du Roy, dónant l'au-ctorité puiffance, & prééminence aux autres, luy remonftrant par douces & gracieufes paroles, qu'il ne pourroit iamais eftre bien obeï, fi le filz de feu Alexandre auoit Pheroras pour gouuerneur auec Archelaüs, duquel il eftoit petit filz du cofté de la mere, parquoy luy requeroit auec grande

I   inftan-

LE I. LI. DE F. IOSEPHVS.

inſtance & importunité, changer ſon propos, atendu meſmement que de ſa maieſté eſtoient deſcenduz pluſieurs autres enfans & belle & grande lignée: car, à parler veritablemét, Herodes auoit eu neuf femmes & ſept enfans d'elles, à ſçauoir Antipater l'aiſné de Doris: Herodes de Mariamme, fille d'Hircanus Pontife, les deux autres (Alexandre & Ariſtobulus) eſtoient mors: de Malthace Samaritaine Antipas, & Archelaüs, auec Olimpias que ſon neueu Ioſeph eut depuis à mariage: de Cleopatra Hieroſolymitaine, Herodes, & Philippe: & de Pallas, Phaſelus: de Phedra & Elpis, eut Roxane, & Salome. Et encores deux autres femmes qui moururent ſans enfans, l'vne deſquelles eſtoit ſa couſine & l'autre ſa propre niece: & outre de Mariamme eut deux filles ſœurs d'Alexandre, d'Ariſtobulus, & d'Herodes. ainſi eſtoit ſa lignée grande comme vous entendez, & ſouz ceſte couleur Antipater le perſuadoit de plus en plus que les mariages qu'il auoit pourpenſez ne vinſſent à l'effait: ce que le Roy de prime face print fort mal pour l'amytié cordiale qu'il portoit aux orphelins, & eut ſoupçon qu'Antipater les vonluſt calonnier, ainſi qu'il auoit fait leurs peres, ce qu'il ne luy cela pas, ains le luy diſt & le chaſſa quant & quant par grande collere, toutesfois il ſceut auec le temps ſi bien ſe reconcilier, & par flaterie regaigner la bonne grace du Roy, que finablement il paruint à ſes atentes & rompit les alliances cómencées, en ſorte que luy-meſmes eut à femme la fille d'Ariſtobulus, & ſon filz celle de Pheroras qui donna aſſez à cognoiſtre de combien les adulacions du meſchant eurent plus de pouuoir que celles de Salome, qui ſe trouua refuſée d'Herodes en pareil cas, car encores qu'il luy fuſt frere & bon amy, ſi ne peut elle iamais le faire condeſcendre à luy donner Syllæüs l'Arabe pour mary, quelque importunité & diligence qu'elle y miſt, ny priere affectueuſe dont elle le fiſt requerir par Iulia femme de Ceſar: mais iura tout reſolument Herodes ſi elle n'oſtoit telle fantaſie de ſa teſte, qu'il la tiendroit pour ſuſpecte, auſſi la donna il peu apres à l'vn de ſes amys apellé Alexa contre le vouloir d'elle, & quant au regard de ſes filles il maria l'vne au filz d'iceluy Alexa, & l'autre à l'oncle maternel d'Antipater, quant à celles qu'il eut de Mariamme, l'vne fut femme d'Antipater filz de ſa ſeur, & l'autre de Phaſelus filz de ſon frere. Ayant doncques Antipater oſté toute l'eſperance des Orphelins & fait les mariages ſi auantageux pour la ſeureté de luy, deuint auec ſa malice ſi hagart, preſumptueux, & braue, qu'il eſtoit incompatible & intolerable à vn chacun, eſperant auec telle grauité & audacieuſe gloire, ſe faire craindre & fortifier contre tous ceux deſquelz il ne pouoit auoir l'amytié qu'il deſiroit, à quoy Pheroras ſon oncle le voyant confermé Roy, luy aydoit beaucoup, & toutesfois les femmes s'aſſemblerent, & eſmeurét nouueaux troubles par toute la court du Roy: car celle que Pheroras auoit eſpouſée, ſa mere & ſa ſeur liguées auec la mere d'Antipater, ſe monſtrerent ſi temeraires & inſolentes qu'elles s'atacherent aux deux propres filles du Roy les iniuriant & meſpriſant de ſorte qu'Herodes auerty regarda depuis icelle femme de

Phero-

DE LA GVERRE DES IVIFZ.   Fueil.   L.

Pheroras d'vn tresmauuais œil, mais elles auoient desia pratiqué & mis à
leur cordelle toutes les autres, si qu'ensemble monopolloient, se tenans
closes & couuertes par vne ferme concorde & alliance, fors Salome qui
pour leur estre entierement contraire, remonstroit souuent à Herodes que
telles assemblés estoient suspectes & dangereuses pour luy, dont elles furent incontinent aduerties, & sçachans que le Roy le prenoit mal, changerent du tout leur façon de faire, sans plus cómuniquer ny faire quasi semblant de cognoistre l'vne l'autre, ains monstroient aparence d'auoir querelle & differant, mesmes Antipater contre Pheroras, lequel il outragea
publiquement de paroles, mais en derriere ilz se faisoient toutes les caresses
& bonnes cheres dont ilz se pouuoient auiser, passans ensemble maintes
nuictz à bien boire & gourmander, ce qui venoit aussi tost à la cognoissance de Salome, & d'elle au Roy, dont il conceut hayne & grand mescon-
tentement contre la femme de Pheroras à qui Salome vouloit plus de mal
qu'à nulle des autres, comme elle móstroit assez pour parler tousiours plus
à son desauantage, & tant qu'à la fin Herodes, ne pouuant plus dissimuler,
assembla ceux de son sang, & autres ses amys, deuãt lesquelz proposa plusieurs charges contre elle, specialement les iniures qu'elle auoit dites &
faites à ses propres filles, & comme elle auoit aussi baillé deniers aux Pharisiens pour l'outrager, & induit Pheroras par drogues & compositions
à luy vouloir mal (deuers lequel adressant sa parole) pourtant doncques,
dist il, mon frere auisez lequel vous sera d'oresenauant plus agreable, ou
que ie demeure vostre bon frere & amy ou que vostre femme se retire estãt
habandonnée de vous. Ha à monseigneur, respondit Pheroras, plus agreable me seroit la mort que la perte de celle que i'ayme plus que moy-mesmes: de laquelle responce se trouua le Roy si perplex que tournant visage
vers Antipater, & ie vous deffendz, dist il, de ne parler, ny frequenter desormais ny auec elle, ny auec luy, ny moins auec aucuns des siens: ce que luy
promist iceluy Antipater, & le sceut tresbien obseruer, estant deuant luy,
mais en son absence passoit toutes les nuictz à deuiser ensemble & faire
leurs coniurations acoustumées, pour lesquelles mieux dissimuler, & couurir que Salome ne s'en aperceust, ou soupçonnast, fit escrire à Herodes
par aucuns de ses amys qui estoient en Italie, qu'il le deuoit enuoyer à Cesar pour quelque temps, à quoy le Roy donna telle foy, que l'ayant mis en
bon equipage & fourny de grosse somme de deniers le depescha, luy baillant à porter à l'Empereur son testament, dans lequel iceluy Antipater e-
stoit inscript Roy, & Herodes filz de Mariamme fille d'Hircanus Pontife
successeur de luy. Ayant doncques Antipater prins congé de luy, monta
sur mer, menant en sa compagnie Syllæus Arabe, sans qu'il eust mis à execution ce qu'il luy auoit esté commandé par Cesar, deuant lequel Antipater l'acusa de mesme cas dont Nicolas l'auoit chargé au parauant. Et aussi
pour le regard particulier de certain diferant qu'il auoit contre Areta son
Roy, sur le meurdre d'aucuns ses amys qu'il auoit mis à mort, & entre au-

I ii   tres

tres Socinius le plus riche & opulent qui fust en Petra: de toutes lesquelles choses il monstroit par aparence se soucier peu, s'aydant de Fabatus maistre d'hostel de Cesar, à qui il auoit promis deliurer grand argent pour le suporter à l'encontre d'Herodes, mais à trompeur trompeur & démy, car Herodes y pourueut si bien, que donnant d'auantage à iceluy Fabatus, le retira de l'amytié de Syllæus & par luy mesmes fit faire ce que Cesar auoit commandé: dont Syllæus desplaisant, tant s'en fallut qu'il luy deliurast vn denier que luy mesmes l'encusa enuers Cesar, disant qu'il gouuernoit, non les affaires de son maistre: mais celles d'Herodes sans plus, ce qui despleut tellement à Fabatus, qu'il descouurit entierement au Roy toutes les entreprinses & secrettes menées de l'Arabien, & comme il auoit pratiqué l'vn des archers de son corps nommé Corinthus, duquel il seroit bien se donner garde, à quoy le Roy donna legere creance tant par ce que cest archer auoit esté nourry en sa court, que pour estre du mesme païs de Syllæus, & à ceste cause le fit prendre auec deux autres Arabes qu'il trouua chez luy, l'vn amy d'iceluy Syllæus, & l'autre Tribun, lesquelz (mis à la gehéne) cófesserent que Corinthus les auoit corrompuz par argét pour leur faire tuer Herodes, parquoy Saturninus (gouuerneur de Sirie) les enuoya à Rome.

Comme la conspiration qu'auoiẽt
faite Antipater, Pheroras & autres, d'empoisonner Herodes fut descouuerte, & par quel moyen.

Chapitre   XIX.

Or pour

DE LA GVERRE DES IVIFZ. Fueil. LI.

R pour retourner au mal contentement qu'eut le Roy contre son frere Pheroras n'ayât voulu repudier sa femme, entendez qu'encores qu'il s'en trouuast de prime face refusé, si ne laissa il de l'en presser & importuner iusques au bout, toutesfois ne le peut vaincre ne reduire à ce poinct, dont il fut tresdeplaisant: car il ne sçauoit inuenter sufisante ocasion de la bien punir & chastier, combien que la hayne qu'il luy portoit, & le soupçon qu'il eut sur elle l'en pressassent fort, & tant qu'à la fin chassa l'vn & l'autre, leur deffendant sur la vie de plus conuerser en toute la prouince, dont Pheroras print tant à cueur le tort qu'on luy faisoit qu'il se retira soudain, en sa tetrarchie auec serment de ne retourner en Iudée tant qu'Herodes viuroit: ce qu'il obserua depuys si bien, que tombant (quelque temps apres) le Roy malade, ne fit seulement contenance de le vouloir aller visiter encores qu'il l'en enuoyast prier instamment par plusieursfois, luy voulant donner charge d'acomplir apres sa mort (qu'il estimoit luy estre prochaine) aucune chose: mais il reuint, & contre son esperance, en bonne santé, demeurant iceluy Pheroras malade à son tour, & neantmoins Herodes se monstra enuers luy autant amy comme il luy estoit frere: car oubliant le refuz & ingratitude dont il auoit vsé pour ne l'auoir oncques daigné venir voir, s'achemina ou il estoit aussi tost qu'il sceut son indisposition, & le fit soigneusement penser, non sans grande demonstration de douleur pour le mal qu'il luy voyoit souffrir, lequel se trouuant plus fort que tous remedes dont l'on se peut auiser, luy fit perdre la vie. Or furent plusieurs grandement esbahis de ceste forte amour que le Roy manifestoit ainsi enuers son frere: veu que le bruit estoit commun qu'il auoit esté empoisonné par luy mesmes, & toutesfois il le fit porter mort en Hierusalem ou il l'acompagna, & iusques à le mettre dans vne sepulture excellente, qu'il luy erigea auec tant de pleurs & doleances que merueilles. Telle doncques fut la fin de l'vn des meurdriers d'Alexandre & Aristobulus, origine de la punition qu'en receut depuis Antipater, autheur de tant de maux dont vous auez ouy parler: car en ce mesmes temps quelques vns affranchiz de Pheroras vindrent deuers Herodes luy remonstrer, en pleurs & amertumes, que sans doute leur feu maistre auoit esté empoisonné par sa femme, laquelle luy auoit aporté quelque viande autrement acoustrée que de coustume, aussi n'en eut il plustost auallé qu'il se trouua malade de la maladie dont il mourut. Disoiét outre que deux iours au parauant la mere d'elle & sa sœur, auoient amené vne femme d'Arabie qui s'entendoit en vn tas de drogueries à fin qu'elle composast vn bruuage pour le rendre plus amoureux de sa femme: & qu'au lieu d'iceluy bruuage elle luy auoit baillé le poison à la persuation de Syllæus qui le sçauoit tresbien. Ouye laquelle acusation par Herodes, fut frapé au cueur de tant de suspicions, qu'il delibera en cognoistre la pure verité, & pour ceste raison commanda gehenner toutes les seruantes de ces femmes & quelques autres

I iii   non

LE I. LI. DE F. IOSEPHVS.

non efclaues, entre lefquelles vne eftant es tourmens, impaciente de douleur tant extreme, s'efcria à haute voix: Helas, helas, que Dieu vouluft prendre vengeance de la mere d'Antipater qui eft feule caufe des maux que nous endurons maintenant: mais à peine eut elle fait cefte ouuerture que le Roy voulut qu'elle paffaft outre, parquoy commença la pauurette à declarer de poinct en poinct l'amytié que la mere d'Antipater auoit à Pheroras & à fes femmes, auec leurs affemblées fecrettes, ou fe trouuoit de nuict & iceluy Pheroras & Antipater, aufsi toft qu'ilz auoient laiffé le Roy, fans que nul feruiteur ou feruante y fuft prefent, ains les chaffoient tous. Et voylà quant à la premiere depofition qui fut tirée de l'vne des femmes libres, ce que les autres confermerent au tourment, & d'auantage que Antipater deuoit aller à Rome, & Pheroras en Petra, ayant affez de fois tenu propos, qu'ilz n'atendoient l'heure que le Roy leur en fift autant qu'il auoit fait à Ariftobulus & Alexandre, eftant vrayfemblable, qu'il n'efpargneroit ame viuâte, puys qu'il n'auoit efpargné Mariamme & fes propres enfans, & partant qu'il leur eftoit trop meilleur eulx eflongner toft de befte fi cruelle, que d'atendre vn plus dangereux loyfir: dirent aufsi qu'Antipater fe plaignoit fouuent à fa mere de ce qu'il deuenoit ia vieil & quafi tout blanc, & que le Roy au contraire raieuniffoit de iour à autre fi qu'il feroit impofsible que fes iours ne prinfent fin plus toft qu'il commençaft à regner, & qu'encores que le Roy mouruft bien toft (chofe qu'il auroit trefagreable & à fouhait) que le plaifir de telle fuccefsion feroit tardif: dirent outre qu'il fe contriftoit fort de ce que les enfans d'Ariftobulus & Alexandre multiplyoient comme les teftes d'vn hydre, car par eulx toute efperance luy eftoit tolluë ayant mefmes le Roy inftitué pour fon fuccelfeur Herodes, filz de Mariamme, tellement que fes enfans n'y pourroient iamais paruenir: & toutesfois que le Roy s'abufoit bien s'il penfoit iceluy fon teftament fortir effect felon qu'il auoit ordonné, par ce qu'il y pouruoiroit de forte, que nul demoureroit de fa generation, à laquelle il portoit fi peu d'amytie qu'il eftoit raifonnable eftimer n'eftre meilleur enuers les autres, qu'à l'endroit de fon frere Pheroras, auquel Antipater auoit commandement de ne parler ne tenir aucun propos. Et pour ce faire luy auoit le Roy offert cent tallens: & comme Pheroras luy demâdoit en quoy il auoit peu tant offencer le Roy, Antipater luy refpondit ces propres motz. Ie voudrois qu'il nous euft tout ofté iufques à la chemife, pourueu qu'il nous laiffaft puis apres la vie, mais il eft trop impofsible efchaper la fureur de cefte cruelle befte, laquelle ne peult foufrir quelque perfonne que ce foit s'entremonftrer aucun figne d'amytié, tellement que nous fommes contraintz frequenter l'vn l'autre à fon defceu & abfence, mais fi nous voulons employer gens & vfer de confeil, nous gaignerôs bien le poinct de nous veoir plus librement foit en public, ou priué, ainfi que meilleur nous femblera. Ainfi depoferent ces femmes mifes au tourment, & d'auantage que Pheroras auoit deliberé s'en fuir en Petra, comme il vous a efté dit. Ce que

Herodes

DE LA GVERRE DES IVIFZ. Fueil. LII.

Herodes creut & plus affeurément quant il entendit le propos des cent tallens dont il auoit parlé à Antipater feul , au moyen dequoy commença à ietter fa collere côtre Doris fa premiere femme,& luy oftât bagues & ioyaux la chaffa pour la feconde fois. Puis eftant rapaifé fe rallia auec les femmes de Pheroras non que partant il fe tint affeuré , ains fe foupçonnant de tout le monde, fe gardoit cloz & couuert,auec opinion de pourfuyure fon entreprinfe & efclarcir fi bien la verité de telles confpirations , que rien ne luy feroit defguifé par ceux mefmes qui n'eftoient de la partie: & pour cefte caufe s'adreffa à Antipater Samaritain gouuerneur d'Antipater fon filz, duquel il fceut à force de griefue gehenne , qu'iceluy Antipater auoit fait venir d'Egipte certain poifon par Antiphilus, l'vn de fes amys, efperât le luy faire prédre & vfer, & que depuis Theudion oncle d'Antipater (auquel iceluy Antipater auoit donné la charge de le faire mourir) l'auoit retiré & mis es mains de Pheroras à fin qu'il luy fift fortir effait,& fans aucun foupçon de luy tandis qu'il feiourneroit à Rome : toutesfois il le donna en garde à fa femme, qui le deuoit encores auoir en fes mains , parquoy fut mandée & luy demanda Herodes qu'il eftoit deuenu, monfieur, dift elle, il n'eft pas loing & faignant l'aller querir, aprocha vne feneftre dans laquelle elle fe lança tombant du hault en bas, aymant trop mieux mourir douteufe du fait, que conuaincuë & trouuée coulpable : neantmoins la diuine prouidence s'en mefla, comme il eft vray femblable,& à fin qu'vn tel mal fait ne demouraft impugny , tomba cefte femme non fur la tefte comme elle penfoit , ains fur les piedz , & demoura par ce moyen viue & portée deuant le Roy qui la fit fi diligemment fecourir qu'elle reuint de paf-moifon & reprint fes efpritz , fi luy demanda l'ocafion pour laquelle elle s'eftoit ainfi precipitée, l'affeurant en parole de Roy , ou elle luy diroit la verité luy remettre toute peine , & ou aufsi elle la luy defguiferoit, fe tint certaine de receuoir tel & fi afpre tourment que le corps d'elle luy demeureroit à iamais inutile & priué de fepulture apres fa mort , ce qu'entendu d'elle fe tint & demoura quoye aucune efpace, puis foufpirant profera telles paroles . Mais pourquoy, Sire, tairay-ie à prefent ce qui m'a efté declaré en fecret eftant monfeigneur Pheroras decedé? fera ce pour fauuer la vie à Antipater qui nous a tous perduz & ruïnez? Entendez, Sire (& Dieu qui ne peult eftre deceu foit tefmoing auec vous de la verité) Eftant Pheroras au lict de la mort, & vous pres de luy lamentant fon infortune, il m'apella & me dift : certes amye ie cognois bien (mais c'eft trop tard) la faute que i'ay faite par le paffé eflongnât de moy l'amytié du Roy qui m'a toufiours aymé comme foy mefmes,& neantmoins ie luy en ay porté fi peu de recognoiffance que ie deliberois le faire mourir , dont il me defplaift , voyant mefmes l'amertume & grand defplaifir qu'il porte pour moy, qui ne fuis encores mort, mais quoy,on voit affez que ie reçoy le iufte loyer de mon merite: parquoy ie vous fuplie me raporter le poifon que vous fçauez , & que nous laiffa Antipater pour luy faire prendre , fi le bruflez en ma pre-

I iiii fence,

sence, à fin que ie n'emporte auec moy es enfers vn tel malheureux sinde-
rese. Lors, Sire, suyuant le bon plaisir de luy, ie luy aportay incontinent,
& en sa presence en iettay la plus grand' part dedans le feu, reseruāt le surplus pour m'en ayder à l'auenir si par crainte de vous i'en auois à faire. Ce
disant tira vne boete en laquelle estoit encores partie de la mixtion, ce que
voyant Herodes commanda que la mere & le frere d'Antiphillus fussent
aprehendez & mis à la question comme les autres, ou ilz confesserent, que
vrayement luy Antiphillus auoit aporté d'Egipte la boete, qu'il auoit re-
couurée d'vn sien frere medecin d'Alexandrie: lesquelz crimes auerez dō-
nerent certaine presumption & creance que les espritz d'Alexandre & A-
ristobulus faisoient telle poursuite en la court d'Herodes, pour reueler &
manifester les choses plus occultes propres à leur vengeance, dont il auint
que plusieurs (sur lesquelz on n'eust iamais prins soupçon) furent casuëllement acusez & conuaincuz, entre lesquelz Mariamme fille du Pontife
se trouua estre de l'entreprinse, & auoit sceu tout ce qui en estoit, ainsi que
la chargerent les freres d'elle endurant la torture, pour vengeance dequoy
Herodes son filz qui auoit esté institué par le testament du Roy, successeur
d'Antipater, fut reuoqué & du tout effacé, portāt la penitence du mal dont
il estoit innocent.

De la deliberation & entreprinse
d'*Antipater contre le Roy son pere, & de la vengeance qui en fut faite.*

Chapitre   XX.

Ainsi

DE LA GVERRE DES IVIFZ. Fueil. LIII.

Insi doncques aueroit & descouuroit Herodes petit à petit les conspiratiós qu'on auoit machinées contre luy, tellement qu'oultre celles que vous auez entendues, le dernier argument, par lequel Antipater fut plus chargé, vint de Bathillus l'vn de ses affranchiz, qui estoit party de Rome pour aporter vn nouueau poison d'aspic meslé du suc d'autres serpens, à fin si le premier n'auoit de rien seruy, que Pheroras ou sa femme baillassent au Roy le second, & oultre luy faisoit Antipater porter lettres qu'il auoit contrefaites au nom de ses deux freres Archelaüs & Philippus, ieunes enfans estudians à Rome, par lesquelles ilz disoient tout le mal qu'il estoit possible du Roy leur pere, mesmes par ce qu'il les rapelloit de la cité, chose qui leur desplaisoit par trop. Si fut Antipater inuenteur de ceste trahison par ce que le Roy les auoit au parauant mandez retourner à luy, & doutoit à ceste ocasion qu'ilz luy brisassent toutes ses entreprinses & esperances : pour à quoy obuier proposa par tous moyens les rendre si odieux enuers sa maiesté, qu'il en depescheroit soudain le païs, comme il en auoit fait d'aucuns, parquoy enuoya les lettres qui ne parloient en somme d'autre chose que du tort & iniure qu'auoient receuz Alexandre & Aristobulus, & les auoit fait escrire & forger Antipater par gens apostez & pres de luy corrompuz à force de deniers, combien qu'au precedant & auant son partement de Iudée, il eust marchádé à quelques autres faire le semblable de leur part & suyuant le dessein qu'auez entendu, & à fin de mieux les entretenir en ceste volunté receurent de luy mains bons presens en deniers, robes, bagues, vaisselle d'or & d'argent, & autres ioyaux qu'il auoit achetez iusques à la valleur de deux cens tallens, & toutesfois couurant sa malice suplyoit le Roy treshumblement n'aiouster foy à telles lettres couurant les fautes de ses freres, ou sur la ieunesse d'eulx, ou souz vn faux dóner à entendre, dont on le pourroit abuser : couurant au reste les grandz fraiz qu'il faisoit pour paruenir à ses intentions sur le grand desir qu'il auoit de faire teste & soustenir plus brauement la querelle d'Herodes contre Syllæus, & ainsi bastissoit petit à petit ses factions & entreprinses demourant neantmoins vne seule chose esmerueillable aux personnes, c'est que pour grand nombre qu'il y eust de gehennez & tourmétez pour son fait, ny pour vne infinité qui aloient & venoiét durant ce temps à Rome, n'eut iamais auis de ce que l'on informoit contre luy & ses complices qu'il ne fust en Iudée, ou il n'arriua de sept moys apres que le tout fut verifié contre luy : mais la raison en est, tant par ce que chacun luy vouloit mal, que peult estre aussi les espritz des destunctz mortz par luy, retenoient le parler à ceux qui le luy eussent bien descouuert. Or doncques pour reprendre noz erres, Antipater escriuit au Roy qu'il esperoit en brief (prenant congé de Cesar) retourner vers sa maiesté, & luy reciter l'honneur & gracieux traitement qu'il auoit receu de luy. Apres lesquelles lettres receuës & doutant Herodes que le trahistre fust auerty de

ce qui

LE I. LI. DE F. IOSEPHVS.

ce qui eſtoit auenu en Iudée depuis ſon partement, & qu'à ceſte ocaſion il ſe donnaſt ſur ſes gardes, luy fit reſponſe qu'eſtant le tresbien venu il ſe haſtaſt le pluſtoſt qu'il luy ſeroit poſsible, pour la reconciliation de Doris ſa mere ou il ayderoit beaucoup. Si auoit iceluy Antipater receu au parauãt nouuelles à Tarente, & lettres par leſquelles on luy faiſoit ſçauoir la mort de Pheroras, dont certes il porta vn merueilleux ennuy & tel, que pluſieurs l'eſtimerent d'auantage pour ſe monſtrer tant amy de ſon oncle decedé, mais le deul qu'il auoit en ſon ame procedoit ſeulement comme il eſt vray ſemblable pour voir ſes entrepriſes retardées & eſtaintes: doutãt auſſi que le poiſon n'euſt eſté deſcouuert: parquoy tout perplex vint en Cilicie ou il receut la reſponſe du Roy à l'ocaſion dequoy il ſe diligenta: toutesfois ainſi qu'il entroit en Celenderis, vne telle humeur melencolique le ſurprint, que ſe repreſentant à toutes heures deuant ſes yeulx la deffaueur de ſa mere, ſembloit que l'eſprit de luy prophetiſaſt & preuiſt ce qui luy deuoit ſucceder: au moyen dequoy (apres auoir aſſemblé ſon cõſeil, & declaré tout ce que bon luy ſembla) pluſieurs dè ſes amys luy conſeillerent ne ſe preſenter au Roy premier qu'il euſt entendu à la verité, les raiſons pour leſquelles Doris eſtoit ſi mal traitée: car ilz doutoient qu'on luy euſt impoſé quelque crime dont il ſe pourroit trouuer faché, mais les autres moins auiſez: deſirans trop plus la douceur de leur païs, que l'honneur ny le bien d'Antipater, l'inciterent tout au contraire à ſe haſter, luy remonſtrans que le retardement de luy pourroit auancer quelque ſoupçon à Herodes, qui donneroit ocaſion à ſes ennemys de le calumnier, ou s'il retournoit promptement, & on euſt fait quelque menée à ſon deſauantage, pour le moins diroit on que ce auroit eſté en ſon abſence & dont l'on ſe fuſt bien gardé en ſa preſence, & outre que ce ſeroit treſmal conſideré à luy, laiſſer vn bien certain, & qui ſe preſentoit à veuë d'œil grand & magnifique, pour vn doute mal aſſeuré, & quaſi ſans propos: parquoy, toutes ces choſes miſes arriere, deuoit (ſouz ſa correction) ſe rendre incontinent vers le Roy, & receuoir de luy le Royaume qui luy eſtoit deſia tant affecté, & affectionné: à quoy Antipater obtempera & les creut tellement par le vouloir & inſpiration de Dieu, qu'il tira ſur l'heure droit à Auguſte, & de là au port de Ceſarée, ou veritablement il ſe trouua fort eſtonné: car nul fit cas de ſa venuë, ny ne fut ſuiuy d'aucun tant eſtoit haï de tous, comme ilz ſe manifeſtoient apertement pour la crainte du Roy, car le bruit auoit ia couru par toutes les villes des propos peu auantageux qu'il tenoit publiquement contre ſon filz, choſe cõmune du plus petit iuſques au grand, & à luy ſeul teuë & ignorée, encores qu'il euſt bien matiere & ocaſion d'y reſuer & penſer, ſpecialement à l'heure qu'il arriua en la court du Roy, car on ne fit cas de luy, n'y trouua homme qui en tint conte, choſe à luy bien eſtrange & forte à digerer, conſiderant meſmes le bon nombre de grans ſeigneurs, Cheualiers, & autres, qui à ſon embarquement pour aller à Rome l'auoient conduit, honoré, & acompagné, & ſe veoir lors incogneu d'eulx & quaſi

deſdai-

DE LA GVERRE DES IVIEZ. Fueil. LIIII.

defdaigné. Dieu fçait s'il auoit raifon de difcourir mile & mile chofes en fon entendement. Toutesfois il fe delibera auec prudence & aftuce n'en donner aucune cognoiffance, ains faindre & fagement diffimuler par vne grande affeurance fon vifage trifte & melencolieux, aymant trop mieux atendre la fortune telle qu'elle luy pourroit fucceder que prendre ny effayer à fuir ou s'abfenter: car il ne voyoit autre moyen de fortir de tel bourbier. Mais ce qui plus encores le tourmentoit, toutes chofes qu'on faifoit contre luy, luy eftoient fi bien teuës, qu'il n'en eut iamais auis, ny femblablement du vouloir du Roy: car il l'auoit ainfi deffendu expreffément. Au moyen dequoy peu de vaine efperance, quelque fois fe defefperoit, & auffi toft fe raffeuroit, n'ayant comme il fe vouloit promettre rien efté trouué dangereux contre luy, & quant bien il feroit tombé en tel malheur, fi faifoit il eftat de s'en bien purger & lauer par quelque fubtile inuéction, & impudence (feul remede & dernier refuge pour fe fauuer) Parquoy fe confiãt à telles deffences, par lefquelles penfoit fe purger & garentir s'achemina vers Herodes qu'il trouua de fortune acompagné de Varus, lieutenant en la Syrie, par le moyen duquel il eut entrée au palais ayant fa fuitte efté repouffée des la premiere porte. Luy doncques arriué en la prefence du Roy s'auança d'vne contenance affeurée pour luy baifer les mains & luy embraffer le genoil, mais Herodes luy mit la main au deuant, & le refufa: puys baiffant fa veuë dift affez hault. Apartient il à celuy (tant chargé) & qui a voulu meurdrir fon pere, le vouloir maintenant careffer? va mefchant te perdre, tefte impitoyable, & fans me toucher que tu ne foyes purgé des crimes que l'on t'a mis fus, or t'en iuftifie dedans demain, temps long affez pour fubtilizer les cautelles & tromperies dõt tu es couftumier vfer enuers moy, & pour ce faire ie te donne Varus pour iuge qui eft icy arriué bien à propos. Si fut Antipater tant eftonné de ces menaffes que fans pouuoir refpondre vne feule parole, laiffant le Roy, fe retira ou eftoient fa mere & fa femme, defquelles il fceut au long & amplement toutes les charges & preuues qui eftoiét contre luy, fur lefquelles il refua affez, puis s'eftant reuenu, & reprins quelque peu fes efprits, penfa de là en auant comme il s'en pourroit purger, deuant le Roy, lequel affembla, le iour enfuyuant, aucuns parens & amys d'Antipater, deuant lefquelz (eftant affis à cofté de Varus) commanda faire aprocher les tefmoingz & acufateurs, entre lefquelz fe trouuoient quelques feruiteurs de Doris, qui peu au parauant auoient efté trouuez & faifiz de certaines lettres qu'elle efcriuoit à Antipater cõtenant ces motz. Puis que toutes ces entreprinfes ont efté raportées & verifiées au Roy, ne reuenez vers luy fi n'auez compagnie de foldatz que vous pourrez recouurer de Cefar. Si furent ces lettres exibées auec d'autres, prefent Antipater, lequel fe profterna incontinent aux piedz du Roy & piteufement cõmença à luy dire. Helas monfieur ie vous fuplie treshumblement, ne conceuoir en voftre efprit aucune mauuaife opinion de voftre filz, & ne, le condamner auant l'auoir entendu, vous affeurant, Sire, ou il vous plaira,

luy

LE I. LI. DE F. IOSEPHVS.

› luy prester tant de grace, que l'ouir en ses iustifications, que non seulemét
› vous aurez pitié de luy, ains le iustifirez vous mesmes des crimes qu'on luy
a imposez à tort & sans cause. Toutesfois le Roy le repoussa rudement, &
sans luy permettre parler d'auantage commanda qu'il se teust, puis tour-
› nant sa face contre Varus, profera telle parole. Ie ne faiz aucun doute, sei-
› gneur Varus, que vous & tout autre iuge homme de bien, ne condemne à
› mort, & promptement, cest Antipater, mais crains plustost que n'ayez
› mon malheur en tel horreur, que ne iugez moy-mesmes digne de rece-
› uoir encores pire infortune que celle qui m'a esté si domestique, ayant en-
› gendré telz enfans que chacun sçait, & toutesfois d'autāt que i'ay esté pe-
› re debonnaire, indulgent, & gracieux à creatures si meschantes & mal con
› dicionnées, ie merite qu'on ayt aucune pitié de ma misere, car ie les auois
› esleuez des leur ieune aage iusques à les instituer au royaume, nourriz à Ro
› me, & entretenuz en l'amytié de Cesar, si bien, que plusieurs autres Roys
› en ont esté quelquesfois enuieux, mais helas, ceux dont ie parle m'ont de-
› puis espié, & sont morts à l'auantage du malheureux Antipater, à son a-
› uantage dy-ie, par ce que donnois à luy estant encores ieune, & l'auois in-
› stitué mon heritier & successeur en toute liberté & seureté, & neantmoins
› ceste horrible beluë abusant de ma patience, à trouué mes iours si longs,
› que luy estant ma vie insuportable n'a sceu paruenir à regner sans cóspirer
› en la personne de moy qui suis son propre pere, n'estāt venuë telle insoléce,
› sinon que l'ayant retiré des chāps ou ie l'auois relegué, i'ay chassé & esloi-
› gné de moy ses freres, mes autres enfans, filz de la royne Mariamme, pour
› l'aprocher de ma personne & le rendre paisible de mon estat apres ma
› mort. Enquoy faisant, Varus, ie confesse certainement, & recognois ma
› follie, & que i'ay par ce moyen irrité ceux qui sont issuz de moy, à l'encon-
› tre de moy-mesmes, pour trop fauoriser ce gallant: car à parler sans sainti-
› se, ie leur ostois toute esperance que l'enfant doit auoir au pere, mais helas,
› leur fis-ie oncques les biens que i'ay faitz à cestuy, auquel ay donné (moy
› encores viuant) quasi toute puissance & commandement, & qui plus est
› institué par mon testament mon successeur, luy ordonnant dessors le reue-
› nu de cinquante talens & grande somme de deniers pour despendre & te-
› nir bonne & grosse maison: mesmes quant il alla à Rome ie luy baillay
› troys cens talens pour faire son voyage, & d'auantage i'escriuiz à Cesar de
› grand' affection comme seul deffenseur & protecteur de son pere & de tou
› te la lignée: mais helas, quel mal firent oncques ses autres freres, au respect
› de luy ? quelle preuue ou indice ay-ie eu à l'encontre d'eulx, comme i'ay
› des entreprinses de ce meschant parricide, qui à bien osé ouurir la bouche
› pour colorer son meffait, & cacher (par grande astuce) le pur fait de la ve-
› rité, dont, Varus, il vous fault bien donner garde : car ie cognois la cruelle
› beste, & preuoy le beau & polly langage dont il espere remplir noz oreil-
› les, & vous esmouuoir à pitié souz couleur de quelques pleurs & gemisse-
› ments faux & simulez. Ha a le trahistre, c'est luy & non autre qui m'a au-

tresfois

DE LA GVERRE DES IVIFZ. Fueil. LV.

tresfois auerty de me fier peu ou point à Alexandre, tandis que le pauure, ieune homme estoit en vie, non pas à Alexandre seul, ains à tout le mon-, de: c'est luy qui auoit de coustume venir iusques à mon lict, & prédre gar-, de qu'aucun ne m'espiast. C'est vrayemét luy souz la seureté duquel ie dor-, mois sans crainte & viuois hors de soucy, & qui me donnoit consolation, en la melencolie que ie prenois de ceux que i'ay fait cruellement mourir, voire & qui sçauoit aussi entretenir l'amytié de ses freres viuans, ma sauue-, garde, & mon seul garde-corps: bref quant il me souuient des abuz & dis-, simulacions qu'il a faites enuers vn chacun, ie ne me puys moy mesmes e-, stimer en vie, ny penser comme il a esté possible que i'aye euité si diligen-, tes & subtiles embusches qu'il m'auoit preparées: mais puis que Dieu veult, desoler ainsi ma maison & rendre enuers moy ennemys ceux que ie tenois, à plus parfaitz amys, ie pleureray d'oresenauant mon iniuste destinée, &, lamenteray en moy-mesmes ma desolacion & solitude, & toutesfois nul, qui aura eu soif de mon sang ne m'eschapera si ie puis, & fussent mes pro-, pres enfans. Proferant laquelle parole le cueur luy serra tellement de gran-, de amertume & tristesse, que force luy fut se taire : Parquoy commanda à Nicolas l'vn de ses amys reciter publiquement les preuues de poinct en poinct qu'il auoit à l'encontre d'Antipater, lequel s'estant tousiours tenu prosterné aux piedz du Roy leua la teste, & iettant vn profond souspir có-mença à parler ainsi: Helas monsieur, vostre propre porole m'excuse tant,, que ie ne desire autre deffence pour ma iustification, que celle mesme qu'a-, uez proposée, lamentant mon infortune, mais helas mon seigneur & pere,, comme aurois-ie voulu outrager vostre personne, veu que vostre maiesté, confesse, que i'ay esté de tout temps sa sauuegarde & protection : comme, pourra vostre grandeur bonnement interpreter que l'obeïssance que i'ay, euë en vous estoit fainte & simulée? car si ie suis si cault & malin qu'il vous, plaist me nommer, comme ay ie esté si mal auisé, & entendu, ne conside-, rer (estant mal voulu des hommes) estre dificile celer mes entreprinses &, moins enuers le Dieu du Ciel, auquel toutes choses ocultes sont manifestes, & est par tout, si que rien ne luy peult estre caché. Ignorois-ie ce qui deuoit, auenir à mes freres, que le seigneur tout puissant à puniz pour la peruerse, & dannée volunté qu'ilz auoient enuers vous? Helas, Sire, quelle ocasion, ay-ie peu auoir qui m'ayt peu irriter à l'encontre de vostre bonté? à ce esté, l'esperance du royaume? certes nenny, car i'en auois le maniment, à ce esté, pour doute d'estre mal voulu de vous? Non non, vous sçauez, Sire, que, vous m'aymiez assez. A' ce esté pour autre crainte que i'eusse de vous? en-, cores moins, estant asseuré que vous ayant en reuerence, i'estois redouta-, ble aux autres. Quoy doncques? faute d'argét? helas qui a plus eu de moy-, en d'en despendre que moy? Et quát bien i'eusse esté iusque là habandon-, né de tout bien & honneur, & qu'eusse en moy l'esprit d'vne beste cruel-, le, encores, Sire, les grandz biens que vous m'auez faitz m'eussent vaincu,, & destourné de vous vouloir pourchasser quelque mal, ayant esté reduit,

K   par

LE I. LI. DE F. IOSEPHVS.

, par vous (ainſi que vous teſmoignez) & preferé à tous voz enfans, voire
, iuſques à me proclamer Roy vous encores viuant, auec infiniz autres biens
, & ſi extremes liberalitez, que i'en ſuis maintenant enuié & mal voulu. O'
, Dieu, & que tant ie me ſens miſerable d'auoir fait vn voyage ſi long à Ro-
, me: car durant iceluy on a eu loiſir & moyen de me braſſer toutes ces me-
, nées: mais, Sire, mon ſeiour par delà eſtoit pour voz ſeules affaires, & à fin
, d'empeſcher (comme vous ſçauez) Syllæus ne vous auoir en meſpris ſur
, voſtre vieil aage, dont ſera teſmoing la meſme Rome, & le deuoir que i'ay
, fait en voſtre endroit, tel que le filz obeïſſant doit au pere, & Ceſar auſſi
, gouuerneur de tout le monde, lequel m'a bien fait tant d'honneur que de
, m'apeller & nommer ſouuent le bon amy du pere : & voylà, Sire, les let-
, tres qu'il vous en eſcrit, plus certes dignes de foy, que toutes les calomnies
, & acuſations qu'on a controuuées contre voſtre treshumble Antipater, qui
, (à bonne raiſon) les employe pour toute preuue, & teſmoignage de l'a-
, mour qu'il vous a porté & porte encores, mais helas, monſieur, ie vous ſu-
, plie à ce propos, auoir ſouuenance que (par voſtre commandement & ou-
, tre mon gré) ie fiz ce voyage, ſçachant tresbien le mal que me portoient
, ſecrettement aucuns eſtans pres de voſtre perſonne. Et par ainſi, Sire, l'o-
, beïſſance que ie ie vous ay portée en ce regard, & la contrainte que me fi-
, ſtes d'aller à Rome, ont depuis cauſé & auancé ma ruïne & deſtruction,
, vous ayant pleu permettre durant mon abſence, & donner temps & loyſir
, à mes enuieux de m'acuſer & diffamer comme ilz ont fait deuant vous. Or
, a eſté mon voyage acomply & ſuis arriué tant par mer que par terre en vo-
, ſtre royaume, & iuſques à me preſenter deuāt voſtre maieſté, n'ayant onc-
, ques (en lieu du monde) prins deliberation, ny moins penſé à abreger vo-
, ſtre vie: & toutesfois tel bon vouloir ne m'a encores profité, car ie ſuis deſ-
, ia condenné & enuers vous, & enuers Dieu: & neantmoins, Sire, ie vous
, ſuplie treshumblement, eſtant tel que ie ſuis, ne vouloir croire au teſmoi-
, gnage tiré par la gehenne d'aucuns, mais que le feu me ſoit raporté, & qu'il
, paſſe par les organes de mes entrailles, ſans eſpergner aucunement la pitié
, de ce malheureux corps apres auoir eſté gehenné comme les autres, car ſi
' ie ſuis homicide de vous, il n'eſt pas raiſonnable que ie meure exempt de
' ce martyre non plus qu'eulx. Ce diſant les groſſes larmes luy tomboient
' des yeulx, & ſouſpirant & gemiſſant auec gros ſanglotz, eſmeut ſi bien l'a-
ſiſtance à commiſeration, que Varus meſmes n'en demeura exempt n'y
autre, fors Herodes qui ſeul ſe tint de pleurer, tant eſtoit animé & plein
d'extreme collere, ſçachant de vray, toutes les acuſations eſtre verifiées
contre Antipater, parquoy Nicolas print la parole, & par le commandement du Roy parla premieremēt de l'aſtuce du triſte, monſtrant auoir pitié de luy, puis recita amerement ſes charges & acuſations, mettant en ieu
toutes les malheuretez qu'il auoit commiſes pour ſe faire Roy, meſmes la
mort de ſes freres, qu'il prouuoit eſtre tombez en ruïne & miſerable perdi-
cion par le moyen des calomnies & mauuaiſes paroles qu'il auoit inuétées

contre

DE LA GVERRE DES IVIFZ. Fueil. LVI.

contre eulx , & qu'il esperoit continuer , encores enuers ceux qui viuoient pour crainte qu'ilz ne succedassent au royaume , ce qui se deuoit facilemét presumer: car disoit il, comment pardóneroit il aux autres quant il a bien eu le cueur de preparer le poison pour faire mourir son propre pere , pour verifier lequel empoisonnemét, recita hault & clair, ce qui en estoit prouué contre luy: puis cótinuant ses remonstrances, disoit qu'il auoit esté cause que son oncle Pheroras auoit aussi pourchassé la mort du Roy, corrompant si grand nombre de ses amys & seruiteurs, que toute la court en estoit infectée , ce qu'iceluy Nicolas verifia amplement & sur l'heure, & beaucoup d'autres cas, puis se teut. Parquoy Varus print ses erres, & commanda à Antipater qu'il eust à soy iustifier: mais il respondit ce mot tant seulement. Dieu me soit tesmoing si i'ay en rien mesfait. A' ceste parole Herodes fit aporter le poison & en sa presence le donna à vser à vn prisonnier condáné à mourir qui demoura sur le champ expiré. Lors dist Varus quelque mot en l'oreille d'Herodes,& quant & quant depescha vers Cesar luy faisant sçauoir comme le tout s'estoit passé & qu'il auoit veu. Et le iour ensuyuant print congé d'Herodes & se retira d'ou il estoit party: parquoy demeura Antipater souz bonne & seure garde, car ainsi pleut au Roy, qui de sa part escriuit à l'Empereur : mais le message ne fut plustost arriué à Rome, que nouuelles charges se presenterent à l'encontre d'Antipater qui estoit acusé d'auoir pourchassé, cótre Salome sa tante, le desplaisir que vous entendrez, ce qui fut verifié par l'vn des seruiteurs d'Antiphilus , lequel aporta lettres de Rome venants de la part d'Acine, femme de chambre de Iulie, adressants au Roy , par lesquelles elle luy faisoit entendre qu'elle auoit trouué entre les papiers d'icelle Iulie vne lettre de Salome, qu'elle luy enuoyoit secrettement pour la bonne amour qu'elle auoit en luy , & contenoit icelle lettre maintes grosses iniures & grandes acusations à l'encontre de luy. Or auoit elle esté contrefaite par Antipater , qui au precedant gaigna ceste femme, à fin qu'elle l'enuoyast à Herodes : ce qui fut descouuert par vne autre lettre qu'elle mesmes escriuoit à Antipater ou estoient ces motz . I'ay escrit au Roy vostre pere selon ce qu'auez voulu , & luy ay enuoyé la lettre, m'asseurant qu'apres l'auoir leuë, il ne pardonnera pas aysément à sa sœur, vous ferez bien auoir souuenance de ce que vous m'auez promis quant tout sera venu à bonne fin. Ceste escriture leuë par le Roy & cogneu ce qu'on auoit machiné contre Salome, luy va tomber en l'esprit, que feu Alexandre pouuoit bien auoir esté acusé de mesmes, & receu pour ceste ocasion mort ignominieuse, dont il luy despleut grandement,& aussi de ce qu'il estoit venu au poinct de faire mourir sa sœur, parquoy deliberia punir Antipater si asprement , & ioindre ce nouueau mal auec les autres ia auerez: mais la maladie qui le surprint le retarda, toutesfois il escriuit ce pendant à Cesar & luy fit de nouueau entédre qu'il auoit aprins specialement la conspiration d'Acine contre Salome, puis demanda son testament qu'il changea en ce qu'il institua Antipas roy , laissant Archelaüs &

K ii   Phili-

Philipus plus aisnez, par ce qu'Antipater les auoit chargez & acusez comme les autres: & par mesme moyen enuoya à l'Empereur, entre autres beaux dons, mile tallens d'argent, à l'Imperatriz & ses enfans, & aucuns siens amys affranchiz, enuiron cinq cens, ordonnant aussi à plusieurs particuliers estans en Iudée, terres & bonne somme de deniers, entre lesquelz il n'oublia pas sa sœur Salome: car il luy lega tant de biens qu'elle eut cause de se contenter.

De l'Aigle d'or qui fut abatuë
du portail du Temple, & de la mort d'Antipater. & du roy Herodes.

Chapitre XXI.

LA maladie du Roy s'aigrissant & augmentant de iour en iour & d'heure à autre, & sa debile vieillesse, cómenceret le rendre si bas que merueilles, aussi auoit il desia ataint l'an quasi soixante & dix de son aage: mais la tristesse & continuëlle melencolie de l'infortune de ses enfans, luy nuisoit encores plus: car elle se representoit & en dormãt & en veillant si fort en l'esprit de luy, qu'il ne pouuoit (durãt sa propre santé mesmes) prendre plaisir à chose quelconque, specialemét par ce qu'Antipater viuoit encores, lequel il deliberoit bié faire mourir & de mort non legere, aussi tost qu'il se trouueroit tant soit peu allegé. Or est il indubitable, &

DE LA GVERRE DES IVIFZ. Fueil. LVII.

ble, & ainsi auient il ordinairement, que iamais vne fortune ne se presenté seule, ains en ameine voluntiers quant & soy autre semblable ou pire, ainsi que le vieil Herodes peut experimenter en ces entrefaites : car le peuple de la cité s'esmeut grandement, dont la cause fut telle. Deux Sophistes residoient en Hierusalem auec reputacion de bien entendre les loix du païs, qui leur donnoit tresgrande reputation & honneur, dont l'vn s'apelloit Iudas filz de Sephorée, & l'autre Mathias filz de Margalus, le sçauoir desquelz fut tant recommandé que plusieurs ieunes personnes lettrez s'adressoient à eux, pour mieux cognoistre & entendre l'exposition des saints decretz & statutz, & en si grand nombre que mal aysément se passoit vn seul iour, qu'ilz ne fussent vne legion assemblez à l'entour d'eulx: ceux dôt ie vous parle ayants entédu l'indisposition du Roy, atenué, tant de sa longue maladie que de ses continuelles fascheries, persuaderent à leurs amys estre saison de venger le blaphesme fait à Dieu, & destruire ce qu'on auoit erigé contre ses commandemens: car il n'estoit licite tenir au temple ymage ny statuës d'hommes ny de bestes, & toutesfois Herodes auoit esleué sur le grand portail d'iceluy vn Aigle d'or, lequel ilz furent d'auis ruïner & abatre, remonstrans que ny le danger futur de leurs personnes ny la perte de leurs biens ne deuoir differer tel exces, asseurans estre tresbon & saint mourir pour la deffence de la loy, & que les ames des corps occis à ceste ocasion, demeureroient immortelles, & au plaisir eternel de bien & de vertu, ce qui n'auiendroit iamais es autres moins valleureux, & ignorans sapience, & qui n'ont aucuñe amytié en leurs ames propres, quant par crainte de mort si honorable (digne de tout homme de bien) ilz preferent celle qui peult casuëllement auenir par maladie. Et comme ilz estoient en ces termes, courut vn bruit soudain que le Roy estoit decedé: parquoy oserét si hardiment executer leur entreprinse qu'ilz entrerent au Temple sur le midy, lors que le peuple estoit plus assemblé, & auec cables se descendirent de la couuerture iusques à l'endroit de l'Aigle d'or, qu'ilz abatirent & firent tomber à grandz coups de coignées : dont le lieutenant du Roy eut aussi tost auis, & s'y transporta tant bien acompagné, qu'il print iusques enuiron quaráte de ces ieunes hommes, lesquelz il mena vers Herodes qui leur demanda sans differer s'ilz auoient bien esté si temeraires & osez d'auoir abatu l'Aigle d'or: mais ilz luy respôdirent tous que ouy, & par le cômandement de qui? dist le Roy: de la loy du païs, respondirent les autres. Et par ce que proferans telles paroles monstroient face ioyeuse d'auoir fait tel acte, leur demanda de rechef comme il estoit possible qu'eulx se trouuans au poinct de mourir pouuoient faindre telle asseuráce: par ce, respondirent ilz, qu'apres la mort dont vous nous menassez, esperons iouïr d'vn plus grand bien: dont le Roy print si grande collere, que nonobstant toutes extremitez de malade qu'il estoit, se leuant soudain marcha droit au Temple, ou le peuple assemblé les acusa tous de sacrilege & auteurs de mutinerie, disans qu'ilz tendoiét (souz couleur de leur loy) à choses plus gran-

K iii   des &

LE I. LI. DE F. IOSEPHVS.

des & dangereuses, mais qu'il en feroit telle punition que le petit iusques au grand, y prendroit exemple, & comme de blasphemateurs, & irreuerans à Dieu: mais le peuple, craignant que plusieurs innocens du fait s'en trouuassent mal traitez, luy remonstrerent qu'il deuoit chastier premier les autheurs, puis les adherans ou il s'en trouueroit aucun, & pardonner au surplus, ce qui leur fut acordé mal aysément par le Roy souz condition, toutesfois, que ceux qui auoient descendu auec les cordes & ruiné l'Aigle par l'auis des Sophistes seroient bruslez vifz, & les autres moins coupables liurez sur l'heure au bourreau, pour en faire la iustice. Neantmoins quasi à l'instant la maladie qui le tourmentoit se rengregea si fort qu'il eut (de la en auant) nouuelle douleur, sentât par tous les endroitz de son corps tourments non pareilz, fieure grande, demangeson non acoustumée, vn mal de col iour & nuict, vne hydropisie & enfleure aux piedz, auec telle & estrange inflâmacion au petit ventre que c'estoit horreur, voyant mesmes ses parties honteuses si pourries, que de grand' puanteur s'engendroit en luy certaine vermine, l'aleine courte & mal aysée, auec vne telle contraction de tous les membres qu'on cognoissoit à veuë d'œil le iugement & punition de Dieu tomber sur luy pour la cruauté dont il auoit vsé, specialement pour le regard des Sophistes (chose certaine & asseurée par ceux qui croyoient & adoroient le seul createur de toutes choses) & toutesfois si ne desesperoit il de sa santé, ains songeoit par tous moyens de la recouurer, & pour ce faire passa le fleuue Iourdain & entra aux baingz chaulx de Calliroé, qui decouroient dans le lac apellé Asphaltitis, desquelz l'eau est douce & bonne à boire. Or auoient les medecins esté d'auis luy fomenter tout le corps d'huille plus que tiede: parquoy le mirent dans vn vaisseau qui en estoit remply: lors soudain les yeulx commencerent à luy tourner en la teste, comme s'il eust voulu rendre l'ame, ce que voyâs aucuns de ses seruiteurs firét si grand bruit qu'à leur clameur la parole luy reuint, non que depuis il esperast iamais guerir, & à ceste cause cômanda que l'on distribuast à chacun de ses soldatz cinquante dragmes, & aux capitaines ses amys grand somme de deniers: puis reprint son adresse pour retourner en Hierusalem, mais quant il arriua en Hierichon entra en telle melencolie, que menassant quasi la mort s'auisa de faire assembler (en vn lieu apellé Hypodromie aproprié à courir & piquer cheuaux) les plus aparés de tous les bourgs & villages de la Iudée, & commanda les mettre en seure prison, puys fit apeller sa sœur & Alexa mary d'elle, ausquelz il dist. Ie preuoy tresbien que les Iuifz feront grand' feste de ma mort: mais ie sçay bien aussi vn moyen par lequel (si voulez obeïr à ce que ie vous commanderay) ie seray pleuré plainct & regretté par assez d'autres, & auray quant & quant sepulture digne de moy, sça'vous comme? aussi tost que vous me verrez expiré, enuironnez ceux que i'ay fait emprisonner de mes gens d'armes, & commandez qu'ilz les mettent à mort, & par ainsi demeurera la Iudée remplie de pleurs, & les maisons se resentans (& maugré eulx) de l'abregement

DE LA GVERRE DES IVIFZ. Fueil. LVIII.

gement de ma vie. Acheuât lequel propos luy vindrent nouuelles de Rome & lettres de la part de ses ambassadeurs qu'il auoit pres de Cesar, par lesquelles ilz luy faisoiét sçauoir qu'Acine auoit esté punie & mise à mort par le commandement de Cesar, & Antipater condamné semblablement à mourir : toutesfois lesdites lettres portoient que si son plaisir estoit de se contenter le bannir sans plus, que l'Empereur le remettoit à sa discretion & bon vouloir, ce qu'ayant le Roy entendu se trouua vn peu allegé, toutesfois ce petit bien luy fut court, car ses douleurs acoustumées le reprindrent aussi tost tant par faute de menger, que d'vne toux extreme qui luy suruint le tourmentant si fort qu'elle l'achemina peu apres à son heure destinée, laquelle voulant preuenir, tenant vne pomme de grenade, demanda vn couteau comme s'il l'eust voulu entamer, ainsi qu'il auoit de coustume, mais il pensoit bien ailleurs : car quant il l'eut en la main, iettant son regard de tous costez pour voir s'il y auoit personne pour empescher sa destinée estédit le bras prest à planter le glaiue en son estomach, mais Achiabus son cousin s'en aperceut & courut soudainemét le luy oster des poings, s'esleuât neantmoins vn tel pleur & lamentation entre les siens que la court fut remplie de douleur, estimant qu'il eust rendu l'ame, ce que vint tost apres aux aureilles d'Antipater lequel tout ioyeux, pria ses gardes luy donner liberté, leur promettant les faire tous riches : mais le lieutenant du Roy n'y voulut entendre : ains le vint dire à Herodes, qui de fureur ietta vn cry plus fort que la maladie n'eust semblé luy permettre, & quât & quât commanda à quelques satalites aller mettre à mort Antipater & porter son corps inhumer en Hircanie, ce qu'ilz firent, puys corrigea de rechef son testament par lequel il institua de nouueau Archelaüs, l'aisné de ses petitz filz, son successeur, & Antipas son frere Tetrarche, & le cinqiesme iour ensuyuant donna Herodes signe de mort, apres auoir regné depuis le trespas d'Antigonus tréte quatre ans, & trente sept depuis qu'il fut proclamé Roy par les Romains, durât lequel il eut fortune aussi prospere & gracieuse hors la maison qu'autre que l'on sçache, car luy qui estoit sans plus homme priué, obtint le Royaume de Iudée qu'il garda par longs iours, puis le laissa en heritage aux siens, mais oncques autre ne fut aussi plus malheureux que luy en ses affaires domestiques, & iusques à ce que ses yeulx furent fermez. Salome le laissa, pour acompagner son mary à aller deliurer ceux qui auoient esté emprisonnez, & que Herodes auoit cómandé occire ainsi qu'il vous a esté dit, à quoy elle mist ordre premier que les gens d'armes du Roy eussent certitude de son trespas, leur faisant entendre, qu'il s'estoit à la fin de ses iours reuoqué & ordonné que chacun se retirast chez soy. Ce qu'estant fait, Salome publia la mort de luy à tous ceux qui prenoient solde, qu'elle assembla auec le peuple en l'amphireatre qui est en Hierichon, ou se trouua Ptolomée, à qui le Roy defunct auoit baillé en garde son signet & lequel cómença à si hault louër Herodes qu'il persuadoit par tous moyens la nation des Iuifz auoir beaucoup perdu, estant desnuée d'vn si bon

K iiii   Roy,

LE I. LI. DE F. IOSEPHVS.

Roy, tant gracieux & amy des siens, pour l'asseurance dequoy leut tout hault la lettre qu'il adressoit à ses gens d'armes, les priant & enhortant demeurer amys & loyaux suietz de son successeur : puis desploya son testament qui contenoit en somme comme il ordonnoit Philippes heritier de la contrée de Trachon & autres lieux voysins, & Antipas Tetrarche, ainsi que nous auons dit, instituant au reste Archelaüs au royaume, cómandant en outre à iceluy Archelaüs porter son anneau à Cesar & luy declarer amplement la sorte que souz son bon plaisir il auoit pouruc à ses royaumes & païs, le recognoissant à souuerain seigneur & monarque : parquoy le suplyoit treshumblement confermer en ce cas iceluy son dernier testament, & au reste que le premier fust entretenu de poinct en poinct sans rien immuer, lors se prindrent tous à faire bruit, & à se resiouïr à merueilles de la bonne fortune d'Archelaüs, deuant lequel ilz se presenterét tous, luy promettans obeissance, seruitude & amytié, priát Dieu qu'il luy voulust donner sa grace, & le rendre prospere : puis auiserent sur ce qu'il estoit requis pour les honneurs funebres & à mettre ordre à la sepulture du Roy, laquelle iceluy Archelaüs parfit en telle magnificence & grandeur, qu'il eust esté impossible de plus, car en premier lieu il enuoya tous les ornemés royaux pour acompagner le corps : le lict de parement sur lequel il reposoit estoit couuert de pourpre diuercifié de plusieurs couleurs, enrichies de pur or, & maintes pierres precieuses, & la couuerture semblable, le diademe au chef, la coronne royale dessus, & en la main le sceptre, ainsi qu'il apartient, tous les enfans & parens de luy, enuironnoient ce lict funebre, & derriere & deuant les archers de sa garde, & la bande de Thrace, auec les Gaulois & Germains, en ordre, & ainsi qu'ilz souloient marcher en bataille en rond, la gendarmerie conduite par leurs capitaines à enseignes desployées auec cinq cens seruiteurs & affranchiz, portants bonnes odeurs & parfums. Telle doncq' fut la ceremonye obseruée deux cens stades loing, portant inhumer le corps du Roy en Herodion, ou il repose ainsi qu'il auoit ordonné.

Fin du premier Liure de Flauius Iosephus de la guerre des Iuifz.

Le second liure de Flauius Iose-
PHVS DE LA GVERRE DES IVIFZ.

Des affaires qu'eut Archelaüs
apres la mort du roy Herodes son pere, & de la mutine-
rie qui se leua en Hierusalem, à cause de ceux
qui auoient abatu l'Aygle d'or.

Chapitre   Premier.

Es troubles & affaires d'Archelaüs commencerent par le soudain & necessaire voyage qu'il fut contraint d'entreprendre pour aller à Rome : car apres auoir pleuré & lamété la mort du feu Roy son pere par sept iours entiers, & mis fin aux pompes & festins funebres tant obseruez (selô la coustume des Iuifz) que celuy qui les negligeoit, n'estoit reputé ny estimé homme de bien seulement, ains vray ennemy de pieté & iustice. Encores que maintes bonnes maisons en eussent esté ruinées & destruites, tant estoient grandz & desordónez les fraiz qu'il y conuenoit faire. Laissant iceluy Archelaüs son deul, & paré d'vn riche acoustrement blanc, se transporta au temple, ou assis sur vn hault throsne royal fut honoré & receu de tout le peuple en tresgrand' ioye & humilité, vers
lequel

LE II. LI. DE F. IOSEPHVS.

lequel adreſſant ſa parole commença à les remercier, tant de la bonne affection qu'ilz luy auoiét monſtrée au conuoy du corps du Roy deffunct, que
de l'hôneur qu'ilz luy faiſoient côme s'il eſtoit deſia leur prince & ſeigneur
lige, toutesfois qu'il ne prendroit ny le nom ny l'auctorité de Roy, premier
que Ceſar (qui par le teſtament de ſon pere auoit puiſſance de diſpoſer de
tout) ne l'euſt conſermé en l'aminiſtration & gouuernement du Royaume,
lequel il n'auoit voulu accepter en Hiericon, lors qu'il luy fut offert auec
le diademe par l'exercite qui y eſtoit. Non (diſt il) que i'aye mis en oubly
ceſte faueur, ains eſpere la recognoiſtre quelque iour enuers eulx, & auſſi
la bonne volunté que vous tous me manifeſtez ſi ie paruiens & demeure
conſtitué voſtre Roy. Et quant au reſte aſſeurez vous que ie mettray peine d'eſtre meilleur & vous donner occaſion de plus vous contenter que n'a
fait feu mon pere. Ce que chacun print tant bien, que les vns (pour eſprou-
uer ce qu'il auoit dit) s'auancerent de luy demander ſoulagement d'em-
pruns, autres l'entier aboliſſemét des tailles & ſubcides, & pluſieurs que ſon
plaiſir fuſt de deliurer les priſonniers. Ce qu'il acorda & ſans nul refuſer,
comme il monſtra par ſigne, voulant atirer à ſoy le peuple & le gaigner
par tel moyen. Ce fait ſacrifia, puis ſortant du temple s'en alla diſner auec
ſes amys. Mais ſur le ſoir pluſieurs aſſemblez, deſirans noualitez & nouueaux troubles (eſtant le deul du Roy defunct apaiſé) ſe miſrent à regretter particulierement & lamenter ceux qui auoient eſté prins par Herodes,
& condemnez au dernier ſuplice pour auoir abatu l'Aigle d'or mis à la
porte du temple, faiſans pour eulx telle plainte & grandz pleurs que la ville en fut toute remplie, diſans en public & par tous endroitz, qu'ilz auoiét
ſouffert mort pour les loix du païs & du temple, voulâs qu'on s'en vengeaſt
ſur ceux auſquelz Herodes auoit premieremét fait de grandz dôs. Et qu'il
failloit auſſi mettre hors de la dignité de pontife celuy qu'il y auoit inſtitué, & en ſon lieu y colloquer vn autre plus homme de bien & de meilleure vie. A' quoy ſembloit qu'Archelaüs condeſcendiſt pour ſon partement
neceſſaire & prompt, auſſi craignant que la commune s'eſmeuſt contre luy
meſmes, ou il voudroit vſer côtre eux de violence. Parquoy delibera pour
le mieux, les apaiſer plus par douceur que par vengeance. Et pour ce faire
enuoya vers eulx vn ſien capitaine. Mais il ne fut pluſtoſt entré dedans le
temple ny ne auoit encores ouuert la bouche pour faire ſes remonſtrances
qu'ilz le chaſſerét à coups de pierre. Toutesfois Archelaüs y renuoya pluſieurs autres qu'il delega, gens graues & prudés, auſquelz neantmoins telz
ſedicieux parlerent de telle collere & brauerie, qu'ayſement on peut iuger
s'ilz euſſent eſté en plus grand nombre, que plus grand euſt eſté le deſordre & mutinerie qu'au precedant. Parquoy aprochât le iour des pains ſans
leuain, que les Iuifz apellent Paſques, auquel on offroit pluſieurs ſacrifices,
ſachant Archelaüs que maintz eſtrangers arriuoient au temple pour orer
& voir la ſolennité du lieu, auerty auſſi que les mutins & ſeditieux ſe meſloient parmy eulx pour les eſmouuoir & apeller à leur ligue & ſedition, fit

mar-

DE LA GVERRE DES IVIFZ. Fueil. LX.

marcher encontre aucuns de ses gens souz la conduite d'vn Tribun, lequel se saisit promptement des autheurs de la sedition, dont la commune s'anima de sorte, que plusieurs des gens d'armes y demeurerent taillez en pieces, & le Tribun mesmes si pressé que (tout nauré qu'il estoit) à peine eut il loysir de se sauuer. Et neantmoins ilz n'en discontinuërent leurs sacrifices, ains les poursuiuirent côme si de tout le iour ne fust auenu aucun destourbier. Ce que considerant Archelaüs, & que telle rumeur ne se pourroit pas facilement assopir sans meurdre & grande effusion de sang, depescha incontinent ses gens de cheual pour tenir la campagne, & ceux de pied pour aller par la ville courir sus au peuple, qui entendant aux sacrifices fut tellement surprins, qu'il en fut taillé en pieces enuiron trois mile. Et le reste se sauua es prochaines montaignes par l'enhortement des heraux d'Archelaüs, qui alloient deuant les auertir que chacun se retirast en sa maison, & euiter ceste fureur, Au moyen dequoy fut la feste laissée par eulx & côtennée, prenant iceluy Archelaüs le chemin de la mer auec sa mere Popla, Ptolomée, & Nicolas ses amys, apres qu'ilz eurent delaissez au Royaume Philippe leur procureur & aministrateur de leurs affaires domestiques & familieres. Et pareillement les suyuit Salome acompagnée de ses enfans, & quant & eulx les filz du frere du Roy & son gendre, souz couleur d'estre de la partie & fauorisans Archelaüs, toutesfois c'estoit le contraire, car ilz ne pretendoient seulement à le frustrer de sa nouuelle succession, ains l'acuser du mal qui auoit esté commis dans le temple contre les loix & statutz du peuple. Si les rencontra en Cesarée Sabinus procureur de Syrie, ainsi qu'il s'acheminoit en Iudée pour la garde des finances d'Herodes, mais Varus l'empescha de passer outre l'ayant gaigné par les grandes prieres de Archelaüs, & à l'intercession de Ptolomée. En sorte qu'iceluy Sabinus ne se hasta de s'emparer des forteresses ny des thresors de feu Herodes qu'il laissa en la dition d'Archelaüs, auec promesse de ne les empescher iusques à ce que Cesar en eust la cognoissance. Et pour ceste ocasion seiourna tandis en Cesarée dont il deslogea tost apres que l'vn de ceux qui luy resistoit s'en fut allé en Antioche nauigant tandis Archelaüs à Rome. Et luy peu de iours apres (& tout apoint) entra en Hierusalem ou il se saisit & empara du palais. Ce fait apella les gardes & commis par les Princes au gouuernement des finances & s'esforça de leur en faire rendre conte, & à ocuper quant & quant toutes les forteresses. Ce qu'il luy fut impossible ayant les gardes & soldatz (ordonnez pour la deffence d'icelles) le commandement d'Archelaüs en telle recommandation que s'aydans plus du nom & authorité de Cesar que de celuy qu'ilz seruoient, les luy ressuserent. Or pretendoit d'autre part le royaume Antipas, car il maintenoit le premier testament d'Herodes plus vray & autétique que le dernier, ayant par le premier esté institué & escrit Roy & pour tel esperoit bien estre entretenu par l'asseurance, & de Salome & plusieurs autres ses cousins qui auoiét nauigué auec Archelaüs, lesquelz luy auoient promis ayder & fauoriser à

son

LE II. LI. DE F. IOSEPHVS.

son droit . Et si menoit quant & luy sa mere & Ptolomeüs, frere de Nicolas, auquel pour l'estime de sa foy tant aprouuée d'Herodes, il faisoit bien estat que l'on ne s'arresteroit peu, car il auoit esté vn de ses plus chers & familiers amys: d'auantage il se sioit beaucoup à Ireneüs l'orateur pour la faconde & viuacité de son bien dire, car de ceux qui auoient mis en auant & enhorté Herodes de preferer Archelaüs par l'ordonnance & sa derniere volunté suyuant son second testament, il presumoit ne deuoir estre ouyz, ny iceluy dernier testament receu pour le grand aage ou estoit paruenu le Roy deffunct lors qu'il le confirma . Et pour ceste cause s'acheminoit de meilleur cueur à Rome, & par la solicitation tant de ses proches parés (enuieux sur Archelaüs) qu'autres desirans la liberté & vsage de leurs droitz, ou bien d'estre faitz ministres des magistratz , faisans estat ou ilz ne pourroient venir à ce premier dessain que pour le moins ilz auroient pour roy Antipas. A quoy iceluy Antipas s'atendoit & entendoit par l'ayde de Sabinus, lequel auoit accusé enuers Cesar Archelaüs, par vne sienne missiue & grandement loué ledit Antipas. Et d'auantage Salome & ceux qui de sa ligue baillerent à Cesar les informations des crimes dont Archelaüs estoit chargé, lequel peu apres fit presenter à Cesar par Ptolomeüs , tant le testamét de son pere que son anneau, & les contes de l'administratió, que print iceluy Cesar, discourant en soy-mesmes les acusations d'vne part & d'autre apres auoir bien consideré la grandeur d'iceluy Royaume, & du reuenu qui en dependoit aussi , la populeuse famille d'Herodes , auec le contenu des lettres de Varus & Sabinus, apella en conseil les Princes & Seigneurs de Rome , entre lesquelz fit premierement seoir Caius filz d'Agrippa & de sa fille, son filz adoptif : puis donnant congé aux parties de poursuiure & deduire leur droit , commença Antipater filz de Salome orateur disert & seur deffenseur des aduerses parties d'Archelaüs, lequel proposa en pre-
, mier lieu les accusations dont iceluy Archelaüs estoit chargé , asseurant
, l'assistance que celuy contre lequel il parloit ne pretendoit plus qu'estre
, Roy de nom. Car, dist il, long temps a qu'il s'est reallement & de fait empa-
, ré du royaume & vsurpé le nom de Roy , & toutesfois l'on le voit encores
, blandir & flater cauteleusement les aureilles de Cesar, qu'il n'a iamais vou-
, lu prédre à iuge de la succession du Roy deffunct, ains apres la mort d'He-
, rodes a suborné maintz & maintz pour luy donner le diademe, & se seant
, à la mode du roy Dauid, sur le throsne doré n'a pas seulement changé par-
, tie des ordres de la gendarmerie, mais ya pourueu comme bon luy a sem-
, blé , otroyant au peuple tout ce qu'il pouuoit impetrer de luy comme de
, leur Roy mesmes, iusques à deliurer & rendre absoulz la plusgrand' part
, des criminelz que son pere tenoit estroitemét prisonniers . Et maintenant,
, dist il, qu'il a fait telz & si beaux actes, vient demander à l'Empereur l'vm-
, bre du royaume, duquel il a rauy le corps, esperant le laisser Cesar de nom
, & non de puissance & auctorité. Ne merite pas dóc Archelaüs le bien qu'il
· pretend, ne luy doit pas estre otroyé? veu que le deul qu'il a fait de son feu
pere

DE LA GVERRE DES IVIFZ. Fueil. LXI.

pere n'a esté que par hipocrisie, mettant toutes les peines à luy possibles de
ressembler le iour triste & espleuré, mais la nuict Dieu sçait les yurongne-
ries & dissolutz bancquetz, dont il s'acoustroit, qui a certes esté le seul motif de la mutinerie & sedition auenuë entre le peuple qui s'en est trouué indigné voyant mesmes qu'il se glorifioit en la multitude de ceux qui auoiét,
esté tuez du temps d'Herodes, aupres du temple ou ilz estoiét venuz pour
celebrer la solennité de la feste auec leurs hosties, entre lesquelles (pensant
les immoler) furent cruellement esgozillez, & tant de charongne de corps,
morts assemblez dans le lieu saint, qu'oncques on ne vit telle desolation,
ensuiure de leurs plus implacables guerres. Ce qui despleut tellement depuis à iceluy Herodes, qu'il commença de là en auant à se estimer indigne
& du royaume, & de plus regner, mais quoy? à l'heure l'imbecilité & la
maladie qu'il auoit plus à l'esprit qu'au corps, luy causa telle humeur par
laquelle il institua en son second testament son successeur celuy qu'il ignoroit & cognoissoit tresmal pour chasser de son lieu l'autre qu'il auoit premieremét apellé à estre son heritier l'ayant esprouué en pleine santé d'entendement purgé de tout vice. Et qu'il soit vray, estant malade ne priua il
pas luy mesme Archelaüs de la dignité royale pour beaucoup de cas commis contre icelle authorité & les loix du païs, ordonnant qu'il la receuroit
de Cesar. Et toutesfois deuát que l'auoir obtenuë se trouue chargé d'auoir
occis vn nombre de peuple infiny. Et en cest endroit donna fin Antipater
à sa longue remonstrance, & conclud, apres qu'il eut nommé plusieurs tesmoings des prochains assistantz produitz sur chacun crime, à l'encontre
d'Archelaüs, & se leua Nicolas qui auoit en main la deffence d'Archelaüs,
lequel auát toutes choses entra en l'excuse du meurdre fait au téple, maintenant auoir esté tresnecessaire: car, disoit il, il se trouuerra ceux dont on
chargé Archelaüs auoir esté non seulement ennemys du royaume, mais de
Cesar, & que pour le regard des autres crimes faucement imposez ses auersaires auoient esté seulz prouocateurs & instigans: Parquoy il plaira à la
magesté de l'Empereur aprouuer & ratifier le second testament pour bon
& vallide, veu mesmement qu'Herodes auoit requis Cesar d'auouer pour
son successeur Archelaüs, ayant iceluy Herodes lors si bon entendement
qu'il remist au dominateur de tout l'vniuers, de disposer de sa puissance
comme bon luy sembleroit. A' quoy il n'auoit aucunement failly, ny pareillement à l'opinion d'iceluy son successeur qu'il nomma lors pour tel,
ayant le cueur sein & l'entendement tresbon, ainsi qu'il fit bien cognoistre
n'ignorant par qui il deuoit estre confermé. Puis se teut Nicolas concluant
auec gráde d'exterité à tous les poinctz qu'il auoit mis en auát : & sur l'heu
re Archelaüs entrant au meilleu de l'assemblée, se prosterna aux piedz de
Cesar qui le receut en grande humanité, donnant apparence qu'il l'estimoit digne de la succession de son pere: toutesfois il n'en prononça rien
de certain, ains se retira delaissant le conseil pour deliberer des choses qu'il
auoit ouyes & cogneuës, specialement s'il nommeroit à la principauté de

L   Herode

Herode vn seul de ceux escritz en son testament ou s'il distribuëroit sa succession par toute sa famille, veu mesmement que plusieurs d'entre eulx estoient mal apanez & necessiteux.

Du combat & tuërie faite en
Hierusalem entre les Iuifz & Sabinus,

Chapitre II.

MAis deuant que Cesar en eust rien arresté, Maltache mere d'Archelaüs surprinse de maladie deceda, & furent enuoyées diuersité de lettres de Syrie portans nouuelles que les Iuifz se vouloient reuolter contre les Romains. Ce que doutant auenir Varus, vint incontinent en Hierusalem s'estant desia Archelaüs embarqué sur mer pour empescher les motifz de la sedition. Mais parce qu'il sembla à iceluy Varus n'estre assez fort pour (auec troys legions qu'il auoit amené auec luy de Syrie) apaiser ce feu ia tant embrasé, en laissa vne seule en la ville, & auec les deux autres s'en retourna en Antioche. Et quelques iours depuis entra Sabinus en Hierusalem ou il donna assez matiere de beaucoup de noualitez aux Iuifz, voulant quelque fois contraindre les gardes des forteresses les luy liurer entre ses mains, & bien souuent se saisir par ruses & cautelles des finances & deniers du Roy. Pour à quoy paruenir ne s'aydoit seulemét des soldatz delaissez par Varus, ains ausi d'vne grande multitude d'autres

qu'il

DE LA GVERRE DES IVIFZ.   Fueil. LXII.

qu'il auoit apellez à fa ligue pour luy feruir à la faueur de fon auarice extreme, tellement que venu le iour & fefte de la quinquagefime que les Iuifz apellent Penthecoufte, qu'ilz celebroient apres fept foys fept iours paffez, dont elle a prins le nom, le peuple fe rédit enfemble, non tant pour honnorer la folennité grande, que pour vne indignation extreme qui les tourmentoit. Aufsi y acoururent vn infinité tant de ceux de Galilée, d'Idumée de Hierichon que de toutes les regions fituées fur le Iourdain. Non en fi grand' quantité que les habitans & peuple de la ville ne les furpaffaft en nombre & allegreffe. Toutesfois ilz fe feparerent en troys troupes, l'vne plantant leurs pauillons vers la partie feptentrionale du temple, l'autre en la meridionale vis à vis l'Hypodrome (lieu ordonné à picquer & voltiger cheuaux) Et la tierce vers l'Occident qui eftoit à l'endroit du palais. Et par ainfi afsiegerent de tous coftez les Romains. Ce qui efpouenta tellement Sabinus qu'il depefcha en grande diligence plufieurs meffagers à Varus, le fupliant luy donner ayde le pluftoft qu'il luy feroit pofsible, autrement que la legion qu'il auoit laiffée eftoit en danger d'eftre deffaite, & quant & quant fe retira en vne haulte tour du chafteau qui s'apelloit le Phafel, ainfi nommée à l'honneur du frere d'Herodes, que les Parthes auoient occis, ou entredonna figne à fes gens pour courir fus à leurs ennemys: eftant fi craintif & de bas cueur, qu'il n'ofoit pour l'heure defcendre & les acompagner. Et toutesfois fes foldatz & genfdarmes obeiffans à fon cómandement fe mifrent en tout deuoir, & vindrent au temple aufsi legeremét que s'ilz y euffent vollé, ou fut le combat rude & viollent contre les Iuifz, lefquelz peu aguerriz tomberent incontinent en grand defordre, n'eftans fecouruz du hault d'iceluy temple, car apres que les portiques furét gaignez fe fentirent tellemét combatuz du trait, que beaucoup renuerfez & debrifez demeuroiét morts eftenduz en la place, fans qu'ilz euffent le moyen ny d'eulx venger de loing, & moins offencer leurs ennemys de pres. Et en cefte extremité mifrent le feu en iceux portiques faitz d'vn aornement, œuure & magnitude admirable, ou plufieurs furprins de la flamme y furent confumez, autres tombans fur les Romains receuoient la mort, & grand nombre penfans eulx garentir fe precipitoient de la muraile abas, ou bien defperez de leur falut, prenoient le peril du feu auec la fureur de leurs glaiues, tandis qu'aucuns des plus hardis faifoient deuoir de refiftáce, lefquelz finablement vaincuz & morts (demeurans les Romains victorieux) fut le threfor de Dieu d'eftitué de fes gardes, prins, & pillé d'iceluy iufques à quarante talens, & le refte Sabinus s'en empara & faifit. Ce que venu à la cognoiffance des autres Iuifz, qui veritablement eftoient en plus grand nombre que leurs ennemys animez & defplaifans de tel outrage & facrilege, vindrent furieufement les afsieger dans le palais, ou apres plufieurs menaffes qu'ilz leur firent de les ruïner s'ilz ne s'en partoient bien toft, offrirent à Sabinus permifsion de s'en aller auec fa legion s'il vouloit, à quoy luy ayderent grandement plufieurs du party du Roy, qui s'eftoient retirez

L ii   auec

LE II. LI. DE F. IOSEPHVS.

auec eulx, non qu'ilz fussent les plus forts, car Ruffus, & Gratus, deux des principaux chefz des Sebastes, auoient souz leur obeïssance, & à qui pouuoir commander, plus de troys mile hommes, estant Gratus capitaine de gens de pied, & Ruffus de cauallerie, l'vn & l'autre non-moins forts & de belle taille, que de gentil & prudent esprit, acópagnez de tant de hardiesse & magnanimité, qu'eulx auec leur troupe estoient suffisans pour porter beaucoup de nuysance aux Romains, qui donnoit tel cueur & hardiesse aux Iuifz que d'heure à autre & de plus en plus renforçoient leurs assaulx contre à la forteresse, & taschant abatre la muraille cryoiét à Sabinus qu'il fortist gracieusement sans plus empescher ceux qui auoient si long temps habité en païs de liberté, mais Sabinus s'y fioit peu, encores qu'il eust bonne enuie de les croire, & sortir : car il doutoit que telles paroles & promesses ne fussent que pour l'atirer à leur pouuoir, & d'auantage il atendoit de iour en iour le secours de Varus, qui le faisoit opiniastrer à tenir bon. Or en ce mesme temps s'esleuerent par la Iudée vne infinité de tumultes & seditions à l'ocasion de quelques vns qui entreprindrent de pretendre au royaume, entre lesquelz se ioignirent deux mile soldatz, des vieilles bendes d'Idumée, qui auoient autresfois esté en la guerre souz le roy Herodes, tous portans corceletz. Ausquelz Aciabus beau filz du Roy (fortifié dans les villes) faisoit teste & souuent les combatoit en plaine campagne. Et d'autre part Iudas filz de Ezechias, prince de larrons se tenoit en Sephore de Galilée. Cestuy dont ie vous parle auoit esté prisonnier du Roy pour les destrousses & pillage qu'il commettoit par toutes les regions voysines, & depuis relasché (& s'estant ioint à luy grand' multitude de gens ramassez & rassemblez) auoit nouuellement ruiné tous les lieux ou le Roy retiroit ses harnois, & deffait ceux de sa garde, en sorte qu'il resistoit fort & ferme contre ceux qui affectoient la principauté, & si estoit par delà le fleuue vn nómé Symon l'vn des anciens seruiteurs du Roy, beau de viaire & de corpulence, lequel s'estant imposé le diademe par la faueur des larrons qu'il auoit apellez à luy, assiegea le palais de Hierichon, y mist le feu, & en beaucoup d'autres lieux magnificques, dont il se fit riche, & en aporta grand' proye. Et encores eust il fait pis, sans Gratus, capitaine de l'infanterie du Roy, lequel prenant auec luy les archers de la Trachone, & les plus aguerriz de Sebaste, se hasta d'aller à l'encontre, ou il y en eut (par le combat) beaucoup d'abatuz & tuez, mesmes Symon, qu'il ataignit ainsi qu'il fuyoit le long d'vne profonde vallée, & luy donna tel reuers sur le chignon du col, qu'il tomba mort par terre. Pareillemét furent bruslées toutes les places & maisons que le Roy auoit voysines du Iourdain, & quelques autres lieux, situez le long de la Betharante, & plus loing. Si eut en ce temps vn certain pasteur nommé Atrongeüs, lequel eut bien la hardiesse d'aspirer au royaume, à quoy le prouoqua, non seulement la valleur & force de son corps, ains le hault courage de luy, sans qu'il fist estat de viure, mais contennoit la mort. Or auoit il ses freres qui peu ou point le differoient de

corpu-

corpulence, aussi se seruoit il d'eulx comme de capitaines entre ses gens pour les conduire aux incursions & embuscades qu'il exerçoit. Et luy comme Roy disposoit de tous affaires d'importance, si qu'il print le diademe, & regna en ceste tyrannie assez longue espace, pillant tous les territoires & contrées, si qu'il eut moyen de faire grand tuerie & carnage tant des Romains, que de ceux qui estoient de la part du Roy, sans qu'il luy eschapast aucun Iuif, dont il esperast raporter gain ou profit, par le moyen dequoy croissant le courage à telz gallans, oserét bien assaillir vn bataillon de Romains, qu'ilz rencontrerent en Ammarte, conduisans viures & armes pour leurs legions, & les rompirent mettans à mort à coups de trait vn centurion nommé Arrius, & quarante des plus vaillans de la troupe, le reste s'enfuyt par l'ayde de Gratus qui suruint à leur secours auec ceux de Sebaste. Et voylà donc comme se demenoient les choses tant entre les priuez qu'estranges, iusques à ce que quelque temps depuis, troys des freres d'Archelaüs l'aisné & deux puisnez furent prins & liurez entre les mains de Gratus & Ptolomée, le quatriesme laissé, & Archelaüs semblablement, & ainsi finerent, demeurant la Iudée à feu & à sang par la malice des larrons qui y viuoient en trop grande seureté.

Des faitz de Varus contre les
Iuifz qu'il fit crucifier.

Chapitre III.

L iii   Varus

LE II. LI. DE F. IOSEPHVS.

Arus, ayant receu les lettres de Sabinus & des princes du país, craignant perdre sa legion, se hasta le plus qu'il luy fut possible de leur donner secours, & tellement qu'il s'achemina auec quatre æsles de gendarmerie iusques en Ptolemaïde, ou au parauant il auoit mandé tout le secours & ayde des Roys & potentatz de s'y trouuer. Et toutesfois passant par la ville des Beritiens print quinze cens de leurs hommes à cheual, tous lesquelz arriuez en Ptolemaïde (mesmes Aretas roy des Arabes) se voyãt acompagné de si grand nombre tant de gens de pied que de cheual, en enuoya bonne partie d'iceux (pour les inimitiez qu'il auoit contre Herodes) dans la Galilée prochaine de ce lieu, auec le filz de son cher amy Gallus pour leur chef & capitaine, qui soudain mist en fuyte ceux contre lesquelz il estoit delegué, prenant la cité de Sephore ou il mit le feu apres qu'il eut reduit tous les habitans serfz. Et tandis Varus s'empara de l'entiere Samarie, sans qu'il vousist endommager la ville, par ce qu'il la trouua n'estre comprinse aux factions & tumultes des autres. Puis vint planter son camp le long d'vn village nommé Aron, à cause que les Arabes auoient rauagé toutes les possessions de Ptolomée, dont estoit venuë l'inimitié qu'ilz porterent aux amys d'Herodes. Et de là vint outre iusques en Sapho village de tresgrande deffence, qu'il pilla, print toutes les munitiõs qui y furent trouuées, faisant passer au fil & fureur de l'espée & du feu, tout ce qu'ilz rencontrerét sans que iceux Arabes espargnassent chose qui tombast en leurs mains, & autant en firent ilz à Ammaonte par le commandement de Varus, car tant portoit mal & la mort d'Arrius & celle des autres, que les habitans en furent chassez. Et tirant tousiours en país auec son armée se vint planter deuant Hierusalem, ou de son seul regard fit les Iuifz habandonner leurs rempars, tellement que les vns s'en allerent espanduz par les champs, & les autres demeurez dans la ville (apres l'auoir receu) remirent la cause de la sedition sus ceux qui n'y estoient plus disans eulx n'auoir iamais fait aucune esmeute, mais qu'ilz auoiét esté contraintz receuoir la multitude à cause de la feste, dont ilz s'estoient trouuez plustost assiegez dans leur cité qu'ilz n'auoient pensé à conspirer contre ceux de Rome, ny fauoriser aux rebelles & mutins. Or estoit allé au deuant de luy Iosephus, beau filz d'Archelaüs, & Gratus Ruffus cõduisans l'armée du Roy auec ceux de Sebaste, & les Romains acoustrez de leur habit ordinaire. Ce que Sabinus ne trouuant bon, s'estoit long temps deuant absenté de la ville & descendu en la mer, dont Varus ne fit cas, ains laissa son armée se refreschir dans les villages circonuoysins pour mieux domter les rebelles, faisant mettre en seure prison les moins coulpables : & ceux qu'il trouuoit fort chargez au suplice de la croix, en si grand nombre que deux mile y perdirent la vie, & si estoit le bruyt commun qu'il en restoit encores es enuirons de l'Idumée deux mile bien armez : toutesfois si commanda il aux Arabes d'eulx retirer en leurs maisons, se cognoissant assez fort pour

le reste

DE LA GVERRE DES IVIFZ. Fueil. LXIIII.

le reste qu'il y auoit à faire en ceste guerre, & qu'iceux Arabes ne luy feruoient que de gaster & destruire le païs. Ce fait marcha contre le surplus des rebelles, mais deuant qu'ilz tombassent en ses mains Aciabus & eulx se rendirent à luy, & les receut Varus à mercy, puis enuoya leurs capitaines à Cesar pour en estre ordonné comme bon luy sembleroit, faisant peu apres chastier & punir aucuns des parens du roy Herodes qu'il trouua parmy eulx, ayans prins les armes contre l'Empire. Toutes lesquelles choses mises à fin, sortit Varus de Hierusalem, & y laissant la mesme legion qu'il y auoit parauant mise s'en retourna en Antiochie.

De l'institution de Lethnar-
chie des Iuifz.

Chapitre   IIII.

Vrant lesquelles choses suruint à Rome vne autre nouuelle rumeur entre Archelaüs & les Iuifz qui (par la permission de Varus & auant la premiere sedition) y estoiét enuoyez ambassadeurs, pour conseruer les Iuifz en leurs droitz & libertez. Or n'auoient ilz esté deleguez plus de cinquante ou enuiron, mais si se trouuerent ilz en compagnie plus de huit mile autres Iuifz, demourans en la cité: à la suscitation desquelz Cesar fit assembler le conseil des Princes & primatz de Rome au temple d'Apollo Palatin, le plus priué de ses palais, aorné d'admirables richesses, où se presenterent deuant luy la multitude des Iuifz, auec leurs ambassadeurs. Et de l'autre part Archelaüs suiuy de ses amys, ayant & les vns & les autres intelligences & parens secretz qui les sçauoient couuertement (couuertement dy-ie) par ce que ilz n'osoient se declarer pour Archelaüs, craignant la hayne & enuie des Iuifz, ny les autres contre luy, pensans desplaire à Cesar, Specialement Philippe frere d'Archelaüs enuoyé expressément & de bon cueur par Varus pour deux causes, l'vne à fin de subuenir à Archelaüs, & l'autre s'il plaisoit à Cesar de partir le royaume entre les neueux d'Herodes, qu'il en laissast quelque portion à iceluy Archelaüs. Ayant donc les acusateurs commandement de declarer en quoy Herodes auoit delinqué contre les loix du païs, commencerent à mettre en auant qu'ilz ne l'auoient pas enduré seulement comme Roy, mais comme le plus cruel tyran qui fut oncques. Car (dirent ilz) il a fait tuer vne infinité de peuple que nous tous estimons plus heureux que nous qui sommes encores viuans, encores qu'ilz ayent esté lacerez & derompuz par diuers endroitz. Ce qui ne suffit encores au vieil Roy, car apres auoir excercé sa cruaulté contre eulx s'estoit adressé aux citez de son peuple, qu'il a rem-

L iiii   plies

LE II. LI. DE F. IOSEPHVS.

> plies de nations estranges donnant le sang pur des Iuifz aux Barbares & e-
> strangers, si que negligeant les loix paternelles, y a fait viure & pulluler
> toutes iniquitez & choses hors de droit & raison, & par lesquelles maintz
> ont receu en peu de temps beaucoup plus de playes que noz maieurs & an-
> tecesseurs ne souffrirent oncques, depuis qu'ilz partirent de Babilone, ou
> du pouuoir de Xerces. Ce que toutesfois nous auons enduré modestement
> iusques à baisser la teste & soustenir telle & si aduerse infortune & estran-
> ge seruitude que de souffrir Archelaüs filz d'vn si malheureux Prince se
> nommer Roy apres la mort d'vn pere, lequel si nous auions ocasion de peu
> le pleurer & regretter, encores l'auons nous moins de desirer le filz de luy
> prosperer & regner, ainsi qu'il a entreprins veu qu'il a commencé son re-
> gne par le pris & auec la mort de troys mil citoyens, imitant en celà la cru-
> auté de son antecesseur, & comme s'il eust craint ou douté n'estre son vray
> heritier du bien, pensant ainsi que nous estimons, meriter le royaume par
> faire à Dieu le createur victime, immollant tant de miliers d'hommes qu'il
> en a rendu en vn iour de telle solennité le temple remply de leurs charon-
> gnes dont nous sommes esmeuz & auec raison, nous qui viuons encores e-
> sperant pouruoir à noz calamitez par nous offrir aux Romains desquelz
> nous atendons misericorde, & les reliques des morts dignes de telle com-
> miseration, que ce peu qui reste du peuple Iudaïque sera tiré & mis hors
> (par leur bonté) d'entre les mains de ceux qui nous tyrannisent si misera-
> blement, faisant ioindre à l'Empire nostre territoire & le reigler selon les
> confins de Syrie, enuoyans vers nous consulz pour administrer desormais
> la iustice, dont il auiendra tant de bien que l'aprouuant les Iuifz, receurōt
> en paix, ce qu'ilz contredisent maintenāt par vn commencement de guer-
> re, faisant cognoistre comme ilz sçauent obeïr à modestes gouuerneurs. Et
> ainsi conclurent. Et se leuant Nicolas pour deffendre les Roys commença
par les iustifier des crimes qui leur estoiēt imposez, chargeant tout le mal-
fait sur la nation de Iudée, dure & peu facile (cōme il disoit) à estre gouuernée, estant de son naturel rebelle à leur Roy, puis continuant son propos
vint à s'atoucher aux proches parens d'Archelaüs lesquelz (dist il) oubliās
le deuoir de parétage & affinité, se sont renduz de la part de ses acusateurs
& mortelz ennemys. Ce que bien entēdu par Cesar & tout ce que les deux
parties auoient proposé se leua de son siege. Et peu de iours apres donna
la moytié du royaume (souz le nom Dethnarchie) à Archelaüs, qui vault
autant à dire cōme garde d'vnité, luy promettant le faire Roy s'il se trouuoit puis apres digne de tel gouuernement. Et quant à l'autre partie, l'a diuisée en deux tetrarchies qu'il bailla aux deux autres filz d'Herodes, l'vne
à Philippe, & l'autre à Antipas qui auoit demandé le gouuernement du
royaume à l'encontre d'Archelaüs, & contenoit ceste part, la region qui
estoit audelà le fleuue, auec Galilée luy valant toutes les années deux cens
tallentz de rente, demeurant à Philippe Batanée, Trachonide, & Encalite,
auec vne partie de la maison de Zenon, située vers Iamma estimé le tout
valoir

valloir cent talentz de reuenu. Ainsi resta à Archelaüs Idumée auec toute la Iudée & Samarie, à laquelle la quatriesme partie des tributz fut remise pour n'auoir point rebellé comme les autres. Et si eut d'auantage la tour de Straton auec Sebaste, & aux autres la ville de Ioppe auec Hierusalem. Quant au reste des villes c'est à sçauoir Gaza, Gadara, & Hippo, elles demourerent iointes à la Syrie. Et neantmoins son reuenu se montoit par année quatre cens tallentz & mieux, & si eut Salome pour sa part, & outre ce qui luy auoit esté legué par le testamét d'Herodes, Iamne, Azol & Phaselus auec vn chasteau pres d'Ascalon, qui luy pouuoit valoir soixante talentz de rente, reseruant toutesfois la souueraineté du tout qu'il mist souz la dition & puissance d'Archelaüs. Et ainsi fut le testament d'Herodes acomply par Cesar, qui depuis maria encores deux filles d'iceluy Herodes, auec les filz de Pheroras, leur donnant cinq cens mile liures pour dot. Et encores restoit il du patrimoine d'Herodes qui valoit mile talentz dont il fit part à plusieurs, reseruant pour luy quelque peu de chose qu'il garda pour souuenance du Roy deffunct.

D'vn qui faulsement se fit nommer Alexandre. Et comment son entreprinse fut descouuerte.

Chapitre   V.

Pendant

LE II. LI. DE F. IOSEPHVS.

Endant que ces choses & affaires se traitoient ainsi à Rome, vn ieune homme Iuif de generation, & qui auoit esté tout le temps de sa vie nourry à la maison d'vn libertin, demourant en la ville de Sydonie, se retira à Rome, & entreprint se faire cognoistre pour autre qu'il n'estoit: & souz le nom d'Alexandre qui fut filz d'Herodes, paruenir à la succession du Royaume. Et à quoy l'induisoit sur toutes choses la similitude & vraye semblance de visage qu'il representoit de celuy qu'il vouloit contrefaire, & vn sien compagnon natif du propre lieu de sa natiuité qui s'entendoit auecques luy, & sachant de longue main les affaires & gouuernement du Royaume dont il l'auoit instruit, publyoit par tout, iceluy ieune hôme estre asseurément Alexandre, rechappé des mains & pouuoir de ceux qui auoient autresfois entreprins de le tuer, auec Aristobulus. Ce à quoy pitié auoit tellement contredit, que prenans telz entrepreneurs du meurtre deux corps semblables aux deux filz du Roy, faignirent les auoir meurdriz & enterrez pour donner liberté aux deux innocens qui par tant euaderent la fureur de leur pere. Ce qui trompa plusieurs croyans trop de leger, & par especial aucuns Iuifz residans en Crete: car ilz receurent le ieune homme en tel honneur qu'il apartient à filz de Roy: & auec telle liberalité que s'estant fait riche amena quant & soy ses hostes pour luy seruir de contre & rendre tesmoignage de son estre, tellement qu'il vint en Dicearchie, ou les Iuifz habitans ceste contrée, le fauorisoient de sorte que luy ayans fait plusieurs gros dons, & presentz, estoit conduit par les amys de feu Herodes, dont il se disoit filz, par tous lieux, comme leur Roy: car tant auoit les traitz & l'incamentz de visage, correspondans à feu Alexandre, qu'ilz se persuadoient asseurément ne pouuoir estre autre. Aumoyen dequoy les Iuifz estans lors demeurans à Rome, se hasterent de le venir trouuer, & en si grand nombre, & desir, qu'ilz s'assembloyent par les rues, & places ou il deuoit passer pour mieux le contempler, & regarder à leur ayse. Et ce pendant le portoient en vne chaise, auec tous les plaisirs & passetéps dont ilz se pouuoient auiser, sans y espargner despence, pour grãde qu'elle fust: pour mieux honorer, & reucrer leur nouueau Roy. Mais Cesar qui auoit maintesfois veu le vray Alexãdre, côme celuy qui s'estoit longuement tenu par deuers luy, cômença à soupçonner ce qui en estoit. Ce que neantmoins il dissimula par quelques iours, & iusques à ce qu'il eust enuoyé par deuers luy Celadus, qui auoit fort bien cogneu Alexandre, auquel il donna charge luy amener le personnage qui se disoit tel: mais apres qu'il l'eut bien contemplé longuement, descouurit la simulation, tant par les coniectures de la face que par les proportiós, & choses grossieres de son corps, sentant mieux sa personne seruile que son filz de Roy. Et toutesfois l'audace & hault parler de ce gallant, rendoient tant perplex Celadus qu'il ne sçauoit bonnement qu'en iuger, car s'on luy touchoit d'Aristobulus, il asseuroit pour certain qu'il estoit en bonne santé residant en Cypre, pour
euiter

DE LA GVERRE DES IVIFZ. Fueil. LXVI.

euiter la fureur & mal talent de ses enuieux. Et que luy mesmes s'estoit retiré d'auec luy, esperant qu'estans ainsi separez, plus mal aysément pourroiét ilz estre surprins, & trahiz: ce que Celadus creut encores moins, parquoy le tirant à part, luy donna asseurance de la vie, pourueu qu'il declarast à Cesar, par le conseil de qui il auoit entreprins ceste menée, ce qu'il fit voluntiers, & ensemble allerent trouuer l'Empereur, à qui Celadus se presenta, luy disant, Sire, voicy le gallát qui souz le nom & le visage d'Alexandre a tiré de maintes bonnes villes & citez plus d'argent que n'eust fait, estant vif, celuy pour lequel il se faisoit honorer. Dont Cesar le regardant n'en fit que rire. Et le voyant fort & robuste, commanda le mettre en gallere par force, & faire mourir son compagnon, estimát ceux de Mediéces assez puniz par le cul de leur bourse, ayant fait la despence folle ou ilz estoient entrez pour honorer vn moins fol qu'eulx.

De la fin d'Archelaüs.
Chapitre VI.

Or apres qu'Archelaüs fut Ethlenarche, se souuenant des troubles que l'on luy auoit donnez, commança à faire vne infinité de trauaulx, non seulement aux Iuifz, mais aussi à ceux de Samarie, qui fut la cause pour laquelle la neufiesme année d'apres, les vns & les autres enuoyerent ambassadeurs vers Cesar, qui par leur plainte le relegua, & mist en exil en vne ville de France nommée Vienne, confisquant au reste son

LE II. LI. DE F. IOSEPHVS.

ste son patrimoine. Or disent plusieurs qu'iceluy Archelaüs auoit auparauant songé tel songe. Il luy sembla voir dormant certains beufz qui mangeoient neuf espiz de blé, haultz & bien grenuz, l'exposition dequoy il voulut sçauoir des deuins & sçauantz de Chaldée: qui l'interpreterent en diuerses manieres, mais vn nommé Symon, Essuran de nation, l'asseura que les espicz signifioient les années, & les beufz le, changement des choses, pource qu'ilz remuent, & renuersent la terre, & par ainsi qu'il regneroit autant d'ans qu'il auoit veu d'espicz de blé. Et qu'apres auoir experimenté plusieurs changemens, il mourroit. Et ainsi luy auint, car le cinquiesme iour ensuyuant fut mandé aller à Rome, ou il fut condanné, & à ce propos il me semble ne deuoir pas oublier le songe que songea au parauãt sa femme Glaphira, fille d'Archelaüs roy de Capadoce, comme chose digne de memoire. Et pour venir au fait, apres qu'Alexandre, filz d'Herodes, & frere de celuy duquel nous parlons l'eut espousée & qu'Herodes l'eut fait nourrir, ainsi que nous auons declaré au premier liure, elle se remaria à Iuba, roy de Libye, auenãt la mort duquel estant retournée veuue chez le Roy son pere, fut tant aymée de Lethnarche Archelaüs que, l'ayãt regardée se trouua si ataint de l'amour d'elle que repudiant pour femme Mariãme print ceste autre à femme & espouse, & la mena en Iudée ou peu de iours apres estre arriuée luy sembla voir Alexandre son premier mary viuant, & qui luy disoit. C'estoit assez, Glaphira, d'auoir espousé vn Roy de Lybie en secondes noces, sans retourner à mon païs & y prendre vn troysiesme mary. Et qui pis est estát mon propre frere comme il est. Certainement ie ne disimuleray point ceste iniure, & te retiendray pour mienne vueilles ou non, puis se disparut laissant Glaphira si effroyée qu'elle ne vescut pas deux iours, apres auoir raconté ceste vision à aucun ses plus priuez.

Apres doncques que Cesar eut reduit tout le païs d'Archelaüs en vne seule prouince, y enuoya Coponius cheualier Romain, pour procureur, auec puissance de gouuerner tout le païs: dont vn Galilean nommé Symon murmure en sorte qu'il fut acusé de rebellion, & de vouloir esmouuoir le peuple contre l'Empire: disans qu'ilz ne deuoient pour mourir endurer estre tributaires aux Romains, ains demeurer libres sans recognoistre à seigneur autre que Dieu. Or estoit il de la sorte des Sophistes, qui sont tous dissemblables d'opinion aux autres. Et pour vous faire entendre en quelle sorte: en Iudée sont trois manieres de Philosophes, les vns Pharisiens, les autres Saduciens, & la troisiesme & plus probable sont les Esseniens, Iuifz de generation, & fort amys l'vn de l'autre, fuyás sur toutes choses volupté, comme vicieuse, auec grande & merueilleuse continence, sans estre nullementz suiectz à leur plaisir. Qui est la cause pour laquelle ilz ne tiennent conte d'eulx marier, mais prennent les enfans d'autruy qu'ilz instituent à leurs façons de viure, de leur ieune aage, les apellans cousins: Non qu'ilz soient d'auis qu'il faille abolir mariage, mais tiennent qu'il est necessaire

de fuir

DE LA GVERRE DES IVIFZ. Fueil. LXVII.

de fuir l'intemperance des femmes, eftimans n'eftre vne feule fidelle à fon
mary, & fi contennent tellement les richeffes que c'eft chofe admirable de
la communication & communauté qu'ilz ont enfemble de leurs biens: tellement qu'ilz font tous egaulx en richeffes. Pourquoy mieux obferuer,
eft loy irrefragable entr'eulx, que qui les voudra enfuyure & imiter publie
fon bien, & le diftribuë à la bourfe commune de la religion, à fin qu'ilz
puiffent eftre autát riche l'vn que l'autre: faifans du tout enfemble vn feul
patrimoine. Au demeurant ilz eftiment fi grand peché d'eftre oingtz, que
fi par cas fortuit aucun s'eft oublié iufques là, ilz veulent qu'il fe nettoye
foudain, faifant peu de cas auoir le corps falle & couuert d'ordure, pourueu que la robbe foit nette, & blanche: ilz ont aufi procureurs commis,&
tous diuifez, felon qu'il leur eft neceffaire. Et ilz font fans demeure propre,
ou certain, pour eulx retirer: en forte qu'ilz fe tranfportent de cité en cité,
& de place en autre, ou neantmoins ilz font receuz par les confreres de
leur fecte, lefquelz leurs offrét & prefentent tout à l'inftant mefme leur bien
& auoir: & fi conuerfent tresfamilierement entr'eulx, qui leur font incongneuz & qu'ilz n'ont iamais veuz, fans qu'ilz portét, allans par les champs,
autre chofe que leurs armes, pour crainte des brigans, aufi qu'en chacun
lieu ou ilz arriuent, ilz ont procureurs de leur faction, qui les fourniffent
de veftemens & toutes autres chofes requifes à leur vfage. Et quant aux enfans dont ilz prennent charge pour les inftruire, ilz les gouuernent tous
d'vne mefme forte, fans qu'ilz leur changent iamais de robbes, ny de fou-
liers, fi les leurs ne font rompus ou vfez, iamais n'achatent ny vendent rien
entr'eulx: mais celuy qui a baille à l'autre qui n'a pas. Et en pareil luy eft
rendu aufi, leur eftant permis prédre ainfi l'vn de l'autre, fans aucune per-
mutation ou efchange. Au refte ilz font fort religieux enuers Dieu: car
premier que le Soleil fe leue ne parlent que de chofes diuines, faifans leurs
veuz & prieres felon l'vfage & couftume du païs, par lefquelles ilz fuplient
le createur qu'il luy plaife les enluminer durant leurs oraifons, lefquelles
paracheuées, les procureurs de la cômunauté leur permettent aller vaquer
à telle vacation qui leur eft agreable. Puis cinq heures apres, fe raffemblent
& fe baignent, eftans feintz de linges blancz trempez en eau froide. Ce
fait, tous fe retirent à leur chapitre, ou il n'eft permis à nul autre que de la
fecte, mettre le pied. Et s'eftans bien purifiez viennent en vn lieu fait à la
femblance d'vn temple, ou en grand filence prennent leur refection, le
boulenger aporte à chacun vn pain, & le cuifinier vn potage, commençant
le prebftre premier à faire fon oraifon. Car il n'eft licite à aucun goufter de
viande qu'il n'ayt oré, ny fe leuer de table qu'il n'ayt fait autre priere à
Dieu le createur. En forte qu'ilz louënt le feigneur, & quant ilz commencent leur paft, & quant ilz le finiffent, le recognoiffant pour celuy qui les
nourrit & alimente. Et toft apres oftent leur habit religieux, & s'en retourne chacun à fon œuure iufques à la nuict qu'ilz fe raffemblent pour fouper,
& là conuiént les eftrágers, fi d'auenture aucun eft furuenu, eftant le filen-

M   ce fi

LE II. LI. DE F. IOSEPHVS.

ce ſi bien gardé que iamais il n'eſt entendu bruit ny tumulte, car s'ilz parlent c'eſt par ordre & l'vn apres l'autre, ſi poſément que leurs voyſins eſtiment qu'à ceſte meſme heure ilz font quelque ſacrifice ou excellent miſte-
re, dont eſt principale cauſe, la grand' ſobrieté dequoy ilz vſent par ce
qu'ilz ne boyuent ny ne mengent choſe dont nature puiſſe eſtre offencée.
Et combien que leur reigle leur deffende rien faire ou entreprendre ſans le
congé & commandement de leur ſuperieur, ſi eſt-ce pourtant qu'ilz peuuent
ſecourir par pitié celuy qui leur plaiſt, qu'il leur eſt permis alimenter le
pauure & ſecourir le neceſſiteux, pourueu qu'il ne leur ſoit allié ou parent.
Et en ce cas toute faculté leur eſt denyée ſi elle ne leur eſt otroyée de celuy
qui en a la charge. Et ſi commandent beaucoup à leur collere, moderans
leurs ires & paſſions ſans qu'ilz reçoiuent ſcandale d'aucun. Gens de foy
& de paix, gardans leur parole & promeſſe au poſible : car ilz n'eſtiment
moins leur parole dite & aſſeurée ſimplement, que ſi elle auoit eſté profe-
rée auec iurement & imprecation, ne faiſans pas plus de conſcience de iu-
rer & de ſoy pariurer, veu que celuy qu'on ne veult croire ſans apeller Dieu
à teſmoing doit auoir autresfois eſté reprins de menſonge & peu de verité.
Et ſi mettent quaſi tout leur eſtude aux eſcritz des anciens, deſquelz ilz
prennent & tirent ce qui eſt neceſſaire, & à l'ame & au corps. Ayans arbres
& racines qu'ilz apliquent aux maladies comme ſouuerain remede à leurs
maulx, faiſans profeſſion de cognoiſtre la vertu de toutes ſortes de pierres.
Ceux qui commencent à aprendre leur ſecte ne ſe meſlent pas du premier
iour auec eulx, mais les nourriſſent vn an durant ſeparez, les traitans &
nourriſſans de meſmes viande & nourriture qu'eulx. Et ſi leur baillent à
chacun vne petite Doloyre & la Periſoine qui eſt vne façon de brayes ou
linge dont ilz ſe ſeignent, & duquel nous auons parlé cy deuant, auec la
robbe blanche. Puis eſtans eſprouuez continens, lors ſont introduitz pour
prendre leur refection entre les anciens, eſtant leur chaſteté manifeſte, &
l'integrité de leur vie bien cogneuë. Si eſt-ce toutesfois que deuant qu'ilz y
mangent fault qu'ilz proteſtent qu'ilz veulent & entendent du tout ſeruir
à Dieu, & eulx monſtrer iuſtes & raiſonnables enuers toutes perſonnes,
ſans eſperer iamais nuire à aucun de ſon propre gré, & mouuement, mais
bien auoir les meſchás en hayne, auec propos deliberé de ſuyure touſiours
les bons & vertueux, demeurans fidelles & loyaulx à vn chacun, ſpecialement aux Roys & Princes, auſquelz le gouuernement des choſes eſt donné par le vouloir de Dieu, & non autrement. Ce que recognoiſſans iamais
n'abuſent de leur puiſſance au detrimét de leurs ſuietz, ny s'eſlieuent pour
ſe manifeſter par ambition, ains ayment verité pour abolir le menſonge,
fuyans larcin, & tenans leurs ames nettes & non ſouillées de biens mauuai-
ſement & iniuſtement eſpargnez, & ſi ne cellent riens à leurs compagnons
des ſtatutz & miſteres requis d'obſeruer, mais bien les taiſent iuſques au
mourir à tous autres n'eſtans point de leur ſecte. Telles doncq' ſont les ordonnances & façons de viure entre ceux de ceſte religion, diſans que ceſte

reigle

DE LA GVERRE DES IVIFZ. Fueil. LXVIII.

reigle n'est autre que celle qu'ilz ont euë de leurs predecesseurs, laquelle ilz observent auec les noms de Anges les communiquäs à ceux qui les vouloient ensuyure & estre de leur secte, n'endurans iamais vn pecheur en leur compagnie : car ilz le font quelque fois miserablemét mourir de faim sans luy donner que repaistre, & le contraignent chercher l'herbe comme vne beste, & la pasture auec telle extreme famine qu'il n'a mébre qui ne tombe en pourriture & corruption iusques au mourir : dequoy plusieurs compassionnez & voyans ceux qui tombent en ce malheur pres de la mort les ont repeuz estimantz que la peine de leur peché est assez grande d'auoir ataint telle extremité & faim . Ilz iugent au reste equitablement & promptement n'estans iamais moins de cent ensemble quant ilz veullent determiner ou faire arrest de la chose qui leur est proposée. Et par ce moyen leur iugement est irreuocable . Ilz honorent plus que tous autres, apres Dieu, leur legislateur. Et de sorte que si quelqu'vn parle contre luy il est incontinent tué & deffait . Estimans qu'il fault obeïr aux gens vieux , & croire à la pluralité d'eulx . S'ilz viennent à consulter quelque matiere , & qu'ilz soient dix assemblez, l'vn des dix n'ouurira iamais la bouche pour parler sans le congé des neuf, se gardans lors de cracher ny au meilleu ny au costé droit . Quant au Sabat ilz l'obseruent plus diligémment que nulz des autres Iuifz , car ilz ne preparent pas seulement leur menger pour le lendemain, mais qui plus est n'osent seulement remuer vn pot , ny aller à leurs purgations necessaires, aux autres iours font vne fosse creuse d'vn grand pied auec la Doloyre qui leur est baillée au commencement, comme nous auons dit. Et estans contraintz de chose si necessaire rabatent leurs robbes dont ilz se couurent, craignans faire deshonneur à la diuine lumiere , & se purgent, recouurans puis apres la fosse qu'ilz ont de coustume faire en lieu plus secret qu'ilz peuuent choisir. Et combien que telle purgation soit naturelle si l'ont ilz en telle estime qu'ilz pensent (la faisant) estre purgez de toute ordure. Ilz sont aussi en quatre ordres qu'ilz ont tousiours obseruées de la premiere institution de leur secte . Et si sont les vieux en telle reputation que si aucun des ieunes les touche en quelque sorte que ce soit il se mondifie comme s'il estoit estranger . Au reste ilz viuent si longuement que plusieurs ataignent l'aage de cent ans, tant pour la simplicité de leur viure & grande abstinence (comme i'estime) que pour l'obseruance de leur reigle qu'ilz gardent en toutes choses, peu se soucians d'auersité qui leur puisse auenir : car ilz sont tant fermes & resoluz en eulx , que leur bon conseil surmonte toute sorte de tourment qui se puisse offrir , aymans trop mieux la mort prompte & honorable que plus longue vie. Ce qu'on a peu congnoistre en eulx par les guerres qu'ilz ont menées contre les Romains , esquelles ilz ont plustost voulu choisir mile mortz & endurer le feu & brisement de leurs membres l'vn apres l'autre que parler à l'encontre de leur loy ou legislateur, ny manger de viandes interdites & immondes, souffrans les maux qu'on leur faisoit à ceste ocasion si patiemment & constámment que

M ii   tant

LE II. LI. DE F. IOSEPHVS.

tant s'en falloit qu'ilz pleurassent, se douleussent ou requissent grace durant leurs tourmés qu'ilz se ryoient au meilleu de leurs martyres, & se moquans de ceux qui les traitoient ainsi, rendoient l'ame ioyeusement, esperant bien la reprendre & recouurer tost apres, n'ignorant point les corps estre corruptibles, & pour tousiours ne durer, & les espritz immortelz qui enuoyez du Ciel en ceste mace terrestre, ou ilz sont atirez par le plaisir de nature y sont ancun seiour comme en prison fermée : mais ausi tost qu'ilz sont deliurez des liens de leur seruitude, prennét leur vol par l'air en grád' ioye & plaisir maintenant (auec les Grecz) qu'iceux espritz habitent outre la mer Occeane, ou toutes choses leur sont données à souhait, estant la region sans neiges, frimas, & froidures, mais temperée de chault par le vent de Zephire qui y soufle si doucemét que tout y est tresfertile & amene. Asseurans ausi vn autre lieu pluuieux, & ou il y a tousiours yuer, pleurs & peines pour les mauuaises ames. En maniere qu'il semble iceux Grecz entédre le lieu des bós & vertueux estre du tout sequestré de l'habitation des meschantz & impitoyables, qu'ilz ont pensé estre tormentez auec Tentalus Ixion, & Titius, tenans pour certain les ames immortelles, & que ceux qui viuans seroient bien & iamais mal, auroient retribution apres leur vie de ce qui seroit trouué de bon en eulx. Et les meschantz au contraire toute affliction, torment, & desesperance infinie. Telles doncques estoient les opinions des Esseniens, specialement en ce qui cócerne l'immortalité de l'ame, chose fort atrayante à bien faire viure ceux qui goustent leur Philosophie, & toutesfois il y en a quelques vns d'entr'eulx qui promettent sçauoir les choses à venir par les liures qu'ilz gardent soigneusement des diétz & diuerses santifications des propheties qui ont esté des le premier commencement du monde, en sorte qu'il n'auient gueres autrement que ce qu'ilz ont predit. Encores il y a vne maniere d'Esseniens, lesquelz ont toutes les mesmes coustumes des autres, fors qu'ilz differét quant au mariage : car ilz estiment que ceux qui ne se veullent marier sont cause de la perte de plusieurs hommes, & que, ou la loy des premiers, dont nous auons parlé seroit obseruée, les humains fineroient en peu de temps, ilz sont toutesfois d'auis qu'on essaye troys ans durant & continuélz la vallidité & fecondité des femmes, lesquelles estans trouuées par cóstante purgation aptes pour porter enfans, que les troys ans passez on les espouse, & non autrement, sans qu'il soit permis aux maris coucher auec elles pendant leur grossesse, monstrans par celà le mariage n'auoir esté ordonné pour plaisir, ains pour tirer lignée. Et que ou icelles femmes se laueroient, qu'elles ayent linges à l'entour d'elles, ainsi que les hommes. Et voylà quant aux meurs & conditiós Essenes. Maintenant reste à parler des deux autres sectes apellez Pharisiens. Ceux cy disent auoir en eulx toute cognoissance de leurs coustumes legalles, tenans au premier poinét que tout est gouuerné par Dieu, & sa fatale destinée, & quant à bien ou mal faire, il est donné à la puissance de l'hóme, le tout par la diuine destinée, mais que toute ame n'est point suiette

à corru-

DE LA GVERRE DES IVIFZ. Fueil. LXIX.

à corruption. Et que celles des gens de bien sont transmuées en vn autre corps, demourans celles des meschantz tormentées par temps infiny. Au regard des Saduciés qui est encores vne secte, ilz nient du tout le *Fatum*, disans que Dieu ne donne point ocasion de mal ny a egard à celuy qui le commet, ains estre liberé à l'homme faire bien ou mal, selon sa propre volunté, & que les deux auiennent cómunément à vn chacun. Ilz nient semblablement (& tous) aucunes ames estre tormentées & les autres honorées. Et autant en croyent les Pharisiens, toutesfois ilz sont coniointz & compaignons les vns des autres, & mettent peine de sentr'aymer & vouloir bié, non pas les Saduciens. Car tant est leur maniere de viure cruelle, que & à eulx mesmes & aux estranges (auec lesquelz ilz conuersent) se monstrent rudes & inhumains. Et voylà ce que i'ay bien voulu raconter des philosophes de iudée premier que retourner au discours que i'ay n'agueres laissé. Apres donc que tout le païs d'Archelaüs fut diuisé en trois parties, Philippe & Herodes qui se surnómoit Antipas gouuernoiét leurs Tetrarchies Et quant à Salome elle deceda tost apres. E t par son testament legua à Iulia femme d'Auguste sa Taparchie auec Iamnie & Palucela qui estoient en Phasellis. Or auint qu'ayant Tiberius filz de Iulia obtenu l'empire, estant Auguste decedé, apres auoir regné cinquante sept ans six moys & deux iours, gouuernans Herodes & Philippe leurs Tetrarchies. Icelluy Philippe fit bastir pres les fontaines d'ou sort le Iourdain en Paneade, vne ville qu'il nomma Cesarie, & vne autre en la basse Goulanitide, à laquelle il donna nom de Iuliade. Semblablement Herodes en fit edifier vne en Galdere qu'il apela Tyberiade, & vne aussi du mesme nom de Iulia, mais apres que Pilate eut esté enuoyé en Iudée de par Tybere, & qu'il eut prins la charge de gouuerner tout le païs, vne nuyt entre autres fit mettre dás Hierusalem les ymages de Cesar & en lieu tant euident qu'elles peurét estre veuës d'vn chacun, dont auint le troisiesme iour d'apres grande rumeur & tumulte entre les iuifz estans en la cité, & telle que esbahiz & estónez, comme s'ilz eussent veu desia leur loy abolye, disoient publiquement estre chose meschante & que l'on ne deuoit nullement souffrir ces simulachres, à l'ocasion dequoy plusieurs habitans des enuirons qui entendoient ces plainctes se ioignirét à ceux de la cité & tous ensemble vindrét vers Pylate, qui pour lors estoit en Cesarée, le suplier treshumblement qu'il luy pleust faire oster les ymages & statues ainsi nouuellement mises en Ierusalem & garder & conseruer les loix & le droit du païs. Ce que Pilate leur denia rudement, & leur commanda desloger & plus ne se presenter à luy, Ce qui leur fut si grief que sortans de son logis cheurent tous platz à terre dont ilz ne se releucrent ny se meurent en aucune sorte cinq iours durás & iusques à ce qu'il fut monté en son tribunal ou il les fit diligemment appeler comme s'il leur eust voulu donner response, mais aussi tost qu'ilz se presenterent, suruindrent les gendarmes, lesquelz, suiuant le commandement de Pilate, les enuironnerent de toutes parts aussi tost qu'il leur eut donné signe, dont ce

M iii   pau-

LE II. LI. DE F. IOSEPHVS.

pauure peuple se trouua fort estonné & surprins, mesmes quant ilz entendirent la parole que Pylate leur prononça les menassant de mort, s'ilz contredisoiét de leur vie à reuerer les ymages de l'Empereur, en signe dequoy tous ses gens armez tindrét leurs espées nuës prestz à fraper. Et neantmoins les Iuifz se prosternerent à terre, & inclinans leurs chetz prestz à receuoir la mort, dirent tous hautemét que plus leur estoit agreable finer leurs vies, que voir prophaner leur loy, qui esmerueilla si fort Pylate que (considerant leur fermeté religieuse) leur acorda ce qu'ilz luy requeroient, & furét les statuës de Cesar ostées par toute la Iudée. Et neantmoins si suruint il depuis autre esmeute, & pour la cause que ie vous diray. Les Iuifz ont vn thresor sacré qu'ilz apellent Corba, aux despens duquel Pylate s'auisa de vouloir faire faire le conduit & aqueduct pour rendre faciles & aisées les eaues douces en Hierusalem & qu'il falloit commencer à troys cens stades loing de la ville. Dont la commune se mutina si fort qu'elle s'assembla ou Pylate (nouuellement retourné de Rome) tenoit son siege, & commença à se douloir & complaindre grandement, mais Pylate ayant preucu à ce mal y auoit pourucu de sorte que plusieurs de ses gens armez, secrettement s'estoient (à l'heure mesme) entremeslez, auec le populaire. Et tenans chacun vn baston au poing commencerent (aussi tost que les autres ouurirent la bouche pour crier, & suyuant le commandement de Pylate) à frapper sur eulx si à l'impourueu que tournans les doz plusieurs demeurerét morts & estouffez, tant fut leur fuite hastiue & la presse & foulle grande pour eulx sauuer. Qui fut cause de faire venir Agrippa (filz d'Aristobulus que le vieil Herodes son pere auoit fait mourir) acuser le Tetrarche Herodes vers l'Empereur Tibere qui fit peu de cas de telles acusations. Et toutesfois iceluy Agrippa seiourna aucun temps à Rome, ou il mist peine de s'acointer de plusieurs grandz seigneurs, & specialement de Cayus filz de Germanicus, encores ieune gentilhomme & sans charge, pour lequel vn iour entre autres qu'il le traitoit en sa maison, estát sur la fin du festin, commença (estandant les bras) à prier qu'il le peust voir quelque iour (apres la mort de Tybere) dominateur sur tout le monde. Ce qui fut ausi tost raporté à Cesar, qui commanda à l'instant mettre Agrippa en prison, ou il demeura demy an fort tormenté iusques à ce que Tiberius fust mort, que Cayus Cesar le deliura, & le nommant Roy luy donna la Tetrarchie de Philippe qui estoit decedé au parauant: parquoy s'en retourna, mais il ne fut plustost entré en ses honneurs que Herodes cóceut enuie sur luy, à quoy l'incitoit fort & continuéllement Herodias sa femme, car elle luy reprochoit à tous propos que s'il eust esté deuers Cesar, cóme l'autre, il eust ausi bien que luy emporté le tiltre& nom de Roy, puis qu'il auoit fait tel Agrippa, estant moindre que luy en toutes sortes, dont Herodes se trouua si ennuyé qu'il entreprint le voyage de Rome. Et parla à l'Empereur qui, trouuát mauuais tout ce qu'il luy dist, apres ceste collere, luy reprocha tellemét son auarice qu'il fut contraint se sauuer, prenant le chemin d'Hespagne:

mais

DE LA GVERRE DES IVIFZ.   Fueil. LXX.

mais il mourut ainfi qu'il s'y retiroit auec fa femme eftant pourfuiuy par Agrippa fon ennemy , & auquel Cefar donna depuis fa Tetrarchie.

Mais Cayus, paruenu au gouuernement de l'Empire, abufa tellement de fa fortune qu'il fe penfa non feulement eftre Dieu , mais voulut vfurper le nom de deité , auec tant de tyrannie que plufieurs grandz feigneurs Romains en receurent mort, vfans de telle cruauté par toute la Iudée qu'il enuoya Petronius en Hierufalem , auec grand' excercite luy commandant faire efleuer fa ftatuë par tous les temples de la region , & qu'ou les Iuifz y contrediroient qu'il en mift incontinét la plufpart au trenchant de l'efpéc, & les autres en captiuité , dequoy le feigneur Dieu fut grandement irrité. Et toutesfois Petronius vint en Antioche , & de là en Iudée acompagné de troys legions Romaines, & de maintz autres qui luy furuindrent de Syrie, dont la renommée volla incontinent par le païs , & neantmoins plufieurs n'y pouuoient donner foy ne creance. Et ceux qui le croyoient n'y pouoiét femblablement mettre ordre ny faire refiftance , fi que & les vns & les autres furent furprins de crainte preuoyantz leur malheur & infortune : car defia cefte groffe & puiffante armée eftoit arriuée en Ptolemaïde , cité & frontiere de Galilée affife en vne grande campagne , cnuironnée du cofté d'Orient de grandes montaignes feparées l'vne de l'autre , de foixante ftades ou enuiron, eftans des apartenances d'iceluy païs , & vers le Mydi à fix vingtz ftades pres du mont Carmelus, & de la part de Septétrion d'vne autre montaigne que les gés d'alentour apellent l'efchelle des Tyriens, eflongnée de cent ftades & plus d'icelle cité , à deux ftades de laquelle paffe vn petit fleuue nommé Belcüs fort eftroit , ou fur le riuage eft veu encores la fepulture de Mennon , ayant bien cent couldées de circuit , & eft iceluy fieuue digne de grande admiration , car l'efpace de la vallée par laquelle il flué eft ronde & produit grains femblables à verre , dont plufieurs nauires fe chargent fouuent, & toutesfois il diminuë peu ou point. Et fi y courent les ventz de tous coftez fi doucemét qu'il femble leurs paffages y auoir efté faitz artificiellement pour y acumuler ce fable, parmy lequel le metal dont le lieu eft abondant coulle & fe mefle . Et neantmoins & l'vn & l'autre fe conuertit en verre aufsi toft qu'il eft tombé au fleuue , mais ce qui eft encores plus efmerueillable ilz retournent en leur naturel s'ilz font tirez & remis fur le riuage , eftant telle la propriété du lieu , dont la cité de Ptolomaïde eft trop plus à eftimer , & y eftoit logé Petronius & fon armée quant les Iuifz vindrent au deuant , auec leurs femmes & enfans le fuplier en toute humilité auoir leurs loix, leurs païs , & la conferuation de leurs eftatz en recommendation qui l'efmeut à telle pitié, qu'il laiffa fon exercite & les ftatues de Cefar qu'il faifoit porter pour venir en Galilée, & cômandant aux feigneurs & peuple des Iuifz eulx affembler en la ville de Tyberiade , & là commença à leur remonftrer publiquement qu'elles eftoient les forces & la puiffance des Romains, & le vouloir de Cefar, contredifant auquel, leurs prieres eftoient vcines, atendu que toutes les nations obeïffan-

M iiii   tes à

LE II. LI. DE F. IOSEPHVS.

tes à l'Empire auoient receu les statues de l'Empereur, & colloquées es lieux plus aparentz de leurs villes. Ce que vous autres seulz (dist il) ne voulez souffrir, ains vous monstrez rebelles, si qu'il semble que desirez vne reuolte entre vous & mutation de gouuernement en ce pais, mais ilz luy declarerent & firent entendre les meurs & les loix du païs, par lesquelles il n'estoit permis à homme viuant colloquer ou mettre effigie ny de Roy ny de Monarque, non seulement dans leur temple ou autre lieu public quel qu'il fust. Ouy mais, dist Petronius, si fault il aussi que i'obtempere au bon plaisir de l'Empereur, auquel contreuenant, & acordant voz requestes ie serois vrayement digne de grieue punition : parquoy ou ie vous forceray, n'estimez la force ou rigueur de moy, ains de celuy qui a enuoyé Petronius vers vous pour vous faire obeïr : car vueillez ou non, ie suis contraint aussi bien que vous, de faire ce qu'il m'a esté commandé. A' ceste parole tous s'escrierent aymer mieux mourir que de permettre si malheureusement leur loy estre corrompuë. Voulez vous donc, dist Petronius, côtredire à Cesar & apeller la guerre en vostre païs : auquel ilz respondirét qu'ilz faisoient de iour en iour sacrifices pour Cesar & pour tout le peuple Romain, mais que si l'Empereur deliberoit aussi mettre statues & simulacres au temple qu'il falloit premierement qu'il mist à mort tous ceux du païs de Iudee, car ilz se bailleroient plustost eulx mesmes à sacrifier auec leurs femmes & enfans à celuy à qui les voudroit, que de l'endurer, dont Petronius (voyant leur constance) se trouua si perplex & esmeu de pitié qu'il ne conclud rien pour l'heure & se retirent tous. Toutesfois il rapella le lendemain & autres iours ensuyuans les principaulx d'entr'eulx, qu'il essaya par toutes sortes de bien dire à les persuader & faire côdescendre à ce qu'il luy estoit commandé, & bien souuent aussi parloit à la generalité du peuple, tantost comme leur donnant côseil, & quelque soys par menasses leur mettant deuant les yeulx, & la bonté du peuple Romain, & la rigueur de Cesar, quant il estoit prouoqué à ire : parquoy estoit necessaire, & luy contraint, executer sa commission & mandement. Ce qu'ilz ne voulurent oncques acorder quelque chose qu'on leur proposast. Au moyen dequoy Petronius voyant estre la saison de recueillir les grains fort auancez, & qu'il y auoit ia cinquante iours entiers que le peuple ne s'y estoit occupé nullement, voulut en fin leur declarer (estás tous assemblez) l'intention de luy, & que par pitié d'eulx il essairoit d'entreprendre chose qui seroit (peult estre fort dommageable & dangereuse à luy mesmes) Toutesfois (dist il) s'il plaist à Dieu i'apaiseray Cesar & me saueray auec vous ou ie mourray pour vous tous s'il a enuie de se venger. Et de ce pas se retira, les laissant en prieres & oraisons pour luy, qui faisant partir son armée de Ptolemaïde, retourna en Antioche d'ou il depescha vers Cesar pour luy faire à entendre l'exploit qu'il auoit fait en Iudée, les remonstrances & persuasions dôt il auoit vsé enuers ceux du païs. Et finablement tout le discours que vous auez entendu, & par sa lettre mesmes le suplyoit, prendre le tout en bonne part

DE LA GVERRE DES IVIFZ. Fueil. LXXI.

ne part: car Sire (difoit il) ou il vous plaira vfer de violence, il eft neceffaire rafer & exterminer & le païs & le peuple, par-ce qu'ilz font refoluz iufques à la mort garder les loix de leurs anceftres fans en receuoir vne feule
nouuelle. Ce qu'entendu par Cayus, luy contremanda incontinent, & menaffoit fort de le faire luy mefme mourir pour auoir retardé fon commandement, mais ceux qui eurent charge de raporter telle refponfe furent ar-
reftez plus de trois moys par mauuais temps qu'ilz eurent, tellement que
Petronius entendit pluftoft la mort de Cefar que le vouloir de luy, ayant
fes ans prins fin vingt fept iours apres cefte depefche enuoyée.

Cayus doncques mort par la trahifon que luy firent fes propres cheualiers apres qu'il eut regné troys ans & fix moys Claudius eftât à Rome obtint nom d'Empereur par toute la gendarmerie des Romains, à quoy le Senat voulut contredire, & pour ce faire fut incontinent & par l'auis des Có-
fulz mandé à Sentius Saturninus & Pomponius fecundus qu'ilz vinffent
donner fecours à la ville, & qu'auec les troys legions d'icelle ilz entraffent
au capitole pour mener la guerre contre Claudius, fe refentant encores le
peuple des cruautez de Cayus fon pere, pour laquelle ocafion ilz defiroient que Rome fuft de là en auant gouuernée comme elle auoit efté autresfois, & que l'on y efleuft les gens plus dignes de ceft honneur, mais en
ces entrefaites arriua Agrippa en la cité que le Senat apella entre les Con-
fulz, & Claudius femblablement, & pour s'en ayder, ainfi que l'ocafion fi
offroit. Toutesfois iceluy Agrippa confiderant Claudius eftre ia vn Cefar
quant aux richeffes, laiffa le Senat & vint trouuer l'Empereur qui l'enuoya
incontinent en ambaffade vers iceluy Senat pour luy dóner à entendre fon
intention, & remonftrer que puis quil auoit efté efleu Empereur par toute
la gendarmerie & maugre luy, que vrayement il feroit inique & peu raifonnable ne tenir conte du bon vouloir que luy auoient monftré fes genfdarmes, & qu'au refte il ne pourroit pas eftre en grand' feureté, fans telle
force, atédu les enuieux qu'il auoit pour eftre apellé à l'adminiftration d'v-
ne telle Monarchie qu'il deliberoit gouuerner, non point en Tyran, mais
comme Prince humain & qui fe contentoit du nom fans plus, remettant
les affaires & negoces de l'Empire à l'auis & difpofitió d'vn chacun, & que
encores qu'il ne fuft modefte de nature, fi eft-ce que l'exéple qui fe prefentoit de la mort de Cayus eftoit fuffifante pour le reduire à toute humanité.
Ce qu'ayant bien donne à entédre Agrippa au Senat, luy fut refpondu que
le Senat ne deliberoit point fe foubzmettre en captiuité & feruitude volun
taire, n'y à la puiffance des genfdarmes de Claudius, lequel apres auoir fçeu
leur intencion, renuoya Agrippa vers eulx, les auifer qu'il n'auoit point le
cueur fi mal afsiz pour entreprendre de vouloir mettre en feruitude ceux
qui le deuoient apeller à l'Empire, & que s'il le faifoit ce feroit à force &
maugré luy. Toutesfois ou il feroit contrainct venir iufques là, & entrer en
la guerre, que pour le mieulx il faudroit eflire vn lieu hors la ville pour dó
ner & receuoir la bataille, n'eftant pas raifonnable que pour leur diuorfe &

opinia-

LE II. LI. DE F. IOSEPHVS.

opiniaſtreté tout le païs Romain demeuraſt gaſté, perdu & ruïné. Ce qu'Agrippa fit ſi hault ſonner en plein Senat, qu'vn cheualier tenant le party des Senateurs (entédans la remonſtráce d'Agrippa) tira l'eſpée de ſon four reau diſant. Ie ne puis bonnement penſer comme nous auons ores l'entendement ſi pertroublé que de vouloir commettre parricide & mener guerre contre noz amys & proches parentz qui ſuyuent la part de Claudius, veu que nous auons vn Empereur auquel nous ne ſçaurions rien reprendre & vers lequel nous deuons pluſtoſt retirer par iuſtes parolles qu'auec armes ny bataille: & ce diſant paſſa au meilleu de l'aſſemblée & ſortit du conſeil, ſuiuy de tous les autres cheualiers & ſoldatz, dont le Senat ſe trouua ſi intimidé qu'ilz penſerét bien lors eſtre mal aſſeurez de pouuoir plus reſiſter à Claudius: & pour ceſte cauſe ſe retirerent tous vers luy, mais il en cuyda venir vn grand inconuenient: car ceux de l'exercite de Claudius les voyans aprocher, & ne ſachás rien de leur deliberacion, vindrent encontre, le glaiue nud au poing ſi qu'ilz en tuerent cinq des premiers, & plus grand mal encores fuſt ſuccedé ſans Agrippa qui, conſiderant le fait, en vint haſtiuement auiſer Ceſar & que s'il ne faiſoit retirer ſon armée il demeureroit non pas Empereur des hómes, mais des lieux & places vuydes. A quoy obtemperant l'Empereur y pourueut ſi bien, qu'eſlongnát ſon camp fit receuoir gracieuſement les Senateurs qu'il acolla & embraſſa, puis s'en allerent enſemble ſacrifier ainſi qu'il eſt acouſtumé de faire à la receptió d'vn Empereur. Claudius donc paruenu à ce poinct & voulant recognoiſtre la faueur & ſecours qu'il auoit receu d'Agrippa l'inueſtit du Royaume entier qu'auoit tenu Herodes ſon feu pere, y aiouſtant encores Traconitide & Auranitis deſquelles autresfois Auguſte auoit fait preſent à iceluy Herodes auec le royaume de Lyſanie, pour la probation & aſſeurance dequoy voulut Ceſar eſtre la chartre d'icelle donation inſculpée en vne lame de cuyure & atachée à perpetuité au Capitolle. Et ſi dóna à Herodes frere & gendre d'iceluy Agrippa marié à Berennice royne de Calcis, pluſieurs grandz dons & preſens. Telle donc fut la fortune d'iceluy Agrippa dont il s'enrichit ſi bien qu'il commença à reueſtir la ville de Hieruſalem d'vne telle ceinture que ſi elle euſt eſté parfaite, les habitans euſſent peu reſiſter à la puiſſance des Romains, mais il mourut deuant en Ceſarie, ayant regné troys ans comme Roy. Et troys autres années precedentes ſouz le nom de Tetrarche, laiſſant d'vne meſme femme troys filles nées en Cypre, à ſçauoir Berennice, Mariamme & Druſille, & vn filz nommé Agrippa, auquel, pour eſtre encores ieune, Claudius ne volut cófermer le Royaume de ſon pere, ains en fit prouince, pour laquelle gouuerner fut enuoyé Ceſtius Feſtus, & apres luy Tyberius Alexáder qui tindrent le païs en paix & tranquilité, ne changeant ou immuant aucune choſe des vieilles couſtumes du païs. Et peu apres deceda Herodes roy de Chalcide, laiſſant auſſi deux enfans de Berennie la fille de ſon frere l'vn nommé Berecinis, & l'autre Hircanus. Et de ſa premiere femme Ariſtobulus, & quant à ſon autre frere Ariſto-

DE LA GVERRE DES IVIFZ. Fueil. LXXII.

riftobulus il eftoit defia mort & fans eftat ou gouuernement ayant delaif-
fé fa fille Iotapa. Tous lefquelz deffus nommez furent enfans d'Ariftobulus, qui auoit efté frere d'Herodes, mais Alexandre & Ariftobulus auoient
efté engendrez d'Herodes & de Mariamme, lefquelz luy mefmes tua. Et
le furplus des pofterieurs d'Alexandre regnerent en Armenie.

Mais apres la mort d'Herodes qui regna en Calcide, Claudius nomma
roy Agrippa filz d'Agrippa, & l'inftitua au Royaume de fon oncle, prenît
Cumanus la charge de l'autre prouince apres Alexâdre mort, fouz lequel
Cumanus auindrent tant de feditions & troubles que la calamité du peuple Iudaïque commença à aparoiftre: car comme chacun venoit en Hierufalem pour celebrer la Pafque, eftant à l'entrée du portail du temple mis
quelque nombre de genfdarmes pour empefcher & refifter au peuple s'il
faifoit quelque noualité, ainfi qu'il auoit de couftume efmouuoir en feftes
femblables, l'vn d'iceux géfdarmes leua le derriere de fes habitz, & fe baiffant contre terre monftra honteufement fes parties plus fecrettes, rendant
fa voix en s'efcriant femblable à fon fait peu honnorable, dont la commune fe plaingnit grandement à Cumanus le fupliant de leur deliurer ce perfonnage deshonnefte & iniurieux pour en faire faire iuftice, mais comme
ces chofes fe demenoient, la ieuneffe du peuple inconftante & fans confiderer ny preuoir aux inconuenientz (defdaignez de la mocquerie des géfdarmes) prindrent incontinent pierres & cailloux qu'ilz commencerent à
ietter fur tout la garde, laquelle Cumanus renforça promptement pour
doute qu'il eut que telle rumeur ne tournaft en plus grande confequence.
Ce que voyant les Iuifz habandónerent foudain le lieu faint. Et fut la preffe fi grande au fortir que plus de dix mile y demeurerent eftoufez & mors,
dont le refte du iour fe conuertit en pleurs & gemiffementz, voire telz &
fi haultz que l'on n'oyoit que lamentacions & foufpirs par toutes les places & maifons de la cité. Et comme il auient fouuent qu'vn mal en ameine
vn pire, plufieurs volleurs fe mirent enfemble robans & pillantz tout le
païs d'enuiron, fur lequel tombans en leurs mains vn nommé Eftienne
feruiteur domeftique de Cefar (ainfi qu'il paffoit pres Bethoron) luy furent oftées quelques hardes qu'il conduifoit, dont Cumanus fit faire pour-
fuite. Et enuoya pour prendre les larrons, aucuns de fes genfdarmes, entre
lefquelz vn d'entr'eulx entrant en vn village trouua des liures de la fainte
loy qu'il defchira & mift en pieces. Ce que fachantz les Iuifz y acoururent
de tous coftez par leur grande fuperftition, & comme fi tout leur païs &
cerimonies euffent efté en feu ou eulx mefmes proclamez à fon de trompe
pour aller vers Cumanus qu'ilz vindrent trouuer en Cefarée, & le fupliérét
treshumblement ne pardonner ce meffait de ce gendarme, ayant en premier, fait iniure à Dieu le createur, puis à leur loy & tradition. Ce que Cumanus leur acorda, commandant fur l'heure le malfaiteur eftre amené &
conduit au meilleu de la troupe, pour le mener au dernier fuplice, eftimant
bien que par autre moyen tel peuple irrité ne fe rapaiferoit ainfi qu'il fit.

Parquoy

LE II. LI. DE F. IOSEPHVS.

Parquoy toutes choses cesserent & s'en retourna chacun chez soy.mais tost apres sourdit autre rumeur entre ceux de Galilée & les Samaritains qui sont des parties de Iudée, pour vn Galilean occis au iour de la feste dans le village apellé Gema, dont les Galileans s'esmeurent en sorte que plusieurs sortirent de leur territoire pour aller combatre les Samaritains. Toutesfois aucuns des plus aparentz se retirerent vers Cumanus le supliant qu'il passast par Galilée premier que ces deux nations vinssent à l'essait des armes, & qu'il punist aigrement les autheurs du mal, mais Cumanus preposant ses affaires à leurs prieres n'en fit cas, & demoura leur priere, vaine. Au moyen dequoy la renommée de tel meurdre s'esleua si hault que les nouelles en furent en Hierusalem & se trouua la commune tellement animée que delaissant la feste se mist sus & commença à faire effors dans le païs de Samarie sans aucun conducteur ny conduite, ne voulat obeïr à nul de leurs seigneurs qui entreprint les destourner, mais bien à Eleasarus filz de Dimæus & à Alexandre principaux autheurs du pillage : lesquelz se ruantz sur le païs prochain d'Atrabatane mettoient à mort ieunes & vieulx indiferément, &le feu es bourgz & villages sans nul espargner. Ce que venu à la cognoissance de Cumanus print auec soy vn escadron de gensdarmes apellez Sebastins, & s'aprocha, pour secourir le païs qu'on outrageoit ainsi, dans lequel plusieurs des pillartz qui auoient suiuy Eleasarus furent surprins, & dont les aucuns demourerent prisonniers, & plus grand nombre de tuez, toutesfois la grosse troupe se sauua en fuyant. Dequoy les Princes de Hierusalem auertiz, & considerans le mal qui pourroit auenir de tel insulte, & l'inconuenient qui s'offroit pour la destruction du païs de Samarie, se couurirent de haires & espandantz cendres sur leurs chefz en signe de douleur, furent trouuer ceux de Galilée qui se ralioyent, lesquelz ilz prierent affectueusemét mettre bas les armes, & que pour vn vouloir qu'ilz auoient d'eulx venger des Samaritains, ilz n'esmeussent point ceux de Rome à ruïner eulx & ceux de Hierusalem, mais eussent pitié de leur païs, du temple, & de leurs propres femmes & enfans, sans exposer ainsi au hazard de la fortune, pour vn Galilean, tout ce qui estoit de bien en leur puissance de conseruer pour eulx mesmes, qu'ilz prindrent en si bonne part, que obtemperans à ces remonstrances rompirent incontinent leur entreprinse. Et neantmoins la pillerie & brigandage ne print fin, mais cóme en temps de guerre telle peste est plus en vigueur que durant la paix & tranquilité, aussi en fut le païs si infecté que l'on n'oyoit quasi parler d'autre chose, rauissant les plus forts les biens des plus foibles, sans espargner non plus l'vn que l'autre, & d'autre part les nobles du païs de Samarie vindrent en Tyr vers Numidius Quadratus, gouuerneur general de toute la Syrie, le prier treshumblement les venger de ceux qui auoient ainsi pillé & degasté tout leur païs. Or si trouuerent de fortune plusieurs des plus aparens des Iuifz, & entre autres Ionathas filz d'Ananius grand prebstre, lequel rabatant les coups des Samaritains remonstra à Quadratus, qu'eulx mesmes estoient

autheurs

DE LA GVERRE DES IVIFZ. Fueil. LXXIII.

autheurs &principes de ceste mutinerie, par l'homicide d'vn Galilei qu'ilz auoient mis à mort, ce que toutesfois on eust bien apaisé s'il eust pleu à Cumanus faire iustice des delinquans, dont il n'auoit tenu conte Moy arriué par delà, respondit Quadratus, i'y pouruoiray, qui sera en brief & m'informeray au vray comme va la chose, ce qu'il fit, car aussi tost qu'il entra en Cesarée commanda crucifier ceux qu'il trouua encores prisonniers de la route de Samarie, & passant outre vint en Lydie ou il ouyt les doleances des Samaritains côtre les Iuifz, desquelz il fit couper la teste à dixhuit chargez d'auoir esté principaulx autheurs de la sedicion. Et si ennoya à Rome les deux grans prebstres, à sçauoir Ionathas & Ananias, auec Ananus son filz, & plusieurs autres grandz personnages Iuifz prisonniers vers Cesar, auec leurs charges & informations, commandant aussi à Cumanus & à Celerius Tribun eulx mesmes l'aller trouuer pour luy rendre conte de l'estat & administration de leur gouuernement. Ce fait s'achemina droit en Hierusalem, ou il arriua le propre iour que les Iuifz celebroient la feste de Pasques paisiblement, parquoy sans y faire long seiour s'en retourna en Antiochie. Et prindrent port ce pendant à Rome Cumanus & ceux que Quadratus enuoyoit chargez pour le fait des Samaritains, dont les informacions furent leuës deuant Claudius present Agrippa qui, prenant la cause pour les Iuifz, fit grand deuoir de les deffendre, chargeant le tort sur Cumanus que plusieurs grans personnages auoient en hayne, dont il auint que par l'arrest de Cesar fut enuoyé en exil. Et trois des principaux de Samarie condemnez à la mort, pour l'execution dequoy eut Celerius Tribun charge de les conduire en Hierusalem, & les liurer aux Iuifz, à fin que les ayât faitz trainer par la ville on leur ostast la teste de dessus les espaulles, donnât iceluy Cesar peu de iours depuis le gouuernement de Samarie & Galilée, à Felix frere de Pallanes, & à Agrippa vn plus grand Royaume que Calcyde, luy delaissant la prouince qu'auoit tenuë au parauant Felix, qui est Traconitis, Batanea & Gaulanitis, auec le royaume de Lysanye, & la mesme Tetrarchie que Varus auoit autresfois tenuë, mais Claudius alla de vie à trespas, apres qu'il eut regné treize ans huyt moys & trente iours laissant pour administrer l'Empire Neron qu'il auoit adopté à filz & esleu tel par les suasions de sa femme Agripina, côbien qu'il eust vn filz legitime nommé Britannius de Messalnia sa premiere femme, & vne fille apellée Octauia qu'il maria auec iceluy Neron, filz d'icelle Agripina, de laquelle il eut aussi vne autre fille nommée Antonia, mais par-ce que i'estime le discours de ce fait estre odieux & mal sonnant à reciter, mesmes en ce qu'il abusa de sa fortune, se voyât heureux & prospere, la maniere de laquelle il fit meurdrir son frere sa femme & sa propre mere, auec les cruautez, dont il vsa à l'encontre de ses proches parentz, & comme sur la fin de ses iours il se mist à faire office d'vn farceur & bateleur, alliené (quant tout est dit) de son bon sens i'estime estre raisonnable & tresbon s'en taire de tout point, auant que d'en commencer à en parler d'auantage.

N   Des

LE II. LI. DE F. IOSEPHVS.

Des tumultes qui auindrent en

Iudée durant le temps de Felix.

Chapitre   XII.

Arquoy ie veux retourner aux Iuifz, & pourſuyure ce qu'iceluy Neron fit à l'encontre d'eulx & des le cômencemét de ſon regne qu'il bailla à Ariſtobulus, filz d'Herodes à gouuerner la petite Armenie, aiouſtant à celuy d'Agrippa quatre villes ou citez, auec leur territoire, à ſçauoir en Perée deux, Abila, & Iuliade, & deux autres en Galilée, Tarithée, & Tiberiade, ordonnant pour gouuerneur du reſte de la Iudée, Felix, qui peu de iours apres print Eleaſarus, Capitaine des volleurs, lequel vingt ans au precedant n'auoit ceſſé de piller tout le païs, mais il l'enuoya à Rome lyé auec grand nombre de ſes complices. Et ſi en crucifia pluſieurs, tellement que la region demeura purgée de telle vermine. Apres laquelle en enſuyuit quaſi vne pire, car certains larrons qu'on apelloit *Siccarii* s'eſleuerent auec telle aſſeuráce qu'ilz tuoient en plein iour (& fuſt au beau meilleu de la Cité) ceux qui bon leur ſembloient, & principalement es iours de feſtes, car ilz ſe meſloient entre le peuple, & ayans daguettes nuës ſouz leurs robbes, tant plus eſtoit la preſſe grande & plus frapoient leurs ennemys à couuert, qui n'eſtoient plus toſt tombez vomiſſantz le ſang, que les malheureux meurdriers ne commençaſſent faintement à eulx douloir comme esbahiz d'vn ſi meſchant cas, couurant par telle palliacion leur m'effait ſi bien, que ſouz ceſte diſſimulée lamentacion oſtoient tout le doute qu'on euſt peu auoir d'eulx, & ainſi ſe maintindrent par longz iours, apres que Ionatas pontife eut eſté occis des premiers, & maintz autres, ſans vne infinité qu'ilz nauroient de iour en iour, dont toute la Cité ſe trouua plus deſolée & craintiue que pour autres cruautez qu'elle enduroit, car le plus aſſeuré de tous n'atendoit que l'heure de la mort ny plus ny moins que ſi la ville euſt eſté forcée & miſe en proye par les ennemys, ayans les pauures Cytadins tel ſoupçon, que ſe tenans ſur leurs gardes ne perdoiét l'œil de ſur ceux qu'ilz voyoiét marcher, ou s'aprocher d'eulx, ne ſe pouuantz fier ny à leurs propres parens, ny à leurs plus ſinguliers amys, toutesfois celà n'empeſchoit que bien ſouuent ilz ne perdiſſent la vie, tant eſtoient les meurdriers aſſeurez & ſubtilz à iouer leurs perſonnages. Et combien que ce fuſt vn danger trop à craindre ſi en auint il vn tiers de plus grande conſequence, car encores qu'il ne touchaſt la mort de tant de peuple ſi en eſtoit l'entrepriſe malheureuſe en toute extremité, pource qu'il en enſuyuit au detriment des grandz & des petitz, & ce par vne maniere d'abuſeurs, leſquelz ſouz eſpece de religion miſrent en auát pluſieurs

noua-

DE LA GVERRE DES IVIFZ. Fueil. LXXIIII.

noualitez & telles, que maintz en deuindrent quaſi inſenſez, à l'ocaſion que telle maniere de ſeducteurs s'en alloient de foys à autre aux deſertz & lieux ſolitaires, ou ilz aſſeuroient Dieu le createur leur monſtrer apparent ſigne de liberté pour tout le peuple. Ce que venu à la cognoiſſance de Felix enuoya contre eulx gens de pied & de cheual, eſtimant bien telle façon de faire eſtre commencement de rebellion, au moyen dequoy maintz en ſouffrirent mort, mais toutes les noualitez dont nous auons parlé ne porterent point tant de dommage à ceux de Iudée que l'auenement d'vn faulx prophete nommé Aegiptius: car apres qu'il fut arriué en ceſte contrée: s'atribuant vne opinion d'eſtre prophete (d'autant qu'il eſtoit magicien) amaſſa pres de trente mile hommes en vn lieu à l'eſcart, & les conduit en la montaigne d'Oliuet, eſperant ſurprendre Hieruſalem, & en chaſſer s'il eſtoit poſſible la garniſon des Romains, vſurpant puis apres la domination & ſeigneurie ſur le peuple, ayant pour ſa garde gens qui l'auoient ſuiuy, & bien deliberez en telle entreprinſe, mais Felix le preuint & marcha au deuant auec ſa troupe, tant Romains qu'autre populaire du païs, auec leſquelz il donna la bataille à Aegiptius ſi furieuſe que le paillart tournant le dozz s'en fouit, & quelques vns des ſiens, demourans la pluſpart des autres ou morts, ou eſclaues, ou menez en priſon, & le ſurplus s'eſcarta retournant chacun couuertement chez ſoy. Et tout ainſi comme vn corps mal diſpoſé & ſuiet à maladie, n'eſt pluſtoſt guery en vn endroit qu'autre vient à s'eſmouuoir & enfler, ny plus ne moins auint il en ceſte contrée, ou quelques nouueaux larronneaux gens oyſifz & vacabondz ſe miſrent ſus, & pillans & les vns & les autres apelloient la commune à liberté, menaſſant mettre à mort tous ceux qui, de là en auant, obeïroient à l'Empire ny à l'Empereur des Romains. Et ainſi courás le païs, deſtruiſoient & ſaccageoient les meilleures maiſons, & les biens des plus grandz ſeigneurs, faiſans les vns mourir & allumát le feu es places, chaſteaux & villages en ſi grande fureur, que entierement la Iudée commença à deſeſperer de tout remede, voyant le nombre de telz pendardz pululler à veuë d'œil. Et ſi y eut en meſme ſaiſon autre rumeur en Ceſarée entre les Iuifz & les Syriens qui y habitoient, & auint telle eſmeute par-ce que les Iuifz maintenoient icelle Cité leur apartenir, diſantz auoir eſté fondée (cóme il eſtoit vray) par Herodes leur roy. Et les autres au contraire cófeſſoient bien qu'elle euſt eſté rebaſtie par vn Iuif, apres toutesfois auoir eſté premieremét aux Gentilz, pour corroboration dequoy remonſtroient eſtre vray-ſemblable, que celuy qui premier l'edifia n'y euſt iamais fait cóſtruire les temps qui y eſtoient, & encores moins eriger les ſtatues qu'on y veoit, s'il euſt eſperé qu'elle euſt deu apartenir aux Iuifz, comme ilz mettoient en auant. Pour leſquelles cauſes, le peuple & d'vn coſté & d'autre eſtoit entré en grandes querelles & contencions, & telles qu'ilz eurent recours aux armes, & ſe preſenterent pour combatre & audacieuſement donner & receuoir la bataille, car les plus anciens des Iuifz ne pouuoient refrener la fureur de leurs gens. Et quant aux

N ii   Grecz

LE II. LI. DE F. IOSEPHVS.

Grecz ilz eſtimoient auſsi leur eſtre trop vituperable, d'eulx monſtrer inferieurs & moindres que leurs ennemys, qui veritablement eſtoient plus riches & plus puiſſans en forces corporelles que les autres, mais iceulx Grecz auoient auſsi plusgrand' ayde de gensdarmes, car la plusgrand' part de l'exercite Romain eſtoit venuë de Syrie ſe ioindre auec eulx, & les deffendre comme leurs couſins & propres parés. Ce que toutesfois leurs chefz & capitaines miſrent peine d'empeſcher, & apaiſer la mutinerie, faiſans prendre & pendre ceux qu'ilz voyoient ou trouuoiét plus eſmeuz & aſpres à combatre. Et neant moins celà ne fut ſufiſant pour intimider les autres, ains les irritoit d'auantage, & eſchauffoit à la ſedition : Parquoy Felix commança à vſer de plus gràdes menaſſes, commandant que tous rebelles ſortiſſent hors la ville ſur peine de mort. Ce qu'il executa contre aucuns, qui trouuerent retifz, demeurans leurs biens en proye & pillage. Et toutesfois la ſedition ne prenoit fin : Parquoy commanda à certain nombre tant d'vne part que d'autre, & des plus nobles d'eulx retirer vers Neron, à fin que luy faiſant entendre leur querelle il en ordonnaſt comme bon luy ſembleroit. Auquel Felix ſucceda vn nommé Feſtus, lequel d'entrée mena ſi forte guerre à ceux qui pilloient le païs, qu'en les rompant fit executer pluſieurs d'entr'eulx.

D'Albinus & Florus gouuer-

neurs de Iudée.

Chapitre   XIII.

Toutesfois Albinus qui depuis vint en ſon lieu ne ſe gouuerna pas ſi bien : car il n'y eut meſchanceté qu'il ne fiſt, pillant & robát le bien & du pauure & du riche, non ſeulement par proces ou augmentation de tributz, mais encores mit il en liberté les larrons qu'il trouua priſonniers fuſt par les Decuriós ou autres iuges, pourueu qu'ilz euſſent argent. Et demeuroit celuy ſeul enfermé comme criminel qui ne tendoit le bras pour luy faire preſent, dont nouuelles ſeditions eurent plus de vigueur que iamais & les ſeducteurs plus audacieux & temeraires qu'au precedent, car nul craignoit d'inuenter nouuelle entreprinſe, pour dommageable qu'elle fuſt, pourueu qu'il euſt la bourſe fournie par le moyen de laquelle Albinus ſe trouuoit corrompu à toutes heurtes, & enduroit tout. Ce que conſiderant la partie populaire (trop ſans repos) ſe ioingnit à ſa troupe, ayans & l'vn & l'autre garde de chacun coſté, ſi que l'on pouuoit voir le Tyran eſtimé par deſſus tous comme vn droit prince des larrons, mettant à ſac tout ce qu'il trouuoit bon à prédre, & encores auec telle violence

DE LA GVERRE DES IVIFZ. Fueil. LXXV.

lence que le pauure Citadin pillé, n'en ofoit ouurir feulement la bouche
pour fe plaindre, demeurans plufieurs forcez par ce moyen, & pour eulx
fauuer de tel mal, contraintz d'endurer d'eulx offrir & faire plaifirs & feruices à ceux qui meritoient grieue punition, ne fachans en general à qui fe
fier, preuoyans en eulx mefmes & d'eulx mefmes, la ruïne & captiuité
qui leur eftoit future. Et neantmoins la malice & tyrãnie de celuy qui fucceda à iceluy Albinus fut caufe de le faire eftimer apres fa mort, & regre-
ter pour hôme de bien&de vertu,encores qu'il euft efté tel qu'il vous a efté
dit : car Gefsius Florus qui vint en fon lieu, ne voulut exercer fa cruauté o-
cultement ou defguifer comme auoit fait Albinus,mais en public & au veu
& fceu de tout le peuple, ayant en foy tant d'inhumanité, que s'il fe tranf-
portoit en quelqu'vne des regions, ou fa puiffance auoit lieu, tant s'en
falloit qu'il y mift ordre ou aminiftraft iuftice ou chofe politique, que luy
mefmes y feruoit d'vn droit bourreau,pour tormenter & donner afliction,
& au iufte & au coulpable indifferemment, fans efpargner aucun qu'il ne
mift à fon pain querir, ou à mort honteufe & abominable, fe monftrant
furieux aux pauures, & aux plus abondans rigoreux, & fans nul acces,
eftant fi duit à vne menterie prompte & cauteleufe, qu'il ne fe trouua oncques hóme plus malin, fubtil à trop nuire, ny ayant l'auarice en plus grande recommendation, eftimant les droitz, qui luy eftoient permis leuer fur
le peuple, tant petitz, que non contant de ce peu qui eftoit beaucoup, ran-
çonnoit, pilloit, & arrachoit, & des villes & des champs,tout ce qui luy
venoit en fantafie & opiniõ.Et fi publia tel edit que le defrober feroit permis à qui defrober pourroit, pourueu que du larcin il euft part & certaine
portion. Au moyen dequoy la region fut abandonnée d'vn chacun, laiffant les perfonnes leurs propres demeures, pour aller chercher ailleurs trã-
quilité & paix, fans qu'oncques luif ofaft entreprendre enuoyer vers Ceftius Gallus, gouuerneur par deffus tous, luy faire entendre la cruauté &
mauuaife adminiftratiõ de Florus, iufques à ce qu'iceluy Ceftius s'achemina en Hierufalem, pour voir la fefte, audeuant duquel s'en allerent plus de
troys cens mile perfonnes, le fuplier humblement qu'il donnaft ordre aux
miferes & calamitez qu'enduroiét les gens du païs, criãs à haulte voix que
pour l'honneur de Dieu il chaffaft Florus qui auoit efmeu & nourry fi lóg
temps vne fi mal'heureufe pefte entr'eulx.Or y eftoit iceluy Florus prefent
& entendoit tous les propos qu'on difoit de luy à Gallus,mais il ne s'en faifoit que rire, & fe moquant de ceux qui l'acufoient ainfi, leur fut refpondu
par Ceftius, qu'il pouruoiroit en forte que Florus leur feroit dorefnauant
plus gracieux & traitable.Puis ayant fait quelque feiour en la Cité;reprint
fon chemin vers Antioche, & le conduit Florus iufques en Cefarée, le re-
paiffant toufiours de bourdes & menfonges, auec vne efperance d'apeller
de bref la guerre contre les Iuifz,feul moyen & couuerture pour fe véger &
couurir les mefchancetez, efquelles il auoit defia tant de longs iours vefcu:
car ou la paix demoureroit entr'eulx il doutoit qu'ilz enuoyaffent l'acufer

N iii   vers

vers Cesar, mais auenant nouueau trouble, estaindroit par plus grand mal celuy qui estoit desia allumé. Aussi ne se passa il iour, de là en auant, qu'il n'inuentast quelque nouuelle exaction ou chose cruelle & intolerable aux Iuifz pour les esmouuoir à prendre les armes contre l'Empire, & eulx reuolter, durant lesquelles factions. Ceux de Cesarée qui estoient allez vers Neron, gaignerent leur cause contre les Iuifz, & aporterent certaines lettres aprouuant le decret de Cesar en leur faueur, qui fut cause & commencement de la guerre qui auint depuis en Iudée, l'an douziesme du regne d'iceluy Neron: & d'Agrippa, le dixsept au moys de May.

De la cruauté que fit Florus à
l'encontre des Iuifz de Cesarée & Hierusalem.

Chapitre XIIII.

L'On ne trouue point qu'il y ayt eu causes sufisantes pour les maulx qui auindrent depuis aux Iuifz de Cesarée, à la raison qui vous sera dite. Les Iuifz auoient vne Synagogue, pres d'vn lieu qui apartenoit à quelque seigneur de Cesarée, lequel lieu leur estoit fort propre pour l'augmétation de leurdite Synagogue. Et au moyen dequoy requirét maintesfois ce Seigneur leur voysin de leur bailler ceste place en la luy payant plus qu'elle ne valloit. Ce qu'il leur refusa, & pour les irriter y fit construire plusieurs boutiques des deux costez, ne leur laissant qu'vne
voye

DE LA GVERRE DES IVIFZ. Fueil. LXXVI.

voye & encores fort eftroite pour leur paffage. Ce que plufieurs Iuifz ieunes & promptz, ne pouuans fouffrir, vindrent empefcher les edifices de ce Seigneur, dont Florus auerty leur commanda fur la vie ne paffer outre, & laiffer iouyr de la terre celuy à qui elle apartenoit, qui eftonna grandement les plus nobles de Iudée, entre lefquelz vn nommé Ian, Publicain, fut d'auis d'eulx retirer vers Florus, qu'ilz fceurent corrópre fi bien, que moyennant huit tallens qu'ilz luy offrirent, obtindrent qu'il empefcheroit les edifices encommencez pres leur temple, mais il deflogea quafi aufsi toft de Cefarée pour s'en venir en Sebafte, leur donnant congé ou de receuoir la paix, ou d'auctorifer leur mutinerie comme s'il euft vendu à deniers contans & l'vn & l'autre aux potentatz de Iudée. Toutesfois il aduint que le lendemain iour de Sabat, eftant le peuple affemblé, vn Cefarien trop fedicieux vint pofer fur vne table qu'il dreffa à l'entrée de leur temple vn grand vafe, deffus lequel il commença par derrifion à facrifier certains oyfeaux. Dont les Iuifz prefens furent fi indignez, qu'ilz s'efmeurét de grád' fureur, difans auoir ia trop enduré l'iniure que l'on faifoit à leur loy. Et que le lieu de ce fcandale demeuroit pollu & contaminé, tellement que la ieuneffe d'eulx fe mift en deuoir de venir aux armes, encores que les anciens prinffent peine de les moderer, leur remonftrans eftre meilleur auoir recours à la iuftice, mais tel confeil profita de peu, car les Cefariens fe preparent à les receuoir & combatre, voulans fouftenir le paillard par lequel tel feu eftoit allumé comme l'auouant & auctorifant de ce mal, fi que les vns & les autres venoient aux coups frapper, quant Iocundus furuint, qui auoit efté laiffé par delà, auec certains genfdarmes pour la feureté du lieu. Au moyen dequoy, & penfant eftaindre la rumeur commencée, ordonna la vafe eftre ofté. Et neantmoins il fe trouua tant vaincu des Cefariens, que à l'heure mefmes, les Iuifz fe retirerent remportans les liures de leur loy en Arbetha diftant de Cefarée de foixante ftades, ou arriuez deleguerent douze des principaux d'entr'eulx pour aller, auec vn nommé Ian, trouuer Florus en Sebafte, & là fe plaindre à luy du tort & iniure qu'on leur auoit fait, & le fuplier en toute humilité prendre leur querelle en main, en confideration mefmes des huit tallentz qu'il auoit receuz d'eulx en prefent, la fouuenance dequoy luy fut fi peu agreable, qu'il cómanda aufsi toft prendre & emprifonner ces ambaffadeurs, couurant fa malice fur ce qu'ilz auoient tranfporté fans la licéce de luy hors de leur temple les liures de leur loy, dont toute la cité de Hierufalem eftoit fort fcandalifée (comme il difoit) Si cogneurent bien les triftes deleguez, que celuy auquel ilz auoient affaire ne cherchoit que nouuelle ocafion de guerre contre eulx : car il enuoya fur l'heure prendre & rauir au threfor du temple dixfept tallens qu'il maintenoit eftre confifquez à Cefar, chofe fi peu tollerable au peuple, qu'ilz y acoururent tous, crians à haulte & piteufe voix, vengeance contre l'Empereur, & qu'il pleuft à Dieu les deliurer bien toft de la tyrannie de Florus, pour lequel plus irriter, & en derrifió de luy, certains de leur trou-

N iiii   pe fe

LE II. LI. DE F. IOSEPHVS.

pe se mirent à le detester & maudire, & portans vn pannier, demandoient
l'aumosne en son nom, & comme s'il eust esté indigent & soufreteux. Ce
nonobstant l'auarice de luy n'en peut amoindrir, ains augmentant sa collere & fureur à ceste ocasion, s'augmenta aussi quant & quant le pillage, rauissant d'vn costé & d'autre tout ce qu'il peut trouuer bon à prendre. Et cóbien que par raison il eust deu plustost appaiser telle mutinerie & s'aprocher de Cesarée pour amortir & oster toutes seditions, suyuát ce qu'il auoit
acordé lors qu'il receut l'argent des Iuifz. Toutesfois il marcha vers Hierusalem auec grosse armée, tant pour s'y renforcer des Romains qui y estoiét
en garnison, qu'esperát intimider ceux de Cesarée & les rendre par les menasses qu'il leur faisoit, si desesperez qu'ilz habandónassent leur cité fuyans
ailleurs pour leur salut. Mais il auint autremét, car le peuple le sentát aprocher sortit audeuant pour le receuoir, & presenter tout ce qui estoit en leur
puissance, dequoy auerty, leur manda par vn centenier nommé Capito a-
compagné de cinquante hómes à cheual, qu'ilz eussent à eulx retirer sans
penser paistre ainsi d'honneurs & de paroles amiellées & faintes, celuy
qu'ilz auoient par effait tant vilipendé, sinon & ou ilz auroient le cueur si
bon & la liberté tant recommandée, qu'ilz s'aprestassent à la deffendre
par armes, & soustenir en sa presence ce qu'ilz auoient publié si haultemét
en son absence. Ce qu'entendu par la commune, & voyant Capito & sa
troupe desia si pres d'eulx, s'escarterent sans oser plus comparoistre deuant
Florus ny ses gensdarmes pour les receuoir & saluër comme de coustume,
ains rentrerent tous en leurs maisons, passans la nuyt en crainte & tremeur,
& ce pendant Florus se tint en la maison Royale, iusques au iour ensuyuát,
qu'il commanda dresser vn throsne, dessus lequel il s'assist plus hault que
de coustume, puis fit venir vers luy les prebstres & principaulx auec tous les
nobles de la ville, ausquelz il commanda qu'ilz luy liurassent ceux qui l'a-
uoient ainsi maudit & iniurié, les asseurát qu'à faulte de ce faire il en prendroit la vengeance sur leur propres personnes mesme : Mais il luy fut re-
spódu par eulx, que le peuple s'estimoit estre en paix, & qu'en tout euenement ilz requeroient pardon pour ceux que l'on trouueroit auoir failly en
mal parler, luy mettant outre deuant les yeulx, qu'en si grand nóbre d'habitans, dót leur Cité estoit peuplée, il n'estoit pas de merueille s'il s'en rencontroit aucuns ieunes folz & sans nul respect ou consideration, lesquelz
(dirent ilz) il seroit ores impossible esplucher d'auec les autres, atendu
qu'ilz se repentent, & offroient d'eulx desdire s'ilz ont tenu parole autre
qu'ilz ne doiuent contre vous. Et d'auátage, Seigneur, il nous semble (souz
vostre meilleur auis) ayant egard au repos de la chose publique & auctorité de l'empire Romain, que le nombre des incoulpables, doit effacer si peu
qu'il y pourroit auoir de delinquans. Toutes lesquelles paroles furent te-
nues à si peu par Florus qu'il commanda à ses gensdarmes piller le marché
qui estoit situé au plus hault costé de la ville, & que indiferemmét ilz missent à mort tous ceux qu'ilz rencontreroient par leur chemin. Ce qu'ilz firent

DE LA GVERRE DES IVIFZ. Fueil. LXXVII.

rent auec telle esperance de butin, que non seulement ilz s'adressèrent au lieu qui leur estoit habandonné, mais entrerent dans les autres repaires & maisons des habitans, qui voyans telle furie gaignerent le hault par les poternes de la Cité, entre lesquelles plusieurs estans surprins y finerent cruellement & malheureusement leurs iours, demeurant le sac en telle vigueur que nulle maison en fut exempte. Et si prindrent aucuns des plus nobles qu'ilz amenerent à Florus qui commanda les crucifier, apres qu'il les eut fait batre & deschirer à coups de verges, tellement qu'en ce mesme iour, six cens & trente passerent au fil de l'espée, si inhumainement, que iusques aux femmes & enfans de laict, tous esprouuerent sa tyrannie & cruauté. Et toutesfois leur calamité ne cessa, ains se haussoit de plus en plus, & d'heure à autre, par la misere que l'excercite Romain leur fit souffrir delà en auant par le moyen de Florus, qui osa entreprendre ce que iusques adonc homme n'auoit innoué, commandant foetter aucuns Cheualiers au parquet iudiciaire, & plusieurs autres mener au gibet souffrir mort, ce que l'on trouua fort estrange, car encores qu'ilz fussent Iuifz de nation, si est-ce toutesfois que telle dignité de Cheualerie leur estoit succedé de l'Empire des Romains.

D'vne autre opression que receu-
rent les Hierosolimitains, par le dol de Florus.

Chapitre XV.

Ors'estoit

LE II. LI. DE F. IOSEPHVS.

OR s'estoit enuiron ce temps, le roy Agrippa acheminé en Alexandrie, à fin de conuenir & communiquer d'aucuns affaires priuéz, auec Alexandre lieutenant de par Neron en Egypte. Et d'autrepart Berenice sa sœur (estant pour lors en Hierusalem) voyant le desordre & opression que faisoient les gésdarmes de Florus luy despleut tant, quelle enuoya vers luy plusieurs foys, & diuers gentilz-hommes qui la gardoient & acópagnoient, le suplier n'vser plus de telz meurdres & façons de faire, Et neantmoins Florus postposant, & les prieres & remonstrances de si noble Dame, & la pitié & commiseration qu'il deuoit prendre de tant de sang espandu sans cause, prefera à toute raison le gain seul, & grand pillage qu'il faisoit ainsi sur le public, tellement qu'au lieu de gratuller la sœur d'vn Roy & sa priere tant iuste (la luy deniant tout à plat) donna d'auantage lieu à ses gensdarmes de pis faire, si que meurdrissant tout ce qui se presentoit à leurs yeulx, l'eussent elle mesmes mise à mort, si elle ne se fust sauuée dans sa salle, ou elle se tint serrée toute la nuict, acompagnée de sa garde, soigneuse & diligente pour empescher que telz loups affamez ne la forçassent ou fissent quelque outrage. Or estoit elle venuë en Hierusalem pour acomplir son veu, car c'estoit la coustume des gens malades ou contraintz par quelque necessité, de prier trête iours entiers, ieuner & s'abstenir de vin & raser les cheueux, premier qu'il leur fust permis de sacrifier. Et ainsi le faisoit Berenice royne, quant elle vint se presenter (nudz piedz) deuant le siege Royal, & suplier Florus apaiser son ire, mais tant s'en fallut qu'il l'honorast, comme elle meritoit, eu egard à sa grandeur & requeste, que sa vie propre ne fut pas en trop grande seureté. Et ce auint le seiziesme iour du moys de Mars: parquoy le lendemain grand nombre de Iuifz s'assemblerent au marché qui estoit situé au plus hault lieu de la ville, & là augmenterent leurs pleurs & pitoyables gemissemens pour la mort miserable auenuë à ceux que Florus auoit fait cruellement saccager, contre lequel ilz profererent plusieurs paroles iniurieuses, & si mal sonnantes, que les pontifes & maintz des plus grandz eurent telle crainte de pis auenir, que rompans leurs robbes, se mirent à remonstrer particulierement les vns aux autres, l'inconuenient ou ilz s'acheminoient, & les calamitez qu'ilz auoient desia souffertes pour semblable offense, les suplians que pour l'honneur de Dieu & du leur propre, ilz eussent à eulx deporter, sans irriter Florus d'auantage. Ce que la commune print en si bonne part que tous s'apaiserent, tant pour la reuerence qu'ilz auoyent à leurs maieurs que soubz l'esperance qu'ilz se promirent que Florus donneroit fin à sa cruauté encómencée. Toutesfois Florus aspiroit bien ailleurs, car aussi tost qu'il entendit la rumeur estainte, delibera l'enflamber plus que iamais, & pour ce faire manda les Pontifes & principaux de la Cité, ausquelz il commanda aller auec tout le peuple receuoir deux cohortesqui venoient de Cesarée. Ce faisant (disoit il) vous ferez vostre deuoir, & don-

nerez

DE LA GVERRE DES IVIFZ. Fueil. LXXVIII.

nerez à cognoistre qu'estes loyaulx & obeïssans: mais le paillard auoit mâdé à ceux qu'il atendoit pour son secours, que rencontrans les Iuifz par la voye, nul d'eulx eust à les saluer, & que si aucun d'iceulx Iuifz en murmuroit ou scandalisast, ilz le missent promptement à mort. Ce que ignorans les Pontifes & ne pensans qu'a tout bien, assemblerent le peuple dans le Temple, & gracieusement l'amonnesterent aller au deuant des Romains, saluer reueremment la gendarmerie qui venoit en leur Cité, pour les adoucir & euiter le danger premier qu'il auint. Ce à quoy plusieurs promptz & bouillantz côtredirent, ayans deuât les yeulx l'outrage fait les iours precedans à leurs amys, & lors y eut grande controuersie, mais les prebstres & leuites, portans sur leurs espaules les grandz vases & aornemens du Téple, acompagnez des harpeurs, chantres, & organistes, vindrent se prosterner aux piedz de la commune, les suplians qu'ilz voulsissent auoir l'honneur du Temple deuant les yeulx, & ne prouoquer par quelque iniure ou desplaisir, les Romains à piller & saccager chose tant digne, & qu'ilz auoient tousiours eu en telle reuerence. Or tenoient ce pendant la pluspart d'iceux prebstres les chefz couuertz & semez de cendre, & monstrans leurs estomachz nudz & leurs abillemens lacerez & en pieces, faisoient grand deuoir d'atirer à leur conseil la multitude, pour à quoy paruenir parloient aux vns & aux autres, puis en general, ainsi que l'ocasion se presentoit, leur ramenteuant à toute heure, qu'ilz ne fussent motifz pour petite offence esmouuoir grande ruïne & destruction, en leur propre païs, ains qu'ilz obeïssent au vouloir de Florus, sans eulx ainsi mettre en proye, pour ceux qui n'aspiroient à plus grand bien. Et d'auantage (disoient ilz) que vous peult nuire la salutation que vous ferez à ces gensdarmes ny quel profit ou amendement leur en auiendra il à vostre dommage, rien quelconque, fors que les receuant auec honneur, vous ostez toute ocasion de guerre à Florus, & sauuez vous & vostre païs par mesme moyen, par ainsi auisez à vous mesmes, & suiuez nostre conseil, qui ne vous peult estre qu'auantageux & salutaire, sans vous arrester à l'opinion de quelques vns, qui en si petit nombre pretendent à peruertir le bon & sain auis que nous vous donnons. Par telles exhortations & prieres furent vniz les courages de toute l'assemblée, demeurans les vns apaisez par menasses, & les autres adouciz par la bonne estime qu'on monstra auoir d'eulx. Au moyen dequoy sans plus murmurer marcherent tous au deuant de la gendarmerie qu'ilz saluërent & receurent en toute humilité. Toutesfois nul d'iceux gensdarmes n'en fit cas, ains sans les daigner quasi regarder passoient outre, dont plusieurs des Iuifz trop promptz à estre esmeuz, commencerent à murmurer à l'encontre de Florus par le conseil duquel telle iniure leur estoit auenuë. Ce que aperceuant la troupe des gens armez, mirent incontinent la main aux armes, & commencerent à ruer sur eulx, & les pourchasser, foulans aux piedz ceux qui fuyans, tomboyêt sur la place, & que les Romains mesmes renuersoient ainsi que ce pauure peuple essayoit à se sauuer, dont fut

la fou-

LE II. LI. DE F. IOSEPHVS.

la foule & grand' preſſe ſi extreſme aux portes de la Cité, que pluſieurs demeurerent ou eſtouffez, ou eſcachez, mourans en grand miſere, ſans qu'il fuſt pourtant pardonné aux autres, qui ne pouuans ſi fort courir que les premiers, tomboyent par trop ſe haſter, & auſſi toſt ſuyuiz des genſdarmes, leur donnoient de leurs glaiues à trauers les trippes, & ainſi chaſſans & pourſuyuans les pauures Iuifz, maintz demeurerent eſtáduz ſur le cháp ſans aucune ſepulture. Or auint ce conflit à la porte nommée Bezetha, laquelle les Romains mettoient peine de gaigner pour eulx ſaiſir de la forterefſe du Temple & de la tour nommée Antonia, mais ilz furent deceuz de leur intention, car auſſi toſt que le peuple s'aperceut que Florus auoit mis hors du palais les gens qu'il auoit auec luy, pour prendre d'emblée icelle tour, ilz ſe miſrent en deuoir de la garder, en ſorte que gaignans le hault des maiſons, iettoient ſur les eſtrangers pierres & cailloux, par ſi grande force que pluſieurs tomboient aſſommez. Toutesfois les Romains aſſailloient touſiours de plus en plus, & en ſorte que tirás ſans ceſſe de leurs arcs contre leurs ennemys, force leur fut deſcédre & venir au combat main à main. Ce nonobſtant aucuns d'eulx craignans qu'en ces entrefaites Florus ſe ſaiſiſt du Temple y entrerent incontinent par la tour Antonia, & rompans les galleries qui eſtoient entre deux (pour mieux empeſcher l'entrée d'iceluy, entreprindrent de reſiſter là l'extreſme auarice de Florus, ſachás tresbien que l'ocaſion pour laquelle il deliberoit ſe ſaiſir de la tour Antonia, eſtoit que pour ſeulemét rauir les threſors ſacrez, ce que l'on cogneut depuis à veuë d'œil, car auſſi toſt qu'il entendit les galleries eſtre rompuës fit ceſſer le tumulte, & commanda apeller à luy les Prebſtres & Princes des Iuifz, auſquelz il dit qu'il deliberoit ſortir hors la ville, & leur laiſſer ſeulement pour leur garde, autant de gens qu'ilz auiſeroient pour le mieux. A' quoy luy fut reſpondu que de leur part ilz ne innoueroiét aucune choſe ſi luy plaiſoit leur donner vne de ſes cohortes ſans plus, & autre que celle qui nagueres auoit aſſailly le peuple, & qu'ilz hayoiét à merueilles pour les maulx & outrages qu'elle leur auoit fait endurer. Ce qu'il leur acorda, puis acompagné du reſte de ſa troupe ruprint le chemin de Ceſarée.

D'vn nommé Politianus Tribun

& de l'oraiſon d'Agrippa, Par laquelle il enhorte prie
& conſeille aux Iuifz d'obeïr au peuple
Romain.

Chapitre   XVI.

Et tou-

DE LA GVERRE DES IVIFZ. Fueil. LXXIX.

ET toutesfois le mal talent qu'il leur portoit ne s'apaisa, ains auisa vne nouuelle ocasion de leur courre sus, dont il demanda l'auis à Cestius, vers lequel il acusa grandement les Iuifz de rebellion & mutinerie, asseurant (encores que ce fust faulx) que par leur seule faulte ilz auoient enduré tout le mal qui leur estoit auenu, dont les principaulx de Hierusalem se sceurent bien excuser, & lauer par lettres iceluy Florus enuers Cestius, luy mettant deuant les yeulx toutes les meschancetez, concussions, pilleries, & meurdres qu'il auoit fait aux pauures Cytoiens, sans aucune cause ny raison, mesmes l'outrage que Berenice receut elle estant venuë en la Cité. Cestius donc ayant receu cest auertissemēt & lettres & de Florus & des Iuifz, touchant ce fait, mit en deliberacion de conseil, auec les principaux qui estoient autour de luy de ce qu'il seroit expedient, ou les opinions furent diuerses, car les aucuns luy conseillerent mener gros exercite en Iudée pour punir les delinquans & rebelles s'il les trouuoit telz, ou bien les rendre encores plus fidelles à l'Empire, leur faisant faire la raison s'ilz n'auoient delinqué. Au moyen dequoy depescha aucuns des siens pour aller deuant en Iudée s'informer de la verité. Et eut ceste commission Politianus Tribun, lequel trouuant sur le chemin pres de Iannie Agrippa ainsi comme il reuenoit d'Alexandrie, luy declara entierement sa charge, & le fait de sa legation. Or s'estoient les Pontifes & principaulx des Iuifz assemblez auec le peuple, à fin de faire nouueaux honneurs à leur Roy, lequel apres auoir esté magnifiquemēt receu d'eulx, tous d'vn acord commencerent à luy faire remonstrances des inhumanitez & cruautez que Florus leur auoit tenuës. Et ce auec telle pitié & compassion que rien plus. Ce qu'Agrippa print tresbien, & doucement parla à eulx,

O les

LE II. LI. DE F. IOSEPHVS.

les blafmant quelque fois pour leur grande legereté & promptitude à eulx efmouuoir, puis les adouciffant auſsi toſt, comme ſentant partie de leur douleur, taſchant en toutes fortes les apaiſer & leur faire perdre l'enuie qu'ilz anoient d'eulx venger de Florus, & ainſi deuiſans arriuerent en la Cité, car ilz eſtoient allé au deuant de luy ſoixante ſtades & plus, durant lequel chemin les Princes des Iuifz & autres ſceurent tresbien prendre les propos que leur auoit tenu Agrippa, eſperans par ſon moyen, conſeruer delà en auant, eulx & leurs heritages, mais quãt le peuple le vit entré dans leur ville auec Politianus, les femmes ſe mirent à pleurer & tellement regretter leurs mariz morts par la cruauté de Florus, que les hommes meſmes eſmeuz de leur douleur ne ſe peurét contenir qu'ilz ne l'armoyaſſent comme elles, & ſuplier treshumblement Agrippa qu'il en euſt pitié, & dõnaſt ordre à deliurer delà en auant la calamité du peuple. Puis s'adreſſans à Politianus luy requeroient (qu'eſtant deſcendu) il auiſaſt aux beaux actes de Florus, & luy monſtrant le marché abandonné & delaiſſé de chacun, les maiſons ruinées & deſconfites auec tout ce qui pouuoit l'eſmouuoir à pitié le perſuaderent par le moyen d'Agrippa de s'en aller luy ſeul auec vn ſeruiteur ſe promener par toute la Cité, & que lors il cognoiſtroit par eſpreuue & à veuë d'œil l'entiere obeïſſance & fidelité que les Iuifz auoient & portoient enuers tous les Romains, excepté Florus, à qni ilz vouloient mal de mort, pour la grande cruauté & rigueur qu'il leur auoit tenuë ſi longuement. A' quoy Politianus obtempera, & fut viſiter la Cité, tant qu'il aiouſta foy à ce dont on l'auoit aſſeuré, en ſorte qu'il monta au Temple ou il conuoqua, & les magiſtratz & tout le populaire: auſquelz il harangua lon guement à leur honneur, & les louant de leur loyauté & grande fidelité enuers les Romains, les amonneſta par ſemblable moyen garder & nourrir la paix & alliance qu'ilz auoient à eulx, puis adora Dieu, au lieu toutesfois ou il luy eſtoit permis, ſelon leur cerimonieuſe façon acouſtumée. Peu apres ſortit de la ville pour retourner vers Ceſtius. Et ce pendant le cõmun peuple de Iudée s'aſſembla & vint ſuplier treshumblemét & le Roy & les Pontifes qu'ilz enuoyaſſent ambaſſadeurs vers Neron à l'encontre de Florus pour luy faire entendre la façon des Tyrannies, dont il auoit vſé en Iudée, autrement le coulpable pourroit demourer abſoulz & l'innocét chargé contre raiſon, eſtans accuſez d'auoir prins les armes, & eſtre moyen de la ſedition & rumeur que Florus ſeul auoit moyennée, & tant eut ce populaire telle legation affectionnée que l'on cogneut euidemment eſtre quaſi impoſſible l'apaiſer, ſi elle n'eſtoit executée: Toutesfois Agrippa qui auoit meilleure veuë & plus de conſideration, n'eſtoit de ceſt auis, ſachant bien que ou l'on depeſcheroit ambaſſadeurs pour ce fait, qu'il ſeroit trouué mauuais. Et qu'empeſchant les Iuifz auſſi de deffendre leur droit & iuſtice, ſeroit choſe contre raiſon, & qui ne luy apartenoit. Parquoy ayant fait aſſembler vn chacun pres le lieu dit Piſtus demeurant ſa ſœur Berenice retirée à part dans vne haulte gallerie de la maiſon des Aſamonéens qui tendoit

DE LA GVERRE DES IVIFZ. Fueil. LXXX.

doit sur le pont Pistus vis à vis du plus hault costé de la ville assez pres du Temple, car le pont seul en faisoit separation, commença à les harenguer & tenir tel propos.

Certainement si ie vous eusse veu tous incitez & pres à combatre contre le peuple Romain,& que la plusgrād' & meilleure part d'entre vous n'eust voulu garder & suyure la paix, ie ne fusse venu vers vous, ny m'auancé de tant, que de vous en dire ce qu'il m'en semble : car c'est chose vaine & sans aucun fruict, vouloir conseiller le bien à ceux qui d'vn cómun acord veullent & s'efforcent de tendre & aspirer du tout au mal,mais pour autant que le peu d'aage à aucuns est cause de les rendre ignorans les trauaulx & miseres qui viennent de la guerre, & qu'a autres l'insatiable & temeraire cupidité qu'ilz ont de viure libres & sans suiection de personne, les leur font oublier,& à vne infinité le desir & le moyen d'eulx faire riches, & aquerir & conquester en confusion de toutes choses sur plus petis qu'eulx, i'estime estre necessaire (estans cy tous assemblez comme vous estes) vous donner à entendre ce qui vous est plus conuenable, & le moyen par lequel les mal auisez se pourront corriger, & les bons se conseruer de mort, s'ilz ne veullent suyure le conseil des plus meschantz. Parquoy ie vous prie qu'ou ie viendrois à proferer chose qui pourroit mal sonner au gré des auditeurs, dont l'aureille & le vouloir seroient peult estre offencez, que pourtant nul s'esmeuue ou face bruit ny tumulte, soit des piedz ou autrement, car ceux qui voudront demeurer en leur obstination ou propos d'eulx reuolter ou esmouuoir, ne la perdront si bon leur semble, ny leur premiere deliberation pour chose que ie raconte ou die. Et toutesfois m'interrompant ce que ie veux declarer, maintz qui se proposent de l'entendre,en seroiēt frustrez si tous d'vn acord ne faites silence. Quant à moy ie vous veulx bien auertir d'entrée, que i'ay asseurémēt cogneu & cognois plusieurs qui poursuiuent la vengeance des iniures qu'ilz ont receuës des gouuerneurs de leurs prouinces, & autres le bien & recouurement de leur liberté. Mais toutesfois auant que ie vous monstre qui vous estes, & contre qui auez enuie de mener guerre, ie separeray les causes l'vne de l'autre, que vous pensez estre coniointes & bien assemblées, & pour y cómencer, si vous desirez vous véger de ceux qui ont violé leur foy enuers vous,à quelle cause ou par quelle raison louez vous tant liberté? Et au contraire si vous estimez chose intollerable la seruitude, sans cause vous plaignez vous de voz gouuerneurs, car ce leur seroit chose fort deshonneste, veu qu'ilz se gouuernent modestement enuers vous de tomber en captiuité. Cósiderez ie vous prie combien l'argument de ceste guerre est petit, & poisez diligemment l'offence de laquelle iceulx voz gouuerneurs vous ont offencé, vous souuenant que l'on doit faire honneur à ceux ausquelz la puissance & auctorité est donnée, & non point les iniurier ny blasmer par collere, ainsi qu'auez commencé, aten du que lors que vous publiez & mettez en auāt le moindre peché qu'ilz ont fait vous les irritez & prouoquez contre vous,en sorte que laissant leur

O ii   premie-

LE II. LI. DE F. IOSEPHVS.

, premiere façon de faire, par laquelle ilz vous fouloient nuire, piller, & ro-
, ber occultement & auec honte, ilz auront iufte raifon de vous ruïner du
, tout publiquement & à la veuë de ceux qui le voudront voir. Aufsi ny a il
, rien au monde qui reftraigne ou reprime plus les playes que fait longue
, patience, ne chofe qui amene plus de vergongne aux perfonnes violentz
, & impetueux que les patientz, & qui endurét leur aigreur & violence fans
, en faire eftat ny femblant. Ainfi doncques pofez le cas que ceux qui font
, enuoyez des Romains par les prouinces foient plus facheux, & non paifi-
, bles, ce n'eft pas pourtant à dire qu'iceux Romains foient violentz ny Ce-
, far mefmes, contre lequel vous auez defir d'entreprendre la guerre, car ia-
, mais homme mefchant ny malicieux n'eft venu pour vous tormenter par
, leur cómandement. Et fi feroit impofsible qu'eulx qui habitent fouz l'Oc-
, cident peuffent voir ce que l'on fait en l'Orient, ne qu'ilz euffent à toutes
, heures nouuelles de ce qui auient par deçà, & quant bien ilz le fçauroyent,
, le temps, & la faifon, font mal à propos pour commencer la guerre contre
, eulx à fi petite ocafion, & de laquelle encores plufieurs d'eulx font igno-
, rans. Toutesfois celà ne les retarderoit pas qu'ilz ne vinffent fe venger pró-
, ptement fur nous, fi d'auenture nous venons aufsi à les irriter ou offencer.
, Et d'auantage nous deuons eftimer qu'il n'y aura pas toufiours vn mefme
, gouuerneur en cefte prouince, ains nous fault efperer, que ceux qui nous
, feront baillez à l'auenir nous feront plus modeftes & gratieux, mais fi vne
, foys la guerre prent trait & commencement par nous, croyez moy, qu'elle
, fera mal aifée d'apaifer, & plus dificile encores de la continuër & pourfuy-
, ure, & grandes miferes & calamitez. Et voylà quant à ceux d'entre vous
, qui veullent entrer en ce ieu. Venons donc maintenant aux autres, qui a-
, petent & defirent tant la liberté, car il fault en premier lieu que non feule-
, ment ilz l'vfurpent, mais qu'ilz combatent pour la maintenir, fi l'ocafion
, les y apelle, pour la maintenir & bien garder (dy-ie) car fur mon Dieu, en-
, durer la feruitude à gens qui iamais ne l'ont efprouuée ny experimentée, ie
, vous prometz qu'il eft facheux, & tant infuportable qu'il leur eft iuftemét
, permis combatre & plus toft mourir que venir au poinct. Mais qui a defia
, vefcu hors de liberté, & qui pour le rapeller à foy, fait nouuelle reuolte ou
, efmeute, il eft faus doute eftimé plus pour feruiteur retif&querelleux qu'a-
, mateur de foy ny de fa franchife, tellement qu'il failloit faire ce que main-
, tenant voulez entreprendre, non pas auiourd'huy, ains lors que Pompée
, entra premierement dans le païs de Iudée, & que les Romains y acquirent
, auctorité & puiffance. Et toutesfois ny noz predeceffeurs, ny noz Roys de-
, functz, plus riches, plus fortz, & quant tout eft dit de trop meilleur efprit
, que vous n'eftes, ne peurét oncques refifter à vne petite partie de leur puif-
, fance, & vous pretédez faire tefte à tout l'effort de l'Empire Romain. Mais
, ie vous fuplie penfez vous (vous qui leur auez toufiours obeï, & qui eftes
, moindres & inferieurs en toutes chofes que voz maieurs & anceftres) pou-
, uoir mieux refifter à la grandeur des Romains qu'ilz n'ont fait? Affeuré-
                                                                                    ment

DE LA GVERRE DES IVIFZ. Fueil. LXXXI.

ment que non . Et pour vous monftrer qu'il foit vray , voyez auiourd'huy l'eftat des Atheniens, qui autresfois pour deffendre la liberté de leur territoire ont eulx mefmes bruflé leur propre païs, & pourfuiuy fi vaillãement, ce grand roy Xerces qu'ilz luy donnerent la fuite, fe fauuant luy feul auec, vn feul nauire . Ie dy luy, qui peu deuant euft nauigé par la terre & marché fur la largeur de la mer s'il euft voulu , car tant eftoit fon armée admirable qu'elle euft peu feruir d'vmbre à la grandeur de l'Occean , & couurir, par terre tout l'entier circuyt de l'Europe. Et toutesfois les Atheniens dont, ie parle le batirent, & fi ont autresfois iceux Atheniens conquis & faccagé, tant de riches threfors à l'entour de la petite Salamine en Afie, que c'eft, chofe incroyable . Et neantmoins quelque vaillance, prouëffe , & bonne, fortune qu'ilz ayent euë par le paffé, vous les voyez auiourd'huy en feruitude, fouz l'obeïffance du peuple Romain, voyre & de forte , que les Italiens leur ordonnent & commandent . Et non feulement à eulx , mais aux Lacedemoniens, aux Theomopites , aux Platées , & mefmes à Agefilaüs, qui fit autresfois tant de perfecutions en Afie , car luy mefme porte honneur & reuerence aux Romains . Aufsi font les Macedoniens, qui ont encores deuant leurs yeulx Philippe & Alexandre , qui iadis dominerent la monarchie de tout le monde . Et toutesfois ilz endurent modeftement la mutation des chofes , & portent honneur à ceux vers qui fortune à tourné fon front. Plufieurs autres nations aufsi de plus grand renom que vous n'eftes ont voulu fouuent pretédre à la liberté fouz couleur & vmbre d'auoir fuport & à qui fe fier , mais fi fouffrent ilz pourtant la fortune & obeïffent, pour l'heure aux Romains . Et vous feulz auez honte de demeurer en leur, rang, combien que vous voyez & cognoiffez à veuë d'œil , qu'ilz font dominateurs fur tous priuez & eftranges : Mais ie vous prie à quelle exercite, ou armée vous pouuez vous fier ou affeurer ? Ou eft voftre equipage fur, mer qui puiffe nauiger ou coftoyer celuy des Romains ? Ou font l'or & les, deniers fuffifans pour fouldoyer & fubuenir aux fraiz ? Ie penfe fur mon, Dieu que quant vous entreprenez la guerre contre vn peuple fi puiffant, que vous eftimez auoir affaire ou aux Egyptiens , ou aux Arabes voz voyfins, mais ne prenez vous point garde combien eft grand l'Empire des Romains, & voftre moyen petit à leur refpec. Auous ia oublié que voftre Cité a tant de foys efté ruïnée & cóquife par iceux qui vous font les plus prochains? A plus forte raifon donc, comme penfez vous vaincre ceux qui ont, vaincu tout le monde, voire & qui en ont voulu chercher & trouuer vn, fecond s'il leur euft efté pofsible, ainfi que vrayement ilz ont fait cognoiftre, car il ne leur a point fuffy refpandre leur victoire iufques par delà le, fleuue d'Euphrates, du cofté d'Orient, ny vers Septentrion outre le Danube, ou deuers le Mydi iufques aux defers de Libye, & vers l'Occident par, delà l'Ifle des Gades , ains ont cherché vn autre monde , & trauerfé la mer, Occeane, códuifans leur armée iufques en la grand'Bretaigne ou parauant, nul abitoit. Quoy doncques? penfez vous eftre plus riches que les Gaulois,

O iii   plus

LE II. LI. DE F. IOSEPHVS.

, plus puiſſans & robuſtes que les Germains, & de plus grande puiſſance que
, les Grecz ? ou d'auantage que tout le reſte des viuantz enſemble . A' quoy
, donc vous fiez vous quant vous deliberez d'entreprendre la guerre contre
, l'Empire ? Peult eſtre qu'aucun de vous pourra dire & me propoſer, il eſt
, facheux & quaſi intollerable de ſeruir, ie le croy bien, mais las! combien a
, il eſté plus facheux aux Grecz quis'eſtimoiét les plus nobles de ce monde,
, & dominateurs pour lors de ſi grand païs comme ilz eſtoient veritable-
, ment, eſtre ores contraintz d'obeïr aux Romains,non pas en vne ſorte ſeu-
, lement, ains en plus de ſix toutes diuerſes . Et tout autant en font ceux de
, Macedone, encores qu'ilz deuſſent & à meilleure raiſon que vous garder
, & deffendre leur liberté . Quoy? n'y a il pas cinq cens villes & Citez en A-
, ſie, qui ſans aucune garde ny garniſon ſe rendent auiourd'huy en la ſuie-
, ction d'vn ſeul gouuerneur, & obeïſſent aux officiers des Conſulz de Ro-
, me? Quoy doncques,voulez vous que ie vous die d'auantage? Et les Enio-
, ches, Colches, & ceux qui habitent à l'entour du mont Taurus, voyre &
, les autres ſituez vers les Boſphores, & toutes nations ioignantes le riuage
, du pont Euxine, & du palus Meotide, qui au temps paſſé n'auoient reco-
, gnoiſſance d'aucun Prince & ſouuerain ſeigneur, maintenant ſont ſuietz
, & font iou ſoubz troys mile Cheualiers Romains, ſans ce qu'il y ayt plus
, de quarante longues nauires, qui tiennent en tranquilité de paix la mer,
, laquelle eſtoit au prcedant innauigable . Or laiſſons tout celà & ſuyuons
, le but de noſtre liberté pour à laquelle paruenir côſiderons premierement
, combien de raiſons pourroient amener plus que nous & pour meſme fait,
, & ceux de Bythinie, & ceux de Capadoce, de Pamphilie, les Lydiens, &
, meſmes ceux de Silicie, & neantmoins eulx tous payent auiourd'huy tri-
, but aux Romains, & liberalement ſans y eſtre contraintz & forcez par ar-
, mes, & non eulx ſeulement, mais les Thraciens Seigneurs d'vn païs qui à
, bien parler eſt ſi grád qu'il ſeroit impoſſible d'en pouuoir trauerſer la lar-
, geur en cinq iournées, ny la longueur en ſept,mais quelles iournées ? iour-
, nées certes de païs plus mal ayſé, plus raboteux, plus aſpre, & dificile, que
, n'eſt le voſtre, voire & en maintz endroitz, trop plus fort, & dangereux à
, paſſer à ceux qui y voudroient mener guerre, & ne fuſt ſeulemét que pour
, la glace qui y eſt en habondance, & continuëlle. Et toutesfois ilz obeïſſent
, à deux mile Romains qui y ont eſté laiſſez en garniſon, & autant en font
, les Illiriens iuſques au païs de Dalmacie . Et ceux meſmes qui habitent le
, Danube, ſans qu'ilz ayent en leur prouince, autre plus grand nombre de
, ſoldatz qu'il y a en Thrace, leſquelz quelque fois aſſemblez & bien ſonuét
, auec ceux du païs,rendent les Daciens en leur ſuieétion. Mais ne prendrez
, vous point garde à ceux de Dalmacie, qui pour viure en leur liberté ſe
, ſont par mile & mile fois eſmeuz auec vne puiſſance ineſtimable, & par
, mile & mile foys eſté vaincuz & reduitz, auiourd'huy ilz viuent en paix,
, eſtans baillez en garde à non plus qu'à vne legion de géſdarmes. Qui dóc-
, ques commencera à ſe reuolter contre eulx? veritablemét ie ne le puis penſer.

DE LA GVERRE DES IVIFZ. Fueil. LXXXII.

ser. Et quant bien i'y penserois & ou il y auroit cause suffisante, les Gaulois,
plustost qu'autre nations'y deuroient acheminer, les ayant Nature fauorisez de sorte qu'elle les a fortifiez, du costé d'Orient de la sublimité des
Alpes: vers le Septentrion, du large fleuue du Rhin : du Mydi, d'icelles,
mesmes Alpes, & de l'Ocident de la mer Oceane, & si ont plus, car s'ilz se
tiennent bien remparez comme i'ay dit, ilz sont entr'eulx plus de troys cés
& quinze nations alliées & confederées, & en païs fructueux & fort arro-
sé de grand nombre de fontaines si fertiles, que certainement ie n'oserois
asseurer qu'entre autre peuple de la terre se puisse dire auoir plus de com-
moditez pour viure qu'ilz ont. Si est-ce toutesfois qu'ilz rédent tribut aux
Romains & souffrent de ne receuoir iamais felicité ny plaisir, si parauant,
il n'est aduenu au peuple Romain. Non qu'ilz le facent ny par foyblesse,
ou basseur de courage, ou que leurs antecesseurs n'ayent esté si illustres,
nobles, magnanimes & vertueux, qui ont bien eu le moyen de maintenir
l'espace de soixante ans la guerre continuëlle contre iceux Romains, mais,
pour voir la fortune & vertu tant fauorable à leurs ennemys, que finablement esmerueillez, ont eu crainte qu'icelle fortune & vertu (par laquelle
ilz ont plus fait la guerre que par leurs effortz) continuassent à leur faire,
ayde & faueur. Au moyen dequoy pour euiter à pis, ont d'eulx mesmes
esleu la suieétion, & de fait endurent & obeïssent à deux cens & mile,
gensdarmes qui restent en leurs païs, encores qu'ilz ayent eu autresfoys en
leur dition & commandement plus de Villes & Citez, qu'auiourd'huy il,
n'y a de soldatz estranges à la solde des Romains.Et si tout ce ne vous contente qu'a proffité l'or qui se treuue dans le païs d'Espagne, pour les conseruer durant le temps qu'ilz ont soustenu la guerre, & porté si long temps
les armes contre les Romains à fin de demeurer en leur liberté,ny aussi peu
aux Portuguez & Câtabres gens belliqueux & aspres au combat,ny à plusieurs autres nations, encores qu'elles sussent eslongnées par grand' espace,
de mers & de terre, de Rome,& voysines du grand Occean terrible & trop,
espouentable à ceux qui costoient son riuage pour le hault son & esclate-
mentz merueilleux qui s'y font quelque foys,& neátmoins toutes ces choses (quasi incroyables)n'ont point empesché les Romains qu'ilz n'ayét fait,
passer leur armée outre les colonnes d'Hercules, & surmonté par force,les
nuës qui font le sommet des montz Pirenées, rendans les Espagnolz soubz,
leur puissance, & si doux, que pour le present vne seule legion de leur gendarmerie,les garde & entretient,encores qu'ilz soient comme i'ay dit gens,
de guerre, & loingtains du peuple Romain. Qui est-ce au surplus d'entre,
vous qui n'ayt ouy parler de la multitude & grand nombre d'hommes,,
dont la Germanie est habitée, & la vertu & haulteur de leur corpulence,,
laquelle (comme i'estime) vous auez peu voir souuentesfois, d'autant que
les Romains en tiennent plusieurs captifz en plusieurs lieux, & places, &,
toutesfois combien que leur païs soit si ample & de longue estéduë,& eulx,
mesmes encores plus grandz d'esprit que de corps,voire iusques à contem-

O iiii   ner

LE II. LI. DE F. IOSEPHVS.

, ner totalement la mort, & tenir leur ire & courroux plus longuement que
, les beſtes plus cruelles, & que le fleuue du Rhin leur eſt limite & rempart,
, ſi eſt-ce qu'ilz ſont maintenant domtez & gouuernez par huyt legions
, de genſdarmes Romains, eſtans les aucuns d'eulx qui ont eſté prins en la
, guerre, contraintz d'endurer la ſeruitude. Et les autres qui ont mis plus de
, peine de garder leur liberté, ſorcez de la ſauuer par fuite, & longue abſen-
, ce. Conſiderez d'auantage ie vous prie, les murailles de la Bretaigne, ie dy
, vous qui mettez toute voſtre fiance en celle de Hieruſalem, car elle eſt en-
, uironnée de la mer Occeane, & ſi n'eſt le terrouer gueres moindre que le
, noſtre. Et neantmoins quant les Romains y ont fait voylle, ilz l'ont iointe
, & renduë ſoubz la puiſſance de leur Empire, qui a laiſſé ſeulement quatre
, legions pour tenir en bride vne Iſle ſi grande & ſpacieuſe comme elle eſt.
, Qu'eſt il donc beſoing que ie vous perſuade tant à conſeruer la paix, veu
, que les Parthes qui ſont gens de guerre & belliqueux, & qui ont eſté au-
, treſfois Seigneurs de ſi grand peuple, riche, puiſſant, & opulent, ont des
, leurs propres pour oſtages entre les Romains, & ſeruent auiourd'huy les
, plus nobles d'Orient à l'Italie, pour nourrir & eulx conſeruer en paix & a-
, mytié. Voyez doncq' quaſi tout le monde porter honneur & crainte aux
, armes des Romains, & vous ſeulz faites les retifz & voulez entreprendre
, la guerre contre eulx. Mais ne conſiderez vous point la fin des Carthagi-
, nois, qui ſe glorifioient tant en leur grand Annibal, & pour eſtre deſcen-
, duz de la noble race des Pheniciens, toutesfois ilz ont eſté ſubiuguez &
, deſconfitz par Scipion, & non eulx ſeulement, ains les Seyreniens deſcen-
, duz de Lacedemone, les Marmarides qui s'eſtendent iuſques aux deſertz
, pleins d'arennes, & de monſtres horribles & dangereux, les Syrthes, terri-
, bles & fort eſpouentables à ceux qui ſeulement en oyent parler. Les Naſa-
, mones auſſi, les Mores & les Numidiens meſmes qui ſont en grande quan-
, tité, tous ceux là n'ont iamais ſceu empeſcher le peuple Romain, qu'il n'ait
, conquis par armes la troiſieſme partie du mōde, de laquelle il eſt mal ayſé
, à nombrer les nations, car elle contient depuis la mer Athlantique & coló-
, nes d'Hercules, iuſques à la mer Rouge, embraſſant toute l'Ethiopie gran-
, de à merueille & opulente, ſoit en terre ou en peuple. Ce nonobſtant ſont
, tenuz iceux Ethiopiens, outre les fruitz de leur païs qu'ilz rendent tous les
, ans au peuple Romain (ſuffiſans certes pour le nourrir par neuf moys) leur
, paye rencores autre certain tribut qui eſt à leurs deſpens recueilly par ceux
, des Romains qui le vont leuer aux iours nommez, ſans que nul d'eulx en
, murmure ou cōtredie en quelque ſorte que ce ſoit, ains obeïſſent & endu-
, rent comme ſi tout eſtoit fait par raiſon. Ce que i'eſtime tresbien que trou-
, uez au contraire. Et neantmoins vne ſeule legion les entretiét en ceſte obe-
, iſſance & gracieux vouloir. Quoy dócq'? voulez vous que ie vous ameine
, encores autres exemples pour vous monſtrer & faire cognoiſtre la puiſſan-
, ce des Romains, qui vous eſt ſi euidente par l'exemplaire meſmes des Egyptiens voz voyſins, ayans païs ſi long qu'il s'eſtend iuſques en l'Ethiopie,

& en

DE LA GVERRE DES IVIFZ. Fueil. LXXXIII.

& en Arabie l'heureufe, voire aprochant les Indes, & fi habité de perfonnes que l'on nombre nourrir en fon eftenduë cinquante fept cens miliers, d'hommes fans le commun peuple d'Alexandrie. Si font ilz pourtant tributaires & fuietz au grād Empire auquel ilz payent treu, tel qu'on le peult eftimer, eftant impofé par tefte, & fans aucune violence ou contradiction, combien qu'ilz ayent affez d'ocafion d'eulx reuolter, & principallement, ceux d'Alexandrie, ville riche & populeufe, & non moins grande que la plus grande des autres, car elle a pour fa longueur trente ftades. Et pour largeur gueres moins que dix. Ce nonobftant elle paye en vn moys plus de tribut que vous ne faites en vn an. Et fi enuoye, outre la pecune qu'elle contribuë à l'Empire, tout le reuenu que leurs terres aportent par quatre moys qui eft donné au commun peuple des Romains, encores qu'elle foit fortifiée de toutes partz ou d'vn defert vers lequel il n'eft pas poffible d'aprocher, ou de la mer qui fe trouue encores moins nauigable en ceft endroit, ou bien de riuieres & marefcages tremblans & fangeux, & neantmoins toutes ces incommoditez n'ont peu refifter à l'heur & bonne fortune d'iceulx Romains, lefquelz auec deux legiós de leurs genfdarmes, efpians la Cité, maiftrifent & tiennent, & cefte grande ville & toute l'Egypte & Macedone en telle fuiection, qu'ilz n'ofent pas quafi leuer la tefte. Quel les gens doncques apellerez vous ny quel peuple ferez vous venir des defertz pour vous eftre compaignons à maintenir la guerre que vous voulez entreprendre, veu qu'il n'y a partie au monde habitable qui ne foit pour l'Empire Romain. Si d'auanture aucun d'entre vous ne iette fon but & efperance à ceux qui viuent outre du fleuue d'Euphrates, & que vous eftimez auoir fecours d'eulx, mais ilz fe garderont bien de tomber en tel mefchef, ny de fe renger en vne fi dangereufe partie, fans caufe ny raifon. Et quant bien encores ilz y prefteroient l'aureille, & fe confentiffent à vne follye fi defmefurée, fi ne la leur compromettront iamais ceux de Parthe, lefquelz ont toufiours & fi diligemment obferué l'integrité de la paix, & alliance qu'ilz ont aux Romains qu'ilz la penferoient violée & rompuë, ou aucun de leur party marcheroit à l'encontre d'eulx. Que refte il donc finon auoir recours à Dieu le createur & fe recommander à fa protection & fauuegarde? Et toutesfois les Romains font fauorifez de luy, car il feroit certainement impoffible qu'vn tel Empire qu'eft le leur, fuft venu iufques au poinct ou l'on le voyt fans l'ayde de la diuine clemence. Ce que vous deuez bien confiderer, & mefmes de combien vous vous efloignerez de l'ordre de voftre religion, tombant à la guerre que vous defirez, car force vous fera fouuent combatre es iours prohibez par la loy, & faire mile autres chofes irregulieres & contre Dieu: comment donc l'atendez vous à voftre fecours? Et fi vous me dites que nulle contrainte vous pourra faire violler le Sabat, tenez vous donc auffi defia pour vaincuz, n'eftans de meilleure condition que voz predeceffeurs qui ont plus d'vne fois experimenté ce que maintenant ie vous propofe. Tefmoingz en font encores les iours, efquelz Pompée,

LE II. LI. DE F. IOSEPHVS.

, pée, obtint la victoire, car il assailloit durāt le Sabat, ou nul des Iuifz assail-
, ly osa ou voulut oneques mettre la main aux armes, ains ayma trop mieux
, souffrir l'aigreur & rigueur du glaiue trenchant, que transgresser ou vio-
, ler vn seul poinct de la loy. Ie ne sçay doncq' à quelle fin vous entendez
, prendre les armes & vous reuolter, veu que vous tous estes d'vn acord, i'en-
, tendz quant à l'obseruation & entretenement des loix & statutz du païs,
, lesquelz vous ne voudriez pour rien enfraindre, autrement comment pen-
, seriez vous inuoquer ou auoir Dieu à vostre ayde? Pourtant souuienne
, vous, que quant autres veullent esmouuoir la guerre, ilz se fient, ou à la
, vertu & faueur de Dieu, ou à la vertu & richesses de leurs hommes, ce que
, leur defaillant, tombent & se treuuent au lieu de victorieux vaincuz, & de-
, faitz, perdans honneur, bataille, & butin, chose qui ne vous peult faillir,
, suyuant ce que vous commencez. Qui vous empesche donc maintenant de
, mettre en pieces voz enfans, voz femmes, & le feu mesmes dans ceste vostre
, propre Cité, car estans souls & furieux comme vous vous monstrez, vous
, n'y pouez rien perdre ou acquerir que la honte de vostre temerité & des-
, mesurée outrecuydance. Pensez y mes amys, pensez y bien, & preuoyez à
, la tempeste future premier que soyez preuenuz d'elle, euitez tandis que
, vostre nauire est à port & hors de l'impetuosité des vagues, l'inconuenient
, qui luy pourroit auenir, si elle estoit au meilleu de la mer à la mercy & fu-
, reur des vndes, & des ventz. Ayant deuant les yeulx qu'il est plus que rai-
, sonnable d'auoir pitié de ceux qui par quelque malencontre sont tombez
, en aucun danger. Non pas des autres qui, de leur propre gré & vouloir,
, entrent & cherchent leur propre infortune, veu qu'ilz sont dignes de mo-
, querie, si d'auenture ilz l'euitent puis apres. Cecy dy-ie pour vous, le cas
, vous touche, & ne se fie nul de vous, disant, les Romains sont gracieux,
, encores que nous demourions vaincuz, si nous receüront ilz à mercy, &
, ne nous tueront ny ne mettront le feu en ceste ville honorable, pour faire
, cognoistre à toutes nations leur douceur & humanité, mais i'ay grand' pa-
, our qu'il sera tard de vouloir retirer la nef, lors qu'elle se trouuera au pro-
, fond des abismes, car s'ilz vous surmontent, soyez certains que mal aysé-
, ment trouuerez vous lieux de seur refuge, ou qui, pour fuir, vous puisse
, sauuer & garétir, atendu que ie ne sache suiet ou allié d'eulx, qui osast vous
, receuoir ny retirer, & si ne serez pas seulz en ce danger, ains tout le reste du
, peuple des Iuifz, & quelques Citez ou contrée du monde ou ilz se trouue-
, ront espars, & qu'iceux Romains ne facent mourir cruellement, si vne fois
, vous rebellez contre eulx. Voilà doncq' ce qu'il vous peult succeder de
, mauuais conseil de quelques vns d'entre vous, voylà le moyen pour faire
, taindre tant de villes & lieux du sang des Iuifz, & si auront iuste cause de
, ce faire ceux qui mettront les mains sur eulx, car contrainte les conduira
, par vostre meschâceté à ce vostre malheur. N'est il doncq' meilleur & plus
, conuenant pour vous, de vous conseruer en leur amytié, estans si traitables
, comme ilz sont, sans vouloir ainsi prendre les armes? Haa Dieu vous vous
en gard.

DE LA GVERRE DES IVIFZ. Fueil. LXXXIIII.

en gard . Et si n'auez pitié & commemoration de voz femmes & petis enfans, ayez la pour le moins de ceste vostre antique Cité, apellée par tout le monde la mere des villes. Pardónez ie vous suplie à voz murailles precieuses. Pardonnez à voz lieux venerables & sacrez & conclaues , maintenans, tousiours en seure garde le Temple & le lieu que vous nómez *Sancta Sanctorum*, car si les Romains ont le dessus de vous par force, croyez, si autresfois ilz vous ont esté gracieux & traitables que les trouuerrez maintenant, cruelz , & sans vous espargner ny pardonner à chose qui vous touche . Et, quant à moy , i'apelle en tesmoing toutes les choses saintes que vous gardez, les anges mesmes de Dieu , & le païs commun à nous tous, que ie ne vous ay dit ny persuadé à chose qui ne vous soit necessaire & de salut . Ce que vous tous amys de paix pouez cognoistre en voz consciences, tant y a, que, si donnez foy à mon dire, nous viurons ensemble en tout repoz, sinon, & ou vous voudriez entreprendre choses qui si fort vous sont preiudiciables, vous les endurerez sans moy , & m'en laueray les mains . Proferant, laquelle parole se print tellement à l'armoyer & en la presence de sa sœur, que grand partie du peuple se trouua ayant les yeulx baignez , & s'escrierent d'vne voix qu'ilz n'entreprendroient point la guerre contre les Romains, mais bien contre Florus. Ouy, respondit le roy Agrippa, & toutesfois voz actes & faitz sont semblables à ceux qui meinent guerre encontre l'Empire de Rome , car tant s'en fault que voulez seulement payer à Cesar le tribut que vous luy deuez , que vous mesmes auez mis le feu aux galleries d'Antonia. Toutesfois ie pense que les faisant réedifier , & luy payant soudain ce que vous estes tenuz luy bailler tous les ans , que les Romains oubliront vostre faulte. A quoy ne deuez differer, atendu que ny le bastiment que vous remettrez sus, ny les deniers que vous cótribuerez, ne vient point à l'augmentation ny grandeur de Florus , ains à Cesar & à l'Empire. Ce que bien consideré par le peuple , tous d'vn acord se misrent à restablir ce qu'ilz auoient auparauant ruiné , ainsi que le Roy descendoit au Temple acompagné de sa sœur Berenice . Et tandis les principaulx de la ville ayans prins chacun son quartier commencerent à recueillir de maison en maison , & par les villages les deniers que l'on deuoit à Cesar , & auec telle diligence qu'ilz amasserent en moins de rien plus de quarante tallans outre le tribut commun . Ainsi fut par le moyen & bien parler d'Agrippa , la rumeur & tumulte des Iuifz apaisée pour l'heure, mais elle dura peu , parce qu'essayant les reduire à l'obeïssance de Florus , en atendant que Cesar eust pourueu d'vn autre en sa place pour gouuerner , le païs & tout le peuple se mutina de rechef, & de fureur coururent sus à luy mesmes , voyre & par telle violence , que ne se contentans des iniures qui luy vomirent en sa presence le chasserent à l'heure mesme hors de leur Cité , & si en eut aucuns qui oserent bien prédre la hardiesse de luy ietter tant de pierres qu'ilz le cuidérét outrager: Parquoy considerant leur insulte & le peu de moyen qu'il y auoit de les remettre, enuoya aucuns des principaulx & potentatz

de la

de la Cité par deuers Florus, qui lors estoit en Cesarée, se complaindre de ceste iniure & le prier au reste qu'il deleguast aucun d'entr'eulx pour receuoir les tributz acoustumez. Et que quant à luy, il se retiroit en son Royaume.

Comme les Iuifz commencerent
à eulx rebeller contre les Romains.

Chapitre   XVII.

Vrant ce mesme temps quelques vns de ceux qui principalemēt esmouuoient la guerre entre tous, estans assemblez, prindrent d'emblée Massada mettant à sac & à l'espée tous les Romains qu'ilz trouuerent dedans. Ce fait pourueurent la forteresse de bonne & seure garnison qu'ilz y laisserent. Et peu apres Ananias Pontife, homme ieune, prompt & de grand courage leur chef & capitaine, trouua façon de persuader & faire trouuer bon à ceulx qui auoient la charge des sacrifices, de ne receuoir aucune oblation ou hostie, sinon de ceux qui estoiēt du païs de Iudée. Ce commēcement certes est seul preparatif de toute la guerre qui auint depuys entre les Iuifz & les Romains, car ilz reietterent de là en auant les oblations mesmes de Cesar, que l'on auoit acoustumé de presenter pour le salut du peuple Romain, sans ce que nul des Pontifes ou primatz, pour priere ou remonstrance que l'on leur fist, voulsist oncques consentir

DE LA GVERRE DES IVIFZ. Fueil. LXXXV.

sentir qu'elles fussent offertes ny receuës au Temple, tant eurent de fiance non point à la multitude de leur peuple qu'ilz voyoient fort violant, robuste, & prompt à les seruir, secourir, & complaire, mais à Eleazarus seul qui (comme ie vous disois n'agueres) estoit durãt ce temps chef & autheur de ceste sedition. Toutesfois s'assemblans depuis iceux Pontifes & primatz auec les Pharisiens, & autres plus nobles de la Cité, & considerans en eulx mesmes le danger ou tomboit leur ville, & la misere & calamité qu'ilz se preparoient tousiours de mal en pis: delibererent de tenter le cueur des sedicieux, & pour ce faire fut tout le peuple conuoqué deuant la porte qui s'apelle Dcrain, située en la plus basse partie du Temple, & qui a son regard vers l'Orient, ou apres s'estre complaintz grandement de la follie & temeraire presumption d'iceux sedicieux, & le peril euident qui leur estoit prochain, ou ilz voudroient entreprendre la guerre, & mettre ainsi le païs en trouble, essayerent doucement les apeller au bien de la paix, pour à quoy paruenir leur remonstrerẽt, que l'embellissement & principalle richesse de leur Temple estoit venuë des oblations estrangeres, & de toutes pars, que leurs predecesseurs y auoient permis estre colloquées & offertes, sans que nulle chose donnée en ce lieu eust iamais esté regretée, ains auoyent de tout temps esté gardées en signe de perpetuelle memoire, comme l'on les pouoit encores voir à l'heure. Et au contraire, disoient ilz, vous deniez aux Romains excercer & continuër chose tant recommandée & louable, comme si vous ne demandiez qu'ocasion de guerre, querelle, & cémancement d'vne nouuelle religion inique & iniuste, au grand danger certes de vous & de tout le peuple Iudaïque. Or est ceste nostre Cité commune à tous estrangers, & tous estrangers y ont de coustume y aborder & sacrifier au Temple de Dieu, toutesfois vous le voulez maintenant denier aux Romains, & refuser ce bien & priuilege à Cesar seul, ne faisant conte ou estat de luy non plus que d'vne personne priuée, prophane, & sacrilege, mais ou trouuez vous cela bon & raisonnable? N'ont il pas ocasion & droit de nous apeller & mutins & inhumains enuers eulx? si ont certes si ont, de sorte que ie crains que ceux qui denient & ne veulent receuoir maintenant les hosties de Cesar, soient cy apres tellement empeschez pour eulx mesmes, qu'ilz n'auront pas le moyen de presenter les leurs propres, & que la Cité demeure deplorée & sans aucune principauté ou domination, si bien tost ilz ne mettent de l'eau en leur vin, & reçoiuent gracieusement les oblatiõs qu'ilz ont reiettées, voire & premier que les nouuelles en viennent aux aureilles de ceux, au deshonneur desquelz ilz se font de tant oubliez, pour l'exemplaire dequoy ceux qui leur faisoyent ces remonstrances vindrent à leur ramener & ramenteuoir la façon de faire de leurs maieurs. Et les prebstres mesmes à les asseurer & affermer, que leurs predecesseurs n'auoyent oncques denié ny refusé les sacrifices des estrangers, mais leur parole fut si mal receuë des mutins & sedicieux, que tant s'en fallut qu'ilz les escoutassent, qu'eulx & les ministres & officiers de l'autel, se tenoient couuerts &

P   cachez

LE II. LI. DE F. IOSEPHVS.

cachez comme se preparans & cherchans ocasion de guerre, qui fit bien cognoiſtre aux plus nobles de la Cité la ſedition eſtre ia ſi grande & allumee, qu'il eſtoit impoſsible de l'apaiſer par leur propre auctorité,& que le danger redonderoit principalement ſur eulx, ſi le peuple Romain entreprenoit de les chaſtier : parquoy delibererent eſſayer de toute leur force d'amortir & deſraciner les cauſes de ceſte ſedition , & propoſer tant & ſi bon conſeil aux Iuifz qu'ilz ſuyuroient de là en auant la raiſon . Et en ces entrefaites deleguerent ambaſſadeurs vers Florus, dont eut la charge principalle Symon, filz d'Ananias, & vers Agrippa Saulus Antipas , & Coſtobarus, prochains parens du Roy, & les plus nobles du païs : à tous leſquelz ambaſſadeurs fut ordonné de ſuplier treshumblement Agrippa & Florus, qu'il leur pleuſt deſcendre iuſques en Hieruſalem, auec leurs forces & armées, & pourueoir par puiſſance à ceſte ſedicion , premier qu'elle fuſt du tout allumée & trop difficille à eſtouffer. Ce qu'entendu par iceluy Florus eſtimez que les nouuelles de l'origine & ſource de telle calamité ne luy furent ſinon autres qu'agreables , & les meſſagers bien venuz, tellement que pour encores mieux exerciter la guerre, les renuoya ſans aucune reſponſe, mais quant à Agrippa delibera (pardonnant à ceux qui eſtoient autheurs de la mutinerie) de donner ordre pour l'auenir à deliurer les autres qui en eſtoient innocens , & les entretenir tous en la bonne grace & ſuiection des Romains, gardant le Temple, & conſeruant le païs de ruïne, ſachant tresbien ou l'eſmeute s'eſchaufferoit plus grande, que luy meſmes n'y pourroit auoir que dommage: parquoy enuoya promptement au peuple trois mile hommes de cheual des Auranites, Batanées & Trachonites, dont fit chef principal Darius , auquel fut baillé pour capitaine Philippe , filz de Ioachin , & eulx deux auec ceſte troupe ſe vindrent ioindre aux plus nobles de la Cité qui les receurent , & acompagnez des Pontifes , & autre peuple amy de paix , ſe logerent tous au plus hault quartier de la ville, car deſia vne bande des ſedicieux auoit prins & tenoit le bas auec le Temple , ſi que delà en auant y eut dure & forte guerre les vns côtre les autres,fuſt à coups de fondes, de fleches, & autres diuers inſtrumens , dont l'air retentiſſoit à toutes heures, ſe monſtrans les ſedicieux aux courſes & entrepriſes qu'ilz faiſoient hardis & vaillantz , & les gens du Roy plus expertz & auiſez à eulx deffendre & les offenſer, eſſayans en toutes ſortes de gaigner & ietter les ſedicieux hors du Temple, qu'ilz prophanoient.Et les ſedicieux d'autre part conquerir ſur eulx (par le moyen d'Eleaſarus leur capitaine) le hault de la Cité qu'ilz ocupoient,tellement que par l'eſpace de ſept iours entiers l'effuſion de ſang des deux coſtez fut grande & cruelle, ſans ce qu'ilz peuſſent rien aquerir ny eulx acroiſtre : mais comme s'aprochoit la feſte apellée Xyllophorias, en laquelle chacun auoit couſtume de porter au Temple vne grande quantité de boys , pour touſiours entretenir le feu qui y bruſloit, ſans eſtre iamais eſtaint , pluſieurs y entrerent penſans celebrer la ſolennité, & parmy eulx, & en la foulle vne maniere de brigás qui portoient

en leur

DE LA GVERRE DES IVIFZ. Fueil. LXXXVI.

en leur fein petites dagues cachées defquelles ilz naürent tellemét leurs ennemys, qu'eulx & les gens du Roy qui penfoient y eftre à main forte, furét contraintz d'eulx retirer & de viftefie, pour la multitude du peuple qui les preffoit habandonner le hault qu'ilz auoient toufiours gardé, dont les fedicieux fe faifirent, pillant & faccageant & le logis d'Ananias Pontife, & le palais d'Agrippa & de Berenice fa fœur, mettás le feu au lieu ou eftoient gardées les lettres, enfeignemés, & obligations de ceux à qui les plus riches auoient prefté, tant pour ofter le moyen de iamais rien en demander aux debteurs, que pour leur donner courage & hardieffe d'eulx rebeller contre leurs creanciers, fans craindre de là en auant d'eftre tourmentez pour contratz qu'ilz euffent faitz, & paffans outre, voyant que ceux qui auoient en garde les chartres & anciés papiers du threfor de la Cité l'habádonnoient, y acoururent & l'embraferent comme les autres, enfemble toutes les chofes principales qui apartenoient à la conferuation de la Republique, & authorité de leur propre ville, contraignans & les vns & les autres fauuer leurs perfonnes, par la fuite, plufieurs à eulx cacher dás les cloacques, lieux ordz & infectz, & quelque peu parmy les gens du Roy, qui s'eftoient à peine retirez au plus hault de la forterefie, dont ilz fermerét haftiuemét les portes, fe trouuans parmy eulx Ananias Pontife, & Ezechie fon frere, auec les ambaffadeurs qui auoient efté enuoyez vers Agrippa. Et ce pédant les autres ne cefferent d'enflâber par tout, tant qu'ilz fe trouuerent las & contentz de leur victoire, parquoy cefferent ce bel œuure, iufques au iour enfuyant, que l'on contoit le quinziefme du moys d'Aouft, qu'ilz reprindrent leurs erres, & vindrent de grand fureur affaillir la tour d'Antonia, laquelle apres auoir efté afsiegée par l'efpace de deux iours entiers ilz prindrent de force, faifans paffer aux trenchans de leurs efpées, tous ceux qu'ilz y trouuerent en garnifon, puis y mifrent le feu, & vindrent au lieu ou s'eftoient enfermez les genfd'armes d'Agrippa, & la diuiferét leurs forces en quatre parties, pour mieux les tenir afsiegez. Lors commencerent à faire grand deuoir d'abatre les murailles, contraignantz ceux de dedans de fi pres, que pour le danger qui leur eftoit prochain & preparé, nul d'eulx ofoit feulement monftrer la tefte hors, tant fe voyoient énuironnez de grand nombre de peuple & d'affaillantz. Toutesfois le cueur ne leur faillit pourtant, ains tuoyent & faifoient grand carnage de ceux qui premiers vouloient monter la muraille, ou trop s'auancer, combatans iour & nuyt les vns contre les autres, encores que les fedicieux eftimaffent les enfermez auoir fi peu de viures & moyen de tenir longuement contre eulx, que finablemét ilz tomberent en defefpoir, mais ce n'eftoit pas l'opinion des gens d'Agrippa, ains faifoient eftat de fi bien les ennuyer par leur monftrer tefte & vifage tant vertueux, que force leur feroit à la fin les laiffer en repos, & en ces entrefaites fe prefenta dans la Cité vn nommé Manahemus, filz de ce fin & cauteleux Sophifte Iudas de Galilée, lequel du temps de Syrus s'eftoit autresfois formalifé fort & ferme contre les Iuifz, leur perfuadant qu'à

P ii   Dieu

LE II. LI. DE F. IOSEPHVS.

Dieu seul ilz deuoient obeïr & estre suietz, non pas aux Romains. Ce galland dont ie vous parle (prenant en sa compagnie quelques vns des nobles du païs) s'en alla en Massada ou estoit encores gardée & entretenuë l'armeurerie du feu roy Herodes, de laquelle apres auoir brisé les portes, il s'empara, & en fit tellement armer & equiper ceux qui le voulurent suyure, & qu'il auoit autour de soy pour sa garde, qu'il eut moyen de retourner en Hierusalem, & s'y faire obeïr comme Roy, & tellement quil commença à elire Princes & Capitaines, ausquelz il donnoit les principales charges de ses forces, mais il n'auoient point d'instrumentz ny machines de guerre pour rompre & demolir les forteresses, & si ne pouuoient trouuer façon de myner la muraille du lieu ou les gens d'Agrippa tenoiét bon, car ceux de dedás leur resistoient fort & ferme & à toutes heures, fust iour ou nuict, toutesfois Manahemus trouua moyen de sapper d'assez loing la tour, & l'apuyant sur petitz potteletz de boys sec, n'ayant plus d'autres fondemens y mit le feu, qui peu apres consomma si bien ce qui la soustenoit, que force luy fut tomber & renuerser du hault en bas, & pensans l'assaillir à l'instant mesmes, se trouuerent deceuz, car les gens du Roy (ayans descouuert leur ruse) y pourueurent de tel ordre, qu'estant la tour desroquée, les sedicieux auiserent vne autre muraille derriere, que les assiegez auoyét edifiée, en extreme diligence, qui estonna si bien les assaillans, qu'ilz demeurerent quasi perplex & hors de toute esperance. Et toutesfois ceux de dedans ne laisserent d'enuoyer par deuers Manahemus & autres Princes de ceste sedicion, les suplier permettre qu'ilz peussent sortir & habandonner la place. Ce que finablement leur fut acordé, parquoy se retirent vers Agrippa y laissans, & Romains sans plus, qui furent bien esbahiz pour le peu qu'ilz se trouuerent, estans ainsi habandonnez de ceux, ausquelz ilz auoient eu leur fiance. Et cognoissans la grande multitude de peuple qui les tenoient de si pres assiegez. Et neantmoins estimans honte & lascheté de cueur de demander aucune capitulation à leurs ennemys, & que quant bien elle leur seroit acordée du tout à leur auantage, si ne seroient ilz iamais en seureté entre tant & telz mutins: deliberent habandóner le lieu bas de leur forteresse qu'on apelloit Stratopedon, le cognoissant ingardable & aisé à surprendre, & se retirerent es tours du palais, dont l'vne estoit nommée Hippicos, l'autre Phaselus, & la troisiesme Mariamme. Ce que venu à la notice des gens de Manahemus se saisirent incontinent du lieu delaissé, ou ilz misrent à mort si peu de Iuifz qu'ilz y trouuerent, ruïnant & demolissant si bien la place, que demeurant embrasée de tous costez ne s'en voulurent autrement partir. Et auint tout cecy le sixiesme iour de Septembre.

De la

DE LA GVERRE DES IVIFZ. Fueil. LXXXVII.
De la mort d'Ananias Pontife,
de Manahemus, & d'autres gensd'armes Romains

Chapitre   XVIII.

ET le iour enſuyuant Ananias Pontiſe fut prins dans les douues & lieux ſecretz du palais Royal, ou l'on le trouua, & là endura mort auec ſon frere Ezechie, par les larrons qui leur coururent ſus. Et continuans les ſedicieux leur ſiege de plus fort en plus fort, s'auiſerent(pour empeſcher qu'aucũ des enfermez ne peuſt ſortir)circuir les tours, ſe trouuant de ce iour Manahemus tant cruel, fuſt pour auoir conquis Stratopedon, ou par la mort auenuë au Pontife Ananias, qu'oncques tyran ne fut moins ſuportable, preſumant tant de ſoy qu'il penſoit eſtre ſeul pour ſçauoir donner fin à telle entrepriſe, mais deux compagnons de Eleazarus furent ſi eſguillonnez d'enuie contre luy, qu'apres auoir conſulté enſemble, & remonſtré (par grandes perſuaſions) au peuple n'eſtre point conuenable, que ceux du païs (qui par deſir d'auoir libertés'eſtoient reuoltez contre les Romains) fuſſent maintenant ainſi fruſtrez de leur intention,& qu'ou l'obeïſſance d'vn ſeul ſeigneur ſeroit requiſe eſperant leur eſtre doux & gracieux, ſi y en auoit il entr'eulx aucuns qui meritoient mieulx ceſte charge les vns que les autres, dont il auint que ſe trouuás tous d'vne meſme opinion,vindrét furieuſement courir ſus& aſſaillir Manahemus au Téple,& à force de pierres pour le lapider, eſtimantz luy mort, que

P iii   ceux

LE II. LI. DE F. IOSEPHVS.

ceux de son party, seroient puis apres aysez à gaigner & apaiser. Toutesfois aucuns d'eulx se mirent en deffence, mais voyantz le danger qui s'offroit & que toute la multitude leur couroit sus, tournerét doz & s'enfouirent ou ilz peurent, neantmoins ilz furent si viuement poursuyuiz qu'il en demeura beaucoup estéduz, qui çà qui là sans que nul de ceux qui vindrét en leurs mains peussent euiter le peril de la mort, & le peu qui demeura en vie eut Massada pour refuge, ou ilz se retirerent secretement & entre autres Eleasarus, filz de Iaïr proche parent de Manahemus, qui depuis exerça encores plus grande tyrannie que son predecesseur. Ce pendant Manahemus (qui euitât ce peril, s'estoit caché en vn lieu apellé Ophlas) fut trouué, & emmené par force en public, ou apres luy auoir fait plusieurs tourmétz endura cruelle passion iusques à la mort. Et la pluspart de ses capitaines, mesmes Absalomon chef & coadiuteur de la tyrānie, à quoy ayda grandement le peuple ia esmeu, comme i'ay dit, contre iceluy Manahemus, qu'il auoit entreprins chastier, tant pour la braueté & presumption qu'il leur auoit tenuë, que pour supléer aucunement à la future punition de la mutinerie & sedition encommencée, non pas pour du tout apaiser la guerre, mais à fin qu'ilz la peussent entreprendre auec plus grande ocasion & hardiesse, tellement que le peuple fit grand' priere & instance, à ce que l'on laissast de là en auant les asiegez en paix, & qu'on les print par composition, mais nul d'eulx y voulut entendre, tant que necessité les contraignit à parlamenter, & que Metellius chef en ceste place pour les Romains, enuoya du consentement de ses soldatz vers Eleasarus le prier, qu'il leur permist sortir la vie sauue & sans emporter biens ny bagage que leur propre corps s'il ne leur plaisoit. Ce qu'il ne leur fut ressusé, & pour mieux confermer tel acord deleguerent à l'instant vers eulx Gorion, filz de Nicodeme, Ananie, Saducée, & Iudas filz de Ionathas, qui leur promirent & iurerent l'acord qu'ilz auoient demandé. Au moyen dequoy ilz sortirent tous, laissans leurs armes, mais ilz n'eurent gueres cheminé la voye qu'ilz prindrent, que pensans estre en seurté, les gens d'Eleasarus se ruerent sur eulx, les faisans passer au trenchant de l'espée, sans qu'ilz eussent mercy de nul qu'ilz peurent arrester, & toutesfois, ny Metellius ny autre Romain de sa troupe fit semblant d'aucune resistance, ny de cry ou clameur quelcóque, ains se complaignoiét seulement du peu de fidelité qu'ilz trouuoient aux Iuifz, violant auec telle lascheté de cueur, la chose promise & iurée. Aussi n'en reschapa nul d'eulx fors iceluy Metellius, auquel ilz reseruerét la vie, tant par sa grande & longue priere, que souz la condition qu'il se feroit circócir & garderoit de là en auant la loy & cerimonies des Iuifz. Et combien que le dommage qu'en receut pour ce fait l'empire des Romains ne fust grand, atédu le peu des leurs qui moururent par la puissance qu'auoiét contre eulx iceux Iuifz. Si semble il quasi auenir à ceste occasion le commencement du malheur & captiuité d'eulx. Ce que preuoyant les plus auisez, & considerans les causes de la guerre estre si aparentes, & que la ville auoit le auoit tellement offencé qu'ilz estoient sur le poinct d'encourir l'ire de Dieu, encores que les Imperiaux leur pardonnassent, commencerent à faire pleurs & lamentations publiques, voyre si aparentes, que l'on eust dit, la Cité estre remplye de toute douleur & amertume, se tenãs si piteux & modestes, qu'ilz monstroient aparence de vouloir chastier les mutins, & oster de là en auant hors toutes seditions & troubles, ayans deuant les yeulx qu'vn tel malheur & tumulte estoit escheu, le propre iour du Sabat, iour certes de repos & tranquilité.

Du grand meurdre de Iuifz fait

en Cesarée, & par toute la Syrie.

Chapitre XIX.

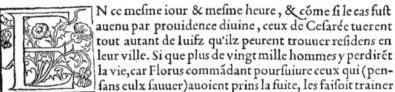

EN ce mesme iour & mesme heure, & come si le cas fust auenu par prouidence diuine, ceux de Cesarée tuerent tout autant de Iuifz qu'ilz peurent trouuer residens en leur ville. Si que plus de vingt mille hommes y perdirét la vie, car Florus commãdant poursuiure ceux qui (pensans eulx sauuer) auoient prins la fuite, les faisoit trainer sur le grauier, puis iecter en la mer. Au moyen dequoy (delà en auant) ceux de Cesarée commencerent (à l'ocasion de telle execution) à eulx glorifier: & ceulx de Hierusalem à eulx mettre aux champs, estans & les vns, & les autres, tellement diuisez, qu'ilz se misrent à piller, & ruïner les villes,

P iiii villages,

LE II. LI. DE F. IOSEPHVS.

villages, & autres places, assises sur les frontieres des Syriens, mesmes Phyladelphie, Gebonite, Gerasa, Pella, & Scytopolis·& iusques à Gadare, Hippon, & Ganlanitide qu'ilz misrent à feu & à sac auec plusieurs autres places tyrans droit à Cedase, qui est en Tyrie, & de là en Polemande, Gabe, & Cesarée, sans ce que Sebaste ny la ville d'Ascalon les peussent empescher ny diuertir leurs courses, tellement qu'apres auoir demoly ces places, vindrent courir sus à Anthedone, & Gaza, qu'ilz raserent, pillantz tout le païs d'enuiron, sans espargner borde ny maison que tout ne sentist & experimentast leur fureur, & aussi les gens qui tomberét en leurs mains, mais le semblable firent ceux de Syon pour venger la hayne ancienne qu'ilz auoient au peuple Iudaïque, duquel ilz firét telle boucherie fust dedans les villes ou autres lieux, dont ilz se trouuerent maistres, que nul eut la vie sauue, estant leur inimytié si renouuellée, que comme s'ilz eussent preueu la ruïne future de leurs ennemys, commencerent à l'executer. Estant doncques toute la Syrie ainsi troublée, les Citez diuisées les vnes contre les autres, nul se trouuoit à seureté pour lieu qu'il habitast, car la destruction de l'vne estoit refuge de l'autre, en sorte que si le iour estoit dangereux pour le sang que l'on respádoit, la nuict n'estoit point moins soupçonneuse, pour la crainte de mort qui se representoit, car encores que l'on vist les Iuifz apaisez comme il sembloit, si estoient les Syriens contraintz auoir doute & soupçon sur ceux des païs estranges qui Iudaïsoient, ausquelz ilz deliberoient souuent dóner la mort pour euiter le danger qui leur pouoit auenir dót ilz se trouuoient douteux & ambiguz, mais craignás aussi qu'il leur en print mal & que les Iuifz s'en voulsissent véger, demeuroient aussi tost refroidiz de leur chaude colle iusques à ce qu'aucuns, par trop gráde auarice, enflammerent la guerre, & inciterent ceux mesmes à l'entreprendre, qui desia auoient mis bas les armes, & s'estoiét retirez pour viure en paix chez eulx, au moyen que telz pendars pilloient & le bien des mors, & celuy de ceux qui viuoient encores, comme si l'vn & l'autre eust esté proye & gain à qui le pouuoit conquerir, tellement que qui mieux & le plus sçauoit, rober & butiner, se tenoit plus braue & audacieux, leuant la teste aussi hardiment que si tel bien luy fust auenu de succession, ou par ses merites & vaillance, au moyen dequoy les villes desolées se trouuoient remplies de corps mortz estenduz en diuers lieux, & quasi par tout, sans aucune sepulture, fust d'enfans, vieillardz, femmes, ou filles, monstrans le plus, ce que plus en leur viuant ilz auoient eu en recommandation de plus cacher, tellement que toute la prouince fut remplie de pleurs, infortunes, calamitez, & en esperance de voir encores pis, que le pis qu'ilz voyoient auoir ia cómencement, pour estre la guerre si allumée entre les Iuifz & les nations estrangeres, ioinét aussi que venant ceulx de Hierusalem courir vers les fins de Scytopolis, les Iuifz mesmes quiy habitoient, & qu'ilz reputoient leurs amys, tournerent leurs robbes, & se declarerent contre leur nation propre, s'acordans si bien auec iceux Scytopoliens, qu'ilz prindrent les armes pour

eulx

DE LA GVERRE DES IVIFZ. Fueil. LXXXIX.

eulx de leur bon gré & sans aucune contrainte, non que telle façon de faire fist perdre l'ocasion de soupçon à iceux Scytopoliés qu'ilz auoient contre leurs nouueaux confederez, ains craignans que de nuict ilz ne surprinsent leur ville : excusans la trahison sur la force & côtrainte qui les eust peu induire par agrauemét d'aduersitez qui leur suruenoit d'heure à autre, leur firent sçauoir que s'ilz se vouloient liguer & acorder ensemble, & monstrer leur foy parfaite enuers eulx, qu'ilz se retirassent tous en vne certaine forest, auec leurs enfans. Ce qu'ilz firent incontinent & leurs alliez mesmes, sans penser en aucune malice, non pas les Scytopolites, car estans de demourez quoys & sans eulx mouuoir par deux iours entiers, venant la troisiesme nuict, & guydez par espics, surprindrent si au despourucu les pauures Iuifz, que trouuans les vns endormis, autres despouillez, & sans armes, les mirent tous cruellement à mort, & en si grand nombre, qu'apres les auoir pillez & despouillez, s'en trouua treize mile estéduz sur le champ. Mais puis que ie suis entré en propoz, il me semble n'estre que fort conuenable, reciter comme Symon filz de Saulus, homme noble & de grand' lignée fina ses iours, estant sur tous autres fort robuste, & puissant de membres, de cueur & de corps, desquelz dons de nature il auoit tellement abusé que maintz de son païs en auoient perdu la vie, meurdrissant de iour à autre pres la ville de Scytopolis, les Iuifz qui tomboient en ses mains, dont finablement il fut puny comme meurdrier & brigand qu'il estoit. Et ainsi que vous entendrez presentement. A' lors que les Scytopolites executoiét leur fureur sur les Iuifz qu'ilz deffirent au boys, ce Symon tenant l'espée au poing (sans toutesfois se mettre eñ aucune deffence, car il cognoissoit estre impossible resister à si grand' force & multitude d'ennemys) cómença d'vne voix trop pitoyable à s'escrier. Ha ha Scytopolites, ie seuffre main tenant & à bon droit la iuste punition que i'ay meritée, vous ayant fait cognoistre par tant d'effaitz, la bonne volunté que ie vous ay portée, & le mal que ie voulois à mes citoyens propres, les faisant ainsi mourir pour l'amour de vous, parquoy ce n'est pas de merueilles (ayant esté traistre à eulx comme i'ay esté) que maintenant les estrangers (cóme vous estes) le soient enuers moy. Mais toutesfois si ne vous vanterez vous pas d'auoir mis la main sur moy, car moy mesmes (estant delaissé de Dieu) seray homicide (& presentement) de moymesmes, sans que nul de vous ayt l'honneur de m'auoir tollu la vie, prenant ceste vengeance de moy propre, tant pour l'auoir bien merité pour les maulx enormes que i'ay commis, qu'en tesmoignage & honneur de ma magnanimité & vertu, laquelle n'aura à ce moyen esté effacée par aucun de vous qui s'en puisse resiouïr apres ma mort. Proferant lesquelles paroles ietta son œil piteux & l'armoyant sur sa famille qui estoit autour de luy, entre laquelle lacompagnoient sa femme, ses enfans & autres ses parentz, ia vieilz & caducques, mesmes son propre pere, qu'il print par les cheueux, & luy mettant le pied sur le ventre, luy donna de son espée au trauers du corps, & le semblable fit apres à sa

mere

mere, sans quelle donnast aucun signe d'y vouloir contredire, ny mesmes sa propre femme & enfans, faisant cognoistre l'enuie qu'ilz auoient tous de mourir. Puis se tenant au meilleu des corps mortz leua hault son bras dextre, à fin qu'il peult mieux estre veu de ses ennemys, & se laissant tomber sur la pointe de son espée, se la plâta dans l'estomac iusques à la garde. Chose certainement compassible, eu egard à son ieune aage & magnanimité de cueur, mais ausi desirable & meritoire pour l'infidelité qu'il auoit euë aux siens en la faueur des estrangers.

D'vne autre grande deffaite &
perte que receurent les Iuifz.

Chapitre . X X.

ET si outre la desconfiture que firét les Scytopoliens, les autres villes en mesmes temps mirent à mort autant de Iuifz qu'ilz trouuerent demeurans sur leurs territoites, specialement les Ascalonites, car ilz en executerét deux mile cinq cens, ceux de Ptolemande deux mile, ceux de Tirie grand nombre, & presque autant qu'ilz detindrét & mirent en leurs prisons. Et quant aux Hippeniens & Gadarens ilz se ieterent sur les principaulx, faisans coffrer & estroitement garder les autres qu'ilz trouuoient plus promptz à mettre la main aux armes, tellement que toutes les villes & Citez s'esmeurent à l'encontre des Iuifz, fust ou par hayne qu'ilz eurent contre eulx, ou bien par crainte des Romains, fors les Antiocheniens, Sidoniens, & Ipameniens, car ceux là ne leur monstrerent nul mauuais semblant, ains les laisserent viure parmy eulx, les estimant (peult estre) si fors en leurs païs, que quant bien ilz eussent entreprins leur courir sus, mal aysément en fussent ilz venuz à leur honneur. Quoy qu'il en soit, si est-ce que selon mon auis ilz vserent de misericorde enuers eulx, cognoissans qu'ilz n'auoient iamais rien entreprins à leur preiudice. Et autant en firent les Geraseniens, car ilz souffrirent demeurer entr'eulx, ceux à qui il pleut. Et d'auantage conduirent humainement, & iusques hors leurs fins & limites, les autres qui voulurent se departir & eulx retirer. Ce qui n'auint pas à ceux qui pour lors habitoient le Royaume d'Agrippa. Par ce que tandis que le Roy fut en Antioche, ou il estoit allé par deuers Cestius Gallus, ayant laissé pour gouuerneur en ses païs vn sien amy nommé Varus, proche parent au roy Sohemus, & soixante & dix hommes des plus nobles & sages de toute la contrée, partirent du païs de Baathanée, pour venir demander ayde au Roy, à fin que si d'auenture il auenoit quelques troubles en leurs païs, ilz eussent gens prestz, auec lesquelz ilz peussent rembarer

les aules autheurs des fedicions, mais Varus enuoya au deuant d'eulx certaines compagnies, qui les taillerent en pieces fur le chemin. Ce qu'il ofa bien entreprendre fans le fceu & commandement d'Agrippa, exerçant tant d'iniuftice en fon Royaume durant l'abfence de luy, qu'il le cuyda ruiner par la grande auarice qui eftoit en luy, & laquelle il continua auec fa tyrannie, iufques au retour du Roy, qui nonobftant & encores qu'il euft mis fin à fes affaires ne l'en ofa oncques punir, pour l'affinité & alliance qu'il auoit auec Sohemus, mais le priua fans plus de l'auctorité qu'il luy auoit laiffée. Et ce pendant les fedicieux prindrent la forterefle nômée Cyprus, fituée es frontieres d'Hiericon, mettans à mort tous ceux qu'ilz y trouuerét en garnifon, puis pillerent & faccagerent & la place & les munitions qui y eftoient. Et en ce mefme temps certains Iuifz furent en Macheronte, qui s'efforcerent grandement de perfuader aux Romains qui gardoiét la forterefle du lieu, l'habandonner, & la leur rendre gracieufement & fans contrainte. Dont il auint que ceux qui la tenoient craignans, que force leur fuft faire par violence ce qu'ilz eftoient priez d'acomplir par amytié, demanderent à fortir ce qu'on leur otroya voluntiers, & en forte qu'apres auoir prins le ferment de la compofition qui leur eftoit acordé, la liurerent es mains des Macheronées, qui depuis la garderent diligemment.

Des Iuifz qui furent tuez en Alexandrie.

Chapitre XXI.

Or y auoit

LE II. LI. DE F. IOSEPHVS.

OR y auoit tousiours eu & encores estoit en Alexandrie certaine sedicion, entre les citoyens de la ville, & ceux de Iudée, qui commença des le temps qu'Alexandre entreprint la guerre contre ceux d'Egypte, ou les Iuifz qui luy ayderent se monstrerent si vaillantz & hardiz, que iceluy Alexandre voulant recompenser leurs peines & trauaulx, les fit côpaignons de ceux d'Alexandrie, leur donnant permission d'y habiter & vser de là en auant de semblables droitz & priuileges de bourgeoysie que les propres citoyens du lieu, auec l'endroit de la Cité plus net & propre à eulx habiter pour estre separez de tous autres, & la puissance d'eulx faire apeller Macedoniens, toutes lesquelles prerogatiues, immunitez & franchises leur furent depuis confermées & par les Romains, & par Cesar & ses sucesseurs, qui conquirent & debellerent iceluy païs d'Egypte. Au moyen dequoy y auoit cótinuëlle guerre entr'eulx & les Grecz naturelz du lieu. Et des vns & des autres la iustice faisoit indifferemment grandes punitions, & telles que finablemét s'esmeut vne cuidente sedition, qui s'augmenta de trop plus, lors qu'ilz cogneurent le trouble estre si commun en tous endroitz, pour auquel obuier & effacer, s'assemblerent les Grecz d'Alexandrie, esperans elire ambassadeurs & les enuoyer vers Neron, entre lesquelz se trouuerent plusieurs Iuifz qui estoient arriuez deuant eulx à l'Amphiteatre, lieu ordonné pour cest effait. Mais ilz ne s'y trouuerent pas en seureté, car ceux qui leur vouloient peu de bien, les ayans aperceuz, s'escrierent contre eulx disans qu'ilz estoient espies, dont sut la rumeur si grande & dangereuse, qu'on se rua sur eulx de telle furie, que plusieurs y demeurerent mors, & les autres plus promptz & legers, gaignerent à fuir, entre lesquelz troys d'entr'eulx furent prins, qu'ilz traiterent si rudement qu'a voir leur contenance, il sembloit qu'ilz les voulsissent bruller. Ce que considerant les autres Iuifz, se misrent incontinent en deffence, & tandis qu'aucuns d'eulx s'armerent, les autres à coups de pierre repoulserent si vertueusement les Grecz, qu'ilz tournerent le dos, fermans & barrans les portes de l'Amphiteatre sur eulx. Au moyen dequoy, les Iuifz trop irritez mirent tout leur effort pour les forcer. Et par ce qu'ilz perdoient temps tous ensemble commencerent à les menasser de mettre le feu, & les bruller tous. Ce qu'à la verité ilz eussent fait, si Thibere Alexandre, gouuerneur de la Cité, ne les en eust destournez & refroydis, non pas par violence ou à main armée, mais gaignant petit à petit les plus aparens d'eulx, ausquelz doucement il remonstra que pour le mieux chacun se deuoit retirer, sans donner ocasion à la gendarmerie Romaine (qui estoit pres de luy) de s'en mesler, que les autres prindrent en si mauuaise part, que se moquans de luy & de ses propos, se misrent à l'iniurier fort & ferme, dont il s'aigrit tant qu'il manda à l'heure deux legions de Romains qui tenoient garnison en la ville, preuoyát tresbien que ceste rumeur ne se pourroit pas rapaiser sans que telz mutins tombassent en calamité & danger de leurs

vies,

DE LA GVERRE DES IVIFZ. Fueil. XCI.

vies, car auec icelles deux legions se meslerent cinq mile autres soldatz venuz par cas fortuit & arriuez nouuellement de Libye, ausquelz il comman
da que non seulemét ilz saccageassent les Iuifz, mais qu'ilz leur fissent perdre la vie, mettant eulx & leur bien à feu & à sang, ausquelz commandemens ilz furent si prestz d'obeïr que, marchans droit au lieu de Delta ou
estoient assemblez iceux Iuifz, leur coururent sus auec grande boucherie
& carnage. Par ce que les Iuifz les voyans aprocher se misrent soudain en
vn rond, & faisant teste des mieux armez resisterent d'entrée quelque peu
mais quasi aussi tost le cueur leur faillit, & prindrent honteusement la fuite, se laissans sagmenter, & abatre comme pauures bestes, sans ce qu'il leur
fust possible se pouoir garentir, car ilz furét assailliz en plaine cápaigne, &
si loing de maisons, que si aucun d'eulx s'y retiroit par bien courre, aussi
tost le feu y estoit enflábé, & tout ce qui se trouuoit mis à sac, sans que pitié
ny cómiseration eust lieu, fust enuers femmes, petis enfans, ou gés caducz,
& croullans de grand' vieillesse, par ce que tout leur estoit vn, & sans aucune difference & les vns & les autres passoient par la fureur de leurs espées,
tellement que toute la plaine se voyoit baignée en sang. Et cinquante mile corps estenduz de leur long, & detranchez cruellement. Et encores eust
esté le conflit plus grand, sans qu'il en fust reschapé vn seul, s'ilz n'eussent
requis misericorde à Alexandre, lequel esmeu de leur cómiseration, commanda à ses gens d'eulx retirer, à quoy ilz obeïrent du premier coup. Toutesfois à grand peine se peult encores contenir le peuple d'Alexádre (pour
la hayne qu'ilz portoient aux pauures desconfitz) qu'ilz ne se móstrassent
cruelz enuers les corps mortz, encores que le carnage en eust esté tel. Et
voylà ce qui auint certainement en ceste ville durant ces iours.

De plusieurs Iuifz que Cestius
fit mettre à mort.

Chapitre   XXII.

E pendant Cestius (qui ne dormoit pas) voyant les Iuifz
ainsi mutinez en tous lieux, print auec luy seulement
la douziesme legion entiere, & deux mile hommes de
pied qu'il tira d'Antioche, acompagnez de quatre esles
de gend'armerie. Mais il eut l'ayde de plusieurs Princes
à sçauoir du roy Antiochus, qui luy amena deux mile
hómes de cheual, & troys mile de pied archers du roy Agrippa, mile tant
de pied que de cheual, auec ceux dont Sohemus l'acompagna, qui se montoient à quatre mile, la pluspart desquelz estoient gens de cheual, & les autres portans arcs. Et en tel equipage print le chemin de Ptolemande, & en-

Q cores

LE II. LI. DE F. IOSEPHVS.

cores eut il grand secours des autres Citez, non pas tel ne si fort, que ce qu'il auoit leué & mis sus de soy mesmes: car la plus part de telles communautez estoient gens inexpertz aux armes, mais de bon vouloir à le seruir pour la grand' hayne qu'ilz portoient à leurs ennemys. Si eut charge de ceste troupe le roy Agrippa & marcha en campagne. Adonc Cestius auec vne partie de son exercite, tira vers Zabulon, ville de Galilée, forte & puissante d'hommes, sans sejourner en Ptolemaïde, qui est sur les frontieres des Iuifz, par-ce qu'elle estoit habádonnée & du peuple & des citoyens qui s'estans retirez aux montaignes auoient laissé leurs biens en proye, dót la ville se trouua si grandement munye, que les soldatz qui la saccagerent par le commandement de Cestius s'en firent riches, puis y misrent le feu encores qu'elle fust belle entre les belles. Et que l'excellence des bastimens qui la decoroient esmerueillassent iceluy Cestius, n'estát moindre en toutes choses que ceux de Thyr, Sydone & Beryte, & autant en firent ilz en tous lieux par ou ilz passerét, sans espargner bourgage ny hameau de l'enuiron. Ce fait retourna Cestius en Ptolemaïde auec sa troupe, mais tandis que les Syriens estoient encores au pillage, & principalement ceux de Beryte, ayans intelligence aux Iuifz (& auertis que Cestius s'estoit retiré) coururent sus aux Romains demeurez derriere, & en deffirent quasi bien deux mile. Et ce pendant Cestius partit de Ptolemaïde & marcha en Cesarée, apres auoir fait desloger vn nombre de ses gensd'armes, pour eulx saisir de la ville de Ioppe, auec expres commandement d'y tenir garnison s'ilz pouuoient en chasser les ennemys. Et ou leur force ne seroit suffisante, & que ceux qui la tenoient leur fissent teste, qu'ilz se campassent le plus pres de là qu'il leur seroit possible. Suyuant laquelle entreprinse, & s'estát ceux qui en furent chargez mis en voye, les vns par mer, autres par terre, leur fut la fortune si prospere, qu'ilz s'emparét & du port & de la ville, surprenant les Citadins de tant pres qu'ilz n'eurent oncques moyen d'eulx en fouir, & moins encores de prendre les armes: Parquoy furent tous taillez en pieces, auec leurs femmes & enfans, & la place mise à sac, & le feu par tout, y restant de mors par nombre fait, huyt mile quatre cens hommes. D'autre costé auoient aussi esté depeschées par iceluy Cestius grosse troupe de cauallerie, pour aller es païs de Samarie s'emparer d'vne Toparchie nommée Narbatene, scituée es limites & confins d'icelle Samarie, que facilement ilz prindrent, faisant mourir grand' partie des habitans apres auoir pillé la ville & bruslé le territoire d'enuiron.

D'vne bataille qu'eut Cestius

contre ceux de Hierusalem.

Chapitre   XXIII.

Il enuoya

DE LA GVERRE DES IVIFZ. Fueil. XCII.

IL enuoya aussi en Galilée Cesennius Gallus capitaine & conducteur de sa douziesme legion, auquel il bailla telle & si bonne compagnie de gensd'armes, qu'il pensoit estre suffisante pour debeller & vaincre ceux du païs. Et auec tel equipage se mist aux champs, tant qu'il vint en vne forte ville de Galilée, nommée Sepphoris, ou il fut gracieusement receu, & à l'imitation d'elle plusieurs autres citez (aparauant esmeuës) misrent bas les armes, & obeirét aux Romains. Ce que voyant les sedicieux, & que quelque remonstrance qu'ilz leur sceussent faire, ne les peurent arrester à la guerre, se retirerent de tous costez dans la montaigne d'Asamó, qui est pres ladite ville de Sepphoris, ou Gallus, les poursuiuit auec son exercite, mais si ne les peult il auoir de prime face, car ceux qui le deffendoient d'enhault resistoient en sorte, que plus de deux cens Romains y demeurerent sur la place. Toutesfois se voyans assailliz furieusement & sans rien douter le cueur leur faillit, demourans vaincuz par eulx mesmes, & d'eulx mesmes, car ilz se trouuerent sans moyen de plus combatre, & moins encores de fuir, car tant les passerent les gens de cheual, que si quelqu'vn d'entr'eulx se peut cacher en quelque buysson ou rocher couuert, ce fut peu, demeurant plus de deux mile d'eulx esteduz sur le champ. Adonc fut toute la Galilée reduite en paix & tranquilité, parquoy reprint Gallus les erres de Cesarée, conduisant tousiours sa troupe pour se ioindre à Cestius, qui en ce téps estoit arriué vers Antipatride, auec son gros camp & armée. Et là eut auis qu'aucuns des ennemys s'estoient retirez & tenoiét fort dans la tour d'Aphecy, lesquelz il enuoya sommer par aucuns des siés, mais premier qu'ilz y arriuassent, les autres desbusquerent, & habandonnerent le lieu tout en ruïne: Parquoy voyans qu'ilz auoient perdu leur peine y

Q ii

LE II. LI. DE F. IOSEPHVS.

ne y mirent le feu, & dans tous les villages circonuoifins. Ce que venu à la cognoifiance de Ceftius, deflogea pour venir en la ville de Lydde qu'il trouua fans homme ne femme, par ce que tout le peuple voulant celebrer la fefte & les iours nommez Scenophegiens, eftoiét venuz en Hierufalem, n'eftáns demeurez en leur ville plus grand nombre que cinquante perfonnes, qui à l'inftant furent occis, & le lieu mis en feu, paffant outre l'armée droit à Bethoron. Lors fit Ceftius dreffer fon camp en vn lieu nommé Gaba loing de Hierufalem, d'enuiron cinquante ftades. Ce que venu à la cognoifiance des Iuifz, & confiderant que tel lieu ne fe departiroit pas fans meflée, laifierent & fefte & couftume de fefter, pour prendre les armes, fe trouuans en fi grand nombre, qu'ilz s'eftimerent eftre affez fortz pour debeller ceux qui leur couroient fus, au moyen dequoy, tous furieux qu'ilz eftoient, marcherent contre leurs ennemys fans ordre, faifans crys & clameurs extrémes, non tant pour couftume qu'ilz en euffent, que pour eftre le iour de leur Sabat au parauant gardé & obferué par eulx en grande paix & repos, qui les rendoient encores plus extrémes en leurs folies, voire defmefurez tout outre, eftans contraintz d'vfer de force forcée, par telle violence, au moyen de laquelle ilz fe ietterét fur les Romains de fi grand' force à leur arriuer qu'ilz leur rompirent leurs rengz, & entrans pefle mefle ruerent à tort & trauers, tellement que fi les gens de cheual ne leur euffent refifté, dónant fecours aux Romains, l'armée de Cefar s'y fuft trouuée en vn merueilleux danger, car cinq cens & quinze Romains y eftoient defia mortz, à fçauoir quatre cens hommes de pied, & cent quinze de Cheual. Et quant aux Iuifz vingt d'eulx fans plus y demourerent, fe monftrans les Monobafes prochains parentz du roy Adiabene, vaillans entre les plus recómandez, & principalement Monobazus, Cenedęus, Peraïta le noir, & Sylas de Babilone, qui s'eftoit fuy de la compagnie d'Agrippa, pour venir en Iudée, encores qu'il l'euft fuiuy longuement en guerre. Ainfi doncques fe trouuans les Iuifz rudement repouffez par cefte caualleie, effayoient de trouuer moyen d'eulx retirer en la Cité, par ce que defia les Romains eftoient venuz iufques au Bethore, quant Simon filz de Girra tourna vifage, & les raffaillit fi vertement que plufieurs des principaulx de l'arriegarde y perdirent la vie, conquerát fur eulx grand nombre de chariotz chargez de bagage & munition, qu'il amena en fauueté iufques dans la ville. Et tandis la troupe des autres Iuifz s'emparerent du hault pour mieux cognoiftre le chemin que prendroit Ceftius, lequel apres auoir fciourné en cefte marche troys iours entiers, fe retira quelque peu arriere, affeuré s'il fe fuft là opiniaftré d'auantage, que ceux à qui il auoit affaire ne l'euffent pas laiffé en repos.

Comme

DE LA GVERRE DES IVIFZ. Fueil. XCIII.
Comme Cestius vint assieger la
ville, de Hierusalem & d'vne grand' deffaite qui y auint.

Chapitre   XXIIII.

Onc Agrippa voyant que la montaigne estoit ocupée d'vne merueilleuse & innumerable quantité d'ennemys, & que les Romains estoient en grand danger, se delibera experimenter les Iuifz, & les gaigner (s'il luy estoit possible) par belles paroles, ayant opinion s'il les prioyt d'eulx deporter d'vne telle guerre encommencée qu'ilz luy obeïroient, & que la ou aucun d'eulx feroit le retif, qu'encores trouueroit il façon de l'auoir par le plat de la lágue, & le gaigner si bié, qu'il le feroit deporter de son entreprinse. Pour à quoy mieux paruenir enuoya vers eulx deux des siens Borceüs & Phebus qu'il cognoissoit leur estre fort familiers, ausquelz il donna charge de les asseurer d'amytié & reconciliation auec Cestius s'ilz vouloient tenir leur party, & mettre ius les armes. Ce que sachant les sedicieux eurent telle crainte que la commune ne se retirast vers Agrippa pour obtenir pardon, & viure de là en auát en toute seureté, qu'ilz deliberent couper la teste aux deux ambassadeurs premier qu'il eussent audience. Et autant leur en print-il, car auant que Phebus eust iamais ouuert la bouche pour parler, le firent mettre à mort, & si Borceüs ne l'eust gaigné de vistesse, à peine eust il eu meilleur marché que son compagnon, mais il trouua moyen de se sauuer fort nauré, toutesfois, en plusieurs endroitz de

Q iii   son

LE II. LI. DE F. IOSEPHVS.

son corps, que le peuple eut si peu agreable, que se mutinans contre telz sedicieux, les rechasserent à coups de pierre, & par autre force, iusques dans
leurs maisons, dont Cestius auerty, & voyant le temps oportun pour chastier & les vns & les autres, durant leurs dissentions & mutineries, les vint
rassaillir, par telle viuacité & courage, que les poursuyuât auec sa gendarmerie, les rembarra dans la Cité, fuyâs à vau de route. Au moyen dequoy
planta son camp en vn lieu nommé Scopus, distant de Hierusalem de sept
stades, ou il se tint quoy, sans passer outre, ne faire plus d'effortz, esperant
que parauanture, les Citoyens renuoyroiët quelqu'vn par deuers luy pour
traiter la paix. Et ce pendant fit courre les villages, & piller le froment d'a-
lentour, puis deslogea le quatriesme iour ensuyant, qui estoit le treiziesme
du moys d'Octobre, & marcha en bataille droit à la ville, dont le peuple fut si esperdu & espouenté, que encores qu'ilz demourassent gardez
par les sedicieux, si s'en fouyrent ilz tous au plus bas de la Cité, & iusques
au dessouz du Temple. Et tandis Cestius passant par Bezetha (ainsi apellé)
mist le feu, & à Cenopole & dans le marché apellé le marché des Matieres,
tant qu'il arriua au hault de la Cité, ou il assist son camp ioignant le palais
du Roy, & lors s'il eust voulu entrer par violence dans les murailles, il eust
conquesté la place & n'eust plus mené guerre. Mais Tiramius & Priscus qui tenoient les forteresses, auec plusieurs capitaines & chefz de la gé-
d'armerie, corrompuz par les dons & l'argent de Florus l'empescherent à
leur pouuoir, dont les iuifz endurerent peu apres maulx insuportables.
Pour ausquelz obuier plusieurs des plus nobles de la Cité, & specialement
Ananus, filz de Ionathas, essayerent par tous moyens à mettre Cestius dedans, & l'apellerent pour luy ouurir les portes. Ce qu'il desdaigna, tant
pour le courroux qu'il auoit contre la ville, que pour le peu de fiance qu'il
aiousta à leurs persuasions, iusques à ce qu'il fut auisé, comme les sedicieux
auoient chassé vilainement, & Ananus & ceux de sa ligue de dessus les
murailles, & contraint à coups de pierre d'eulx sauuer dans leurs maisons,
renforçans de soldatz, & les tours & lieux fortz de la Cité, si bien que de là
en auant ilz firent cognoistre à qui vouloit entreprendre ou d'escheller la
muraille, ou de la demolir, qu'ilz n'auoient point d'enuie de le leur permettre. Au moyen dequoy les Romains (qui par cinq iours entiers y auoient fait grandz effortz) perdirent leur temps, dont Cestius fut si indigné,
qu'elisant des meilleurs de ses gensd'armes, & grand nombre d'archers, fit
entreprinse de les auoir du costé de Septétrion, & assaillir par cest endroit
le Temple, mais il y trouua si forte resistance, & si bien se deffendirent
ceux qui en auoyent la garde qu'incontinent que le Romain s'auançoit vn
peu trop, il estoit acablé & estourdy des galleries & deffences. Toutesfois
si fut il force aux assailliz d'eulx mesmes retirer, tant se monstrerent les assaillans hardiz & courageux, car ilz gaignerent auec leurs escuz luysans, le
pied de la muraille, contre laquelle ilz dresserent vn engin qu'on apelle
Tortue, qui leur seruoit à eulx contregarder du trait de leurs ennemys, & à
les offen-

DE LA GVERRE DES IVIFZ. Fueil. XCIIII.

les offendre quant & quant, faisans à seureté telles mynes & tranchées souz l'espoisseur du mur, qu'ilz pensoient par là mettre le feu aux portaulx du Temple, dont s'augmenta si bien la crainte aux sedicieux que maintz des plus accortz, habandonnerent la Cité, fuyans, tout ainsi que si desia elle eust esté mise au pouuoir des Romains. Dequoy certes le peuple ne se resiouïssoit, en sorte que d'autant que telz sedicieux s'esloignoient des portes pour les deffendre, d'autant les Citoyens s'en aprochoient pour les ouurir à Cestius, & le receuoir, comme celuy auquel ilz se sentoient fort tenuz & obligez, voire de sorte que ie vous puys asseurer, s'il eust encores tardé quelque peu d'auátage à faire ce qu'il fit, qu'il eust eu la ville & tout ce qui estoit dedans à sa dition & obeïssance : mais ie pense & croy pour certain, que Dieu ny ses saintz ne vouloient point tant de bien à gens si meschantz & qu'ilz empescherent la paix ce iour là, car sans que Cestius fust pressé, ny sans auoir egard ny au bon vouloir de ce peuple, ny à la paour des sedicieux, fit retirer ses gens, & comme desesperé de iamais conquerir la place, leua son camp, reprenant (& sans ocasion) le chemin qu'il estoit venu, dont ceux qui au parauant fuyoient de trop grand crainte eurent le cueur tellement haucé, que donnant sur la queuë, deffirét quelques gens de cheual, qui tenoient escorte à Cestius & son armée, pendant qu'elle marchoit droit à Scope, ou autresfois ilz auoiét campé & fait fortifier la place. Et neantmoins Cestius y seiourna peu, car le iour ensuyuát il en deslogea, dont ses ennemys auertiz, & le voyant si honteusement reculler, le poursuiuirét encores de plus pres, faisans grand carnage de ceux qui pouuoient tomber en leurs mains, tant qu'ilz les rengerent tous en vn destroit entre deux môtaignes, ou la fortune se monstra marastre & cruelle aux Romains, par ce que là les Iuifz qui les chassoient les assaillerent à coup de trait, & par bas & par hault, sans que ceux qui faisoiét l'arriere garde, osassent quasi tourner visage, & sortir de leurs rangz pour eulx deffendre, doutás que la multitude de ce peuple desesperé, fust encores plus grande qu'elle n'estoit. Et si ne pouuoient bonnement iceux Romains soustenir la violence du trait, qui de coup à autre les meurdrissoit pauurement, ny eulx hazarder, rompant leur ordre de bataille, cognoissans les Iuifz estre promptz & legers pour les surprendre, ou ilz verroient leur poinct. Au moyen dequoy force leur fut endurer maulx innumerables, sans pouuoir en aucune sorte endommager ceux qui les traitoiét si mal, que plusieurs d'eulx demeurerent mortz estenduz sur le champ, auant qu'ilz peussent gaigner Gaba, ou premierement ilz auoient campé, & entre autres y mourut Priscus, capitaine de la sixiesme legion, Longin Tribun, & Amulus Iucundus, qui conduisoit l'vne des æsles de l'armée, mais apres que Cestius eut eschapé tant de dangers & qu'il fut arriué auec le reste de son exercite audit Gaba, demoura deux iours estant douteux de ce qu'il deuoit faire, iusques à ce qu'il sentit encores ses ennemys sur ses bras, & en plus grand nombre qu'au precedant, car il fut auerty que tous les lieux qui l'enuironnoiét estoyent pleins

Q iiii   de Iuifz

LE II. LI. DE F. IOSEPHVS.

de Iuifz, qui luy donna bien à cognoiftre & fentir, la trop grande pareffe & peu de diligence dont il auoit vfé à fa retraite, & que s'il y tardoit plus, que malaifement pourroit il fortir, qu'il ne receuft honte & merueilleufe perte. Au moyen dequoy commanda pour plus legerement fe fauuer, que l'on tuaft tous Mulletz, Iumens, Afnes, & autres beftes portans bagage, excepté ceux auec lefquelz les munitions & inftrumentz de guerre eftoiét conduitz, qu'il voulut amener quant & luy, tant pour en auoir feruice, que craignant (ou il les habandonneroit) que fes ennemys s'en aydaffent, & ce fait, tira droit vers Bethoron, auec ce qui luy reftoit de gens, dont les Iuifz auifez firent extréme deuoir, tant de luy clorre les deftroitz, que de les chaffer deuant eulx, contraignant de foys à autre leur arrieregarde de tourner vifage, & venir au combat, & ce pendant gaignoient à toute force le fommet des montaignes, duquel ilz lançoient dardz & flefches en telle quantité, que les pauures Romains s'en trouuoient fouuent lardez & naürez, ne pouuant ceux de cheual donner fecours à ceux de pied, ny les pietons remedier ny fauorifer ceux de cheual, dont ilz fe trouuerent fi douteux & perplex, que fans pouuoir tenir ordre de bataille marchoient confufement pour eulx garentir & fauuer leur vie, d'autant que la montaigne eftoit difficille, raboteufe, & fans chemin: fi mal aifée au refte, que les gens de pied mefmes ne la pouoiét trauerfer pour les rochers & baricanes qu'ilz rencontroient à tous heurtes, ou fi aucun d'eulx tomboit par fortune, c'eftoit autant de defpefche, & ainfi ne trouuans feureté à la diligence, au retardement ny en lieu qu'ilz efperaffent, commencerent à eulx defefperer, & à mener tel dueil que les gemiffemens & pleurs qu'ilz firent furent fi haulx, que les Iuifz mefmes les entendirent facilement, dont leurs courages fe haulcerent & enflerent de forte, que refiouiz de les veoir en telle extremité, les prefferent encores plus qu'au precedant, & de fi pres, que fi l'obfcurité de la nuict ne les euft fecouruz, toute leur armée eftoit deffaite & defconfite, mais à la faueur d'icelle, ilz euret moyen de gaigner Bethoron, ou les Iuifz penfoient les enferrer & enclorre. Ce que confiderant tresbien Ceftius & fachant de là en hors le chemin plain aifé & facile, s'auifa pour fauuer luy & fa troupe d'vn ftratageme de bon efprit. Ce fut qu'il cómanda à quatre cens hómes choifiz entre les plus vaillans de fon armée monter fur les tours & maifons de Bethoron, & la faire bruit & allumer feuz comme fi tout fon oft deuoit faire grand feiour en ce lieu, & quant & quant fit partir le refte fi d'extrement & fubtillement, que premier que les Iuifz s'en aperceuffent ilz eftoient ia efloignez & à leur ayfe de plus de tréte ftades loing de la Cité, mais auffi toft qu'ilz furent auertiz de leur deflogement, & que le lieu eftoit ainfi habandonné des Romains, fors des quatre cens qui y tenoient fort, vindrent furieufement les affaillir, & auec telle vehemence qu'ilz les forcerent & mifrent à mort, bien deliberez de fuyure Ceftius iufques au bout. Toutesfois la grand' traitte que luy & fes gens auoient faite toute la nuict & le iour mefmes, leur dóna à penfer, & s'en allerent

lerent apres, & tant qu'ilz trouuerent sur le chemin engins & instrumens de guerre, comme Arbalestes, Toreaux, & autres machines, que Cestius auoit habandonnez pour marcher plus legeremēt, qu'ilz prindrent & s'en seruirent tresbien depuis contre ceux mesmes à qui au parauant ilz furent. Et passans outre vindrent, suyuant tousiours leur entreprinse, iusques à Antipatride, ou auertis du peu de moyen qu'il y auoit de les pouuoir ataindre s'en retournerent auec leur butin. Et laissant nudz ceux qui au parauant estoient tombez à la fureur de leurs glaiues, chanterent leur victoire, menans ioye, tant qu'ilz vindrent à Metropolis, auec petite perte de leurs gés, & des Romains cinq mile troys cens hommes de pied, & mile soixante de cheual. Et ce auint le huytiesme iour de Nouembre, l'an douziesme du regne de Neron.

De la cruauté que les Damasceniens firent aux Iuifz. Et de la peine que print Ioseph aux païs de Galilée.

Chapitre XXV.

Ais vn temps apres les infortunes de Cestius, plusieurs des plus nobles d'entre les Iuifz, sortoient hors de la Cité, comme estans reschapez d'vn nauire prest à perir. Or auoient trouué moyen & Scobarus & Saulus freres, auec Philippus, filz de Ioachin chef de la gendarmerie du roy Agrippa, d'eulx enfuir vers Cestius, estant demeuré Antipas

LE II. LI. DE F. IOSEPHVS.

tipas afsiegé au palais du Roy . Et duquel nous parlerons quelque autrefoys, aufsi de la maniere qu'il fut mis à mort par les sedicieux pour n'auoir prins la fuite comme ses compagnons, lesquelz arriuez vers Cestius, les renuoya incontinent à Neron , qui lors estoit en Achaïe , tant pour luy faire entendre la necesité en laquelle ilz auoient esté, que pour ietter sur Florus toute l'ocasion de ceste guerre , & tumulte, dont il esperoit par ce moyen se descharger . Or en ce mesme temps , ceux de Damas ayant sceu la perte que les Romains auoient receuë contre les Iuifz , prindrent subitement les armes , & tuerent tout autant d'iceux Iuifz , qu'ilz peurent rencontrer en ceste fureur, chose qui leur fut aysée & facile , car ilz auoient fait assembler souz vmbre de bonne foy tous iceux Iuifz es estuues & lieu public , pour mieux les auoir & surprendre , ne doutant iamais estre descouuers , sinon que leurs femmes le reuelassent aux autres qui iudaïsoient , & pour ceste cause se tenoient les plus couuerts qu'il leur estoit possible, dont il auint, qu'estans iceux Iuifz ainsi retirez & assemblez en ce destroit, se trouuerent assailliz des Damasceniens si au despourueu que dix mile d'entr'eulx furent en vne heure cruëllement occis . Mais apres que ceux qui auoient mis en fuite Cestius, & sa troupe furent retournez en Hierusalem . Ilz trouuerent moyen de gaigner & ioindre à leur sequelle, par belles paroles ou menasses, ceux qui auoient au passé tenu le party des Romains , puis vindrent au Temple ou ilz eleurent encores autres nouueaux capitaines , & entre autres Ioseph, filz de Gorion, & Ananus Pontife, ausquelz ilz donnerent la charge & superintendence des reparations & fortifications des murailles, car iamais ne voulurent employer en quelque affaire Eleazare filz de Symon (encores qu'il eust eu tout le butin des Romains & les thresors de Cestius, auec grand' partie du bien public) pour la grand' gloire & tyrannie qui estoit en luy, ny mesmes nul de ceux qui luy fust adherant ou complice. Toutesfois le paillard trouua moyen depuis de suader le peuple & à force d'argent le corrompre , tellement qu'il se rendit prest d'obeïr en tout ce qu'il commandoit . Au moyen dequoy estant requis d'enuoyer en Idumée pour chefz & capitaines Iesus filz de Iapha l'vn des Pontiphes, & Eleazare, filz d'vn autre nouueau Pontife, les depescha, mandant à Niger gouuerneur d'iceluy païs, natif de la contrée qui est outre le fleuue Iourdain nommé Peraïte (& de laquelle il auoit vsurpé le nom) qu'il se monstrast obeïssant enuers les capitaines que l'on luy enuoyoit & voulant aussi pouruoir aux autres lieux depescha en Hiericon Iosephus, filz de Simon, Manasses , au delà du fleuue, & Ioannes Esseüs en Tanme , luy delaissant l'administration totalle des Toparchies, auec le gouuernement de Lydde, Ioppe . Et d'autre part Dannaüs Ioannes , filz d'Ananias eut la charge de Gophnitice & Acrabatene, & Iosephus, filz de Mathias tout le païs de Galilée, auec Gamala, la plus forte de toutes les Citez d'enuiron . Estans doncques tous enuoyez çà & là chacun d'eulx s'efforça de se gouuerner & conduire en sa charge le plus discretement & prudemment qu'il luy fut possible. Et

DE LA GVERRE DES IVIFZ. Fueil. XCVI.

ble. Et pour y commencer Iosephus trouua moyen de captiuer & acquerir l'amytié & bon vouloir des siens, cognoissant tresbien que par le moyen d'eulx il pourroit venir au dessus de plusieurs affaires, encores qu'il s'oubliast en aucunes choses, & à fin de les auoir encores mieux à sa deuotion, & du tout à soy, fit les grandz seigneurs participantz de son bien & puissance, apellant aux charges qui se pouuoient offrir enuiron soixante & dix des plus anciens de la commune pour cognoistre auec luy des affaires de toute la Galilée. Et sept autres ausquelz il commist la iudicature, reseruant à soy & aux soixante & dix les affaires d'importance, & de plus grande auctorité. Puis ayant estably loix & statutz par toutes les villes & citez, voulut pouruoir aux choses de la guerre, & auiser cóme il se pourroit maintenir & deffendre contre ses ennemys ou il seroit assailly, mesmes des Romains, car il estoit bien auerty qu'ilz marchoient en armes vers Galilée, parquoy fit en toute diligence enuironner de murailles les lieux plus deffensibles, comme Iotapate, Bersabée, & Selame, renforçant Perecche, Iappha, Sigoph, & la montaigne apellée Itaburio, Tarichée, auec Tiberiade, & deuers le lac Genesar, les cauernes qui sont en la basse Galilée, & en la haulte, la Pierre apellée Achabrorum, Seph, Iamnith, & Meron. En la Gaulanitide, Seleucie, Sogane, & Gamale. Toutes lesquelles places il reuestit de fortz murs, & à ses despens, donant permission aux Sepphorites, d'eulx fortifier de leur part, les cognoissant riches & de leur nature belliqueux & promptz aux armes. Et si chargea Ioannes, filz de Leuic, de faire circuir de murailles Giscale, toutesfois & en l'vne & en l'autre de toutes ces places, Iosephus & y auoit l'œil & y estoit souuent en personne pour faire vser de diligéce & bailler courage à ses gens. Et puis dressa vne armée de cét mile hómes du païs, lesquelz il faisoit adextrir & instruire aux armes par les vieulx souldatz & routiers de guerre qu'il elisoit, leur ramenteuát de foys à d'autre l'obeïssance qu'auoient les Romains à leurs chefz, & capitaines, par laquelle ilz s'estoient tousiours renduz inuincibles, & les persuadoit à les imiter en cela, & specialement à l'exercite des armes. Mais par ce que le temps le pressoit si fort qu'il ne les pouoit bonnement rendre parfaitz en toutes ces actes. Sachát que par grand nombre de capitaines entre les souldatz l'obeïssance est plus recómandée, deuisa son armée selon l'ordre des Romains, establissant chefz & vaillantz hommes, tant sur sa gendarmerie que gens de pied, faisant les vns capitaines, autres dixenniers, centeniers, & tribuns. Et plusieurs, ausquelz il donna charges particulieres selon qu'il cognoissoit leur suffisance. Puis enseignoit ses souldatz quant & comment il failloit entendre le son de la trompette, l'alarme, la retraite, & autres ruses & stratagemes de guerre, mesmes la maniere que les plus forts deuoient secourir les foibles, soustenans les dangers de leurs compagnons, si d'auenture ilz se trouuoient ou pressez, ou trop lassez, les persuadans à la magnanimité & force de courage, & à toutes finesses propres à gens qui s'aydent des armes, pour les faire monstrer à l'effait, autant ou plus valleureux que

leurs

LE II. LI. DE F. IOSEPHVS.

, leurs ennemys. Et à fin (diſoit il) que vous entendez auec qui il nous con-
, uiendra combatre, ie croy que le plus ignorant de vous tous ſçait fort bien
, que les Romains ſe ſont faitz (par la force de leurs bras & grandeur de cou-
, rage) maiſtres & dominateurs de tout le monde, penſez donc en vous meſ-
, mes ſi deuez rien laiſſer derriere, & ſi voz anciennes vertuz meritent eſtre
, renouuellées, oubliant entre vous ceſte malheureuſe couſtume qui vous eſt
, ſi familiere en temps de telz troubles, malheureuſe dy-ie pour les larcins
, & volleries, à quoy vous vous adonnez, & dont il vous conuient eſlon-
, gner ne trompant ny faiſant tort à perſonne, autrement iamais la diſcipli-
, ne militaire ne triumphera entre vous, car ſi vous n'auez la cóſcience bon-
, ne, & que vous vous excercez à choſes meſchantes, vous n'aurez pour en-
, nemys ſeulement ceux qui pretédent à voſtre ruïne, & entiere deſtruction,
, ains Dieu le createur qui vous ſera du tout aduerſaire. Ainſi eſtoit Ioſephus
amonneſtát ſes ſouldatz de iour à autre, le nombre deſquelz il ſçauoit treſ-
bien, & quelle force il pourroit mettre en bataille, quát le cas le requerroit,
car il faiſoit eſtat de ſoixante mile hommes de pied, deux cens cinquante
de cheual, & quatre mile cinq cens mercenaires, auſquelz ſe fioyt grandement, & plus encores à ſix cens autres qu'il retint pour ſa garde, tout lequel
nombre de gens tant à pied qu'à cheual eſtoient nourriz & entretenuz par
les Citez, excepté les mercenaires, eſtát la moytié de tout le peuple ordonné pour faire la guerre, & le reſte pour fournir de viures, ſi que les vns s'a-
pliquoyent aux armes, & les autres aux victuailles, pour nourrir & ſuſtan-
ter ceux qui, gardans leurs villes & Citez à force d'armes, meritoient bien
eſtre nourriz & ſuſtantez.

Des dangers qu'euita Ioſephus,
& de la malice de Ian de Galilée.

Chapitre   XXVI.

Vrant que Ioſephus ordonnoit ainſi en Galilée des choſes plus requiſes & neceſſaires, vn paillart nommé Ian,
filz de Leuie nay & natif de Giſcale, fin, meſchant, & cauteleux ſur tous autres, & qui par pauureté auoit au precedent diſſimulé le meſchát cueur de luy, méteur & tant
amy de tromperie qu'il eſtimoit & tenoit à vertu perſua-
der vne pure méſonge, & la faire tenir à verité, grand diſſimulateur, cault
& malicieux, & qui enuers ſes amys ſe monſtroit humain & paiſible, deſi-
rant toutesfois la mort d'vn chacun pour piller, rober & butiner tant auoit
l'eſperance du gain deſordonné. Et toutesfois donnant lieu petit à petit à
ſes meſchancetez, faiſoit qu'on preſumaſt de luy toute bonne choſe. Au
moyen

DE LA GVERRE DES IVIFZ. Fueil. XCVII.

moyen dequoy, il osa s'atacher à Iosephus, car encores qu'en ses premiers ans il eust esté volleur & homme solitaire. Si trouua il incontinent compagnie de personnes aussi gens de bien que luy, non pas grande pour le commencement, mais elle s'augmenta de iour en iour, si que choisissant les hômes forts & de corps & d'espritz, promptz & adroitz aux armes, se trouuerent finablement en nombre quatre centz quasi tous des fins & limites de Tyrie, par le moyen desquelz, il pilloit & mettoit à sac toute la Galilée, tellement que plusieurs pensoient estre desia en la guerre. Or auoit cé paillard desiré long temps au parauant entrer en ce ieu, & ainsi gouuerner sa troupe, mais faulte d'argent le retardoit. Toutesfois à la fin voyant que Iosephus auoit prins plaisir à son industrie, & qu'il l'estimoit hôme de seruice, se retira vers luy, & fit tant qu'il eut charge d'aucunes fortifications par le païs. Au moyen dequoy il assembla grand nôbre de deniers qu'il tira des plus riches, par la subtilité que vous entédrez. Auint que l'huille fut de grâ de recômendacion, tant en Sirie qu'es enuirôs, parquoy cômanda expressément que nul de Iudée en transportast ny mist hors pour leur en ayder, si qu'à ceste ocasion tôba en vileté par tout le païs, qui en estoit opulant, & en acheta ce Ian quatre grans vaisseaux qu'il eut pour vn denier de Tyrie, puis les reuendit & en eut autant d'vn demy vaisseau comme luy auoient cousté les quatre, qui fut le moyen que grande somme de deniers luy tomba es mains desquelz ilz s'ayda depuis contre celuy mesmes qui auoit esté motif de toute sa bonne fortune, & osa bien de tant presumer qu'il entreprint peu apres de le vouloir chasser & mettre hors du gouuernement de Galilée, pour à quoy paruenir, commanda à ses gensd'armes piller & de plus en plus degaster le païs, à fin qu'ayant mis en trouble & degast la contrée par telles noualitez, il peult tuer Iosephus si d'auenture il s'auançoit pour y donner secours, ou s'il n'en tenoit conte de l'acuser & le blasmer enuers le peuple, mais premier fit & long temps au parauant semer bruyt que Iosephus auoit deliberé trahir le païs de Galilée & le liurer aux Romains, qui s'augmétoit de iour en autre & de plus en plus. Quant ceux qui tenoient garnison dans le grand champ d'vn village des Dabarites assaillirent Ptolomée procureur d'Agrippa & de sa sœur Berenice, luy ostans toutes ses hardes, entre lesquelles estoient plusieurs robes precieuses, vaisselle d'argent, grand' quâtité de vases tresriches & exquis, & enuiron cinq cens escuz, mais par ce que tel larcin ne se pouuoit bonnement celer, les larrons porterent tout à Iosephus, qui lors estoit en Tarichée, dont il les blasma sur l'heure, tant pour leur temerité que de la violence, de laquelle ilz auoient vsé contre les gens du Roy, puis fit mettre en seure garde, & entre les mains d'vn des plus riches de la ville argent, & vaisselle & entierement tout le butin à fin de le restituer toutesfois & quantes que l'on le demanderoit, qui fut cause de le faire encores tomber en plus grâd danger de sa personne qu'au precedent, car les pendards qui auoient fait le pillage, marriz de se veoir frustrez de leur gain, & indignez de la restitution qu'en

R   vouloit

LE III. LI. DE F. IOSEPHVS.

vouloit faire Iosephus, furent tellement irritez contre luy, que des l'heure semerent bruyt par toutes les Citez prochaines, qu'il estoit trahistre, & si bien courut ceste renommée toute la nuyt, qu'au poinct du iour Iosephus fut assailly de cent mile hommes & plus, qui enuironnerent son logis cryans à haulte voix les vns que l'on le deposast de son estat, autres qu'il le failloit brusler comme trahistre, & mile semblables iniures, que leur incitoit ce Ian, & vn nommé Iesus, filz de Sappha, qui pour lors auoit quelque estat en Tiberiade. Ce que voyans les amys & seruiteurs de Iosephus, tous estonnez d'auenture si soudaine, prindrent tous la fuite, excepté quatre, qui incontinent esueillerent leur maistre le persuadát qu'il se sauuast estant le feu prest d'embraser son logis, toutesfois il n'en fit cas, ny pour se trouuer ainsi habandóné des siens, ny pour veoir telle fureur de peuple autour de luy, ains marcha droit à eulx, sa robe deschirée, sa teste cendreuse, ses mains derriere, offrant son espée pour endurer perdre la vie, qui esmeut fort ses amys à pitié, & specialement les Taricheates, toutesfois les rustiques & ceux qui estoient venuz de dehors, principalement ceux d'alentour, trop mutinez, ne cessoient de l'iniurier, cryans apres luy qu'il rendist l'argent publicq, & confessast deuant tous sa trahison, car à veoir sa contenance il sembloit que iamais il ne d'eust rien nier de la chose, sur laquelle ilz auoient soupçon, & qu'il s'estoit ainsi equipé pour seulement esmouuoir les gens à pitié & misericorde, aussi se monstroit il enuers eulx humble à merueilles, & par mesme moyen s'auisa, pour mieux estre entendu & escouté d'eulx les mettre en different, par leur promettre qu'il leur diroit verité cófessant le fait tel qu'il estoit, qui fut cause de luy donner audience, parquoy commença ainsi son parler. Ie vous prometz ma foy (Seigneurs) que ie ne pensay de ma vie à renuoyer à Agrippa l'argent dont il est question, ny d'en vser comme de mon propre, car tants s'en fault que i'ye desiré me faire amy de vostre ennemy, que ny du sien ny d'autruy ie n'euz oncques vouloir de m'enrichir à vostre dommage & detriment, mais o' Taricheates, d'autant que ie veois vostre Cité sans aucune munition ny moyen de faire eriger les murailles qui vous sont necessaires pour vostre tuition, & craignant aussi le peuple des Tiberiens & autres Citez, qui continuëllement cryoient que l'on leur mist es mains ce butin. Ie deliberay la retenir, & petit à petit clorre & enuironner de murs vostre Cité. Toutesfois si vous en doutez ou pensez du contraire, les deniers sont encores contens, prenez les vous-mesmes & les distribuez entre vous, ainsi que bon vous semblera, & ou aussi vous ne trouuez mon cóseil raisonnable, ie vous prie (Seigneurs) reprimez vostre ire, enuers celuy à qui vous estes tenu par raison. Certes telles remóstráces furent voluntiers escoutées des Taricheates, & mal receuës des Tiberiens & autres, car ilz le menassoient, & en le menassant l'eussent outragé, sans iceux Taricheates qui, luy faisant voye, prindrent la querelle pour luy, estans en nombre quarante mile & plus, parquoy eut moyen de parler à ses ennemys plus hardiment & sans crainte, leur

DE LA GVERRE DES IVIFZ. Fueil. XCVIII.

re, leur remonstrant assez de fois leur grãde temerité & follie, car (dist il) ie n'espere fortisier seulement Tarichée de ceste somme, mais pouruoiez aussi les autres villes de ce qui leur sera necessaire, sans qu'argent mancque pour toutes ces choses ou vous vous voudrez acorder lesvns auec les autres, parquoy à grand tort vous estes vous ainsi mutinez contre moy qui ne pretendoit qu'a vostre seul auantage, ce que bien entendu plusieurs mirent les armes bas & se retirerent en leurs logis, cognoissans tresbien auoir creu trop de leger, si est-ce toutesfois, que deux mile entre autres, luy coururẽt sus, & l'eussent fait mourir, s'il ne se sust absenté, & encores le menassoiẽt ilz, quant il s'auisa d'vne autre sutilité, ce fut qu'ayant gaigné le plus hault lieu de sa maison, & voyant que ses enuieux ne se contentoient de ce qu'ilz auoient fait, se monstra à eulx, & par belles paroles trouua façon qu'ilz luy presterent silence, & fut escouté, parquoy le bruyt apaisé parla à eulx de telle sorte. Seigneurs ie ne sçay ny ne puis entendre que vous me demandez, car voz paroles cõfuses parlans tous ensemble, m'en ostent le moyen. Encores que ie me delibere de vous acorder tout ce qu'il vous plaira, pourueu que deleguez quelques vns d'entre vous qui montent ça hault, & auec, lesquelz ie puisse resouldre de voz voluntez tout à loysir. Ce qu'entendu, par les plus nobles & principaulx s'auancerent, & s'enfermerent auec luy dans son logis, ou apres il les fit tant fouetter & tourmenter, qu'ilz se trouuerent tous escorchez. Or pensoit le peuple atendant, qu'ilz sussent en conseil, mais apres que Iosephus eut ouuert les portes, & qu'il les poulsa hors par les espaulles, estans veuz d'vn chacun en sang, & si mal traitez, le plus hardy se trouua tant effrayé qu'habandonnant & armes & bastons s'enfouyrent tous. Et neantmoins l'enuie de Ian ne s'amoindrit pas, ains augmentant à toutes heures, mettoit peine de iour en iour à inuenter nouuelles affaires à Iosephus. Et telles que faignant estre malade, luy enuoya vne lettre, par laquelle il le prioyt grandement, que pour sa santé & guerison, il luy permist d'aller iusques aux baingz chaux de Tyberie. Or n'auoit encores Iosephus descouuert sa malice, parquoy manda incontinent aux magistratz, & gouuerneurs de la ville qu'ilz le receussent sans luy espargner chose dont il eust affaire, mais il auint que le deuxiesme iour ensuyuant qu'il fut arriué, apres auoir corrompu les vns par belles paroles, autres par promesses & à force d'argẽt, leur declara l'ocasion de son arriuée vers eulx, les persuadant d'eulx reuolter contre Iosephus. Ce qu'entendu par Silas, auquel iceluy Iosephus auoit donné charge de garder la ville, l'en auertit incontinent, parquoy ayant receu les lettres, & s'estre mis en chemin, fit telle diligence toute nuyt, qu'il se trouua en Tiberiade des le plus matin, & vint tout le peuple au deuant le receuoir. Toutesfois Ian se doutant qu'il venoit pour luy faire desplaisir demoura en son logis: & enuoya seulemẽt l'vn de ses plus priuez amys l'excuser, disant qu'il estoit demouré malade en son lict, qui estoit la cause pour laquelle il ne luy pouuoit pour le present faire seruice. Et nonobstant, apres que Iosephus eut fait assembler tous

R ii   ceux

LE II. LI. DE F. IOSEPHVS.

ceux de la Cité en vn lieu publicq' & qui contenoit cent vingt cinq pas, specialement pour leur monftrer ce que l'on luy auoit efcrit de Ian. Iceluy Ian enuoya certains fouldatz pour le tuer en trahifon, mais incótinent que le peuple les eut veuz mettre la main aux efpées, commança à s'efcrier, tellement que Iofephus tourna vifage, & fe voyant fi pres du danger de mort & l'efpée quafi fur la gorge fe lança à bas d'vn tombeau efleué de fept couldées de hault, ou il eftoit monté pour mieux parler & faire fes remóftrances, & tomba fur la greue de la mer, trouuant vne barque que deux de fes gens auoient emenée, en laquelle il entra, & commencerent à nauiguer iufques enuiron le mylleu du lac. Ce pendant l'efmeute s'efchauffa, & y eut grande altercation entre les fiens & ceux qui eftoient venuz pour le tuer, tellement que ceux de la ville coururent aux armes & chargerent fur les autres. Ce qu'entendoit bien Iofephus, lequel craignant que par telle fedicion le lieu fuft embrafé & mis à feu & à fang, par les enuieux, renuoya l'vn des fiens dire à fes gens qu'ilz fiffent ceffer cefte efmeute. Et que fans venir & les vns & les autres à telle ruïne, ilz s'apaifaffent & fiffent paix, à quoy ilz mifrent ordre incontinent qu'ilz eurent entendu fon vouloir, & fe retirent tous. Et neátmoins les circóuoifins de la Cité ayant efté auertiz de cefte entreprinfe, & cogneu qui en auoit efté caufe & inuenteur, vindrent de grand' fureur pour iouer vn mauuais tour à Ian s'ilz l'euffent trouué, mais le paillard print la fuitte en Gifcale, d'ou il eftoit né & natif. Et ce pendant ceux de Galilée furuindrent de toutes partz vers Iofephus, lefquelz affemblez en grand nóbre, cryoient publiquemét qu'ilz eftoiét venuz, tant pour prendre végeance de Ian, ennemy mortel de toute la republique, que pour mettre le feu dans la ville qui l'auoit receu & fauorifé, mais Iofephus les en garda, difant qu'il luy fuffifoit de leur bóne volúté, & qu'ilz fe rapaifaffent, aymant toufiours mieux vaincre fes ennemys par fageffe & prudence, que par mort qui leur peut faire endurer, excepté ceux qui s'eftoiét rebellez & reuoltez auec Ian nommant les Citez d'ou ilz eftoiét les vnes apres les autres, combien que chacun excufaft ceux de fon païs, parquoy fit publier par vn herault qu'ilz euffent à retourner dedans cinq iours, & habandonner le party de Ian, autrement & ledit temps paffé, il les declaroit rebelles leurs biens confifquez, & leurs maifons & famille mife au feu, qui fut caufe que troys mile & plus reuindrent par deuers luy, lefquelz fe iettans à fes piedz, mifrent les armes bas. Et toutesfois Ian fabriqua encores depuis vne autre mefchanceté, auec mil citoyens fugitifz de la ville de Syr, car apres auoir enuoyé fecrettement gens en Hierufalem acufer Iofephus, pour le rendre fufpect, donnerent à entendre qu'il auoit amaffé groffe gendarmerie, & que s'ilz n'y mettoient ordre, qu'ilz eftoient taillez de le veoir à leurs portes en bref, auec toute fa force & puiffance. Mais le populaire auerty des chofes paffées n'y aioufta gueres de foy, combien qu'aucuns des plus nobles de la ville fiffent tenir deniers à Ian le plus couuertemét qu'il eftoit poffible, pour toufiours leuer gens, & s'il y auoit moyen d'inciter la troupe de

DE LA GVERRE DES IVIFZ. Fueil. XCIX.

pe de Iosephus & le rendre plus foible. Et si depescherent pour aller trouuer iceluy Ian deux mile cinq cens hommes bien armez, entre lesquelz estoient quatre des plus nobles de la Cité, à sçauoir Iosander, filz d'vn iurisperit. Ananie, filz de Sadducée, Simon & Iudas filz de Ionathas, gens eloquentz bien emparlez, qui entre autres choses eurét charge de retirer Iosephus de l'amytié du peuple, & le mettre en leur hayne. Et que si d'aunture iceluy Iosephus vouloit gracieusement rendre raison de ce qu'on luy mettoit à sus, qu'ilz l'escoutassent. Et ou aufsi il n'en feroit conte, & le desdaignast, qu'ilz procedassent contre luy, comme contre l'ennemy cómun, mais il fut promptement auerty par aucuns ses amys des forces qui marchoient vers luy, sans toutesfoys dire mot de la cause ny à quelle intention, car elle estoit secrete, & si bien teuë entre ceux qui la demenoient, qu'il ne se peult iamais garder ny empescher que quatre Citez des siennes, ne se rendissent à Ian, l'vne apellée Sepphoris, l'autre Gamala, la tierce Giscala, & la quarte Tiberias, lesquelles toutesfoys luy furent depuys rendües sans armes quelzcóques, & sans faire autre violence, sinon qu'ayant prins quatre capitaines des plus auctorisez les renuoya en Hierusalem, contre lesquelz le peuple s'esmeut tellement, qu'il eust tué ceux mesmes qui en estoient cause s'ilz ne s'en fussent absentez & fuyz.

Comme Tiberias & Sepphoris
furent recouurées par Iosephus.

Chapitre XXVII.

R iii Ian ce

LE II. LI. DE F. IOSEPHVS.

An ce pendant estoit en Giscale , non sans grand' paour car Tiberias se mutina de sorte que les habitans enuoyerent rapeller Agrippa leur roy : mais il faillit d'arriuer au iour qu'il leur auoit promis: & si vindrêt peu de gens d'armes Romains les secourir . Toutesfois s'y se declarerent ilz contre Iosephus , dequoy ceux de Tarichée furent incontinent auertiz , & Iosephus mesmes qui auoit enuoyé ses gens pour rauitailler la ville,laquelle estant rebelle doutoit grandement s'il entreprendroit l'efforcer ou non . Toutesfois considerant que s'il differoit trop , le reste des gens du roy Agrippa s'en pourroit emparer,mesmes que le iour ensuyuant il estoit deffendu par la loy de rien entreprendre à cause du Sabat , delibera d'essayer à recouurer par finesse ce qu'il auoit perdu par la mauuaistié des rebelles . Et pour mieux taire ceste deliberation fit fermer les portes des Tarichées,craignant que quelqu'vn ne reuelast son secret aux ennemys . Ce fait assembla toutes les barques qu'il peult recouurer au lac , qui se monterent à bien deux cens & trente , en chascune desquelles il mit quatre mariniers seulement , puis faisant voyle singla en Tiberiade. De laquelle aprochant non pas si pres qu'on l'eust peu descouurir sortit de ses vaisseaux, & auec sept de ses hommes sans plus, s'achemina par terre droit à la Cité . Et ce pendant ses barques voguoyent tousiours . Or n'auoit il harnois ny armes aucunes, & si marchoit par les endroitz plus aparens pour estre mieux veu & des tyrans & de ses ennemys mesmes , qui à l'heure le maudissoient le plus.Ce neantmoins quant ceux qui gardoient la muraille le descouurirent & les barques qui surgissoient si pres d'eulx,estimans qu'elles fussent pleines de soldatz , eurent si grande paour , qu'habandonnans bastons & armeures , vindrent à iointes mains suplier Iosephus qu'il pardônast à la Cité,lequel apres les auoir menassez & fait maintes remonstrances comme ilz deuoient se garder & faire la guerre aux Romains, leur mit deuant les yeulx la meschanceté de leurs courages,& comme ilz auoient entreprins & coniuré mettre à mort celuy qui les auoit tousiours secouruz & aydez, qui est dit il moymesmes, à qui vous n'auez point eu de honte fermer les portes de vostre ville , que i'ay fait clorre & enuironner de murailles . Et neantmoins oubliant tout ce mal fait, ie suis content vous receuoir de nouueau à mon amytié,pourueu que voulans recongnoistre le tort & iniure que vous m'auez fait, vous moyennez aussi cest acord entre moy & les autres citoyés,me baillant pour ostages dix des plus suffisans d'entre vous. Ce qu'ilz luy acorderent aussi tost , & luy furent liurez les dix quil demandoit, qu'incontinent il enuoya mettre dans l'vn de ses vaisseaux, lequel à force de vent & de rames, les transporta, mais comme s'il eust estimé celà peu ou rien, demanda de rechef qu'on luy en liurast autres cinquante gens d'honneur & auctorité qu'il nomma, lesquelz on ne luy osa refuser , puis en apella plusieurs & tant que souz coulleur de leur tenir propos en emplit ses barques , commandant à ses mariniers leuer les

ancres

DE LA GVERRE DES IVIFZ. Fueil. CII.

ancres & faire voille à Tarichée, & que là arriuez on les mist en seure garde iusques à son retour se trouuas en nombre plus de deux mile, entre lesquelz estoient cinq cens tant Senateurs qu'autres gens de fait, dót leurs amys desplaisans commencerent à acuser Chitus crians contre luy qu'il estoit asseurémét vray auéteur & le principal de la mutinerie, & que pour ceste cause il pleust à Iosephus tourner son ire contre luy seul & apaiser la collere & mal vueillance qu'il auoit enuers le peuple innocent. A' laquelle persuasion Iosephus prestant l'oreille & voulant sauuer & garentir de mort les autres, commanda à l'vn de ses seruiteurs prendre Chitus & luy couper les poings. Ce que Chitus ne vouloit endurer, toutesfois voyant que Iosephus s'irritoit de plus en plus contre luy, & qu'il s'auançoit pour le punir d'auantage le suplia treshumblement qu'il luy pleust aumoins de luy laisser l'vne de ses mains. Ce qu'il luy acorda, à la charge qu'il se coupperoit luy mesme l'autre. Et pour ceste raison se deffit il de la gauche, tant eut paour d'auoir pis. Et ce pendant retournerent de leur voyage les vaisseaux de Iosephus, qu'il remplit encores de nouuelles gens qu'il enuoya comme les autres en Tiberiade, faisant peu de iours apres piller par ses gensdarmes Giscale pour s'estre reuoltée auec Sepphorite, mais il rendit depuist out le pillage au populaire. Voylà doncques comme il se gouuerna, tant enuers les Sepphorites que ceux de Tiberiade, ausquelz il voulut oster tout le bien pour les punir & le leur rendre puis apres, pour rentrer en leurs bonnes graces comme il fit.

Comme ceux de Hierusalem se

prepareren pour mener guerre. Et de la tyrannie de Simon Giore.

Chapitre XXVIII.

R iusques icy n'oyoit on parler d'autre chose que de dissentions par toute Galilée, tant qu'à la fin ilz se deporterent de telles querelles & noises ciuilles, & se preparoient à la guerre contre les Romains. Au moyen dequoy Ananus qui pour lors estoit pontife, & autres des plus riches de Hierusalem, deliberent prendre les affaires en main & d'eulx fortifier contre les Romains, garnissans leur ville & de murailles & de machines & autres semblables munitions de guerre, sans forger par toute la Cité quasi autre chose que harnoys fleiches & traitz. Au moyen dequoy les ieunes & vieulx se misrent à suyure diuers trains, s'accommodans les vns aux tumultes & seditions, & les autres, preuoyás de plus loing, à ruminer & discourir pleurás le malheur qui les suyuoit, & leur affliction

R iiii pro-

LE II. LI. DE F. IOSEPHVS.

porchaine, fpecialement plufieurs qui defirans la paix, confideroient leur granddanger & affeurée calamité, eftans par ce moyen du tout contraires à ceux qui fans propoz efmouuoient fi malheureufe guerre, defguifans à tous propos & contre leur propre vouloir, ce à quoy plus ilz afpiroient & efperoient. Au moyen dequoy peu deuant que les Romains inuahiffent la Cité, elle eftoit quafi, & ainfi qu'vne ville pariure & desbauchée, quelque diligence que fift Ananus de rompre toutes telles façons de faire, & côuertir la follie des fedicieux (qu'il apelloit Zelotes) à chofe meilleure & plus profitable, mais la mort le preuint comme nous raconterons cy apres. Il y eut aufsi vn Symon, filz de Giore qui, eftât en la Toparchie d'Acrabatene, & apres auoir fait grand amas de fedicieux & autres defirans fur tout noueautez, mit fon but à principalement defrober & piller par tous moyens, ce qu'il pouuoit & ne pouuoit pas, car il fe ruoit non feulement fur les maifons & biés des riches, ains prenoit les perfonnes mefmes qu'il faifoit mourir à force de coups, & de batre, tellement que la tyrannie de luy eftoit intollerable: parquoy Ananus enuoya groffe gendarmerie & des plus grans feigneurs de fa ligue pour le deffaire, mais aufsi toft qu'il en ouyt la nouuelle fe retira, & auec aucuns de fes gens fit tenir compagnie aux volleurs qui eftoient en Mafada, ou il demeura iufques à ce qu'Ananus & fes autres ennemys furent occis, continuant toufiours fon pillage & l'arcin par toute l'Idumée: & fi fort que les gouuerneursdu païs fe trouuerent cõtraintz mettre garnifonde genfdarmes par tous les villages, tant ces pandardz faifoient de meurdres, deftrouffementz & homicides. Voylà doncl'eftat & comme fe demenoient durant ce temps les affaires de Iudée.

Fin du Second liure de Flauius Iofephus
de la guerre des Iuifz.

Le troisiesme liure de Flauius
IOSEPHVS DE LA GVERRE
DES IVIFZ.

De Vespasian qui fut eleu duc
des Romains, & de la double desconfiture des Iuifz.

Chapitre   Premier.

Vant Neron eut entendu les entreprinses faites par ses gens en Iudée, n'auoir heureusemét succedé, tenant couuert ce qui y sembla necessaire, fut espris soudain d'vne crainte & espouentement non pareil (ce que toutesfoys il dissimula) & faignant vn cueur hault & superbe, se courrouça tout de gré, remettant ceste faulte & reuolte auenuë plus par la negligence de celuy qu'il auoit commis chef par delà, que par les forces & vertus de ses ennemys. Considerant que, veu la charge qu'il auoit de l'Empire, il luy estoit necessaire contemner & faindre ne faire cas de telles pertes & plus grandes, & monstrer par apparence exterieure auoir le courage magnanime, & plus roide que toutes les auersitez qui luy pourroient suruenir. Neantmoins la perturbation de son entédement ne laissoit à estre agitée auec grand soing & soucy, tant pour ne sçauoir à

qui

LE III. LI. DE F. IOSEPHVS.

qui il pourroit cōmettre le fait de ceste guerre, & reduire le païs d'Orient en paix, que (en bien chastiant les rebelles & le venger) se saisir & emparer en premier lieu des nations prochaines, ataintes de pareil mal, mais à la fin il trouua Vespasian propre & digne d'vn tel faiz, & pour sainemēt soustenir, & venir à bout d'vne si grande & dangereuse entreprinse : car il le cognoissoit homme qui des son adolescence iusques en ses vieux ans s'estoit excercité aux armes, & discipline militaire. Et qui longs iours au parauant auoit pacifié & rendu paisible tout l'Occident au peuple Romain, par l'effort des Allemans, & mesmes la Bretaigne, dont le Senat auoit permis à Claudius son pere en triumpher. Encores que ce ne fust de son propre labeur. De toutes lesquelles choses asseuré, & cognoissant l'experience correspondre à son aage, print pour hostages de sa foy ses enfans, desquelz il sçauoit la florisante icunesse estre le bras de la paternelle prudence, ou (peult estre Dieu l'ordonnant ainsi pour le bien de toute la Republique) Puis l'ayant amonnesté par maintes bonnes & gracieuses paroles d'estre magnanime, vertueux, & tel que la necessité le requeroit, l'enuoya en Syrie pour gouuerner les excercites qui y estoient ordonnées. Au moyen dequoy Vespasian depescha à l'instant d'Achaïe (ou il auoit seiourné auec Neron) son filz Titus pour aller deuant en Alexādrie, faire partir la cinqiesme & dixiesme legion. Et luy arriué en Hellespont s'achemina par terre en Syrie, ou il assembla toutes les forces des Romains, auec les bandes des Roys circonuoysins leurs allicz & cōsederez. Et ce pendant les Iuifz enflez d'vne inesperée felicité par le malheureux conflit de Cestibe, ne peurent temperer l'impetuosité de leurs courages, car esmeuz d'vne fortune (qui à ce les esguillonnoit) marcherent auec toutes les forces qu'ilz peurent assembler si auant en païs, qu'ilz vindrent iusques en Ascalon. Or est Ascalon Cité antique, d'istáte de sept cens vingt stades de Hierusalem, enuiée & mal voulluë de tout temps par iceux Iuifz, qui leur fit sembler le chemin plus court, & le lieu plus prochain & aysé à leurs premieres courses & inuasions, pensans bien l'emporter du premier assault. Et pour ceste cause esleurent d'entr'eux trois capitaines, non moins fortz & hardis que prudés & auisez, l'vn desquelz fut Niger le Peritam. Scyllas le Babilonian, & Ian l'Essenian, tous troys cognoissans la place estre enceinte de murs & bōnes tours, mais quasi vuyde de toute garnison, n'y estant demeuré pour sa garde qu'vne seule cohorte de gens de pied, & vne compagnie de gens de cheual, dont estoit capitaine Anthonius. Et pour ceste raison ceux qui sçauoiēt si peu de force estre en la ville y marcherent legerement & de grand cueur, pour estre des premiers à l'assaillir. Mais ilz se trouuerent deceuz de leur esperance, car encores qu'Antonius ne fust auerty de leur entreprinse & arriuée si soudaine, & qu'il les rencontrast auec sa seule troupe de cauallerie (qu'il auoit de fortune menée ce iour aux champs) si chargea il de si grand cueur le plus grand esquadron d'eulx, qu'entrant pesle mesle, sans crainte de leur grand nōbre les mit en route. Et d'autre part ceux qui vindrent à la

muraille,

DE LA GVERRE DES IVIFZ. Fueil. CII.

muraille, pensant l'escheler en furent si rudemeut repoulsez que tombans à la foulle les vns sur les autres se faisoient ennemys d'eulx mesmes, & s'entredonnoient la mort, tandis qu'Antonius poursuiuoit sa victoire, laquelle il obtint sans grand' peine, car les Iuifz inexperimentez combatoient contre soldarz bien expertz, n'estás que gens de pied contre gens de cheual, gens inordonnez contre ceux de bonne ordonnance, & les legeremét armez contre les mieux equipez qu'il estoit possible (cedans iceux Iuifz plus à l'indignation qu'au conseil) en sorte qu'ilz furent aysément deffaitz par leurs ennemys, coustumiers d'obeïr en toutes choses à leurs chefz & capitaines, lesquelz ayans rompu par leurs gens de cheual les premiers rangs tournerent les Iuifz en fuite escartez à trauers la plaine, qui estoit grande & aysée à gens de cheual, pour executer & faire grand carnage sur eulx, ainsi qu'il leur auint, car estans poursuiuiz par les Romains perdoient tout moyen de beaucoup fuir, tant que peu eschaperent, car mesmes les plus legers à courir estoiét ataintz du trait de leurs ennemys, encores plus agilles qu'eulx, si que desesperez de tout moyen pour leur salut, fut leur multitude & grand nombre autant intimidé que s'ilz se fussent trouuez seulz de compagnie, dont le cueur se haulça tellemét à ceux qui les chassoiét, que poursuiuans leur fortune entroient à la foulle, & parmy eulx, comme si grand nombre de milliers d'hommes leur eussent fait espaule, encores qu'ilz fussent peu comme i'ay dit, mettans à ce moyen ceste troupe de Iuifz en tel desordre qu'ouurant la porte à leur honte, receurent leur saluation à qui mieux & plustost tourneroit les espaules, atendant que leur malheur se changeast, qui fut cause de faire continuër aux Romains l'execution de leur victoire la plus grand' partie du iour, demeurans sur le champ, pres de dix mile Iuifz, & entre autres deux de leurs capitaines Ian & Scyllas, & grand nombre de naürez, auec Niger, qui fuyant se sauua en la ville de Salis, cité d'Idumée, demourant Antonius victorieux auec peu de perte des siens, & toutesfois la presumption des Iuifz ne fut pourtant apaisée, ains demeurerent si hault esleuez en leur temeraire follie, que faisant peu d'estat de leurs compagnons mors à leurs piedz, deliberent tenter de rechef la fortune souz couleur de ce que leurs affaires s'estoient heureusemét portées es premieres rencontres, souz laquelle fiance & sans quasi donner loysir aux naürez de visiter leurs playes, comme si le temps leur eust deu faillir (raliez ensemble & plus encores indignez qu'au precedant) s'adresserét & coururent sus à Ascalius, plus acompagnez d'ignoráce & mauuaise conduite que gens de guerre ou bonne fortune, ainsi que leur fit tresbien experimenter de rechef Antonius lequel auerty de leur entreprinse nouuelle dressa si à propos son embusche, par le lieu ou ilz deuoient passer, que se trouuans chargez à l'improuiste, & enuironnez de gens de cheual, huyt mile d'eulx, & plus, passerent au trenchát de l'espée premier qu'ilz eussent moyen d'eulx adresser pour combatre, se sauuát le reste par bien fuir auec leur capitaine Niger, lequel neantmoins monstra bien le grand cueur &

haulte

LE III. LI. DE F. IOSEPHVS.

haulte prouësse qui estoit en luy, car voyant le desordre des siens auenu, & que ses ennemys le poursuiuoient fort & ferme, fit si braue retraite, que maugré eulx il entra en la forteresse du village nommée Bezedel, ou Antonius le suyuit. Et voyant le lieu estre imprenable, ou que le long siege deuant, luy pouuoit tourner à grand' consequence, commanda mettre le feu au pied de la tour, esperant les auoir par ce moyen, & priuer de là en auant les autres Iuifz de tel capitaine que leur auoit esté Niger, lequel les Romains se promettoient bien faire mourir, car le fort fut en vn instant tout enflambé : mais le gallant s'estoit ietté de la muraille dans vn fossé ou cauerne creuse, ou il se sauua iusques au troysiesme iour d'apres, que s'estant les Romains retirez à Ascalon, & voulás aucuns des gens de Niger le trouuer pour luy donner sepulture, se monstra à eulx, qui remplit tous les Iuifz de grande ioye inesperée, & comme s'il leur eust esté sauué vn personnage par prouidence de Dieu, pour estre d'oresnauant le chef & capitaine. Et ce pendant Vespasian mena son armée en Antioche, ville metropolitaine de Syrie, autant heureuse, superbe & grande qu'autre Cité de l'Empire, aussi auoit elle le troisiesme lieu, entre les Romains. Et là le vint trouuer le roy Agrippa, auec le secours qu'il luy menoit, au moyen dequoy Vespasian se hasta d'aller en Ptolemaïde, ou les Citoyens de Sepphoris (seulz paisibles en toute la Galilée) luy furent audeuant s'offrir à luy, ayant desia promis & donné au parauant leur foy à Cestius Gallus, tant pour leur propre salut, que cognoissans la force des Romains, qui auoit esté cause de leur faire receuoir la garnison y ordonnée. Et encores de meilleur cueur Vespasian, lequel voluntairement leur promist donner secours & ayde contre les Gentilz. Et de fait leur laissa telle force, que de là en auant ilz les craignirent peu ou point, se trouuans assez fors pour resister aux incursions des Iuifz, si d'auenture ilz faisoient quelque noualité ou esmeute. Or estoit Sepphoris de grande consequence pour l'entreprinse de Vespasian, ville de Galilée tresspacieuse & située en lieu tresseur & asseuré pour la deffence de tout le peuple du païs.

Description de Galilée Sama-

rie & Iudée.

Chapitre   II.

Or fault

DE LA GVERRE DES IVIFZ. Fueil. CIII.

OR fault il entendre qu'il y a deux Galilées, l'vne haulte & l'autre basse, toutes deux enuironnées de ceux de Phenice & Syrie. Et du costé d'Occident la separé Ptolemaïs par limites de son territoire, & le mont Carmel, qui fut d'ancienneté aux Galileans, & à ceste heure aux Tyriens, auquel est iointe Gabaa, autrement apellée la Cité des Cheualiers, par-ce que les Cheualiers qui y furent delaissez par le roy Herodes estoient naturelz d'icelle ville du Mydi, elle a Samaritis & Scytopolis, iusques au fleuue Iourdain, & du costé d'Orient Hippene, & Gadaris, & aboutit à Gaulanitis, qui sont les fins & bornes du royaume d'Agrippa. Et le trait qu'elle a vers Septentrion, confine à Thir & aux Tyriens, mais quant à la longueur de la basse Galilée, elle s'estend depuis Tyberiade iusques à Zabulon, à laquelle Ptolemaïs est voysine du costé de la mer, & la largeur depuis le bourg Xaloth, situé à vne grand' plaine qui dure iusques à Bersaben, & là commence la largeur de la haulte Galilée, tyrant iusques au village de Baca, qui separe la terre des Tyriens, & quant à sa longueur, elle contient depuis Thella village proche du fleuue Iourdain, iusques à la cité de Meroth. Voylà doncq' cóme la Galilée est grande & enuironnée de grand nombre d'estrangers. Et toutesfoys elle a tousiours resisté aux perilz de guerre, estans ceux du païs acoustumez des leur enfance à combatre, & sont en grand nombre, sans que l'on ayt iamais veu aucune crainte entre leurs gens, ny quelque disette ou penurie en leurs regions, d'autant qu'elles sont riches, fructueuses, & si abondantes en biens, & multitude d'arbres portans fruict, que les moins soucieux de l'agriculture ne demeurent pourtant frustrez de la fertilité & bonté de leur terre, laquelle est tant amene & propre, qu'elle se peult cultiuer en toutes pars,

S   sans

LE III. LI. DE F. IOSEPHVS.

fans qu'il s'en treuue aucune oyfeufe, qui eft caufe du grand nombre des villes, citez, & villages, qui la rempliffent, eftans icelles places fi remplies de gens, que la moindre contient plus de quinze mile habitans. Mais fi aucun vouloit dire la part de deça le fleuue moindre en grandeur que la region d'oultre, il fault premierement qu'il ballance les forces de l'vne & de l'autre, car celle de deça eft vniuerfellement plus habitée & plus abondante en tous fruictz que l'autre, laquelle eftant plus fpacieufe en païs, fe treuue auffi en plufieurs endroitz deferte & afpre pour la nourriture des fruitz domeftiques, ce qui default en la premiere, veu qu'en toutes pars & en tous champs la tendreur & greffe de la terre la rend auec l'efprit du laboureur, fournie & peuplée de toutes fortes d'arbres, & grande habódance d'Oliuiers, Palmiers, & vignes, enroufées de torrentz, qui defcendent des montaignes, fans vne infinité d'autres eaux des fontaines perpetuëlles, lefquelles fupléent aux deffaulx d'iceux torrens, lors que par fechereffe & grande challeur, fe teriffent, fpecialement es iours caniculaires, & s'eftend la longueur d'icelle Galilée, depuis Macheron iufques en Pella. Et la largeur depuis Philadelphie iufques au iourdain, regardant Pella le Septentrion, & la part du Iourdain l'Occident: le Mydi, la region des Moabites, ou elle confine, & l'Orient l'Arabie, & Silbonytide, fe fermant de Philadelphie & Geraris. Et quant à la region de Samarie, elle eft affife entre Iudée, & Galilée, commençant au village Gynea, fitué en la plaine, finiffant en l'Acrabatene Toparchie, & fi n'eft de nature differente en rien à la Iudée, car l'vne & l'autre font montueufes, & champeftres, affez molles & graffes, pour le labour, plaines d'arbres & fort abondantes en pommes, tant bocages que franches, feiches du naturel, mais grandement arroufées de pluyes, ruyffeaux, & maintes eaux douces, qui decoulét & fluent à trauers, en forte que les grains le beftial & letage y font communs, & fi ayfez, que l'opulence & valleur du païs fe manifefte & aparoift, fpecialement pour le grand nombre d'hommes qui y viuent & conuerfent. Et quant aux limites & bournes, le village de Anuath, qui autrement s'apelle Borceos, les terminent, regardans la Iudée vers le Septentrion à fon entrée, mais fi bien la mefurez en longueur, vous trouuerez qu'elle confine à vn village prochain aux limites des Arabes, qui eft nómé Iordain, monftrant fa largeur depuis le fleuue de Iordain, iufques au port de Ioppe, & au meilleu d'elle eft Hierufalem, dont aucuns, non fans raifon, l'ont nommée le nombril de la terre. Et fi n'eft icelle Iudée exclufe des plaifirs marins, car fon eftenduë eft en lieux & places maritimes iufques en Ptolemaïs, diuifée au refte en vnze pars, la premiere defquelles (& comme Royne) eft Hierufalem, fuperéminente fur les dix en tous fes habitans, comme eft la tefte en fon corps. Les autres font Toparchies, & principautez, comme Gophna, qui eft la feconde, puis Arrabata, Thamna, Lyda, Ammabe, Pellani, Idumée, Engadda, Herodium, Hiericon, Iannia & Ioppe, qui prefident es finitimes regions. Et oultre celles deuant dites, Gamalatice Gaulanitis,

Bata-

DE LA GVERRE DES IVIFZ. Fueil. CIIII.

Batanea, & Trachonitis, qui sont vne des parties du royaume d'Agrippa. Et cómence ceste terre du mont de Liban iusques aux fontaines de Iourdain, s'estendant en largeur iusques au prochain lac de Tyberiade, & en longueur depuis le village apellé Arphas iusques à Iuliade, habitée & des Iuifz & des Syriens ensemble.

De l'ayde enuoyé aux Sephori-

tains, & de la discipline militaire des Romains.

Chapitre III.

Ous auez donc desia entendu auec la plus briefue expofition qu'il m'a esté possible de quelles regions la Iudée est enceinte. Et cóme Vespasiá auoit enuoyé aux Sephoritains mil hommes de cheual, & six mil de pied pour leur secours. Lesquelz conduitz par vn Tribun nommé Placidus, dresserent leurs tentes & pauillós en vne grand' plaine, mais depuis ilz se diuiserent en deux, car les pietons entrerent dans la ville pour la deffendre & garder, & la cauallerie demeura en la campagne, faisans courses & entreprinses à toutes heures sur leurs ennemys, & lieux circonuoisins, portans à ceste ocasion beaucoup de dommage à Iosephus & aux siens, par les continuëlz pillages & butin qu'ilz faisoient par toute la côtrée, repoulsant de foys à autres les garnisons des Iuifz qui, sortans des villes & fortz, mettoient grand' peine de cóseruer le païs & le peuple. Et tellement que Iosephus se mist aux champs pour essayer de surprédre Sephoris, & de fait y donna vn fort assault esperant (luy qui autresfois l'auoit fortifiée) que s'il la pouuoit vne fois reduire au pouuoir des Galiléens, iamais les Romains ny mettroiét le pied, mais quoy? elle estoit si imprenable & si bien gardée, que frustré de son esperance, quelque effort ou persuasion de paroles qu'il sceust faire entendre à ceux de la ville, fut contraint se retirer, dont s'enflamma de plus en plus la guerre en Iudée, portát les Romains trop impatiément les stratagemes & ruses qu'iceluy Iosephus leur inuentoit à toutes heures, au moyen dequoy ilz s'efforçoient iour & nuyt à piller, saccager, destruire, & ruyner d'heure à autre, & de iour en iour les champs & lieux ou ilz pouuoient mettre le pied, faisans carnage de ceux sans plus qui leur resistoient ou se mettoient contre eulx en deffence, car quát aux non rebelles ou imbeciles ilz les emmenoient prisonniers. Et voylà commé toute la Galilée estoit ou couuerte de feu & de sang, ou de pleurs & lamentations, s'en trouuans peu qui n'experimentassent la cruauté de telz estrangers, mettans par ce moyen toute leur esperance à vne regere suite & soudaine, es lieux que Iosephus auoit au parauant fait rem-

S ii   parer

LE III. LI. DE F. IOSEPHVS.

parer & fortifier. D'autre cofté Titus enuoyé d'Achaïe en Alexandrie trouua façon de recouurer pluftoft qu'il ne penfoit, la troupe de cauallerie qu'il deuoit leuer & amener au camp de Vefpafian, car defia l'hyuer eftoit fort auancé, mais fi le vint il trouuer en gráde diligence à Ptolemaïs, eftant lors iceluy Vefpafian acompagné fans plus des deux plus nobles legions, aufquelles fe ioingnit la quinziefme que conduifoit Titus, mais elles furent toft apres renforcées de dixhuyt cohortes, aufquelles s'affemblerét autres cinq venans de Cefarée auec vne æfle de gens de cheual, & cinq autres de cheualiers Syriens, acompagnées chafcune d'icelles cohortes de mil pietôs, eftant le furplus de l'armée de fix cens treize foldatz & fix vingtz hommes de cheual, fans le fecours & ayde qu'eftoient tenuz fournir les Roys alliez des Romains· car Antiochus, Agrippa, & Sohemus y amenerent chafcun d'eulx deux mil hommes de pied, & mil à cheual, portans arcs & trouffes, & le roy d'Arabie Malchus, cinq mil à pied, & mile à cheual auec femblables armes que les precedés, faifans (tous vniz & affemblez auec les Romains) le nombre de foixante mille hommes tant gens de pied que de cheual, fans leurs calons, ou valetz, & feruiteurs qui les fuyuoient en grand' compagnie, & tellement acouftumez au trauail de la guerre qu'ilz differoient peu à ceux qui mieux fçauoient combatre, parce qu'en paix ilz acompagnoient leurs maiftres en leurs excercices & trauaulx, & en temps de guerre aux perilz & dangers qui s'y offroient, & par ainfi les fecondoient fuft de force ou d'induftrie par lefquelles ilz fe trouuoient fouuent victorieux & peu vaincuz. Qui pourra donc eftimer la trop admirable prouidence des Romains, inftituantz fi bien leurs feruiteurs, que non feulement ilz en tiroiét feruice pour l'adminiftration de leurs viures, ains aux neceffitez de la guerre, tellemét que fi aucun confidere la difcipline militaire qui eft obferuée entr'eulx, il les congnoiftra eftre paruenuz à l'Empire, non par le don de fortune, mais par leur propre vertu, car ilz ne s'adextrent ou acommodent aux armes durant la guerre feulement, ou quant il leur eft neceffaire, mais comme fi elles leurs eftoient naturelles s'y excercitent en tous temps, fans pardonner au repos ny à la paix, n'eftans iamais en contention de chofe qui touche la difcipline militaire, ains s'y eftudient à toutes heures, & auec toutes fortes d'armes, comme fi l'effait, fureur, & execution de la bataille fe prefentoit deuát leurs yeulx à toutes heurtes, qui eft le moyen de les pouuoir facilement conduire en tout labeur de guerre, & faire fi bien obferuer leurs rangs & ordre acouftumé, que crainte, fatigue, ny laffitude ne les peut oncques rendre recreuz, dont il auient fouuent qu'ilz furmontent les plus affeurez. Auffi ne faudra point celuy qui dira, leurs entreprinfes eftre fans aucune volunté d'effufion de fang. Et au côtraire leurs batailles & affaulx furieux, fuiuiz de grand carnage, muniffant premier que iamais entrer en païs d'ennemy, leur armée de toutes chofes neceffaires, pour n'eftre contraintz ou oppreffez d'eulx, par leurs courfes: pour à quoy obuier dreffent toufiours leur camp en lieu fort difficile, non quelque

DE LA GVERRE DES IVIFZ. Fueil. CV.

que foys fans grand labeur & induftrie, car s'il fe trouue quelque place ine-
gale ou boffuë, elle eft auſi toſt eſplanadée par la grande multitude de
pionniers & munitions de tous ouſtilz qu'ilz font porter quât & eulx, rendans le lieu carré, au dedans duquel fe dreſſent les loges & tentes en trefgrande feureté, car le dehors du circuy eft cleué en façon de muraille, auec
bouluers & demy rondz à l'entour, qu'ilz garniſſent d'arbaleftes, garrotz,
arcs, fagettes, & autres machines, iettans groſſes pierres & cailloux, fans
y obmettre nulle efpece de dardz ou traitz dont ilz fe peuſſent auiſer. Et y
font edifiées quatre portes ou entrées fort larges pour receuoir aifément le
beftial, viures & autres choſes qui en fortent ou y arriuent, eftans les ruës
compaſſées de tous coftez, le long defquelles fe logent les foldatz & fuyte
de l'armée. Et au mylieu leurs capitaines & chefz, auec le pretoire des Dieux, femblable à vn Temple, ſi que tout aſſemblé, on iugeroit le lieu eftre
quaſi vne ville foudainement edifiée, car il y a marché dedans & places,
pour les aydes & manouuriers, fieges pour les chefz de la gendarmerie &
couronnelz de l'armée, qui ordonnent & iugent des differens & querelles
qui furuiennent au camp, lequel eftant ainſi aſſemblé & fortifié par l'induftrie & labeur de ceux qui en ont la charge, quelquefoys plus grand, quelque foys moindre, felon l'afſiete du lieu & deuoir des maiſtres de camp,
repofent en feureté ſi grande qu'ou il leur furuient quelques alarmes qui
les contraignent par trop foudain ou fouuent, fe renforcent auec vn fouſſé
par dehors, profond de quatre couldées, & de pareille largeur. Et ainſi enuironnez d'armes & de gens feiournent auec toute feureté, eftans leurs affaires executées par deliberations, foit pour recouurer eaux, boys, ou froment, & autres leurs neceſitez qui leur furuiennent. Et ſi n'eft en la puiſ-
fance d'aucun de difner ou fouper quant il luy plaira, ouy bien le dormir,
lequel eft permis & femont pour tous à fon de trompette, auſi toſt que la
fentinelle & guet font aſsis, car rien ne fe fait fans edit ou commandement.
Le matin venu les foldatz vont donner le bon iour à leurs centeniers, les
centeniers vont faluer les capitaines, auec tous lefquelz les colonnelz des
bendes fe retirent par deuers le lieutenant general, & par luy leur eft baillé le mot du guet, ou autres commandemens acouftumez de faire entre gés
de guerre, preftz & difpofez à côparoir ou côbatre. Mais quant il eft quef-
tion de partir, la trompette commence à fonner & donner figne que tous
fe preparent. Adonc s'abatent les tentes & fe trouſſent bagage, puis quelque efpace de temps apres fonne de rechef la trompette, qui eft le figne
pour faire tenir chacun en eftat de defloger: parquoy commencent les muletz, cheuaulx de charge, chariotz, & autre bagage à fe mettre en ordre, até-
dans le troiſiefme fon de trompette, & tandis rompent les rempars de leur
camp, & mettent le feu dans leurs loges pour ofter le moyen à l'ennemy de
fen feruir puis apres, finablement fonne le dernier & troiſiefme fon de tró-
pette, & lors marche l'armée en bataille, & le bagage & fon ordre, & ſi
quelqu'vn fait le long, & demoure trop à fuyure, il eft haſté & contraint de

S iii   repren-

LE III. LI. DE F. IOSEPHVS.

reprendre fon rang. Ce fait, & eftant le chef de l'armée à la dextre de tout
l'excercite, la trompette demande par troys diuerfes foys en leur langage
s'ilz font apareillez de combatre, auquel autant eft refpondu de tous, &
d'vne voix haulte & allaigre, nous le fommes. Et quelques foys preuiénent
l'interrogant, fi que rempliz d'vn courage martial, auec grand clameur lie-
uent tous leur dextre marchans en bon ordre d'vn pas braue & pofé, droit
ou ilz font conduitz & guydez, portans les gens de pied corfeletz & morrions, auecques dagues & efpées, l'vne à dextre l'autre à feneftre, l'efpée à
feneftre & plus longue de beaucoup que la dague, laquelle n'excede de
gueres la mefure d'vne paulme. Ceux qui enuironnent le Duc & chef de
l'armée font foldatz à pied & eleuz entre les autres, portans les vns targes&
efcuz auec la picque, & les autres hallebardes & haches, auecques longz
boucliers tous fourniz de leur cye, de farpe, de coignée, de corbeille, de
lyen, de faucille, de chefne & fa nourriture de troys iours, de forte qu'il y a
peu de difference quant à leur charge entre les iumens baftées & eulx. Et
au regard des gens de cheual ilz font pourueuz chacun de lance d'vne maf-
fe en leur main, d'vn bouclier pendant à l'arçon de la felle, & d'vne trouffe
auec troys dardz d'affez large pointe, & de grandeur peu plus peu moins
que n'eft vne hache, auec le morrion & cuiraffe femblable à celles de gens
de pied, & quant au refte des autres armes, ilz ne different aux Cheualiers eleuz qui font à l'entour du Prince. Et pour le regard des auant-cou-
reurs, ilz font ordonnez & eleuz ainfi que le fort les apelle. Et voylà l'ordre
& l'acheminement que tiénent les Romains par païs auecques leurs armes
& equipages, fans qu'ilz entreprennent riens inconfideré, ou inopinément
en leurs batailles, ains font tous leurs geftes œuures & faitz executez & a-
compliz auecques prouidence & edit, ftatué, tellement que peu ou point
font defaulte, pechent par ignorance ou autrement. Et fi quelquefoys ilz
s'oublient telle faute eft legerement reparée & couuerte. Et quant aux accidens de fortune, encores que l'iffuë ne leur fuccede telle qu'ilz l'auoiét e-
fperée, fi l'eftiment ilz meilleure(pour pire qu'elle foit) ayant efté la chofe
mife en deliberation de confeil que fi fans l'auoir confulté elle leur fucce-
doit tout à leur gré, comme fi vn bien ou mal fortuit nous eftoit enuoyé
du Ciel & cafuellement: Parquoy arriuant le contraire de ce qu'ilz auoiét
precogité & arrefté en leurs opinions, pouruoient & preuiennent à ce que
vne autre foys ilz s'en puiffent garentir fans donner blafme n'imputer à celuy ou ceux contre le confeil & auis defquelz l'infortune s'eft renduë familiere en leurs affaires, fe contentans & refiouyffans en leur malheur de
ce qui leur eft arriué apres la chofe debatuë & confultée, & au regard de
l'excercite des armes, elle n'eft louée en celuy qui a le corps grand & adroit
mais en la vertu du courage, eftant l'art militaire fi bien obferué en leur
troupe, que bien fouuent la crainte qu'ilz ont ameine quant & foy vne diligence extreme, atendu que non feulement font puniz de peine capitalle
ceux qui n'obferuent leurs loix communes, ains ceux qui fans plus font

lentz

DE LA GVERRE DES IVIFZ. Fueil. CVI.

lentz & tardifz à les bien garder & entretenir, se monstrans leur chefz & capitaines encores plus seueres que leurs statutz ne sont preignans & rigoureux. Au moyen dequoy dissimulent quelque foys les faultes plus legeres pour ne venir à la punition de rigueur, & honnorent les bons pour estre exemple des autres. Et est l'obeïssance pour ce recommandée de telle sorte enuers leurs superieurs que, soit en temps de paix, semble d'vn aornement de lumiere, & en la guerre d'vn seul corps composé de tout l'exercite ensemble, tant gardent bien leur ordre, se monstrans promptz, vistes, legers, & prestz, pour estre conduitz en tous lieux, ayans les aureilles atentiues à tous commandemens, les yeulx aux signes, & les mains à l'œuure, pour executer, tousiours preparez au combat, & iamais retifz à la peine. Aussi ne fut il oncques veu qu'ilz ayent craint ou douté l'ennemy pour fort ou en grand nombre qu'il fust, ny trouue le conseil & commandement de leur chef dificille, & moins la region ou ilz s'acheminoient, aspre ou malaisée pour montueuse ou rude qu'elle se monstrast, faisans au reste peu d'estat ny de conte de la fortune, d'autant qu'ilz se confient entierement à leur vertu, sur laquelle ilz assient & asseurent leur victoire. Est ce donc merueilles si (à ceux dont les effetz commencent par le conseil & finissent par la magnanimité & grädeur de courage) l'Euphrate est borné vers l'Orient, de l'Occean, du costé d'Occident, du Mydi, la tresfertile region d'Aphrique, & les grans fleuues du Rhin & Danube la part du Septétrion, & quant auec droit chacun pourra dire telle possession estre moindre que non pas les possesseurs. Ce que i'ay longuement poursuiuy & discouru, non tant de propos deliberé de les louer, que pour la consolation de ceux qui en ont esté vaincuz par eulx, & iustement intimider les autres trop couuoyteux de choses nouuelles, aussi pour sçauoir donner profit par telle experience aux studieux des bonnes lettres. Et à ceux qui iusques à present ont ignoré les ordonnances & statutz d'vne infinité de peuple si belliqueux, & toutesfois retournant en cest endroit sur les erres que i'ay cy deuant laissées ie suyuray mon histoire.

De l'alarme que Placidus donna à Iotapate.

Chapitre   IIII.

S iiii   Ce pendant

LE II. LI. DE F. IOSEPHVS.

CEpendant Vespasian auec son filz Titus demouré en Ptolemaïde, ordonnoit son excercite, & ia Placidus auoit inuade la Galilée, ou il mist à mort grand' partie de ceux qu'il tenoit prisonniers estans gens de peu & les moins aguerriz du païs, car tous les souldatz vaillans hommes s'estoient retirez es villes que Iosephus auoit remparé: parquoy Placidus marcha vers Iotapate la plus forte place de la contrée, ou il donna vne merueilleuse alarme, estimant qu'il la prendroit du premier assault & aquerir par ce moyen grande reputation enuers les autres capitaines & gouuerneurs, & quant & quant vne cómodité de mettre ce qu'il restoit à subiuguer à vne plus meure & heurcuse fin, comme si le reste des ennemys deust ceder à la crainte, voyant assieger la place plus forte & deffensable de toutes les autres, mais il fut grandement deceu de son opinion, car les Iotapatins apres qu'ilz eurent entédu son arriuée marcherent au deuant de luy & le receuoient de si grand' fureur au trenchant & fil de leurs espées, que les surprenás au despourueu plusieurs des Citoyés braues & ayans le cueur bien assis s'atacherét aux premiers Romains qu'ilz rencontrerent, & combatans pour le salut d'eulx mesmes, de la patrie, de leurs femmes, & enfans, les misrent en telle route, que grand nombre y furent cruellement naürez & sept occis, dont fut cause la soudaine crainte qui surprint ceux de la compagnie, se voyans assailliz tant inopinément des autres qu'ilz pensoient enclorre, lesquelz sans faire cas du trait dont les Romains les ofensoient à toutes heures, firent tant qu'ilz les ioignirent main à main bataillant (quant tout est dit) les non armez contre ceux qui estoient bien couuertz, & pourueuz de toutes armes, ou trois des Iuifz sans
plus

DE LA GVERRE DES IVIFZ. Fueil. CVII.

plus, perdirent la vie entre peu de bleſſez. Et partant fut Placidus repoulſé & mis en fuite.

Comme Galilée fut aſſaillie

par Veſpaſian.

Chapitre   V.

N ces entrefaites Veſpaſian couuoiteux d'enuahir Galilée deſlogea de Ptolomaïde, faiſant marcher ſon armée en tel ordre que les Romains ſont couſtumiers d'obſeruer, & eurent leurs alliez l'auantgarde, par-ce qu'ilz eſtoient moins chargez de harnois: Puys les ſuiuoient les gens de trait, tant pour obuier aux embuſches qui ſe euſſent peu dreſſer par les ennemys dans les bocages & foreſtz, que pour ſouſtenir les alarmes & eſcarmouches des auantcoureurs du party contraire s'ilz s'auançoient pour leur nuyre, derriere leſquelz marchoient les bataillons des gens de pied Romains, & partie de leurs hommes d'armes & cauallerie, que coſtoyoient dix de chacune centaine portans armes & la iuſte meſure des loges qu'ilz deuoient dreſſer, puis marchoient les pyonniers eſplanadans les chemins, ainſi qu'il eſtoit neceſſaire pour ne deſtourner ou retarder l'armée, & Veſpaſian derriere eulx, acompagné des plus braues ſoldatz & cauallerie de toute l'excercite, portans partie des gens de pied longues picques, que tout le reſte de la gendarmerie enuironnoit, eſtans de chacune compagnie eleuz ſix vingtz des plus aparens pour la garde & tuïtion de leur Duc & principal conducteur. Au doz deſquelz ſuyuoient ceux qui eſtoient ordonnez pour batre les places de reſiſtance & faire executer leurs machines, portans toutes choſes neceſſaires à faire breche: Puis les gouuerneurs & chefz des cohortes auec bon nombre d'hommes à cheual eleuz, & apres eulx l'Aigle couronnale de toutes les autres enſeignes qui l'acópagnerent: car tout ainſi qu'entre les autres oyſeaux elle a la puiſſance & domination, comme la plus valeureuſe entre les autres volatilles, auſſi la prinſe l'Empire des Romains pour enſeigne de ſa prééminence & auctorité, la tenant pour vn preſage de certaine victoire contre tous ceux qui l'aſſaillent ou batent. L'Aigle donc paſſée, marcherent les ymages ſacrées des bandes & compagnies, auec grand nombre de trompettes & clairons. Et derriere elles la bataille ou les ſoldatz eſtoient en reng ſix à ſix, & les centeniers & ſergens de bande de chacune legion pour leur faire tenir & bien garder l'ordre, & que les Muletz & Iumens du bagage, portans les hardes d'entr'eulx, ne s'y meſlaſſent ou rompiſſent. Et apres venoit l'arriere-regarde, ou eſtoient les marchans viuandiers, tauerniers, artiſans, & autres

gens

gens mercennaires, ausquelz vn bon nombre de caualleric faisoit espaulle, & tenoit en seureté tant qu'ilz fussent campez. Et en tel equipage conduit Vespasian toute son armée iusques aux confins de Galilée, où s'estant parqué se fit veoir à ses ennemys non tant pour les combatre (encores qu'il sust assez fort) que pour les intimider & donner auancement de crainte & tremeur, souz vne atente d'eulx repentir & venir à quelque honneste mercy & composition, premier que tenter la fortune & mettre leur esperance à l'issue d'vne bataille incertaine, & toutesfois sa deliberation estoit de forcer la premiere place qui luy resisteroit, & y donner l'assault ou il les verroit trop tardifz, dont il auint que sa seule presence rendit les autres si hors d'eulx mesmes, que plusieurs des rebelles s'en fuirent, laissant leurs compagnons auec vne paour quasi desesperée. Ce qu'entendu par les soldatz que Iosephus tenoit campez & auoit auecques luy, non pas loing de Sephoris, cognoissans la guerre s'aprocher, & les Romains quasi sur leurs bras se trouuerent non seulement pres de leur faire teste, mais promptz à fuyr ainsi qu'ilz firent, laissant leur chef si mal acompagné, que voyant le peu de force qui luy restoit, & le cueur failly aux plus braues de sa troupe, prestz d'eulx rédre & poser bas les armes, delibera de se retirer pour l'heure & esloigner le plus qu'il pourroit le peril present. Et pour ceste cause deslogea, & conduisant auec soy ce peu qui luy estoit demeuré d'hommes entrerent dans Tyberiade.

De la prinse de la cité de Gadare.
Chapitre   VI.

Lors Vespa-

DE LA GVERRE DES IVIFZ. Fueil. CVIII.

Ors Vespasian afsiegea la cité de Gadare, & la print sans grande resistance, car elle estoit vuyde & sans aucuns gés de guerre, pour la deffendre. Toutesfois entrant dedans commanda tuer tous les ieunes enfans qui y furent trouuez sans que la tendreur de leur aage peust oncques esmouuoir les Romains à misericorde ou compassion, tant auoient en horreur & hayne la nation des Iuifz, se souuenans encores de la deffaite de Cestius. Et qui plus est fut incontinent la Cité embrasée & mise à feu, & non elle seule, ains tous les bourgz, villages & hameaux de l'enuiron, se saisissans les Romains des personnes & populaire qui tomboient en leurs mains, qui aporta telle frayeur à toute la contrée que Iosephus mesmes & la Cité qu'il deliberoit garder en furent estonnez, quelque opinion qu'il eust imprimée de luy aux Tyberiens, que iamais ne s'en fuyroit, sinon ou il n'y auroit plus atente de remedé, aussi ne les trompoit il point en ce iugement : car il veoyt bien comme les affaires des Iuifz se deuoient tourner, leur restant vne seule voye de salut, qui estoit changer de propos, & opinion, & toutefois si eust il aymé mieux mourir de mile mors (quelque esperance qu'il eust d'obtenir grace & pardon des Romains) que trahir son païs, auec hôte de l'administration qui luy estoit commise, pour viure heureusement entre ceux contre lesquelz il estoit enuoyé : Parquoy delibera escrire fidelement aux primatz de Hierusalem comme les affaires se portoient, douteux neantmoins s'il exaltoit trop les forces des ennemys d'estre acusé de timidité. Et la taisant aussi ou faisant moindre, qu'eulx se repentans d'auoir commencé ceste esmeute, il les prouoquast plus de cruauté. Finablement toutes choses debatuës en soy, les fit certains de ce qui en estoit, pour (ou il leur plairoit entrer en quelque paix & accord auec Vespasian) le luy mâder en diligence. Et ou aussi ilz se resouldroient à l'esperance d'vne bataille ilz luy enuoyassent armée digne & suffisante de la luy presenter. Et pour ceste cause depescha sa lettre meurement consultée, & par homme expres qu'il enuoya en Hierusalem.

De l'afsiegement de Iotapate.
Chapitre   VII.

Ais tost apres il print à Vespasian desir de ruïner Iotapate, au moyen que plusieurs de ses ennemys s'estoient retirez dedans, comme en vn asseuré receptacle : parquoy y fit marcher son armée. Et enuoya deuant (auec bon nombre de cauallerie) les pionniers faire esplanader & eslargir les chemins mal aysez pour les gens de pied, & inaccessibles aux gés de cheual à cause des haultz moyentz & baricaues qui s'y trouuoient.

LE III. LI. DE F. IOSEPHVS.

trouuoient. Ce à quoy ilz remedierent en moins de quatre iours·. Et firent la voye treslarge & spacieuse pour tout l'excercite, dont Iosephus auerty deslogea de Tyberiade le cinquiesme iour d'apres, qui estoit le vingtvniesme du moys de may, & entra premier en Iotapate, pour la presence duquel furent les esperitz des Iuifz (ia abbatuz & trop lentz) resueillez. Ce que venu à la cognoissance de Vespasian (mesmes que Iosephus y estoit arriué cóme l'asseuroiét certains bánys) se hasta pour l'y enfermer du tout, n'estant moins ayse & resiouy de ceste nouuelle que si auec la prinse d'vn tel personnage il deuoit auoir & conquerir le reste de la Iudée, pensant en soymesmes que tout se faisoit par prouidence diuine, & à son grand auantage & felicité, voyant celuy estimé entre tous ses ennemys le plus preux, prudent & auisé, s'estre de soy-mesmes reduit & offert en telle prison voluntaire. Et pour ceste cause depescha incontinent Placidus, auec mil hommes de cheual, & quant & luy Ebutius centenier, hóme ingenieux & tenu (auec sa prouësse) pour le mieux entendant à faire trenchées qu'il se trouuast en l'armée, à fin que par son art & diligence il enuironnast & fermast si bien la Cité que Iosephus n'en peust saillir sans estre prins. Ce fait & le iour ensuyuant deslogea auec le reste de son camp, qu'il planta sur le Mydi en la partie Septentrionale vers vn sepulchre, distant de la ville de sept stades. Ou il trouua par conseil qu'il seroit bon se faire veoir en bataille à ses ennemys pour les estonner ainsi qu'il auint, car aussitost qu'ilz l'eurent descouuert, se trouuerent tellement surprins de grand paour, que le plus hardy d'eulx perdit le vouloir de sortir en campaigne ny habandonner la place, encores que les Romains missent peine de la recognoistre & tournoyer, sans toutesfois l'assaillir pour l'heure, mais la fit Vespasian aprocher seulement & enclorre de tous costez, tant par les deux premiers bataillós, qu'auec le tiers de gens de cheual, si qu'il rendit ceux de dedás sans aucun moyen d'en pouuoir yssir, dont ilz tomberent en tel desespoir de leur salut, que la hardiesse leur en augmenta, pratiquant ce que l'on tient pour vray, n'estre rien plus fort ny violent, qu'ou la necessité ameine la vertu en fait de guerre, ainsi qu'ilz firent bien cognoistre aux Romains, car le troisiesme iour ensuyuant qu'ilz donnerent l'assault, les Iuifz se monstrerent si vaillans que merueilles, & en sorte qu'ilz repoulserent viuement leurs ennemys. Ce que voyant Vespasian fit auancer les archers & tyreurs de fondes, auec ceux qui portoient dardz & iauelotz. Et quant à luy, marcha auec ses gens de pied droit à la montaigne oposite, ou il liura vn cruël assault, encores que par cest endroit on la tint pour inexpugnable, toutesfoys la pluspart des Iuifz y acoururent pour luy resister auec Iosephus, faisans ensemble tel deuoir, que voulsissent les Romains ou non, force leur fut habandonner la place, & eulx retirer loing de la muraille, car tant sceurent les Iuifz (hors d'esperance) combatre vaillamment, que moindre ne fut leur gloire, que la honte grande à ceux qu'ilz repoulserent, lesquelz pour ceste ocasion semons par leur honneur, se sentirent tellement esmeuz d'ire, &

DE LA GVERRE DES IVIFZ. Fueil. CIX.

re,& les Iuifz au contraire glorieux & fuperbes,que fans la nuyt qui les fur-
print, la partie n'euft prins ceffe pour l'heure comme elle fit, fe retirans les
Romains auec plufieurs naürez, dont les treize feulement y moururent.
Et quát aux Iuifz fix cens de bleffez , & dixfept qui oncques puis n'en parlerent . Et neantmoins le lendemain les Romains recommençant l'affault,
& les autres plus affeurez qu'au precedent à leur refifter & faire tefte, fe
promettans non moindre fortune que la premiere . Toutesfois les affaillás
enflammez tant par la hôte qu'ilz auoient receuë que pour ne pouuoir venir fi toft à chef de leur entreprinfe qu'ilz defiroient, fe monftrerent à ce
conflit plus fortz , plus vaillans & de meilleur cueur que leurs ennemys ne
l'euffent eftimé, au moyen dequoy les affaulx fe continuërent par l'efpace
de cinq iours entiers, mais à bien affailly bien deffendu, fortifians ceux de
Iotapate (durant ce temps) leurs murs fi bien & à propos, que moins ne
leur creut l'efperance de garder leur place que le defir aux Romains de la
conquerir , quelque fituation dificile qui fuft en elle , car elle eft quafi toute en roch,& ou le roch deffault les combes & vallées font fi baffes & droites qu'à grand peine cil qui defire d'en comprendre la hauteur auec l'œil,
la veuë luy default, & fi eft inaprochable la part du Septentrion & edifiée
de maifonnages du cofté ou la montaigne prent fin, lequel cofté Iofephus
auoit fait enuironner d'vne muraille hors la cité, à fin que la fommité fe
rendift inaccefsible aux ennemys. Au refte elle eft fi bien couuerte de mon
taignes qu'on eft pluftoft dedans qu'on ne la peult defcouurir . Toutes lefquelles chofes ne peurent refroidir le vouloir de Vefpafian qui ne l'euft à
la fin d'affault, pour à quoy paruenir delibera en foymefmes domtant la
fuperbe des Iuifz la preffer plus que deuant : Parquoy apella tous fes chefz
& capitaines pour auifer entr'eulx quel moyen il y auroit de la forcer , ou
il fut conclud de dreffer vne platte forme la part que la muraille eftoit plus
foible, pour laquelle auancer les foldatz y furent employez qui y aporterét
toutes matieres propres & neceffaires des prochaines môtaignes, fuft pierres, boys, terres, gafons, ou autres chofes non fans grand danger de leurs
perfonnes pour le trait que ceux de la ville tiroient inceffamment, dont ilz
fe garentiffoient, tant par le moyen de leurs pauois & efcuz qu'auec l'ayde
du rampart & courtine qu'ilz auoient cleué fi haulte en ceft endroit , que
ceux de la ville les pouuoient non feulement peu ou point offendre , mais
faire retarder l'œuure, auquel tous ceux du camp mettoient la main eftans
pour ce faire feparez en troys bandes ou troupes,dont les Iuifz trop efmerueillez, eurent recours à leur poulfer & lancer gros grez & cailloux,& tou
tes chofes de poix , puis que le trait ne leur pouuoit porter nuyfance , lors
ces pierres de fez tôbans fur leurs teftes, auec horrible fon les renuerfoient
& terraffoient en grand douleur . Pour à quoy obuier & donner remede
Vefpafian fit dreffer cent foixante machines qu'il auoit droit à la muraille.
Et cômanda les tirer inceffamment auec feuz artificielz, & toutes fortes de
trait qu'il peult recouurer, dont ceux qui (iufques alors) s'eftoient efforcez

T   de gar-

LE III. LI. DE F. IOSEPHVS.

de garder le rempart de la ville, furent tellement opreſſez, que force leur fut l'habandonner, tant ſe monſtrerét diligés contre eulx vne troupe d'archers que Veſpaſian auoit fait venir d'Arabie, durant lequel effort ceux de dedans eurent peu de repos, ains faiſoient ſaillies à toutes heurtes, par leſquelles ilz ſurprenoient ſouuent leurs ennemys de ſi pres, que frapans ſur culx d'eſtoch & de taille abatoiét & renuerſoient à moins que rien ce qu'ilz auoient mis grand' peine tout le iour à eleuer & edifier, iettans au feu pauois, targes, gabions, & toute choſe qui ſe pouuoit conſommer, à fin de leur oſter le moyen d'eulx plus en ſeruir. Ce qu'ilz continuërent iuſques à ce que Veſpaſian congneut la cauſe dont procedoit tel dommage venir de la trop grande diſtance de mur qui eſtoit entre ceux qui trauailloient de ſon coſté, & les autres, par laquelle les Iuifz auoient paſſage, & faiſoient leurs ſaillies: Parquoy y pouruut ſoudain y mettant ſi bon guet que de-là en auant les Iuifz furent priuez de leurs premiers ſtratagemes, ſi que la plate forme fut quaſi eſleuée à ſa haultcur. Au moyen dequoy Ioſephus penſant eſtre choſe mal ſeante de leur laiſſer ainſi iouïr de leur eſperance ſans y contreuenir, fit apeller tous les artiſans, manouuriers & maçons, & leur commanda eſleuer plus hault leur muraille qu'elle n'eſtoit, mais ilz luy remonſtrerent qu'il ſeroit impoſſible pour le trait & feu, dont les Romains s'ay doyent ſans interualle. Ce que conſiderant eſtre vray s'auiſa de faire planter & eſtédre ſur haultes perches dreſſées, peaux & cuirs de beufz nouuellement tuez, qui prenoient de hault en bas à la faueur deſquelles il couuroit, non ſeulement les manouuriers, mais les garentiſſoit du get des machines de dehors, car ainſi que la pierre ou le trait donnoit dedans s'y lyoit & enuelopoit de ſorte que le coup mort tomboit bas, ſans paſſer outre, & demeuroit le feu amorty par l'humidité de la peau encores ſanglante qui remontoit. Au moyen dequoy ceux de la ville peurent de là en hors beſongner en toute ſeureté comme ilz firent, eſleuant leur mur iuſques à vingt coulées de hault, & force tours & autres choſes requiſes à leur deffence, qui rendit peu apres les Romains en grãde perplexité: car lors qu'ilz ſe penſerent dedans & auoir conquis la Cité, ſe trouuans fruſtrez de leur intention, demeurerent tous esbahiz & eſtonnez, tant de l'inuention & ſubtilité de Ioſephus, que de l'obſtination des Citoyens.

De la continuation du ſiege de

Iotapate, de la diligence de Ioſephus, & des ſaillies des Iuifz ſur les Romains.

Chapitre   VIII.

Ainſi

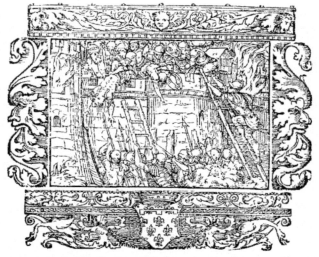

AinsiVespasian, irrité de plus en plus pour l'opiniastre deliberation & conseil des assiegez, estoit en vn merueilleux trauail, car il les veoyt du tout asseurez en eulx mesmes, & de gayeté de cueur faire saillies & courses ordinaires sus les Romains, auec vne infinité de ruzes & faulces alarmes, sortans d'heure à autre par bandes & troupes, par lesquelles ilz raportoient dextremeut mile butins & rauages de tout ce qu'il s'offroit & tomboit en leurs mains, mettans le feu & ruïne par bourgs, bordes, & villages, iusques à ce que Vespasian apres le retour des precedans, & dangereux assaulx eut resolu de les tenir mieux encloz & enserrez qu'ilz n'auoient encores esté, esperant auec vne longue patience, leur faire consumer leurs viures, & les auoir, non par effort ny force, ains seulement par necessité, si que côtraintz d'vne famine extréme, eulx mesmes viendroient requerir humblement ce qui auoit esté offert à eulx mesmes sans l'auoir demandé, qui estoit la paix, ou bien mourroient tous en en leur pertinacité de pure faulte & indigence de viures, aprochant laquelle seroient aysez à deffaire & domter, comme ilz voudroient. Ce qu'ayant bien discouru & proietté en son esprit, donna ordre de leur faire boufcher & du tout empefcher leurs saillies comme ilz souloient. Or estoit la place grandement munie de toutes choses excepté de sel & d'eau, car les seules cyternes n'estoient suffisans à l'entretenement de tant de peuple. Et si ne se trouuoient nulles fontaines, estant l'esté sec & sans plouuoir aucunement. Dont Iosephus & les siens s'aperceuoient tresbien qu'à ceste seule ocasion l'inconuenient & perte de la ville seroit prochaine, mais voyant aussi les citoyens d'vn fort & constant courage à merueilles sans rien ne leur manquer que ceste seule faulte d'eau, s'auisa (à fin que ses ennemys trouuassent

T ii   plus

LE III. LI. DE F. IOSEPHVS.

plus long l'asiegement, qu'ilz n'esperoient) d'ordonner que chacun n'en auroit de là en auant qu'vne certaine mesure qui fut trouué aux habitans chose plus griefue, que la mesme penurie & defaulte qu'ilz en atendoient à la fin. Car d'autant que plus elle leur fut chere & mal aysée de recouurer, d'autant plus leur creut le desir d'en boire leur saoul, tellement qu'ilz se commencerent à eulx trouuer aussi recreuz que si l'extreme soif leur eust desia osté le moyen de plus endurer n'y ouurer. Or ne fut pas longuement telle ordonnance entretenuë, que les Romains n'en eussent auertissement, car ilz les veoyent du hault de la montaigne oposite par dessus le mur eulx assembler tous en vn lieu & prendre chacun leur mesure d'eau, parquoy se misrent à y tirer de leurs arbalestes & machines, dont ilz les offencerent grandement, & en tuoient plusieurs, iusques à ce que les cisternes quasi toutes espuyées, Vespasian esperoit auoir la ville en sa discretion, mais Iosephus qui pensoit tout le contraire voulant le priuer & luy faire du tout perdre ceste opinion, s'auisa de commander à plusieurs de tremper leurs habillemens dans l'eau, & tous humides les mettre esgouter sus le parapet de la muraille, à fin que degoutant, l'eau par goutes assemblées il se fist audehors quelque maniere de ruisseau. Ce que voyant les Romains receurent trop de desplaisir, presumans (veu ceste perte) qu'elle ne leur estoit si rare ny mal aisée à recouurer qu'ilz auoiét iusques adóc pésé, si que Vespasian mesmes deceu de l'esperance, de pouuoir auoir iamais la place par necessité, eut recours à la force & des armes & de nouueau conseil. Ce qui pleut grandement aux Iuifz, car à leur seulle prouësse estoit le but de leur salut & deliurance de leur Cité, aymant trop mieux mourir l'espée au poing, que par vne extréme soif ou famine Et ce pendant Iosephus s'auisa d'vn nouueau stratageme pour auoir habondance de toutes choses necessaires. Ce fut que tout au plus pres des murailles estoit à l'vn des costez vne vallée esgarée & hors chemin, & pourtant moins curieusement hantée des gardes. Par laquelle il enuoya de la part d'Occident, lettres aux Iuifz voysins & demourans en ces marches, desquelz il receut peu apres maintes faueurs de ce qui plus luy defailloit, ayans les cómissaires & dispensateurs viures assemblez es places d'alentour, charge de le secourir à leur pouuoir à quoy ilz n'estoient paresseux, car par hommes couuertz de peaulx de chiens, & allans le long de ceste vallée courbez à quatre piedz, entrerent & sortirent souuent de la ville asiegée, estans reputez par le guet & escoute des Romains pour telz qu'ilz se faignoient, iusques à ce que leur fraulde fut descouuerte par la garde, qui de fortune vne fois entre autres descendit en ce lieu, dont Iosephus desplaisant & quasi hors d'esperance de plus resister (s'il n'y vouloit mourir) commença à traiter de son departement auec les primatz de la ville, dont le peuple aduerty le vindrent enuironner & tous le suplier auec grande instance de ne les habandonner point, veu qu'en luy seul estoit tout le remede & esperance de leur saluation, luy mettant deuant les yeulx qu'ou il leur seroit le bien de demourer en leur

ville,

DE LA GVERRE DES IVIFZ. Fueil. CXI.

ville, qu'il feroit caufe de la garder & garentir des ennemys, atendu le grand vouloir qu'eulx tous auoient de combatre & refifter. Et ou aufsi la fortune leur diroit fi mal qu'ilz fuffent prins, que fa feule prefence fuffiroit pour les confoler & reconforter, car difoient ilz, tout ainfi qu'il eft peu honorable fortir par tempefte d'vn nauire ou l'on eft entré durant le calme ou temps paifible, aufsi n'eft il decent ny conuenable fuir deuant fes ennemys & moins abandonner fes amys, faifans bien eftat ou il s'efloigneroit d'eulx qu'a l'heure mefine leur pauure Cité tomberoit en ruïne & defolation, tant pour n'auoir aucun à les conduire, que fe voyans priuez de celuy auquel leur côfiance eftoit fichée & affeurée, mais Iofephus (diffimulant ce qu'il auoit proiette en foy) mettoit toutes les peines à luy pofsibles de les perfuader que fon departement leur eftoit plus profitable que fa demeure en la ville, ou il ne leur pourroit pas beaucoup feruir, finon de mourir parmy eulx, fi elle eftoit forcée, & que luy forty leur leueroit le fiege, & ameneroit, pour côbatre les Romains, tout ce qu'il pourroit amaffer de gens au territoire de Galilée, qui eftoit le feul remede de leur deliurance, ne congnoiffant pour l'heure chofe dont il leur peult mieux feruir, car, difoit il, le feiour que ie feray d'auâtage entre vous ne feruira qu'à inciter de plus en plus noz ennemys à vous affaillir pour me prendre, eftimant ma prinfe quelque bien grand' chofe. Et au contraire entendant ma retraite, fe retireront aufsi des continuëlz affaulx & alarmes qu'ilz vous donnent. Toutesfois fes perfuafions & remonftrances ne peurent defmouuoir ny flefchir le populaire qu'ilz ne l'importunaffent d'auantage de demeurer auec eulx. Pour à quoy plus encores l'efmouuoir les viles gens, femmes, & petiz enfans fe vindrent profterner à fes piedz, & l'embraffant auec pleurs, grandz cryz & lamentations, le fuplyoient qu'il voulfift demeurer compagnon de leurs fortunes, tant y a que ce qu'ilz en faifoient n'eftoit (côme ie penfe) pour enuie qu'ilz portaffent à fon falut: mais par vne certaine efperance qu'ilz fe promettoient de ne fouffrir tant de mal ou il feroit prefent, à la fin doutant s'il n'obtemperoit de gré à leurs prieres, qu'ilz le y voudroient contraindre & le detenir par force, dont ilz luy fçauroient peu de gré, vaincu de la compafsion des triftes femmes & enfans, delibera demeurer auec eulx. Et de ce pas, armé de toutes pieces (& comme de tout poinct defefperé du falut de la Cité) profera telles paroles. A' cefte heure, eft il faifon de monftrer qui a bon cueur, puis que nous deffault le remede eftant plus que neceffaire & honorable changer fa vie auec la louange d'vne mort glorieufe, laiffant à la pofterité memoire eternelle de noftre prouëffe & vertu. Et quant & quant mit la main à l'œuure en forte qu'executant fon bien dire, fit vne fortie auec les plus braues & aguerriz des fiens fi chaude & rude, que forfant efcoutes & gardes, vindrent donner iufques aux tentes & pauillons des Romains, arrachant les peaulx tendues fur le blocul à la faueur defquelles ilz efperoient de combatre, & mettant le feu es rampars & machines tuant l'vn, abatât l'autre, alloit Iofephus animant les fiens

T iii   à bien

LE III. LI. DE F. IOSEPHVS.

à bien faire leur deuoir, ne ceſſans par l'eſpace de troys iours, & autant de nuytz de s'atacher à eulx ſans monſtrer vn ſeul point de couardie ou laſſeté. Quant Veſpaſian iettant l'œil ſur les Romains, & les voyant molz & peu affeétez à ſouſtenir telles alarmes(encores qu'ilz euſſent hôte de fuir) conſiderant meſmes qu'ou les ennemys eſtoient quelquefoys repoulſez iuſques dans leur place qu'ilz tournoiét auſſi toſt viſage & auec plus grand cueur, commanda à ſa troupe de ſe tenir en leur fort ſans plus ſortir à eſcarmouche ny combat contre gens pleins de furie, & qui par deſeſpoir deſirét mourir les armes aux poings, leur remonſtrant le peril qu'il leur en pourroit ſucceder, n'eſtant rien plus fort qu'vn peuple deſtitué de tout remede & ſans aucun moyen de ſalut, car tout ainſi (diſoit il) que la flamme d'vn feu bien embraſé ne ceſſe point tant qu'elle trouue ou morde, ainſi ſont les deſeſperez quát ilz viennent à ce poinét, & qui plus eſt, aux Romains ſeulz doit apartenir chercher la viétoire, auec induſtrie pour augmenter leurs poſſeſſions, non pas combatre par la neceſſité forcée, ainſi que nous faiſons maintenant, mais pour toutes les remonſtrances les Arabes & Syriens (qui portoient traitz & fondes) ne ſe voulurent retirer, ains tirans ſans ceſſe cótre les Iuifz, & leur iettans pierres & cailloux les repoulſoient de foys à autre. Et toutesfois celà ne les peut domter, ains s'opiniaſtrans de plus en plus contre les Romains, leur reſiſtoient auec tant & telle cruauté, que ſans pardonner au corps ny a l'ame s'entr'aydoient ſe ſuportans l'vn l'autre iuſques à la mort.

De la baterie que fit Veſpaſian

contre Iotapate par ſes beliers & autres tourmens de guerre.

Chapitre   IX.

Eſpaſian doncques s'eſtimant quaſi aſſiegé de ſes ennemys par les ſaillies qu'ilz faiſoient ſi ordinaires, eſtant le blocul ou plate-forme qu'il auoit fait commencer, quaſi à la haulteur des murs, cómanda y aprocher les beliers. Et pour ſçauoir que veult dire ce mot belier, il fault entendre que c'eſt vne machine à la ſimilitude du mas d'vn nauire, duquel le bout eſt tout de fer maſſif, forgé en la forme d'vne teſte de belier, dont il a prins le nom, & eſt penduë par le meilleu d'vne corde comme vne ballance atachée à vne autre poultre, ſouſtenuë de deux paulx bien plantez & fermes d'vne part & d'autre, lequel belier tiré en arriere auec multitude de gens, & par eulx meſmes repoulſe de leur puiſſance, heurte de ſa teſte de fer la muraille de telle impetuoſité, qu'il n'eſt ſi forte tour ny circuit de mur tant eſpaiz, que par cótinuélle baterie ne demeure a-

DE LA GVERRE DES IVIFZ. Fueil. CXII.

re abatu & ruïné, comme tresbien le sceut Vespasian experimenter à l'essay de huyt machines semblables, qu'il mit en ordre pour forcer la Cité, apres auoir par quelques iours enduré la diuersité des saillies, alarmes & escarmouches que faisoient ceux de dedans à son camp, lequel assis & preparé auec traitz de diuerses sortes pour repousser de là en auant ceux qui leur vouldroient empescher la muraille, firent si bien que nul des Iuifz s'y osa peu ou point monstrer, ains leur laisserent, non seulement dresser leurs instrumens belliqueux & couurir par le hault de certaines peaux estédués & pendantes de toutes parts, mais eulx aprocher auec leurs targes & rondelles presques au pied du mur côtre lequel desbandant ces beliers, fut des premiers heurtz & ataintes si fort esbranslé, que les Citoyens (trop craintifz) s'escrierét d'vne toute telle & semblable clameur que s'ilz eussent esté desia prins & forcez, toutesfois Iosephus ne s'oublia en rien, car voyant le mur s'esbransler, & que finablemét il tomberoit en ruïne par la continuelle baterie des beliers, s'il ne trouuoit moyen d'amortir leur violence, delibera y pouruoir de remede qui fut tel, il commanda soudain emplire force sacz de paille & les deualler & suspendre contre la part que la baterie estoit plus chaulde & aspre. Si que de là en auant rencontrans les beliers ceste masse molle & flexible, demeuroit l'impetuosité de leur force affoiblie du tout, si vaine, & de si peu d'effait que les Romains se trouuerent grádement retardez & deceuz par ce qu'ilz ne sçauoiét tant poulser ou repousser leurs beliers, ny par tant d'endroitz, qu'ilz ne trouuassent la mollesse des sacz plains de paille, qui les assopissoit du tout, mais ilz s'auiserent à la fin de dresser longues perches ayans au bout vn croch trenchant, auec lequel ilz couperent les cordes ou pendoit ceste subtilité qui tant leur nuysoit. Si que de là en auant leurs machines recouurerent leurs effortz, si extrémement que le mur nouueau construit commença à obeïr aux coups. A' quoy Iosephus & les siens pouruerent par nouuelle inuention, car ilz ietterent tant de feuz artificielz en troys diuers endroitz, qu'a moins de rien toutes les machines, plateformes & bloquz de dehors, composez de matieres seches, se trouuerent embrasées quelque effort ou deuoir que fissent les Romains pour les en garder, car tant plus ilz s'y employoiét & plus les Iuifz les offençoient auec potz à feu, poix resine, grenades, souffre, & autres telles drogues qu'ilz leur lançoient si continuëllemét qu'ilz perdirent en moins d'vne heure ce qu'en long temps & par grand labeur ilz auoient construit & edifié, non sans grand & merueilleux dommage, auquel conflit se monstra vn Iuif entre les autres digne de tresesmerueillable recommendation & memoire. Celuy dont ie vous parle nommé Eleazare filz de Samæe, natif de Saab, ville de Galilée, saisit (d'vne force admirable) vn roch esleué de la muraille, lequel il renuersa de si grand' roideur sus les beliers des ennemys, qu'il leur brisa à tous la teste, & quant & quant se ietta au meilleu des aduersaires, & maulgré eulx remporta le roch iusques sur la muraille d'ou il l'auoit lancé, sans qu'ilz luy peussent iamais faire paour. Toutesfois, & com-

T iiii   me si

LE III. LI. DE F. IOSEPHVS.

me si c'eust esté vn presage aux Romains, d'auoir recours à leurs traitz, luy qui estoit nud, fut ataint de cinq fleches, lesquelz ne luy peurent tant preiudicier qu'ilz le gardassent de remonter iusques sur la muraille au veu des siens & de tous les ennemys, constant & vaincu de la douleur de ses playes tomba du hault en bas entre iceux beliers. A' quoy deux autres depuis s'esforcerent d'imiter, à sçauoir Netiras & Philipus, nez de Rama, village de Galilée, lesquelz s'estans iettez sus la dixiesme legion entrerent de si grande impetuosité pesle mesle, qu'ilz rompirent leur premiere pointe, donnant la chasse au reste qui se presenta deuãt eulx, tandis que Iosephus auec sa compagnie brusloit les machines, gabions & rempars de la cinquiesme, & dixiesme legion, qu'il auoit mise en route, sacageant & destroussant tout ce qu'il rencontroit ou tomboit en ses mains. Ce nonobstant les Romains ne laisserent de redresser de nouueau sur le vespre, l'vn de leurs beliers contre la muraille qu'ilz voyent preste à tomber ou Vespasian eut la plante du pied trauersée d'vne fleche que luy tira du hault du mur vn de ceux qui le deffendoit, estant la force du trait desia faillie, qui perturba grandement les Romains, specialemét ceux qui estans pres de Vespasian luy virent sortir le sang, dont courut incontinent le bruyt & si fort par tout le camp, que prenant fin cest assault plusieurs espouentez de crainte, acoururét vers leur chef pour le secourir, & deuant tous Titus ayant doute de perdre son pere, mais luy seul ne tomba en cest erreur, ains toute l'armée laquelle fit lors cognoistre la bóne amour qu'ilz portoient à leur Empereur & la paour qu'ilz auoient que le filz de luy s'en trouuast pis, toutesfois Vespasian deliura tost apres & l'vn & l'autre de ceste peine, car dissimulant la douleur de sa playe, commença à donner nouueau courage à ses gens & les enhorter de combatre mieux que iamais contre ceux qui leur dónoient tant d'affaires, qu'il leur haulsa tellement le cueur, qu'auec le desir qu'ilz eurent de venger leur chef recoururent la teste baissée droit à la muraille ou Iosephus & les Iuifz se trouuerent promptz & prestz à la deffendre, encores que plusieurs d'entr'eulx tombassent par le trait & machines de leurs ennemys, qui les greucrent merueilleusement, lesquelz toutesfois ilz repoulserent auec feu & grosses pierres, principalement ceux qui vouloient dresser leur belier encontre, mais peu ou rien profiterent aux Iuifz toutes leurs resistances, car le nombre des morts & naürez entr'eulx augmentoit tousiours de plus en plus. Et si ne pouuoient bonnement choisir les Romains pour les offendre à cause de la fumée que faisoit le feu qu'ilz auoient ietté contre eulx, lequel en aucuns lieux rendoit aussi grande clarté que s'il eust esté plain iour, dont ilz se trouuoient esblouiz, seruant à leurs ennemys de visée pour les offendre & tirer cótre eulx en quelque part qu'ilz les vouloiét choisir, qui leur porta trop de dommage & tel que plusieurs de leur Cité demeurerent transpercez de garrotz & sagettes. Et le hault de leur muraille ruïné par l'effort des beliers & balustes qui batoient cótinuéllement encontre, rompant les encoigneures de leurs tours, & renuersant par terre

tous

DE LA GVERRE DES IVIFZ. Fueil. CXIII.

tous ceux de dedans qui estoient rencontrez de l'impetuosité des grosses pierres qu'ilz tiroient encontre. Et pour mieux vous faire entendre & cognoistre la force de telles machines il aduint ceste nuict qu'vn quidam côbatant pres Iosephus eut la teste emportée d'vn caillou,& la ceruelle de luy espanduë iusques à la troisiesme stade loing du corps. Et le iour mesmes l'enfant d'vne femme grosse emporté d'vn autre coup iusques à demye stade d'elle, en sorte que l'impetuosité de telles pieces estoit encores plus grâde que le bruit qu'elles faisoient lors qu'on les desbandoit. Et toutesfois elles n'aportoient point tant de douleur aux femmes que le son qu'ilz entendoient à toutes heurtes des corps morts que l'on iettoit des murs au bas auec la clameur des naürez mourans audehors, dont elles faisoient vn cry & lamentation tant pitoyable que rien plus. Aussi voyoit on le circuit du lieu ou l'on combatoit si plein de sang qu'il russeloit par tous endroitz. Et les fossez tant rempliz & comblez de corps estenduz, qu'aysément pouuoit on y paruenir & monter sur la muraille, resonnant dans les montaignes ce bruyt & tempeste esmeruecillable si fort, que de horreur, le plus asseuré auoit cause de crainte, car en celle nuyt rien ne fut defaillant de ce qui pouuoit aporter aux yeulx & aureilles de ceux de dedans terreur & espouentement. Et neantmoins plusieurs de Iotapate y moururent constantement pour le païs, & maintz y demourerent naürez de toutes parts, iusques au plus matin, que la baterie recommença plus merueilleuse que iamais,agrâdissant tousiours la breche, laquelle les Iuifz remparoient par grand' diligence, empeschant à leur possible que leurs ennemys n'y dressassent leurs pontz pour venir à l'assault.

D'vn autre assault qui fut donné

à Iotapate.

Chapitre   X.

Espasian qui toute la nuyt auoit trauaillé auec son armée, voyant (ainsi que le iour commençoit à poindre) la muraille de la Cité abatuë, ordonna à plusieurs de sa cauallerie eulx mettre à pied, esperant qu'eulx mieux armez & couuertz que ses gens de pied, emporteroient plus aysément la ville, & auec plus de seureté pourroiét venir la picque au poing à l'assault, tout à l'instant que le pont seroit dressé à la muraille, laquelle forcée, & estát ses gensdarmes soustenuz des plus vaillans de son infanterie, paruindrent au poinct ou il tendoit. Or estoit son intention que nul eschapast de la place sans estre mort ou prins : parquoy commanda au reste de ses gens de cheual qu'ilz enuironnassent les
montai-

LE III. LI. DE F. IOSEPHVS.

montaignes d'alétour, & pourueut d'archers & porteurs de fondes les lieux dont plus il pourroit endommager l'ennemy, tandis que les autres aportoiét eschelles pour les dresser contre la muraille & hors la breche, enchargeant par expres aux archers & arbalestriers ou ilz verroient les Iuifz sur rampars que fauorisant à ceux de l'assault ilz tirassent sans cesse côtre ceux de la ville. Ce qu'ayant bien proiette Iosephus fit mettre incontinent tout le long du mur encores non offencé les plus vieilz, les plus las, & autres gés de peu pour estre en plus grande seureté. Et ou la breche estoit grande & dangereuse, si peu de bons soldatz qui luy resterent, en rang de six en six, & luy entr'eulx & le premier pour leur donner meilleur courage, cômandant & aux vnz & aux autres estouper leurs aureilles, pour leur oster l'estónement ou crainte des huyries & clameurs, dót leurs aduersaires estoiét coustumiers vser en semblables entreprinses, les amonestant au reste qu'ilz eussent à bien & dextrement eulx couurir de leurs pauoys qui leur seroit vn moyen pour empescher la fureur du trait, qui tant les pressoit de pres. Et que si d'auéture il auenoit que les Romains plátassent leurs pontz, qu'ilz se missent audeuant pour les abatre à force de potz & autres inuentions, dont ilz s'auiseroient, combatans non côme pour le salut d'eulx seulement, mais pour la restauration de leur païs & patrie quasi perduë & vendiquée,
, car autrement (disoit il) vous voyez voz vieux peres, voz femmes, & voz
, petitz enfans, prestz les vns à estre immolez, & sacrifiez aux dieux des Ro-
, mains : & le surplus sur le poinct d'endurer vne seruitude & perpetuëlle
, prison, ou bien la furie & violence de voz plus grandz ennemys que nous
, deuós retroquer sur eulx mesmes & premier que le moindre de telz maulx
, nous auienne en prendre la plus dure vengeance qu'il nous sera possible.
Telle donc fut l'ordre & la remonstráce dont vsa Iosephus en telle extremité. Mais quant le populaire de la ville (i'entendz les femmes & enfans de nulle deffence) auiserent leur Cité assaillie par tant endroitz, les ennemys aprochez de la breche pour combatre main à main, & tous les lieux des montaignes reluire d'armes, mesmes les Arabes tirer leurs fleches & garrotz incessamment contre eulx, se prindrent à crier & l'amenter comme si desia ilz eussent esté vaincuz des Romains, & que leur infortune leur fust non pas prochaine, mais desia auenuë, qui despleut si fort à Iosephus que doutant telle pitié remettre les citoyens, & que les criz de leurs femmes & enfans les rendissent effeminez, sortit de son rang, & vint non seulement deffendre telz actes, ains les côtraignit d'eulx enfermer, puis s'en retourna au côbat vers les ennemys qu'il auisa, dressans leurs eschelles contre la muraille, & les trompettes & clairons du camp sonner entre les legions si tépestueusement que toute l'exercite en fremissoit quant le signe de l'assault fut donné par les flesches tirées d'vne part & d'autre en si grand nombre, que le Ciel cómença à s'en obscurcir, mais les compagnós de Iosephus memoratifz des preceptes qu'il leur auoit baillez, estoupás leurs oreilles pour n'entendre ce bruit, bien couuertz de pauois & armes contre la fureur des

sagettes,

DE LA GVERRE DES IVIFZ. Fueil. CXIIII.

fagettes, voyans planter les pontz à la breche, s'auancerent & s'en saisirent premier que les ennemys en peussent estre maistres. Toutesfois les Romains firent grand effort d'y monter & les Iuifz plus grand deuoir de les y empescher, monstrans d'vne part & d'autre mainte prouësse & actes cheualeureux, car les Iotapatiens voulans faire cognoistre qu'en leur extréme calamité ilz ne seroient trouuez pires que ceux qui sans necessité s'efforçoient de les ruïner, ne se departoient du lieu ou ilz auoient assiz leur pas, que premier ilz ne fussent abatuz, ou tuez. Et ainsi combatoient sans prendre alaine, n'ayantz aucuns pour les rafreschir, mais les Romains soustenuz du grand nombre qui les suyuoit, poulsoient l'vn l'autre de grande violence, s'entr'amonnestans de vaincre ou de mourir, en sorte que serrez & couuertz de leurs longues targes, comme s'ilz eussent esté couplez ensemble, se trouuerent vne troupe inexpugnable de leur excercite, comme vn seul corps. Au moyen dequoy repoulserent les Iuifz iusques à mettre le pied sur la muraille. Quant Iosephus plein d'angoisse s'ayda du conseil de necessité, si bien que stimulé d'vn nouueau desespoir s'auisa de mander soudain aporter huilles bouillantes, dont la place estoit fort munie & la ietter sur les ennemys. Ce qui fut fait, iusques à ce que la matiere leur faillit, n'ayans plus es mains que les potz & chaulderons qu'ilz lancerent à la teste des Romains. Certes telle inuention endommageoit beaucoup les gens de Vespasian, lesquelz ataintz de ceste liqueur chaulde enduroient vne telle passion que force leur estoit tomber du hault à bas, car l'huille iettée sur eulx decoulant à laise entre leurs armes, & de la teste iusques aux piedz deuoroit leur chair comme si elle eust esté embrasée de feu & flamme, parce que soudainement elle s'eschauffe & tardiuement se refroidit pour sa gresse & viscosité, laquelle ilz ne pouuoient euiter estans couuertz de cuirasses & morrions laçez, qui les contraignoit plus longuement souffrir vn tel martire sans auoir moyen de le fuir ny mettre remede. Au moyen dequoy douloureux en toute extremité se iettoient du pont par terre, maintenant courbez, maintenant à la renuerse premier qu'ilz se peussent seurement retirer dans leurs tentes ou tranchées, tant les chassoient de pres à coups de leur trait ceux de Iotapate, & toutesfois la vertu ne defaillit pour toutes ces choses aux Romains, ny aux Iuifz la prudence, car encores que les assaillans monstrassent beaucoup souffrir, si ne laissoient ilz de venir au combat & poulser d'impetuosité contre ceux qui si bien auoient acoustrez leurs compagnons, chassant chacun deuant soy celuy qui luy empeschoit la voye comme si luy eust fait tort de le retarder, mais Iosephus & les siens deffendirét de rechef par vne nouuelle subtilité leur entreprinse. Ce fut qu'ilz respandirent sur l'entablement des pontz feu grec bouillant, qui faisoit tellement glisser les assaillans que ny celuy qui recculoit ny l'autre qui s'auançoit auoient le moyen tenir nullement le pied desserré qu'il ne coulast si bien que les premiers tombans à la renuerse se trouuoiét foullez aux piedz de leurs compagnons, ou bien iettez entre les monceaux

dont

LE III. LI. DE F. IOSEPHVS.

dont le nombre eſtoit grand. Et ceux qui demeuroient debout grandemét naürez par les Iuifz qui les choiſiſſoient à leur ayſe pour n'eſtre empeſchez donnant reſiſtance, dont Veſpaſian deſplaiſant au poſſible, & conſiderant le mal & dommage que receurent les ſiens en ceſt aſſault, fit ſonner la retraite enuiron veſpres, ayant perdu en ce iour beaucoup de gens de bien morts. Et plus grand nombre de naürez, ſans que les Iatapateniens en euſſent que ſix des leurs occis, & troys cens ou enuiron de bleſſez, ce qui auint le vingtieſme iour de Iuing. Et ce fait apres les auoir aucunement conſolez & trouuant encores ſes ſoldatz ſi bouillans d'yre & d'ardeur meſlée enſemble, qu'ilz auoient plus de beſoing d'eſtre employez que ſemontz à r'entrer à la noiſe, voulut que les plates formes & caualliers ia commencez à eleuer le fuſſent d'auátage, y aiouſtant au deſſus troys tours chacune de cinquante piedz de hault, couuertes tout à l'entour de fer, à fin de les rendre plus ſolides pour leur peſanteur, & les conſeruer du feu que l'on pourroit ietter encontre, dans leſquelles il logea force archers, ietteurs de pierres & fondes auec eulx, & autres ſoldatz, duitz à offendre l'ennemy de loing, leſquelz cachez dans ces tours ſans eſtre veuz des Iuifz, les pouuoient facilement deſcouurir iuſques au pied de leur muraille, & porter beaucoup de dommage par leur trait ſans que les pauures aſsiegez y peuſſent donner remede tant pour la haulteur du lieu d'ou l'on leur tiroit que pour eſtre (cóme i'ay dit) couuert de fer contre lequel nul feu ſe pouuoit atacher ny ceux de dedans eſtre aperceuz, qui fut cauſe de leur faire habandonner toſt apres la garde de leurs murs, & courir comme deſeſperez droit à ceux ꝗui s'esforçoient d'entrer dans leur place, auſquelz ilz reſiſtoient vaillamment, encores qu'il ne fuſt iour que grand nombre d'entr'eulx ny laiſſaſſent la vie pour auoir les Romains tel auantage qu'ilz ne leur pouuoient faire teſte, ny tant ſoit peu eulx deſcouurir qu'il ne leur en auint treſgrand dommage.

De la prinſe de Iaphe par Tra-
ian & Titus.

Chapitre   XI.

Or durant

DE LA GVERRE DES IVIFZ. Fueil. CXV.

OR durant ces iours Vespasian induit par aucuns du païs de prendre & s'emparer d'vne autre ville apellée Iaphe, qui confinoit à Iotapate, y enuoya Traian, hôme preux & hardy pour s'en saisir, d'autant qu'elle se monstroit trop amye & affectée à nõualitéz & changemens, pour auoir veu Iotapate tant resister aux forces des Romains, & contre leur esperance tenir si longuement bon, auquel Traian, capitaine de la douziesme legion, fut baillé deux mile hômes de pied, & mile hommes de cheual pour ceste entreprinse, laquelle il doutoit fort, sachant la place tresbien munie & remparée, outre ce que de nature elle estoit fortifiée de double muraille. Toutesfois ceux de la ville le voyãt aprocher sortirent encontre & vindrent au deuant pour le combatre, ce qu'il ne refusa, ains se meslant parmy eulx (apres quelque resistance qu'ilz firent) tournerent doz & prindrent la fuyte droit en leur Cité, ou Traian les poursuyuit si viuement, qu'il entra quant & eulx pesle mesle iusques à la premiere muraille, ou ses ennemys s'estoient sauuez, pensans eulx mettre à refuge dans la seconde, mais les leurs propres leur fermerent les portes au visage, de paour que les Romains montassent quãt & eulx dans la place. Qui fait veritablement presumer, que le Dieu des Galileans les donnoit & liuroit en proye aux conquerans, veu que le peuple sorty pour aller combatre se trouuoit refuzé de salut par ceux mesmes qui le leur deuoient confermer, sans que nul des primatz ou autre, fust parent ou amy, voulsist permettre leur estre fait ouuerture pour priere, suplication & remonstrance qu'ilz leur criassent aux portes à fin de les receuoir, mais tant s'en fallut qu'estoupant les aureilles à leurs lamétables requestes les laissoient douloureusement meurdrir & tailler en pieces, se trouuans entre deux murailles, l'vne ocupée des

V   Romains

LE III. LI. DE F. IOSEPH.VS.

Romains, & l'autre fermée contre eulx par ceux de la ville, dont ilz se sentirent tant opressez que plusieurs d'entr'eulx s'entretuerent à la foulle, sans vn nombre infiny que leurs ennemys firent passer au fil de l'espée, qui fait bien estimer la vengeance preordonnée de Dieu le createur tombée sur eulx, en estre seule cause, veu qu'auec la crainte des Romains la trahyson domestique qu'ilz cognoissoient à veuë d'œil les auoit renduz d'vn si meschant & malheureux courage qu'ilz mouroient, non pas detestans les Romains, ains maudissans & execrans les Iuifz mesmes, iusques à ce qu'ilz furent tous occis en nombre enuiron douze mille hommes, & plus, qui donnoit bien à penser à Traian la ville estre du tout desgarnie de combatans, ou que si aucuns en restoient, le nombre s'en trouueroit si petit qu'ilz n'oseroient rien entreprendre pour leur tuïtion; parquoy reseruant au vouloir de l'Empereur le sac qui en pourroit suruenir, depescha vers luy nessagers, à fin qu'il luy pleust faire venir son filz receuoir le triumphe de la victoire, & y mettre fin: parquoy Vespasian ne luy enuoya seul, ains acompagné de mille hommes de pied, & cinq cens cheuaulx, doutant qu'il restast encores quelque difficulté qui retardast la conqueste de la place. Et pour ceste cause se hasta Titus, lequel arriué au siege ordonna, que Traian assauldroit la ville du costé gauche, & luy du costé droit, auec eschelles qu'il fit dresser contre les murailles, de si valeureux courage, qu'ayant quelque peu resisté ceux de la place, tournerent le doz, & s'en fouyrent si malheureusement que Titus & les siens s'en emparerét, & fut la ville forcée & prinse d'assault, dont s'en ensuyuit grand meurdre, car aucuns de la ville se ralierent & firent tout leur effort de garder les destroitz des rues, par la faueur des femmes qui du hault des maisons l'ançoient gommes bouillantes, cailloux, & toutes sortes de traitz sur les assaillans, & ce par l'espace de six grosses heures, qu'ilz continuërent le dernier assault, dont finablement les Romains emporterent la victoire, prenans prisonniers aucuns de ceux qui durant le combat tomberent en leurs mains. Et le reste, tant ieunes que vieux furent occis & taillez en pieces, si qu'il ne demeura nulz masles, fors les enfans qui furent menez auec leurs meres en seruitude, se trouuant de morts tant du premier que du second conflit, le nombre de quinze mille personnes, & mil cent trente de captifz, telle doncq' fut la destruction des Galileans, le quinziesme iour du moy de Iuing.

Des Samaritains vaincuz par

Cerealis.

Chapitre   XII.

De telles

DE LA GVERRE DES IVIFZ. Fueil. CXVI.

D E telles & semblables calamitez les Samaritains ne demeurerent aucunement exemptz, car eulx retirez en la montaigne Guarisin qu'ilz estiment tressainte, atendoient d'heure à autre (sans eulx mouuoir de leurs places vn) tel malheur leur auenir, tellement que tous ensemble preuoyoiét l'issue de ceste guerre, côme si les menasses qui se presentoiét leur fussent desia tombées sur les bras, mais pour tout cela, ne pour les maux, perilz & calamitez que leurs proches voysins auoiét desia endurées & soufertes, ne se voulurent recognoistre ne fleschir enuers les Romains, ains semontz & induitz par vne infirmité de leurs forces, mesprisant l'heur succedé à leurs ennemys, descendoiét de foys à autre de leur montaigne, & leur venoient leur courre sus, & surprendre : dont Vespasian irrité & voulant de là en hors preuertir leur impetueuse façon de faire, renforça les garnisons qui y estoient dispersées par tous les endroitz. Et se doutant qu'elles ne luy iouassent quelque mauuais tour (conspirans contre luy) y enuoya Cerealis tribun de la cinquiesme legion, auec six cens cheuaulx, & troys mil soldatz, lequel Cerealis existimant n'estre bon ny seur d'aprocher la montaigne pour assaillir ceux qui la gardoient, les tint asiegez, car il les sçauoit fortz & en grand nombre parquez en lieu hault, demeurât le bas gardé par gens qui auec vne haye espesse tressée à l'entour deliberoient le deffendre iusques à la mort, mais tel siege ne dura longuement, car peu de iours apres les asiegez (par l'extréme chaleur qu'il fit) se trouuerent en si grande indigence d'eau, qu'ilz brusloient quasi d'alteration, estant pour lors la saison estiuale si vehemente, que plusieurs mouroient de iour en iour de malle mort de soif. Et autres aymans mieux preferer le seruice à la mort, se rendoient voluntairement aux Romains, dont Cerealis auerty & cognoissant l'opiniastreté de si peu de Samaritains, qui restoient à tenir bon, assaillit le pied de la montaigne, & monta iusques pres de ses ennemys, qu'il enuironna de toutes parts, & premier que vouloir passer outre pour les forcer, enuoya les sommer d'eulx rendre, & entrer en quelque honneste & raisonnable composition, leur offrant les vies sauues, pourueu que voluntairement ilz quitassent la place, mais si ne peut il les y faire condescendre : parquoy leur donna l'assault ou furent deffaitz vnze mil six cens de leurs hômes, le vingt septiesme iour de Iuing. Et ainsi demeurerent les Samaritains en leurs calamitez.

De la prise & ruine de Iotapate.

Chapitre   XIII.
                              V ii   Ce pendant

Ependant les Iotapateniens qui auoient tousiours resisté & souffert toutes choses aduerses, côtre leur esperance, le quarante septiesme iour du siege furent les plateformes & caualiers des Romains esleuez par dessus la haulteur des murs de la ville. Et ce iour mesmes vn quidam banny de Iotapate vint annoncer à Vespasian que le peu de gens qui tenoient la place estoient tous en tresgrande infirmité & pauureté, & que rompuz de continuelles veilles & alarmes, soustiendroiét si peu que si on les assailloit la nuyt sur le dernier changement du guet, asseurément ilz seroient emportez, estant l'heure que les chefz prenoiét leur plus aisé repos, & tous ceux de la muraille communémêt endormiz, mais Vespasian qui cognoissoit la foy des Iuifz, & auec quelle presumption ilz contemnoient tout trauail & peines, auoit ce banny pour suspect. Car vn peu deuát auoit esté pris vn de Iotapate, lequel endura tout genre de tourmétz, premier qu'on luy sceust faire confesser ce qu'il se faisoit dans la ville, encores qu'on le bruslast à petit feu, ains se mocquoit de ceux qui le traitoient ainsi, esiouy de la mort qu'il se veoyt preparer: parquoy fut mis en croix. Et neantmoins s'y auoit il quelque coniecture raisonnable d'aiouster foy à ce dernier trahistre, qui fut cause que Vespasian voulut tenter la fortune & suyure son auis, voyant qu'il pourroit tousiours sans grand peril faire retirer ses gens ou l'entreprinse demeureroit vaine, & l'auertissement du pendart faulx, lequel il donna en seure garde, & de main en main commanda que chacun se tint prest iusques à l'heure qu'il ordonna la place estre assaillie & eschelée par Titus, qui auec Domitius Sabinus tribun, acompagné de peu de gens de la quinziesme legion, marcherent les premiers, surprenans les escoutes ou sentinelles, qu'ilz tuerent, entrans dans la vil-

DE LA GVERRE DES IVIFZ. Fueil. CXVII.

la ville sans estre descouuertz, suyuiz de Sextus Cerealis tribun. Et de Placidus auec leur troupe si à propos, que premier que le iour aparust, ilz se saisirent du chasteau, estant les ennemys retirez au mylleu de la ville, si endormiz que de grande lasseté, ilz ne sentirent oncques leur desconfiture qu'elle ne fust auenuë: car si quelqu'vn d'eulx s'esueilloit à peine pouuoit il veoir autour de soy pour vn certain brouillaz qui s'esleua à l'enuiron de la ville, lequel dura iusques à ce que tout l'ost eut fait son effort, se trouuás les pauures Citoyens perduz, & en mourant tombez es mains de leurs ennemys, lesquelz memoratifz de ce qu'ilz auoient souffert durant le siege baignét leurs bras dans le pur sang des vaincuz, sans en receuoir nul d'eulx à mercy. Ce que voyant aucuns qui s'estoient retirez es lieux plus fortz se precipitoient du hault en bas, tombans par la roideur des vallées, iusques au fons de telle violence, que paruenuz au pied se trouuoient tous escachez & brisez, dont plusieurs acompagnans Iosephus, eleurent plustost mourir de leurs propres mains, & se deffirent eulx mesmes, auant que tomber au pouuoir de ceux, ausquelz la cruauté ne manquoit en nulle sorte. Or fault entendre que les premiers du guet qui aperceurent la ville prinse s'estoient sauuez en vne certaine tour septentrionale qu'ilz deffendirét quelque peu, Mais si furent ilz forcez finablement, & demanderét si tard composition que les Romains les taillerét en pieces, & moururent tous se pouuans vanter les Romains auoir mis fin à ce dernier assault sans aucun sang respandu de leur costé. N'eust esté qu'vn Centurion d'eulx, nommé Antonius y fut occis par l'astuce d'vn quidam de ceux qui estoient fuyz aux cauernes (ou beaucoup y en auoit de cachez) lequel le pria luy prester la main pour l'en retirer & monter en hault par asseurance. Ce qu'il fit à son grand malheur, car le Iuif luy mist cauteleusemét vn cousteau qu'il tenoit si auant dans la cuisse qu'il le meurdrit, dont il demoura bien végé, car nul se rencontra en ce iour deuant les Romains, qui ne soufrist mort, excerçans leurs cruautez iusques es iours ensuyuans, qu'ilz alloient par les cauernes, lieux secretz & mussettes, chercher ceux qui s'y estoient retirez, ausquelz ilz faisoient perdre la vie, sans nulle espargne, excepté aux enfans & femmes, dont il se trouua de captifz d'eulx mil,& quarante mil de tuez du iour de l'asstegement iusques à la ruine. Ce fait Vespasian commanda razer la ville & mettre le feu dedans tous les chasteaux & forteresses, paracheuant la desconfiture de Iotapate, qui fut le treiziesme an de l'empire de Neron, aux calendes de Iuillet.

Comme Iosephus se racheta de

mort par grande industrie & persuasion.

Chapitre   XIIII.

V iii   Et toutesfois

LE III. LI. DE F. IOSEPHVS.

TToutesfois les Romains encores non aſſouuiz, cherchoient par tout Ioſephus, tant pour vne certaine indignation qu'ilz luy portoient, que pour ſatisfaire à l'Empereur qui deſiroit le recouurer, comme eſtant neceſſaire de l'auoir, eſtimant ſa prinſe le plus beau loyer de ſa victoire qu'il euſt peu ſouhaiter : parquoy tous trauailloient pour en auoir nouuelles fuſt entre les morts, ou es lieux plus retirez & ſecretz. Mais ne ſçay de quelle faueur de fortune luy ayant veu la choſe deſeſperée s'eſtoit retiré du beau meilleu de ſes ennemys, & caché au fons d'vn puys ſans eſtre aperceu d'aucun, ou eſtoit vne retraite & concauité ſi à propos que ceux regardans du hault en bas ne pouuoient veoir ny choiſir ce qui eſtoit dedans. Et là trouua Ioſephus quarante gentilzhommes du païs cachez, ayantz prouiſion (non pas petite) de tout ce qui leur falloit. Et pour autant que les ennemys enuironnoient ſouuent la place, luy & les autres ſe tenoient cachez le iour dedans ce puys, & de nuyt montoyent à mont pour eſpier le moyen de fuir s'il eſtoit poſſible, toutesfois c'eſtoit en vain, car pour Ioſephus ſeul eſtoit gardée ſi eſtroitement la ville, qu'il n'y auoit aucune eſperance de pouuoir frauder les ennemys, tellement que force leur eſtoit retourner en leur cauerne, ou ilz ſe tindrent deux iours entiers, & iuſques au troiſieſme qu'il ſut prins vne femme qui auoit eſté auec eulx, & par elle fut Ioſephus deſcouuert. Ce que venu à la cognoiſſance de Veſpaſian, enuoya ſoudain vers luy deux tribuns Paulinus & Galicanus, auſquelz il chargea de luy donner aſſeurance, & luy perſuader qu'il vouſiſt monter a mont. Ce à quoy ilz miſrent grand' peine, & trauailleret beaucoup, mais ſi ne s'y veulut il fier en aucune ſorte, ayant deuant les yeulx, les maux qu'il auoit fait ſouffrir à tout l'exercite Romain, & la recompenſe du

DE LA GVERRE DES IVIFZ. Fueil. CXVIII.

se du merite qu'il en pourroit receuoir, qui le faisoit retirer d'auantage, pensant aussi que les paroles amyellées, dont les deux tribuns le paissoient, tendissent seulemét à l'atirer à eulx pour puis apres luy faire souffrir quelque estrange supplice iusques à la mort. Au moyen dequoy Vespasian renuoya vers luy, pour la troisiesme fois, le tribun Nicanor qui luy estoit de long temps cogneu, & l'auoit quelque foys acointé, lequel luy remonstra cóbien les Romains estoient de doux & gracieux traitement, à ceux qu'ilz auoient vaincuz, & qu'il estoit luy mesmes pour sa prouësse & vertu plus admirable aux capitaines Romains qu'ennemy, ayant l'Empereur plus soing de conseruer vn homme constant & fort, que de le tormenter en aucune sorte comme il pouuoit licitemét faire, sans le prendre à mercy. Mais tant s'en fault, disoit Nicanor, que Vespasian y pretende, que vous pouuez estimer s'il vous eust voulu iouer aucuu mauuais tour qu'il n'eust pas enuoyé vers vous, moy qui suis vostre amy, pour souz couleur de nostre ancienne acointáce faindre vne foy faulse & desguysée, à laquelle de ma part ie ne consentirois iamais, & n'est en la puissance de mon Empereur me faire iouër tel personnage pour deceuoir mon amy. Toutesfoys Iosephus doutoit, & du bien dire de Nicanor & de ses persuasions & promesses. Quant les ennemys irritez de tant de remises, s'auancerent pour mettre le feu dans la cauerne, à quoy leur chef & capitaine les empescha, estimant beaucoup, pouuoir prédre Iosephus vif. Et pour ceste cause persista mieux que deuant, & si bien à le faire conuertir de se rendre, qu'entendant Iosephus les menaces, dont vsoient ses auersaires, & se souuenant d'aucuns songes nocturnes, par lesquelz Dieu luy auoit reuelé comme eleu de luy, & la future destruction des Iuifz, & ce qu'il deuoit auenir aux princes Romains, commença à balancer. Or sçauoit il interpreter les choses qui diuinement estoient proferées souz ambiguité, entendant les propheties, car il estoit des prebstres de la loy & d'escendu d'eulx: parquoy remply & inspiré du createur, memoratif des songes recentz, ausquelz il auoit veu choses horribles, commença adresser ses prieres au seigneur, disant: Puis qu'il vous à pleu mon createur, ainsi diffamer & mener à honte la Republique des Iuifz, & qu'auez tourné la fortune de la part des Romains, m'ayant donné l'ame qui a predit à ceux de ma natió les choses futures, ie dóneray (viuát) ma main aux Romains, protestant que non comme trahistre, mais cóme vostre ministre ie m'enuois maintenát retirer vers eulx. Et plustost n'eut acheué ces paroles qu'il obtempera aux remonstrances de Nicanor, ce que cogneu de ceux qui estoient en la fosse cachez auec luy, se prindrét de tous costez à luy increper & reprocher la grande ocasion qu'ilz auoient de se lamenter de luy, violant ainsi les loix du païs. Et qu'ainsi soit, disoient ilz, Ou est à ceste heure ce que Dieu ordonna anciennement aux Iuifz, leur baillant l'ame pour conténer la mort? Certes tu te móstres bien trop espris de la douceur de viure, endurant que la lumiere voye, ainsi la seruitude ou tu te veux souzmettre. Mais ne penses tu point de combien tu t'oublies,

V iiii   quant

LE III. LI. DE F. IOSEPHVS.

, quant tu as perſuadé autresfois à vne infinité de perſonnes de mourir pour
, la liberté , veritablement l'opinion & conſtance eſtoit bien faulſe en ton
, endroit, & la prudence dont tu eſtois recómandé mal aſſeurée , ſi tu eſpe-
, res ſalut de ceux côtre leſquelz tu as tant de iours combatu, mais poſons le
, cas qu'ainſi auienne , as tu par ta foy deſir d'eſtre gardé par tes propres en-
, nemys? vn poinct y a que combien que la fortune des Romains t'ait rendu
, oublieux de ta perſonne, la gloire du païs nous côſeille de te preſter main-
, tenant la dextre & le couteau : à fin que tu meures voluntairement Duc &
, Capitaine des Iuifz , car autrement s'il auenoit que tes iours prinſſent fin
, par contrainte , on te diroit iuſtement proditeur du païs . Mais à peine eurent ilz paracheué de proferer ceſte parole que tous dreſſent leurs glaiues
le menaſſant le ſacmenter s'il obeïſſoit aux Romains. Dont luy trop esbahy
doutant leur fureur & impetuoſité & l'eſtime qu'on auroit de luy d'e-
ſtre proditeur des commandemens de Dieu, ſi premier que mourir il ne
leur oſtoit ceſte opinion: commença à les vouloir gaigner par argumentz
, de Philoſophie diſant. Comment, mes amys & compagnós, ſommes nous
, doncques ſi couuoiteux de noſtre mort, que nous voulós mettre en diſſen-
, tion noſtre ame & noſtre corps, deux choſes ſi vnies, concordantes & amy-
, ables en eulx ? Et ſi par ce que ie vous metz deuant les yeulx aucun de vous
, s'auenturera de dire que i'ay bien mué d'opinion , les Romains le ſçauent,
, tát ya que c'eſt choſe louable & glorieuſe de mourir en la guerre, mais c'eſt
, quant par loy de guerre on eſt occis du vaincqueur . Maintenant donc, ie
, vous prie, ſi aucun Romain ne me veult tuer me dois ie moymeſmes deffai
, re de mes propres mains ? Et s'il plaiſt à ceſte gent eſtrangere pardonner à
, ſon ennemy , combien plus iuſtement deuons nous auoir mercy de nous?
, Sur mon Dieu il me ſemble eſtre choſe mal ſeáte & folle admettre en nous
, ce pourquoy nous nous combatons contre eulx, non que ie vueille penſer
, n'eſtre honorable mourir pour la liberté, car ie le confeſſe . Touteſfois ce
, doit eſtre en combatant, & par les mains de ceux qui nous la veullent tol-
, lir pour nous mettre en ſeruitude . Or à ceſte heure ilz ne nous ſont point
, contraires par combat, & ne deſirent point nous tuer , qui me fait dire ce-
, luy ſeul ſe deuoir eſtimer timide, qui ne veult mourir quant il eſt temps, &
, qui le veult quát l'ocaſion ne le permet. Mais ie ſçaurois volútiers de vous,
, quelle crainte nous deffend ores de monter là ſus vers les Romains, n'eſt
, ce pas la mort ? Pourquoy doncques ayant doute de la receuoir des enne-
, mys, nous la donnerons nous ? Quelqu'vn dira, crainte de ſeruitute nous
, retient, vrayement à ceſte heure ſommes nous bien plus libres? Ie vous de-
, mande. Eſt ce le fait d'vn homme fort & côſtant de ſe tuer ſoymeſine? non,
, mais celuy d'vn vault-rien , & inutile comme ie penſe , car i'eſtime celuy
, tres-timide n'autónier, qui doutant la tempeſte enſondre voluntairement
, ſon nauire auant l'orage auenu, ſemblablement ſe tuer de ſa propre main
, celá eſt diſcordant à la nature , voire entre tous autres animaulx . Et n'eſt
, crime plus grád qui ſe puiſſe commettre enuers Dieu noſtre ſouuerain ſeigneur

DE LA GVERRE DES IVIFZ. Fueil. CXIX.

gneur, aufsi n'eft il aucun animal qui fe tué de fa propre induftrie, quant la puiffante loy de nature veult qu'vn chacun apete de viure. Parquoy ceux qui nous confeillent le contraire doiuent eftre veritablement eftimez noz propres ennemys, atendu que nous puniffons de peine corporelle ceux mefmes que nous cognoiffons noz infidiateurs. Mais ne penfez vous point, que Dieu porte indignement, que l'homme contemne le don qu'il luy à fait? Puis que nous auós pris noftre eftre, & la vie de Dieu, il fault doncq' que nous remettons la priuation d'icelle à fa volunté : car encores que le corps d'vn chacun de nous foit mortel, & compofé d'vne mace caducque, toutesfois l'ame eft toufiours immortelle, & vne petite particule & fcintille de Dieu colloquée en noftre corps. Si dócq' aucun oultrage ou mal traite la chofe depofée de Dieu, & donnée en garde à l'homme, il eft aufsi toft tenu pour infidelle enuers luy . Ainfi doncq' l'homme qui deiette le gage de Dieu hors de fon propre corps, eftime il que le feigneur qu'il a offencé ne le cognoiffe? veu que tout ainfi que nous tenons de iuftice prendre vengeance de l'efclaue fuitif, encores que telle fuite ne procede que pour euiter la fureur du mauuais maiftre . Aufsi nous qui fuyons Dieu trefmifericordieux & bon, ferons reputez mefchans de luy, & dignes de grand' punicion, auez vous oublié que celuy qui decede de ce monde, felon la loy de nature, paye la debte agreable qu'il doit à Dieu, quant il reprent de luy ce qu'il luy auoit prefté pour luy donner puis apres louange en maifon, & famille ftable & perpetuelle, demeurant l'ame pure & innocente en vn lieu treffaint ou elle eft exaulfée en toutes fes prieres iufques apres le temps des fiecles paffé qu'il luy eft commandé retourner de rechef en fon corps, chafte & pur pour y habiter comme au parauant. Mais au contraire les ames de ceux defquelz les mains auront vfé d'oultrage & fureur contre elles, propres font enuoyées aux plus obfcures tenebres d'enfer, ou Dieu (qui eft leur pere & fabricateur) venge leur meffait iufques aux perfonnes mefmes de leurs neueux & pofterité . Ce que tresbien nous eft demonftré par noftre treffage legiflateur, quant il nous ordóna ou aucun fe fera occiz en noftre territoire ne luy toucher iufques au Soleil couchant, voire & le deieter puis apres fans luy donner fepulture, ores qu'il nous foit licite d'inhumer noz propres ennemys. Et entre les eftrangers eft aufsi commandé couper le poing à celuy ou ceux qui de leur main fe feront deffaitz & meurdriz, faifant cognoiftre que tout ainfi que le corps eft feparé de l'ame, il eft raifonnable que la main qui a cómis tel crime foit feparée du corps. Pourtant doncq' mes amys & compagnons il eft bien requis & tresbon de confentir aux chofes iuftes, fans aioufter aux punitions humaines les verges & chaftimentz de Dieu, à fin que ne foyons arguez d'impieté enuers luy. Et vault trop mieux qu'ayant moyen de nous fauuer, que nous nous fauuions, ne reputant infame receuoir le falut de ceux contre lefquelz nous auons combatu auec tant de prouëffes & vertuz, & ou vous aymeriez mieux mourir:atendez au moins que ceux qui vous tiennent captifz vous occient

LE III. LI. DE F. IOSEPHVS.

, cient, car de ma part asseurez vous que ie ne me retireray iamais entre mes
, ennemys pour trahir moymesmes & mon païs propre, ains seray encores
, plus estimé que ceulx qui s'y enfuyent voluntairement, car ilz y vont pour
, leur salut. Et moy i'y voys de gre pour receuoir la mort & la fin de moy-
, mesmes. Toutesfois i'experimenteray leurs promesses, en sorte que s'ilz me
, tuent apres qu'ilz m'auront baillé la foy, ceste mort receuë par moy auec
, vn courage viril & constant, me fera estimer la perte de mes iours heureu-
, se, & emporteray auec moy la victoire de leur parole faulcée, qui me sera
, grande consolation en l'esprit. Telles & semblables remonstrances faisoit
Iosephus & maintes autres persuasions pour d'imouuoir ses compagnons
d'estre d'eulx mesmes homicides, mais tant s'en fallut qu'estoupantz leurs
aureilles par vne desperation, auec laquelle ilz s'estoient desia vouez à la
mort, s'esmeurent acourantz de tous costez pour le fraper, detestant le desir qu'il auoit de plus viure, à quoy il resista apellant tantost l'vn, tantost
l'autre par leurs noms, puis iettant son regard seuere sur les plus auancez,
prenant le bras du premier, & arrestant la main de l'autre, supliant tantost
cestuy, ores cest autre, les rendit en diuers pensemens (comme il auient en
telles necessitez) repoulsant le glaiue d'vn chacun pour euiter la mort ny
plus ny moins que la beste sauuage aculée dresse sa dent vers celuy qui de
plus pres vient pour l'offencer. Et ce pendant ceux ausquelz la reuerance
que lon doit à vn tel chef & capitaine estoit representée, sentoiét leur dextre, tellement affoiblie, que le couteau leur tomboit des mains sans pouuoir de l'offencer. Et toutesfois pour toutes ces choses Iosephus ne perdit
l'entendement, ny ne se trouua mancque de conseil, en sorte que fauorisé
› de la prouidence de Dieu, mit son salut en peril leur disant: Puis doncques
› qu'il est aresté que nous mourions icy, mettons la mort d'vn chacun en
› sort. Et celuy sur lequel le sort tombera soit occis de la main de son plus
› prochain, auenant la fin de nous, selon sa fortune, pour euiter qu'aucun ne
› soit homicide de soymesmes, car il est iniuste que demeurant le derenier
› apres tous les autres occis, viue encores quelque desplaisir qu'il recoyue de
› ne suyure ses compagnons. Cest auis fut trouué de tous bon, & executé
comme il estoit auisé, si que tombât le sort à l'vn estoit soudain mis à mort
par le plus prochain de luy, prenant en gré sa fortune, & l'estimant douce,
puis que leur chef & capitaine s'estoit souz mis à semblable peril. Toutesfois fust ou que la prouidence de Dieu le permist ou autrement, Iosephus
demeura dernier & seul auec vn autre. Et lors preuoyât en soymesmes que
si la mort de son compagnon estoit auancée plustost que la sienne, il tomberoit au danger d'estre puis apres pollu &occis par vn gentil commença à
persuader à l'autre de pardonner à leur foy, & conseruer leur propre vie.
Et par ainsi demeura la sedition domestique estainte, & se rendit Iosephus
aux Romains, qui fut mené par Nicanor à Vespasian ou arriué s'assemblerent tous les Romains pour le veoir. Et comme il estoit en telle presse
& ioingnant le prince s'esleua vn tumulte si hault qu'on cogneut le plaisir

que

DE LA GVERRE DES IVIFZ. Fueil. CXX.

que chacun receuoit de fa prinfe, les vns le menaffant, les autres s'efforçans
de le veoir encores de plus pres, & ceux qui en eftoient les plus efloignez,
cryoient qu'il le failloit occir fans plus le laiffer viure, mais les autres qui a-
uoient moyen de confiderer fon affeurance & fes geftes perdans la volunté
de luy mal faire s'efmerueilloient de fa conftance, fi qu'il ne fe trouua capitaine, encores que tous portaffent enuie à fon nom, qu'ilz ne iettaffent fur
luy vn regard doux & pitoyable, fpecialement Titus, lequel efmeu tant de
la magnanimité du courage qu'il veoit à ce pauure captif, qu'ayant deuant
les yeulx les calamitez qu'il auoit fouffertes en fi grand aage, fut grandement incliné à mifericorde, difcourant en foymefmes la mobilité de fortune, laquelle n'agueres fouloit maintenir vn tel chef la main armée, & fauo-
rifée en tant de batailles, & ores elle l'auoit reduit en la puiffance de fes
propres ennemys, concluant n'eftre rien ftable ny perpetuel es chofes humaines, qui fut caufe que maintz fe monftrerent promptz à pardonner à
Iofephus, demeurant Titus le plus feur & fort moyen que n'eft Iofephus
de fa faluacion enuers Vefpafian, qui fur l'heure reuoqua l'opinion qu'il a-
uoit euë de l'enuoyer vers Cefar, & commanda qu'il fuft gardé. Ce qu'entendant Iofephus, luy dift qu'il luy declareroit voluntiers quelque chofe en
fecret: parquoy fit Vefpafian vn chacun retirer, fors Titus & deux de fes priuez amys, deuant lefquelz Iofephus s'adreffant à Vefpafian cômença à luy
dire. N'eftimez pas (Seigneur) tenir Iofephus feulemét comme voftre pri- ›
fonnier, car ie vous puis affeurer qu'il a efté enuoyé vers vous de Dieu le ›
creator, pour vous annoncer de plus grádes chofes qui vous font à auenir, ›
& comme celuy qui auec la cognoiffance que i'ay de la loy des Iuifz fçay ›
de certain eftre preordóné tous les capitaines de leur excercite deuoir paf- ›
fer à la fureur du glaiue, & moy enuoyé à Neron, mais à quelle fin (Sei- ›
gneur) entendez vous que l'on m'y tranfporte, veu que vous eftes celuy feul ›
qui luy doit fucceder? & vault trop mieux que me gardez iufques alors ›
que vous tiendrez fon lieu, car vous eftes affeurément le Cefar futur, & Ti- ›
tus voftre filz, fecond apres vous, chofe vraye & preordónée, pour la verifi- ›
cation dequoy vous me pourrez faire lier & eftroitement garder iufques à ›
ce qu'elle fuccede, & que vous vous trouuez Seigneur non feulement de ›
moy, ains de tout le refte du monde, & de ce qu'il comprent, foit en mers ›
ou genre d'hommes, à quoy auenant faulte ie vous fuplie, non de pardon, ›
mais de me referuer pour vn pire tourment que la captiuité. Toutesfoys ›
Vefpafian y aioufta fi peu de foy qu'il eftima eftre vne baye, & que Iofephus controuuoit ce menfonge pour acquerir fa grace & fe fauuer de peril,
iufques à ce que peu à peu il changea d'opinion, l'acheminant Dieu le crea
teur à la monarchie par prefages, augures, & predeftinations, qui fe ma-
nifeftoient de iour en iour, auec certaine cognoiffance de la verité d'aucunes autres chofes que Iofephus auoit dites au parauant. Et neantmoins l'vn
de ceux deuant qui il proferoit ces paroles (efmerueillé) ne s'en fit que rire, eftimant eftre fable & debilitation d'efprit, qui luy faifoient tenir ce

langage,

LE III. LI. DE F. IOSEPHVS.

langage, veu qu'il n'auoit sceu preuoir la ruïne des Iotapateniens ny sa captiuité mesmes. A' quoy respondit Iosephus qu'il luy pardonnast, atendu qu'il trouueroit les auoir assez de fois auertiz de leur malheur, & qu'ilz seroient indubitablement desconfitz le quarante septiesme iour de l'assiegement de leur place, demeurant luy (entre les autres) retenu captif des Romains. Ce que Vespasian verifia depuis par ceux qui se trouuerent prins en son armée. Et par ce moyen creut de là en auant à ce que Iosephus luy predisoit pour l'auenir, sans toutesfois luy donner aucune liberté, mais bien l'honnoroit de vestementz & autres dons: & Titus aussi qui y prenoit peine & grand plaisir, tant que Vespasian leua son armée qui fut le quatriesme iour de Iuillet, & retourna en Ptolemaïde, d'ou il vint en Cesarée costoyant la mer. Or estoit ceste place la plus grande Cité de Iudée, & la pluspart des habitans Grecz. Parquoy receurét tous benignement Vespasian & son excercite, faisant paroistre l'affection grande qu'ilz auoient aux Romains, & la hayne qu'ilz portoient à ceux de Iotapate, cryans à haulte voix qu'on deuoit donner la mort, & paracheuer la vengeance sur Iosephus. A' quoy Vespasian ferma l'aureille, cognoissant la requeste qui luy en estoit faite par la commune mal digerée, aussi ne leur en fit il aucune responce, mais leur laissa deux de ses legions pour s'yuerner en leur ville fort opulente, & commode. Et enuoya la dixiesme & cinquiesme à Scytopolis à fin de ne les trop fouller, estant Scytopolis fort temperée l'hyuer, d'autant qu'elle estoit trop brullante l'esté, & située en vne plaine ioignant la mer.

De la reprinse de Iope.

Chapitre　　　　　X V.

Endant ces choses vn grand nombre, tant de ceux qui par sedition auoient defailly aux Romains que d'autres fuytifz des villes ruïnées, se retirerent dans Iope qu'ilz renouuellerent de rempars & fortifications, pour estre leur refuge & receptacle, car Cestius l'auoit au parauant ruïnée & desconfite. Or la trouuerent ilz fort desnuée de toute chose, & insufisante pour les pouuoir nourrir: parquoy cótraintz de necessité, delibererent d'entrer en mer, & auec nauires & vaisseaux de corsaires costoyer la Syrie, Phenice, & l'Egypte, ou ilz firent de si grandes & merueilleuses proyes & larrecins, qu'ilz rendirent ceste mer inuanigable à tous autres. Ce qu'entendu par Vespasian & le but ou tendoit leur deliberation, fit tirer droit à Iope vn nombre de gens de pied & de cheual, lesquelz la surprindrent par nuict n'estant gardée des habitans, qui sentans la venuë des ennemys, tant inopinée, n'oserent leur faire teste, n'y monstrer

DE LA GVERRE DES IVIFZ. Fueil. CXXI.

strer aucune resistance contre eulx, ains s'enfuyent en leurs nefz, & y passerent la nuyt, esperans gaigner le village de Sagitte. Or est Iope port de mer mal aysé pour, se trouuer en lieu aspre, difficile & tel, que tout ce qu'il contient s'acheue & finit en vn riuage hault & royde, cloz & courbé de deux cornes esleuées & estenduës en leur summité, ou au iourd'huy se manifeste l'antique fable d'Andromeda, y restant encores & paroissant ses chesnes pour signe & tesmoignage de foy, & y soufle à l'oposite le vent d'Aquilon, lequel vient batre le riuage & rochers, auec grande & merueilleuse impetuosité de flotz, estất fait par ce moyen lieu de peu de seureté & du tout desert & inhabitable: parquoy ceux de Iope retirez en ce destroit qu'ilz apelloient Melamboreas estans leurs nauires repoulsées & ramenées par la force du vent entre rochers & escueilz, virent en vn instant la pluspart de leurs vaisseaux briser & s'entr'ouurir par l'impetuosité des vagues, lesquelles les esleuoient soudain iusques es nuës, & tout à vn coup les abaissoient iusques au profond des abismes, ou ilz sangloutissoient, si que sans trouuer lieu de seureté ou refuge, & moins ceux qui estoient demourez dans la ville, enduroient la mort, se trouuans les vnz assailliz par la fureur de la mer: & les autres auec la violence des Romains. Au moyen dequoy autre chose n'estoit entenduë que le desbriz des nauires & l'horrible son des heurtz qu'ilz s'entredonnoient contre les rochers, auec les cryz & vrlemés de plusieurs personnes partie engloutiz des flotz, partie enuelopez du n'aufrage, & autres qui s'entretuoyent, estimantz chose plus louable de preuenir la mer que d'estre preuenuz d'elle, si que grande partie des vndes rougissoiết de leur pur sang. Et le riuage couuert de corps mortz les vns par l'ocasion que i'ay dite, & autres (que la fortune auoit sauuez à port) par le glaiue des Romains, dont le nombre fut trouué iusques à quatre mil deux cens & plus, demeurant la ville prise, & du tout ruïnée sans aucune resistance. Voylà doncq' cóme deux foys Iope en peu de temps fut mise à sac, & laissa Vespasian garnison de gendarmerie, & peu de gens de pied, dans la forteresse, qu'il munit grádement, à fin que delà en hors les pirates ne s'y rassemblassent, & demeurast le païs en seureté. Ce qui auint, car courát & sacageant les Romains tout le territoire iusques es limites, misrent le feu es bordes & villages sans nul excepter, acomplissant la charge qu'ilz auoient de leur Empereur, mais quant les nouuelles de la prinse de Iotapate vindrent en Hierusalem, qui fut tost apres sa ruïne, plusieurs au commencement ne le pouuoient bonnement croire, tant pour la grandeur & importance du cas, que pour ne le sçauoir que par ouyr dire, sans qu'aucun asseurast l'auoir veu, car nul en estoit eschappé pour ce faire. Toutesfois à la fin Renommée messagere de telles calamitez les en asseura, en sorte, que peu à peu, & de iour en autre la verité se manifestoit de voysin à voysin, si que le doute fut aueré & la verité entéduë de tous. Et comme il auient souuent qu'aux choses veritables on y aiouste de faulces, ausi disoit on de prime face que Iosephus auoit esté tué en l'assault, entre vne infinité d'autres, qui

X   aporta

aporta en Hierusalem vn grand & merueilleux deul : & par les maisons & familles particulieres vne lamentation continuelle, pleurans la perte de leurs amys, auec vn pleur general, & la fortune d'vn si bon capitaine, regrettans ceux cy leurs hostes, ceux là leurs voysins, les autres leurs amys & freres, & tous ensemble Iosephus, en sorte que par quarante iours entiers ne cesserent en la Cité de l'armoyer, achetans à grands sommes de deniers les deplorateurs de mortuaires, & chantres de cantiques funebres, iusques à ce que par temps, la verité fut descouuerte, & entenduë comme il alloit de Iotapate : & par tant que le bruit de la mort de Iosephus estoit mensonge, veu qu'il auoit esté trouué viuant entre les Romains, honnoré de leurs capitaines par dessus la fortune d'vn captif, qui alluma contre luy trop plus grād hayne que ne s'estoit monstré l'amour affectueuse, lors qu'ilz le plouroient l'estimant mort, si qu'il estoit par les vns argué de trahison, & des autres de lascheté de courage, demeurant la Cité tant animée contre luy, qu'ilz s'enflammerent & irriterent desesperément en leurs aduersitez, seruant d'exemple aux sages pour eulx garder à l'auenir & pouruoir aux accidens & calamitez qui les menassoient, & pressoient auec tel esperon, que l'infortune auenué à leurs prochains, leur faisoit penser qu'vne fin de telz malheurs, estoit vn commencement & auancement pour eulx d'vne infinité d'autres. Au moyen dequoy se sentirent animez contre les Romains, comme s'ilz eussent voulu eulx venger de Iosephus. Et voylà le trouble auquel se maintenoient les habitans de Hierusalem durant telles factions.

De la reuolte de Tiberiade.
Chapitre XVI.

Mais Vespasian

DE LA GVERRE DES IVIFZ. Fueil. CXXII.

Ais Vespasian ce pendant deliberoit visiter le Royaume d'Agripa, & pour ceste cause leua son camp, & s'y achemina auec son armée à la solicitatió du Roy, qui l'en importuna grâdement, tant pour le desir qu'il auoit de traiter luy & les siens, que pour rasseurer les parties malades de son royaume, qui fut cause, que l'Empereur sortant de Cesarée ville maritime, vint en l'autre Cesarée, qui est dite la Cesarée de Philipe, ou il rafreschit son camp par l'espace de vingt iours entiers, rendât tandis graces à Dieu de l'heur & prosperité qu'il auoit obtenu. Et en ces entrefaites eut auertissement comme ceux de Tiberiade, amys de choses nouuelles, se vouloiét rebeller, ayant sceu comme ceux de Tarichée auoiét failly à leur dessain. Or apartenoit & l'vne & l'autre des contrées à Agripa: parquoy Vespasian marcha encôtre, esperant les rendre (comme il fit) obeïssans à leur Roy, qui desia y estoit logé, souz la puissance duquel il les reduit & toutes les Citez qui luy apertenoient. Parquoy de là enuoya son filz en Cesarée, pour faire passer ses gens en Scytopolis. Or est Scytopolis l'vne des dix Citez tresgrande, & voysine de Tyberiade, ou apres que Vespasian fut arriué, y atendit Titus, puis passa oultre auec troys legions, & vint camper à trente stades pres de Tyberiade, en vne certaine region de gens curieux de choses nouuelles, nommée Enabris, d'ou il enuoya Decadarchus Valerianus, auec cinquante Cheualiers, pour tenir aux habitans rebelles paroles de paix, & les inuiter à luy donner la foy, car il auoit entendu qu'ilz ne demandoient qu'acord, & qu'ilz estoient seulement incitez à la guerre par gens qui ne pretendoient qu'à dissention. Parquoy Valerianus s'en alla vers eulx, mais aussi tost que luy & son compagnon furent arriuez au pied de la muraille & qu'il mettoit pied à terre pour parler à ceux de la ville, & leur faire entendre qu'ilz venoient à eulx non pour mal ains pour leur seul profit, premier qu'il ouurist la bouche pour commencer sa remôstrance, saillit sus luy vn capitaine nommé Iesus, filz de Tobie, acompagné de tous les satalites & larrons qu'il auoit retirez, desquelz il estoit chef & conducteur. Ce qu'ayant descouuert Valerianus, & ne voulât exceder le mandement de Vespasian, encores qu'il se peust asseurer de la victoire, s'il les combatoit, estant Iesus & les siens peu au respect de sa troupe, & en desordre contre les siens bien ordonnez, considerant en soymesmes la temerité & presumption des Iuifz, s'enfuit à pied, & cinq autres des siens qui tous habandonnerent leurs cheuaulx, lesquelz Iesus auec ses compagnous emmenerent en leur ville comme s'ilz les eussent gaignez par armes, & non pas par larrecin, cóme ilz firent. Ce que les primatz & anciens de la Cité trouuerent si mauuais qu'ilz vindrent incôtinent trouuer le câp des Romains, & le roy Agripa, & là se prosternâs aux piedz de Vespasian, le supliant qu'il ne contemnast ceux qui requeroient pardon auecq' tant d'humilité, & ne donner blasme à toute la Cité de la follie qu'auoient faite inconsiderément aucuns d'icelle en petit nombre, mais qu'il luy pleust

X ii   vser

vſer de miſericorde enuers le peuple qui auoit touſiours eſtimé des Romains toute amytié, & douceur, ſe vengeant de ceux ſans plus qui eſtoient aucteurs de la faulte & non des innocens leſquelz ayant deſiré touſiours la paix en auoient eſté retardez & empeſchez iuſques a l'heure par les mutins & ſedicieux, ſe ſoumettans du tout à ſa volunté & pitoyable diſcretion. Certes leur humilité grāde ſceut tant vaincre Veſpaſian encores qu'il fuſt trop irrité pour le rauiſſement des cheuaux, qu'il leur pardonna à la fin, car il veoit Agripa en grand' crainte de la perte de ſa ville, mais les Citoyens preſterent leur foy & ſerment. Ce dont Ieſus & ſes compagnons auertiz, voyant leur peril prochain, & qu'il leur ſeroit mal ſeur de plus demourer dans Thiberiade s'enfuirent en Tyrachée. Et le iour enſuyuant fut renduë leur forthereſſe dans laquelle Veſpaſian enuoya Traianus pour ſentir des habitans s'ilz vouloient pas entretenir la paix, leſquelz luy declarerent que c'eſtoit leur intention & deſir: parquoy entra toute l'armée dans leur Cité, & vint le peuple receuoir Veſpaſian les portes ouuertes, comme par bon augure, le nommant leur redempteur de ſalut, & bien merite conſeruateur, mais pour-ce que l'entrée eſtoit trop eſtroite Veſpaſian fit rompre la muraille du coſté du Mydi & eſlargir la voye, commandant à ceux de ſon armée qu'en faueur du roy Agripa ilz s'abſtinſſent de piller la ville ſans vſer enuers les Citoyens d'iniures, & ſi pardonna au reſte de leurs meurs, pour autant qu'ilz luy promiſrent eſtre doreſnauant amys des Romains, comme ilz furent viuans en paix & tranquilité.

Du ſiege de Tarichée.
Chapitre XVII.

Mais toſt

DE LA GVERRE DES IVIFZ. Fueil. CXXIII.

Ais toſt apres qu'il ſe fut party de Tyberiade, alla planter ſon camp entre elle & Tarichée, & le ferma d'vn long mur penſant y faire grãd demeure, car il ſçauoit que tout le peuple du païs s'eſtoit retiré en Tarichée ſe confians & aſſeurans de la munition dont la ville eſtoit pourueuë. Et de la force que luy donnoit le lac de Tyberiade, apellé des habitans Geneſareth, car elle eſt aſſiſe comme Tyberiade, ſouz le pied d'vne montaigne. Et de la part qu'elle n'eſtoit point ceinte du lac, vne forte muraille l'enuironnoit pour ſa deffence. Toutesfois moindre en circuyt & grandeur que Tyberiade, l'ayant Ioſephus ainſi fortifiée de ce qu'il reſtoit d'icelle Tyberiade, & ſi l'auoit tant bien garnye de grand nombre d'argent, & habondance de victuailles, que ceux de dedans s'en tenoient beaucoup plus fortz, ſpecialement à cauſe des vaiſſeaux dont le riuage du lac eſtoit fourny, tous preſtz & equipez pour ſi d'auenture la ville eſtoit forcée par terre, le peuple ſe peuſt ſauuer dedans, & faire voyle, car ilz eſtoient armez, fretez, & preſtz pour combatre par mer, ou la neceſſité les y contraindroit, mais ainſi que Veſpaſian fortifioit ſon camp de muraille Ieſus auec ſa compagnie, peu ou point eſtonné du grand nombre des ennemys ny de tous leurs ſtratagemes & rempartz, fit ſur eulx vne telle ſaillie, que du premier ſault il donna la fuite à tous les manouuriers, & renuerſant les eſchaffaulx & edifice en pluſieurs endroitz, ſe retira ſans aucune perte des ſiens premier que le camp fuſt en armes, ne que nul s'adreſſaſt à eulx pour les charger. Toutesfois ſi furét ilz ſi viuement repoulſez des Romains que force leur fut auoir recours aux vaiſſeaux du lac & y faire voyle, ſi auãt que le trait de leurs ennemys ne les pouuoit offendre, mettans leurs brigantins & eſquifz en bataille rengée, cóme s'ilz euſſent atendu le combat. Ainſi furent contraintz ceux de Veſpaſian s'arreſter ſur la chauſſée du lac, d'ou ilz leur tiroient trait ſans nombre, quant ceux de la Cité ſortirent ſur eulx, pour leſquelz ſecourir, Veſpaſian commanda à ſon filz leur mener ſix cens Cheualiers eleuz, toutesfois voyant le grand nombre d'ennemys qui ſortoient à la foulle de la Cité, & qu'il n'eſtoit pas trop fort pour s'atacher à eulx, renuoya demãder renfort à l'Empereur, & tandis demourant en bataille au mylleu deſa troupe, voyant les vns preſtz à bien faire, & les autres timides & eſpourez, commença à leur dire. Ie vous prometz ſeigneurs Romains, qu'il ne m'a ſemblé hors de propos, mais treſlouable & neceſſaire de vous ramenteuoir & mettre deuant les yeulx à ce mien commencement, qui nous ſommes, de quelle race ſont deſcenduz noz predeceſſeurs Romains, & qui ſont ceux contre leſquelz nous auons à combatre maintenant, tant y a que iuſques à ceſt heure il ne s'eſt encores trouué en toute la monarchie du monde, homme qui ayt haulſé les armes contre noſtre Empire, qu'a la fin ne ſe ſoit trouué vaincu. Quoy doncques eſtimez vous que ces Iuifz ſeulz en doiuent eſtre exemptz, encores qu'à la verité ilz eſſayent de faire cognoiſtre par effait qu'ilz ne ſont iamais ſurmótez d'aucun peril ou

X iii   grand'

LE III. LI. DE F. IOSEPHVS.

, grand' fatigue qui se presente en leur endroit, ains ont tousiours combatu
, & combatent constamment, lors que plus ilz voyent les choses aduerses &
, la fortune contre eulx, & nous à qui l'heur se monstre prospere, nous de-
, uons nous faire paroistre moindres qu'eulx ? Certes ie croy que non, veu
, que l'asseurance qui se presente en voz visages me le promet ainsi. Toutes-
, fois ie crains que (peult estre) ceste grand' troupe d'ennemys, vous donne
, secrettement à penser dans voz cueurs, mais si vous considerez, comme ie
, vous ay dit, quel est le rang que nous auons tousiours gardé, vous sentirez
, en vous mesmes, que celuy ou ceux contre lesquelz vous auez affaire, ne
, sont dignes de nous (ny quant tout est dit) si longuement experimentez ou
, nourriz aux armes, quelque hardiesse ou contemnement de mort dont ilz
, sont recommandez, veu qu'a parler sans dissimuler, ie les puis nómer peu-
, ple amassé, sans experience, & plustost confuz que propre à manier les ar-
, mes, mais vous à qui la discipline militaire est familiere & commune, que
, vous sçauroit on remonstrer pour vous asseurer & enhardir d'auantage, a-
, tendu que rien ne vous deffault de ce qu'il est requis aux vaillátz hommes,
, estantz seulz, ausquelz l'excercite des armes est domestique en temps de
, paix, pour nous aprendre en temps de guerre à peu ou point redouter la
, quantité des auersaires, aussi ne nous seroit ce pas grand honneur, ce me
, semble, de combatre gens grossiers & molz, estans en pareil nóbre qu'eulx,
, voire nous bien armez, & eulx quasi nudz, Cheualiers & vieulx soldatz,
, contre gens de pied & noueaux, nous conduitz par bons & vaillantz ca-
, pitaines, contre vne canaille vacabonde & sans chef. Ayant donc telles ver-
, tuz & auantage en nous, à vostre auis ne sommes nous pas plus qu'eulx,
, ausquelz le vice & peu de cueur doit d'autant amoindrir leur nombre. Et
, n'est pas la seulle multitude qui vainq, encores qu'elle combate bien, mais
, plustost le peu ou est la force, la valleur, & la vertu, car au peu bien ordon-
, né est plus facille de tenir l'ordre, & de s'entr'ayder, que non en la multitu-
, de mal conduite & confuse, veu qu'elle s'incommode plus d'elle mesmes
, que de ses propres ennemys. Ce que vous verrez maintenant experimenter
, aux Iuifz, estans meuz & semontz à batailler, plus d'vne furieuse desespe-
, ration que d'autre sorte, car encores que quelque foys ceste fureur & auda-
, ce profite soudain es choses de fortune, si sont elles aussi tost estaintes a-
, uec resistance & magnanimité de cueur, mais nous que lon voyt regir par
, vertu & force, pleins d'vne obeïssante volunté, nous nous maintiendrons
, en vigueur & iusques à la fin es choses tant prosperes qu'aduerses. Et quant
, ainsi ne seroit si auons nous plus d'ocasion de cóbatre qu'eulx, par-ce qu'ilz
, combatent seulement pour la liberté & deffence de leur païs: & nous, tant
, pour la gloire & renommée que pour faire paroistre (ayant obtenu l'Em-
, pire du monde) n'auoir laissé les Iuifz derriere, auec la reputation qui de-
, fault aux autres, & s'estimer noz ennemyz. Ainsi doncques, vaillans hom-
, mes, atachons nous hardyment à eulx, & sans rien douter donnons dedans,
, mettans toute crainte arriere, veu que nous auons tant de gens pour nous

souste

DE LA GVERRE DES IVIFZ. Fueil. CXXIIII.

souftenir ou nous ferions repoulfez. Ce qui ne nous auiendra, ayant la victoire fi affeurée, que nous l'obtiendrons premier que nul renfort nous fequeure, qui nous fera de tant plus de gloire, y eftans paruenuz fans nouueaux cópagnons, mais par le feul affaire de noftre propre vertu, vous priant tous receuoir de moy cefte remonftrance, cóme fi mon pere la vous propofoit en perfonne, eftimant que tout ainfi qu'il a efté couftumier de vaincre, que moy qui fuis fon filz ne retourneray vaincu, qui vous feroit grand' hóte, car chacun vous penferoit auoir tourné le doz, lors que moy voftre capitaine eftois plus auant aux dangers, aufquelz ie me delibere mettre le premier & plus auant. Et par ainfi que chacun me fuyue, car ie me tiens fort que nous ferons aydez & fouftenuz de Dieu, en forte que meflez dans noz ennemys, emporterons la victoire & honneur du combat, pluftoft que fi nous nous atachions à eulx en campaigne plus large & fpacieufe. Et comme il eut acheué fon propos, baiffans les veuës de leurs armetz, commencerent à charger les Iuifz d'vne merueilleufe hardieffe, prenant à defplaifir l'arriuée de quatre cens Cheualiers que Vefpafian leur enuoya de renfort, cóme s'ilz leur euffent tollu partie de l'hóneur ou ilz afpiroient. Et ce pendant Silo marcha auec deux mile fagitaires pour tandis gaigner la montaigne qui eftoit à l'opofite de la ville, à fin que s'en eftant faifiz ilz repoulfaffent auec le trait ceux qui deffendoient la muraille. Et ainfi le firent, & leur auint comme Vefpafian l'auoit proietté, en forte que ceux de la ville s'en trouuerét defemparez, lors qu'ilz y acouroiét pour la deffendre & garder. Et ce pédant Titus faifant paroiftre par l'ordre qu'il tenoit, plus grand nombre qu'ilz n'eftoient, preffa tellement les Iuifz qu'apres qu'ilz eurent fouftenu quelque peu la premiere charge rompirent leur ordre & s'en fuirent, dont fut l'execution qu'en firent les Romains grande & dangereufe, car les chaffans, demeuroiét quelque fois réuerfez de deffus leurs cheuaulx, vns tuez autres naürez, fi que le peu qui fe peut fauuer à courfe entra dás la Cité, laiffant le champ couuert de leurs compagnons mortz ou bleffez. Mais fi ceux là endurerent, les autres qui auoient mieux couru ne fe trouuerent pourtant hors de peril, par ce qu'a l'inftant s'efmeut grande diffention entre les habitans & les eftrangers qu'ilz auoient apellez à leur fecours. Et auint cefte efmeute, par ce que ceux de la ville voyans leur ruïne prochaine, & craignans pour la groffe armée qu'ilz auoiét fur les bras, perdre leurs biens & richeffes, auec leur propre Cité, ayant les leurs fi mal combatu, & fait leur deuoir, commencerent à defirer la paix. A' quoy le nombre d'eftrangers & qui eftoit plus grand & plus fort qu'eulx, n'y vouloient confentir, au moyen dequoy fe trouuerent pres de courre aux armes, auec vne telle rumeur que le bruyt en vint iufques aux aureilles de Titus, lequel confiderát l'ocafion fe preparer pour gaigner la place, s'efcria à la troupe qu'il conduifoit. Haa mes amys, voicy le temps qu'il nous les fault auoir, que tardons nous plus? Dieu nous les donne à noftre volunté, ie vous prie ne refufons point ce bon heur. N'oyez vous point les clameurs & difcordz de

X iiii   ceux

LE III. LI. DE F. IOSEPHVS.

, ceux qui font efchapez de noz mains, defia la ville eft noftre, fi nous nous
, fçauons hafter & pourfuyure noftre vouloir, auec courage & magnanimi-
, té, car rien de grand ne fe peult parfaire fans grand peril : parquoy don-
, nons de cul & de tefte fans atendre qu'ilz fe reconfeillent enfemble, ce fai-
, fans nous n'aurons feulement le butin de la ville, & en demourerons mai-
, ftres, premier que nul du camp en foit auerty, ains acquefterons la gloire
, d'auoir auec fi petite troupe deffait tant de gens & fi grande compagnie.
Mais il n'eut pluftoft acheué la parole qu'ilz coururent tous à bride abatuë
vers la partie du lac, par laquelle ilz entrerent en la Cité, nonobftant l'effort & empefchement que leur donnerent ceux qui la gardoient, lefquelz
voyant la fureur de leurs ennemys furent furprins de telle crainte, qu'ilz
s'en fuirent, fans plus ofer fouftenir le combat, fpecialement Iefus, lequel
habandonnant fes compagnons, gaigna la campaigne tandis que les autres
contraintz au lac, tomboient es mains de leurs ennemys, premier qu'ilz
peuffent gaigner les vaiffeaux, pour eulx fauuer, tellement que plufieurs
y furent occis, & le carnage dans la Cité fi grand que faifans les Romains
paffer eftrangers & Citadins indifferamment au fil & trenchant des e-
fpées, nul trouuoit grace iufques à ce que Titus compafsionné de fi grand
meurdre commanda ceffer l'execution. Et ce pendant ceux qui s'eftoient
retirez es barques & nauires firent voyle, gaignant le hault, tandis que
Titus enuoya auertir fon pere comme la chofe alloit, & la victoire qu'il a-
uoit obtenuë, dont il fut ayfe au pofsible, confiderant l'heur de fon filz, &
comme auec fi peu de gens il auoit mis fin à fi louable entreprinfe, pour laquelle mieux parfaire enuoya enuironner la ville de toutes pars, à fin que
nul de ceux qui reftoient dedans peuft fortir fans eftre prins & cogneuz,
& le iour d'apres, eftant defcendu au lac, commanda conftruire nouuelles
barques & les armer pour ataindre ceux qui fen eftoient fuyz, à quoy fut
faite extréme diligence pour la quantité du boys, matieres & grand nombre d'ouuriers qui s'y empefcherent.

Du lac de Genefareth, & des

Fontaines de Iourdain.

Chapitre   XVIII.

R eft le lac nommé Genefareth de la terre ou il eft fitué, ayant en largeur quarante ftades, & cent en longueur, l'eau en eft trefdoulce & fauoureufe au gouft, &
plus delicate & defliée que celle des autres eftangs, defquelz la terre eft cómunémét plus graffe que fágeufe, car
les riuages de ceftuy font tous fablonneux, qui rend la liqueur

DE LA GVERRE DES IVIFZ. Fueil. CXXV.

queur claire, pure, & temperée au boire, voire plus fauoureufe que celle d'vn fleuue qui eft fans fontaines & toufiours plus froide que les autres, pour eftre durant les nuytz d'efté fouflée d'vn tel vent que pour chaleur qu'il face le iour, elle demeure toufiours en mefme froideur, ainfi qu'il eft affez tefmoigné des habitans voyfins. Et fi eft ce lac remply de diuers genres & efpeces de poiffons differentz en faueur aux autres des fleuues & eftangz, & court par le mylleu d'iceluy le fleuue Iourdain encores qu'il a femblé autresfois fa fource venir de Pannium, mais à la verité Pannium cachée fouz terre, vient du lieu de Phiale, qui eft fur le chemin par lequel on móte en Traconitide à cent ftades pres Cefarée, du cofté dextre, & non gueres loing de la voye commune, & eft ce lieu proprement nommé Phiale, pour la rotundité qu'il a en fa fource, refemblant à vne rouë, contenant toufiours en foy fes eaues fans iamais desborder, augmenter, ny diminuer. Et par ce qu'on n'en fçauoit au vray la fource, elle fut defcouuerte & manifeftée par Philipe tetrarche de Traconitide, lequel ayant ietté des brins de paille dans Phiale, ilz furent depuis retrouuez & renduz à Pannium, dont au parauant on penfoit que le fleuue print fa naiffance. Et pour certain la place de Pannium eft naturellement belle enrichie & decorée des richeffes & magnificences d'Agripa, eftant à tous manifefte & tenu pour aueré que le fleuue Iourdain procede de fon centre & cauerne, car paffant la region de Semychonitis, fepare fes ruiffeaux troubles & boueux, iufques à cent ftades oultre la ville de Iuliade, trauerfant par le mylleu du lac de Genefareth, & puis decoule & court par les defertz, iufques au lac Dafpaltide ou il entre, tant y a qu'es enuirons du lac de Genefareth dont la contrée porte le nom, la terre eft belle & fertile par admiration, car elle ne refufe aucune plante, pour la fertilité qui eft en elle, aufsi l'ont peuplée fes habitans de toutes efpeces d'arbres y floriffans en grande quantité, eftant le ferain & temperature du Ciel trefcommode & ydoine pour la diuerfité, les noyaux des arbres qui y bourgeonnent, & s'efiouïffent grandement de la frefcheur du Ciel, profperant leur bourgeon & leur fleur à merueilles, d'autçt que les Palmiers y croiffent à caufe de la chaleur qui les entretiét & nourrit, & ioignantz eulx les Oliuiers & Figuiers, encores qu'ilz defirent aer plus doux & gracieux, tellement que vous eftimeriez ce territoire eftre vne magnificence de nature, donnant fa vigueur diuerfement à diuerfes chofes, car en diuerfes temperatures & repugnantes, elle entretient, eleue, & nourrit diuerfité d'arbres & de fruitz, comme fi la terre donnoit faueur à toutes plantes indifferamment, veu que non feulement elle produit, contre l'iniure du temps, tous genres de fruitz diuers, mais aufsi les conferue beaux entiers, & de longue durée, portant raifins & cariques dix moys fans flaiftrir. Et les autres fruitz vn an entier, fans enuicillir ou fanner, eftant la douceur de l'aer arrofé d'vne fontaine faine & profitable, que les habitans nomment Caphernaum, qui la penfent (aumoins les aucuns) eftre vne veine & filet du Nyl, par ce qu'elle engendre poiffons femblables au

Coracin

LE III. LI. DE F. IOSEPHVS.

Coracin d'Alexandrie, & est la longueur de ceste contrée (suyuant le riuage du lac, qui en a prins le nom) de trente stades, & la largeur de vingt, par tout fertile, & telle que nous l'auons d'escrite.

De la prinse & ruine de
Tharichée.

Chapitre XIX.

APres donc que les nefz & vaisseaux de Vespasian furent parfaitz, fretez, & equipez, il les pourueut de soldatz, autant qu'il en fut besoing pour combatre ceux qui s'en estoient fuiz, lesquelz faisans voyle apres eulx, les poursuyuirent de sorte qu'il leur estoit impossible eschaper, ores qu'ilz ne fussent contraintz prendre terre, se monstrans toutes choses contraires à leur salut, car eulx estans moins fors par mer que les Romains, mal aisément les pouuoient ilz atendre ny combatre en vaisseaux petitz, & eulx mal pratiquez au respect de ceux qui les chassoient. Et d'auantage si peu & mal armez que l'abordée des ennemys estás en grand nombre, leur estoit dangereuse & mal asseurée. Et toutesfois tenans contenance de gens deliberez de combatre faignoient les costoyer leur iettant & lanceant pierres & dardz, dont ilz les offençoient de foys a autre, non pas beaucoup, car le trait dont ilz s'aydoient seruoit plus à bruire & à irriter les Romains, qu'a leur porter dommage, estans armez comme

ilz

DE LA GVERRE DES IVIFZ. Fueil. CXXVI.

ilz estoient, & les autres sans armes. Au moyen dequoy venans quelque fois au combat des mains, ou aprochant de pres les flesches de leurs ennemys les traitoient si mal que le dommage qu'ilz prochassoient aux autres, tomboit sur eulx mesmes ou cheoient en mer, si de fortune ilz essayoient d'eulx trop auancer, car les Romains iettans leurs griffes ioignoient à eulx leurs vaisseaux, si qu'entrans pesle mesle faisoient tel carnage des pauures Iuifz, que le lac en rougissoit, ou bien les prenoient prisonniers pour puys apres en faire pasture aux poissons, mais si d'auanture aucuns plus habiles se iettoient tout de gré en l'eau, pensans gaigner auau le riuage, aux vns estoient les bras & mains coupées, aux autres les testes, ou transpersez par le corps, en sorte que toute espece de meurdre & occision estoit excercée, prenans le reste des vaisseaux de Tarichée la fuite, tant qu'ilz paruindrent à terre, ou de nouueau fut la victoire poursuyuie & executée sur eulx demourant le lac rouge de sang, & peuplé de tant de corps morts qu'il ne reschapa vn seul de ceux qui s'estoient retirez de la ville prise, dont il auint les iours ensuyuantzvne si grade puanteur que toute la region en fut infectée, se monstrans es bordz & riuages les charógnes enflées & si corrópuës de la chaleur que la commiseration estoit, non seulement commeuë entre les Iuifz, mais à leurs ennemys propres, pour le cas pitoyable, & compassible qui s'offroit. Telle donc fut l'issue de la guerre nauale, ou se trouuerent d'occis, auec ceux qui au parauant auoient esté tuez par la ville, six mile cinq cens hommes. Et se saisit Vespasian de Tarichée, ou il s'assist sur son tribunal, s'enquerant tant aux estrangers & habitans, qui auoit esté autheur de la guerre & mutation, car(disoit-il) telz amateurs de seditions & reuoltes ne doiuét d'oresenauát viure entre le peuple amy de paix, autrement ilz seroient tousiours en danger pour le grand nombre qui s'en trouueroit, ausquelz donnant pardon pourroient à l'auenir entreprendre d'eulx venger sur ceux qui les auroient contreditz en leurs opinions de guerre. Parquoy Vespasian les estimant indignes de la vie, pensoit en soymesmes de quelle mort les feroit mourir, car s'ilz estoiét occis dans la ville doutoit que les habitans le porteroient mal pour le grand nombre de delinquans. qui tous s'humilioyent à luy, & leur auoit desia donné la foy. Toutesfois pressé de ses principaulx amys qui luy remonstroient n'estre licite de leur pardonner, estant la chose vtile, preferée à l'honneste, quant l'vn & l'autre ne se peult acomplir, leur donna à la fin vn congé tainct d'eulx se pouuoir sauuer par le chemin de Tyberiade. Ce que croyans se mistrent en voye sans douter de ce qu'il leur estoit preparée, mais ilz n'eurent gueres cheminé auant que les Romains ne les deuançassent & contraignirent tous entrer dans la ville de Tyberiade, ou enclozfurent separez les vieilz & debiles d'auec les ieunes, & plus forts, & nombrez iusques à deux cens que Vespasian commanda estre tuez, & les autres dispostz qui se trouuerent iusques à six mil, les enuoya vers Neron en Isthmos, le reste

montans

LE III. LI. DE F. IOSEPHVS.

montans trente mil quatre cens furent venduz sans ceux qu'il auoit desia donnez à Agripa, auquel il permist faire de ceux qui estoient de son Royaume ce qu'il voudroit, mesmes d'autres qu'il auoit desia venduz. Et ainsi furent traitez les sedicieux qui estoient tous Trachonitides Gaulanites, & Hyppeniens & plusieurs Gadarites fuytifz, par le conseil desquelz la guerre s'estoit offerte, & la paix absentée, aussi en furent ilz renduz captifz le sixiesme de Septembre.

Fin du Tiers liure de Flauius Iosephus
de la guerre des Iuifz.

Fueil. CXXVII.

Le quatriesme liure de Flauius
IOSEPHVS DE LA GVERRE
DES IVIFZ

Du siege de Gamale, par
Vespasian.

Chapitre   Premier.

Eux de Galilée qui auoient defailly aux Romains, lors que Iotapate fut ruinée, se rendirent à Vespasian, apres que les Tarichiens furent surmontez : tellement que iceux Romains prindrent quasi tous leurs chasteaux & citez fors Giscalle, & ceux qui auoient occupé la montaigne d'Itaburion, auec laquelle s'estoit reuoltée la cité de Gamale assise pres de Tarichée, sur le mesme lac de Genesareth, qui est des apartenances & limites du royaume d'Agripe: & pareillement Sogane & Seleucie toutes deux de la region Gaulanitide, estant Sogane situeé en la superieure partie apellée Gaulane, & Gamale à l'inferieure: mais Seleucie borde le lac de Semetholin ou Semechonite, lequel estend ses palus & marais iusques à Daphne, region fort plaisante & delectable, car elle est enrosée de tant de fontaines que le fleuue apellé le petit Iourdain s'en

Y   remplit

LE IIII. LI. DE F. IOSEPHVS.

remplit & fait grand à l'endroit du temple doré de Iupiter. Et eſtoit icelle Seleucie aſſociée & confederée auec Sogane, du commencement qu'elle ſe departit de l'obeiſſance d'Agripa. ToutesfoisGamale ne luy cedoit en rien pour eſtre ſituée en lieu monteux , & de trop plus difficile accez , que n'eſtoit Iotapate: car elle a vn coſtau pierreux & entrerompu, dependant du hault de la montaigne, & le chef & ſommité de la ville eleué ſur le my lieu s'eſtendant la part ou il aparoiſt le plus en longueur , tant deuant que derriere, ſi que vous le prendriez propremét pour la forme & ſimilitude d'vn Chameau, duquel elle a vſurpé le nom de Gamale, quaſi voulát dire Chamel. mais les habitans ne gardent pas l'entiere prononciation du mot, & ſi eſt enuironnée tant du front que de coſté de valées inacceſsibles, toutesfois la part qui depend de la montaigne eſt plus aiſée que l'autre . Au moyen dequoy les habitans l'eſcarperent , & y firent tranchées à trauers le chemin pour la rendre plus forte, eſtans les maiſons de la Cité tellement ſerrées & iointes les vnes aux autres (à meſure qne le mont s'eſlieue) qu'il ſembloit à les veoir que les plus hautes fuſſent preſtes à tomber ſur celles de deſſouz, tant eſtoit leur ſituation droite & pendente : & pour ceſte cauſe ſe rendoit plus ſemblable à ce que ie l'ay comparée, & rabaiſſant vers Mydi ſe rencon troit vne montaigne haute à merueilles, qui luy ſeruoit comme de tour, & forterreſſe ſans mur , car le rocher deſcendoit iuſques à la profondeur de la valée, au pied de laquelle bouillonnoit vne fontaine, dont la ville s'aydoit grandement. Et combien que ſelon la nature du lieu , elle fuſt inexpugnable, ce neantmoins Ioſephus ne differa à l'enuironner de murs , foſſez , & contremines, pour la rendre ſi tenable , que les habitans d'icelle ſe trouuerent plus aſſeurez , que ceux de Iotapate , ſe confians plus au naturel & aſsiette du lieu qu'en leur hardieſſe ou d'exterité : car encores qu'ilz fuſſent moins aguerris , & en plus petit nombre qu'eulx , ſi auoient ilz telle eſperance à la difficulté de la place , qu'ilz s'eſtimoient d'auantage que leurs propres ennemys : eſtant la Cité ſi remplie de grand nóbre de peuple (qui pour leur ſaluation s'eſtoient retirez) qu'elle reſiſta ſept moys contre ceux qu'Agripa y auoit enuoyez au precedent. Tant qu'à la fin Veſpaſian y vint en perſonne: car leuant ſes forces du ſiege de Tiberiade partit d'Ammaüs, ou il auoit tenu ſon camp durát iceluy ſiege. Eſtant ce lieu d'Ammaüs ainſi nommé pour les chaudes eanes qui ſe trouuent en ceſte region , ou ſont baings ſalutaires & propres à guarir toutes parties viciées au corps . Luy donc arriué à Gamale , & voyant qu'il ne la pouoit bonnement aſsieger de toutes partz, pouruet de bonne garde les endroitz qu'il y trouua neceſſaires, & ſe cápa ſur la plus haute montaigne ou leurs tentes & pauillons, dreſſez comme on a de couſtume , firent vn mur à l'enuiron auec caualliers & plateformes , & de la part d'Orient vne tour qu'ilz eleuerent encores plus haute que n'eſtoit la ville , ou la quinzieſme & cinquieſme legion traueilloient en extréme diligence , tandis que la dixieſme rempliſſoit les trenchées , & combloit les vallées. Si auint en ces entrefaites qu'ainſi que le roy

Agripa

DE LA GVERRE DES IVIFZ. Fueil. CXXVIII.

Agripa s'aprochoit de la muraille pour tenir propos, & parlaméter à ceux de dedans, & les conseiller d'eulx rendre, vn soldat qui estoit sus le rempart tenāt vne fonde le naūra d'vne pierre au costé droit: mais il fut secouru des siens qui le retirerent : demeurant les Romains tant animez de cest oultrage, que pour doute qu'ilz leur en fissent autant ou pis, leur liurerét vn tresrude assault, consideràs la temerité des Iuifz, & de quelle cruauté ilz pourroient traiter les estrangers, ayant si laschement oultragé vn leur naturel, & leur Roy, mesmes à l'heure qu'il les auisoit de leur profit & saluation. Et peu apres estans leurs caualiers mis en leur hauteur & perfection, tant par la multitude des ouuriers, que des personnes acoustumées & duitz à telz ouurages, apliquerent dessus, leurs machines & gabions. Dont Thares & Iosephus deux des plus puissans de la ville eurent crainte, & toutesfois si ordónerent ilz diligemment leurs soldatz pour faire teste, combien qu'ilz estimassent bien ne pouoir resister longuement, ayant faute d'eau, & autres choses requises à l'assiegement d'vne place. Et neantmoins si ne differoient ilz à persuader leurs gens d'auoir courage, & se monstrer pour leur propre liberté valeureux & hardis, les amonnestans & auisans d'eulx tenir promptz & prestz à la muraille, ou ilz resisterent quelque temps aux heurtz & bateries de machines. Mais à la fin trauaillez & du trait des arbalestes, & autres telz instrumens des ennemys, se retirerét en la ville: voyans les Romains les assaillir en trois endroitz: & qu'auec leurs beliers commençoient à desrompre & ruïner la muraille, menant telle huyrie & bruit d'armes du costé ou estoit la bresche, que la rumeur & son des trompettes auec le cry des assaillans, estonnerent si bien les assaillis, qu'apres leur auoir resisté quelque temps, & empesché à leur possible de passer oultre, surmontez de force par la multitude des gensdarmes, s'entuyrent aux lieux plus haultz de la ville, ou ilz tournerent visage, renuersans ceux qui les suyuoiét & en bien grand nombre par les destroitz & difficiles passages, si que pour la roydeur de la mótaigne plusieurs des Romains perdirent la vie, car ceux d'embas ne pouoient nullemét donner faueur aux premiers qui entreprenoient de monter, & si ne trouuoient lieu ou ilz peussent euader le get & resistance de leurs ennemys, fors es maisons prochaines, dans lesquelles retirez à troupes estans basties de matiere legere & molle, n'eurent le pouoir de soustenir tel fais. Au moyen dequoy, elles tomboient sur eulx, & l'vne tombée en ruïnoit maintes autres, estans comme ie vous ay dit assises sur le pendant de la montaigne, si que tel accident assomma vne infinité de Romains, douteux de ce qu'ilz deuoient faire : car encores qu'ilz vissent telz bastimentz ainsi se desmolir & tomber, si ne se pouoient ilz garder d'y entrer, tellement qu'ilz y demeuroient les vns escachez, les autres oprimez des ruïnes, & plusieurs fuyans desolez perdre partie de leurs corps, ou tomber suffoquez de la pouldre & d'esbris, que les Gamaliens prenoient tant à leur auantage, que ioyeux de la perte & dommage que receuoiét leurs ennemys, les cótraignoient & forçoient de plus en plus à les faire encores en-

Y ii   trer

LE IIII. LI. DE F. IOSEPHVS.

trer en plus gráde foulle dans les maisons, mettás à mort à coupz de dardz ceux qui de malheur demeuroient renuersez par les destroitz des rues, à quoy les fauorisoit fort les ruïnes & desroquement des lieux, par les pierres qui d'elles mesmes se lançoient contre les Romains, partie desquelz estenduz sur le paué fournissoiét aux Iuifz les couteaulx & glaiues dont ilz estoient cruellement occis : car les trouuans demy mortz s'emparoient de leurs armes, tandis que les autres cuydans eulx sauuer par les fenestres tom boient du hault en bas, & se rompoiét le col, & si d'auanture ilz mettoient leur esperance à fuir encores y trouuoient ilz moins de saluation, tant pour l'ingnorance de la voye, que pour l'esblouïssement de la pouldre qui leur faisoit perdre la cognoissance, & du chemin & d'eulx mesmes, si bien que tombans l'vn sur l'autre pour la roideur de la vallée, peu ou point gaigne rent l'issue de la place. Et neantmoins Vespasian qui au mylieu de ce conflit mettoit toutes les peines du móde à rallier, & dóner courage à ses gens & les soulager, les voyant ainsi acablez des maisons, & oublieux de sa propre deffence, trouua moyen de gaigner vn des plus haultz lieux de la ville, ou delaissé au mylieu des perilz, auec peu des siens (car son filz Titus n'y estoit pas, ains l'auoit enuoyé vers Mutian en Siric) pensa qu'il n'estoit hóneste ny seur de fuir, comme les autres, & quant & quant memoratif des actes & prouèsses qu'il auoit exercées en son adolescence par sa propre vertu, & comme s'il eust esté fauorisé de Dieu le createur, amassa les armes & corps de ses compagnons, & d'iceux commença à se remparer & soustenir les heurtz & secousses qui venoient du sommet de la montaigne, sans crain dre ny la vitesse ou danger du trait, ny la multitude des armez qui descendoit à la foulle, se monstrant enuers eulx tant braue, & de si hault cueur qu'eulx mesmes, estimans telle asseuráce plus diuine qu'humaine, cesserent de l'assaillir: alors se voyát moinsviuemét poursuiuy d'eulx qu'ilz n'auoiét commencé, se retira au petit pas, & sans iamais tourner le doz sortit de la ville, ou grand nombre de Romains donnerent fin à leurs iours, & entre autres Ebutius Decadarchus, homme estimé tresmagnanime, non seulemét par l'effort qu'il fit à l'assault ou il demeura, mais par les autres espreuues de sa personne cogneuës en luy de lógue main combatant contre les luifz, ausquelz il auoit donné de grandes alarmes. Or s'estoit caché en l'vne des maisons vn centenier nommé Gallus, auec dix hommes d'armes, lequel entendant, & sans estre aperceu, le conseil que tenoient contre Vespasian aucuns des habitás, qui s'y estoient aussi retirez pour souper (car ilz estoiét Siriens) les occit tous l'vn apres l'autre, aussi tost qu'ilz se furent endormiz: & sortant de son embusche s'en retourna auec ses cópagnons sains & saufz dans le camp des Romains, lesquelz desplaisans & hóteux au possible, tant pour leur perte & infortune du iour, que pour la faulte qu'ilz auoient faite à leur chef, l'ayant ainsi habandonné & laissé seul, ne sçauoient qu'elle con tenance tenir. Ce que cognoissant bien Vespasian se mist à les reconforter & sans faire aucune mention de soy, à fin qu'il ne leur semblast les en vou-

loir

DE LA GVERRE DES IVIFZ. Fueil. CXXIX.

loir blafmer, leur perfuada d'auoir conftance & endurer auec magnanimité de cueur les chofes commencées, confidcrant le naturel de la guerre : car
difoit-il mes amys, croyez qu'on n'obtient iamais la victoire , finon auec
grande effufion de fang : & mefmes en fortune tournée y a fouuent efperance de retour, vray eft qu'elle ne nous a pas efté fort fauorable, & toutef-
fois fi n'en auons nous eu que bon marché,veu tant de milliers d'ennemys
qui y font demeurez. Et tout ainfi que c'eft le fait de grans venteurs d'eftre
infolens en leur profperité & eulx en orgueillir , aufsi eft la façon de ceux
qui font couardz & negligés,d'auoir en leur aduerfité paour & crainte extreme: toutesfois & en l'vn & en l'autre la mutation eft foudaine, car celuy
feul eft eftimé fort & vertueux qu'on veoit eftre affeuré & non efpouanté
des chofes aduerfes,& qui corrige les faultes auenuës par confeil,les aman-
dans par hardieffe . Ie dy cecy pour autant que ce qui nous eft tombé fur
les bras n'eft point de noftre negligence, ny pour eftre trop delicatz , &
moins encores de la vertu & prouefle des Iuifz : mais par-ce qu'ilz ont efté
les mieux combatans, & nous les pires , non par faute de courage , ains par
la difficulté feulle des lieux, en quoy on pourroit arguer ou voftre temerité ou voftre promptitude : car apres que voz ennemys s'en furent fuys es
lieux haultz de la Cité vous deuiez côtenir de les pourfuyure, & euiter les
perilz qui vous atendoient au fommet de la montaigne , vous contentans
tresbien d'auoir prins la baffe Cité, & petit à petit r'atirer à plus ferme côbat ceux qui s'en eftoient fuis & retirez : qui vous fait cognoiftre maintenant affez, de combien vous importe la haftiueté immoderée que vous a-
uez eu de vaincre,atendu que vous ne vous eftiez point fouciez au parauãt
d'obtenir la victoire : mais fi deuez vous auoir les yeulx de iamais n'entreprendre (ains fuir au pofsible) tous affaulx furieux & inconfultez, veu que
c'eft noftre façon de faire de commencer & paracheuer toutes chofes auec
ordre,fcience & induftrie, eftant le contraire propre & naturel aux barbares,defquelz les Iuifz participét beaucoup.Parquoy (mes amys) il nous eft
neceffaire recourir à noftre vertu , nous courrouçans à noftre indigne offence feule, pluftoft que nous contrifter ou defefperer comme i'en voy aucuns de vous qui doiuent chercher leur propre confolation,auec l'effort de
leur propre bras, & nous tous enfemble nous venger de ceux que nous a-
uons perduz, qui demeurerôt aufsi vengez de ceux qui les ont mis à mort,
à quoy ie m'eftorceray auec vous comme i'ay defia fait, entrant le premier
au combat,& m'en retirant le dernier. Telz donc furent les propos de Vefpafian , dont l'exercite ne demeura moins confolée que les Gameliens or-
gueilleux & temeraires, pour eftre leurs affaires , fi bien portées que vous
auez ouy, encores que telle fortune ne leur euft fuccedé ny par haulteur de
cueur, ou entreprife, ny par aucun confeil premedité. Aufsi changerent ilz
toft apres de vifage, car fe voyans fans aucune efperance de traitement ny
confederation auec leurs ennemys, & qu'ilz ne pouoient aucunement efchaper d'eulx, d'autant que les viures leurs eftoient faillis, commencerent

Y iii grande-

LE IIII. LI. DE F. IOSEPHVS.

grandement à se douloir & auoir defaillance de cueur : toutesfoys ilz n'estoient pas si negligens de leur salut que les fors & valides ne gardassent la bresche, & la partie des murs entiers:côtre lesquelz les Romains redressans plateformes & caualiers recommencerent à leur liurer nouueaux assaulx, dont plusieurs de la Cité effroyez s'enfuyrent par les vallées & lieux d'estournez, ou ilz sçauoiét qu'il n'y auoit nulle garde, autres souz les esgoux & cloaques de la ville, ou se tenans cachez s'y côsommerent par famine: car les viures d'icelle ne se distribuoient qu'a ceux qui auoient moyen d'y côbatre. Voylà donc comme ilz demeurerent tousiours assiegez & en tourmentz de telles calamitez.

De la prise de la montaigne d'I-

taburion faite par Placidus.

Chapitre   II.

Andis que Vespasian estoit aux affaires de Gamale, il entreprint de surprendre & forcer ceux qui ocupoient la montaigne d'Itaburion assise entre long-champ & Scytopolis, dont la haulteur d'icelle s'esleuoit iusques à trente stades, estant inaccessible de la part de Septentrion: & estenduë en plaine sur son coupeau de vingt stades, au reste toute enuirônée de muraille que Iosephus auoit fait construire en quarante iours, durát lesquelz il la pourueut & munit de toutes les eaues qu'il peut

DE LA GVERRE DES IVIFZ. Fueil. CXXX.

peut recouurer es places circõuoifines: car ceux de dedans n'vfoient d'autre que de celle qui tomboit du ciel, laquelle ilz auoient cõferuée en cifternes, dont vfoient la grand' multitude de gens qui fi eftoient retirez. Ce qu'entédu par Vefpafian depefcha Placidus auec fix cens hommes & gens de cheual pour l'aller conquerre: lequel auerty qu'il ne la pouoit forcer, ny auoir par armes, s'auifa d'y paruenir par exortation & beaucouq promettre à ceux qui la gardoient, tellement que fouz cefte fiction y eut diuers parlemens & menées, tafchans ceux de la place à le furprendre & luy braffer quelque tromperie: mais Placidus qui ne s'y fioyt, mettoit peine de les atirer par belles paroles en la plaine: & eulx au cas pareil s'aprochoient faifans contenance d'obtemperer à fes remonftrances, à fin qu'en ce mal afé, ilz le peuffent furprendre & affaillir. Toutesfois l'aftuce de Placidus furmonta leur cautelle, par ce qu'eulx ayans commencé à luy courre fus fit femblant de fuir, & eulx à le pourfuyure iufques au mylieu de la plaine, ou tournant vifage, Placidus auec fes gens de cheual leur courut fus, & les chargea de telle roideur que fe retirans à vau de route tomberét en tel defordre que plufieurs y furent occis: copans les Romains le chemin à grand nombre d'autres, que pour la preffe perdirent le moyen de remonter d'ou ilz eftoient deflogez. Et partant force leur fut abandonner leur Itaburion, & prendre la voye de Hierufalem & à grand hafte. Ce que cognoiffans ceux qui eftoient demeurez pour la garde du lieu, & que l'eau leur eftoit du tout faillie, rendirent toft apres la montaigne à Placidus, & luy baillerent la foy.

De la fubuerfion de Gamale.

Chapitre   III.

E pendát ceux de Gamale efcartez pour la crainte qu'ilz auoient receu des Romains es affaulx precedens, fe trouuerent en vne eftrange perplexité: car les moins aguerriz tomboient de pure famine qui les folicitoit. Et ceux de plus grand cueur pour les continuélz combatz qui d'heure à autre s'y prefentoiét iufques au vingt deux iefme iour d'Octobre, que trois Romains de la quinziefme legion vindrent fur la veille du matin à defchauffer fecrettement les fondemens d'vne des plus puiffantes tours de la ville qui eftoit de leur cofté, fans eftre iamais aperceuz des gardes ny du guet de dedans (parce qu'il eftoit encores nuyt) & fi bien la minerent que n'eftant plus fouftenuë que fur cinq groffes pierres, fe retirerent les esbranlant fi fort que la tour tomba auec telle impetuofité & bruit que les gardes d'icelle furprins fe trouuerent renuerfez &

Y iiii   efcachez

LE IIII. LI. DE F. IOSEPHVS.

escachez entre les ruïnes, demourant le guet plus loingtain si esperdu & estonné du bruit & horrible cheute, qu'abandonnant la muraille s'enfuyerent cuydant eschaper, mais les Romains en occirent la plus part : & entre autres vn nommé Iosephus, lequel estant assailly sur le pan du mur qui ioignoit icelle tour, fut mis a mort d'vn coup de trait. Et les autres plus loing, & parmy la Cité tant hors d'eulx mesmes & pertroublez de si espouentable son que pensans la ville ocupée des ennemys perdoient sens & contenance, & non de merueilles, car vn nommé Chares gisant au lit malade entendant ceste rumeur en mourut à l'heure mesme. Et toutesfois les Romains memoratifz & resentans encor de leur premiere desconfiture, n'entrerét point dans la ville iusques au vingt & troisiesme iour d'iceluy moys, que Titus estant de retour, & trop indigné du grand meurtre qu'en son absence anoient souffert les Romains, passa outre les murailles, & iusques dans la ville sans resistance, auec deux cens hommes d'armes eleuz, sans les gens de pied qui le suyuirent. Ce qu'ayant descouuert, aucuns du guet cómencerent à donner la larmée, & si à l'impourueu qu'aucuns cognoissans la place surprinse se misrent à fuyr, les vns emportans sur leur col leurs enfans, autres tirans leurs femmes apres eulx se retirerent auec espouentables criz & horribles gemissemens au fort de la montaigne, tandis que les plus asseurez resistoient à Titus & aux siens, qui peu leur profita, car ilz y demeurerent taillez en pieces: chose si effroyable aux pauures Citoyens, que la plus grand' part d'eulx ne sachant ou fuir, ne que deuenir, tomboient en la misericorde des Romains, si que de tous endroitz on n'oyoit ny voyoit on que clameurs de gens meurtriz & grâde effusion de sang qui couloit par les ruisseaulx de la ville, comme l'eau en temps de pluye: car Vespasian y suruint, & auec le reste de ses forces assaillit chauldemét ceux qui auoiét gaigné le fort de la montaigne : qui estoit vn tertre de grand largeur plein de rochers eleuez côtremont, & d'acces si dificile que les Iuifz se prindrent à les repoulser, partie auec pierres & cailloux, partie auec traitz & iauelotz, sans que les Romains eussent moyen de les offendre par leurs arcs ny sagettes, car tant estoit le lieu hault qu'ilz ny pouoient arriuer. Mais à la fin (& comme si Dieu l'eust ainsi ordonné) s'esleua vn tourbillon de vent, auec lequel les flesches des Romains eurent telle puissance de monter à mont que maintz Iuifz commencerét à receuoir dommage & se trouuer naürez d'elles. Et ou les Iuifz en descochoient aucunes, le tourbillon les enuelopoit & faisoit varier, leur rompant la force, non seulement de pouoir nuire à l'ennemy, mais de s'atacher en quelque lieu qu'elles arriuassent par la violence du vent qui les emportoit, leur rompant leur coup, & si estoit le poulcier eleué si hault que les vns & les autres perdoient tout moyen d'eulx entreuoir, qui fut cause dy faire monter les Romains à leur ayse, & surprendre les Iuifz de si pres qu'ilz se sentirent plustost meslez auec leurs ennemys qu'auec moyen de leur pouoir resister, dont fut le meurdre plus cruel que iamais, se souuenát les victorieux tant de la perte qu'ilz auoient

receuë

receuë au premier assault, que de leurs compagnons morts & occis. Ce que voyant maintz des pauures forcez n'eurent autre recours qu'a la desesperance, auec laquelle & d'vn commun acord prenant leurs femmes & enfans se precipitoient du mont à val, qui estoit grandement creux & profond, & en cela peult on dire que moindre fut la fureur & collere des Romains, que la cruauté dont ilz vsoient en leurs personnes propres, par ce qu'il ne fut trouué que quatre mil Iuifz mortz par l'espée, & cinq mil de precipitez, sans que nul d'eulx reschaperent, fors deux femmes filles de Philipes, filz de Lachinus, homme tresnoble, & qui auoit esté lieutenant general dessouz le roy Agripa, lesquelles eurent la vie sauue, par-ce que durant la turie qui fut faite des Romains au premier assault, elles s'estoient retirées & cachées, tout le reste passa à la fureur du glaiue, & iusques aux enfans mesmes qui tombans en leurs mains ilz pecipitoient du hault en bas. Et auint ceste prinse & destruction de Gamel mis à sac, le vingtroisiesme iour d'Octobre.

De la prise de Giscalle par Titus.
Chapitre IIII.

AInsi ne restoit plus de toutes les villes de Galilée que Giscalle à estre souz la dition des Romains : car les autres s'estoient reduites à leur Empire, demeurant la multitude & communauté du peuple fort affectionné à la paix, d'autant qu'ilz estoiét tous gens de labeur, & qui auoient leur esperance seule en commerce & trafique des fruitz:
mais

LE IIII. LI. DE F. IOSEPHVS.

mais vn grand nombre de volleurs & larrons estrangers les en destournoit par le moyen d'aucuns Citoyens qui estoient liguez auec eulx, & touchez de semblable farine: & entre autres vn nommé Ian, filz de Leuias, homme seditieux, mutin, trompeur, & distrait de toutes bonnes meurs, au reste tousiours prest & prompt en choses immoderées qu'il se promettoit mettre à fin, aussi en venoit-il souuent à bout par vne estrange & merueilleuse façon de faire, estant reputé & cognu tant ennemy de paix que n'aymant que la guerre, auoit entrepris (d'vne ambition extréme) grande auctorité, à laquelle tous les volleurs & ruffiens de Giscalle, luy obeïssoient & fauorisoient, dont le peuple (mal contét & douteux d'estre trahy) auoit enuoyé ambassadeurs à Vespasian pour le suplier treshumblement les receuoir à composition, encores que Ian & les siens tinssent contenance de vouloir garder la ville contre luy. Ce qu'entendu par iceluy Vespasian depescha aussi tost vers eulx Titus auec mil hommes de cheual. Et quát & quant enuoya droit à Scitopolis la dixiesme legion, prenant de sa part le chemin de Cesarée, auec deux autres legions, pour les y faire rafreschir & mettre en garnison par les villes & villages du païs, iusques à ce qu'ilz eussent donné quelque tréue au continuël trauail qu'ilz auoient suporté si longue espace de temps: car il preuoyoit assez ce qui luy restoit de paracheuer côtre Hierusalem (Cité royale & plus forte que nule des autres) premier que la guerre encommencée print fin: ayant eu assez d'auertissemét que tous fugitifz si estoient retirez cóme estant leur naturelle deffence & protection, & que la muraille du circuyt, enuironnée de Citoyens hardis & de bon esprit, se deuoit estimer inexpugnable : dont certes il conceuoit en soy mesmes vn merueilleux tourment d'esprit. Et pour ceste cause voulant pouruoir à toutes ces choses, & y donner ordre pour l'auenir, luy sembla raisonnable soulager au moins mal qu'il luy seroit possible son armée, & la faire rafreschir & reposer, tout ainsi que l'on fait les nouueaux champions, auát qu'ilz soient enuoyez au combat. Mais Titus, qui ce pendant marchoit vers Giscalle, ne pensoit qu'a la prendre, ce qui luy sembla aisé, aussi tost qu'il l'eut recogneuë tout à cheual & à l'heure mesme qu'il y arriua auec son armée : toutesfoys considerant que ou il la forceroit, le peuple tant innocent que coulpable seroit mis à mort, meu de pitié s'auisa de les vouloir gaigner par composition. Et pour ceste cause s'aprocha de la muraille qu'il vit couuerte d'hommes, dont la pluspart estoit de la faction deprauée des , sedicieux: ausquelz il parla ainsi: Haa peuple, ie mesmerueille de quel cô, seil meuz & côduitz, estát desia toutes voz villes & Citez prises, vous vou, lez maintenant resister à la force des Romains que vous sçauez & auez veu , prendre d'assault & mettre à sac de plus fortes places & mieux remparées , que la vostre, & ceux aussi qui se sont voulu rendre & leur donner la foy, , iouir plainement & en tranquilité de toutes leurs fortunes & biés. Ce qu'il , vous auiendra s'il ne tient à vous · car l'insolence faite pour conseruer sa li-, berté est pardonnable, non pas la temerité de ceux qui veullent perseuerer

à choses

DE LA GVERRE DES IVIFZ. Fueil. CXXXII.

à chofes impoſſibles. Tant ya que ſi ne voulez accepter le treſgracieux traitemét que ie vous preſente, & nous bailler la foy, aſſeurez vous qu'il vous
conuiendra ſentir la cruauté de noz armes: & tout maintenant cognoiſtre
que voz murs ne ſeruiront que de paſſe-temps, & ieu, aux machines des
Romains: deſquelz faiſans trop peu de cas les ſuperbes de Galilée en ſont
demeurez eſclaues & captifz pour iamais . Auſquelles paroles ainſi proferées gracieuſement par luy, ne fut aucunement permis au populaire (qui
deſiroit la paix) rendre reſponſe, non pas ſeulement eulx monſtrer ſur la
muraille que les ſedicieux & volleurs auoient toute ocupée, & mis gardes
es portes pour doute que les Citoyens ne ſortiſſent hors pour traiter d'a-
pointement, & qu'ilz ne receuſſent auec eulx aucuns des Cheualiers Romains. Parquoy Ian capitaine print la parole, & ſuplia Titus qu'il leur bail-
laſt par eſcrit les conditions qu'il demandoit, leſquelles il prendroit peine
de perſuader au peuple: & que ou aucuns y contrediroient qu'il les y feroit
contraindre par force. Toutesfois que ce iour là eſtoit ſolemnel aux Iuifz:
& que tout ainſi qu'il leur eſtoit deffendu ne combatre point en telle feſte,
pareillement ne leur eſtoit licite faire aucune conuention de paix . Et que
luy &autres Romains ſçauoient bien que durant telle ſolénité ilz ceſſoient
de tout œuure par ſept iours, leſquelz (diſtil) eſtans par aucuns contemnez
ou violez, & ceux qui en ſont cauſe, ou qui les violent, encouroient ſemblable peché que le ſacrilege, luy remonſtrant au ſurplus qu'il ne deuoit
craindre la dilation de ce temps , & que l'eſpace d'vne nuyt pourroit donner ſeure retraite à luy & aux ſiens, ſans qu'aucun des aſſiegez les empeſ-
chaſſent, qui luy tourneroit à plus grand gaing & gloire, que contemnant
leurs ceremonies & ſtatutz de la religion du païs, venir autrement à bout
de ſes entreprinſes, eſtant choſe deuë & qui apartient à celuy qui offre la
paix de garder les loix de ceux qu'il veult conſeruer en amytié . Ainſi parloit Ian pour deceuoir Titus , non tant ſoigneux de la religion que de ſon
ſalut propre: car il craignoit que, la ville priſe, il fuſt delaiſſé ſeul, luy qui a-
uoit mis toute ſon eſperance à la ſuite & aux tenebres de la nuyt . Toutesfois il auint (Dieu ainſi le permettant) qu'il eſchapa iuſques à la deſtruction de Hieruſalem , & que Titus luy octroya le temps qu'il demandoit,
en ſorte qu'il ſe retira, & planta ſon camp vers la ſuperieure partie de la ville en vn village nommé Cydœſſa, gros & puiſſant , au mylieu des terres de
Tyr, grandemét enuié des Galileans. Et tandis le capitaine Ian voyant vne
nuyt entre autres qu'il n'y auoit aucun guet des Romains autour de la ville, s'offrant l'ocaſion , dreſſa ſa fuite , non ſeulement auec les ſoldatz qu'il
auoit aupres de luy , mais acompagné des anciens de Giſcale, auec toute
leur famille , prenans enſemble le chemin de Hieruſalem , ou les femmes
& enfans ne le peurent ſuyure plus hault de vingtz ſtades, car luy craintif de priſon ou de mort ſe haſtoit de telle façon, que (touſiours cheminât)
pluſieurs demeurerent laſſez , dont s'eſleua vne pitoyable clameur entre
ceux qui ne le pouoient ſuyure , s'eſtimans eſtre autant pres des ennemys
qu'ilz

LE IIII. LI. DE F. IOSEPHVS.

qu'ilz le voyoient eslongner de leur presence: si que pensans l'auoir à leurs talons tournoient souuent la teste, croyans celuy estre Romain qui plus de pres les suyuoit, encores qu'il fust des leurs propres, au moyen dequoy hastez de trop grand' paour, tomboient par les chemins le nez contre bas, & l'vn sur l'autre demourans mortz & estouffez, dont il s'ensuyuit vn miserable & meruecilleux trespas de femmes & enfans, les aucunes desquelles à qui restoit encores la voix on oyoit apeller leurs mariz & prochains, & les suplier piteusement les atendre & ayder, mais l'exortation de leur capitaine surmontoit leurs lamentations, criant contre tous à haulte voix qu'ilz auisassent d'eulx sauuer, & qu'ilz eussent refuge au lieu ou ilz seroient exemptez de la punition que les Romains feroient de ceux qui seroient demourez s'il auenoit qu'ilz fussent pris. Suyuant laquelle monition la multitude se trouua bien tost disperse par le deuoir qu'vn chacun mist à fuir. Or fut le lendemain au poinct du iour Titus se presenter deuant la ville pour traiter d'apointement: auquel ceux qui estoient demeurez firent ouurir les portes, vindrent le receuoir auec leurs femmes, cryans qu'il fust le tresbien venu, & comme celuy qui auoit deliuré la Cité de prison, puis luy declarerent la fuite du capitaine Ian, qui les auoit forcez de tenir, & que son bon plaisir fust de leur pardonner, prenant vengeance seulement des seditieux & amys des nouueautez. Ce qu'il leur acorda, vaincu de leurs prieres, enuoyant partie de ses Cheualiers à la poursuite de Ian, mais ilz ne le peurent ataindre, car auant qu'ilz fussent arriuez il auoit gaigné la ville de Hierusalem: toutesfois ilz mirent à mort de ceux qui estoient demeurez derriere, enuiron deux mil, ramenant en Giscalle pour le moins que femmes & enfans trois mil prisonniers. Et neantmoins Titus fut grandement marry de ce que le capitaine Ian n'auoit à l'heure payé les peines que sa trahison meritoit. Mais entendant le carnage qui auoit esté fait à la poursuite, & le nombre des captifz qui retournoient, apaisa son courroux, & se voyant priué du reste de son esperance, commanda sur l'heure demolir partie de la muraille de la ville par forme d'en prendre possession, auec grande menace de punir aigremēt ceux que l'on disoit autheurs de la perturbation, sans toutesfois qu'il en fist mourir aucuns pour l'heure, car il cognoissoit tresbien que beaucoup estoient accusez ou par haines, ou par inimitiez domestiques, & que faisant d'autre sorte il pourroit espādre le sang de l'incoulpable, aymant mieux differer ceste execution & tenir en crainte douteuse ceux qu'il sçauoit suspectz, esperant (& telle estoit son opinion) que le coulpable suspēdu, s'amēderoit recognoissant sa faulte, ou que pour le moins deuiendroit auec le temps plus modeste & moins sedicieux qu'il n'auoit esté, ayant honte & repentāce. Et d'auantage que le crime de ceux qui sont desia mortz, ne se peult ny doit estre corrigé sans grand' cause en la personne des innocens, se contentant sans plus de laisser en la place grosses garnisons, par le moyen desquelles il chastiroit les autheurs de sedicions, & asseuroit & confermoit en paix ceux qui y estoient de bon vouloir. Et

voylà

DE LA GVERRE DES IVIFZ. Fueil. CXXXIII.
voylà comme fut la Galiléé obeïssante aux Romains, apres leur auoir donné beaucoup de trauaulx & labeur.

Du commencement de la destru-
ction de Hierusalem.

Chapitre V.

LE capitaine Ian, retiré dans la ville auec sa troupe, fut à son arriuée enuironné & les siens aussi de tout le peuple, qui si trouua en fort grand' troupe & assemblée, pour s'enquerir d'eulx quel estoit le meurdre & desconfiture de ceux qu'ilz auoient laissez derriere. A' quoy l'interrompu respirer de Ian, & la courte haleine dót luy & les siens halletoient, donnoit assez responce pour eulx sans mot dire, signifiant leur malheur & necessité. Toutesfois eulx encores arrogans en leurs defortunes asseuroient tel mal ne leur estre succedé de la violence des Romains, mais que voluntairement ilz s'estoient hastez de venir en Hierusalem pour la deffendre & combatre contre leurs ennemys, en place de plus d'asseurance que leur Cité: car (disoient ilz) c'est à faire à gens mal conseillez, auentureux, & peu caulx d'eulx hazarder ny mettre en danger pour Giscalle, ou autres petites villes ou places de pareille force, estant raisonnable & tressaint se reseruer pour la garde & tuition de la ville metropolitaine du païs, qu'il fault garder & maintenir sur toutes, dónant par là assez

Z   à enten-

LE IIII. LI. DE F. IOSEPHVS.

à entendre la subuersion de Giscalle & habádon, qu'ilz apelloiét vne hon-neste departie, taschant par ce moyen oster l'opinion à beaucoup qu'ilz l'eussent meschamment & malheureusement habandonnée par honteuse fuite. Toutesfois quand l'on entendit au vray le mal traitement qu'on fai-soit aux captifz, tous furent troublez en esprit du grand iusques au moin-dre, estimans telle fin estre commencement & demonstrance asseurée de leur propre destruction. Et toutesfois le capitaine Ian n'auoit aucune hon-te d'auoir ainsi habandonné Giscalle, ains se tenant autour des vns & au-tres les incitoit à la guerre: disant les Romains (ia rompus & cassez de tra-uail) estre trop foibles pour eulx, & par mesme moyen ne s'oublioit pas, ains exaltoit ses propres forces & vertus iusques au bout, deceuant par son faulx parler, l'ingnorance de ces pauures gens, car il les persuadoit (s'ilz vouloient prendre peine & courage) que iamais les Romains n'oseroient (non seulement monter sur leurs murs, mais) passer oultre, ayans soufert tant de maulx par les villes de Galilée, que leurs machines en estoient de-brisées & cassées. Ausquelles mensongeres remonstrances grand' part des ieunes gens corrompus aiousterét foy, non pas les sages & anciens: car eulx craignans les choses futures menoient vn deul extreme, lamentans & se de-solans comme si la ville fust desia perduë & mise en proye : voyant desia par tout leur territoire les païsans en discorde, & premier que la cedition se leuast & esmeust en Hierusalem Or en ces entrefaites Titus s'estoit ache-mine de Giscalle en Cesarée, & Vespasian de Cesarée à Iannye & Azot, ayans l'vn & l'autre subiugué plusieurs places, & mis dedás garnisons. Par-quoy se trouuerent suyuis en grand nombre de leur alliez & confederez, demeurans leurs villes & Citez en vn tumulte de guerre ciuile & intestine, si bien que d'autant qu'ilz s'estoient desuelopez des Romains, mesloient entr'eulx discords & querelles, conuertissans les armes côtre eulx mesmes, les vns desirans la guerre, autres la paix, dont s'alumoit à ceste ocasion vn feu couuert & de longue main par les maisons & familles, s'acommodans tandis ensemblément les peuples amys d'antiquité, si que chacun tendoit sans aucun egard à ce qu'il aymoit le mieux, contredisant à la multitude, & la plus saine part. Et pour ceste cause fut la dissention grande, car les a-mys de nouueautez & affectans la guerre preualoient en ieunesse & force les anciens. Dont auint que les villageois n'ayans plus que viure, commen-cerent premierement à piller le païs, puis (amassez en troupes) à rober & voler par tout le territoire, tellement qu'ilz ne deferoient la cruauté & in-iustice aux Romains ennemys, prenans (ceux qui se trouuoient ainsi s'ac-cagez & iniuriez) moins à gre telle façon de faire de païsans, que si les gen-tilz les eussent bruslez & mis en ruine. Et neantmoins nule des garnisons des places s'en vouloit mesler, les vnes pour cognoistre la malice & mes-chanceté du peuple si grande, les autres pour la hayne qu'ilz portoient à la nation, qui enhardit ceste troupe de larrons fort renforcée à se ruer & don-ner droit dans la ville de Hierusalem, ou il n'y auoit aucun chef ny gouuer-

neur,

DE LA GVERRE DES IVIFZ. Fueil. CXXXIIII.

neur, & y estoient receuz (selon la mode du païs) tous estrangers sans aucune difference. Parquoy estimans que cest exercite leur vint en ayde de grace & beneuolence, les receurent & baillerent entrée, qui à la fin fut cause de la ruine & destruction de leur Cité, laquelle viuoit lors sans dissention. Mais ceste troupe inutile & sans art y consomma tous les viures & alimentz, qui eussent peu suffire pour la nourriture des gens de bien qui la deffendoient. Et qui plus est acompagnez d'autres voleurs & larrons (encores moins impitoyables qu'eulx) & qui leur vindrent des champs, n'obmirét à commettre aucun genre de vice tant estrange fust-il, car sans qu'ilz tinsent mesure en leurs meschancetez, pillans, saccageans, & les pauures & les riches, n'espargnoient foible ny fort qu'ilz ne fissent mourir. Aussi prindrent ilz d'entrée Antipas, prince, & de sang Royal, si opulant en grandz biens, que ceux de la Cité se fioyent en luy des thresors publiques, lequel ilz constituerent prisonnier, & peu apres Leuias homme noble & genereux auec Sophan, filz de Raguel, prince, & plusieurs autres des plus aparans, se sentant le peuple en vne si merueilleuse subiection & contrainte, que comme si la Cité eust esté en proye d'ennemys, chacun ne pensoit qu'a son propre salut. Et encores ne suffit-il pas à ces larrons d'auoir en leurs prisons ces grandz personnages, mais atiltrerent gens pour empescher qu'on ne parlast à eulx, ou entrast dans leurs maisons, tant pour la crainte qu'ilz auoiét de l'emotion du peuple, qu'à fin que leur sedition demourast couuerte. Et toutesfois s'y auiserent ilz finablement, & pour le mieux de les meurdrir & occire: parquoy manderent vn de leurs complices nommé Ian, prompt en homicides, qu'on apelloit communément, selon la langue du païs, filz de Dorcas, lequel ilz enuoyerent, & auec luy dix satellites armez pour faire ce bel œuure, qu'ilz executerent reéllement, souz couleur qu'ilz disoiét les tristes prisonniers auoir tenu propos aux Romains, de trahir la ville, & qu'ilz estoient proditeurs de la liberté commune, dont à bon droit ilz les auoient mis à mort: esperans par telle auctorité acquerir nom de conseruateurs de la Cité, & en receuoir louange de la republique, comme l'ayans bien meritée, qui intimida tant le populaire que, sans oser quasi leuer la teste, souffrirent de là en auant qu'ilz vsurpassent l'auctorité sur eulx, d'elire & créer leurs pontifes & euesques, selon leur arbitre & volunté : en sorte qu'au lieu qu'ilz y succedoient par ordre de familles, en constituerent d'innobles & incogneuz, à fin qu'ilz fussent compagnons de leurs malices & meschancetez : car il estoit raisonnable que les pourueuz aux dignitez par dessus leurs merites, obeïssent à ceux qui les y auoient instituez sans cause: prenans ocasion de ce faire pour calomnier ceux qu'ilz vouloient deposer, disans qu'ilz auoient esté maluersans en leurs pontificatz & prelatures, iusques à ce que saoulez de persecution, se tournerent à blaphemer & vser de contumelies enuers la diuinité, entrans auec leurs piedz polus dans le sanctuaire, qui despleut tellement au peuple ia incité & esmeu à l'encontre d'eulx (pour auoir occis Ananus leur grand prebstre, tant homme de bien,

Z ii   qu'il

LE IIII. LI. DE F. IOSEPHVS.

qu'il eut peu sauuer la Cité, s'il n'eust esté meurdry par ces insidiateurs)
qu'ilz vouloient leur courre sus, quand ilz se saisirent du Temple, lequel
ilz fortifierent à l'encontre de la communauté, qui desia les assailloit: mais
ilz s'ayderent d'vn lieu saint, comme d'vn portique & refuge de leur tyrannie, pallians si bien leur meschanceté, & auec si peu d'estime de la douleur
du peuple, que finablement la cómune vaincuë de cruauté endura l'electió
des pótifes estre faite par sort, encores que de toute anciéneté elle prít trait
de famille en famille. Mais ces larrós couuroiét leur faulte sur vne ordonnance & coustume tresanciéne qui leur permettoit elire leurs pontifes par
sort, à laquelle toutesfoys contredisoit vn statut & loy confermée de tout
temps, & plus entretenuë par les magistratz, ausquelz la puissance de tout
estoit deterée, qui fut cause les faire nouër entre deux eaues, & du tout ne
l'abolir, tellement qu'ilz apellerent l'vn de leur sacrez tribus & famille dite Eniachim, entre laquelle ilz ietterent au sort pour la dignité du grand
pontife, qui cheut de fortune sur vn natif du village d'Aptasi nómé Pha-
ny filz de Samuël, par lequel leur iniquité fut grandement descouuerte:
car il n'estoit pas seulement de la race des pontifes, mais vn droit rustique,
& si grossier qu'il n'entendoit ny mitre ny pontificat: Aussi fut-il tiré
voulsist ou non & mis hors de la charue, pour luy commander iouer autre
personnage, ainsi qu'on a acoustumé faire es theatres & ieux : car ilz le ve-
stirent d'vne robe sacrée, & luy enseignerent ce qu'il auoit à dire, tout ainsi que si tel crime abominable n'eust esté que farce & gallenterie, dont les
autres prebstres plus sains d'entendement, & qui voyoient leur loy tant
prophaner, auec si gráde derision ne se pouoient cótenir de pleurer à chaudes larmes, gemissans & regrettans l'honneur & sainteté de leurs sacres &
ceremonies, qui ainsi malheureusement se perdoit. Dont les Citoyens trop
indignez, & ne pouuans souffrir d'auantage telles ceremonies & sacrileges
audacieux, reprindrent tous courage, & se rasseurans l'vn l'autre pour e-
staindre ceste tyrannie, apellerent Gorion, filz de Iosephus, & Simeon filz
de Gamaliel, personnes (certes) qui sur tous autres aparoissoient sages &
excellents, lesquelz ilz suplierent & soliciterent de grande affection de
trouuer moyen de les venger des corrupteurs & perturbateurs de leur liberté, ou qu'à tout le moins ilz missent leur effort & se hastassent d'extir-
per & chasser du saint lieu telz brigans, qui l'ocupoient & infestoient, pour
l'en purger du tout. A' quoy leur faisoit espaule Gamala, filz de Iesu, & A-
nanus, les plus aprouuez des pontifes, remonstrans par merueilleuses suasions & assembléesà toute heure le tort qu'auoit le populaire de s'endor-
mir en somme si profond, à l'heure que les Zelottes estoient les plus esueil-
lez: Zelottes (dy ie) & ainsi se faisoient ilz apeller, pour acquerir le tilte de
Zelateurs & amateurs de toute bóne discipline & profession, non pas d'autheurs (cóme ilz estoient) de toute meschanceté, cruauté & exces. Ce que
digeroit bien la cómune trop indignée du violement & ocupation du san-
étuaire, meurtres & larrecins des larrons Zelottes, encores que la vengeance en

DE LA GVERRE DES IVIFZ. Fueil. CXXXV.

ce en fust mal preste à executer, d'autant qu'on estimoit telz pendardz mal
aisez de forcer: ainsi qu'Ananus tout en pleurant sceut bien dire & remonstrer deuant tous, parlát ainsi: Certes mes seigneurs & amys il me fust meilleur mourir, & tost, que de veoir le temple & maison de Dieu remplie &
prophanée comme elle est de tant de polutions, sacrileges, & cruautez, &
souffrir les lieux sacrez, saintz, & deffenduz fouler aux piedz de si deprauée & maudite generation. Et toutesfois vestu ainsi que ie suis de la robe,
sacerdotale, & portant les noms tressaintz & venerables ie viz & suis detenu de l'amour de mon ame reculant de souffrir la mort tresglorieuse, & à
moy & à ma vieillesse : mais plustost iray-ie seul en lieu solitaire, & don-
neray mon ame en sacrifice pour l'honneur de Dieu, qu'il me soit loysible
& necessaire viure auec vn peuple qui ne sent, ne voit son mal & calamité,
& auec lequel nul empesche les presentes malices, & tant de maux qui se
pullulent & augmentent d'heure à autre. Et qu'il soit ainsi, nous nous trouuons desia expoliez, & endurons d'estre meurtris & batuz, sans que nul de
nous en sonne mot: nul n'en fait complainte, ny poursuit la vengeance des
meurtres & homicides qui nous sont tant domestiques & communs. O' a-
cerbe & moleste domination, quelle complainte doy-ie donc faire de telz
tyrans? ne sont ilz pas nourris & soustenus par vostre puissance? n'est-il pas
auenu que ces premiers iours qu'ilz arriuerent en ceste vostre Cité, & estans
peu, vous en estes si peu souciez, que sans y prendre garde ilz se sont acreuz
& tant multipliez, que vous (vous reposans) auez conuerty les armes contre vous mesmes, lors que deuiez rompre leurs premiers effortz, les voyans
s'atacher à voz cousins par comminations? Mais quoy? tant s'en fault qu'y
ayez pourueu, que vous, negligens de reprimer leurs pilleries & rauisse-
métz, les auez incitez à en faire d'auátage: car vous ne demádastes oncques,
ny fistes querelle pour auoir raison ny reparation, ny de voz maisons ruïnées, ou autre perte de biens qu'ayez receuë, encores qu'on vist chacun iour
les proprietaires tirez & trainez hors de voz murailles, & par le mylieu de
ceste vostre Cité, sans leur estre donné aucun secours: ains auez permis endurer la prison & estroitement lier (ie ne dy pas à combien ny quel nombre d'innocens) sans les soliciter ou donner remede au tort & iniustice qui
leur estoit fait, tellement qu'ilz en ont depuis souffert mort à vostre veu &
sceu : car ilz ont esté conduitz au victime & sacrifice, tout ainsi qu'est menée l'ouaille choisie entre vn troupeau de brebis, & toutesfois vous vous en
estes teuz, & ne fistes oncques semblant d'en leuer voz dextres. Souffrirez
vous doncques ainsi, souffrirez vous au cas pareil, les choses saintes fouler
& debriser? apres que vous auez permis à ces meschás tant de degrez d'audace? voulez vous tousiours craindre & reuerer leur valeur & puissance?
Croyez moy, si vous leur permettez, qu'ilz subuertiront trop plus grandes
choses qu'ilz n'ont fait encores par le passé. Ilz ont desia pris & occupé la
plus forte place de la Cité apellée Phanium, laquelle (à parler veritablement) n'est qu'vn petit chastelet au respect de ce qui vous reste de puissan-

Z iii   ce. Que

LE IIII. LI. DE F. IOSEPHVS.

> ce. Que pensez vous donc maintenant ? que differez vous ? pour tousiours
> endurer ainsi la tyránie que vous font souffrir voz ennemys desia fortifiez
> & paisibles de la sommité du temple? vers qui vous retirerez vous en con-
> seil? Atendez vous les Romains pour vous ayder & fauoriser es choses sain-
> tes & de vostre religion? les affaires de nostre republique sont ilz venuz ius-
> ques à ce poinct, & nostre calamité commune si pressée, qu'il faille que no-
> stre ennemy ait pitié de nous ? Haa peuple dolent, miserable, & trop en-
> dormy, ne vous esueillerez vous point? ne vous esleuerez vous point, pour
> venger voz torts, voz playes, & tant de maux que vous ont fait ceux con-
> tre qui les bestes brutes mesmes vous y semonnent à leur exemple ? auous
> si tost oublié voz iniures, voz blessures, les cruautez & outrages que vous
> & les vostres ont receuës & deuant voz yeulx ? qui vous doit estre vn droit
> esguillon pour esmouuoir vostre cueur à plus durement les venger. Mais
> i'ay grand paour & croy (si ie ne me trompe) que ce zele naturel, & ceste
> chere affection de cóseruer vostre liberté, est morte endroit vous, vous fai-
> sans amateurs de seruitude, & d'auoir superieurs, comme si nous estions
> apris de ieunesse par noz maieurs, à estre subiuguez & esclaues, las ! il n'est
> pas ainsi : car voyez quátes & quelles fortes & dures guerres noz peres ont
> souffertes pour maintenir leur liberté, & n'estre point mis souz la puissan-
> ce & dition des Medes & Egiptiens, qui aspiroient à leur cómander? Mais
> qu'est il ores besoing de tant parler de noz predecesseurs & ancestres ? Ie
> voudrois bien sçauoir de vous, si la guerre que nous auons à present esmeuë
> contre les Romains (ie ne diray point commodément ou incómodement)
> à esté entreprise à autre fin que pour la protection de ceste nostre liberté,
> & ne les soufrir point seigneurs sur nous, encores qu'ilz seigneurient tout
> le surplus du monde. Et nous endurons bien toutesfois la tyrannie de noz
> païsans. Or posons le cas que quelquefois noz maieurs ayét obeï aux estrá-
> gers, celà se doit referer à la fortune, par l'iniure de laquelle ilz furent vain-
> cuz: mais ceder, & obeïr aux meschantz de son païs propre, c'est le fait de
> gens nonchalans & couuoyteux de seruitude. Et qu'il soit vray (puis qu'il
> vient à propos des Romains) ie vous diray maintenant à quelle fin i'en ay
> parlé, & ce qui m'est suruenu en la fantasie, sans rien vous en desguiser. Si
> nous estions pris & forcez d'eulx (que Dieu ne vueille) que pourriós nous
> souffrir pis, que nous auons souffert des pendards qui nous opressent tant?
> Comme se peult-il faire que nous puissions regarder sans larmes, les offrá-
> des & dons offertz par ceux de l'Empire en nostre temple ? & la despouil-
> le & larrecin que les brigans & païsans nostres, en ont faites depuis à nostre
> veuë? voire iusques à expolier de ceste Cité (excelléte sus toute autre) qua-
> si toute la noblesse, qu'ilz ont meurdrie & tuée indiferemment : ce que les
> Romains ne voulurent oncques entreprendre par le passé, quelque victoi-
> re qu'ilz ayent euë sur Hierusalem, ains leur pardonerent sans iamais vou-
> loir passer outre les limites & bornes du saint Temple, ny transgresser ou
> renuerser aucune chose de nostre sacrée coustume : car tant ont redouté le

circuit

DE LA GVERRE DES IVIFZ. Fueil. CXXXVI.

circuit des faintz lieux, qu'ilz fe font contentez fans plus de les regarder de loing. Et vous voyez maintenant (dont le cueur vous doit fendre) aucuns de ceux nez en ce païs, & inftituez en noftre loy, ayás pris le nom de Iuifz, marcher dans le faintuaire les mains toutes fanglátes, des l'homicides, faitz en voz bourgeois. Qui craindra donc l'affault & effort de l'eftranger, en comparaifon du domeftique? veu que plus nous eft equitable l'ennemy, Romain, que l'homme naturel & né en noftre païs propre? tellement que fi les paroles fe peuuent acorder au fait, nous pourrions dire iuftement les eftrangers eftre noz conferuateurs, & les Iuifz dans noftre ville vrays ennemys & d'elle & de noftre peuple enfemble. Parquoy à cefte heure que vous font gardez, deubz, & donnez en proye & defconfiture ces mutains, violateurs de voftre liberté, tant dignes de fuplices pour leurs mefchancetez, que l'on ne fçauroit penfer tourment qu'ilz ne meritent d'endurer, que tardez vous vous véger d'eulx: ainfi que par le cómencement de mon oraifon, i'ay mis peine vous perfuader, vous declarant, & faifant entendre les exces, & violances cómifes en voz perfonnes, à fin ds vous efmouuoir contr'eulx: Ce que ne deuez differer, finon qu'aucuns de vous euffent crainte, ou du grand nombre qu'ilz font, ou de leur effrainée temerité, ou bien pour eftre par eulx ocupé & tenu fort le lieu hault qu'ilz gardent: mais celà eft peu, car tout ainfi que (par voftre negligence) ilz ont entrepris les tyrannies fur vous, ainfi par voftre diligence vous leur ferez perdre tout leur moyen & les chaftirez de leur meffait, pouruceu que vous haftez (ce qui eft grandement requis) atendu que de iour en autre leur nombre s'augmente, cherchant chacun fon femblable, & fe nourriffent en plufgrande gloire, d'autant qu'ilz ne font contreditz ny empefchez de perfonne, qui leur fera vn moyen pour d'orefenauant s'ayder contre nous du lieu fort affis fur la montaigne, fi nous leur donnons le loifir de le fortifier & munir: Parquoy nous eft befoing de ne plus tarder, mais marchons toft contr'eulx, affeuré que nous voyans en cefte deliberation s'humilieront, eftans affez combatuz du remors de leurs confciences, & par le finderefe de leurs crimes, qui leur fera perdre toute commodité & auantage qu'ilz ont par cy deuant vfurpé fur nous, qui ferons fauorifez de la maiefté de Dieu offencée, & tant contemnée par eulx, qu'eulx mefmes tourneront leurs armes contre eulx mefmes: de forte qu'ilz s'entredonneront la mort de leurs propres glayues, & par leurs propres mains, demeurans defconfitz aufsi toft qu'ilz nous verrót preftz à leur courre fus. Et quand bien il auiendra autrement, combien par voftre foy eft il beau & glorieux de mourir pour cóferuer noz faintes portes, & les deliurer des facrileges & blaphemateurs qui les detiennent? Si auons crainte de la mort pour noz femmes & enfans, deuons nous craindre hazarder noftre vie pour l'honneur de Dieu & de fes faintes ames, & nous y prefenter de gayeté de cueur? Certes nenny, aufsi fuis-ie preft de m'y offrir & vous prefter la main tout le premier, auec confort, confeil & ayde, pour vous cautionner fi hardiment & de tel cueur, que ne me verrez par-

Z iiii   donner

LE IIII. LI. DE F. IOSEPHVS.

, donner à mes biens, ny espargner aucunemét mon corps. Ainsi enhortoit Ananus le peuple contre les Zelottes, non pas qu'l ne cognéust bien que dificilement ilz se pourroient debeller, tant pour la multitude d'eulx, que de la ieunesse qui les acópagnoit, & mesmes pour la pertinacité de leurs courages, & doute de leurs crimes perpetrez, dont ilz n'esperoient aucun pardon. Toutesfois il estimoit plus conuenable souffrir & endurer tous autres maulx, que laisser la republique pertroublée, & en telle necessité. Dont les auditeurs furent tellement esmeuz, que chacun commença à crier qu'on leur baillast capitaine pour les conduire, & qu'ilz estoient tous prestz à marcher, & aller contre ces meschás qui les auoient tant tourmétez, qu'ilz s'offriroient à tout peril pour eulx en véger. Mais ainsi qu'Ananus ordonnoit & choisissoit les plus dispostz à la guerre, les Zelottes auertis de tous ses effortz & entreprises par certains espions qu'ilz eurent, s'esleuerent contre luy, de sorte que tantost par bandes, tantost assemblez, commencerent à saccager & mettre au fil de l'espée tous ceux qu'ilz rencontrerent, iusques à ce qu'Ananus eust mis en ordre sa troupe, qui surmontoit en nombre celle des Zelottes, autant bien armez & equipez que nul de ceux de la ville: voire en sa bóne volunté de bien faire, & l'vne & l'autre bande, que ce qui leur mancquoit estoit suplée par la promptitude & bon courage dont ilz estoient semons, pretendans chacun de sa part à la victoire : car les Citoyens combatoient pour chasser leurs ennemys domestiques d'auec eulx, cognoissans le danger futur qui se preparoit, ou ilz les souffriroient plus longuement en leur ville, dont la force & courage leur en augmentoit. Et les Zelottes pour leur propre vie & salut, sachans bien qu'ou la deffaite viendroit de leur costé, ilz ne trouueroiét lieu seur pour les exempter de la punition des maulx qu'ilz auoiét faitz. Au moyen dequoy chacune des deux armées marcha hardimét l'vne contre l'autre, & s'entrerencontrerét dans la Cité, non gueres loing du Temple, ou ilz commencerent à s'entresaluër à coups de pierre & de glaine, desquelz ceux qui tournoient le doz & autres furent durement naürez, & en nombre grand d'vne part & d'autre, se retirans les blecez du costé des Citoyens, en leurs maisons, & les Zelottes au Temple qu'ilz rendoient pollu de leur sang, se trouuant par telle insolence le lieu saint & sacré, & la religion violée par telz brigans qui à ce premier conflit se trouuerét les plus fortz: Dequoy le populaire aigry, & s'augmentant tousiours en nombre, les derniers, incrépans & blasmans les premiers de leur nonchalance & peu de courage, les contraignirét, voulsissent ou non tourner visage sans leur vouloir permettre d'eulx retirer, encores qu'ilz les vissent naürez, mais les forçoient de combatre iusques à la mort, tellement que les Zelottes furent contraintz reculer & rentrer au Temple, ou Ananus les poursuyuit si viuement qu'il en conquesta sur eulx l'exterieure partie, leur donnant vne crainte non pareille, & telle qu'ilz s'enfermerent dans la muraille interieure, dont ilz barrerent tresbien les portes: parquoy Ananus ne passa outre, tant pour ne vouloir forcer ny toucher à

choses

DE LA GVERRE DES IVIFZ. Fueil. CXXXVII.

à choses si saintes & sacrées, que craignant receuoir trop de dommage, à cause du continuel trait que tiroient sans cesse ceux de hault. Et d'auantage encores qu'il eust conquis le lieu, si ne luy estoit-il pas permis entrer dedâs, premier que le peuple eust fait son expiation & suffrage. Et pour ces causes ordonna seulement que six mil des siens (qu'il choisit entre la multitude) tiendroient les autres assiegez, faisant la garde es portiques du Temple, tandis que le surplus du peuple demoureroit prest, si d'auenture leurs ennemys vouloient faire quelque saillie. Et pour pouruoir au reste des affaires, deputa grand nombre d'honorables bourgeois qui cognoistroient de choses plus recommandées, tandis que le moindre peuple faisoit le guet dont il estoit stipendié des deniers de plus riches. Et ainsi esperoiét bien & Ananus & les siens auoir les Zelottes à leur discretiô: ce qui leur fust auenu sans le capitaine Ian, lequel (comme i'ay dit) s'estoit retiré dans la Cité auec ceux de la ville de Giscalle qu'ilz auoient habandonnée. Mais ce paillard rompit les entreprises des Citoyens par ses cautelles & menées, dont s'en ensuyuit apres la totale ruine & destruction de Hierusalé: car luy couuoiteux de dominer, n'ayant autre chose en son entendement que d'auiser tous les moyens comme il les pourroit deceuoir, ayant de lôgue main proietté ses dessains pour mettre en trouble les choses communes, faignit qu'il vouloit adherer au peuple & le fauoriser en tous leurs conseilz: Parquoy s'adressa à Ananus, qui depuis le fit apeller es affaires, & deliberations qui s'osfroyent. Dont il auint qu'entendant les secretz du peuple, les reuela & annonça aux Zelottes, qui auoiét par ce moyen loysir de pouruoir à leurs affaires premier que les deliberations de leurs ennemys fussent executées, demeurans Ananus & princes de la loy abusez de luy, qui les sceut si bien gaigner par faint seruice & obeïssance, qu'ilz perdoient toute suspicion en son endroit: tant que la fin, & sa reuerance dissimulée, & son seruice abusif cogneu, se trouua en tant de contrarieté d'opinions, que la diuersité des flateries (dont il s'aydoit) le firent iuger & tenir pour suspect & dâgereux, ioint qu'il assistoit ordinairement es conseilz qui se faisoient, & bien souuent sans y estre appellé: Dont à la fin on le tint & fut reputé proditeur des choses secrettes de la communauté: A' quoy Ananus aiousta foy, cognoissant que toutes ses entreprises estoient reuelées à ses ennemys, & par Ian seul comme il estimoit. Toutesfois il n'estoit pas aysé ny pour lors possible de s'en deffaire, d'autant qu'il se monstroit plus fin qu'eulx, & premier en toute malice, & outre fauorisé de maintz grandz personnages qui le portoient & soustenoiét beaucoup. Au moyen dequoy fut auisé que l'on prendroit de luy le serment de sa bonne volunté: ce qu'il fit, & iura que sans aucun doute il leur garderoit la foy, sans reueler rien de leur conseil, faitz, & entreprises, leur prestant la main pour s'employer de fait & de pensée à priuer le païs des rebelles. Au moyen dequoy Ananus & ses compagnons le rapellerent en leur deliberations, sans plus auoir soupçon de luy: & tout aussi tost fut enuoyé ambassadeur vers les Zelottes, à fin de traiter auec

culx

LE IIII. LI. DE F. IOSEPHVS.

eulx de quelque paix, d'autant qu'ilz auoient en singuliere recommendation de ne prophaner point le Temple par leur coulpe , ny qu'aucun des
Iuifz fust prosterné & mis à mort dedans . Toutesfois le paillard ioua autrement son personnage, car se monstrât amy des Zelottes, & du tout contraire à ceux de la Cité, estant aymé des sedicieux commença à leur remó-
strer le peril ou il s'estoit mis par tant de diuerses foys pour l'amour d'eulx
& à fin de leur faire entendre toutes les menées & secretz d'Ananus & des
siens: au moyen dequoy il estoit & eulx aussi prestz de tomber en vn grand
danger de leurs personnes , s'il n'y estoit pourueu par la grace de Dieu de
quelque present remede, d'autant qu'Ananus auoit persuadé au peuple
qu'on enuoyast sans targer ambassades à Vespasian à fin qu'il se hastast de
venir prendre la Cité , & que le iour de deuant leur arriuée le peuple fai-
gnist se mettre en bon estat & faire processions , pour souz couleur & religion simulée, on fist entrer les Romains, & quant & quant donner l'assault
au Temple , qu'il veoit bien estre impossible garder longuement contre
› telle force . Parquoy Seigneurs (dist-il) auisez à vostre affaire , & pour-
› uoyez à l'inconuenient qui vous est prest de tomber sur les bras , sans vous
› arrester à ce qu'Ananus m'a commandé vous faire entêdre: veu que ce sont
› toutes bourdes & paroles desguisées & mises en auant, pour vous paistre &
› nourrir tandis en esperance friuolle, pour puis apres & à l'impourueu vous
› faire tomber en ses lacz : ce qu'il semble n'estre agreable à Dieu , veu qu'il
› leur a dóné le conseil par sa prouidence de me faire deleguer ambassadeur
› vers vous de par eulx , auec le moyen de vous auertir de toutes leurs me-
› nées. Pourtant donc deliberez vn prompt & soudain remede : car quant à
› moy ie ne sache que deux poinctz pour vous sauuer: l'vn de suplier ceux
› qui vous tiennent assiegez ceans , & vous mettre à leur mercy, ou de trou-
› uer dehors quelque autre seureté si vous le pouez faire: car s'il auenoit que
› fussiez prins ou forcez, il n'y a aucune esperance de grace, & moins que
› puissiez obtenir pardon d'eulx, parquoy nul ne si atende: & ou il auroit
› ceste opinion, qu'il luy souuiéne des maulx qu'ont receuz par vous autres,
› ceux dont nous sommes maintenant en propos, & qu'en tel cas n'y a lieu de
› penitence , specialement lors que l'on a affaire aux personnes qui ont esté
› offencées, par tant de dommages qu'ilz s'en resentirôt toute leur vie, ayant
› veu deuant leurs yeulx leurs cousins & proches parens meurdriz & detail-
› lez par vous, qu'ilz estiment leurs plus mortelz ennemys. Et vous fault d'a-
› uantage considerer l'indignation , en laquelle est maintenant le peuple,
› pour le desplaisir qu'il a receu lors qu'en leur presence , & par tant de foys
› leurs loix saintes & constitutions anciennes ont esté enfraintes , violées &
› corrompuës par vous mesmes. Qui vous doit bien faire croire qu'ou aucuns
› d'eulx seroient esmeuz à misericorde, que le plus grand nombre des irritez
› les surmonteront , à vostre trop grand dommage, & danger de voz vies.
Ainsi parloit le capitaine Ian pour plus les intimider & rendre perplex
(à fin qu'ilz apellassent à leur ligue & secours les estrangers , sans nommer
les

DE LA GVERRE DES IVIFZ. Fueil. CXXXVIII.

les Idumeans qui estoient ceux dont ilz entendoient parler) & à fin qu'ilz y fussent plus induitz n'oublia pas à leur mettre deuant les yeulx toutes les menasses & tourmentz qu'Ananus se vantoit leur donner, estant le plus cruel homme du monde.

L'entrée des Idumeans en Hie-
rusalem.

Chapitre   VI.

Pres que le capitaine Ian eut finy sa harengue, se leua du mylieu d'eulx vn nommé Eleazarus, filz de Simon (qui sembloit entre les autres plus meur en conseil, & sachant mieux mettre à fin ce qu'il entreprenoit ou determinoit, & vn autre auec luy nommé Zacharias, filz d'Amphical, tous deux de lignée sacerdotale, lesquelz ayans bien entendu les resolutions des Princes, & l'intention d'Ananus, pour se faire grand par l'aïde des Romains, qu'il apelloit (ainsi que leur auoit fait croire le capitaine Ian) tous douteux de ce qu'ilz deuoient faire (se voyans pressez du temps) furent d'auis d'entendre à quelque paix, car ilz iugeoiét que le peuple ne tarderoit gueres à les venir assaillir, & premier qu'ilz eussent moyen d'apeller l'aïde des estrangers, pour estre ainsi preuenuz de leurs ennemys, & ou encores ilz la pourroient recouurer, si leur conuien-
droit

LE IIII. LI. DE F. IOSEPHVS.

droit il beaucoup souffrir auant qu'ilz fuſſent arriuez à eulx. Toutesfois ſi conclurent ilz à la fin d'apeller les Idumeans, auſquelz ilz eſcriuirent en toute diligence ce qu'Ananus (ayant circonuenu le peuple) vouloit faire, & iuſques à liurer la ville metropolitaine, en la main des Romains. Ce qu'auons (diſoit la lettre) tant empeſché que nous en ſommes preſentemét aſſiegez au Temple, apres auoir pluſieurs foys combatu contre eulx pour la liberté du païs, en danger (Seigneurs) d'eſtre bien toſt forcez, ſi vous ne vous armez pour nous dóner ſecours, dont auiédra grand mal : car (nous) tombans es mains de noz ennemys, demeurera auſsi la ſainte Cité au pouuoir des Romains: ainſi que vous pourront faire entendre ces deux gentilz hommes que nous enuoyons vers vous à ceſte fin. Deux doncques de leur troupe choiſiz & eleuz (gens certes treſeloquens pour bien perſuader vn tel fait, promptz & diſpoſtz à faire la diligence requiſe) furent depeſchez & enuoyez vers les gouuerneurs d'Idumée, aſſeurez qu'entendans ces nouuelles, ilz ne faudroient nullement à leur venir leuer le ſiege, eſtant nation amye de telz ruïneurs, aſſez mal condiciónée, & facile à eſmouuoir & mutiner pour celuy qui la ſçauoit gaigner par flaterie & promeſſes, auec leſquelles ilz ſe mettoiét aux champs, & entroient auſsi voluntiers en guerre comme s'ilz eſtoient apellez à quelque conuy publique. Or eſtoient & l'vn & l'autre des meſſagers nommez Ananias, leſquelz executans le fait de leur legation, firent diligéce extréme d'aller trouuer ceux d'Idumée, auſquelz ilz preſenterent la lettre des Zelottes, & entendirent leur creance, dont ilz ſe trouuerent de prime face s'y eſtonnez & pleins de fureur qu'ilz manderent incontinent conuoquer le peuple pour leur communiquer ces nouuelles & annoncer la guerre: laquelle ilz entreprindrét, & d'vn tel zele & deliberation, qu'a vn inſtant pres de vingt mil hommes ſe trouuerent armez, en deliberation de mourir tous pour la liberté de la ville metropolitaine. Au moyen dequoy furent conduitz par quatre capitaines eleuz, Ian, & Iaques filz de Sozas, Simon filz de Catha, & Phineas filz d'Eluſoth pour le quart. Or fut ſi bien celé, & teu le partement des ambaſſadeurs, & à Ananus & au guet, qu'ilz eurent pluſtoſt nouuelles du tumulte & aſſemblée des Idumeans que de leur entreprinſe. Toutesfois vn peu deuant qu'ilz arriuaſſent en la Cité, iceluy Ananus en eut auis: parquoy pourueut en toute diligence à bien fermer & faire garder les portes, fourniſſans les murailles, & de gens & autres choſes neceſſaires, eſperant les gaigner pluſtoſt par belles paroles que les vaicre par cóbat. A' quoy s'efforça vn nómé Ieſus le plus ancien de leurs eueſques apres Ananus, lequel arriué au hault d'vne tour, ayant ſon regard vers les Idumeás qui vouloiét entrer, parla à eulx de ceſte
, ſorte: Seigneurs il n'y a rien plus certain que vous pouez veoir ceſte ſainte
, cité maitenát en cófuſion par la diuerſité des troubles qui y ſont ſuruenuz:
, toutesfois nul ne ſe doit eſmerueiller de la fortune, ny meſmes de voſtre ar-
, riuée en ce lieu tant oprimé: car vous eſtás ſemós & perſuadez à ce faire par
, gens meſchás, trahiſtres, & conſpirateurs, ce n'eſt pas choſe eſtrange, ſi vous
eſtes

DE LA GVERRE DES IVIFZ. Fueil. CXXXIX.

eftes venuz à leur ayde contre nous, & auec telle diligence, comme fi cefte
voftre mere Cité vous y auoit femondz & apellez pour la deffendre contre les barbares. Tant ya, que fi ie penfois voftre defsing & intention cor-
refpondente au donné à entendre que vous ont fait ceux qui vous ont apellez, ie iugerois la force que vous nous voulez faire n'eftre point fans raifon:
veu qu'il n'y a rien qui maintienne plus les perfonnes en concorde que la re
femblance des meurs, à quoy les mefchans qui vous ont apellez pour leur
ayde, n'ont aucune fimilitude: car fi aucun de vous s'informoit de leur vie
& malle verfation, il eft indubitable que le plus homme de bien de leur lignée feroit congneu meriter la mort plus d'vne foys, aufsi font ce gens ra-
maffez, gens de rebut, inciuilz & ruftiques, & du tout immondes pour la
derifion qu'ilz ont faite au peuple, la fuftance duquel ilz tiennent apliquée & transgloutie entr'eulx, par les larrecins, pilleries, exces, & renfon-
nemens qu'ilz ont continuélz, & par les villes & Citez circóuoifines, qu'ilz
ont mifes à fac, & mefmes cefte cy, en laquelle ilz fe font retirez, & prins
par trahifon le faint Temple, qu'ilz ont comme larrons & mefchans pollu
par leurs cruautez & crimes deteftables. Et qu'ainfi foit vous les pourrez
encores trouuer dans le fainctuaire yurongner & gourmander les defpouil
les de tant de gens de bien & bons Citoyens, qu'ilz ont malheureufement
mis à mort. Et neantmoins chacun vous peult voir maintenant equipez &
armez en leur faueur contre nous, & tout ainfi que vous vous deüriez trouuer fi cefte voftre mere Cité vous apelloit pour fon fecours & confeil contre les eftrangers. Helas, feigneurs, que pourroit-on dire maintenant de
vous n'y de voftre affemblée? finon que vous l'auez faite par vne iniure de
fortune, ou comme mal auifez, prenant ainfi les armes pour gens pernicieux, perduz & maulditz contre l'integrité de voftre nation? Et toutesfoys
ie ne me puis comment perfuader que cela foit venu de vous feulz: car vous
ne vous fufsiez point efmeuz fans grand caufe, à l'encontre voftre peuple
germain, & qui vous eft prochain en parentage, pour des larrós fi mal vouluz. Qui vous a dócques efguillónez? auez vous ouy que les Romains foiét
pres d'icy, & qu'ilz nous veulent furprendre? qui font (ainfi que nous en-
tendons) les propos que tiénent, & ce que faignoient n'agueres croire ceux
dont vous tenez le party: fouz couleur dequoy ilz font entrez en noftre Cité, qu'ilz difent vouloir deffendre & maintenir en liberté contre les eftrágers: mais ceft bien vn faulx fait, & ne nous pouuós affez esbahir, cóme ilz
ont iamais ofé couurir la mefchanceté de leur malefice, fouz vn tel donné à
entendre: veu qu'eulx qui fe difent amateurs de liberté, & preftz à combatre les Romains ennemys, fe font eleuez pour du tout la deftruire & ruïner,
& nous quant & quant. Parquoy (Seigneurs) ne vous fiez nullement à
telz larrons, mais prenez la foy de nous qui (vous parlans en verité) iouy-
rons enfemble des chofes communes & faintes. Aufsi n'y a il rien de vray
femblable à tout ce qu'ilz propofent & mettent en auant: car à quelle ocafion, ne qu'auons nous tant fouffert par cy deuant, pour nous diftraire de

Aa   l'alian-

LE IIII. LI. DE F. IOSEPHVS.

, l'aliance des Romains, ayant esté en nostre puissance, de nous conseruer,
, ou si nous en sommes departis de nous reconcilier auant que tout le païs
, fust gasté ? mais à ceste heure que le feu est tant allumé, nous sçauons bien
, qu'ilz ne nous y receüront iamais, ayans le cueur si haulcé pour la victoire
, qu'ilz ont acquise sur toute la Galilée (reduite en leur obeïssance) qu'ilz
, sont bien estat faire autant de ce qu'il leur reste à conquerir, seroit inhuma
, nité plus griefue que la mort pretédre à rapaiser ceux que l'on a desia tant
, prouoquez à la guerre qu'ilz sont prestz de nous combatre. Or ay-ie tous-
, iours preferé la paix à la fin de la vie: toutesfois quand la guerre est ouuer-
, te, & qu'on vient à iouer des couteaulx, i'estime la mort plus glorieuse de
, celuy qui y demeure combatant, que la vie de l'autre qui est reserué captif.
, Mais ie vous prie dites moy, ceux qui vous apellent contre nous, vous ont
, ilz mandé que (nous primes du peuple) ayons enuoyé quelqu'vn secrette-
, ment aux Romains? ou du commun cósentement de tout le peuple ? ou de
, nostre seule authorité, & aucuns de noz amys ministres de la trahison ? Si
, est ainsi, il n'est pas qu'ilz n'ayent aprehendez noz messagers, ou en allant,
, ou retournant, & trouué les lettres qu'ilz portoient, dont peult estre ilz se
, sont saisiz: tant ya qu'il seroit impossible auoir mené ceste pratique si se-
, cretement qu'elle n'eust esté cogneuë en si grand' multitude, auec laquel-
, le nous conuersons à toute heure, plustost que par le peu de ceux qui nous
, tenons tellement assiegez sans pouuoir sortir de ceste nostre Cité, que
, s'ilz iugeoient ce qui se fait dedans, à peine pourroient ilz sçauoir les me-
, nées que l'on achemine par dehors : mais peult estre l'ont ilz ainsi pensé,
, craignans les peines qu'ilz meritent iustement de leurs trahisons & desloy-
, autez leur estre prochaines. Ce qui est vray semblable, atendu qu'au prece-
, dent les faultes qu'ilz ont cómises, ilz ne nous ont soupçonnez de trahison:
, parquoy ilz ont maintenát tort s'ilz nous ont depuis blasmez enuers vous.
, Et s'ilz dient que le peuple seul est autheur de ceste menée, pour le moins
, elle auoit esté deliberée & concluë en publicq nul absent, ce qui est faulx:
, car ou il eust esté ainsi, la renommée (qui a aelles si legeres) n'eust pas fail-
, ly à vous en porter incontinent les nouuelles, plustost qu'à eulx, vers les-
, quelz nous n'auions que faire d'enuoyer ambassadeurs, puis que c'estoit
, chose arrestée entre nous comme ilz dient: mais (Seigneurs) ie vous prie
, qu'ilz vous nomment celuy qu'ilz asseurent auoir eu ceste charge. Hàa les
, meschantz ilz sçauent bien qu'ilz ne sçauroiét, & n'estre autre chose qu'vn
, bruit semé par gens (lesquelz si ie ne suis deceu) fineront meschamment
, & malheureusement, sans qu'il soit en leur puissance euiter ce mal par-ce
, qui leur est deu iustement, veu que quand il seroit arresté par destine que
, ceste nostre sainte Cité deüroit estre quelque fois trahië, eulx mesmes qui
, nous en donnent le blasme seroient les premiers aucteurs du malefice, estás
, ia si comblez de tous vices, qu'il ne reste que la trahison, si desia elle ne leur
, a ocupé le cueur & l'entendement : Parquoy nous vous suplions tous puis
, que vous estes ia prestz & en equipage de combatre, que vueillez premierement

DE LA GVERRE DES IVIFZ. Fueil. CXL.

rement fecourir & ayder (comme il eſt iuſte) voſtre mere & maiſtreſſe Cité, puis auec nous enchaſſer les tyrans qui ont corrompu les loix du païs, caſſé & desbriſé tout le droit, mis à la pointe de leur eſpées & couteaux les nobles de la ville non acuſez, qu'ilz ont pris, menez, & liez por force iuſques à la mort, ſans les ouir n'y entendre à leurs prieres cris & lamentatiõs. Parquoy il eſt bien licite & neceſſaire de vous ouurir maintenant les portes, non point par droit de guerre, mais à fin que vous y entriez pour cognoiſtre la verité, & voir l'argument de ce que nous vous auons dit, par les maiſons deſolées, rapines, efforcemens de filles, femmes violées, & en habit de deul pour leurs maris tuez, auec tant de miſeres par la ville, que vous n'y orrez que pleurs & plaintes, n'y eſtant aucun qui ſoit exempt de la perſecution de ces meſchans volleurs & larrons, qui ſe ſont ainſi, & de tant oubliez & effrenez, qu'ilz ont oſé aporter en ceſte ville capitale de la nation, non ſeulement les larrecins & pilleries qu'ilz ont faites par les autres villes, bourgs, villages, hameaulx, & maiſons champeſtres, mais auec elles, mettre le ſac de noz Citoyens dans le ſainctuaire qu'ilz ont eleu pour leur refuge & retraite de leurs rapines, tenant encores confiſquez maintz de noz propres en ceſte Cité, qui ſouloit eſtre la plus franche & honorée de tout le monde, & lieu auquel tous eſtrangers de l'extremité de la terre venoient adorer en deuotion. Et maintenant que ce lieu ſaint eſt foulé aux piedz de ces horribles monſtres, engendrez de noſtre païs, les meſchantz ſe reſiouïſſent en choſes deſeſperées, prenans plaiſir à voir rendre le peuple ſubiet à ſon peuple, vne Cité à vne autre Cité, & les perſonnes irritées encontre leurs propres entrailles. Qui vous doit bien eſmouuoir ſeigneurs d'Idumée (& auec raiſon) de les chaſſer, non ſeulement d'auec nous comme mutins & pernicieux, mais les punir pour vous auoir ſeduitz & fait armer ſouz couleur faulce & controuuée, au lieu qu'ilz vous deuoient craindre comme puiſſans pour prendre ſur eulx par vous la vengeance de leurs crimes & laſchetez. Receuant leſquelles noz prieres (comme nous eſtimõs que vous ferez) vous pourrez entrer en ceſte Cité, non cõme ſoldatz, mais (les armes depoſées) en habitz de parentz, amys, & communs protecteurs, pour iuger des diſcordes, qui ſont entre nous & ceux qui vous ont abuſez: leſquelz ſeront tant esbahis & eſtonnez lors qu'il leur conuiendra rendre raiſon de tant de crimes manifeſtes, & communs qu'ilz ne voulurent iamais donner audience, ny laiſſer parler vn ſeul mot à ceux qui ne ſont point de leur ligue & facture. Ce que toutesfois ſommes contens leur eſtre otroyé, & qu'ilz recoiuét à voſtre auenement ceſte grace de vous. Et ou ne voudrez entrer en cognoiſſance de cauſe pour les iuger, qu'a tout le moins (ne demourans indignez contre nous) vous ne vous meſlez de l'vne n'y de l'autre partie. Ce que nous vous requerons affectueuſemét, & pour la troiſieſme ſuplication, qu'il vous plaiſe auſſi, & à tout le moins ne nous courir ſus, n'y demeurer complices des inſidiateurs de voſtre mere & maiſtreſſe Cité: faiſant garder eſtroitemét les deſtroitz pour empeſcher la venuë des

Aa ii   Romains

LE IIII. LI. DE F. IOSEPHVS.

» Romains, ou vous soupçonneriez aucuns des nostres auoir intelligen-
» ce pour les faire venir en ceste ville, qui demeurera à ceste ocasion deffen-
» duë de vous : auec le moyen de punir & à vostre aise ceux que trouuerez à
» l'auenir auoir delinqué, en sorte qu'ilz seruiront d'exemple à tous autres,
» ce que pourrez faire iustement & aisément, atédu que les ennemys ne vous
» surprendront pas durant le temps que demeurez deuant ceste Cité. Voylà
» donc (Seigneurs d'Idumée) les offres que nous vous faisons, refusans les-
» quelles & n'en acceptant nulle, ne vous esmerueillez si l'on vous tient les
» portes closes, tandis que porterez ainsi les armes. Puis se teut atendant leur
responce. Mais la multitude des Idumeans qui brusloit de trop grand' co-
lere, despitez pour n'auoir trouué les portes ouuertes, mesmes les capitaines indignez qu'on leur vouloit faire mettre bas les armes, commencerent
fort à murmurer, disant qu'on pretendoit les faire entrer pour les retenir,
puis apres captifz, tant qu'à la fin l'vn d'eulx nommé Simon, filz de Cathla, ay ât auecq' moult de peine apaisé le tumulte, parla d'vn lieu d'ou il pou-
, uoit estre ouy des curiaux, disant, que desia ne s'esbaissoit plus si les pro-
, tecteurs de la liberté estoient encloz & assiegez dans le Temple, quant eulx
, qui auoient fermé la Cité commune à toutes nations, estoient prestz à re-
, ceuoir les Romains, leurs portes coronnées de chapeaux de triumphes &
, parlans ainsi aux Idumeans par leurs tours, leur commendent se despouil-
, ler de leurs armes prises pour la liberté, sans vouloir permettre à leurs pa-
, rens la garde de la Cité, ou ilz estoient arriuez. Et puis, disent ilz, vous vou-
, lez nous faire iuges de voz discordz, mais acusans les vns d'auoir occis voz
, Citoyens non condemnez, vous condemnez toute la nation d'ignominie
, fermans les portes (qui doiuent estre ouuertes à tous estrangers pour la re-
, ligion) à ceux qui sont voisins & domestiques de la ville, qui nous est cho-
, se forte à digerer, veu que nous nous hastions pour venir auec vous faire la
, guerre aux gentilz, & à ceste heure que nous sommes arriuez pour vous
, garder libres. Vous parlez de nous comme vous faites des autres que vous
, tenez assiegez, disans que nous voulós vous offencer, & prenez d'aussi vray
, semblables coniectures encontre nous côme contre eulx, allegant que nous
, souffrons vne tyrannie à ceux que vous detenez prisonniers, & deffenseurs
, de la republique, qui est peu de cas, au respect de l'iniure que vous faites à
, nous voz parens à qui vous fermez la Cité, lors que nous sommes prestz de
, vous secourir : & neantmoins vous voulez qu'obeïssons à voz iniques &
, contumelieux cômandemens, souz vmbre de ce que vous maintenez ceux
, du Temple aspirer à auoir la domination sur vous qui les tyrannisez. Mais
, qui seroit l'homme tant ebéstté qui peut souffrir la cauilation de voz paro-
, les, quand on cognoist la repugnance d'icelles? vous gardez les Idumeans
, d'entrer dans la Cité, & les empeschez de faire les sacrifices de la patrie.
, Qui donc à bon droit ne pourra acuser ceux que detenez enserrez dans le
, Temple (& qui ont eu le moyen de punir les trahistres que vous apellez no-
, bles & innocés pour estre de voz complices) qu'ilz n'ont commencé à vous

chefz

DE LA GVERRE DES IVIFZ. Fueil. CXLI.

chefz & autheurs de la trahifon, fans s'amufer aux membres côme ilz ont
fait: Certes ilz fe font en celà monftrez trop plus molz que la matiere ne le
requeroit. Mais toutesfois nous Idumeans conferuerôs le Temple de Dieu,
& combatrons pour la communauté du pais, tant dehors que dedás, ruans
fur les ennemys infidiateurs de la liberté: & demeurerons icy armez pour
la deffence des murs, iufques à ce que les Romains (fe fouuenans de vous)
effayent à vous en deliurer, ou que vous changez de foing & folicitude,
pour recouurer la liberté.

De la deffaite des Iuifz par les
Idumeans.

Chapitre   VII.

MAis à peine eut Simon mis fin à ces propos, que toute la
troupe des Idumeans auec vn grand clameur confentit à
fa parole: parquoy Iefus fe retira fort trifte, les voyant
fans auoir rien de moderé n'y rapaifé, & la Cité affaillie
de deux batailles. Et neantmoins l'orgueil des Idumeans
& leur efprit n'auoit aucun repos: car portás trefmal l'in-
iure qu'on leur auoit faite de refufer l'entrée de la ville, eftoient fi defefperez de ce que la puiffance des Zelottes afsiegez ne les pouoit fecourir n'y
donner paffage, qu'ilz fe repentoient d'eftre venuz en leur ayde: toutesfois
la honte de retourner fans rien faire, furmontoit la repentance: parquoy
dreffans en ce mefme lieu leurs tentes & tabernacles, & pres des murs, fe logerent pour paffer la nuict, durant laquelle s'efleua vn fi grand orage &
tempefte de ventz & de pluye, auec telz efclairs & tonnerres efpouétables
& horribles, acompagnez de merueilleux tremblemens de terre, que chacun eftimoit l'eftat du monde deuoir eftre fort pertroublé, & que ces fignes
portoient le prefage de quelque grand maladuenture, en forte que les Idumeans & Zelottes fe trouuoient d'opinion que Dieu eftoit courroucé contre eulx, pour auoir efmeu la guerre, fe tenans certains qu'il feroit impoffible à eulx d'euader ce mauuais prefage, ou ilz fe prefcueroient aux armes
contre leur mere & maiftreffe Cité. Et d'autre part Ananus & fes compagnons penfoient auoir vaincu leurs ennemys, eftimát que Dieu entreprint
la guerre pour eulx. Mais toutes leurs interpretations des chofes futures e-
ftoient faulfes, car ilz expofoient à leur auantage & contre leurs ennemys,
ce qu'ilz deuoient eulx mefmes fouffrir & endurer. Et tandis les Idumeans
ferrez enfemble & par troupes fe contregardoiét le mieux qu'il leur eftoit
pofsible, couurans leurs teftes de leurs rôdelles pour fuir l'iniure du temps,
& eftre moins trempez de la pluye, qui les tourmentoit fi fort que les Ze-

Aa iii   lottes

LE IIII. LI. DE F. IOSEPHVS.

lottes en estoient tant desplaisans qu'assemblez en conseil misrent en deliberation de trouuer quelque moyen de les secourir , ou les plus hardis & vehemens opinerent qu'on deuoit saillir & se ruer sur les gardes de la Cité, lesquelles seroient aisées à forcer & surprendre, leur donnant si rude escarmouche & alarme, que voulsissent ou non iroient ouurir les portes à leurs amys estans dehors , premier que le peuple eust moyen de prendre les armes, ny eulx mettre en bataille, estans retirez en leurs maisons & à couuert pour l'impetuosité du temps qui se faisoit lors. Et que si d'auenture il y dependoit aucun peril, qu'il estoit trop meilleur le hasarder & souffrir, que laisser tant de vaillans hommes se perdre ainsi pour l'amour d'eulx . Mais cest auis n'estoit pas aprouué des plus sages, ains y côtredisoient à leur pouuoir, remonstrans estre vray semblable que le guet & escoutes seroient plus renforcez & espenduz que iamais , voyans leurs ennemys si pres d'eulx, pour desquelz se garder Ananus ne dormoit pas, mais estoit visitât la garde & centinelles à toutes heures, comme homme de guerre & vigilant. Ce qu'il auoit fait sans faillir toutes les autres nuytz precedentes, & non pas ceste cy: car il s'estoit allé reposer, non par sa paresse, ains de son malheur, & pour n'empescher les destinées à destruire luy & les siens, commê il leur en print: car venu le soir , & estans prouoquez sur le mynuict à sommeiller, semons à ce faire pour le temps pesant & pluuieux, s'endormirêt tous soubz les portiques du Temple , tandis que les Zelottes lymoient les serrures & gons des portes qui estoient fermées contre eulx , à quoy leur ayda beaucoup le bruit du vent & tonnoirre qu'il faisoit, pour n'estre entenduz. Tellement qu'ilz sortirent , & sans faire rumeur quelconque , vindrent tout doucement iusques aux murailles & portes de la Cité, qu'ilz ouurirent aux Idumeans, lesquelz soupçonnans de prime face que ce fust Ananus qui les vint surprendre, coururent tous aux armes pour luy faire teste : Mais ceste alarme dura peu, car ilz cogneurent incontinent les Zelottes , & le secours qu'ilz leur auoient amené . Au moyen dequoy entrerent tous si coyement dans la ville, que s'ilz eussent voulu ilz eussent indubitablemét mis à mort tout le peuple , mais ilz differerent iusques à ce qu'ilz eussent tiré hors du Temple ceux qui y estoient assiegez, à quoy les incitoient grandement les autres qui leur auoient donné entrée , les suplians d'vne merucilleuse affection qu'ilz eussent souuenance de leurs compagnons detenuz en grand' misere, & du deuoir & danger auquel ilz s'estoient mis pour retourner en leur premiere liberté : car disoient ilz , si vous amusez à tuer le guet , peult estre suruiendra il si chaude alarme que nous aurons prou affaire à resister à Ananus & aux siens, qui pourront empescher l'entrée du Temple, & tenir encores plus de court noz compagnons qu'ilz n'ont fait. Ce qui sembla aux Idumeans bien auisé , & marcherent droit au Temple à trauers la Cité , ou peruenuz , & entendant les Zelottes leur arriuée , sortirent tous du superieur sanctuaire, & coururent de grand' fureur auec leur secours assaillir le guet des Iuifz, qu'ilz trouuerent dormant, dont plusieurs furent taillez en

DE LA GVERRE DES IVIFZ. Fueil. CXLII.

lez en pieces, au bruit defquelz les autres qui s'efueillerét mifrent les mains aux armes, & tous effroyez penfans ny auoir que les feulz Zelottes firent tefte & refifterent d'entrée, efperans bien les repoulfer pour le grand nombre qu'ilz eftoient au pris d'eulx. Mais quand ilz entendirent le tumulte qui eftoit dehors, & virent tant de peuple eftendu fur le paué, creurét lors que ceftoient les Idumeans, dont ilz eftoient affaillis. Au moyen dequoy la plufgrand part d'eulx (les armes & cueurs rabaiffez) demenerét grandz pleurs & lamentations, tandis qu'autres plus ieunes & vaillans combatoiét fi fort & ferme que quelque fois leurs cópagnons moins hardis reprenoiét cueur, fe voyans fi bien fouftenuz & deffenduz comme ilz eftoient. Dont l'alarme s'efchauffa de telle forte qu'elle fut entéduë par toute laCité.Mais le peuple fachant ceux d'Idumée auoir conquis la ville, & executans leur victoire, fe tenoient cloz & couuertz, ayans plus de recours à leurs larmes qu'a leurs armes (chofe pitoyable d'eftre entenduë) fpecialemét pour ouir les criz hurlemens, & lamentations des pauures femmes: lefquelles voyans tomber & leurs maris, & leurs parens, & voyfins à la fureur de leurs ennemys, s'arrachoient les cheueulx, fe tordoient les mains, auec fi defefperées clameurs qu'il n'eftoit entendu autre chofe que voix dolétes & miferables, entremeflées d'vne rumeur & fort grandz cliquetis d'armes : car les Idumeans cruelz de nature, & irritez du mauluais temps qui auoit continué durant l'hyuer qu'ilz s'eftoient mis en chemin les faifoient paffer au fil & trenchant de leurs efpées, tous ceux qu'ilz rencontroient traitans auec pareille gracieufeté, autant celuy qui leur refiftoit que l'autre qui leur demádoit pardon, quelque priere, humilité, &requefte qu'ilz leur fiffent les mains iointes, & les genoulx profternez en terre, comme s'ilz euffent efté orans deuant Dieu en leur Temple & fanctuaire : parquoy voyans tout efpoir & remede de falut leur eftre ofté,pour n'auoir moyen de fuir,ny lieu propre à leur fauuer, fe ferrans & preffans l'vn l'autre, fe trouuoient fouuent plus rompus d'eulx mefmes,que forcez ny oprimez des ennemys,qui n'en reccuoient nul à mercy:& partant incertains de ce qu'ilz deuoient faire fe precipitoient d'eulx mefmes, & trop miferablement (comme il me femble) d'autant qu'ilz enduroient plus griefue mort que celle qu'ilz penfoient euader. Et ainfi eftant la ville affligée, fe trouua l'exterieure partie du Temple fi pleine de gés mortz, que le fang regorgeoit de toutes partz: car huyt mil cinq cens perfonnes furent occis en ce iour. Et neátmoins l'aigreur & ire des Idumeans ne fe rapaifa, ains continuans en leurscruautez, fe prindrent à ruïner les maifons, ou tóbans en leurs mains aucuns de ceux qui s'y eftoiét cachez,aufsi toft eftoient mis à mort & facmentez: tant qu'a la fin ilz fe laifferent defatacher au populaire : car eftimant leur mort peu, fe mifrent à chercher les euefques & fcribes qu'ilz meurdriffoiét ainfi que le malheur les atiroit à eulx, puis foulans leurs corps morts aux piedz, remettoient cefte iniure fur Ananus,difans luy feul eftre caufe, non feulemét de ce malheur, mais de tant d'autres maulx auenuz, non par la faulte du

peuple,

LE IIII. LI. DE F. IOSEPHVS.

peuple, ains par la meschanceté du pauure Anane & de Iesus, auquel ilz reprochoient les propos qu'il leur auoit tenuz sur la muraille, en despit desquelz ilz desnyoient aux vaincuz la sepulture, que les Iuifz honoroient si grádement qu'elle estoit permise aux penduz & iugez à mort, car on les inhumoit aussi tost que le Soleil estoit couché, qui me fait dire (sans que ie pense faillir) la mort d'aucuns auoir esté cause du commencement de l'euersion de la Cité : car du iour qu'ilz moururent les murs furent habandonnez, leur ruïne mise en auant, & la republique des Iuifz estainte des ce qu'ilz virent leur grand prebstre, & le directeur de leur salut ayant la gorge coupée au mylieu de la ville, lequel auoit esté en ses iours hóme digne de grand louange tresiuste & familier, autant au petit qu'au grand, encores qu'il fust constitué en noblesse & prééminance entre tous ceux de la Cité, voire & si grád amateur & protecteur de la liberté, qu'il desiroit souuentesfois que le peuple ce fist Empereur de la domination qu'on auoit vsurpée sur luy, preposant tousiours la commune vtilité à son particulier profit, auec vn certain desir, & sur toutes choses la paix & tranquilité des Citoyens : car il sçauoit bien que dificilement les Romains se pourroient conquerir & vaincre, & que les Iuifz n'auoient nul moyen de traiter auec eulx pour demourer libres & hors de leur subiection, encores qu'ilz deliberassent tous (luy viuant) de mourir pour y ataindre. Et si estoit si singulier & admirable en tout ce qu'il vouloit dire & persuader au peuple, qu'il en auoit plusieurs foys remis de rebelles & mutins, aussi eust il dóné beaucoup d'affaires aux Romains, si ses iours luy eussent plus duré : mais il fut occis, & aupres de luy Iesus grand personnage, mais beaucoup inferieur de luy, excellant toutesfois entre tous autres : car il estoit tant bon enuers Dieu, qu'il conseilloit plustost le saint Temple, & la Cité estre violez, destruitz, & purgez par feu, que les veoir contaminer ainsi par sacrileges parricides & sang espandu comme ilz estoient: toutesfois ilz se veoient & l'vn & l'autre gisans nudz sur le paué, & donnez en proye aux chiens, eulx qui souloient estre reuestuz au parauant d'habitz sacrez, & vrays autheurs de sainte religion, reuerez & celebrez par tout le monde, specialement par les estrangers qui venoient adorer au saint Temple, & telz que ie pense auoir esté engendrez de la propre vertu, qui lors pleuroit les vices, regnant en si grande licence dans la sainte Cité.

Fin du quatriesme liure de Flauius Iosephus
de la guerre des Iuifz.

DE LA GVERRE DES IVIFZ. Fueil. CXLIII.
Le cinqiesme liure de Flauius
IOSEPHVS DE LA GVERRE
DES IVIFZ.

De la continuation du meurtre
fait en Hierusalem, & des cruautez des Zelottes
& Idumées.

Chapitre   Premier.

Elle fut la fin d'Ananus & Iesus comme ie vous ay recité:
à quoy les suyuerent de pres maintz autres de la ville: car
les Idumeans & Zelottes continuans leur rage & fureur,
alloient de ruë en ruë, & de canton en canton, meurdrissant tous ceux qui tomboient en leurs mains, tout ainsi
que si ce eust esté vn troupeau de bestes abhominables,
specialement lors qu'ilz rencontroient le commun peuple : car les nobles
& leurs enfans estoient prins prisonniers & mis en seure garde, esperans les
atirer à leur ligue par leur donner seureté de leur vie: Toutesfois nul d'eulx
y voulut prester l'oreille, ains consentoiët plustost à leur mort prochaine,
que de conspirer aucunement contre leur commun païs, quelque torment
& extortion qu'on leur presentast, auant que leur donner le dernier suplice, lequel (finablement vlserez & n'aurez sur tout le corps) il receuoient
Bb   lors

LE IIII. LI. DE F. IOSEPHVS.

peuple, ains par la meschanceté du pauure Anane & de Iesus, auquel ilz reprochoient les propos qu'il leur auoit tenuz sur la muraille, en despit desquelz ilz desnyoient aux vaincuz la sepulture, que les Iuifz hono-roient si grádement qu'elle estoit permise aux penduz & iugez à mort, car on les inhumoit aussi tost que le Soleil estoit couché, qui me fait dire (sans que ie pense faillir) la mort d'aucuns auoir esté cause du commencement de l'euersion de la Cité: car du iour qu'ilz moururent les murs furent ha-bandonnez, leur ruïne mise en auant, & la republique des Iuifz estainte des ce qu'ilz virent leur grand prebstre, & le directeur de leur salut ayant la gorge coupée au mylieu de la ville, lequel auoit esté en ses iours hôme di-gne de grand louange tresiuste & familier, autant au petit qu'au grand, en-cores qu'il fust constitué en noblesse & préeminance entre tous ceux de la Cité, voire & si grád amateur & protecteur de la liberté, qu'il desiroit sou-uentesfois que le peuple ce fist Empereur de la domination qu'on auoit v-surpée sur luy, preposant tousiours la commune vtilité à son particulier profit, auec vn certain desir, & sur toutes choses la paix & tranquilité des Citoyens: car il sçauoit bien que dificilement les Romains se pourroient conquerir & vaincre, & que les Iuifz n'auoient nul moyen de traiter auec eulx pour demourer libres & hors de leur subiection, encores qu'ilz deli-berassent tous (luy viuant) de mourir pour y ataindre. Et si estoit si singu-lier & admirable en tout ce qu'il vouloit dire & persuader au peuple, qu'il en auoit plusieurs foys remis de rebelles & mutins, aussi eust il dóné beau-coup d'affaires aux Romains, si ses iours luy eussent plus duré: mais il fut occis, & aupres de luy Iesus grand personnage, mais beaucoup inferieur, de luy, excellant toutesfois entre tous autres: car il estoit tant bon enuers Dieu, qu'il conseilloit plustost le saint Temple, & la Cité estre violez, de-struitz, & purgez par feu, que les veoir contaminer ainsi par sacrileges par-ricides & sang espandu comme ilz estoient: toutesfois ilz se veoient & l'vn & l'autre gisans nudz sur le paué, & donnez en proye aux chiens, eulx qui souloient estre reuestuz au parauant d'habitz sacrez, & vrays autheurs de sainte religion, reuerez & celebrez par tout le monde, specialement par les estrangers qui venoient adorer au saint Temple, & telz que ie pense a-uoir esté engendrez de la propre vertu, qui lors pleuroit les vices, regnant en si grande licence dans la sainte Cité.

Fin du quatriesme liure de Flauius Iosephus
de la guerre des Iuifz.

LE V. LI. DE F. IOSEPHVS.

lors que leurs membres mutilez & rompus perdoient le pouuoir de plus
endurer ne souffrir. Chose qui se entretenoit aux tristes Citoyens prins de
iour, lesquelz la nuict estoient amenez à la Ieolle, & acoustrez de ceste façon, ou auenant qu'aucun d'eulx mourust, aussi tost estoit trainé & ietté
loing pour faire place à quelque nouueau venu. Dont la tremeur fut si grã
de & l'espouentement si continuel parmy le peuple, que nul eust osé plorer apertement, ny enseuelir aucun des siens : mais estoient leurs pleurs &
lamentations continuez en secret, & le plus couuertement qu'il leur estoit
possible, faisant guet pour n'estre aperceuz n'y entenduz d'aucun de leurs
ennemys : parce qu'à l'instant ceux qui pleuroint estoient mis à telle peine
que les desplorez. Dont n'ayant aucun moyen de faire le deuoir qu'ilz desiroient à leurs amys, estoient contraintz (pour aucunement s'aquiter enuers eulx) grater de nuict la terre auec leurs ongles, & ce peu qu'ilz en
pouuoient tirer le ietter sur les corps mortz, & les couurir en aucune sorte
durant l'obscurité, & quelque fois en plein iour si aucun plus hardy estoit
de tant entreprendre. Et ainsi perirent douze mil nobles hommes de la cité, demeurans les homicides tãt laz & recreuz de leur cruauté, que (laissans
ceste façon de faire) conuertirent leur mal vouloir & impudence à violer
sans aucune vergongne les loix, & corrompre les iugemens par callomnies
& cauillations. En sorte qu'ayans conspiré & iuré la mort d'vn des nobles
qui restoient nommé Zacarie filz de Baruch, tant parce qu'il s'estoit touiours mõstré grand ennemy de ceste vermine, & amy tout outre des gens
de bien, que pour estre grandement riche, voulurent qu'il mourust, non
seulement pour auoir sa despouille, mais à fin de reculler d'eulx vn homme puissant, & qui les eust peu à la fin rompre & dechasser : pour à quoy
paruenir eleurent & assemblerent par leur commandement septante des
plus sages & honorables bourgeois pour iuges, gens toutesfois ignorans &
sans aucune auctorité de faire iustice : deuant lesquelz ilz accuserent Zacarie d'auoir descouuert & reuelé leurs affaires aux Romains, & enuoyé vers
Vespasian pour les trahir : toutesfois il n'y auoit argument aucun de verité, ny preuue de crime contre luy, sinon par les accusateurs mesmes qui ce
disoient & affermoient, voulant leur tesmoignage estre receu pour bon.
Ce que voyant Zacarie & cognoissant ne luy estre delaissée aucune esperance de salut : veu que par fraude & calomnie ilz l'auoient tiré, non en
iugement, mais en prison, ne voulut priuer de liberté le desespoir de sa vie :
parquoy commença à remonstrer deuant tous qu'il estoit faucement accusé, estans faitz cõtrouuez & sans aucune verisimilitude ny aparence, se la-
uant & purgeant tresbien de tout ce qui luy estoit mis sus par ses ennemys,
ausquelz adressant sa parolle se print à leur desduire par ordre & mettre
deuant les yeulx toutes leurs seditions & meschancetez, se doulourant beaucoup, & entre autres choses de la perturbation de la Republique & de
leur pollice qu'il disoit estre ia subuertie. Dont les Zelottes tremblans d'i-
re se pouuoient à grand peine abstenir de luy courre sus à coups d'espées :

toutesfois

DE LA GVERRE DES IVIFZ. Fueil. CXLIIII.

toutesfois si dissimulerent ilz, tant pour l'espoir qu'ilz eurent d'auoir contre luy le iugement qu'ilz atendoient, que pour experimenter si les iuges apostez oseroiét estre memoratifz de Iustice en temps si iniuste & dangereux: lesquelz neantmoins luy donnerent sentence d'absolution: aymans tous les soixáte mieux mourir pour luy que sa mort leur fust imputée à l'auenir. Ainsi se leua de deuant eulx Zacarie absouz, dont les Zelottes trop desplaisans firent vne rumeur merueilleuse, & telle, que crians apres les iuges qu'ilz n'auoient pas bien entendu la simulation de la puissance qui leur estoit donnée, deux des plus mutains & braues, vindrent assaillir le pauure Zacarie & le tuerent au meilleu du Temple: luy disant comme par moquerie: tu as de nous vne sentence de plus certaine absolution que non de tes iuges. Et le trainant par terre le ietterent à l'instant à la vallée qui estoit prochaine: chassans les iuges hors à coups de plat d'espées qui estimoient leur estre fait trop plus grand' honte que s'ilz leur eussent donné la mesme mort, laquelle ilz leur pardonnerent pour scruir d'exemple, & estre de là en auant messagers de la seruitude à ceux qui viuoient encores escartez par la cité. Or commençoient desia les Idumeans à se repentir d'estre venuz fauoriser tant de mesfaitz qui leur desplaisoient par trop: en sorte que s'estans vn iour assemblez, vn des Zelottes leur vint raporter secrettement tout ce que ses compagnons auoient deliberé, leurs machinations & entreprinses: & comme souz faux donner entédre ilz s'estoient mis en armes pour les venir secourir contre les pontifes, qu'ilz accusoient auoir voulu deliurer leur mere cité aux Romains: mais qu'il ny en auoit eu aucun indice ny soupçon, ains estoit vn faulx fait mis en auant par ceux qui (faignans vouloir bien au sainct lieu) estoient eulx mesmes prodicteurs & principaulx ministres de tant & telles tirannies, lesquelles à bien parler on deuoit estaindre du commencement, sans les laisser ainsi croistre & augmenter comme ilz ont fait depuis: toutesfois (disoit-il) encores vault il mieux tard que iamais: ce que ne deuez differer d'auantage, quelque association que vous ayez faite aux paricides, lesquelz vous deuez fuir d'oresnauát sans plus prester faueur par voz forces à ceux qui vouloient destruire l'obeissan ce & reueréce deuë aux peres & patriarches. A' laquelle remonstrance les Idumées furent si ententifz, que combien que ce leur eust esté, & fut grief, la closture des portes de la ville qu'on leur auoit fermées au visage, & deffendu l'entrée, si s'adoucirent ilz, considerans ceux qui en estoiét autheurs en auoir receu leur payement, & entre autres Ananus auec tant de peuple qui en vne nuict estoit passé par la fureur du glaiue. Ce que beaucoup d'eulx eurent en telle horreur qu'ilz cómencerent à eulx en repentir, considerans la cruauté auoir esté entretenuë oultre mesure, par ceux qui les auoient semondz & apellez à leur secours: sans que pour telle faueur ilz fissent cas d'eulx, encores qu'ilz eussent esté cause & moyen de leur saluation, les ayans deliurez & retirez du siege ou ilz estoient si estroitement detenuz. Et neantmoins postposant tous ces bons tours, & cóme n'en fai-

Bb ii   sant cas,

LE V. LI. DE F. IOSEPHVS,

fant cas, ofoient bien deuant eulx mefmes exercer leurs crimes abominables & tant de meffaitz qu'ilz auoient veu fouffrir aux citoiens de la ville, lefquelz auoient iufte caufe d'en dóner le blafme aux Idumeans: veu qu'ilz tolleroient toutes ces tirannies eftre faites deuant leurs yeulx & fans les reprendre. Et ainfi difcourans en eulx mefmes, ceux qui furent touchez de cefte raifon iugeoient en leurs efperitz eftre meilleur d'eulx retirer en leur païs, que plus feiourner là, confiderans qu'ilz s'eftoient trop auancez : veu qu'il aparoiffoit vne notoire calomnie auoir efté inuentée par les Zelottes contre les non coulpables, & que nul Romain auoit efté apellé comme ilz difoient. Parquoy refolurent ne fe mefler plus parmy troupe fi malheureu fe & mefchante, ains l'habandonner de tout poinct: eftimans telle retraite les deuoir purger à l'auenir de tous les crimes ou ilz auoient participé, cóme ayant efté faitz non de leur gré, ains comme deceuz fouz le faux donner entendre de telz pendars. Ce que finablement ces premiers auifez feurent fi bien perfuader aux autres leurs compagnons, que finablement tous s'acorderent à leur opinion, & vindrent de prime face tirer hors des prifons enuiron deux mil bourgeois, puis fortirent hors la cité auec Simon leur capitaine, duquel nous auons parlé cy deuant, & fe retirerent de là en leurs maifons. Toutesfois leur departement fut inopiné & aux citoiens & aux Zelottes: car le peuple ignorant le finderaife & remors de confcience qui les auoit apellez à cefte repentence, fe refiouirent beaucoup de leur eflongnement, car ilz fe veoient deliurez de la plus part de leurs ennemys: & femblablement les Zelottes, aufquelz l'infolence augmenta plus que iamais, faifans fefte de la retraite d'iceux Iduméas, non pour crainte qu'ilz euffent d'eulx, mais comme eftrágez de la prefence de ceux de qui la honte, la vergongne & reuerence faifoit quelque foys retarder ou temperer leurs cruaultez. Aufsi depuis ne fe trouua-il aucun retardemét à nul genre ou efpece de mal, ains s'efforçoient de là en hors vfer d'vn confeil precipité: fi que pluftoft ne leur plaifoit la chofe qu'elle ne fuft executée & acomplic, encores pluftoft que penfée: & principallement enuers les nobles & puiffans, contre lefquelz nulle efpece de mort ou de cruaulté eftoit efpargnée: car ilz fe trouuoient fouuent affommez mortz & eftenduz fur les carreaux, tant par enuie que pour crainte qui menaffoit les mefchans de la vertu de telz gens de bien, qui eftoient par ce moyen meurdriz & en aufsi grand nombre que fi la ville euft deu de ce iour eftre du tout defpeuplée: entre lefquelz & bien grand nombre Gorron homme d'honneur, de dignité, noble de race, trefexcellent & de bon efprit y perdit la vie & prindrent fin fes iours. Ceftuy Gorron grandement efiouy de veoir le peuple reprendre fa puiffance & vigueur, (tant eftoit amateur de liberté, & fus tous les autres Iuifz) fe trouua fi mal voulu des mefchans, que la preudhomie de luy caufa la perdition de foymefmes. Et autant en print il à Percuban le noir, encores qu'il fe fuft monftré au parauant preux & hardy tout outre en la guerre qu'il auoit eue contre les Romains. Ce que voulant ramente

DE LA GVERRE DES IVIFZ. Fueil. CXLV.

mentenoir aux larrons meurdriers, descouurit son estomach & autres parties de son corps , leur monstrant les endroitz des playes qu'il auoit receuës faisant seruice à la patrie : & neant-moins toutes ces choses ne les sceut iamais esmouuoir à compassion qu'ilz ne le tirassent deschiré par le mylieu de la ville, tant qu'à la fin ilz le retterent hors les portes, si que n'ayant plus d'esperance à son salut, les supplioit aumoins que luy mort son corps ne demeurast sans sepulture : ce qu'en luy refusant luy donnerent la mort . Mais premier que venir en ce poinct , & ainsi que les meschans luy faisoient receuoir tant de honte, supplioit les Dieux que non seulement auançassent les Romains pour venger sa mort , mais que la famine outre la guerre peust auenir à telz meschans , voire & si vehemente qu'ilz conuertissent en eulx leurs propres mains vengerresses de son martire. Ce que Dieu (coustumier d'exauser contre tous iniustes & impitoyables) luy accorda & ainsi leur en print à la fin . Toutesfois si mourut il, & demeurerent les Zelottes releuez de la crainte qu'ilz auoient d'estre par luy contrariez à l'auenir. Ne se trouuant pour cela aucune partie du peuple deliuré , & de qui on ne cherchast l'occasion de mort : mesmes de ceux qui auoient de long temps resisté & empesché plusieurs des cytoyens estre occis : & qui se pouuoient dire sans nule offence, fors qu'on les accusoit d'auoir trop soudain consenty à la paix: & non eulx seulement mais si de fortune aucun tardoit trop ou a se retirer vers ces matins, ou a les congratuler franchement, aussi tost estoit reputé & tenu pour suspect. Et les autres qui ne leur complaisoient ou obeissoient, comme insidiateurs & trahistres . De sorte que toute semblable estoit la punition des grandz maulx comme des pecadiales & petitz crimes , sans que nul eschapast de ceste peste qui ne fust ignoble , roiturier , ou de basse condition.

De l'intestine discorde des Hie-

rosolimitains.

Chapitre. II.

Bb iii   Mais

LE V. LI. DE F. IOSEPHVS.

MAis quand les Romains entendirent ces nouuelles, se disposoient tous d'aller assaillir la cité, existimans la discorde & mutinerie de ceux de dedans estre l'entiere & finable ruïne du lieu: tellement qu'ilz presserent fort Vespasian d'y entendre: veu qu'en cela seul consistoit la principale charge qu'il eust de son entreprise: & mesmes que la prouidence de Dieu y ouuroit de sorte que leurs ennemys se formalisoient les vns contre les autres, ny plus ny moins que s'ilz auoient les yeulx bandez, ce qui ne pourroit continuer longuement qu'ilz ne se reconsilieroient ensemble, ou pour si trouuer lassez d'intestine partialité, ou reduictz par vn remors & sindereße de conscience. Ausquelz Vespasian fit telle responce. I'entendz bien qu'ignorans ce qu'il est conuenable & necessaire de faire, vous resemblez ceux qui montez sur le theatre desirent plus monstrer par aparence ce qu'ilz peuuent auec les armes & leurs mains, que non de pourpenser auec raison ce qui leur est & doit estre le plus vtile & necessaire. Et que soit vray, considerez si nous assaillons la ville tost & ainsi promptement que vous dites que nous serons cause de la reconsiliation que feront noz ennemys ensemble, retroquans contre nous les partialitez & inimitiez qu'ilz ont à present les vns contre les autres. Mais si vous voulez differer & attendre vn petit, vous verrez leur sedition domestique les ruïner, & tellement affoiblir d'eulx mesmes, que nous les aurons tous la corde au col, estant asseuré que Dieu les nous donnera en noz mains, les y ayant desia mieux acheminez que nous n'eussions sceu faire, comme les voulans reduire & deliurer en la puissance des Romains sans aucun labeur, par la victoire que nous aurons sur eulx sans aucun peril, car ilz se donneront eulx propres la mort estans ainsi troublez des rumeurs & dissentions qu'ilz ont ensemble,

DE LA GVERRE DES IVIFZ. Fueil. CXLVI.

ensemble, & telles qu'il nous apartient mieux estre spectateurs de leurs perilz que de combatre contre les hommes qui apetoient leur mort auec vne intestine rage de discorde. Toutesfois si aucun de vous estime l'honneur de la victoire estre moindre sans combatre, qu'en côbatant ie luy suplie aussi penser quelle gloire c'est que de bien côduire ses entreprises & les mener à chef estant l'issuë d'vn côbat incertain. Et le capitaine excellent aux armes non de moindre recômandation conquerant par prudence paix ou choses semblables, que celuy qui auec plusgrand peril & hardiesse vient au dessus de ses énemys par la force de ses bras. Aussi n'est il pas ores saison d'ocuper la clarté de la victoire qui reluist maintenant deuant noz yeulx, mais est bien requis nous en seruir pendât que les Iuifz (en debat) ne s'amusent qu'à leurs discors particuliers, sans eulx donner peine soit de forger harnois, ou remparer leurs murs, ou pourchasser secours de leurs voysins & alliez : au moyen dequoy enflez d'vne domestique guerre & dissention sont tous les iours en chemin pour souffrir d'eulx mesmes choses plus miserables que la mesme misere voire & plustost, que (si nous entrez dans leur ville) les tinssions captifz ou esclaues. Estant donc la victoire certaine par la desconfiture qu'ilz se preparent d'eulx mesmes, n'est il pas meilleur les laisser tomber en la fosse qu'ilz font, & nostre hôneur plus grand & glorieux, que si nous les auions par combatre estans desia matez de la maladie intestine qui les trauaille iour & nuict? atendu que l'on pourroit dire, & auec raison, que la discorde les auroit combatuz & non la force de noz bras. Ainsi alloit Vespasien remonstrant aux Romains : à quoy tous les chefz & capitaines de son ost presterent tellement l'oreille qu'ilz cogneurent peu de temps apres ceste voye leur auoir esté plus profitable qu'autrement : car beaucoup de ceux de la cité fuyans les Zelottes se rendoient aux Romains d'heure à autre, encores que leur fust dificile & mal aisé de sortir hors la ville : parce qu'en toutes les saillies y auoit gardes : & si quelqu'vn y estoit surpris aussi tost estoit mis à mort, sinon qu'il eust argent pour estouffer ou gaigner les centinelles & autres ordonnez au guet, qui par ce moyen leur donnoient voye : mais qui n'auoit dequoy estoit prins & arresté comme trahistre : tellement que le riche euadoit, & le pauure y laissoit la vie, le nombre desquelz se monstroit grand par tous les chemins & voyes ou ilz demeuroiét estenduz esgozillez : l'horreur dequoy intimida tellement plusieurs de la cité, qu'ilz eleurent plustost mourir entre leurs murs pour l'esperance de sepulture, que de demeurer hors pasture aux bestes côme ilz veoient leurs voisins : combien que la felonnie des sedicieux fust si desmesurée qu'il ne la permettoient ny dedans ny dehors à ceux qui estoient ainsi cruellement occis. Mais comme s'ilz eussent iuré de corrompre les loix patriennes, aussi vouloient ilz pertroubler les loix de nature : taschans par leur iniustice enuers les hommes, contaminer la diuinité en ce qu'ilz laissoient pourrir la charongne des mortz, & la consommer au Soleil : tellement que le suplice du mort pendoit à celuy qui enterroit, fust son parét, familier, ou son amy:

Bb iiii &perdoit

& perdoit luy mesmes quant & quant le droit de sepulture qu'il vouloit prester à vn autre: ne restant aux princes Iuifz que la seule commiseration qu'ilz portoient en leurs courages : & aux Zelottes la cruauté extreme, laquelle auoit enuironné tellement leur esprit qu'ilz se monstroient grandement cruelz, lors qu'ilz veoient exercer œuures pieuses ou chose qui aprochast de compassion, faisant tomber l'aigreur de leurs courages, des vifz aux mortz, & des mortz aux vifz, si que crainte excedant tout moyen, car plus heureux estoiét estimez les deffunctz ayans acquis leur repos, que ceux qui viuoient ainsi tormentez & affligez: ausquelz la garde monstroit souuent (pour les rendre encores plus miserables) les non enseueliz les nommans plus fortunez qu'eulx, estant le droit humain brisé & foullé par eulx, iusques à se mocquer de la diuinité, & des escritz des prophetes, dont ilz se gaudissoient n'en faisant cas non plus que de fables, ou propos controuuez qu'ilz contemnoient par leurs vices & meschancetez aussi bien que les statuz des maieurs, & ce qui auoit esté predit anciennement de la patrie qu'ilz aprouuoient & adoptoient sur la mort des tristes maçacrez. Or couroit lors entre eulx vne ancienne prophetie qui disoit leur ville deuoir estre prise, & leurs choses saintes bruslées par droit de guerre, lors que la sedition s'esleueroit contre eulx, & que de leurs propres mains le temple de Dieu seroit violé. A'quoy les Zelottes ne doutans rien de leur foy furent ministres & executeurs.

De la reddition & defaite des
Gadariens.

Chapitre   III.

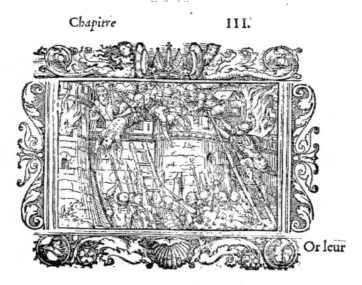

Or leur

DE LA GVERRE DES IVIFZ. Fueil. CXLVII.

R leur capitaine Ian qui de long temps affectoit la tiran-
nie trouuoit si mauuais & reputoit à hôte ses semblables
auoir auec luy pareil degré & honneur. Parquoy retirant
à sa deuotion les plus malings & meschans de la troupe,
se separoit tellement petit à petit des autres chefz, qu'il
commença à negliger & ne faire cas de leurs decretz &
ordonnances, donnant telles persuations à ceux de sa ligue, que le plus a-
ueugle cognoissoit bien que luy seul pretendoit à commander & ordonner, dont les aucuns se ioignerent à luy par crainte, quelques autres
de pleine volunté, tant estoit admirable à persuader par son bien dire,
& la plus part parce qu'ilz estimerent estre plus seur atribuer à vn seul l'o-
casion des crimes & delitz qu'ilz faisoient, que non à tous les autres ensem
ble: veu mesmement qu'il s'estoit tousiours monstré preux & prompt aux
armes, en conseil meur & bien auisé, & desia fort suiuy des soldatz & satalites. Ce que plusieurs des autres capitaines trouuerent tant bizarre que
esguillonnez d'vne certaine enuie pour ne s'estimer moindres que luy, ne
pouuoient bonnement cóporter la subiection & obeissance que leur vouloit mettre sus celuy mesmes qui n'agueres au parauant leur estoit compagnon & esgal, & qu'il vouloit pretendre (comme ilz cognoissoient bien)
à demeurer seul, dont ilz n'esperoient pas le demettre facilemét si vne fois
il ataignoit ce poinct, & si ne sçauoient comme l'en bien empescher, craignans que ou ilz s'esforceroient de ce faire, il print occasion de plustost
s'en empieter & saisir. Et ainsi douteux resolurent de plustost endurer tou
tes choses par guerre, que (seruans de volunté) perir comme esclaues. Dót
il auint que la sedition fut diuisée, & commença Ian à tenir apertement
son ranc seul, & se fortifier contre ceux qui le vouloient cótredire, & eulx
contre luy: non que les saillies qu'ilz s'entrefaisoiét vinssent à grande cruaulté. Car toute leur contention estoit ou à qui pilleroit mieux le peuple,
ou qui raporteroit le plus grand butin: tellement que la cité se trouua trauaillée de trois grandz maux, de guerre, de domination, & de sedition:
dont la guerre sembloit plus doulce au populaire, lequel ne pouuant plus
comporter tant de tirannies delibererent auoir recours aux estrágers pour
reprendre ce qu'ilz auoient perdu entre ceux de leur propre nation: & obtenir des Romains par grace, le salut qu'ilz desesperoient de ceux mesmes
qui plus le leur deuoit conseruer, lesquelz mettoient à desconfiture ceux
du païs de iour en iour: qui estoit pour le quatriesme mal dont ilz estoient
trauaillez. Or y auoit il (non pas loing de HIERVSALEM) vn tresfort chasteau ou se gardoient communémét les munitions & autres choses exqui-
ses pour la guerre, seureté & deffence du païs, edifié autrefois par les anciens Roys de Hierusalem qui s'apelloit Massada, ou les sedicieux & larrons retiroient leur butin pour le mettre à seureté, & y tenoient garnison:
laquelle voyant l'exercite des Romains oysiue & trop en repos, & les Iuifz
mesmes fatiguez de domination & discorde s'estre retirez vers Vespasian,

sortirent

LE V. LI. DE F. IOSEPHVS.

fortirent les soldatz de dedans pour faire encores pis qu'ilz n'auoient fait. Car le iour & feste des azimes qui estoit solennisé des Hebreux, en memoire de leur captiuité d'Egipte, dont ilz auoient esté ce mesme iour deliurez, & de la cruelle opression & tyrannie de Pharaon, entreprindrent de surprendre la citadelle de Engadi, assez leur voisine: vers laquelle ilz s'acheminerent la nuict si à propos que surprenás les Iuifz qui l'auoient en garde, les en chasserent apres auoir quelque peu côbatu & resisté, mettant à mort hommes femmes & petitz enfans, iusques au nombre d'enuiron sept cens ou plus, & pillans la place emporterent les fruitz desia meurs en Massada, sacageans à leur retraite les bourgs & villages d'alentour, si que ne laissans rien derriere fors les vestiges de leurs maux, se trouuerent peu de iours apres suyuis de tant de pendartz leurs semblables, que leur nôbre & force s'en augmenta grandemét, & si bien qu'il n'y auoit en toute la Iudée chemin seur, ny passage sans danger. Et tout ainsi qu'estant en vn corps membre principal Histiomene, ou pourry, il est force que tous les autres s'en deullent & sentent: semblablement ses ruffiens & volleurs, voyans le tumulte & discorde regner auec tant de vigueur en la cité metropolitaine, prindrent la hardiesse & licéce d'aller piller & rober de toutes partz, tellemét que nul bourg ou village se trouua exépté de leur larcin, voire iusques es temples & villes ou ilz entroient quelquefois en grand nombre, & souuent par bandes & escadres, ainsi qu'ilz se trouuoient à propos: & si d'auenture on leur couroit sus, ou se trouuassent frappez ainsi qu'il auient es hazardz de la guerre, la vengeance en estoit prompte & dangereuse: car sans pardonner à ame viuante ruynoient, brusloient, & mettoient tout à destruction en maniere qu'il ny auoit contrée ny canton en toute la Iudée qui ne fust subuertie & mise au riuage. Dont Vespasian auoit souuent auis par ceux qui s'en fuyoiét vers luy, encores que tous passages fussent estroitement gardez par les seditieux: & que nul de ceux qui tomboiét en leurs mains (se desrobans eschapassent de mort. Dont il eut telle compassion, que pour y remedier & deliurer de ce malaise ceux qui restoient, leua son camp & marcha comme s'il eust voulu assieger Hierusalem: mais à la verité c'estoit pour deliurer d'opression le peuple, car il n'auoit nulle esperáce de pouoir forcer la ville, encores qu'il n'eust empeschement qui le gardast de l'assieger comme il vouldroit. Parquoy estant arriué en Gadare, vil le metropolitaine de la contrée tresancienne cité forte, il y entra le quatriesme iour de Mars, souz la faueur des gouuerneurs & maieurs du lieu, lesquelz ne desirans moins la paix que la côseruation de leurs biens (tát pour estre plus douteux & craintifz de leur ruïne, qu'asseurez de leur remede) luy auoiét enuoyé ambassadeurs pour la luy liurer au desceu des sedicieux, estant la ville peuplée de maintz grandz personnages riches & opulans en biens & thresors. Ce que fut si bien teu & couuert aux mutains qu'ilz cogneurent plustost Vespasian par la presence de ses forces qui les surprindrent, que par le traité qui au parauát auoit esté fait auec luy, dont ilz cuiderent

DE LA GVERRE DES IVIFZ. Fueil. CXLVIII.

derent defefperer, tant pour fe veoir plus foibles & moindres en nombre que ceux qu'ilz auoient voulu tenir en leur fuiection, que fe trouuans eulx & leurs murs circóuenuz d'vne infinité de Romains non plus gueres loing de leur fort, & qui les tenoient defia de fi court, que toute l'efperáce qu'ilz pouuoient auoir à leur fuitte, eftoit eftainte & amortie, confiderans leur eftre impofsible fans grande perte & effufion de fang, & encores moins honnefte de l'entreprendre premier qu'ilz euffent pugny griefuemét ceux qui leur auoient pourchaffé telle eftraite & dommage. Au moyen dequoy il fe faifirent de Dolefus homme certes qui (non feulemét en dignité: mais de nobleffe) eftoit tenu, eftimé & reputé premier de la cité, & principal aucteur aufsi de l'embaffade enuoyée vers les Romains, dót il fouffrit non feulement la mort à l'heure mefmes par fes ennemys, mais apres maintz coups receuz, & tant que l'ame luy fepara du corps, eulx comme en furie le ietterét hors la cité pour en faire proye aux beftes & oyfeaux. Et ce pendant l'armée de Vefpafian marchoit toufiours encontre, que les Gadariens receurent auec grandes aclamations & fignes de ioye. Dont l'Empereur content, ayant prins d'eulx le ferment de fidelité, leur laiffe garnifon tant de gens de cheual que pied, pour obuier aux incurfions des banys, ayans au parauant les Citadins rompu leurs murailles, & premier que les Romains le leur euffent commandé, pour affeurance & tefmoignage du defir qu'ilz efperoient à vne longue amytié & alliance perpetuelle auec eulx, renonçans par tel exploit & demoliffement à toute guerre, fans qu'ilz fe voulfiffent referuer moyen de la pouuoir entreprédre ou ilz changeroiét d'opinion à l'auenir. Et fur l'heure fut depefché Placidus auec cinq cens hommes à cheual, & trois mil foldatz pour pourfuyure les fedicieux fuys de Gadare, tandis que Vefpafian retourneroit auec le furplus de fon camp en Cefarée. Dont iceux fedicieux auertis & voyans la caualerie Romaine fur leur bras firét tant premier que tomber en leurs mains qu'ilz fe faifirét d'vne vilette nommée Bethnabrin, ou ilz trouuerent affez grande compagnie de ieunes gens, partie defquelz fe liguerent volontiers auec eulx & l'autre partie par force, en forte qu'ilz tournerent vifaige, & d'vne trop grande temerité affaillerent Placidus & fes gens de cheual, qui au commencement fignerent de reculer pour attirer à leur infanterie (qui ne les auoit peu fi toft fuyure) fes hardis affaillans, auec telle d'exterité que les voyans en lieu auantageux pour leur donner la charge les enuironnerent fi apoint qu'ilz les taillerent en pieces, fans qu'il en rechapaft vu feul: car fi aucun prenoit la fuitte aufsi toft le gendarme à cheual luy rompoit la tefte, & ou il demouroit ferme au combat, les gens de pied Romains le s'acmentoient fans grande ou longue refiftance: parce que le cueur leur faillit à tous des l'inftant qu'ilz fe virent encloz de leurs ennemys qui les tenoient prins & ferrez tout ainfi que s'ilz euffent efté entre quatre murs, & fans leur dóner aucun moyen d'en efchaper, n'eftás affez puiffans pour rompre ou esbranler ceux qu'ilz auoient ofe affaillir. Parquoy defefpe-

rez

LE V. LI. DE F. IOSEPHVS,

rez de leur vie s'enferroiét dans les picques des Romains, ny plus ny moins que fait la beste fauuage efchauffée dans l'efpieu du veneur. Dont furuint fi grand meurdre qu'on veoit les vns percez à trauers les tripes, autres fenduz à demy, & vne infinité couuertz de playes: car Placidus auoit tel foing de n'en laiffer retourner vn feul dans la ville, qu'il trauailloit inceffammét à les tenir ferrez & iointz enfemble voulfiffent ou non: Toutesfois aucuns des plus habilles & ligers (mais peu) trouuerent façon d'eulx demefler du carnage & gaigner le deuant de la muraille, rendans douteux les gardes fi leur deuoient permettre l'entrée de leur ville ou non: car les vns difoient n'eftre raifonnable laiffer ainfi mourir à leurveuë ceux de Gadare qui les eftoienr venuz fecourir contre les Romains, les autres plus craintifz remóftroient au cótraire le peril eminét qui leur eftoit prompt & preft, n'ayant moyen de fouftenir l'effort de ceux qui defia auoient deffait leur principalle force, auec laquelle ilz periroiét cóme il leur auint depuis : parce que la caualerie des Romains pourfuyuans leur victoire iufques fur le bort de leurs foffez, & trouuant Placidus les portes claufes, commanda de les affaillir. Ce que firent incontinent les gens de pied, auec telle & tant de hardieffe que toft apres ilz fe firent feigneurs & maiftres & de murs & de la ville enfemble, ou le populaire inexperimenté paffa à la force du glaiue, & les autres plus auifez fe fauuerent par legere fuitte, tandis que les foldatz fe amufoient au pillage & a brufler & defmolir les maifons par toutes les rues de la ville, femant ceux qui auoient cuité tel peril fi gráde crainte par toute la contrée d'enuiron qu'elle fut incontinent habandonnée des propres habitans qui péfoient à toute heure auoir l'armée des Romains à leurs tallons: fi que fans quafi regarder derriere eulx fe retirerent en grand nombre dans la ville de Hiericon qui les receut & nourrit pour fe fentir fi forte & populeufe qu'elle ne doutoit nul hazard de la guerre. Mais fuccedens les affaires heureufemét à Placidus les pourfuyuoit fi roide (executant fa fortune) qu'il les força d'habandonner cefte fortereffe iufques au fleuue Iourdain, ou tout ce peuple arrefté pour l'impetuofité du cours de l'eau (cognoiffant n'auoir moyen de paffer oultre à caufe des rauines & lauanges nouuellement furuenues) fe parqua pour atendre leur ennemy, & le combatre en forte que femons d'vne neceffité extreme n'ayans autre lieu de refuge vindrent à l'effait. Mais fi n'eurent ilz pas du meilleur, car arriuant Placidus fe meflerent luy & les fiens de telle furie parmy eulx, que la plus part de fuyars fe fauuerent pour l'heure à la faueur de quelques barques treize mille qui demeurerent eftenduz fur le riuage, & vn nombre infiny qui prindrent fepulture entre les vagues, fans enuiron deux mil deux cens de prifonniers, auec vn grand butin de brebis, afnes, chameaulx, & beufz. Et combien que cefte playe tombée nouuellement fus les Iuifz fuft efgalle aux precedentes, fi s'en refentirent ilz plus que de nul autre : car la region par ou ilz auoient fuy n'eftoit feulement femée des reliques de ceux qui par les places eftoient contraintz rendre les abois : mais le fleuue Iourdain

mefmes

DE LA GVERRE DES IVIFZ. Feuil.CXLIX.

mesmes en si grande abondáce qu'il estoit impossible le nauiger ny semblablement le lac Aspaltide tant regorgeoient & s'estoient enfléz d'vne infinité de charongnes des personnes tumbées dedans, qui (a ceste occasion & par la force des vagues) estoient dispersées & transportées par plusieurs autres fleuues. Ce que considerant Placidas, deslogea du lieu de sa victoire, & vint es villages & collines qui s'offrirent en ses chemins, tant qu'il arriua en Iuliade qu'il print auec Bestmoth, & tout ce qui est iusques au lac Aspaltide, ou il laissa garnisons. Et si fit embarquer en nauires & brigantins aucuns de ses gens qui deffirent ceux qui s'estoiét sauuez sur l'eau Dont auint que toute la contrée qui est par delà le fleuue Iourdain fut renduë de là en auant obeïssante aux Romains, & celle qui va iusques à Macheron aussi.

D'aucunes villes prises, auec la
description de la cité de Hiericon.
Chapitre.   IIII.

Vrant ces menées vindrent nouuelles à Vespasien qu'il s'estoit fait vne esmeutte en Gaulle, & que les preuostz & maieurs des habitans auoient deffailly à Neron, ainsi qu'il est escrit ailleurs plus amplement. Ce qui enflamma de trop plus Vespasian à son entreprise, preuoyant deslors les guerres ciuiles plus preparées, & le peril de l'Empire plus renouuellé que iamais, & qu'ou il pourroit sub-

Cc   iuguer

LE V. LI. DE F. IOSEPHVS

iuguer ou apaiſer (premier que ces noualitez auinſent) les parties d'O-
rient, que l'Italie en auroit moins à craindre. Parquoy mit toute peine à
s'aſſeurer des places & villes fortes qu'il auoit deſia conquiſes, ou il mit
par tout garniſons & capitaines, faiſant reſtablir & reédifier beaucoup
de choſes qui auoient eſté ruïnées auparauant. Et tout au premier s'achemina auec l'exercite qu'il auoit conduit en Ceſarée, droit à Antipatride
qu'il viſita & munit de toutes choſes neceſſaires en deux iours, & le troiſieſme en deſlogea, bruſlant & faiſant le degaſt par tout les enuirons de
la Toparchie de Thamna, pour plus ayſement aſsieger Lyde & Iamnie.
Mais apres que l'vne & l'autre furent renduës, y ayant eſtably & ordonné habitans ydoines, paruint en Amaonte ſe ſaiſiſſant du paſſage qui alloit droit en la cité metropolitaine, ou il planta ſon camp, & le ferma de
murailles, puis y laiſſa la cinqieſme legion, & auec le demeurant de ſon
armée, tira en la Toparchie de Bethlepton, & vers la contrée circonuoi-
ſine, mettant à feu & à ſang tout le circuyt de l'Idumée, ou il erigea cha-
ſteaulx & places fortes par les lieux propres & de requeſte, auec bonnes
gardes & ſeurs capitaines, ſe ſaiſiſſant de Begabre & Caphartophá deux
villes aſſiſes au mylieu de la contrée, à la priſe deſquelles il deffit plus de
dix mil hommes : & en print de priſonniers iuſques à mil, puis chaſſa le
demeurant du peuple, y laiſſant grand nombre de ſa gendarmerie pour
ſe rafreſchir & reſiſter aux continuëlles courſes d'ennemys, qui deſcen-
dans des montagnes & deſtroitz degaſtoient tout le païs d'enuiron. A-
quoy ayant mis ordre retourna en Iamnie auec le ſurplus de ſon armée,
pour deſcendre en Corée par Samaltide & Neapoly, qui ſe nommoit par
les habitans Maborthe, ſi que le deuxieſme iour de Iuing il y planta ſes
tentes, & le troiſieſme paruint en Hiericon, ou vint ſe ioindre à luy l'vn
de ſes chetz & capitaines nommé Traian auec tout l'exercite qu'il auoit
amené le long du fleuue Iourdain, ayant deſia vaincu tous les habitans
de l'enuiron. Or s'eſtoit au parauant l'arriuée des Romains en Hiericon
fuy vn grand nombre de ceux de la ville dans les montagnes opoſites de
Ieruſalem, autrement euſſent eſté mis à mort, comme furent les autres
qui oſerent attendre les Romains, & par ce demoura la cité deſolée : En
la planeure de laquelle aparoiſt vne montagne nuë & ſterile, grandemét
longue, s'eſtendant depuis la Septentrionalle region iuſques aux champs
Scitopolitains : & de la part du Mydi iuſques à la terre de Sodome & le
lac Aſpaltide. Ceſte montagne dont ie parle eſt aſpre deſerte & non habitée, d'autant qu'elle ne raporte rien : à l'opoſite de laquelle & le long
du fleuue Iourdain eſt adiacent vn autre mont, commançant de la part
de Septentrió à Iuliade, & s'eſtend deuers mydi iuſques à Bacre, que Petra cité d'Arabie confine. Et en ce lieu eſt auſſi vne autre montagne nommée le mont de Fer, longue iuſques es Moabites, & entre deux montz
vne campagne, apellée Long-champ, qui tient depuis Genabre iuſques
au lac Aſpaltide, ayant deux cens trente ſtades de longueur, & large de
six vingtz.

DE LA GVERRE DES IVIFZ. Feuil. CL.

ſix vingtz. Au trauers duquel paſſe le fleuue de Iourdain, & là ſont deux lacz, l'Aſpaltide, & Tyberienſe de contaires nature : car l'vn eſt ſallé & ſterile · & celuy qu'on dit vulgairement Tyberienſe, doulx, delicieux, & fecond. Mais la plaine ſi brulante de l'ardeur du Soleil en eſté, & ſi oprimée d'vn ær vicieux que toute choſe y deſeiche : au reſte de ce qui ſe trouue & croiſt ſur le riuage du Iourdain, ainſi que lon cognoiſt par les Palmiers qui ſont au bort, plus floriſſans & fertiles que les autres reculez & eſlongnez. Et d'auantage y a en Hiericon vne fontaine large & diffuſe, treſſouueraine & propre pour arroſer les champs, qui prent ſa ſource au long de l'ancienne ville que Ieſus filz de Naué duc des Hebrieux poſſeda en la terre des Chananées durant les guerres. On recite de ceſte fonteine qu'anciennement l'eau empeſchoit la terre & les arbres porter aucun fruiĉt, eſtant ſi vicieuſe qu'elle deſtruiſoit l'enfant de la femme enſainte, & les gardoit meſmes de conceuoir : & qui plus eſt celuy ou celle qui en gouſtoit, eſtoit auſſi toſt infeĉté & attaint de maladie peſtilentieuſe, & corrompu dans les corps iuſques au mourir : mais elle deuint depuis ſalubre & fruĉtueuſe par Eliſée le prophete, ainſi que ie vous diray. Helye & ſon ſucceſſeur Heliſée, ayans eſté receuz ſouuent de ceux de Hiericon & traitez auec toute douceur, voulut quelque temps apres iceluy Heliſée recognoiſtre le benefice d'hoſpitalité, ſi bien qu'vn iour cheminant vers la fonteine plongea dedans vne bouteille de terre pleine de ſel, & la laiſſant aller à val l'eau, leua ſes mains en hault & pria (baiſant les ondes) qu'elle preſtaſt vne plus douce ſaueur, & changeaſt ſon amertume en liqueur plus gracieuſe qu'elle n'eſtoit, ſi que ſes veines fuſſent ouuertes pour decourir de là en auant en ruiſſeaux doux & d'vſage pour les creatures : ſupliant le ſeigneur Dieu en toute humilité que ſon bon plaiſir fuſt temperer ſa roſée auec les ventz, pour rendre l'eau nutritiue & commode à l'augmentation de la ſanté des perſonnes, conſeruatió des fruitz de la terre, & fecondité des femmes habitátes le païs, ſans qu'à l'auenir elle leur deſfailliſt, tant qu'ilz ſeroient iuſtes. A ſes prieres ayant beaucoup ouuré auec la diſcipline de ſes mains, le naturel de la fonteine fut tellement changé, que ce qui eſtoit au parauant cauſe de priuation de vie & ſterilité, fut fait auĉteur de viure & fecondité : de ſorte que depuis, ſon arroſement eſt de telle puiſſance & ſi grande, que la terre ou il decoule deuient merueilleuſement fertile & habondante : toutesfois ceux qui en abuſent diffuſement ont moindre profit que les autres qui s'en aydent auec modeſtie, & ſi arroſe plus grand païs que toute autre fonteine que lon ſache, eſtant longue de ſoixante dix ſtades, & large en ſon baſſin & planeure de vingt, embelliſſant grand nombre de iardins & lieux de volupté par ſon cours, en telle perfeĉtion que vous diriez eſtre vn paradis terreſtre, tant y a de toutes ſortes de Palmiers & palmes ſauoureuſes ſur ſes riuages, deſquelles les plus graſſes preſurées, de leur fruit rendent vn miel, non moins delicieux que le miel naturel, encores que

Cc ii   toute

LE V. LI. DE F. IOSEPHVS

toute ceste region en soit vraye mere & nourrice, & est le païs fort peuplé de Oppobalsme: qui est vn fruit singulier entre tous les plus doux & delicieux & tant embelly par vne infinité de Cypres & Mirabolans que qui diroit estre chose diuine du trait de ceste contrée ne faudroit nulement: veu que les choses qui sont rares, & qui se recouurent peu es autres contrées, sont copieuses & tresabondantes en ceste là: estant par ce moyé seule estimée en telle perfection, aussi n'y a il nulle qui s'en voulust donner la gloire ny contédre contre elle pour s'egaller en matiere de fruitz, tant est grande la multiplication & habondance de ce qui y est planté & semé, procedant telle fertilité (ainsi comme il me semble) de la viuacité des eaux auec la chaleur de l'ær qui prouoque & amplifie tout ce qui y croist, & l'humidité qui monte & humecte par les racines, leur administrant vne liqueur sauoureuse & delectable : tellement qu'en esté elle leur donne la force & vertu, se trouuant la chaleur si grande en ceste saison estiualle que lors rien plus n'y pulule tant est la terre brullante d'ardeur. Toutesfois si l'eau est puysée deuant le Soleil leuant, elle se trouue froide pour la frescheur du vent: & retient à ceste occasion vne nature contraire de l'ær: mais en yuer elle commance à se tiedir estant souuerainement bonne en toutes choses là ou elle est infuse. Et si est la temperature du ciel tant grande, qu'ou il negera en vne autre region de Iudée, en ceste cy dont ie parle, les habitans ne se vestent que de lin, encores qu'elle ne soit distante de Ierusalem de cent cinquante stades, & du fleuue Iourdain de soixante, se monstrant tout l'entredeux d'elle & de Ierusalem desert & pierreux: & le costé mesme du Iourdain tirant au lac Aspaltide, encores qu'il soit plus bas & humble que Hiericon, duquel ensemble du païs vous auez peu entendre suffisamment l'heur & commodité.

Des proprietez du Lac

Aspaltide.

Chapitre   V.

Mais si

DE LA GVERRE DES IVIFZ. Feuil. CLI.

Mais si Hiericon est admirable & digne de commemoration, la nature du lac Aspaltide ne luy en doit gueres: car encores qu'il soit sallé & sterille, toutesfois il court si legerement & de telle vitesse que toutes choses plus pesantes y flottent: & si n'y peult aucun se noyer dedans, encores qu'il le voulust entreprendre de sa propre industrie & volonté. Ce que voulant Vespasian auerer, venu au lieu pour le voir, commanda que quelques vns des siens dignes de mort & non experimentez en l'eau fussent iettez dedans, les mains lyées au doz, ce que fut fait, mais de la force & roydeur du cours du lac demeurerent flottans dessus, ainsi que si c'eust esté quelque chose spirituelle. Et si change l'eau trois fois le iour de couleur, selon la terre sur laquelle les rayons du Soleil se respendent, qui est chose digne de reciter: mesmes en ce que ce lac vomit en beaucoup d'endroitz vne terre noire comme poix qui nage sur les ondes, en la forme & grosseur d'vn taureau sans teste qui est soigneusement recueillie par ceux qui nauigent en ceste region: car ilz la tirent & mettent dans leurs nauires, ou elle se fige, de sorte qu'ilz ne l'en peuuent retirer sinon auec l'vrine d'vne femme qui a son mestruë tant elle se tient collée & conglutinée au nauire: estant singulierement propre & vtile à la liayson & assemblement des tous vaisseaulx, & plus encores à beaucoup de remedes pour la santé du corps. La longueur du lac est de cinq cens quatre vingtz stades, qui se respend iusques en Zoare, & sa largeur de cent cinquante: auquel est voisine la terre de Sodome, anciennement fortunée, tant en fruitz, richesses que citez, & maintenant toute bruslée & abismée, par le fouldre qui descendit dessus, pour la peruersité des habitans. Et encores y a il quelques reliques de feu di-

Cc iij   uin, &

uin & quelques mafures, & face de cinq citez, & des cendres qui renaiſcent auec les fruitz qui font de couleur d'vne herbe apellée Yuraye, leſquelz eſtraintz entre les mains de ceux qui les cueillent ſe reſouldent en cendre & fumée, ainſi qu'il eſt deſcrit par fable de la terre de Sodome.

De la deſtruction de Geraſis, enſemble de la mort de Neron, Galba & Othon.

Chapitre. VI.

Eſpaſian cherchant de toutes partz enclorre les habitans de Ieruſalem, ſe campa entre Hiericon & Adida, ou il dreſſa ſes tentes & pauillons, aſſeyant garniſons tout à l'enuiron tant de Romains que d'eſtrangers venuz à ſon ſecours: puis enuoya en Geraſis Locutius Annius auec vne partie de ſes gens de pied & chaualerie, qui du premier aſſault ayans pris la ville, occirent mil ieunes perſonnes preuenuz de leur ſuitte preparée, & toutes les familles reduittes en captiuité, habandonna Locutius le païs au pillage & au feu : ſi que eſtans les maiſons embraſées les plus puiſſans & diſpoſtz prindrent la fuitte, & demeurerent les malades mortz & occis, & toute la contrée, tant es montagnes que campagne oprimée de guerre, & ceux meſmes qui eſtoient dans Ieruſalem priuez de la liberté d'eux enſuyr : car ilz furent tellement eſtonnez de ce bruyt, que ſi aucun habitant faiſoit ſemblāt ou de crainte ou

DE LA GVERRE DES IVIFZ. Feil. CLII.

te ou de rumeur il eſtoit auſsi pris par les Zelottes & ſeditieux . Et toutesfois les autres eſchapez des Romains , n'y pouuoient auoir leur refuge, eſtant la cité de tous coſtez enuironnée de gens de guerre : qui donnoit meilleure enuie à Veſpaſian (eſtant lors en Ceſarée) de s'aprocher
auec le ſurplus de ſon armée , & venir droit ſe parquer deuãt Ieruſalem.
Mais la mort de Neron ſuruint qui luy fut annoncée, car il fut occis apres
auoir imperé treize ans huyt moys. Du reſte comme il deshonora & vil-
lipenda l'Empire ie m'en tairay. Et de la forme meſmes que l'aprehenderent & ſurprindrent Nymphidius & Tigillius gens peruers & meſchans,
les plus indignes de ſes libertins : auſquelz toutesfois il auoit permiſe la
republicque par leurs frauldes . Comme auſsi il fut deſtitué de tous ſes
Senateurs. Pareillement la maniere qu'il s'enfuyt aux faulxbourgs, auec
quatre de ſes plus fidelles libertins , ou il s'occiſt . Comme apres ſa mort
ceux qui l'auoient depoſé furent punys . Par quel moyen fut delaiſſée la
terre qui eſtoit en Gaulle. La maniere comme Galba paruint à l'Empire :
& ſon retour d'Eſpagne à Rome, ou il fut accuſé par ſes gens d'eſtre trop
humble & remis de courage, puis tué en pleine court, & Othon declaré
Empereur. Comme iceluy Othon enuoya ſon exercite contre Vitellius.
Enſemble les effors de Vitellius & aſſault contre le Capitolle . En quelle
ſorte Antonius primus & Mutianus occirent Vitellius . Le moyen qu'ilz
trouuerét pour apaiſer l'armée des Allemans,& les guerres ciuiles. Toutes leſquelles choſes ie paſſe de leger, m'aſſurant qu'elles ſont eſcrites au
long par maintz Grecz & pluſieurs Romains, aux liures deſquelz elles
ſe peuuent aſſez voir & entendre : & neantmoins ie vous en ay touché ce
mot, pour n'interrompre le fil de mon hiſtoire : Continuant laquelle,
eſtant Veſpaſian auiſé ſouuent & au long de toutes ces mutations , differa l'expedition qu'il auoit preparée pour aller en Ieruſalem, attendant
vers qui tourneroit l'Empire apres Neron . Mais quand il eut entendu
que Galba eſtoit nommé Empereur, delibera de ne rien entreprendre
que premier ledit Galba ne luy en euſt eſcrit . Et à ceſte ocaſion enuoya
ſon filz Titus vers luy, tant pour le ſaluer & luy preſter la foy, que pour
entendre ſes commandemens touchant l'affaire des Iuifz . Et pour ces
meſmes ocaſions le roy Agrippa nauigea à Rome. Or eſtoit l'yuer ia fort
emeu, & les ventz ſi contraires qu'ilz furent repoulſez en Achaye: & durant ce ſeiour, fut Galba occis ſept moys ſept iours apres ſon inſtitution:
puis en ſon lieu eleu Othon qui gouuerna trois moys ſeulement la republicque . Durant toutes leſquelles factions, Agrippa, peu eſtonné de ces
nouuelles, donna fin à ſon entrepriſe & arriua à Rome : mais Titus poul-
ſé d'vn inſtinct plus diuin qu'humain, retourna & tout à poinct d'A-
chaye en Syrie vers ſon pere qui ſeiournoit lors en Ceſarée : ou ſuſpens
(comme ſi le fait de l'Empire le permettoit) auoient mis en nonchalance
ce qui reſtoit de la guerre des Iuifz : deſirans pluſtoſt aller ſecourir leur
païs propre & naturel que plus entreprendre ſur les eſtrangers.

C iiii   De Simon

LE V. LI. DE F. IOSEPHVS

De Simon Gerasenus, chef de

nouuelle conspiration.

Chapitre.   VII.

E temps pendant se resueilla vne nouuelle guerre en Ierusalem par la subtilité de Simon filz de Girra natif de Gerasie, ieune d'ans, mais vieil en cautelle, & plus que Ian, par lequel la cité estoit possedée au precedant, & le surpassoit Symon en forces & audace de sa personne, pour laquelle il auoit esté chassé par le pontife Ananus de la Toparchie d'Acrabatene, dont il estoit gouuerneur, & s'estoit retiré auec les volleurs & larrons qui occupoient Massada : lequel du commancement leur fut tant suspect qu'ilz ne le laissoiét entrer qu'en la basse court du chasteau auec les femmes & autres qu'il auoit amenez quant & quant luy, sans qu'il eust moyen de venir au fort ny s'aprocher du lieu ou estoit la force & garnison de la place. Neantmoins la necessité le contraignoit de dissimuler & se monstrer fidelle : en sorte que pour paruenir à ses attaintes se fit conducteur de ceux qui alloient au pillage, & auec culx rauissoit tout le territoire de Massada, les enhortant à plus grandes entreprises : car il estoit desireux de regner, & aspiroit à toutes choses de hauteur. Aussi se retira il apres la mort d'Ananus es lieux móthueux du païs : & auec le cry de la trompette fit promettre liberté à tous serfz, & aux libres de grandz dons & loyers si le vouloient suyure : dont il assembla tous les meschans & brigans du païs. Et des lors auec telles bandes commança à saccager les villages des montaignes, & se faire si fort qu'il osa bien peu apres descendre es maisons & bourgades des vallées, s'emparant à force d'armes des citez : car tant se monstra terrible qu'auec sa seule puissance toutes choses luy succedoient heureusement, au moyen qu'il auoit gaigné aucuns des plus grádz seigneurs : Et n'estoit desia plus vn exercite de serfz & larrós, mais vne armée de bourgeois & populaire qui luy obeïssoit comme à leur Roy, au moyen dequoy fit de grandes courses & saillies en toute la Toparchie d'Acrabatene, voire iusques en Idumée la maieur : car il fit circuir de murs le village de Nayn pour sa retraite & deffence, duquel il se sçauoit ayder comme d'vn tresbon chasteau, auec la faueur qu'il eut de la ville de Pharan qu'il creusa & eslargit beaucoup de caucrnes, & plusieurs autres qu'il trouua preparées, dont il se seruoit pour garentir ses proyes & despouilles, faisant rauir & amener tous les bledz circonuoysins dans ses spelonques, souz la conduyte de ses satellites & volleurs qui s'augmentoient de iour en iour & de plus en plus : voire en si grand nombre que le bruyt commança à

courir

DE LA GVERRE DES IVIFZ. Feuil.CLIII.

courir qu'il s'en venoit en Ierusalem . Dequoy les Zelottes auertis , & se
doutans de telle entreprise , delibererent de preuenir celuy qui vouloit
de tant anancer sa grandeur par dessus eux . pour lequel desfaire prindrent les armes & vindrent pour le trouuer. Ce que venu à la cognoissance de Simon marcha encontre & leur liura bataille ou plusieurs d'eux
perdirent la vie , donna la chasse aux autres qui de vitesse se peurent
sauuer dans la cité : & neantmoins se deffiant & de sa fortune & de ses
forces , n'osa passer outre , ny les assaillir en leur fort , premier qu'il eust
debellé tout le païs d'Idumée , ou il se hasta de mener vingt mil hommes armez . Mais les Princes du païs le vindrent attendre auec quasi
vingt cinq mil hommes qu'ilz auoient leuez, sans les garnisons des places
ou ilz tenoient leurs meubles en seureté , & sur leurs frontieres l'assaillirent , se trouuant la fortune si fauorable d'vne part & d'autre , qu'apres
auoir combatu valleureusement tout le iour, se retirerent sans estre ny les
vns ny les autres vaincuz ny victorieux, Simon dans son fort de Naïn , &
les Idumeans en leurs maisons. Toutesfois la tréue ne dura gueres, car tost
apres Simon ayant assemblé plus grand' compagnie , retourna dans leur
territoire , & planta ses tantes & pauillons au vilage nommé Theene,
d'ou il enuoya l'vn de ses compagnons nommé Eleazare sommer ceux
du chasteau d'Herodion(non gueres distant delà)de se rendre. Or igno-
roient les gardes la cause de la legation d'vn tel ambassadeur qui fut cause que de prime face ilz le receurent gracieusement: mais aussi tost qu'ilz
l'eurent entendu parler fut tellemét chassé & poursuyuy d'eux que n'ayant lieu pour fuyr se precipita du haut du mur en la valée , ou soudain
rendit l'ame. Et tandis ceux d'Idumée, redoutans les forces de Simon, essayoient de sçauoir au vray (auant que d'entrer en combat) quelles compagnies il pouuoit auoir . A laquelle entreprise se presenta vn de leurs
gouuerneurs nommé Iaques, subtil & assez auisé pour bien faire quelque
trahison. Et pour ce faire deslogea du lieu ou les Idumeans auoient pour
lors tout leur exercite : & vint à Simon auec lequel il traita de luy liurer
tout le païs souz le proteste & foy iurée qu'il le tiendroit de là en auant
entre ses plus familiers compagnons & amys : à quoy Simon presta tellement l'oreille qu'il luy fit vn festin au sorty duquel il l'anima & entretint
en ce propos auec grans presens & promesses qu'il luy fit sur l'heure : au
moyen desquelz il retourna vers les siens qu'il asseura en premier lieu &
auec mensonges l'ost de Simon estre de beaucoup plus grand & fort que
le leur , persuadant petit à petit aux gouuerneurs espouentez de telles
bourdes qu'ilz deuoient receuoir Simon comme Prince du païs, sans
tomber au hazard & danger d'vne telle bataille qui leur venoit sur les
bras. Et ce pendant faisoit tousiours marcher Simon, le contraignant qua
si à force de continuëlz messagers de se haster & semparer de tout le païs
à quoy Iaques mesmes presteroit la main si forte & asseurée qu'il se promettoit bien en chasser les propres Idumeans, ainsi qu'il fit : car aprochant

LE V. LI. DE F. IOSEPHVS

chant l'armée de Simon le meschant monta le premier à cheual faignant luy faire teste, & le premier aufsi tourna il le dos, fuyuy de paillardz qu'il auoit corrompuz & apellez à fa faction: qui efpouenta tellement le furplus de la troupe Idumeane, qu'ilz choifirent pluftoft vne trop legere & inconfiderée retraite, que d'atendre la fureur de leur ennemy: lequel par ce moyen (& contre fon opinion) fe trouua inuefty de la totalité du païs, & fans aucune effufion de fang, prouenant d'affaut: & de premiere renconrte la vile de Cebron, ou il butina grandement, & fit beaucoup de degaft.Or la tiennent leshabitans du lieu eftre non feulement la plus ho-norée d'antiquité de toutes leurs autres citez, mais la dient aufsi premie-rement faite & conftruite queMemphys cité d'Egipte, fi que lon compte de fon antiquité deux mil trois cens ans:& fouftiennent pour vray auoir efté le premierr domicile de leur pere Abrahan, apres qu'il laiffa les fie-ges de Mefopotamie, & que fa pofterité paffa de là en Egipte, defquelz les fepulchres & monumentz paroiffent encores auiourd'huy fabriquez de marbre.Et d'auantage fe voit au fixiefme ftade de la ville vn trefgrãd arbre nommé Terebinthus, qui a duré du commencement du monde iuf ques à cefte heure . Mais pour retourner à Simon , apres qu'il fe veit fei-gneur de toute l'Idumée , commença non feulement à defpeupler les ci-tez & vilages , mais à ruïner , razer , & deftruire le territoire vniuerfel, fouz la faueur & la compagnie de quarante mil qui le fuyuoient outre le nombre ordinaire de fa troupe : au moyen dequoy mal ayfement pou-uoit il faire trouuer viures pour les fuftenter, qui le faifoit tomber en telle rage de defplaifir , qu'il prenoit grand contentement à plus grande deftruction des lieux & places qu'il n'euft fait . De forte que tout ainfi qu'apres que les fauterelles ou hanctons ont paffé par quelque boys ou taillis, la feule cofte des feilles tefmoigne leur rauage & famine, ny plus ne moins deuenoit la contrée fpolliée & deftruite par ou l'armée de ce mefchant trauerfoit , n'y laiffant rien apres leurs tallons qu'vne folitude acompagnée de feu d'vn des coftez, & d'vne trop grand' mifere & com-pafsion d'autre , fe monftrans les gaignages au precedent verds & pleins de tous fruitz & frutages , fpolliez, abaiffez , brifez & foullez aux piedz de la troupe mefchante , auec telle violence que lon euft dit proprement n'y auoir eu depuis dix ans labour ny train de charruë : qui intimida les Zelottes encores plus que deuant, & fi bien qu'ilz fe tindrent plus cou-uertz qu'ilz n'auoient encores fait . Et neantmoins fi efpierent ilz tant qu'ilz prindrent par les chemins la femme de leur ennemy, auec grande partie de ceux que plus il aymoit & fauorifoit, dont ilz s'eftimerent heu-reux:& n'en firent non moindre ioye & allegreffe que s'ilz euffent prins Simon mefmes:parce qu'ilz penfoient que luy(mettant bas les armes) les viendroit fuplier pour recouuer fa perte . Toutefois il ne fe trouua on-ques attaint de pitié qu'il euft d'elle , ains du feul couroux de ce que lon la luy auoit rauie:qui fut caufe qu'aprochant les murs deIerufalem vfa de

semblable

DE LA GVERRE DES IVIFZ. Feuil. CLIIII.

femblable brutalité & furie que fait la befte fauuage qui (ne pouuant attaindre ceux qui l'ont naürée)refpend fa rage fur la premiere chofe qu'el
le rencontre . Aufsi n'efpergna Simon nul de ceux qui de premiere rencontre tomberent en fes mains , car il meurdriffoit & detailloit par pieces fans difference , non feulement le pauure peuple qui fortoit hors la
cité, fuft pour aller cueillir herbages , choux , femences, ou autres telles
petites necefsitez, mais le vieil aufsi toft que le ieune, le preftre aufsi toft
que le lay,la fille aufsi toft que la femme:ne luy reftant à exercer de toutes efpeces de cruauté, hors qu'il n'vfoit point à fon manger de chair humaine : car ou il ne vouloit reduire à la mort les plus foulagez de ceux
qu'il prenoit , fi les renuoyoit il en la cité les vns fans mains , autres fans
piedz , & le tout pour aporter crainte & terreur à ceux de dedans , & re-
uocquer à foy le peuple qui luy eftoit nuyfant, auquel il faifoit fçauoir
par telles ambaffades que Simon auoit iuré (par le Dieu eternel qui re-
giffoittoutes chofes)que fi fa femme ne luy eftoit bien toft renduë & ren
uoyée, qu'il ne ruïneroit feulement les propres murs de la cité , ains tous
ceux des autres villes & places de Iudée, fans pardonner à creature viuante, faifant paffer au fil de l'efpée ieunes & vieux, bons, mauuais, ne
dicernant de befte pour raifonnable ou brutte qu'elle fuft coupable, ou
innocente.Dont chacun fut tellement eftonné de fes menaces, que non le
commun populaire feul, ains les Zelottes mefmes luy obtempererent, &
fut la Dame renuoyée . Parquoy quelque peu rapaifé fe retira, & meit
pour l'heure fin aux deftrouffemens,meurtres , & exces qu'il auoit trop
long temps continuëz pour beaucoup.

De Galba, Othon, Vitellius,

& Vefpafian.

Chapitre.   VIII.

Or n'eftoit

LE V. LI. DE F. IOSEPHVS

OR n'estoit en ceste saison la Iudée seule maintenuë en si grand trouble & guerre ciuile, mais aussi toute l'Italie. Car lors en plain Senat de Rome (ayant esté tué Galba) Othon contendoit contre Vitellius de l'Empire qu'il affectoit: lequel Vitellius auoit esté eleu en ce temps Empereur par les legions qui estoient en Alemaigne. Toutesfois Othon l'alla combatre en la Gaule Cisalpine pres Brebriaque, ou il chargea de premiere rencontre Valeus & Cerina lieutenans de Vitellius, & de si grand heur qu'il obtint la victoire la premiere iournée, mais le lendemain les Vitelliens le surmonterent, & y eut de ceux de la part d'Othon moult de tuez. Ce que venu à la cognoissance de luy, se faisant de despit ennemy de soymesmes se tua de ses propres mains à Brupille apres qu'il eut imperé troys mois deux iours. Et quasi aussi tost les deux armées ennemyes se reconcilierent ensemble, & s'en retourna Vitellius auec ce double exercite à Rome. Pendant laquelle saison Vespasian deslogea de Cesarée, qui fut le cinquiesme iour de Iuing pour tirer droit aux parties de Iudée, qui luy estoient encores rebelles: ou il ne fut plustost arriué es contrées montueuses qu'il gaigna deux Toparchies, à sçauoir la prouince de Gophnitique, & celle d'Atrabatene, & apres les municipes de Bethel & Effren. Et y ayant mis garnisons, cheuaucha iusques en Ierusalem, tuant & retenant prisonniers beaucoup de ceux qu'il rencontroit, tandis que Cerealistes l'vn de ses capitaines faisoit le degast en la superieure Idumée, ou il print le chasteau de Caphretan qu'il meist en feu. Et assiegea vn autre nommé Chapharin, ou il donna l'assault: & combien que ceux de dedans luy resistassent au commencement (pour sentir leurs murailles fortes) toutesfois voyans

que leur

DE LA GVERRE DES IVIFZ. Feuil. CLV.

que leur ennemy s'opinaſtroit au ſiege, ilz luy ouurirent à la fin les portes, & ſe rendirent à ſa volonté. Ce fait tira en Cebron antique cité, ſituée comme ie vous ay dit en lieux montueux non gueres loing de Ieruſalem, qu'il bruſla faiſant paſſer au fil de l'eſpée ieunes & vieux, & tout ce qu'il rencontra: & pourſuyuant ſa fortune conquiſt toutes les autres places villes & chaſteaux, exceptez Herodion, Maſſada, & Macheron qui eſtoit detenu par les volleurs: ne reſtant que la ſeule cité de Ieruſalem que le tout ne fuſt en la dition des Romains, & ſi eſtoient encores ſur le poinct de l'aſſaillir.

Des entrepriſes de Simon contre les Zelottes.

Chapitre.   IX.

APres que Simon eut recouuré ſa femme des Zelottes, il commença mieux que deuant à perſecuter tout le reſte d'Idumée: en ſorte que de tous coſtez ilz eſtoient ſi affligez que pluſieurs furent contraintz eux retirer en Ieruſalem, ou il pourſuyuit ſi haſtiuement pour les ſacager, que les ayant aſſiegez, ſurprint quelque nombre de manouuriers qui auoient eſté apellez pour la fortification de la ville leſquelz il deffit, dont il fut de là en auant ſi redouté (encores qu'il fuſt hors les murs) que le peuple l'auoit plus en crainte que les Romains qui

Dd   les

LE V. LI. DE F. IOSEPHVS

les venoient enclorre. Mais les Zelottes surpassoient l'vn & l'autre en cru-auté, par la faueur que leur portoient les Galileans, estans corrompuz par nouuelles inuentions : auec lesquelles ilz abusoient de leur puissance souz couleur qu'ilz auoient mis le capitaine Iean en l'autorité qu'il main-tenoit. Ce que voulant recognoistre enuers eux ne les contredisoit en cho se qu'ilz entreprinsent, fust bien fust mal, & encores ne pouuoit il assou-uir la cupidité de leur rapine, & la persecution, & sacagement qu'ilz fai-soient, se monstrans si habandonnez à tout vice qu'ilz tenoient à ieu le violement des plus pudicques femmes, & le meurtre de leurs maris : de-uorans la proye auec le sang sans aucune crainte. Dont il auint qu'apres s'estre bien saoullez de ceste horreur s'eschaufferent tellement en leur paillardise & luxure, que parez & ornez de vestemens de femmes, perfu-mez & fardez auec les yeux ointz pour resembler plus beaux, ensuy-uoient non seulement la braueté des courtisanes, mais leur impudicité propre: car ilz s'entrecognoissoient d'vne infamie incestueuse, indigne de nommer, & aussi apertement comme si toute la ville eust esté vn plain bordeau ordonné à vn acte si malheureux : dont la triste cité se resentoit plus que deuant douloureuse & prophanée, auec vne infinité d'autres cri-mes aussi execrables que l'autre, entre lesquelz l'omicide estoit si com-mun que rien plus: car souz tel visage effeminé leurs mains promptes à tous meurdres, & leur marcher poupin & mignon n'estoit suyuy que de tyrannie, incursions soudaines & actes de guerre, par lesquelz tirans de dessouz leurs habitz dissolutz leurs dagues & cousteaux le premier qu'ilz rencontroient en leur voye experimentoit la desesperée cruauté de leurs damnez courages : & si quelqu'vn entre autres eschapoit par fortu-ne de leur fureur tombant es mains de Simon estoit encores pis ou plus mallement traité, sans qu'il fust permis à nul se retirer vers les Romains: ce qu'auenant qu'aucun y essayast, aussi tost sa teste en respondoit. Mais les Idumeans liguez auec Iean commencerent à aborrer sa cruauté, par-quoy l'habandonnerent & prindrent les armes contre luy, tant à ceste o-casion qu'enuieux & mal contens de la puissance qu'il auoit vsurpée: si qu'ilz vindrent au fait & combatirent contre les Zelottes, dont ilz firent grand eschec, contraignans ceux qui prindrent la fuitte d'eux retirer au palais qu'auoit fait construire Grapta cousine d'Izata Roy des Adiabins: auquel toutesfois les Idumeans entrerent de force, sacageans toutes les finances de Iean: car ce palais estoit son commun domicille, & y auoit as-semblé toutes les despouilles de sa tyrannie. Mais il fut forcé auec sa trou pe de gaigner le temple tandis que les autres Zelottes disposez par la ci-té se ramasserent & vindrent tous se ralier & ioindre auec ceux qui e-stoient fuiz dans le temple: lesquelz Ian essayoit par toutes persuasions à faire retourner combatre le peuple & les Idumeans. Ce que doutoit peu iceluy peuple estans par la faueur de ceux d'Idumée les plus fortz au combat. Bien doutoient-ilz que telz pendardz ne missent le feu par les

maisons

DE LA GVERRE DES IVIFZ. Feuil. CLVI.

maifons, & que(defefperez de remede)voyans leur mort prochaine ilz se l'auançaſſent executant vn ſi piteux ſpectacle , auec lequel ilz donneroiét pareillemét fin aux triſtes citoyés & à leurs alliez: pour à quoy obuier s'aſſemblerent auec les pontiffes. Mais Dieu tournaſon auis en deterieure opinion, & pourpenſerét vn remede de ſalut pire que la mort: qui eſtoit de chaſſer Iean & receuoir Simon : & auec prieres attraire de leur part ce meſchant encores pire que le premier, et à ce fut leur conſeil arreſté . Parquoy enuoyerent Mathias Eueſque, ſuplier d'entendre à leur ſecours, celuy lequel au parauant ilz auoient eu en toute crainte & tremeur. Ce que Mathias, acompagné de pluſieurs autres , mirent incontinant à execution . & vindrent requerir Simon qu'il luy pleuſt chaſſer les Zelottes de Ieruſalem : eſperant par ce moyen ſauuer le reſte de leurs familles fortunes & maiſons . Ce qu'il leur ottroya , les aſſeurant d'vne grande ſuperbe qu'il demeureroit bien toſt le maiſtre ſur leur ennemy. Et par ce moyen entra le noũeau tiran en la ville, eſtant par tout le peuple proclamé auec grans cris leur deffenſeur & protecteur de leur propre ſalut. Toutesfois luy & ſa troupe, emparez de la place, commença à leur monſtrer viſage autre qu'ilz n'eſperoient, & à vſer de ſa puiſſance, ne ſe faiſant cognoiſtre moindre ennemy de ceux qui l'auoient apellé que des autres qu'il deuoit chaſſer & combatre. Et ce pendãt Iean auec la multitude des Zelottes ſe trouuant fort empeſché de ſortir du temple & ayant deſia perdu tout ce qu'il auoit en la cité, meſmes que Simon s'en eſtoit ſaiſi, ſe print à d'eſperer de ſon ſalut: voyant Simon & tout le peuple courir à l'aſſaut pour prendre la place qu'il gardoit, dont toutesfois ilz furent repouſſez ſi viuement que grand nombre de la part de Simon demeurerent mortz eſtenduz: & plus encores de naũrez, que leurs compagnons remporterent . Car les Zelottes eſtoient plus haut ſur la partie dextre que les autres: au moyen dequoy les dardz que leur iettoient ceux de la cité demeuroiét court ſans les offencer. Et combien que pour l'aſſieté du lieu Iean & les ſiés deuſſent peu craindre leurs ennemys, ſi ne laiſſerent ilz à conſtruire & en diligence quatre groſſes tours plus haut, pour plus aiſément (& à leur plaiſir) endommager Simon & les ſiens : l'vne deſquelles tours auoit ſon regard vers le Septentrion , l'autre en Orient, la troiſieſme ſur le ſexte au coin opoſite regardant vers la cité plus baſſe: & la quatrieſme ſur vn lieu qui eſtoit haut & eminent, auquel l'vn des Eueſques auoit de couſtume ſe trouuer à l'heure du Mydi pour anoncer au peuple auec la trompette que le ſeptieſme iour commençoit & au veſpre qu'il finiſſoit : & auſi les feſtes & iours ouurables qu'auoit le peuple à garder. Et aux barbacanes de ſes tours auoient iceux Zelottes aſsis machines à lancer pierres , & mis àrbaleſtes & archers pour leurs deffences qui retardoit grandement Simon de ſes entrepriſes , & en ſorte que pluſieurs en deuindrent recreuz & rebutez, combien qu'il aprochaſt touſieurs de plus pres en plus pres par le ſecours qu'il receuoit de ceux de ſa

Dd ii   ligue

LE V. LI. DE F. IOSEPHVS

ligue qui luy aydoient à leur pouuoir, encores que maintz d'eux y perdissent la vie, par le moyen du trait que lon tiroit à toutes heures

Comme Vespasian fut nommé Empereur.

Chapitre X.

OR estoient en ce mesme temps les Romains enuironnez de maulx plus cruelz & estranges que les Iuifz: car Vitellius estoit arriué des Alemaignes deuant Rome auec son ost qui estoit puissant & fort, & en si grand nombre de soldatz que, n'estant le lieu & espace qui leur estoit ordonné pour camper assez large & spacieux pour les contenir & loger, s'estoient estenduz iusques dans la ville pour demourer à couuert, & comme si les maisons leur deussent seruir de tantes & pauillons: tellement qu'elle fut incontinent remplie de toute sorte de gendarmerie, qui d'vn œil trop cupide & auare commença à desirer le grand nombre d'or & d'argent qui se veoit leans: si qu'à peine se peut tel peuple nouuellement arriué contenir qu'il ne courust au sac & pillage, & mist quant & quant à mort ceux qui s'efforçoient de les empescher. Voylà donc l'estat auquel estoient les affaires d'Italie, dont les nouuelles vindrent à Vespasian ainsi qu'il acheuoit de courir & rauager toute la prochaine contrée de Ierusalem pour retourner en Cesarée: mesmes que

DE LA GVERRE DES IVIFZ. Feuil. CLVII.

mes que Vitellius auoit obtenu l'Empire, ce qu'il eut peu agreable le cognoissant indigne de tel honneur & autorité, pour les grans maulx & tyrannie dont il auoit fait commencement, souz couleur de vouloir vsurper telle seigneurie comme deserte & sterile : dont il fut surprins de telle douleur & tristesse en y bien pensant qu'elle luy fut quasi insuportable, ayant si bien imprimé aux yeux de son esprit la desolation que souffroit Rome, son propre païs naturel, prest à estre fait proye à ceux qui le deuoient deffendre iusques au mourir, qu'il se monstroit negligent de sa premiere conqueste & entreprise. Toutessois d'autant qu'il estoit agité & pressé de son ire, d'autant plus le reprimoit le peu de moyen qu'il auoit d'y remedier, considerant les accidens & cas fortuitz qui pourroient suruenir premier qu'il peust prendre pied en Italie voyant l'yuer aprocher, qui luy rengregeoit du tout son mal qui le faisoit ainsi discourir, & s'esforcer à dissimuler de plus en plus. Toutessois les soldatz & gansdarmes ne s'en taisoient, ains en parloient diuersement & selon leurs affections particulieres, blasmans haut & cler ceux qui estoient demourez à Rome, lesquelz comme ilz disoient s'exercitoient plus à viure en delices & repos qu'à preuoir & preuenir à rumeur de telle importance, pour ce faire acroire de celuy à qui il leur plaisoit decreter l'Empire : aymans mieux pour l'espoir du gain futur ou ilz aspiroyent nommer Empereur celuy qui en estoit indigne que non vn autre qui le meritoit par les long labeurs qu'il auoit souffertz & auec tant de malaise que, & morion, & corselet estoient tous rouillez & vsez. Lequel personnage digne d'imperer estoit entre eux & parmy eux, voulans parler de Vespasian, que nous deuons (disoient ilz) preferer à tout autre : car faisant le contraire il aura à la uenir iuste ocasion de nous denyer sa grace & beneuolence : attendu qu'il est trop plus meritant la monarchie que Vitellius : & nous plus endurciz aux armes & aux coups que les Cheualiers qui l'ont ainsi nommé Empereur contre tout droit & raison, lesquelz n'ont point plus enduré es guerres de la Germanie (dont ilz ont amené ce nouueau tyran) que nous auôs fait par deça par si longs iours d'yuer & d'esté : tellemêt que ou nous nous ferons fors pour nostre ancien conducteur & capitaine, il est indubitable que toute rumeur cessera & en l'Occident, & au Leuant. Aussi est il aisé à croire (& n'en faut douter) que iamais ny le Senat ny le peuple Romain endureroient les lubricitez de Vitellius, pour laisser enseuelir es tenebres d'ingratitude le merite, pudicité, & continence de Vespasian : si qu'ilz ne receuroient pas pour vn bon Empereur, vn larron vsurpateur, mais plustost se consentiroient (sinon à leur chef) à tout le moins à Titus son fiiz. Car (disoient ilz) si l'Empire est deu au bon pere pour son antique experience de la discipline militaire, elle ne doit moins estre baillée à Titus pour la vaillance de sa personne & valeur de sa prudente ieunesse, dexterité, & force : en sorte que d'eux deux ilz se pourront tirer plus de fruit à la conseruation & augmentation de l'Empire de Rome

Dd iii   que

que d'autres de qui on pourroit parler. Parquoy nous tardons trop à nommer le bon vieillart pour nostre seul Prince, attendu que nous auons le pouuoir, le moyen, & la force pour le faire triompher, estans ensemble trois legions comme nous sommes, & aydez & secouruz de beaucoup de Roys auec tout l'Orient & grand' partie de l'Europe non sugette à Vitellius. Et d'auantage, est Vespasian despourueu d'amys par toute l'Italie? non non. N'a-il ancores son frere, & vn autre filz, à l'vn desquelz beaucoup de ieunes gens de la noblesse de Rome seroient compagnons? Et à l'autre qui est preteur de longue main (estat de grandeur & importance telle que chacun sçait) croyez qu'vn chacun plira: & quand bien ceux là luy deffaudront, le propre Senat ne declareroit ne confirmeroit iamais Prince celuy que les gensdarmes conseruateurs de l'Empire deshonoreroient & tiennent à peu. Ces choses ainsi discouruës par les quantons & quartiers des gens de guerre & soldatz, s'amonestoient l'vn l'autre de nommer Vespasian Empereur, & le prier de conseruer l'Empire, qui estoit en tel peril comme chacun sçauoit: mais luy qui cognoissoit de long temps la charge & soing de tout, ne vouloit aucunement l'acepter, encores qu'il s'estimast digne & sufisant de tel faix, ains preferoit la seureté de la vie priuée à la mutation & perilz de plus ample fortune. Mais les chefz & capitaines de son armée l'en importunoient d'auantage, voyre par telle violence qu'eux & tous les hommes d'armes & soldatz se mirét à le menacer les espées au poing, que s'il ne leur obtemperoit qu'ilz le feroient mourir. Ce que doutant, apres plusieurs remonstrances & excuses, y condescendit. Et fut sur l'heure nommé Empereur, & pour tel receu de tout l'exercite.

De la situation d'Egipte & description de Pharos.
Chapitre XI.

Mutianus,

DE LA GVERRE DES IVIFZ. Feuil.CLVIII.

Vtianus, & les autres capitanes & soldatz qui l'auoient ainsi apellé à l'Empire, vindrent tost apres le suplier que son plaisir sust les conduire droit à lencontre de de leurs ennemys. Mais il voulut bien premier traiter & donner ordre aux affaires d'Alexandrie : cognoissant l'Egipte estre l'vne des principalles parties de l'Empire, pour l'abondance des bledz qui en venoient. Et que s'il en pouuoit iouïr paisiblement il luy seroit puis apres aisé de rompre les entreprinses de Vitellius: autrement que l'exercite qui luy tomboit de là en auant sur les bras seroit en danger de sentir grandement la famine . Veu mesmement qu'il esperoit ioindre à son armée deux legions qui estoient demeurées en garnison dans ceste ville d'Alexandrie: ne taisant point que la region ou elle estoit assise ne luy seruist à l'auenir d'vn bouluert contre l'incertitude de fortune , attendu que la contrée n'estoit pas de facile acces à aborder, tant pour la mer qui luy estoit voisine & sans port, que pour l'obiet qu'elle auoit de la part d'Occident de toute la Libie seiche & aride : du costé du Midy, les limites qui deuisent Syene d'Etiopie auec les portes & bouches du Nil inaccessibles aux nauires, à cause des escluses du fleuue impetueux, & vers l'Orient, la mer rouge espenduë iusques à Copton cité Septentrionallé , qui a pour sa deffence la terre iusques en Sirie auec la mer qu'on apelle d'Egipte nullement abordable . Ainsi l'Egipte est de toutes partz asseurée, & s'estend entre Peluse & Syene la largeur de deux mil stades: & du Plinthine iusques au Peluse de nauigation trois mil six cens: en sorte que lon peult monter par le Nil auec grandz nefz iusques à la ville d'Elephantine . Mais de passer outre seroit impossible, ainsi que nous auons dit , estant la voye empeschée par les escluses du Nil. Et si est le port d'Alexandrie dificile à aborder, voyre en temps plus propre à la nauigation, d'autant que l'entrée se trouue fort estroite : & si commance de son droit fil à s'emboucher & tourner sur les endroitz ou se trouue grand' quantité de rochz bancs & esqueilz cachez & couuertz des ondes . Du costé senestre estend ses bras dressez & enceintz tout de manufacture . Et du dextre il regorge iusques en l'isle de Pharos : sur le bord de laquelle est edifiée vne haute tour ayant sur sa sommité vne lanterne dont voyent la lumiere les nauigans de trois cens stades de loing, qui leur sert de signal pour adresser de nuit leurs vaisseaux à la dificile entrée de ce goulphe : autour duquel sont esleuez edifices construitz de grandz murs d'vn œuure industrieux , par lesquelz la mer batuë & contrainte rend l'emboucheure du port encores plus prompte, plus estroite, & plus dificile à arriuer . Toutesfois apres qu'on y est entré il se trouue tresseur & asseuré: car il contient en son estenduë trente stades. Au moyen dequoy il reçoit toutes & tel nombres de nauires que lon veult, auec lesquelles s'aporte ordinairement des autres regions ce qui deffault de commodité en ce païs duquel il se transporte aussi par tous les autres cli-

Dd iiii   matz

matz des choses qui superabondent en iceluy, dont & d'vne part & d'autre se demaine grand trafique entre marchans. Qui estoit bien cause de rendre Vespasian soucieux de garder diligemment telle place de telle consequence, la sçachant importer de beaucoup à la conseruation de l'Empire. Et pour ce faire enuoya incontinent lettres à Alexandre gouuerneur du païs, qui furent receuës de luy auec autant d'alegresse qu'il eust sceu desirer, & si bien que des l'heure il fit faire le sermét aux legiõs & à tout le peuple de fidellement obeir & seruir le nouueau Empereur: ce qu'ilz eurent tant agreable que nul y contredit, cognoissant les vertuz & bonté de Vespasian, lequel (entendant leur bon vouloir) disposa de toutes choses necessaires à l'Empire, se preparant pour s'aller faire receuoir à Rome comme Empereur.

De la deliurance de Iosephe faite
par Vespasian.

Chapitre. XII.

A renommée plustost que l'opinion, annonça Vespasian Empereur par tout l'Orient: dont chacune cité en fit feste & feuz de ioye, celebrans sacrifices à Dieu pour la prosperité & santé de sa personne : mesmes les legions qui estoient en garnison à Mesie & Hongrie, lesquelz habandonnans Vitellius (pour son audace & superbité)
presterent

DE LA GVERRE DES IVIFZ. Feuil. CLIX.

presterent volontiers la foy à Vespasian: lequel retourné en Cesarée & arriué au lieu de Berite, plusieurs ambassades de Sirie & autres prouinces furent au deuant de luy, & luy presenterent coronnes auec paroles de cógratulation de la part de chacune de leurs citez. Estans iceux ambassadeurs presentez au nouueau Cesar par Mutian gouuerneur de la prouince: qui en leur faueur luy faisoit entendre le bon vouloir & seruitude que le peuple auoit à sa magesté. De sorte que tous les desirs de Vespasian estoient fauorisez de fortune, & s'inclinoient ses entreprises à sa deuotion: qui luy fit tomber en l'esprit, que non sans prouidence de Dieu il estoit promeu à l'Empire, & que quelque destinée & oracle l'auoit conduit d'auoir la principauté de toutes choses: puis rememorant en soy mesmes les signes qui luy estoient auenuz luy predestinant l'Empire, ensemble la parole de Iosephus, qui du viuát de Neron l'osa nommer Empereur, entra en admiration de celuy qu'il tenoit encores prisonnier: & de fait man da Mutian & les principaux de son armée, ausquelx il commença à declarer les prouësses de Iosephus, le deuoir qu'il auoit fait à la deffence de Iotapate, ensemble les vaticinations & propheties qu'il luy auoit predites, lesquelles (dist il) i'auois tousiours estimé vaines, & estre inuentées par crainte & congratulation: ce que i'ay cogneuës au contraire veritables & diuines. Parquoy il ma semblé raisonnable y auoir esgard: n'estant honneste que celuy qui premier m'a anoncé l'Empire, & qui est messager & ministrateur de Dieu, soit detenu encores en captiuité, & soustienne la fortune & ennuy d'vn mal-facteur. Et à l'instant fit apeller Iosephus & le deliura, au grand plaisir de tous: estimans ceste grace faite à vn estranger estre vn acheminement pour à eux mesmes estre fait à l'auenir par leur Empereur de grandz biens & liberalitez: specialement quand ilz entendirent Titus parler de ceste sorte à Vespasian. Monsieur (dist il) vous auez beaucoup fait pour Iosephus, mais s'il vous plaisoit faire encores pour luy que, luy ayant osté les fers de la prison, vous luy ostissiez quant & quant l'oprobe, & le remissiez en son premier honneur, vous l'obligeriez encores plus fort à dedier le reste de ses iours à vostre seruice. Ce que l'Empereur eut agreable, & commanda sur l'heure à vn qui se presenta qu'auec la coignée les chaisnes & fers dont il estoit estraint fussent brisez & rompuz. Ainsi fut Iosephus, pour les choses qu'il auoit perdites, remuneré d'vne bonne renommée, & estimé digne d'estre creu en ce qu'il prediroit de là en auant.

De la mort & conditions de

Vitellius.

Chapitre.   XIII.

Apres

LE V. LI. DE F. IOSEPHVS

Pres que Vespasian eut rendu responfe à toutes les ambassades, & ayant ordonné par tout de toutes chofes selon leur merite, il vint en Anthioche ou il pensa grandemét aux affaires qui tandis se demenoiét à Rome. Et ainsi entretenant ses pafsions estima que, luy estant Alexandrie tant à commandement & afseurée, le meilleur seroit enuoyer deuant en Italie Mutian, pour destourner les entreprises & tirannyes de Vitellius. Ce qu'il fit, & fut Mutian depesché, & auec luy grand compagnie d'hommes d'armes & gens de pied qu'il conduit par la Capadoce & Phrigie, estant ia l'yuer fort auancé, & la mer peu afseurée. Et tandis Antonius Primus, qui auoit en charge la troisiesme legion, partit de Mesie dont il auoit le gouuernemét pour aller trouuer en toute diligence Vitellius, & luy faire la guerre. Ce qu'entendu par iceluy Vitellius, enuoya Cecina auec vne grand' puifsance au deuant de luy, & de fait vint le trouuer à Cremone, cité confine à l'Italie: ou apres auoir recogneu & confideré longuement les forces d'Antonius son ennemy, n'osa onques hazarder la bataille, doutant le danger qui en pourroit auenir, mais s'auisa d'vne trahison qui fut telle. Il apella les capitaines, centeniers, & tribuns de son armée, & les conseilla (blasmant Vitellius tout outre) d'eux retirer vers Antonius, ce que vous ne deuez differer (disoit il) car Vespasian est tel Prince que si Vitellius a eu le nom de l'Empire, Vespasian en a merité le commandement & la vertu: qui me fait estimer estre nostre grand auantage, si pour tel nous le recognoissons, voyre plustost auiourd'huy que demain, & sans y estre forcez ny contraintz, ains franchement & de bonne volonté, attendu que nous y serons aussi bien contraintz quoy qu'il tarde. Par ainsi, il nous est trop

meilleur

DE LA GVERRE DES IVIFZ. Feuil. CLX.

meilleur preuenir auant qu'estre preuenuz ou forcez, estant Vespasian assez fort sans nous pour se faire obeïr & venger : & Vitellius trop foyble pour seulement conseruer soymesmes, auec tout l'effort qu'il pourra tirer soit de nous soit d'autres. Assez d'autres remonstrâces leur fit ce vaillant capitaine, & telles que ses soldatz donnans foy à sa parole se retirerent tous sans differer vers Antonius. Mais la nuit ilz furent tous surprins d'vn remors de conscience entremeslée d'vne certaine crainte, considerans le danger ou ilz s'estoient mis, si vne fois la fortune disoit mieux à Vitellius qu'ilz n'auoient estimé: qui leur troubla tant le ceruveau que les espées es poings coururent sus à Cecina pour l'occire: & autât luy en fust-il prins si les tribuns ne les en eussent destournez à force de les prier & suplier, qui les fit retirer : toutesfois ilz le prindrent & lierent estroitement comme vn traistre pour l'enuoyer à Vitellius. Ce que venu aux aureilles d'Antonius fit soudainement mettre son armée en bataille pour courir sus à ceux qui luy auoient failly de promesse: lesquelz finablement il assaillit, & resisterent quelque peu, puis tournerent doz & s'enfuyrent à reffuge vers Cremone, ou ilz furent poursuyuis si legerement par Antonius que maintz perdirent la vie premier qu'ilz peussent gaigner la ville, qu'ilz assaillirent sans differer auec telle fureur qu'entrans dedans par force, fut la place saccagée, les habitans occis, & les soldatz de Vitellius mis au trenchant de l'espée : qui se montoient en nombre trente mil deux cens hommes, sans qu'Antonius en perdist qu'enuiron quatre mil cinq cens du nombre de ceux qui l'auoient suyuy. Quant à Cecina il le meit en liberté & l'enuoya vers Vespasian luy porter ces bonnes nouuelles: qui le receut benignement & le loua beaucoup. Ainsi l'infamie d'vn traistre fut recompensée d'honneurs non esperez . Mais quand Sabinus cogneut qu'Antonius aprochoit de Rome, fut grandemét resioüy pour vne esperance qu'il eut à plusgrande fortune de Vespasian: & de fait trouua moyen de ioindre à sa ligue les compagnies du guet, auec laquelle il surprint de nuit le capitole: ce qui (de prime face) espouenta quelque peu la cité. Mais le iour venu, la plusgrand' part de la noblesse se rengea des siens, mesmes Domitian filz de son frere: tous lesquelz iointz ensemble se trouuerent les plus fortz pour paruenir à leurs desseins . Toutesfois Vitellius se soucioit peu des menées d'Antonius, & auoit seulement le cueur marry contre ceux qui luy auoient faucé la foy auec Sabinius: & par despit d'eux, & comme ayant soif du sang des hommes, enuoya à l'instant assieger la place prinse par tous les gensdarmes qu'il auoit emmenez auec luy, ou il y eut de grandz faitz d'armes exercez tant par les assaillans que des assailliz. Et neantmoins les Allemans de Vitellius (qui estoiét en trop plus grand nombre que les Capitolins) gaignerent à la fin la montaigne & la fortresse, de laquelle Domitian auec vne grâd' partie des nobles de Rome eschapa par ie ne sçay quelle diuine conduite, le reste fut saccagé & malheureusement occis, & Sabinus pris & mené à Vitellius qui le
fit

LE V. LI. DE F. IOSEPHVS

fit mourir. Ce fait, estant la place prise, desolée, & fort bien saccagée, mirent les gens de Vitellius le feu par tout. Or y arriua le iour d'apres Antonius auec tout son exercite, & à son arriuée vindrent les soldatz de Vitellius luy presenter la bataille, qu'il ne refusa, ains separa sa troupe en trois, & receut si furieusement l'ennemy que finablement la victoire luy demoura asseurée, dont Vitellius eut trop tost nouuelles: car sortant du palais tout yure, & paré plus en femme qu'en capitaine ou chef de guerre, fut chargé du peuple, & auec vne infinité d'infamies, oprobes & iniures, trayné & esgorgeté au meilleu de la ville, ayant iouy cinq mois cinq iours de l'Empire: tát que si plus longuemét l'admiration de si grád' monarchie luy fust demeurée, le reuenu comme ie pense n'eust peu sufire à maintenir ses lubriciez & paillardises: aussi n'en porta il seul la penitence, car cinquante mil ou plus le suyuirent de bien pres à la mort, ce qui auint le troisiesme iour du moys d'Octobre. Et le lendemain ensuyuant Mutianus auec son exercite entra à Rome, & Antonius, ayant retiré ses gens de carnage, les voyant trop eschauffez à poursuyure leur victoire, trouua moyen de les apaiser & moderer leur fureur, qui estoit si extreme qu'ilz alloient de maison en maison cherchant les soldatz de Vitellius: souz couleur desquelz plusieurs incogneuz experimenterent la cruauté d'vne telle guerre ciuile. Toutes lesquelles choses estaintes, cest Antonius donna au peuple Domitian pour les gouuerner en attendant le retour de son pere, qui fut accepté de tous auec grand' ioye, & telle que (se trouuans deliurez de toute crainte) se prindrét grandz & petitz à crier, viue l'empereur Vespasian, se frapans les mains du grand contentement qui se representoit en leurs cueurs de la ruïne de Vitellius.

Comme Titus fut enuoyé par

son pere Vespasian paracheuer l'entreprise contre les Iuifz.

Chapitre   XIIII.

Vand Vespasian fut arriué en Alexandrie, on luy raporta tout ce qui auoit esté fait à Rome, & luy vint ambassadeurs de toutes parties du monde pour luy congratuler, voyre en si grand nombre que combien que ce fust la ville la plus grande apres Rome, si se trouuoit elle petite pour regard de la multitude qui y abordoit de iour en autre. Toutesfois celà ne luy fit delaisser la premiere entreprise qu'il auoit contre les Ierosolimitains : mais attendant la primevere & l'yuer passer pour nauiger à Rome, meit ordre en tous endroitz, si bien qu'il depescha Titus son filz auec bonne & grosse troupe

& de

DE LA GVERRE DES IVIFZ. Feuil. CLXI.

& de pietons & de caualerie tous soldatz d'elite , pour ensemble aller
mettre le siege deuant Ierusalem : pourquoy promptement executer s'a-
chemina iceluy Titus par terre iusque à Metropoly , distant d'Alexandrie de vingt stades : & là fit embarquer ses gens en longues nefz sur le
fleuue du Nil qu'il nauigea l'espace de deux moys , & iusques à ce qu'il
eust pris port à Thomin : de là vint à la cité de Canin ou il fit son second
seiour : & passant la cité de Heraclée vint au Peluse , ou il se refraischit
deux iours : & le tiers ensuyuant passa les confins de ceste contrée trauer-
sant les desertz tant qu'il amena sa troupe pres du temple de Iupiter Cassius, d'ou il deslogea le lendemain pour venir à Ostracine, encores qu'elle fust si fort sterille d'eau, que les habitans n'en ont autre que celle qui
est aportée des autres lieux assez lointains : de là vint se refraischir à Ri-
nocolure, & passant outre descendit en Raphie premiere cité qui se rencontre : en la Sirie d'ou il deslogea sans seiour & vint à Gaze de Gaze en
Ascalon, d'Ascalon à Iamnie, de Iamnie en Iope, & de Iope en Cesarée,
ou il delibera de renforcer son armée & marcher droit contre Ierusalem.

Fin du cinqiesme liure.

Ee   Le

Le sixiesme liure de Flauius
IOSEPHVS DE LA GVERRE
DES IVIFZ.

De trois seditions qui s'eleue-
rent en Ierusalem.

Chapitre   Premier.

Titus ayant(en la maniere qu'auez entendu) trauersé & mesuré l'Egipte iusques à la fin de Sirie, arriua en Cesarée, ou il delibera d'ordonner de son camp . Car estant encores en Alexandrie auec son pere qui disposoit des affaires de l'Empire (ou puis peu de téps Dieu l'auoit apellé) nouuelles vindrent comme la sedition entretenuë de longue main en Ierusalem estoit plus animée que iamais car de deux partialitez qui y souloient quereller, s'en estoit fait trois, ennemyes mortelles l'vne de l'autre. Or n'est-il rien plus certain, & est chose droicturiere, que le mal retourne ordinairement d'ou il vient . Aussi la domination que les Zelottes pretendoient sus le peuple fut cause de la totale ruïne de la cité, ainsi que nous vous auons dit cy dessus, mesmes l'origine & source d'vne si grande rumeur, & la continuation de mal en pis: tellement que celuy ne faudra point qui dira vne sedition auoir engendré

DE LA GVERRE DES IVIFZ. Feuil. CLXII.

gendré vne autre sedition, & puis s'estre esleuées & bandées l'vne contre l'autre, d'vne rage pareille à la beste brutte, qui d'vne faim desesperée & hors de moyen de recouurer viures, se rend cruelle contre ses propres entrailles, & tout autant en fit Eleazare filz de Simon, lors qu'il separa du commencement au temple les Zelottes d'auec le peuple, souz couleur de l'indignation qu'il auoit de ce que Iean entreprenoit de iour à autre autorité & commandement sur chacun, continuant les meurdres & homicides encommencez de trop long temps. Mais le paillard n'aspiroit pour tant à nul bien qu'il voulust aux citoyens, ains auoit sans plus desplaisir de ce qu'il se veoit contraint obeïr à vn dernier tyran, se promettant en son esprit de grandes choses qu'il esperoit bien mener à fin. Pour à quoy paruenir, & sans pouuoir plus dissimuler, apella à sa ligue Iudas filz de Chelcias, Simon filz d'Ezenon, & Esron filz de Chobarus, homme qui n'estoit pas peu noble, lesquelz ordinairement suyuis par grand nombre de Zelottes, eut Eleazare moyen par leur force se saisir de l'entrée du temple interieur, & faire mettre sur les portes des huys sacrez leurs armes, esperant auoir abondance de toutes choses necessaires, par le moyen des oblations qui se offriroient chacun iour, sans auoir deuant les yeux si tel butin estoit d'impieté ou non: qui fut cause que plusieurs de sa troupe se rendirent oysifz souz ceste confiance, sans daigner de là en auant preuenir à leur necessité future. Et ce pendant Iean qui (nonobstant ceste reuolte & esmeute se trouuoit tousiours le plus fort pour auoir plus de gens que son ennemy) ne laissoit de faire ses courses acoustumées, non sans crainte & grand doute. Mais induit d'vn courroux & tel despit contre Eleazare, que le mal qu'il luy vouloit luy faisoit plus de peine & de tourmét que toutes les ruzes & stratagemes qu'il luy sçauoit preparer, encores qu'Eleazare le laissast peu en repos. Car estant le lieu qu'il tenoit fort, si haut qu'il commandoit à celuy de Iean, luy dónoit à toutes heures cét mil algarades, l'assaillát auec traitz & iauelotz qu'il luy lançoit de ses combles: si que tout le temple se trouua en moins de rien pollu de meurdres & homicides qui demeuroient dedans, Or Simon filz de Girras (que le peuple voyant les choses desesperées auoit apellé, pensant estre secouru de luy) tenoit durant ces debatz la cité plus haute & bonne part de la basse, qui l'esmeut a se vouloir mettre en icu, & courrir sus à Iean l'assaillant auec telle roydeur, qu'il se trouua mallement traité de luy & d'Eleazare, d'autant (comme ie vous ay dit) que son fort, estoit commandé & regardé iusques au fons de la part d'iceluy Eleazare: qui meit Iean en telle perplexité qu'il ne sçauoit la plus part du temps comme se maintenir, estant ainsi assailly de tous costez, ou il perdoit ses gens d'heure à autre, non qu'il se fist grand deuoir à bien ne deffendre, & en sorte que maintz ses contraires y laissoient la vie. Mais quoy? il estoit en lieu trop esclairé: toutesfois si Eleazare le persecutoit pour auoir regard sur luy, il n'en faisoit pas moins à Simon, sur lequel il auoit semblable auantage, &

Ee ii   telle

LE VI. LI. DE F. IOSEPHVS

telle qu'à coups de main il le sçauoit souuent combatre & repousser, encores que tandis qu'il estoit meslé en telles entreprises ceux d'enhaut le seruissent de grandz & menuz coups de traitz, sagettes, cailloux, & autres armes dont ilz le pensoient bien offencer, aussi tuoient ilz non seulement plusieurs d'eux, mais ceux mesmes (& de fois à autre) qui administroient aux sacrifices dans le temple. Et nonobstant toutes ces cruautez & sacrileges, & qu'ilz n'espargnassent à faire espece ny sorte de mal dont ilz se peussent auiser, si ne refusoient ilz pourtant nulle oblation que lon voulust offrir, ains permettoient les presenter au temple souz bonne & seure garde qui y estoit ordonnée, à ce que souz couleur de chose deuote & sainte, le peuple de la cité ne leur fist quelque trahison : & toutesfois leurs debatz ne prenoient fin ce pendant, car sans auoir egard ny a sacrifice ny au sacrificateur, leurs machines, traitz & cailloux n'auoient cesse, ains estoient lancez si continuëllement & de tous costez que bien souuent les Prestres mesmes faisans leurs offices, & ceux qui par deuotion y assistoient tomboient au lieu saint mortz estenduz de leur long:de telle façon que les autelz estoient souillez du meurdre des Citoyens, des Grecz, Barbares & autres estrangers venuz des dernieres parties du monde pour prier & sacrifier au saint temple & le sang des Prestres tellement meslé auec le prophane que sans aucune distinction il en estoit fait estang par les aires & planchez diuins, sur lesquelz on pouuoit voir trop douloureusemét les corps des personnes gisantes à l'enuers occis & naurez de toutes partz. Helas miserable cité qu'as tu plus souffert depuis par les Romains ? lesquelz pour nettoyer & purger tes crimes & fautes intestines, sont entrez auec feu & flames iusques dedans tes propres entrailles ? Mais lors tu n'estois plus la place & lieu sacré de Dieu. & telle ne pouuois demeurer, estant fait le sepulcre de tes domesticques Citoyens, & ton saint temple le vray tombeau des meurdriers auécteurs & fabricateurs de toutes tes guerres ciuilles. Pourras tu donc d'oresenauant estre ce que tu fuz autresfois?Bien le pourras vrayemét si tu viens à mitiger & rapaiser quel que iour l'ire de ton Dieu, vindicateur de tes pechez enormes : mais premierement il faut amander & reprimer les choses qui te blessent par la loy escrite, veu que c'est icy le temps non de pleurs domesticques, mais de s'exposer à faire les choses comme il apartient. Or veux-ie poursuyure le reste des meurdres & outrages perpetrez par la cruauté des tirans. Ainsi estoient les sedicieux diuisez en trois:se saisissant Eleazare auec ses compagnons des premices, qui sont les premieres oblations sacrées, & eux tous enyurez assailloient Iean d'heure à autre, lequel acompagné de sa troupe se vengeoit & à saccager le populaire & à faire teste à Simon à qui la cité fauorisoit contre les seditieux. Estans doncq' ces parcialitez telles que i'ay dit cy dessus, & Iean assailly & combatu de ses compagnons, ausquelz il resistoit au possible, encores que ceux de la cité, qui tenoient le dessus des porticques du temple, luy lançassent à force, dardz & iauelotz,

DE LA GVERRE DES IVIFZ. Feuil.CLXIII.

lotz, toutesfois aussi tost qu'ilz cessoient ou par lasseté ou par yurongne-
rie dont ilz s'aydoient communement, sortoit hors d'emblée & ruoit sur
Simon & ses gens de telle impetuosité que luy & sa troupe estoient contraintz tourner le doz & fuyr en la ville, qui donnoit grande occasion à
Iean de leur chausser les esperons & entrer si auant qu'il ne se retiroit iamais qu'il n'eust mys le feu es meilleures maisons & qu'il sçauoit estre
grandement pleines de fourmentz & autres choses necessaires pour longuement maintenir vn siege s'il se presentoit deuant la cité . Et ayant fait
ce bel acte se retiroit à grand haste auec ses satellites regaigner son fort.
Aussi Simon ne les laissoit gueres seiourner qu'il ne les remenast battant
iusques à la premiere barriere . Et à son retour si Iean auoit par fortune
laissé quelque logis priué de la fureur du feu il le luy mettoit comme si
l'vn & l'autre eussent prins peine & plaisir à enéruer & du tout aneantir
les victuailles & autres prouisions amassées de longue main pour faire
teste aux Romains s'ilz s'auanturoient de les assaillir . Dont il auint que
demeurant l'entour du temple (au parauant fort peuplé de maisons) a-
plany & assollé comme si iamais il n'y eust eu edifice ny chose qui luy
resemblast, se trouua la place vuyde & propre à bien combatre, & tant
de maisons à l'enuiron mises en feu que quasi toutes celles ou il y auoit
greniers & grain dedans, furent ruïnées dont ilz cuyderent auant peu de
iours mourir de pure famine.Ce qui ne leur fust pas auenu si eux mesmes
n'eussent fait par leur meschante malice la fosse ou ilz se precipiterent
depuis . Ainsi estoit le pauure peuple afligé & dedans & dehors, estant
rebuté au meilleu de telz brigans & laceré tout ainsi qu'est le corps d'v-
ne beste mise aux abbois . Ha a pitié, pitié, dy-ie si grande & excessiue
que les bónes femmes & vieilles gens estonnez de si miserables & dome-
stieques maux faisoient veuz à Dieu pour estre bien tost assailliz des Romains, apellans plustost la guerre de l'estranger pour estre deliurez de
leurs maux familiers & intestins, que non le continuël torment qui s'augmentoit parmy eux à toutes heures, & par les leurs propres : car à parler
veritablement ilz estoient tous detenuz d'vne grieue crainte & terreur
qui leur rengeoit l'esprit & l'ame,ne leur restant vne seule heure,ou pour
eux asseurer de volonté & prendre conseil de demeurer en leur calamité
ou bien de gaigner le haut (dernier refuge pour ceux qui le desiroient)
mais les passages estoient gardez trop estroitement, & si encouroit peine capitale celuy que lon acusoit d'auoir seulement esperance ou desir
de voir les Romains : pourquoy sentir & auerer, estoient gens commis
& ordonnez seruans d'espies familieres, car en celà seul les Princes des
larrons estoient concordans, dont plusieurs enduroient mort & tant que
iour & nuit n'estoit veu autre chose par les places & cantons que pauure
peuple ensanglanté qui donnoit bien cause à leurs amys, de faire deul &
lamentation sans cesse, & plus grande l'eussent ilz encores fait, n'eust esté
que de moindre peine n'estoit puny celuy qui seulement demonstroit

Ee iii   de sa

LE VI. LI. DE F. IOSEPHVS

de fa douleur que l'autre qui defia eftoit eftendu egofillé, & toutesfois nouuelles occafions leur preparoient fans cefse nouuelles doleances. Vray eft que quelquefois (& bien fouuent) crainte rechaffoit leurs larmes, & à bien proprement parler leurs hautz cris & hurlementz pour fondre en pleurs & eux retirez plaindre & refentir le mal d'eux & de leurs a-mys, qui leur eftoit vn torment double & defia fi vfité que lon veoit la reuerence iadis obferuée entre les priuez & domefticques n'auoir plus de lieu: & celle pieté facrée d'enfcuelir les mortz eftre elle mefme enfe-uelie & eftainte dans les entrailles de la terre, fi qu'elle eftoit oubliée & negligée de tout point entre les viuans: raifon pourquoy? chacun defef-peroit tant de foymefmes que (hors mis les participans aux meffaitz) nul des autres n'afpiroit à meilleure chofe que de mourir, & à bô droit, confi-derans les fedicieux prendre plaifir à regarder les corps mortz & occis par grandz monceaux, & marcher auec irreuerence fur eux iufques à les fouller aux piedz comme par defpit. En forte qu'eux fe paiffans de telles inhumanitez fe rendoient & aproprioient à exercer & continuër leurs inteftines cruautez, ainfi que fi tel vice euft efté vne finguliere vertu di-gne de louange: & pour cefte caufe mettoient toutes les peines qu'ilz pou uoient à ne rien oublier de ce qui eftoit pernicieux & plus effloigné de mifericorde, donnans lieu à toute calamité, felonnie, actes fanguinolans & iufques à toucher au diuin. Car le capitaine Iean commença à s'ayder & abufer de chofes facrées, faifant forger inftrumentz de guerre de ma-tieres referuées pour la feule decoration du temple. Et pour vous faire fçauoir en quelle forte: il faut entendre que de long temps les Euefques & le peuple deliberez d'agrandir le temple de Dieu & le faire edifier plus haut de quinze coudées qu'il n'eftoit, le roy Agrippa y prenant de-uotion y fit aporter du mont Liban (non fans grandz couftz defpens & labeur) matieres aptes & propres, fpecialement du marrien choifi & grandement eftimé pour fa beauté, groffeur, efpeffeur, & longueur: mais l'aduenement & emeutte de la guerre rendit l'œuure deliberé en fufpens & fe fceut bien feruir Iean des matieres facrées, à faire tours & plattefor-mes, faifant cyer celles qui eftoient trop longues pour l'affaire efquelles il entendoit les aproprier, fi bien qu'il eleua fes deffences fi hautes qu'il auoit non feulement moyen de fe conurir coutre le trait de ceux qui de la fommité du temple l'offençoient: mais leur portoient à eux mefmes telle & tant de nuyfance que du cofté d'Occident (derriere le circuit du mur contre lequel il faifoit fes preparatifz au droit des chaires) nul de là en auant s'y ofoit trouuer à feureté: & pis euffent ilz encores receu fi le moyen d'en dreffer autant vers les autres parties luy euft efté aifé, mais les degrez du temple l'en empefchoient du tout. Ce nonobftant fi pen-foit il bien terracer fes ennemys, & les auoir en fa mercy auec fon facrile-ge, fi Dieu n'euft monftré euidemment fon labeur eftre vain, & tous fes deffeins inutilles. Car deuant qu'il s'en peuft ayder Titus & fon armée

vint

DE LA GVERRE DES IVIFZ. Feuil. CLXIIII.

vint à la veuë de luy & de tous ceux de Ierusalem, des le iour qu'il se fut ioint auec son exercite, partie de laquelle il commanda marcher deuant tandis qu'il feroit vn voyage en Cesarée, qui dura peu . Or estoit il acompagné specialement de trois legions de long temps pratiquées de la guerre, & qui auoient couru la Iudée dessouz son pere : mesmes la douziesme, autrefois si mal fortunée en la reuolte contre Cestius, que le desir d'eux reuencher & recouurer honneur leur donnoit vne enuie extreme de bien faire. Et ainsi disposant de ce qui se presentoit, commanda à la cinquiesme legion le venir rencontrer par Emaus, & à la dixiesme se ioindre á luy à Hiericon. Et quant à luy il deslogea de Cesarée auec le reste de ses forces, suyuy du grand nombre de gensdarmes, soldatz Siriens & autres que les Roys Princes & Potentatz estrangers luy auoient enuoyez à secours. Et par ce que la quatriesme legion auoit esté retrenchée par Vespasian, & la pluspart & l'elite d'icelle retenuë pour l'acompagner en son entreprise, & enuoyée deuant en Italie auec Mutianus, Titus en leur place s'estoit renforcé de deux mil hommes choisiz de l'exercite d'Alexandrie, & trois mil autres qui l'auoient acompagné depuis Euphrate, mesmes de Tiberius Alexander que Vespasian luy laissa pour son conseil & soulager en ses principaux affaires, le cognoissant (outre la singuliere amytié qu'il luy portoit, luy ayant esté hoste & amy des son commencement) personnage meritant telle charge & honneur: & à dire vray mal aisement en eust il peu choisir vn plus digne que luy: ainsi qu'il auoit fait bien cognoistre durant le temps que le gouuernement de toute l'Egipte luy fut laissé sur les bras, ou il s'aquita si vertueusement qu'il emporta louange, ainsi qu'il fit au reste dont il eut charge auec Titus qui l'honoroit & apelloit le premier es affaires qui luy venoient à toutes heures & qu'il sçauoit demesler auec vne tresgrande maturité d'aage & discipline militaire experimentée, & cogneuë en luy par tous ceux de l'exercite.

Du danger ou se trouua Titus

voulant recognoistre la ville & cité de Ierusalem.

Chapitre.   I I.

Ee iiii   Ainsi

LE VI. LI. DE F. IOSEPHVS

Ainsi chemina Titus en la terre de son ennemy, faisant marcher comme aduancoureurs les soldatz tant de pied que de cheual que les Roys estrangers luy auoient enuoyez de renfort: apres lesquelz suyuoient les pyonniers pour aplanir les chemins & les rendre aysez & facilles: & quant & eux, ceux ordonnez à dresser les tentes & pauillons de l'armée: puis le bagage tant des chefz, capitaines, qu'autres portans harnois endossé : & vn peu derriere le chef de l'armée Titus, auec toute l'elite des principaux du camp, leurs enseignes deuant & la grosse flote de la gédarmerie apres pour tenir escorte aux machines & instrumens à faire baterie que les tribuns suyuoiét auec leurs sieges, les preuostz quant & les cohortes: & à l'entour l'aigle, acompagné d'vne infinité de banieres & clairons. Puis marchoit la bataille estenduë & separée par l'ordre des plus anciens : & le bagage d'vne chacune legion sur l'ælle entremeslée de charrettes, muletz portans charges auec gouiatz, valetz, & autre tel bernage: puis tout au derriere les marcháds, pouruoyeurs, viuandiers, & commissaires des viures, ausquelz bonne escorte de caualerie & infanterie faisoit espaule: cheminans tous selon leur ordre, & ainsi qu'il estoit requis pour ne donner enuye à l'ennemy de les assaillir ny sur le front ny sur la queuë, & comme tresbien le sçauoient obseruer & entretenir les Romains. Voylà donc l'ordre en laquelle il fit marcher son camp, tant qu'il arriua à Cophna par Samaritide, laquelle au parauát auoit esté prise par l'Empereur son pere, & pour lors y auoit encores garnison de par luy. Là seiourna Titus tout le vespre, & en deslogea le lédemain matin, qu'il marcha le iour entier en bataille, & iusques au soir qu'il commanda que lon cápast en vn lieu que les Iuifz apellent selon le l'angage du

DE LA GVERRE DES IVIFZ. Feuil. CLXV.

ge du païs Achanthonaulona ioignant le vilage nommé Gabath Saulis, qui vault autant à dire que valée de Saul, distant de Ierusalem d'enuiron trête stades, ou arriué print auec soy six cens de ses Cheualiers plus acortz & s'en partit, tant pour aller recognoistre la ville, le lieu plus aisé à asseoir son camp, & la forcer à la fin comme il esperoit, qu'aussi pour voir la contenance des Iuifz, & si sa venuë les feroit point tourner à quelque honeste raison : veu mesmement qu'il auoit eu auertissement par ses espies que le populaire, estant opressé des sedicieux, ne demandoit que la paix auec luy. Car, à parler ainsi que lon doit, les Citoyens estoient plus foybles que les rebelles, & tenuz de si pres qu'ilz n'osoient rien entreprendre ny attenter au mal contentemét des sedicieux. Et ainsi deslogea Titus secrettement de son camp auec sa petite troupe, dont grand mal luy en cuyda auenir : car aprochans les murailles de la ville luy fut donné le loysir de bien la considerer, sans que nul de ceux de dedans se monstrast ny dessus les fortifications ny au dehors, iusques à ce que luy & sa caualerie s'aprochast de la tour Psephinon, vis à vis de laquelle ilz ne furent plustost descenduz qu'à vn instant sortit vne infinité de soldatz, tant par l'endroit qu'on apelle les tours des femmes, que par la porte qui est ioignant le sepulchre d'Heleine : & d'vne fureur si vehemente se meslerent auec la caualerie de Titus que voulussent ou non ses gensdarmes furent contraintz se fendre & eux separer en deux, sans qu'il leur fust possible se reioindre ou aller de là plus auant : tant y a que la moindre part d'eux se trouua auec leur chef, lequel ayant deuant les yeux le peril ou il estoit tombé, & qu'il falloit iouër à quitte ou double, pour estre la voye enuironnée des deux costez, tant de iardins fossoyez, grandes trenchées, que de maisons, hayes, ou masures, qui l'empescheroit du tout à se rallier auec si peu des siens qu'il veoit escartez, baillant la teste l'espée au poing entra pesle mesle tandis que la plusgrand' part des siens, ignorans le peril de leur capitaine, tournoit doz, estimantz qu'il fuist cóme eux. Mais Titus auoit bien le courage ailleurs : car voyant son remede consister à la force de ses bras donna du cul & de teste à trauers ses ennemys, & à force de cheual suyuy seulement de ce peu de ses gensdarmes qui ne l'auoient onques habandonné, s'escria à haute voix qu'ilz chargeassent roidement: auquel cry se serrerent au mieux qu'ilz peurent & d'vne si grande fureur, que voulussent ou non les Iuifz, ilz luy firent voye, & regaigna Titus sa troupe, qui arrestée commença à s'aperceuoir de la faute qu'elle auoit faite, habandonnant ainsi l'Empereur. Toutesfois si Dieu n'y eust mis la main il n'en fust iamais eschapé : parquoy faut bien estimer pour seur qu'il tient en sa disposition l'entrée, l'execution, & l'issuë des guerres & batailles, se donnant soing du peril des Roys ou autres capitaines qui les donnent ou reçoyuent. car ny dard, iauelot, ou trait, lancé contre Titus, ny autre coup que lon luy ruast ne le peurent onques offenser, encores qu'il fust sans aucun acoustrement de guerre : ayant fait ceste entreprise

non

non (comme i'ay dit) pour combatre, mais seulement pour recognoistre la cité, & donner vouloir aux habitans d'eux rendre comme il esperoit, chose digne de merueille, veu la presse ou il se trouua, & telle que lon eust iugé vne infinité de flesches & autres traitz luy auoir esté tirez d'industrie, non pour l'offencer, mais pour ne le toucher point, ainsi que lon les veoit voller de tous costez autour de luy: & neantmoins si ne laissoit il de bien faire cognoistre à ses ennemys qu'il n'auoit le bras engourdy : car tenant vn cymetere au poing, brochant son cheual par dessus eux, renuersoit l'vn, tuoit l'autre, si furieusement que qui pouuoit luy faisoit voye: encores que les Iuifz missent toutes les peines qu'il leur estoit possible à l'arrester, tant pour estre recogneu d'eux, que pour la grand' hardiesse qu'ilz voyoient en luy dont s'esleua vne clameur entr'eux s'entr'enhortant de l'assaillir de tous costez: mais tout estoit en vain, car voulussent ou non, Titus les força sans qu'il y perdist que deux Cheualiers des siens, ou pour trop s'opiniastrer à combatre, ou que leur malheur le voulut ainsi, car l'vn fut tué & son cheual aussi, l'autre mourut en la place, & sa monture amenée : se retirant Titus auec sa caualerie au petit pas en son camp : contant ceste fortune pour la plus grande & dangereuse qui luy fust onques auenuë. Et demeurerent les Iuifz enflez de gloire, qui leur causa vne folle esperance de tousiours vaincre, dont depuis comme mal conseillez auint leur totale ruïne & perdition.

De la braue & inesperée saillye

que firent les Iuifz sur les Romains asseans
leur camp deuant la cité.

Chapitre   III.

Or arriua

DE LA GVERRE DES IVIFZ. Feuil.CLXVI.

R arriua la nuit enſuyuant au camp des Romains la legion qui eſtoit en Emaus, ſuyuant ce que Titus leur auoit mandé : parquoy deſlogea ſon camp au poinct du iour, & vint ſe parquer à vn lieu nommé Scopon, duquel on peult voir treſluyre & reſplendir la magnitude & ſomptuoſité du temple, & l'excellence de ſon eleuation, & à ſon aſpect vers la Septentrionale partie qui en colline ou valée plus baſſe que nulle autre de la cité s'abeſſe de ſon hault iuſques à ſept ſtades pres de Ieruſalem. Là fut commandé par Titus à deux de ſes legions camper, & à la cinqieſme (eſtant laſſé & trauaillé du chemin de la nuit precedente) de ſe parquer encores plus arriere de trois ſtades, les aduertiſſant d'eux bien fortifier & remparer leur camp & les aucunës d'iceluy. En ces entrefaites la dixieſme legion laiſſée de longue main en Hiericon par Veſpaſian (gens fraiz, diſpoſtz, & bien armez) arriua, & fut toſt apres logée à ſix ſtades pres de la place aſſiegée, au ſommet d'vn mont nommé Elcon regardant la cité vers l'Occident, ſans qu'il y ayt autre ſeparation qu'vne longue & roy de valée, que lon apelle communement Cedron : ou ſemblablement fut commandé aux ſoldatz d'eux bien fortifier & remparer. Ce que conſiderans les Iuifz, & voyans le iour arriué qu'il falloit que la guerre ciuile qu'ilz auoient iuſques là entretenuë contre eux meſmes ſe conuertiſt ſur les ennemys, eux bien eſtonnez auiſans les tentes & pauillons des Romains aſſis ſi pres de leurs murs, commencerent à regarder par tous moyens d'eux reconſeiller tant Zelottes, ſeditieux, qu'autres, & d'vn commun acord deffendre & leur cité & ce qui eſtoit dedans, ſe propoſans deuant les yeux la fortereſſe de leur place, l'ocaſion pour laquelle elle auoit eſté conſtruite : & finablement qu'il leur ſeroit mal d'eſtre ainſi aſſemblez & en ſi groſſe force, pour laiſſer aprocher ſi pres de leurs ſacrées murailles les ennemys eſtrangers, & iuſques à eſtre quaſi eſblouys de leurs enſeignes & eſtendardz, ne ſeruans que de ſpectateurs, comme s'ilz auoient les mains, cueurs, & armes du tout remiſes & ſans aucun vouloir, pouuoir, ny moyen d'eux conſeruer. Surquoy aucun de l'aſſiſtance s'eſcria, Et veritablement nous ne ſommes fortz que contre nous meſmes : cedera donc au profit & gaing des Romains (& par noſtre propre ſedition) noſtre cité tant renommée, ſans tirer vne goutte de leur ſang? non, non, pluſtoſt auront ilz le mien entier Qui eſmeut tellement ceux de la troupe, que d'vne fureur trop effrenée coururent aux armes, & d'vne impetuoſité non eſperée par les aſſiegeans firent vne ſoudaine ſaillie ſur la dixieſme legion, crians & faiſans vn tel bruit & rumeur que ſe trouuans ceux à qui l'affaire tomboit ſur les bras ſurprins & eſtonnez, les vns pour eſtre eſcartez qui çà qui là, les autres ayans mis bas picques, morrions & corſeletz pour mieux trauailler au mur qu'ilz auoient commencé & entreprins pour l'edification & force de leur rempart, la pluſpart ententifz à ſemblable œuure, ne ſceurent auoir autre meilleur

LE VI. LI. DE F. IOSEPHVS

tre meilleur moyen ny refuge, sinon les plus hardiz & auisez à reprendre leurs harnois & tourner visage, & la plusgrand' partie à fuyr à vau de
routte, car ilz n'eussent iamais pensé qu'il sust tombé en l'esprit ny courage de gens si rebuttez, & hors d'eux mesmes, de faire vne telle & si asseurée entreprinse, dont ilz se trouuerent deceuz: car outre que plusieurs
Romains y perdissent ce iour là la vie & l'honneur, les Ierosolimitains y
acquirent grád espoir de meilleure fortune, & telle que leur gloire & ou-
trecuydée presomption, s'en imprima en leur cerueau de là en auant a-
uec trop de vehemence, d'autant qu'ilz voyoient ainsi fuyr ceux qui a-
uoient de coustume de donner la chasse à tout le monde, & qu'ilz e-
stoient & les vns & les autres de semblable opinion. Car les Iuifz voyans
la fortune leur rire ainsi, s'estimerent estre beaucoup: & les Romains aba-
stardis de paour estre encores chassez par gens assemblez en plus grand
nombre, qui les faisoit ainsi honteusement tourner le doz, encores que
leur coustume fust de tousiours combatre par ordre, ayans apris de longue experience à mener & manier la guerre auec discretion, hardisse, &
police, & maintenant ilz tremblent de paour, se voyent en route & si
pertroublez que sans aucuns à qui les cueurs semondz de honte se hauce-
rent & soustindrent quelque temps l'escarmouche & assez brauement.
Mais quoy? le nombre des Iuifz croissoit d'heure à autre, & celuy de ceste legion amoindrissoit à veuë d'œil tant estoit offencé & mal traité de
l'ennemy par force de trait, tellement que contrainte leur fut d'eux retirer au moins mal qu'ilz peurent iusques dedans le plus fort de leur fort,
ou ilz n'eussent longuement resisté n'eust esté que l'alarme donna iusques ou estoit lors Titus, lequel auerty du danger des siens monta à cheual acompagné de la pluspart de ses Cheualiers d'elite, & tirant au lieu
ou estoit l'affaire, rencontrant en voye les fuyardz leur disoit telles & si
rigoureuses parolles que, rougissans de honte & mettans fin à leur fuitte
trop lasche & inconsiderée, tournoient visage, & le suyuirent de si grand
cueur que chargeans ceux qui auoyent chargé, en firent au commencement vne execution telle que demeurans beaucoup de Iuifz sur le champ
mortz ou naürez, le surplus reprint le chemin qu'il estoit venu, au grand
pas iusques au creux de la valée, ou tel refuge leur vint mal à propos : car
le Romain arresté sur le pendant pouuoit choisir le Iuif à coups de trait
a son plaisir : au moyen dequoy ilz furent forcez gaigner la croupe de la
montaigne oposite, & là à qui mieux mieux, estant le seul fons du lieu
barriere entre les deux armées, tellement qu'à bienassailly bien deffendu. Et ainsi se maintenans d'vne part & d'autre, l'escarmouche continua
iusques sur le mydi, qu'il sembla à Titus l'alarme se refroidir, & que les
Iuifz vn à vn quatre à quatre, & ainsi petit à petit se retiroient en la cité
Au moyen dequoy renuoya la legion premiere assaillie paracheuer leur
fort, & auec le reste qui l'auoit suyuy demeura pour faire teste aux autres.
qui tenoient tousiours contenance de continuer l'escarmouche plus lon-

guement.

DE LA GVERRE DES IVIFZ. Feuil. CLXVII.

guement . Or auoient mis les Iuifz vn guet en vn lieu de la cité d'ou se
pouuoit descouurir ce que faisoient les Romains en cest affaire, lequel
voyant la legion que Titus renuoyoit à l'ouurage se retirer, & pensant
pour certain qu'ilz s'enfuyssent, commença à remuer son marteau le plus
haut, plus fort & hastiuement qu'il peut, qui estoit le signal signifiant ce
qu'il pensoit. à la creance duquel & tout ainsi que lon voit es grandes fo-
restz sortir au vespre vne infinité de bestes sauuages pour chercher l'eau
ou pasture , ainsi peut-on aparceuoir ceux de Ierusalem sortir de leur
ville & donner de fureur sur Titus & sa petite troupe, qui (quant tout est
dit)ne seruoit que de monstrer visage à la premiere troupe: aussi se trouuerent ilz bien estonnez, voyans si grand & tel renfort leur venir si soudain & tant à l'impoureu: de sorte que la pluspart des Romains n'eut la
hardiesse de les attendre, ains pensans ce iour estre la ruïne & de l'Empire
& de l'Empereur prindrêt le haut. Ce que voyás tresbien le reste de leurs
compagnons qui estoient autour la personne de Cesar combatans auec
luy trouuerent moyen de luy dire : Monsieur, vous demeurez trop icy,
la pluspart de voz gens nous ont habandonnez, retirez-vous, car vous
estes voué à pluigrand' chose qu'à faire le gendarme, la monarchie du
monde vous est asseurée, laissez donc aux Iuifz à iouër à quite ou double,& gaignons nostre camp qui n'est pas auerty du danger ou vous estes
Mais Cesar plus ententif à iouër des cousteaux qu'à les escouter n'en faisoit cas, ains se fourrant de plus en plus en la presse , vn autre des siens le
retirant luy vint dire : Monsieur, vous demeurerez à la fin seul & encloz
dans voz ennemys cedez au temps & à la fortune & vous retirez , le Iuif
veult mourir luy comme estant le plus grand heur qu'il sçauroit auoir de
sa vie , & à vous apartient non pas entrer ainsi que vous faites au hazard
de telles escarmouches, mais à commander à tous les viuans. Toutesfois,
encores opiniastre, frapoit à destre & à senestre, tant qu'il auoit & l'espée & le bras tout taint de sang du ceux qu'il mettoit à mort : dont les
Iuifz mesmes s'en trouuerent si espouentez & esbahys que sarrestans
court sur le bas du pendant de la valée, & voyás la fureur & opiniastreté
de Titus furent sur le poinct d'eux retirer pour ce coup : toutesfois chan-
geás soudain d'opinon,& comme s'ilz se fussent mocquez de sa resisten-
ce, sortirent du lieu ou ilz se tenoient serrez , & faisans largue tascherent
les vns à l'enclorre, les autres à poursuyure ceux qui fuyoient: tellement
que l'escarmouche s'eschauffa de sorte , que Titus mesmes fut contraint
non reculer, mais fuyr, autrement luy & les siens y fussent demeurez sans
doute. Ce que voyant d'enhaut la legion qu'il auoit renuoyée pour paracheuer la fortification de leur quartier, furent tellement surprins de nouuelle crainte, lieu qu'au de faire deuoir côme vieux soldatz, habandonne
rent l'œuure & leur honneur ensemble, fuyás à vau de routte vers le reste
de l'armée, estimans tout estre perdu, & qu'il seroit impossible resister à
la puissance des Iuifz. Toutesfois Titus tourna visage auec sa caualerie,&

Ff   resisterent

LE VI. LI. DE F. IOSEPHVS

resisterent mieux que deuant à l'ennemy, tandis que l'alarme vint au camp & les nouuelles du danger auquel estoit leur Empereur. Ce qu'entendu par l'armée le cueur leur creut, de sorte que se trouuans ceux qui s'en estoient fuys honteux de leur faute par les paroles que leur en tindrent leurs compagnons, les iniurians pour s'estre de tant oubliez que d'auoir laissé leur chef en tel affaire, delibererent de recouurer ce qu'ilz auoient perdu, qui estoit l'honneur, & d'vn courage enflambé courir au secours deuant les autres, pour estre des premiers au combat : & ainsi le firent, & si brauement qu'en peu d'heure les Iuifz se trouuerent les plus foybles : & tant vindrent de soldatz & gensdarmes contr'eux qu'ilz furent rechassez iusques au bas de la valée, ou Titus s'arresta pour commander de rechef à la dixiesme legion retourner à la fortification de leur camp & auancement du mur encommencé : & tandis suyuy de ceux auec lesquelz il auoit fait de si grandz effortz contre l'impetuosité des autres qui l'estoient venu assaillir, fit tant qu'il les rembara iusques dedans leur ville : qui me fait dire (sans en rien desguiser ny pallier la verité, ny l'obeissance que ie doy au filz de Vespasian, & moins à l'enuye que i'ay de haut-louer ceux de ma nation) que par deux diuerses fois Titus deliura en ce iour la dixiesme legion de peril : donnant moyen & loysir à eux & au reste de son armée de fortifier leur camp & bastillons.

De la rumeur & meurdre qui fut
fait entre ceux de Ierusalem le propre iour des Azimes.

Chapitre.   IIII.

Par

DE LA GVERRE DES IVIFZ. Feuil.CLXVIII.

Ar les faillies & efcarmouches des afsiegez fur le camp des Romains, la fedition & rumeur de la cité print fin quelques iours, durant lefquelz auint le iour des Azimes, qui eft le quatorzieme d'Auril, fefte grandement recommandée & celebrée entre les Iuifz, d'autant que leurs maieurs & peres fortirent en tel iour de la captiuité d'Egipte : en memoire dequoy vn chacun de la nation venoit orer au temple. Ce qu'Eleazare & fes foldatz ne voulans denier donnerent ordre que le lieu d'adoration fuft cefte iournée ouuert à qui auroit volonté d'y entrer. Mais Iean pretendoit bien autre part, car il fe vouloit faifir & de la place & de toutes les oblations & victimes par vn mefme moyen : pour à quoy ne faillir gaigna la plus grand' part des fiens, qu'il fit armer fecretement fouz leurs robes, & leur commanda faindre leur deuotion, & qu'entrez au lieu faint ilz trouuaffent moyen (tuant la garde) d'eux faifir & fe faire maiftres & feigneurs du temple. A quoy ilz ne faillirent, car ilz n'y furent pluftoft entrez fouz habit & deuotion fainte, que iettans bas ce qui couuroit leurs armes, mirent la main aux dagues & tuerent la garde : dont s'efmeut telle rumeur entre la gent (qui ne penfoit qu'à faire feruice agreable à Dieu) que tous fe prindrent à fuyr, fpecialement les Zelottes tenans le party d'Eleazare, lefquelz voyans fi grande trahifon s'efcarterent de tous coftez, & le peuple quant & quant, les vns aux voutes, les autres aux bas fondemens, tel fur les plus baffes couuertures & autres endroitz qui fe prefenterent pluftoft pour leur faluation efperer, dont lon les veoit peu apres fe defloger & fe precipiter du haut en bas oyans le meurtre que lon faifoit de ceux qui s'eftoient oubliez derriere & fentans l'ennemy cruel aprocher d'eux, les mains duquel ilz aymoient mieux fuyr & finir leurs vies fe brifant col, cuiffes & corps, que tomber en la mercy de gés traiftres & facrileges : aufsi en efpargnoient ilz peu, fpecialement de ceux de la troupe des Zelottes, car aucun d'eux eftant defcouuert entre les autres c'eftoit autant de depefché, & fouz cefte couleur tel fe vengeoit de fon hayneux ou ennemy qui au parauant ne l'euft ofé regarder entre deux yeux, demeurant le coulpable en auctorité, & l'innocent outragé, meurdry, & finablement occis. Toutesfois ilz laifferent (leur fureur amortie) aller en liberté ceux qu'ilz trouuerent cachez & fur les voutes & autres fortis des efgoutz du temple, & fe contenterent pour le refte de demeurer maiftres du cueur du temple : lequel Iean rempara & pourueut en diligence de tout ce qui y eftoit neceffaire pour le garder de là en auant contre Simon, lequel il commença à redouter fi peu que lon peult dire deformais la fedition commuë au parauant & liguée en trois diuerfes parties, eftre pour l'heure reduite en deux. Mais pour retourner à Titus, en ces entrefaites il trouua que, pour la commodité de fon camp, il deuoit defloger de Scopon & s'aprocher encores plus pres de la cité qu'il n'eftoit : parquoy fit marcher

Ff ii   deuant

deuant ses Cheualiers eleuz auec vn gros escadron de gens de pied qui tenoient escorte à ceux qu'il ordonna d'aplanir tout ce qui estoit d'espace entre son camp & les murs. Parquoy furent incontinent ruez bas maisons, masures, hayes, buissons, & toute maniere de closture que les habitans auoient edifiées de longue main, pour la conseruation de leurs iardinages & lieux de plaisir, sans espargner vn boccage mesmes aorné d'vne infinité de hautz arbres vtiles & fructueux pour la ville, qui furent abatuz par le pied, & toute autre chose seruant à dresser la voye, & comblé ce qui estoit de creux, qui à la fin se trouua egal, tant par ce moyen que des hautes roches & montaignes desquelles les valées furent remplies si egallement que depuis Scopon iusques aux monumens d'Herodes & à l'estang des Serpens, qui anciennement s'apelloit Bethara, on ne montoit ny descendoit en aucune sorte.

D'vn stratageme ou ruze de
guerre qu'inuenterent les Iuifz contre les Romains.

Chapitre. V.

Encores

DE LA GVERRE DES IVIFZ. Feuil.CLXIX.

Ncores que la sedition d'entre les Iuifz ne se peust du tout assopir pour les affaires qui les pressoient, si ne laissoient ilz à estre songneux de pouruoir aux negoces de dehors, comme tresbien ilz le firent sçauoir par espreuue à Titus & aux siens : car le iour mesmes que son esplanade se paracheuoit aucuns des plus asseurez de la cité sortirent secrettement par l'endroit qu'on apelloit les tours des femmes, & faignans estre dechassez de la place comme amys de paix fauorisans aux Romains, monstroient par aparence de n'oser se mettre à leur mercy, ny essayer de leur retour d'ou ilz estoient fugitifz, pour le peril qui leur en pourroit ensuyuir. Au moyen dequoy dissimulans entre eux leur trahison precogitée couroient çà & là, & se cachans par foys pour n'estre descouuertz, apelloient les Romains comme s'ilz eussent à parlaméter auec eux de la part du peuple & leur liurer la cité, à quoy secondoient aucuns estans mótez sur les murailles : car de signes & de voix donnoient aux gens de Titus tout moyen de venir à eux comme s'ilz leur eussent deu ouurir les portes à l'heure mesines: ce qu'aucuns de la troupe estrangere trop conuoyteux de butiner creurent assez facilement encores que l'aparence du contraire fust assez manifeste de leur costé:car lon veoit quelques autres de la forteresse faindre repousser les premiers fugitifz & auoir grand contestation entr'eux, voyre iusques à ietter des pierres sur ceux qui estoient en bas attendans secours, & toute telle contenance que pouuoient faire gens diuisez dans vne place. Et pour encores mieux donner couleur à leur trahison, quelquesfois les paillardz prenoient leur course droit au camp de Titus, puis tout soudain rebrousloiét les bras croisez & comme gens hors d'eux mesmes & grandement pertroublez en leurs espritz. Ce que considerant le camp des Romains, ne se peust garder qu'il n'aioustast pleine foy à toute ceste dissimulation : veu mesmement que, fust par ce moyen fust par autre, ilz faisoient estat de les auoir en leur mercy, & en faire tel carnage qu'il leur plairoit. Parquoy les plus soudains y coururent plus legerement, pour l'esperance qu'ilz auoient de trouuer premiers les portes ouuertes. Mais Titus qui auoit le cerueau plus plombé, tenoit ceste façon de faire trop suspecte & dangereuse : considerant qu'il seroit impossible du bien, attendu les paroles que ceux de la place auoient dites à Iosephus le iour precedent qu'il y auoit esté enuoyé pour les persuader d'eux rendre & venir à la paix qu'ilz refuserent tout à plat. Et pour ceste cause commanda expressement que nul des siens eust à abandonner son enseigne ou l'ouurage ou il estoit ordonné, mais la pierre estoit desia iettée, & n'estoit plus temps: car grand nombre d'eux, ayans mis bas & pelles & marteaux & endossé leurs armes, dissimulans n'auoir entendu tel ban, courut hastiuement vers ceux qui les apelloient: tellement qu'ilz furent iusques aux portes sans trouuer empeschement quelconque, non qu'ilz y fissent long seiour

Ff iii   car

LE VI. LI. DE F. IOSEPHVS

car à peine eurent ilz pensé à mettre pied souz la premiere des portes qui fait l'entrée des tours que les traistres qui les auoient n'agueres apellez ne vinsent les charger rudement par le derriere, & ceux de dessus les murs encores de plus estrange façon, & à coups de trait & de pierres par le deuant, si que grand nombre d'eux y demeurerent mortz estenduz en la place : car si le passer plus outre ne leur estoit permis, ains dangereux & mortel, le retourner ne leur monstroit gueres moins de faueur, ayant les ennemys(& en si grand nombre) ou sur leurs bras, ou sur leurs talons: vne seule chose leur donnoit vne hardiesse extreme de combatre & mourir en bon soldatz, c'estoit la honte qu'ilz eurent de fuyr deuant les yeux de deux si grandz & diuers peuples, & le remors de conscience de la faute qu'ilz auoient faite d'exceder l'ordonnance & commandement & de leurs chez & de leurs capitaines particuliers, dont ilz sçauoiét meriter punition . Parquoy desployerent la force de leurs bras, guidée par la magnanimité de leurs courages,& iouás à quitte ou double, entrerent & de front & de costé si auant dans leurs ennemys, que nonobstant le grand nombre de playes dont ilz estoient couuertz, si les contraignirent ilz de reculer, les poursuyuans à coups de pointe iusques au sepulchre d'Helene, ou ilz receurent grand dommage par le trait de ceux de dedans. Toutesfois ilz se retirerent, maudissans les Iuifz la fortune, que plus grand nombre de leurs ennemys n'estoient tombez en ce piege . Et neantmoins ilz ne delaisserent à faire vne grande cririe & exclamation auec vn petillement des piedz & frapemens de mains, demonstrans par telle allegresse le plaisir que ce leur estoit d'auoir ainsi deceu leurs ennemys, qui tous honteux arriuerent au camp, ou Titus fit incontinent assembler tous les capitaines & soldatz, en la presence desquelz (& pour mieux reprendre ceux qui auoient failly)il vsa de tel langage enuers eux

, Les Iuifz, qui sont gouuernez seulement par vn desespoir, font toutesfois
, leurs menées & entreprises auec vne meure deliberation & prudence , en
, inuentant astuces & subtilitez pour surprendre & euincer leur ennemy:
, qui est l'occasion pour laquelle ilz se treuuent poussez & tousiours aydez
, de fortune : d'autant aussi qu'ilz se rendent promptz & obeïssans à qui
, ilz doyuent, & bien vueillans fidelles & amys les vns des autres : ce qui
, a esté iusques en ceste saison familier & domesticque entre les Romains,
, ausquelz celle mesme fortune dont ie parle a esté amye voyre preste de
, leur seruir, considerans la discipline militaire , & l'obeïssance à leurs ca-
, pitaines, tant bien reglée & obseruée entr'eux. Ce qu'ilz monstrent bien
, auiourd'huy negliger, faisans tout le contraire , aussi les voit on traiter
, de mesmes & demourez combatuz & debellez par l'intemperance de
, leurs propres mains . Et encores pour le pis en la presence de moy leur
, chef & gouuerneur de toute ceste puissante armée , deuant laquelle ilz
, ont osé entreprendre telle fole & temeraire presomption, sans estre con-
, duitz par nul de leurs capitaines. Dont se peuuent maintenant douloir &

grande-

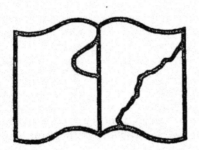

Texte détérioré — reliure défectueuse
NF Z 43-120-11

A GVERRE DES IVIFZ. Feuil. CLXX.

.. complaindre les ordonnances & loix de la guerre, & plus,
Empereur mon pere, quand il aura entendu ceste playe estre a-,
non du temps qu'il vous a gouuernez auec longue consommation,
les ans vieux, & sans que iamais vous soyez tombez en tel desauan-,
tage de vostre honneur, mais depuis seulement qu'il s'est desmis de ceste,
charge sur moy. Quelle punition donc meritent telz Romains? les loix,
d'entre nous ne veulent elles pas que celuy meure qui aura excedé la,
moindre chose contre les statutz de la guerre, & soit notté pour iamais,
d'infamie, ayant entrepris quelque chose que ce soit sans le congé de son,
capitaine, & succedast leur entreprise à bien, & à l'honneur de toute,
l'armée? Aussi y pouruoyray de sorte qu'il en sera parlé pour l'auenir.,
Puis se teut, & tournant visage monstra vn grand semblant de courroux
& indignation, retenant en sa pensée de quelle loy il deuoit vser enuers
tous, qui estonna tellement toute l'armée que plusieurs se despleurent
en leurs courages comme desia dignes de mort. Mais peu apres les legions innocentes du mal fait le vindrent treshumblemēt suplier pour leurs
compagnons, qu'il luy pleust ballancer la temerité & inobeissance du
peu à l'humilité, seruitude & bon vouloir de tous qui s'efforceroient
plus que iamais à luy faire seruice & hazarder la vie amendant la faute
par la compensation d'vne future vertu. Ainsi fut Titus apaisé par l'vtilité
de leurs prieres. Car il luy sufisoit que la correction de sa parolle eust
rendu les aucuns douteux iusques à l'execution & que le pardon fust es-
largy pour tous ceux qui auoient peché. Tellement il fut reconcillié auec
ses gens d'armes & soldatz, les admonestant d'estre plus sages & auisez
pour l'auenir. Et ce pendāt il passa maintz discours par son cerueau comme il pourroit rendre la pareille aux Iuifz qui l'auoient si mal mené par
leurs cautelles. Et en attendant fit aplanir durant quatre iours toutes les
combes & païs bossu qui estoit entre son camp & la cité, pour faire passer
surement son armée & bagage iusques ou il se campa depuis. Et pour ceste cause commanda au plus fortz de son armée desloger deuant & passer outre de la part du Septentrion vers celle d'Occident tirant vers les
murailles, & marcher en ordre de bataille sept à sept, & apres eux les
gens de cheual en trois bataillons, au millieu desquelz se tiendroient aussi trois diuerses troupes d'archers, qui empescha bien les Iuifz de plus
sortir à l'escarmouche comme ilz auoient de coustume. En sorte qu'apres
que tel auangarde fut passée & les trois legions qui restoient auec le surplus des forces Romaines, Titus se logea à deux stades loing de la muraille, tirant la part du coing contre la tour qui s'apelle Psephinos, ou il
planta ses tentes, par ce qu'en cest endroit le circuit du mur qui regarde
l'Aquilon se tourne & ploye en la partie Occidentale. Et quant au reste
du camp il se fortifia de rempart & massonnage tout à l'enuiron de la
tour qui se nomme Hyppicos, reculé toutesfois de la cité de deux stades
demeurant tousiours la dixiesme legion en la montaigne d'Eleon, là ou

Ff iiii   elle

LE VI. LI. DES F. IOEPIIVS.

elle auoit esté asise au commencement.

La description de la cité de
Ierusalem.

Chapitre   VI.

A cité de Ierusalem estoit close de trois murs, sinon en la partie qu'elle estoit enuironnée de valées inaccessibles, ou il n'y en auoit qu'vn. Elle estoit aussi située sur deux montaignes qui se regardoient de front oposite, separées de la distance de leurs valées, & fort bien bastie & couuerte d'vne tresgrande quantité de maisons & edifices. Sur l'vne desquelles montaignes estoit construite la partie plus haute de la cité, aussi estoit elle de beaucoup plus eleuée, plus haute, plus longue, plus droite que l'autre, qui rendoit le lieu d'autant plus fort, & si seur qu'il estoit nommé par aucuns le chasteau de Dauid anciennement Roy de Iudée, lequel fut pere de Salomon qui premier edifia le temple: mais par nous il estoit apellé le marcher superieur. L'autre montaigne se nommoit Acre, & contient en soy la cité inferieure fort aualée de tous costez: assez pres de laquelle y a vn troisiesme mont, encores plus bas de sa nature que la cité, duquel vne valée large & estenduë souloit faire la separation. Mais depuis que les Asamoniens y regnerent ilz l'emplirent toute de terre pour ioindre la cité au au temple, & que lon le peult mieux veoir & regarder du haut & du bas. Or la valée qui se nomme Tiropeon par laquelle (comme nous auons dit) la montaigne de la plus haute cité est diuisée de la basse, comprend en soy Siloé fonteine tresdouce & de bonne liqueur. Et dehors sont deux montaignes profondes en vallons, qui paracheuent la ceinture de la ville, qui est l'endroit le plus fort, par le moyen d'vne infinité de roches inaccessibles, qui empeschent le pouuoir de monter à nul des trois murs : le plus antique desquelz ainsi deffendu de rochz, montaignes & baricaues ne se pouuoit facilement prendre, auec ce qu'il estoit construit & fortifié de toutes choses necessaires, ordonnées de longues main par Dauid, Salomon, & autres Roys, qui de leur temps n'y auoient rien espargné. Et commançoit ceste part à la tour nommée Hyppicon tirant vers celle qui est dite Xistus, puis se venant ioindre à la court, finissoit au portique Occidental du temple. Et de là (tirant contre bas vers l'Occident par la place nommée Betisus) s'aualoit iusques à la porte des Esseniens, & au dessus de la fonteine Siloé tournant vers le Mydi. Et droit à l'Orient iusques à l'estang de Salomon, & de là au lieu dit Ophlan, se venant ioindre au portique Oriental du temple. Le second mur prenoit son commencement à

la porte

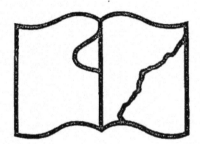

Texte détérioré — reliure défectueuse
NF Z 43-120-11

.A GVERRE DES IVIFZ. Feuil.CLXXI.

..pelloit Genath(qui auoit esté autrefois du premier mur)
..oit toute la partie Septentrionale, montant iusques à la por-
.onie .u Antoniane. Au troisiesme mur la tour d'Hyppicon don
.ancement, & faisoit son trait vers la partie Boreale, venant à
phine, contre le monument d'Helene, qui fut Royne des A-
.ere d'Izate Roy : & deualoit le long des cauernes royales iusques en vne tour assise au coing qui tournoit contre le monument dit du
Foullon, & se ioignant au vieil circuit venoit finir en la valée de Cedron.
Et enuironnoit ce troisiesme mur la partie de la cité qu'Agrippa y auoit
aioustée, qui au parauant estoit vuide & vague : mais peu à peu elle s'e-
stoit peuplée & acreuë dehors les murs & aprochée si pres du mont de la
partie Septentrionale du temple, que finablement iointe à la cité faisoit
vne quatriesme montaigne qui se nommoit Bezetha, située à la part op-
posite de la porte Antoniane & separée d'icelle de fosses profondes qui
estoient tout à l'entour, qui furent faites par industrie, de paour que les
fondemens de la porte Antoniane tenans à la montaigne, y donnassent
facile acces se trouuans de moindre hauteur. Mais par le moyen de si profonde concauité l'eleuation & des murs & de la porte s'en trouuoient
grandement eleuez & plus fortz. Et fut nommée ceste partie aioustée à la
cité par le langage des habitans Bezetha, qui est à dire selon les Latins
nouuelle cité : laquelle le roy Agrippe pere du second Agrippe auoit
commencé à enuironner du mur dont nous auons parlé, pour le desir
que les habitans auoient de garder ceste partie : toutesfois il demeura in-
perfait, car il eut crainte que Claudius Cesar, auerty de la magnificéce &
somptuosité d'vn tel ouurage, ne soupçonnast vn preparatif à nouuelles
querelles : parquoy demeura ce commancement sans estre mené gueres
plus haut que le fondement, qui fut vn grand dommage : car s'il eust esté
acheué, la cité se pouuoit dire inexpugnable, pource qu'il y mettoit des
rochz longs de vingt coudées, & larges de dix, qui ne se pouuoient facilement miner auec le fer, ny abatre auec machines & en estoit tout le
mur construit. Et si la magnificence de l'œuure entreprise eust eu perfection elle eust esté esmerueillable : mais quoy ? la poursuite luy fut des-
fenduë. Toutesfois depuis le mur fut haucé par la manufacture des Iuifz
de vingt coudées de haut, les carneaux de deux, & les bastillons de
trois qui sont ving cinq. Mais les tours les surpassoient de vingt coudées
en hauteur, & de vingt en largeur, toutes construites par angletz carrez
& massiue tout ainsi que la muraille & encores mieux : l'edifice desquelles & l'excellence & beauté de la pierre n'estoit pas moindre que celle
du temple : car au dessus du massif estoit encores eleué en chacune d'icelles vn bastiment de vingt coudées de haut, dedans lequel y auoit chambres, salles, garderobes, cabinetz, cisternes, & les degrez pour aller en
chacun de ces lieux, pour trop n'empescher la place, pratiquez en tournoyant dans l'espesseur de la muraille de chacune tour, qui (de ce troisiesme

LE VI. LI. DE F. IOSEPH V

efme mur) eftoient eflongnées l'vne de l'autre de deux cei.
en nombre quatre vingtz dix . Au deuxiefme qui faifoit le m
auoit feulement quatorze : & en l'ancien , qui eftoit le premie:
aux maifons, foixante. Tellement que le circuit de toute la cité
deur eftoit finy en l'efpace de trente trois ftades. Et combien o
iefme & dernier mur hors la cité regardant du Septentrion en l'Occident fuft admirable à la veuë des hommes , encores comprenoit il en foy
vne tour fituée en l'vn des coings qui luy faifoit perdre beaucoup de fa
magnificence , & s'apeloit cefte tour Pfephina , deuant laquelle Titus
planta fon camp, & eftoit eleuée de foixante & dix coudées de hauteur.
au moyen dequoy elle defcouuroit fi loing que le Soleil leué l'Arabie
fe pouuoit recognoiftre , & la mer iufques aux extremitez des Hebrieux.
Or auoit elle en fon pourpris huit angles entierement opofites à la tour
d'Hippicos , & ioignant icelle tour d'Hippicos deux autres tours qu'Herodes auoit bafties tout pres de l'ancien mur , tant excellentes & dignes
de memoire quelles meritoient eftre nommées premieres entre celles
qui furent onques edifiées, foit en beauté, force, ou magnificence, pour
le regard de l'archeteĉture . Cer outre que le Roy dont ie parle fuft de
foy mefmes grand en toutes chofes, & d'vn cueur magnanime autant ou
ou plus qu'il ne luy apartenoit , fi fe voulut il monftrer d'auantage en
cefte entreprife , ne voulant pardonner à quelque autre edifice qui euft
nom deuant ceux cy , tant pour l'amour de la cité , qu'en fouuenance de
trois perfonnes qui luy furent trefchers: en l'honneur & fouuenance defquelz il leur impofa à chacune le nom particulier de l'vn d'eux . L'vn
fut de fa femme qui mourut pour l'amour de luy · le fecond de fon frere
qui fut tué. & le tiers d'vn fien amy qui perdit la vie en fon feruice, combatant contre fes ennemys : & à la gloire & fouuenance duquel l'vne de
fes tours s'apelloit Hippicos, du nom de luy , qui eftoit carrée , & en fon
carré dans œuure auoit vingt-cinq coudées de largeur , & autant de longueur, fur trente coudées de hauteur . Le tout fi bien deuifé & comprins
qu'il n'y auoit rien qui ne fuft de feruice: tellement qu'au plus haut de
l'edifice eftoit l'ouuerture d'vne citerne , dans laquelle l'eau purifiée fe
conferuoit fi longuement que lon vouloit , tant eftoient bien maçonnées
& iointes les groffes pierres & roches dont elle eft conftruite . Et encores
eftoit eleué deffus vn corps d'hoftel à double eftage de vingt-cinq coudées de haut, dedans lequel eftoient comprifes de fort belles chambres &
leurs fuittes : & les carneaux autour du comble qui les furpaffoient d'enuiron deux coudées , & les deffences de l'enuiron de trois: fi que la hauteur de cefte tour de fons en comble auoit quatre-vingtz cinq coudées.
La feconde tour dediée à fon frere s'apella Phafelle du nom de luy, côte-
noit en fon carré, fuft en longueur ou largeur. quarente coudées fur vingt
cinq de hauteur, en forme d'vn pilier: au deffus de laquelle eftoit vne galerie eleuée de dix coudées de haut, fouftenué de baftilles & tournelles
en forme

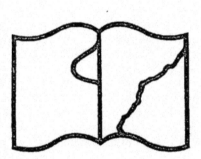

Texte détérioré — reliure défectueuse
NF Z 43-120-11

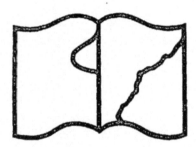

Texte détérioré — reliure défectueuse
NF Z 43-120-11

́ GVERRE DES IVIFZ. Feuil. CLXXII.

́rs pour la deffence. Et au meilleu de ceste gallerie estoit
́... encores plus eleuée que nulle des autres, & au dedans plu-
́...ambres, cabinetz, & baings si magnifiques que le tout mon-
́...en estre vn bastiment digne d'vn Roy : le sommet de laquelle e-
́...belly d'vn donion carnelé, si haut que le tout portoit enuiron
́...vingtz & dix coudées, resemblant quasi au Pharos qui donne
́...arté à ceux qui nauiguent en Alexandrie, fors qu'elle estoit plus estenduë en son ́circuit. Ce fut le lieu ou se mist auec le temps le paillard Simon. Et la troisiesme tour estoit nommée Mariamme du nom de la royne Mariamme, comblée & remplie iusques à vingt coudées de haut, &
autant qu'elle contenoit de large, mais plus excellente & magnifique que
nulle des autres, tant par ce que le Roy l'auoit apropriée pour soy mesmes, que pour l'amitié & souuenance de feuë sa femme qu'il auoit aymée
sur toutes choses : tellement qui luy sembloit que tout ainsi que nulle beauté d'homme n'aprochast de celle qui fut en ceste Dame, semblablement nulles des autres tours, portans le nom de deux ses amys, ne meritoient s'egaller en beauté à ceste cy qui portoit en sa hauteur cinquante
& cinq coudées. Et combien que toutes trois fussent d'vne merueilleuse
grandeur, si aparoissoient elles encores plus qu'elles n'estoient pour l'a-
uantage de l'asiete du lieu, sur lequel on veoit leur fondement assis qui
estoit dans l'ancien mur, & à l'endroit du coupeau de la montaigne eleué plus haut que nul autre de plus de trente coudées. Toutesfois cela ne
les rendoit point si admirables que l'excessiue grandeur des pierres de
taille dont elles estoient construites, aussi n'estoient point pierres communes, ne que les hommes peussent porter, mais estoient d'vn Marbre
blanc cyé, & chacune longue de vingt coudées, large de dix, & hautes
de cinq, si bien lyées & cymentées ensemble que chacune tour ne sembloit estre que d'vne seule pierre : & tát y auoient les architectes subtile-
ment ouuré que ny en faces ny angles paroissoit aucun ioint ou commis-
sure. Et ioignant à ces tours, situées en la Septentrionale partie, le palays
royal, assis iustement au meilleu, mais trop plus excellent en ce qu'il
comprenoit que lon ne vous sçauroit descrire : & ne pense point qu'autre
constructure d'edifice s'egalast à cestuy cy, car son circuit estoit enuironné d'vne muraille haute de trente coudées, embellies de certaines tours
à l'entour distantes egallement l'vne de l'autre, & au dedans vne infinité de chambres, arriere salles, assez pour receuoir & loger separement
cent Princes ou grans Seigneurs le tout fait de telle diuersité de Marbre
que la varieté de couleurs rendoit encores l'excellence du lieu plus esmerueillable, specialement pour la longueur & grosseur des poultres
& soliues auec vn exaulcement estrange & admirable, tant dorez & ela-
bourez que si le meilleur tailleur ou paintre de la terre les eust veuz il s'y
fust volontiers employé pour y comprendre quelque trait. Au reste tant
bien meublez & de si riches meubles qu'il seroit dificile d'en estimer la
valeur,

LE VI. LI. DE F. IOSEPH.

valeur, car ce n'eſtoit que pur or & fin argent. Et ſi y auc
dehors qui ſans ſuiection donnoient entrée en chacune ſalle,
ou garderobe ſouſtenuë de toutes ſortes de colonnes, & ce qui de
roit de vague au meilleu eſtoient vergers & taillis, mile cabinet
infinité d'allées, ruyſſeaux artificielz, & par les places & cantons ci
nes pleines d'eau, deſquelles les ruiſſeletz & canaux eſtoient rempli
abreuuez par certains conduitz qui iettoient l'eau du bec des cignes d'ai-
rain là ordonnez d'vn ſubtil artifice : puis par endroitz ſe pouuoit veoir
quelques tours ou ſe retiroient grand' quantité de colombes & tourterel-
les priuées qui s'yvenoient baigner & boire : auec tant d'autres ſingularitez que veritablement ne ſe peult expoſer quelle fut l'excellence du lieu
pour ſon merite, tant y a que les ruïnes qui en reſtent font aſſez de foy
de ſa grandeur, & de combien s'oublierent les traiſtres, parricides, larrons, meurtriers à bruſler & reduire en cendre choſe de telle renommée,
ayans eſté plus cruelz contre les ſacrez edifices de leurs païs, que les ennemys propres & eſtranges, qui deplorent encores auiourd'huy ſi grande perte & dommage. Car les ſeditieux mirent le feu par tout : meſmes
depuis la porte d'Antonie iuſques dans le palais, ou le comble & couuerture des trois tours que nous auons tant louées fut embraſé. Or n'e-
ſtoit pas le temple loing de là, mais conſtruit ſur vne colline dure qui alloit en pendant de tous coſtez, qui eſtoit cauſe que le plan de la place
n'eſtoit aſſez ſpacieux tant pour le temple que pour l'autel, & ſe raual-
loit d'vne eſtrange roydeur, quand le roy Salomon (qui premier l'edifia) y baſtit le premier mur, & ferma de murailles la partie qui regarde
du coſté d'Orient, y edifia deſſus vn portique ou gallerie, demourans
les autres parties deſcouuertes iuſques apres la reuolution de quelques
ans que le peuple y aportant touſiours quelques terres ou vidange, que
peu à peu ce qui eſtoit demeuré inegal vint à la proportió & hauteur du
reſte, faiſant la plaine du ſommet plus large & de beaucoup plus ſpacieuſe qu'elle n'eſtoit au parauant : ſi qu'ayans rompu le mur de la part de
Septentrion, prindrent tant d'eſpace que le temple demeura en la ſorte
que lon l'a veu, & la montaigne enuironnée de triple mur, ſur laquelle
fut conſtruit vn ouurage pluſgrand que lon n'eſperoit, pour lequel paracheuer ont eſté conſommez longs ſiecles. Et tous les treſors ſacrez qui a-
uoient eſté enuoyez en oblation à Dieu de toutes les parties de l'vniuers
pour la conſtructure tant de ſuperieur que de l'inferieur temple, le fondement & pied deſquelz eſtoit large de trois cens coudées, & en quelques endroitz encores plus qui toutesfois ne ſe pouuoit cognoiſtre par
tout, pour eſtre couuert en pluſieurs lieux au fons de la valée de terre
meute que lon auoit tirée de la ville pour egaller & eſlargir les ruës &
voyes trop eſtroites. Tant y a que les pierres de ces fondemens auoient en
grandeur quarente coudées, dont lon ne ſe doit eſmerueiller, veu l'a-
bondance de l'argent qui affluoit de iour en autre au temple, & la liberalité

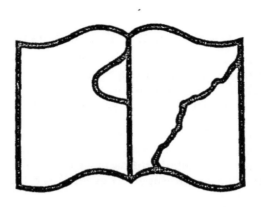

Texte détérioré — reliure défectueuse
NF Z 43-120-11

DE LA GVERRE DES IVIFZ. Feuil. CLXXIII.

ralité du peuple, qui s'efforçoiét à faire chofes pour la decoration du lieu, encores plus eftranges & admirables que le commun recit que lon en fçauroit faire, voire que les ouuriers mefmes pourroient efperer de parfaire fi ce n'eftoit auec vne longueur de temps incroyable. Toutesfois à la fin & les fondemés & l'œuure entier eut fa perfection, non fans grand, long, & continuël trauail, en forte que tous les portiques furent faitz doubles, fouftenuz par haultz pilliers & colonnes chacune d'vne feule pierre de Marbre blanc haute de vingt & cinq coudées, & le lambris du plenché de deffus de cedre: tellement que tout l'artifice eftoit naturel & fans eftre defguifé, par ce que toute la matiere eftoit facilement cyée, taillée & bien apropriée à la chofe qu'on vouloit qu'elle reprefentaft qui rendoit ceux qui bien la regardoient efmerueillez de fa perfection: mais hors œuure n'y auoit ouurage quelconque, ains toute chofe plaine fans painture ou fculpture: & eftoit large ce lambris & planché de trente coudées: tellement que tout le circuit du lieu contenoit en foy felon la mefure fix ftades enclos auec la tour Antoniane: & tout l'efpace d'entredeux qui demeuroit à iour, fe diuerfifioit d'vn paué de toute forte & efpece de pierre que lon fçauroit penfer. Et l'alée ou efpace par laquelle on alloit au fecond temple eftoit clofe d'vn appuy de certaine pierre de taille de la hauteur de trois coudées fait à claire voye, mais tant elabourée que la fingularité en eftoit grandement recommandée, car les colonnes fe voyent afsifes & efpacées auec grande proportion, & autour d'icelles cáracteres engrauez les vns Grecz, autres Latins qui monftroient la loy de purité: enfeignans aux eftrangers qu'ilz ne deuoient monter iufques au lieu faint. Ce lieu faint eftoit vn autre temple qu'ilz apelloient le Sanctuaire, auquel on montoit par quatorze degrez, qui commençoient à l'iffuë du premier temple. Ce Sanctuaire eftoit carré en haut, & enuironné d'vn mur propre à foy, dont la hauteur par le dehors (combien qu'elle s'eleuaft de quarente coudées) n'aparoiffoit toutesfois fi haut à caufe des degrez qui le couuroient & par le dedans n'eftoit que de vingt cinq coudées, par ce qu'eftant edifié au plus haut lieu par degrez tout le dedans n'aparoiffoit eftant couuert de la colline: & depuis les quatorze degrez y auoit vne efpace & planure de trois cens coudées, iufques au mur, ioignant lequel eftoient cinq degrez ou efcalliers qui conduifoient iufques aux portes. De Mydi & Septentrion ils s'en trouuoient huit autres, à fçauoir du cofté de Mydi quatre, & du Septentrion aufsi quatre, & deux de la part d'Orient, par neceßité auec vn lieu propre ou les feules femmes fe retiroyent pour faire leur oraifon & entretenir la religion lequel eftoit feparé d'vn mur fans aucune porte, car il n'y en auoit autres que la Meridionale & Septentrionale, lefquelles eftoient fecrettes, & par icelles pouuoient aller feulement lefdites femmes en ce lieu: car il ne leur eftoit pas licite d'y mettre le pied par autre entrée, ny paffer (par endroit que ce fuft) leur pourpris & lieu deftiné. Et outre ce conclaue

Gg   eftoit

LE VI. LI. DE F. IOSEPHV.

estoit autre certain lieu ordonné tant pour ceux du païs que pour les strágers qui estoient de mesme tribu & nation qui venoient en Ierusalem. Et quant à la partie Occidentale il n'y auoit aucune porte, ains estoit enuironnée toute de mur : mais entre les portes dont nous auons parlé y auoit portiques qui conduisoient depuis le mur, iusques tout au plus pres du tresor, estans opposites les vns des autres & soustenuës par grandes & tresbelles colonnes simples, lesquelles n'estoient differentes en rien de celles des plus bas portiques, fors de la hauteur. Et quant aux portes, les neuf estoient couuertes d'vn costé & d'autre de lames de pur or & fin argent, & iusques aux pilliers & portaux qui les embellissoient. Mais il y en auoit vne separée des autres & hors le temple, à laquelle nulle de celles dont i'ay parlé n'estoit comparable en excellence & beauté : car elle estoit toute de cuyure de Corinthe qui surmótoit l'or & l'argét des autres à la veuë & iugement des hommes. Chacun portail estoit ouuert de double ouuerture hault de trente coudées & large de quinze : apres l'entrée desquelz (& ou le lieu se faisoit plus large) y auoit sieges de tréte coudées faitz en forme de tours longs & larges & hautz de quarente, chacun desquelz estoit soustenu de deux colonnes qui auoient douze coudées de grosseur. Et estoient toutes les portes semblables & de mesme grandeur, excepté la premiere qui estoit assise au dessus de celle de Corinthe, par laquelle les femmes entroient au lieu d'oraison, & s'ouuroit du costé d'Orient auec la hauteur de cinquante coudées, & les pans de quarente au reste plus decorée que nulle de celles dont i'ay parlé, d'autant qu'elle estoit reuestue de lames d'or & d'argent plus espesses & grandement enrichies, que les neuf autres: car Alexandre pere de Tibere auoit fait fondre l'or & l'argent pour toutes les neuf qui fut aproprié à ceste seule, & y auoit depuis le mur qui separoit les femmes iusques à celle porte quinze degrez: mais qui vouloit tirer aux autres s'en trouuoit cinq moins. De là iusques au temple qui estoit au meilleu du lieu saint y falloit monter encores douze autres degrez : son eleuation & largeur de front estoit de cent coudées, & par le derriere estoit plus estroit de quarente, car l'entrée s'estendoit comme font les espaules : de chacun costé de vingt coudées. Sa premiere porte estoit haute de soixante & dix, & large de vingt cinq, sans aucun huys ou fermeture, signifiant le Ciel estre ouuert & aparent de tous costez, & en estoit le front tout doré. Par ce grand portail ouuert, on voyoit tout le dedás du premier temple & toutes choses sembloyent aux regardans reluire d'or par le dedans. Et comme l'interieure partie du temple fust à double estage, la nef ou maison prochaine se monstroit sans estage & d'vne veuë iusques au plus hault de sa couuerture, qui estoit eleuée de nonante coudées, ayant la longueur de cinquante, & de vingt en trauers. La porte pour entrerau premier edifice, comme i'ay dit, estoit toute dorée & aussi la prochaine muraille, & au dessus auoit vne vigne d'or dont pendoient raisins de la grandeur d'vn homme. Or

pource

DE LA GVERRE DES IVIFZ. Feuil. CLXXIIII.

pource que le temple du dedans auoit double eſtage, ceſte porte ſembloit plus baſſe que celle de dehors, combien quelle euſt ſes fermetures & voletz d'or hautz de cinquante cinq coudées & larges de ſeize, & deuant icelle vne tapiſſerie de pareille longueur. Ceſte tapiſſerie eſtoit vn voyle ou courtine d'art Babilonique diuerſifié d'hiacinte, de fin lin, d'eſcarlate & de pourpre tyſſu d'vn merueilleux artifice, & ayant en ſoy quelque choſe bien digne de contemplation à cauſe de la mixtion de ſes couleurs qui repreſentoient comme vne image de tout l'Vniuers, d'autant que l'eſcarlate reſſembloit au feu, le lin ſignifioit la terre, l'hyacinte l'ær, & le pourpre, la mer. Les vns à cauſe de leurs couleurs, & les autres (comme le lin & le pourpre) à cauſe de leur origine, eſtant le premier produit de la terre & l'autre de la mer, en ce tapis eſtoit depeint toutlce qui eſtoit au Ciel, excepté les ſignes. Paſſant plus outre on ſe trouuoit ſur le plan du temple eleué de ſoixante coudées, la longueur de meſmes, & la largeur de vingt, leſquelles ſoixante coudées eſtoient de rechef diuiſées, tellement que la premiere partie ſeule en contenoit quarante. Et en icelle ſe voyoient trois ouurages admirables & dignes d'eſtre celebrez par tout le monde: à ſçauoir le chandelier, la table, & l'encenſoir. Les ſept lampes (car autant en ſortoit du chandelier) ſignifioient les ſept planettes. Les douze pains qui eſtoient ſur la table, repreſentoient l'an, & le cercle des douze ſignes. Et l'encenſoir par les treize odeurs aportez de la mer inhoſpitale & inhabitable (deſquelles il eſtoit remply) monſtroit que toutes choſes eſtoient à Dieu, & faites pour ſon ſeruice. L'autre partie du dedans du temple eſtoit de vingt coudées, & pareillement ſeparée de celle de dehors auec vn voyle & en icelle n'y auoit rien, ains eſtoit inacceſſible, inuiolable, & non voyable à tout le monde & s'apelloit le Saint du Saint. Es coſtez de la baſſe partie du temple y auoit galleries à triple eſtage eſquelles eſtoient pluſieurs chambrettes, & entroit-on des deux coſtez des la porte. Mais la partie d'enhaut n'en auoit point, d'autant qu'elle eſtoit plus eſtroite & moins magnifique & ſomptueuſe que celle d'embas, toutesfois haut de quarante coudées. Car toute la hauteur (comprins les ſoixante qui eſtoit le plan eleué) montoit à cent coudées. Quant au dehors du temple rien n'y manquoit que les yeux ou l'eſprit deuſſent admirer. Car eſtant de tous coſtez couuert de lames d'or eſpaiſſes, commançoit à reluyre auant le poinct du iour faiſant esblouyr les yeux de ceux qui le regardoient ne plus ne moins que les raiz du Soleil. Aux eſtrangers qui arriuoient ſembloit de loing comme vne montaigne de neige, eſtant le temple tout blanc es endroitz ou il n'eſtoit point doré, & ſur la cyme auoit des pointes ou broches d'or fort aguës pour empeſcher que les oyſeaux n'y vinſſent faire leur ordure. Il y auoit telle pierre qui eſtoit de quarante cinq coudées de long, cinq de haut & ſix de large. L'autel qui eſtoit deuant le temple auoit quinze coudées de hauteur, dont la longueur & largeur eſtoient e-

Gg ii   gales

LE VI. LI. DE F. IOSEPHVS

gales, & en auoient cinquante, & ainsi carré s'auançoit auec ses angles
cornuz. Et du costé de Midy se renuersoit vne descente doucement pan-
chant. Cest autel auoit esté construit sans ferrement, iamais aussi n'auoit
esté touché de fer, & estoient le temple & l'autel enuironnez d'vne cloi-
son haute d'vne coudée tresplaisante à voir, & de tresbelle pierre, laquelle separoit le peuple d'auec les prestres. Les Gonorrhées & ceux ausquelz la semence genitale decouloit, pareillement les ladres, & les femmes qui auoient leurs moys, estoient chassez de toute la cité. Mais il n'e-
stoit permis à femme (tant pure & saine fust elle) de passer le limite des-
susdit. Les hommes qui n'estoient chastes de tous pointz n'entroient pas
en la salle du dedans ny les prestres mesmes, s'ilz n'estoient netoyez &
purifiez. Mais ceux qui estoient de la race des prestres, & par deffaut de
quelque membre ne pouuoient faire leur office, entroient bien dedans ce
cloz auec les autres, & receuoient la portion afferente à leur lignée, seulement estoient abillez à la façon du commun peuple, pource qu'autre
que celuy qui faisoit l'office ne pouuoit vser de robe sacerdatale. Les autres prestres, qui estoient exemptz & purifiez de tout vice, pouuoient a-
procher du temple & de l'autel, reuestuz de fin lin, principalement ceux
qui s'abstenoient de vin à cause de la religion, pour ne faire aucune faute
au diuin seruice. Quelquefois le grand prestre montoit auec eulx, non
pas tousiours, ains chacun septiesme iour seulement, & tous les premiers
iours d'vn chascun moys: ou bien quant quelque feste annuëlle du
païs, ou quelque assemblée generale du peuple se faisoit. Adonc il faisoit
le seruice ceinct d'vn brayer qui luy couuroit les cuisses & membres honteux. Et auoit vn linge par le dedans qui luy alloit iusques aux piedz, &
par dessus vne robe d'Hyacinthe, qui estoit vn habillement rond fran-
gé par le bas. Et aux franges estoient attachées & entrelacées sonnettes
d'or & pommes de grenade, estant signifié par les sonnettes le ton-
nerre, & par les pommes la foudre. Le pectoral estoit attaché de ru-
bens diuersifiez de cinq couleurs à sçauoir d'or, de pourpre, d'escarlate,
de fin lin, & d'Hyacinthe, dont nous auons dit le voyle ou courtine du
temple auoir aussi esté tissuës. Il auoit pareillement son Ephod entremes-
lé de ces mesmes couleurs sinon qu'il y auoit plus d'or: & de façon re-
sembloit à vn halecret s'atachant à deux boucles d'or, esquelles estoient
enchassées grandes & excellentes pierres d'Onix ou Cornalines & en icelles engrauez les nós des douze Tribus & lignées des Iuifz. De l'autre part
pendoient douze autres pierres precieuses diuisées en quatre rengz, &
en chacun reng trois. Au premier vne Cardoine, vne Topaze, & vne Es-
meraude: au second vn Escarboucle, vn Iaspe, & vn Saphir: au troisiesme vne Agathe, vne Amethiste, & vn Ligure. Et au dernier vne Cornali-
ne, vne Chrysolite & vn Beril: & à chacune d'icelles estoit escrit le nom
d'vne Tribu. Son chef estoit couuert d'vne mitre de fin lin enuironnée
d'Hyacinthes & autour auoit vne coronne d'or, ou estoient escrites les

lettres

DE LA GVERRE DES IVIFZ. Feuil. CLXXV.

Lettres sacrées qui sont les quatre voyelles elémétaires. Or n'vsoit il tousiours de cest acoustrement, mais en vestoit vn autre plus commun, reservant ce premier pour quand il entroit es lieux secretz, esquelz seul, & vne foys l'an sans plus, il entroit : auquel iour estoit la coustume que tout le peuple ieusnoit en l'honneur de Dieu. Mais vne autrefois nous parlerons plus au long de la cité, du temple, & des loix & coustumes du païs, y ayant beaucoup de choses à dechifrer là dessus. Au reste l'Antoniane estoit située au coing des deux portiques du premier temple qui regardoient du costé d'Occident & Septentrion, & estoit bastie sur vne roche aute de cinquante coudées, droitte & inaccessible de toutes pars. Et fut t ouurage du roy Herodes qui y monstra la grandeur & subtilité de esprit. Car le rocher des sa racine, estoit taillé en glaciz, lequel outre il embellissoit l'ouurage & luy donnoit bonne grace, gardoit aussi x qui y voudroient monter ou descendre n'y peussent prendre aisoit tomber. Deuant l'edifice de ceste tour y auoit vn mur s coudées, en l'enclos & circuit duquel l'Antoniane paroisst de quarante coudées. Et au dedans estoit le palais royal nquoit pour bien loger & reccuoir vn grand Seigneur, eportaux, baings & grandes salles comme pour y loger vn si bien aproprié qu'en ce qui touche l'vsage necessaire elle vne cité, & en magnificéce & somptuosité vne maison royasfois le tout raporté ensemble n'estoit qu'vne tour, qui auoit uatre coings quatre autres tours chacune de cinquante coudées de   xcepté celle du coing qui regardoit le Midy & l'Orient qui ésto,   e de soixante, de sorte qu'on en pouuoit veoir tout le temple. Es costez, ou elle se ioignoit aux galleries, il y auoit descéte d'vne part & d'autre par ou les gardes alloient & venoient, pource qu'en icelle y auoit tousiours quelques gensdarmes Romains pour donner ordre que le peuple n'entreprist quelques nouueautez es iours de feste. Quant au temple il seruoit d'vne citadelle & forteresse pour tenir la ville en suiection, & l'Antoniane de mesmes pour le temple. En ceste gallerie estoient les gardes, & le palais d'Herodes seruant d'vne autre citadelle pour tenir la haute ville suiette. Le mont de Bezeth estoit separé de l'Antoniane en la sorte que i'ay dit cy dessus. Et pource qu'il estoit le plus haut de tous : se ioignoit aussi à vne partie de la nouuelle ville, & seul empeschoit la veüe de la partie Septentrionale du temple. Mais c'est assez parlé, pour le present, de la cité & de ses murailles, puis que i'ay deliberé d'en escrire de rechef plus amplement.

Gg iii

Du reffuz

LE VI. LI. DE F. IOSEPHVS
Du reffuz que firent les Iuifz
d'eux rendre aux Romains, & des saillies qu'ilz firent sur eux.

Chapitre.   VII.

R auoit Simon en sa ligue & faction tolans hommes d'entre les mutins & rebelles, (sans compter les Idumeans) estoient au nombre de dix mil, conduitz de cinquante capitaines, ausquelz Simon commandoit comme souuerain. Les Idumeans qui tenoient aussi son party estoient enuiron cinq mil hommes gouuernez par dix autres capitaines: dont les principaux estoient Iaques filz de Sosas, & Simon filz de Cathla. D'autre costé Iean qui s'estoit fait maistre du temple fut soustenu de six mil hommes, souz la charge de vingt capitaines, non comprins toutesfois les Zelottes, lesquelz ayans mis fin à leurs querelles & debatz particuliers, s'estoient iointz & rengez de son party, iusques à dix mil quatre cens, souz la conduite d'Elenzas leur ancien capitaine, & de Simon filz de Iaïrus. Et ainsi ces deux ligues & partialitez s'entreguerroyans l'vne l'autre, auoient pour recompense de leurs labeurs le miserable peuple en proye & butin: dont la partie qui ne vouloit consentir à leurs meschancetez, estoit vollée par l'vne & l'autre faction. Or s'estoit emparé Simon de toute la haute ville, & la plus spacieuse muraille iusques à la valée de Cedron, & si occupoit encor de l'ancien mur tout le circuit qui est depuis Siloé iusques au costé
d'Orient

VERRE DES IVIFZ. Feuil. CLXXVI.

nuant au palais de Monobazus Roy des Adiabeniens na-
..e au delà du fleuue d'Euphrate. Et auec celà tenoit la mon-
..re (qui eſt la baſſe ville) iuſques au palais d'Helene mere d'i-
... Monobazus. Iean d'autre part s'eſtoit ſaiſi du temple, & d'vne par-
..e de ce qui eſtoit à l'étour, & ſi tenoit Ophlan auec la valée de Cedron.
Ayans donques bruſlé d'vne part & d'autre tout ce qui eſtoit entre-deux
s'eſtoient fait vne aſſez belle place, pour s'entrefrotter tout à leur ayſe. Et
..ncor qu'ilz viſſent les Romains parquez tout au plus pres de leurs murailles, ne ſe peurent toutesfois tant commander que de faire paix entre
..ux, & mettre fin à toutes ſeditions & querelles inteſtines. De ſorte que
..omme ilz ſemblaſſent eſtre remis à leur bon ſens, par le premier aſſault
..e l..ur donnerent les Romains, ilz rencheurent tout auſſi toſt en leur
..remiere maladie. Et s'eſtans de rechef diuiſez, commencerent à comba-
..chacun pour ſa faction, & ſe faire les vns aux autres tout ce que les aſ-
..ans euſſent peu ſouhaiter, ne pouuans receuoir des ennemys pire
..ment que celuy qu'ilz faiſoient à eux meſmes. Et ne faut point eſti-
..ue depuis leurs folies la ville ayt enduré quelque nouuelle ou c-
..calamité : ains au contraire deſlors & auant ſa deſtruction elle
..s pl   grieues afflictions : combien que ceux qui la conqueſterent
..ait les plus grandes prouëſſes & effortz. Et oſe bien maintenir
..tion a conquis la ville : & les Romains la ſedition. Dont la con-
..   beaucoup plus penible & malaiſée que des murailles. Et à
..   mal qui leur eſt auenu ſe pourroit iuſtement attribuer à eux
..ncu.   ..ie.. aux Romains, ſinon qu'ilz auoiét droit de faire ce qu'ilz
ont ſ.c.. .. .. chacun en penſe à ſa fantaſie & ſelon qu'il eſt incité
par l'iſſuë des choſes qui ſont auenuës. Comme donc les affaires de la cité
ſe demenaſſent en ceſte ſorte. Titus auec quelques cheuaux d'elite voulut
recognoiſtre la ville, & ſonder l'endroit de la muraille plus ayſé à batre.
Et ſe trouuant en difficulté, pource que du coſté des valées on ne pouuoit pas faire les aproches, & que de l'autre part la premiere muraille luy
ſembloit trop forte pour eſtre batuë des machines & engins, finablement reſolut de luy donner l'aſſault à l'endroit du ſepulchre du grand
preſtre Iean, d'autant que ce lieu eſtoit le plus bas, & ne ioignoit point au
ſecond mur, ayans les Iuifz eſté negligens d'y remparer, pource que la
nouuelle ville n'eſtoit pas beaucoup habitée. Par ceſt endroit il eſtoit ayſé de venir iuſques au troiſieſme mur, par ou il eſtimoit la haute ville
prenable, & le temple par l'Antoniane. Pendant qu'il tournoit & cherchoit les endroitz de la ville plus batables, il y eut vn de ſes amys & plus
fauoriz nommé Nicanor qui fut bleſſé d'vn coup de trait en l'eſpaule
gauche, pour s'eſtre aproché vn peu trop pres auec Ioſephe : eſtimant que
pour la cognoiſſance qu'auoient de luy ceux qui eſtoient ſur la muraille,
il pourroit les faire entrer en quelque bonne compoſition. Dont ayant
Ceſar par celà cogneu leur deliberation, & le peu d'enuie qu'ilz auoient

Gg iiii   d'entendre

LE VI. LI. DE F. IOSEP

d'entendre à la paix , ne s'estant peu abstenir d'outrage
pourchassoient que leur bien & profit, s'enflamma d'auan
urer l'assault : & donna permission à ses soldatz de piller & dest...ure
faubourgs & tout ce qui estoit à l'entour de la ville. Parquoy ayant con
mandé qu'on assemblast mesrein & matiere de tous costez pour leue
des plateformes & caualiers: & ayant pour cest effect party son armée en
trois, rengea les archers & gens de trait sur le meilleu des caualiers, &
deuant eux les arbalestriers & autres angins & machines pour garder
que l'ouurage ne fust interrompu tant par les courses & saillies des ennemys, que par ceux qui estoient dessus la muraille . Et en vn instant fit si
bel abatiz d'arbres, que tout le païs qui estoit à l'entour de la ville se trou
ua tout descouuert & desnué . Estant donc fait vn gros amas de boys &
de matiere pour leuer les plateformes & caualiers, & toute l'armée en-
tentiue & occupée à cela, ce pendant ne se tenoient à repos dedans la vil
le: d'ou auint que le peuple (qui iusques alors du tout abandonné à pil
rie & briganderie) commença à auoir quelque esperance de respit, &
prendre vn peu d'alaine apres tant de maux & calamitez, voyant le
ditieux retirez & assez trop empeschez à l'encontre des ennemys
qu'au cas que les Romains vainquissent ilz seroient vengez & satis   ...
des meschantz, & de ceux qui auoient esté auteurs de tous ces mau   Or
combien que les compagnons de Iean eussent grande enuye d   ner
sus à ceux de dehors, si n'osoient ilz toutesfois desplacer pou   inte
qu'ilz auoient de Simon . Mais Simon qui se voyoit le plus pro un du
siege des ennemys ne voulant demeurer oyseux & sans riens fai nt affu-
ster sur la muraille toutes les machines & angins qu'il auoit conquis sur
Cestius, lors qu'il deffit & saccagea la garnison qui estoit en l'Antoniane
Ce que toutesfois ne luy seruit de beaucoup , d'autant qu'il y auoit bien
peu de ses gens qui s'en sceussent ayder, & qui pis estoit pratiquoient encor fort mal ce qu'ilz en auoient peu aprendre des Romains qui s'e-
stoient renduz. Et pource auec flesches & cailloux taschoient endommager ceux qui besongnoient aux caualiers . Et leur courans sus à grosses
troupes & compagnies venoient iusques à s'affronter à eux main à main.
Ceux qui estoient à l'ouurage auoient pour leur deffence force clayes &
gabions agencez sur le rempart, & quelques autres machines contre les
coureurs. Et là les legions faisoient prouësses admirables, specialement la
douziesme estant garnye d'arbalestres & engins plus fortz & roydes à
enfoncer les pierres: dont non seulement les coureurs estoient repoussez,
mais aussi ceux qui estoient sur la muraille, pource qu'il n'y auoit caillou
qui ne pesast pour le moins vn talent, & ne portast la longueur de plus
de deux stades , tant que le coup en estoit insuportable, non seulement à
ceux qui en estoient les premiers rencontrez , mais aussi aux autres qui
estoient derriere . Toutesfois les Iuifz au commencement se sauuoient
ayfément du coup des pierres qui estoient blanches, les preuoyans non
seulement

VERRE DES IVIFZ. Feuil. CLXXVII.

...nais aussi à la blancheur & clarté . Ioint que les guet-
...ur les tours les aduertissoient quand quelque machine
... & gettoit ses pierres : crians en leur langage, *le filz vient.*
...par ce moyen cognoissans ou la pierre se deuoit adresser, venoient
...x fendre & ouurir, s'enclinans & destournans du coup, lequel à ceste
...aufe passoit sans rien faire Parquoy les Romains pour y remedier s'a-
uiserent de noircir les pie... : & ne pouuans par ce moyen estre preueuës
(comme au parauant) ne failloient iamais à rencontrer: & d'vn seul coup
n tuoient & accabloient plusieurs ensemble. Ce neantmoins les Iuifz en-
...r qu'ilz fussent si mal traitez ne donnoient pourtant le loysir aux Ro-
...ins de paracheuer leur caualier , ains auec vne extreme hardiesse, &
...s autres moyens dont ilz se pouuoient auiser y donnoient & nuit &
...ur empeschement . Finablement l'œuure estant parfait, les charpen-
...auec vn plomb attaché au bout d'vne corde de lin qu'ilz gettoient,
...oient l'espace qui pouuoit estre entre iceluy & la cité, leur estant
...nt impossible de le sçauoir pource qu'ilz estoient blecez & ou-
...enhaut. Et ayant cogneu que cest espace estoit equipolét à la por
...eliers: Titus craignant que ceux de dessus la muraille empeschas-
...aterie d'iceux, ayant fait aprocher les machines & engins de trait
...erre, commanda tirer . Dont ayant cest effroyable son estonné la
...trois costez, se leua vn espouentable cry de ceux de dedans . Et
...les rebelles & mutins mesmes qui ne fussent troublez de la
pau...   ...telz voyans le peril estre commun à vne faction & à l'autre,
du...   endre: remonstrans les vns aux autre...   ...z ne faisoient rien qu'à l'auantage
de...   ...isoit tant de grace que de les entre-
ten...   , ilz deuoient à tout le moins pour
l'heure presente oublier toutes querelles , & se ioindre & vnir pour resister à la force des Romains. Pour ceste cause Simon ayant enuoyé vn trom
pette permist à ceux qui estoient au temple de sortir pour aller à la deffence de la muraille . Ce que Iean permist aussi, combien qu'il ne se fiast
ny fust trop asseuré de Simon. Ayans donc mis souz le pied leurs haynes
& querelles particulieres, s'assemblerent comme en vn corps : & s'estans
rengez sur la muraille , iettoient fusées & potz à feu, tant contre les machines des Romains, que contre ceux qui poussoient les beliers: & sans cesse faisoient gresler force trait sur eux . Quant aux plus hardis ilz sortoiét
dehors par troupes & compagnies: & brisans & arrachans clayes & gabions, tuoient ceux qui estoient cachez derriere, mettans plus de choses à
execution par vne desesperée hardiesse que par discretion & discipline
militaire . Ce temps pendant Titus soulageoit ceux qu'il veoit les plus
pressez : & ayant disposé quelque nombre de caualerie & gens de trait
pres chacune des machines , repoussoit ceux qui venoient pour y mettre
le feu : & rembarroit au dedans ceux qui des tours offencoient auec le
trait:

LE VI. LI. DE F. IOSEPH

trait : donnant temps & loysir aux beliers de besongue.
mur n'obeïssoit aucunement aux coups, & estoit impossib.
che sans le belier de la quinziesme legió, qui esbrãla quelque peu ʒc cɛ
de la tour, demeurant toutesfois la muraille en son entier, qui ne fu
tost endommagée que la tour, laquelle estoit beaucoup plus eleuée, & ɩ.
pouuoit par sa ruïne attirer auec soy aucune partie de la muraille . S'e-
stans donc les Iuifz vn peu reposez de leurs courses & saillies , & ayans
espié que les Romains (pensans qu'ilz se fussent retirez de crainte & de
fatigue) estoient espars par leurs ouurages & par leur camp, resortirent
de plus belle par vne fauce porte qui estoit en la tour Hyppique: mettans
le feu en tout ce que les Romains auoient fait . Mesmes furent si hardi-
que de les aller assaillir iusques dedans le fort de leur camp.Et fut le cr̄
des assaillis si grand que tous ceux qui en estoient & pres & loing acoururent incontinent au secours . Mais la hardiesse des Iuifz preuint, & ꜰ
oublier aux Romains leur discipline militaire , tant qu'ilz n'eure
loysir d'eux renger & mettre en ordre, pour autant que les Iuifz leu
sans teste, tenoient bon , tant contre les premiers rencontrez, que ɾ
ʿeux qui se rallioient pour venir au secours.Mais la meslée la plus ɩ
fut ioignant les machines s'efforçans les vns à les brusler, les autrɛ
destourner le feu . Au moyen dequoy se leua vne clameur consus
certaine , & y en eut plusieurs abatuz de ceux qui estoient au pɪ
reng . Ainsi vainquoient les Iuifz & estoient les plus fortz : m   ᵃɛ
vne furie & desespoir qu'autrement . Et ia le feu se prenoit ·o·ʿ   uures
des Romains , & estoient en danger d'estre ꜱʳᵘᵗᵉˢ bruslées   · les engins, sans quelques Alexandrins eileuz qu   ut bon,
se monstrans plus vaillans qu'on auoit espeɪ   mporté
l'honneur de ceste rencontre sur tous les plu   ·, lequel
ayant recouuré quelque nóbre de caualerie des pɪus ꜰᵘ·ᵐ··· ᴧna dedans les ennemys : & de sa main en tua douze des premiers qu'il rancon-
tra, donnant si belles affres à tous les autres , qu'il les mist incontinent en
routte, & les rembara iusques dedans la ville. Par ce moyen garda ses caualiers du feu . En ceste rencontre il y eut vn Iuif qui fut prins vif, lequel
Titus fit pendre deuant la muraille , pour voir si les Iuifz espouentez de
ce spectacle viendroient point à abaisser leur cueur & eux humilier . Finablement aussi apres la retraitte, comme Iean capitaine & chef des I-
dumeans parloit à vn soldat de sa cognoissance deuant les murailles. Il y
eut vn Arabe qui le frapa d'vne flesche à la poictrine & le tua, dont les
Iuifz firent vn merueilleux deul , & les rebelles y eurent grand regret &
desplaisir : estant cest homme dextre & prompt à la main, & fort estimé
pour sa sagesse.

D'vne

GVERRE DES IVIFZ. Feuil. CLXXVIII.
cour qui fut abatuë &
ruynée: & comme les deux premiers murs furent conquis.

Chapitre.   VIII.

La nuit ensuyuant, les Romains furent surpris d'vne grande frayeur: car comme le prince Titus eust commandé d'edifier sur chacun caualier trois tours de cinquante coudées de haut, pour batre & repousser les soldatz qui estoient sur la muraille. Auint qu'enuiron la mynuit l'vne d'icelles (fondant d'elle mesmes) fit tel bruit & tintamarre que toute l'armée en fut espouentée. Et estimans que les ennemys eussent fait quelque nouuelle entreprise, coururent incontinent aux armes, dont y eut grand trouble & tumulte entre les legions. Et ne se trouuant là hôme qui peust donner raison de ce qui estoit auenu, ilz cômencerent à se tourmenter & debatre, mesmes se deffier & auoir crainte d'eux, pour ne voir aucun ennemy qui se presentast. Et en cest effroy chacun demandoit soigneusement le mot du guet à son compagnon, côme si les Iuifz fussent ia maistres de leur camp: de sorte qu'estans surpris d'vne terreur extreme & comme panique, ne se peurent asseurer, iusques à ce que Titus ayant entendu la verité du fait suruenu, le fit declarer à tous: quoy faisant à peine peut il encor entierement apaiser ce trouble. Or iaçoit que les Iuifz soustinssent & se deffendissent fort courageusement au reste, si furent ilz grandement endommagez de ces tours, par ce que du haut d'icelles ilz estoient souuent offencez, tant des plus legeres

machines

LE VI. LI. DE F. IOSEPH

machines du trait, flesches, & engins à iettet pierres. E.
pouuoient attaindre ny endommager ces tours pour estre
uées:& mesmes leur estoit impossible de les abatre & renuerser p
grosseur & pesenteur d'icelles, ny d'y mettre le feu pour leur couuei
qui estoit de fer. Et ainsi estans contrains eux retirer hors la portée dı
trait, ne pouuoient empescher que les beliers ne besongnassent: lesquelz
par ce moyen batoient incessamment, abatans peu à peu tousiours quelque petit pan de muraille. Au moyen dequoy les Iuifz voyans quelle ne
pouuoit plus soustenir la baterie du grand belier des Romains(lequel ilz
apelloient Nicon, pource qu'il vainquoit & surmontoit tout) commen
cerent à deuenir paresseux tant au combat qu'à faire le guet:veu mesm
ment qu'il leur estoit besoin d'aller passer les nuitz assez loing hors de
ville. Et qui pis est se monstroient si negligens & endormis, & furen
mal auisez en toutes choses qu'ilz estimerent peine perduë de garde
mur,puis que sans cestuy ilz en auoient encores d'euxautres:& ainsi c
me si du tout ilz eussent perdu le cueur se retirerent. Et voyans q
Romains estoient entrez par la breche qu'auoit faite le belier ape
çon,abandonnerent tous leurs places, & se sauuerent à qui mieux
dedans la seconde muraille. Quoy voyans les Romains qui estoi
trez par la breche allerent ouurir les portes pour faire entrer le ı
l'armée. Et ainsi conquirent & se firent maistres de la premiere m
le quinziesme iour apres qu'ilz y eurent mis le siege, qui f   ne
iour du moys de May,& abatirent la plus grand' part d'   nble
le quartier Septentrional de la cité, qui ia au ᵐarauant   pillé &
saccagé par Cestius. Et lors Titus auec toute son arné   ra dedans par
le chasteau des Assiriens, & occupa tout ce qui estoit d'espace iusques en
Cedron:se tenant neantmoins si loing de la seconde muraille qu'il estoit
hors du danger de la portée du trait.Et de ce lieu soudain cōmança à dō-
ner assaulx & alarmes : ausquelz ayans les Iuifz party entre eux les quartiers de la muraille, firent response de mesmes, & se deffendirent vaillamment. Iean auec sa faction estoit à la deffence de l'Antoniane, de la
galerie Septentrionale du temple & du sepulchre d'Alexandre iadis
Roy des Iuifz.EtSimon auec les siens auoit cloz & estoupé le passage depuis le monument du grand prestre Iean, iusques à la porte par laquelle
l'eau estoit conduite dedans la tourHippique.Ainsi faisans saillies par les
portes & combatans main à main se trouuoient tousiours plus foybles
que les Romains, à cause de leur discipline militaire : combien qu'au
combat de la muraille ilz se monstrassent les plus fortz : d'autant que les
Romains estoient appuyez & de force & d'art militaire : & les Iuifz n'a-
uoientrien que ceste audace entretenuë d'vne crainte, estans de nature
endurcis aux maux , & patiens de toutes calamitez : & d'auantage aux
Iuifz restoit encor quelque esperance de salut : & les Romains s'asseuroient d'vne brieue & soudaine victoire:faisant les vns & les autres auoir
                                                              si peu

.A GVERRE DES IVIFZ. Feuil. CLXXIX.

..iment de leur trauail, que tant que le iour duroit ilz ne fai-
..es vns que batre murailles & donner assaux, les autres que deffen-
..& faire saillies : ne pouuans songer aucune espece de combat, ou ilz
ne s'esprouuassent & tentassent la fortune . Et ainsi ayans commencé de
grand matin, la nuit suruenant les pouuoit à peine separer: dont bien souuent & vns & autres passoient les nuitz sans dormir : & leur estoient de
beaucoup plus grand' peine & trauail que n'auoit esté le iour . Les Iuifz
craignoient que leur muraille fust prise d'emblée:& les Romains auoient
paour que les Iuifz ne donnassent dedans leur fort. Parquoy ayans ainsi
passé toute la nuit en armes, estoient au poinct du iour plus prestz à re-
ommencer que deuant : & y auoit debat entre les Iuifz à qui premier se
esenteroit au danger pour auoir la grace du capitaine, specialement de
non, la crainte & reuerence duquel estoit cause de les faire ainsi euer-
stant si aymé & honoré des siens qu'ilz n'eussent fait dificulté de se
mesmes , moyennant que c'eust esté par son commandement.
art l'acoustumance qu'auoient les Romains de tousiours vain-
stre iamais vaincuz, le continuël exercice des armes, la grandeur
re , & sur tout la presence de Titus , seruoit de pointe & aguil-
ire porter vaillamment : leur semblant chose fort honteuse ne
leur denoir en sa presence , lequel de sa propre personne leur
se   ies voyans que celuy qui les deuoit ho-
no   uesse estoit spectateur & iuge des mieux
fai   rait peu de gain d'auoir esté aperceuz & cogneu.   .mans hómes: qui estoit cause que plusieurs se monstroient beaucoup plus vaillans & courageuz qu'ilz n'auoient de force &
de puissance . En ces mesmes iours comme les Iuifz eussent ordonné vn
fort bataillon deuant la muraille , & se lançast force trait d'vne part &
d'autre , il y eut vn homme d'armes nommé Longin , lequel (sortant du
camp des Romains) donna dedans l'esquadron des Iuifz , ou s'estant fait
faire place d'vne fureur & impetuosité, en tua deux des plus braues, dont
l'vn qui luy faisoit teste il frapa au visaige , & l'autre il perça (ainsi qu'il
fuyoit) par le costé, du mesmes boys dont il auoit tué le premier. Ce fait,
sortant du meilleu de ses ennemys , se sauua dedans les siens auant qu'il
peust estre attaint des Iuifz . L'estime & bruit que cestuy acquist par sa
prouësse fut cause que plusieurs s'efforcerent d'imiter sa vertu . D'autre
part, les Iuifz, ne faisans compte de chose qui leur peust auenir, n'auoient
autre soucy deuant les yeux que de fraper , & ne faisoient pas grand cas
de mourir, pourueu qu'auant la mort ilz eussent tué quelqu'vn de leurs
ennemys . Au contraire Titus n'estoit pas moins soigneux du salut de ses
gens que de la victoire. Et leur ayant permis faire tant de brauades qu'ilz
voudroient (pourueu que ce fust sans danger de leurs personnes) leur remonstroit que ceste hardiesse temeraire se deuoit plustost apeller furie ,
& desespoir que vraye prouësse, laquelle consiste en discretion d'endom ,

Hh   mager

LE VI. LI. DE F. IOSEPH.

, mager l'ennemy, sans de luy toutesfois receuoir dommag.

D'vn Iuif nommé Castor qu
se moqua des Romains.

Chapitre.   IX.

Our les raisons que dessus, Titus fit aprocher vn belier du costé de Septentrion, pour batre le meilleu de la tour, dedans laquelle estoit vn Iuif nommé Castor cault & malicieux le possible, qui s'y estoit caché auec dix de ses compagnons, apres que les autres l'eurent abandonnée par la crainte du trait : ces gallans ayans long temps esté tapis souz leurs halecretz, & voyans la tour s'ouurir & esbranler, commencerent à leuer la teste & eux monstrer. Dont Castor tendant les mains & demandant l'ayde de Titus, le requeroit auec vne voix piteuse & lamentable d'auoir mercy & pitié d'eux. Au moyen dequoy Titus qui n'y alloit qu'à la bonne foy, & par vne bonté & simplicité, croyoit à ses parollas, pensant que les Iuifz se fussent rauisez & se repentissent de la guerre, comanda cesser la baterie des beliers, deffendant aux archers d'offencer ceux qui venoient à mercy : & permettant à Castor de dire tout ce que bon luy sembleroit. Lors Castor dist qu'il estoit contét de descendre pourueu qu'il eust seureté. Titus fit response qu'il estoit fort ioyeux de l'auis & bon conseil qu'il auoit pris : mais qu'il le seroit encor plus,

DE LA GVERRE DES IVIFZ. Feuil. CLXXX.

cor plus, & leur sçauroit meilleur gré si tous suyuoient ceste deliberation: quoy faisant il estoit prest de donner seureté à toute la cité . Comme donc de dix compagnons de Castor les cinq filsent semblant de vouloir à mercy: les cinq autres cryoient que puis qu'ilz auoient moyen de sur l'heure en liberté, ilz n'auoient pas deliberé de se faire escla-mains. Et eux estans en ce debat, l'assault & baterie cessoit qui sir à Castor d'enuoyer ce pendant messagers à Simon, pour artir de donner ordre au plus vrgentes affaires, tandis qu'auec ses es & lourdes il amuseroit le capitaine des Romains . Et ce pendant oit semblant d'amonester les contredisans & les faire condescendre va paix: lesquelz (comme s'ilz eussent pris en mal ses remonstrances) se donnoient des espées nuës dedans leurs cuyraces : & comme s'ilz en eus-sent eu à trauers le corps se laissoient tomber ainsi que mortz : qui faisoit esmerueiller Titus & les siens de leur grande obstination. Et pource qu'e-stans en lieu plus bas ne pouuoient pas iuger de ce qui à la veriré se faisoit entr'eux: non seulement s'estonnoient de leur si grand courage, mais aus-si auoiét compassion de leur fortune & calamité. Sur ces entrefaites auint que quelqu'vn donna d'vne flesche dedans le nez de Castor, qui l'ayant arrachée & la monstrant à Titus se plaignoit de l'outrage qu'on luy a-uoit fait . Dont ayant Titus aigrement tensé & repris celuy qui auoit donné le coup, commanda à Iosephe estant aupres de luy, d'aller par deuers eux pour acorder à Castor toute telle seureté qu'il demanderoit Ce que Iosephe refusa, disant qu'il n'auoit point bonne opinion de ces suplians , & que quelque semblant qu'ilz fissent il ne croyoit pas qu'ilz pensassent rien de bien. Mesmemét empescha de ses amys qui vouloient entreprendre d'y aller. Quoy voyant vn des plus braues & auantageux de ceux qui s'estoient renduz aux Romains (nommé Eneas) se venta qu'il iroit iusques là . Ce qu'aperceuant Castor, le pria d'aprocher, faignant luy donner en garde quelque argent qu'il auoit sur soy , l'autre ne faillit d'y acourir, estendant les bras comme pour le receuoir : mais au lieu de l'argent Castor luy deslacha vne grosse pierre qui toutesfois ne luy fit mal, pource qu'il se recula du coup: mais bien blessa vn autre sol-dat qui estoit là present . Titus considerant vne si grande ruse & malice, aperceut bien lors qu'en vne guerre la misericorde est souuent nuysible & dommageable : & que celuy qui en vse le moins, est aussi le moins su-iet à estre deceu & trompé. Parquoy se sentant grandement offensé d'v-ne telle fraude, commanda que la muraille fust batuë de beliers plus vi-uement qu'elle n'auoit encor esté . Dont Castor & ses compagnons, voy-ans que la tour n'estoit pas pour tenir, mirent le feu dedans: & passans à trauers la flamme pour eux retirer es caues & cachettes de la tour, laisse-rent vne opinion de gens de grand cueur aux Romains: qui estimoient qu'a la verité ilz se fussent iettez dans le feu . En telle maniere Titus par cest endroit se fit maistre de la seconde muraille, cinq iours apres qu'il

Hh ii eut

eut conquis la p[re]miere. Et en ayant chassé les Iuifz, acompagné de deux
mil hommes d'eli[te] (lesquelz il auoit tousiours à l'entour de sa personne) entra dedans par l'endroit de la nouuelle ville ou estoit le mar[ché]
aux lames, la ferronnerie, la [dra]perie, & vne infinité de petites ruës e[stroi]tes qui s'alloient rendre iusques à la muraille. Et certainement si d[e]
il eust demoly & abatu plus grande partie d'icelle, ou (suyuant
la guerre) eust destruit ce qu'il auoit conquis, sa victoire n'eu[st]
tant de dommage qu'elle fut. Mais esperant que les Iuifz se pour[roient]
fleschir, & venir à quelque honneste composition [ne voulust faire]
ample ouuerture, ny se saisir d'autre lieu plus pro[pre ne repai]
sant point que ceux luy deussent dresser embusch[es, ne les pour]
chassoit que leur bien & profit.

Comme le second mur fut conquis par les Romains pour la deuxiesme foys.

Chapitre X.

Finablement quand Titus fut entré dedans il deffendit
d'en tuer aucuns de ceux qui seroient pris, ny de brusler leurs maisons: & permist aux seditieux de combatre
s'ilz en auoient enuie, toutesfois sans le dommage du
peuple : lequel il promettoit de remettre en tous ses
biens & possessions: n'estimant pas petite chose de garder la ville pour luy mesmes, & le temple pour la ville. Et à la verité il y
auoit

DE LA GVERRE DES IVIFZ. Feuil. CLXXXI.

auoit long temps que le peuple eſtoit en bonne deuotion de luy obeïr & faire ce qu'il demandoit, mais les plus robuſtes & belliqueurs eſtimoient l'humanité de laquelle il vſoit ne proceder que de faute de cueur, & d'vne deffiance qu'il auoit de ſes forces : & que toutes ſes belles offres ne ſe faiſoient ſinon pour le peu d'eſperance qu'il auoit de conquerir l'autre ville . Et encores menaçoient le peuple de mort, ſi aucun d'entr'eux portoit parolle de ſe rendre de ſorte qu'ayans occis pluſieurs qui ſe meſloiét de parler de la paix , vindrent à ruer ſur les Romains qui eſtoient entrez en la ville, les vns par les deſtroitz des ruës , les autres par les maiſons, & aucuns ſailloient hors la muraille par les portes d'enhaut . Dont eſtans effroyez ceux qui gardoient le mur, ſe deualerent incontinent en bas, & abandonnans les tour, ſe ſauuerent dedans leur camp. Les Romains qui eſtoient dedans, ſe voyans encloz d'ennemys, leuerent vn haut cry, & les autres qui eſtoient dehors n'en firent pas moins, pour le ſoucy qu'ilz auoient de leurs compagnons enfermez . Ce pendant croiſſoit touſiours le nombre des Iuifz leſquelz auoient grand auantage ſur les Romains, pour la cognoiſſance des ruës, trauerſes, & deſtours. & les bleſſoient & repouſſoient ſans qu'ilz ſceuſſent autre choſe faire que parer aux coups: & n'ayans moyen de fuyr tous enſemble par la breche & ouuerture du mur qui eſtoit trop eſtroitte, reſiſtoient par crainte & neceſſité . Et eſtoient en danger d'eſtre tous taillez en pieces, ſi Titus ne leur fuſt venu au ſecours : lequel ayant ordonné ſes archers au bout des ruës, & donnant dedans ou il voit les ennemys plus eſpars, les repouſſoit auec la force du trait, acompagné de Domitius Sabinus , homme vaillant comme bien il monſtra en ceſte rencontre . Et tant ſouſtint l'effort des ennemys (les rembarrant auec le trait) que ſes gens eurent tous loyſir d'eux retirer Voylà comme les Romains furent chaſſez du ſecond mur lequel ilz auoient conquis . Qui creut tellement le cueur aux gens de guerre eſtans dedans la ville, qu'ilz commencerent à eux enfler & eſleuer de ceſte proſperité : eſtimans que les Romains n'auoient plus la hardieſſe de retourner pour les aſſaillir en leur ville: ou que ſi d'auenture ilz y retournoient, ilz les garderoient bien d'eſtre les plus fortz . Et les auoit Dieu tellement aueuglez pour leurs meſchancetez, qu'ilz ne voyoient pas la force qui reſtoit des Romains eſtre beaucoup plus grande que celle qu'ilz auoient repouſſée : & ſi ne ſentoient point que la famine leur eſtoit prochaine, eſtans encore nourriz des maux & calamitez publiques , & abreuuez du ſang des Cytoyens. Toutesfois long temps au parauant pluſieurs gens de bien auoient commencé à ſentir la famine , & defailloient par faute de viures.Mais les ſedicieux eſtimoient la mortalité du peuple eſtre autant de deſcharge pour eux, ſe ſoucians ſeulement de ceux qui abhorroient la paix, & ne deſirans viure ſinon pour eſtre ennemys des Romains : de ſorte que ceux d'vne faction eſtoient bien aiſes de voir deſtruire l'autre, comme s'ilz euſſent eſté eſtrangers les vns aux autres . Et voylà comme ilz

Hh iii

ilz estoient affectionnez enuers les leurs mesmes. Or comme les Romains s'efforçassent de rechef d'entrer en la ville, ilz les repousserent de plus belle, & se presentans à la bresche firent rempart de leurs corps, & resisterent vaillamment l'espace de trois iours : mais le quatriesme il leur fut impossible de soustenir l'effort de Titus, qui vint à les assaillir si viuement qu'ilz furent encores vne fois contrains d'eux retirer ou ilz estoient premierement. Au moyen dequoy Titus, ayant de rechef gaigné le mur, le ruïna, & rasa toute la partie Septentrionale. Et ayant mis garnison par toutes les tours deuers le Midy, faisoit son compte d'aller donner l'assault à la troisiesme muraille.

Comme les Romains leuerent

des plateformes pour gaigner le troisiesme mur. Des remonstrances que Iosephe fit aux Iuifz pour les faire rendre: & de la grand' famine qui estoit en Ierusalem.

Chapitre.   XI.

Vy estant donc auis qu'il estoit bon de discontinuër le siege pour quelques iours, & donner temps aux seditieux de penser à leurs affaires, pour essayer si (puis que le second mur estoit abatu) le cueur leur abaisseroit point: ou si pour la crainte du peuple (qui ne pouuoit plus longuement suffire à leur pillerie) ilz vseroient

point

DE LA GVERRE DES IVIFZ. Feuil. CLXXXII.

point de ceste relasche & loysir qu'on leur donnoit. Estant donc le iour venu, auquel les viures & munitions se deuoient distribuer aux gensd'armes, il fit faire monstre en lieu ou aysément ilz pouuoient estre veuz des ennemys. Et ayant commandé aux capitaines de les renger en bataille fit en ceste sorte donner la paye à chacun d'eux: lesquelz, tirans leurs armes des esturz & fourreaux, commencerent à marcher en belle ordonnance: entre autres la gendarmerie, ayant ses cheuaux bardez & caparassonnez en telle brauade que tout ce qui estoit deuant la ville fut vn long temp à reluyre d'or & d'argent: n'ayant Titus au parauant exhibé spectacle qui donnast plus de cueur ou contentement aux siens, ny plus de frayeur aux ennemys: car & l'ancienne muraille & la partie de Septentrion, voire mesmes les maisons estoient toutes pleines de regardans, & n'y auoit place en la ville qui ne fust toute couuerte de peuple couuoiteux de veoir ceste magnificence. Dont auint que les plus hardiz & asseurez d'entr'eux, voyans vne telle force assemblée, auec la somptuosité des harnois & la bonne ordonnance qui estoit gardée, commencerent à s'estonner & auoir paour. Et parauenture qu'à ce seul spectacle les sedicieux e stoient pour changer de propos, s'ilz n'eussent desesperé auoir pardon des Romains de tant de maux & cruautez qu'ilz auoient fait au peuple. Parquoy voyans que s'ilz se desistoient, la moindre punition qu'ilz pouuoient auoir estoit la mort, estimerent qu'il estoit plus louable de mourir en guerre. ioint que l'ordonnance de Dieu alloit au contraire, qui auoit arresté de perdre les bons auec les meschans, & la cité auec les seditieux. Ceste distribution de viures à chacune legion fut faite en quatre iours. Le cinqiesme ayant Titus aperceu que quelque gracieuseté qu'il leur fist ilz ne cherchoient rien moins que la paix, partissant son armée en deux, commança à dresser ses caualiers pres l'Antoniane, & du costé du monument de Iean, esperant que par là il pourroit prendre la haute ville, & le temple par l'Antoniane: ne luy estant pas possible de seurement tenir la ville s'il n'estoit ausi maistre du temple. Or se haussoient ces deux caualiers de l'vne & l'autre part, chacun d'eux par vne legion: dont ceux qui besongnoient pres le monument de Iean estoient fort molestez, tant par les saillies des Idumeans, que par les compagnons de Simon. Et les soldatz de Iean, acompagnez de la multitude des Zelottes, donnoient tout l'empeschement qu'ilz pouuoient à ceux qui trauailloient du costé de l'Antoniane. Et n'auoient seulement cest auantage sur eux de combatre main à main en lieu plus haut: mais se sçauoient ausi ayder de machines & engins de guerre, l'ayant apris peu à peu par vsage & experience quotidiane. Or estoient ilz garniz de trois cens arbalestres & de quarante engins à getter pierres, moyennant lesquelz ilz nuysoient beaucoup aux Romains qui besongnoient aux caualiers. Mais Titus estant asseuré de sa fortune, & que si la ville perissoit c'estoit à son dommage, poursuyuant viuement son assault ne cessoit pourtant d'admone-

Hh iiii　　　　　　ster les

LE VI. LI. DE F. IOSEPHVS

ster les Iuifz pour les induire à quelque bon apointement : & ainsi meslant le conseil auec l'effet, & cognoissant la parole auoir quelquefois plus
d'efficace que les armes, non seulement les prioit luy mesmes d'auoir
pitié d'eux, & penser à leur saluation (luy rendans la ville qui ne valloit
gueres mieux que conquise) mais aussi leur enuoya Iosephe pour leur
faire entendre ces choses en leur langage, esperant qu'ilz pourroient venir à quelque raison s'ilz estoient admonestez par vn homme de leur
nation. Parquoy Iosephe tournoyât la muraille, & s'estât arresté (hors la
portée du trait) en l'endroit ou il pésoit mieux estre ouy, les suplioit bien
fort d'auoir compassion d'eux mesmes, du peuple, du temple, & du païs,
& ne se monstrer plus mal affectionnez enuers ces choses que faisoient les
estrâgers. Que les Romains (encor que les choses saintes ne leur touchas-
sent en riens) les auoient toutesfois en reuerêce, & gardoient leurs mains
de leur faire aucune iniure ou violence. Ou au contraire, eux qui estoient
nourris & enseignez en icelles, & auoient puissance de les garder, se par-
forçoient de les destruire & abolir. Que plustost ilz deuoient considerer
leurs plus fortes murailles estre abatuës, & ne leur rester que les plus foybles. Au moyen dequoy deuoient penser qu'il ne leur estoit pas possible
de resister aux forces des Romains. Et que ce n'estoit rien d'estrange ou
de nouueau aux Iuifz de se voir en leur puissance & suiection. Et bien
que ce fust chose honneste de combatre pour la liberté, si n'estoit il bon
toutesfois de le faire sinon au commencement & auant la perte d'icelle.
Mais penser se deffaire du ioug apres qu'on l'a vne fois receu, & qu'on a
esté vaincu (par le temps) c'est à faire à gens qui desirent plustost vne
mort malheureuse qu'ilz ne sont amoureux de la liberté. Et d'auantage
que c'estoit ces petitz seigneurs qu'on deuoit ainsi desdaigner & mespri-
ser, & non ceux qui auoient tout le monde en leur seigneurie & domination. Et quelles terres estoient eschapées aux Romains, sinon ce qui leur
estoit inutile, ou pour la trop grande chaleur, ou par la trop grande
froydure? Que plustost la fortune s'estoit en toutes façons rengée de leur
part : & que ce Dieu (qui par vne reuolution transporte les Empires d'vne
nation en l'autre) se tenoit pour le present en Italie? Qu'vne trespuissante
loy estoit prefinie à tous (tant hommes que bestes) qui est d'obeïr au plus
puissant : & que la victoire estoit tousiours du costé de ceux qui auoient
la force des armes. Que pour ceste cause leurs ancestres (encores qu'ilz
fussent plus puissans qu'eux de corps, de courage, & de tout autre ayde)
auoient obeï aux Romains, ce qu'ilz n'eussent iamais fait s'ilz n'eussent
cogneu Dieu leur estre fauorable. Surquoy donc s'asseuroient ilz main-
tenât leur voulans resister, puis que la plusgrande partie de la ville estoit
conquise, & que ceux qui restoient dedans (voyre fussent les murailles enlеrée) estoient plus en maladies qu'ilz n'eussent esté en captiuité.
Car ceux qui saoient bien auertiz de la famine qui estoit en la ville, &
sçauoient bien que... l'uy le peuple en estoit côsumé : & que les
                                                        soldatz

DE LA GVERRE DES IVIFZ. Feuil. CLXXXIII.

soldatz & gens de guerre ne s'en sçauroient plus longuement exempter.
De sorte qu'encor qu'iz se deportassent du siege & n'entrassent en la ville l'espée au poing, si est-ce que les Iuifz auoient au dedans vne guerre
inexpugnable, laquelle d'heure à autre prenoit nourriture & accroisse-
ment : sinon qu'ilz voulussent prendre les armes & combatre contre la
faim, & s'estimassent seulz auoir pouuoir de surmonter ceste infortune.
A ces remonstrances adioustoit que c'estoit chose tresbonne de changer d'auis auant que le mal fust incurable, & pendant qu'on auoit temps,
& moyen de suyure le conseil plus profitable : les asseurant que les Romains ne se souuiendroient point des iniures passées, pourueu qu'ilz ne
demeurassent point en leur opiniastreté. Que naturellement en leur domination ilz estoient doux, humains, & debonnaires : & volontiers pre-
fereroient l'vtilité à leur courroux: laquelle vtilité leur sembloit euidente si la ville ne demeuroit point despeuplée, ny la prouince deserte. Que
pour ceste cause le Prince auoit enuie de faire quelque bon acord auec
eux : ayant deliberé, si la ville estoit prise de force, de ne pardonner à
homme viuant: principalement pour n'auoir obeï aux prieres ou remonstrances qu'il leur auoit faites en leur plus grãde extremité. Quant estoit
du troisiesme mur, les premiers murs ia conquis faisoient foy qu'il ne
pouuoit plus gueres demourer : & bien que leurs fortz & deffences fussent imprenables, toutesfois que la famine combatoit contr'eux pour les
Romains. Leur faisant Iosephe ces remonstrances, plusieurs qui estoient
sur la muraille se moquoient de luy, aucuns l'outragoient de parolles iniurieuses, & les autres taschoient de l'offencer à coups de trait. Parquoy
voyant qu'il ne les pouuoit flechir par conseilz & remonstrances si manifestes, commença à leur ramenteuoir les anciennes histoires, criant:
O miserables qui auez du tout oublié d'ou vous venoit anciennement le
secours: vous faites la guerre aux Romains auec la force du trait & des armes: & quelles gens auons nous autresfois vaincu en ceste sorte? Quand à
ce esté que Dieu le createur de toutes choses ne s'est monstré deffenseur
des Iuifz quand on leur a fait tort ? Ne retournerez-vous point en vostre
bon sens, & regarderez de quel lieu vous sortez pour venir au combat,
& quel secours & adiuteur vous auez violé? N'auez-vous point de souuenance des prouësses & actes diuins de voz ayeulx, & combien ce lieu
saint vous a deffait & destruit d'ennemys? Mais i'ay horreur de racom-
ter les faitz de Dieu deuant aureilles si indignes : toutesfois escoutez &
cognoissez que non seulement vous resistez aux Romains, mais aussi
vous formalisez contre Dieu. Nechias Roy pour lors des Egiptiens (aussi apellé Pharao) estant descendu auec main armée & multitude d'hommes, rauit la royne Sarra mere de nostre nation. Que fit Abraham nostre
ancestre ? se voulut il venger par armes? nenny, combien qu'il eust dessouz luy trois cens & dixhuit lieutenans, à chacun desquelz obeïssoit v-
ne infinie multitude d'hommes. Se voulut il tenir coy, voyant qu'il n'a-

uoit

LE VI. LI. DE F. IOSEPHVS

, uoit Dieu present ? Ne leua il pas ses mains pures deuers le lieu lequel
, vous auez pollu, & choisit vn ayde pour sa guerre lequel estoit inuin-
, cible ? Le deuxiesme iour d'apres la Royne ne luy fut elle renuoyée en-
, tiere & inuiolée ? De sorte que l'Egiptien, espouenté des songes qui luy
, vindrent la nuit adorant le lieu lequel vous auez polu & sanglanté de
, meurdres, s'enfuyt, & fit de grans presens d'or & d'argent aux Hebreux,
, comme aux amys & sauoriz de Dieu? Ie parleray maintenant de l'habi-
, tation de noz predecesseurs qui fut transferée en Egipte, lesquelz ayans
, esté par l'espace de quatre cens ans souz le seruage des Roys & Tyrans e-
, strangers, & se pouuans venger auec la main & les armes, aymerent tou-
, tesfois mieux se soumettre & laisser au vouloir de Dieu. Qui ne sçet que
, par ce moyen l'Egipte fut remplie de toutes sortes de serpens, & corrom-
, puë de toutes manieres de maladies? Qui ne sçayt que, defaillant le Nil,
, la terre fut sterile, & les dix playes continuëlles: & que pour ceste cause
, noz maieurs furent conduitz en sauuegarde & sans effusion de sang, les
, menant Dieu pour estre ses prestres & gardes de son temple ? Toute la
, Palestine & le simulachre de Dagon auec toute la gent des Asiriens (qui
, nous auoient rauy l'arche sainte) n'ont ilz ploré ce rauissement? Ne la ra-
, porterent ilz eux mesmes auec les mains dont ilz l'auoient rauye, cher-
, chans tous moyens d'apaiser le saint: ayans cogneu que pour ceste occasi-
, on les parties secrettes de leurs corps estoient corrompuës, & qu'auec la
, viande les entrailles leur sortoient par le fondement. Dieu qui conduy-
, soit & estoit capitaine de noz peres en toutes ces guerres, pource que,
, quitans les armes & la force des bras, remettoient du tout leurs affaires à
, sa discretion & volonté. Quand le Roy des Asiriens Sennacherib (traynát
, apres soy toute l'Asie) vint se camper deuant ceste ville, fut il vaincu par
, la main des hommes? ne quitta pas tout le monde les armes pour se met-
, tre en oraison, & l'ange de Dieu deffit en vne nuyt ceste armée inesti-
, mable? de sorte que s'estant l'Asirien esueillé le matin, trouua cent qua-
, tre vingt mil hommes mortz, qui le contraignit de fuyr auec le reste de
, ses gens deuant les Hebreux qui ne le poursuyuoient aucunement & e-
, stoient sans armes ? Vous sçauez aussi le seruage & la captiuité qui fut en
, Babilone, ou le peuple estant confiné par l'espace de soixante dix ans ne
, sceut rentrer en liberté, iusques à ce que Cirus l'y remist en faueur de
, Dieu, & leur bailla conduite : tellement que comme au parauant ilz re-
, commencerent à seruir à Dieu leur auxiliateur. Pour le faire brief, noz
, ancestres n'executerent iamais par armes chose qui fust digne de me-
, moire: & au contraire, ny eut onques chose qui sans armes ne leur ayt esté
, ottroyée, quand ilz se sont voulu sumettre & habandonner à la volonté
, de Dieu. Car, demourans en leurs maisons, ilz vainquoient ainsi qu'il
, plaisoit au Iuge: mais s'ilz venoient à combatre & prendre les armes, la
, perte & desconfiture tournoit tousiours sur eux. Qu'ainsi soit, nostre roy
, Sedecias, ayant contre la parolle & aduertissement de Hieremie donné

DE LA GVERRE DES IVIFZ. Feuil. CLXXXIIII.

bataille au Roy des Babiloniens (qui auoit afsiegé la ville) fut pris, &
ı fa prefence vit deftruire & faccager la ville auec le temple. Et toutef-
ʒis ie vous prie confiderer combien ce Roy & fon peuple furent encores
lus fages & moderez que ne font voz chefz & capitaines. Car encor que
Hieremie ne fift que crier apres eux difant: qu'ilz eftoient haïs & mal
ʒuluz de Dieu pour leurs pechez, s'ilz ne rendoient la ville, qu'elle fe-
ıt prife d'affault, fi ne fut il tué ny du Roy ny du peuple. Mais vous (à
ı que ie me taife de ce que vous auez fait au dedans, pource que ie ne
ıis depaindre voz mefchancetez ainfi qu'elles le meritent) vous mef-
:es de moy qui vous admonefte de voftre falut, & encore tafchez me
ʒer auec le trait, irritez de la remonftrance que ie vous fais de voz
hez: & ne pouuans endurer qu'on vous ramentoyue ce que vous com-
tez tous les iours. Le femblable auint au temps qu'Antiochus fur-
ımé Epiphanes, afsiegea la ville: car noz predeceffeurs ayans en plu-
s fortes offenfé la diuinité, fortirent dehors en armes, ou ilz furent
ɛn la bataille, la ville pillée & faccagée des ennemys, & le faint de-
& ruïné par l'efpace de trois ans & demy. Que diray-ie plus? qui eft
ʒui a efmeu les Romains à faire la guerre aux Iuifz? n'a-ce point efté
. impieté des gens du païs? Quand auons-nous commencé à tomber en
feruitude? ne fut ce-pas par la fedition de noz predeceffeurs, lors qu'Ariftobulus, & la fureur d'Hircanus par le difcord qui eftoit entre eux firent venir Pompée en la cité, & Dieu mit fouz la puiffance des Romains
ceux qui eftoient indignes de liberté? Finablement ayant efté trois moys
afsiegez fe rendirent, combien qu'ilz n'euffent tant que vous forfait
contre le faint & contre les loix: & cuffent plus de moyen à faire la guerre que vous n'auez. Ignorons-nous la fin d'Anthigonus filz d'Ariftobulus? Le regne d'iceluy durant, Dieu de rechef afligea de captiuité & feruitude le peuple qui l'auoit ofencé. Herodes aufsi filz d'Antipater y a-
mena Sofius & l'armée des Romains, & dura le fiege demy an, & iufques à ce que les captifz eurent efté puniz de leurs mefchancetez, & la
ville pillée des ennemys. Par celà on voit que iamais les armes ne furent
permifes à cefte nation. Dont faudra, fi elle combat, que neceffairement
la ville foit prife. Il faut donc (comme ie croy) que ceux qui font en pof-
feſsion du lieu faint & facré, fumettent toutes chofes à l'arbitre & volonté de Dieu, & lors ilz pourront contemner toutes forces humaines, quand
ilz auront rendu le fouuerain Iuge à eux amy & fauorable. Mais vous
qu'auez vous acomply des chofes contenuës en la loy, defquelles le legiflateur à promis qu'elles aporteroient benediction à celuy qui les feroit? Qu'elle chofe n'auez-vous commifes de celles qu'il a euës en execra
······ ·· ·······ux qui ont efté les pre-
······ ɲe font larcins, em-
······ ı & tuera le mieux,
······ : faint temple a efté
······ fait

LE VI. LI. DE F. IOSEPHVS

, fait vne retraite & receptacle de toutes choses ... l. Feremment: & ce lieu
, que les Romains adoroient de si loing ; derogeans cause de nostre loy
, à plusieurs de leurs coustumes) a esté polu par ses habitans & domesti-
, ques . Et maintenant vous voulez que celuy vous aide, contre lequel
, vous vous estes monstré peruers & meschans . En bonne foy vous auez
, raison, vostre requeste est bien receuable, & estes fort dignes qu'on vous
, face grace . Ie croy que ces mains sont fort pures, lesquelles vous eleuez
, pour inuoquer le secours de vostre adiuteur . Nostre Roy vsa-il de telles
, prieres contre l'Asirien, quand en vne seule nuit Dieu ruïna & saccagea
, ceste grande armée? Les Romains commettent ilz choses telles que les Asi-
, riens, dont vous deuiez sur eux esperer vne semblable vengéce? car l'Asi
, rien (ayant receu argent de nostre Roy, pour ne destruire ceste cité, con-
, tre la foy & serment qu'il auoit fait) descendit pour mettre le feu au tem-
, ple . Mais les Romains ne demandent que le tribut acoustumé que noz
, peres ont payé à leurs predecesseurs . Si on leur ottroye celà, ilz ne pille-
, ront ny la cité, ny toucheront aucunement aux choses saintes & sacrées.
, Mesmes vous veullent maintenir en voz possessions, & voz familles en
, liberté : & sont contens que vous viuiez & vous gouuerniez selon voz
, saintes loix & ordonnances . Au moyen dequoy est grande folie d'espe-
, rer que Dieu se monstre tel contre les iustes, comme il s'est monstré en-
, uers les meschans: attendu mesmement qu'il cognoist le moyen de se ven
, ger sur le champ quand il en voit le besoin, comme bien le monstra aux
, Asiriens, lesquelz il rompit des la premiere nuit qu'ilz se furent campez
, deuant la cité . Que si encor maintenant il auoit enuye de vous deliurer,
, & iugeoit les Romains dignes de punition, il se fust courroucé à eux,
, aussi bien qu'il auoit au parauant fait aux Asiriens, des le temps que
, Pompée commença à vser de force contre ceste nation, & depuis luy So-
, sius: & des que Vespasian destruisit le païs de Galilée . Finablement eust
, puny Titus aussi tost qu'il eust pensé aprocher de la cité . Mais tant s'en
, taut que Pompée ou Sosius en ayent receu aucun dommage, que victo-
, rieusement ilz conquirent la cité . Et Vespasian a esté fait Empereur par
, le moyen de la guerre qu'il a euë à l'encontre de nous. Quant à Titus, on
, voit que les fonteines qui pour vous s'estoient taries & desechées, ont en
, faueur de luy commencé à reprendre leurs cours en plusgrande habon-
, dance d'eau qu'auparauát. Qu'ainsi soit, vous sçauez qu'auant sa venuë la
, fonteine de Siloé & autres qui sont hors la cité auoient si peu d'eau qu'il
, falloit l'acheter. Maintenant elles courent si abondamment que non seu-
, lement les Romains en ont sufisance, pour eux & pour leurs bestes, mais
, aussi en ont pour arroser les iardins . Ce mesme miracle auint aussi en la
, destruction de la cité, quand le susdit Roy de Babilone arriua auec son
, armée, & prit & brusla tant la cité que le temple : combien que ceux qui
, viuoient pour lors n'eussent (à mon auis) point fait tant de meschancetez
, que vous auez. Qui me fait croire que Dieu a abandonné le lieux saintz,

& s'est

DE LA GVERRE DES IVIFZ. Feuil. CLXXXV.

& s'est maintenant retiré de la part de ceux contre lesquelz vous auez la guerre. Car s'ainsi est que l'homme de bien abandonne sa maison pour le mauuais train qu'il y voit, pensez-vous que Dieu qui cognoist les choses cachées, & oyt toutes celles qui sont teuës, puisse encor demeurer entre voz meschancetez? Qui a il de secret ou caché entre vous? qui a il qui ne soit cogneu à voz ennemys? Car vous vous glorifiez & triomphez de voz meschancetez: & auez iournellement debat entre vous à qui sera le plus meschant, taschans à faire monstre de vostre mauuaistié, comme vn autre feroit de sa vertu. Ce nonobstant si vous est il encor demouré quelque voye de salut, si vous voulez: & Dieu se reconcilie ayfément auec ceux qui confessent & se repentent de leurs pechez. O gens plus durs que fer, quitez les armes, & commencez à auoir honte de voir vostre païs ia quasi ruiné. Tournez voz yeux, & regardez la beauté de celle que vous trahissez. Quelle ville? quel temple? quelz dons offertz par tant de nations? Qui est-ce qui y aporte le feu? qui est l'homme qui voudroit qu'elles fussent abolies? mais quelle chose est plus digne de demourer en son entier? O gens obstinez, & moins sensibles que les pierres. Si vous ne pouuez voir ces choses à yeux clers, pour le moins ayez compassion de voz familles. Que les parens, femmes, & enfans d'vn chacun de vous se representent deuant voz yeux, lesquelz ne peuuent gueres tarder à estre consommez ou par la guerre ou par la famine. Ie sçay bien qu'auec eux ma mere, ma femme, ma famille (qui n'est des moindres) & ma maison anciennement des plus illustres, est maintenant en pareil danger. Et pensera quelqu'vn par auanture que pour ceste cause ie face ces remonstrances: mais ie vous prie tuez les & prenez mon sang pour payement & satisfaction de vostre salut. Mesmes ie suis tout apareillé de mourir, pourueu qu'apres ma mort vous vueillez retourner à vostre bon sens.

Faisant Iosephe hautement ces momonstrances auec larmes & pleurs n'en fleschirent pourtant leur courage: estimans que changement d'opinion ne fust pas le plus seur pour eux. Mais au peuple print grand'enuye de passer du costé des Romains, & en y eut aucuns qui (ayans vendu à vil prix leurs heritages & choses plus precieuses) aualerent leur or, pour n'estre descouuertz de ces brigans: & ainsi estans passez au camp des Romains le rendoient par le fondement, & en achetoient ce qui leur estoit necessaire: car Titus en laissoit aller aucuns par les champs ou bon leur sembloit, qui donnoit bonne enuye aux autres de fuyr, & eux venir rendre comme eux: voyans que par ce moyen ilz estoient deliurez des maux domestiques & intestins: sans toutesfois estre traitez en esclaues par les Romains. Mais Iean & Simon auec leurs adherans & complices, plus pour empescher les habitans de sortir que les Romains d'entrer, faisoient guet par toutes les portes & yssuës. Et si quelqu'vn estoit le moins du monde soupçonné d'auoir voulu sortir on le tuoit incontinent. Aux riches le demourer estoit aussi dangereux que le sortir, pource que leurs

li   biens

LE VI. LI. DE F. IOSEPHVS

biens estoient cause de leur mort : souz ombre qu'on leur faisoit à croyre qu'ilz s'en estoient voulu fuyr . Or auec la famine croissoit aussi le desespoir des sedicieux : & l'vn & l'autre mal s'amflamboit tous les iours de plus en plus , tant que publiquement on ne voyoit aucun bled en vente: qui faisoit que par force ilz entroient dedans les maisons pour en trouer. Et si d'auanture ilz rencontroiét quelque chose,ilz batoient ceux qui leur auoient recelée. S'ilz ne rencontroient rien,ilz ne laissoient pourtant à les tourmenter & questionner:comme s'ilz eussent trop soigneusement caché ce qu'ilz cherchoient. Et iugeoit-on par la disposition des corps de ces pauures miserables s'ilz en auoient, ou n'en auoient point:en ce qu'estans encor aucunement fortz& dispostz celà donnoit signe & argument qu'ilz auoient dequoy manger . Et ceux qui estoient palles & deffailloient par faute de viande estoient là laissez:ne leur semblant chose raisonnable de tuer ceux qui deuoient quasi aussi tost apres mourir de faim. Il en y eut plusieurs qui donnerent secretement tout leur bien : à sçauoir les riches pour vn boisseau de froment, & les plus pauures pour vn boisseau d'orge:aucuns desquelz s'estans renfermez au dedans de leurs maisons le mangeoient en grande pauureté sans estre moulu, & les autres en faisoient du pain selon que la necessité & la crainte les pressoient . Et n'y auoit maison ou lon dressast table pour manger, ains rauissoient la viande du feu auant qu'elle fust à demy cuytte . Dont leur viure estoit miserable, & vn spectacle digne de larmes & commiseration:attendu que les plus fortz & puissans en emportoient le plus: & aux plus foybles n'estoit laissé que de plorer & lamenter l'iniure qui leur estoit faite. Et, à la verité, de toutes les calamitez du monde, il n'y en a point vne plus extreme que la faim:pource qu'il n'y a rien qui perde plus l'homme que la honte: & en tel affaire ce qu'on deuroit plus reuerer & honorer vient en contennement & mespris . Qu'ainsi soit, les femmes rauissoient la viande de de la bouche de leurs maris : les enfans de celle de leurs peres & meres:& qui estoit encor plus horrible & miserable à voir, les meres l'ostoient à leurs petis enfans. Et n'y auoit homme qui espargnast, non pas ceux qui luy estoient plus chers & affectionnez, ains les voyans affoyblir & defaillir entre leurs bras, leur ostoient si peu de goutes de vie qui leur pouuoit encores rester . Mais encor ne pouuoient ilz manger ces choses qu'on ne le sceust, faisans les sedicieux guet de toutes pars pour piller & rauir tout ce qu'ilz trouueroient . En sorte que s'ilz voyoient quelque maison fermée, celà leur estoit comme vn signe & argument que ceux de dedans auoient quelque chose à menger. Parquoy rompans les portes, & se ruans au dedans, prenoient ces miserables à la gorge, & quasi leur arrachoient du gosier la viande ia machée . Les pauures vieillartz qui se mettoient à deffendre leur mangeaille estoient batuz & outragez , les femmes tirées par les cheueux quand elles cachoient ce qu'elles auoient dedans leurs mains , & sans auoir aucune misericorde ne compassion, ou de la teste chenuë.

DE LA GVERRE DES IVIFZ. Feuil. CLXXXVI.

chenuë, ou de l'enfance, arrachoient les enfans qui dependoient d'vn morceau de pain, & les froiſſoient & briſoient contre terre. Et ſi quelqu'vn (les anticipant) ſe fuſt haſté de manger auant leur entrée ce qu'ilz eſtoient venuz rauir, lors vſoient de plus grande inhumanité, comme ſi on leur euſt fait grand tort. Et inuentoient des tormens inſuportables, pour plus facilement trouuer à manger: affligeans les vns par les parties honteuſes, perçans aux autres le fondementt auec broches aguës: dont y en auoit tel qui pour confeſſer d'auoir vn pauure pain, ou quelque poignée de farine cachée, ſouffroit choſes horribles à ouyr. Qui pis eſt ces bourreaux n'eſtoient aucunement preſſez de la faim (& certes ſi la neceſſité les euſt contraintz à celà, la choſe euſt ſemblé moins cruëlle) mais exerçans leur furie & mauuaiſtié, & ſe voulans fournir de viures pour les iours enſuyuans, alloient aucuns au deuant de ceux qui la nuit eſchapoient par à trauers le guet des Romains pour aller cueillir des herbes pour manger. De ſorte que ces pauures gens (penſans eſtre eſchapez du danger des ennemys) tomboient entre les mains de ces brigans qui leur oſtoient tout ce qu'ilz auoient aporté. Et comme ilz les ſuphaſſent treſinſtamment de leur donner vne partie des choſes qu'auec ſi grand peril de leur vie ilz auoient amaſſées, implorans le nom horrible de Dieu, tant s'en faut qu'ilz leur en donnaſſent aucune choſe, que meſmes ilz penſoient auoir vſé de grande gracieuſeté & courtoyſie quand ilz ne tuoient point ceux qu'ilz auoient vollez & pillez. Voylà ce que les gens de bas eſtat eſtoient contrains endurer de ces ſatellites. Quant aux plus riches & plus honoraſles ilz eſtoient menez deuant les Tyrans: dont eſtans les aucuns faucement acuſez d'auoir fait quelque conſpiration, les autres d'auoir voulu trahir & rendre la ville aux Romains, eſtoient condemnez à mort. Et bien ſouuent quelque acuſateur apoſté venoit dire qu'ilz s'en eſtoient vouluz fuyr. Et en ceſte maniere quand Simon en auoit pillé quelqu'vn il le renuoyoit à Iean: & Iean luy rendoit la pareille. Et ainſi beuuoient l'vn à l'autre le ſang de ce miſerable peuple, & partiſſoient entr'eux les biens de ces pauures malheureux. Ilz auoient bien debat & diſſenſion enſemble en ce qui touchoit la domination: mais à mal & meſchanceté faire ilz s'acordoient le mieux du monde. Car ſi quelqu'vn euſt tout pris pour luy, ſans faire part à ſon compagnon du dammage d'autruy, il eſtoit entr'eux reputé meſchant. Et celuy qui n'en auoit rien eu en eſtoit marry, comme ſi ce luy euſt eſté grande perte & dommage, de n'auoir eu portion en ceſte cruauté. Or ne me ſeroit-il pas poſſible de declarer toutes leurs meſchancetez par le menu. Parquoy, pour le faire brief, ie penſe que iamais autre cité n'endura choſes ſi eſtranges: & qu'onques nation, depuis la memoire des hommes, ne ſe monſtra plus fertile ny plus abondante en malice. Finablement ilz vindrent à meſpriſer les Hebreux meſmes, à fin qu'ilz fuſſent eſtimez moins meſchans entre les eſtrangers. Toutesfois ilz ſe confeſſerent eſtre (comme

ii à la

à la verité ilz estoient) esclaues, gens ramassez, & les abortifz d'vne nation bastarde & degenerante. Et en fin eux mesmes ont destruit & ruiné la cité, & contraint les Romains à executer contre leur gré cest triste & lamentable victoire: voyre par maniere de dire, attirerent dedans le temple le feu, qui leur sembloit trop tarder à se prendre, mesmement quand ilz le virent brusler de la haute ville, ne s'en lamenterent ny plorerent aucunemét: combien qu'entre les Romains ennemys s'en trouuast qui en ploroient & estoient marriz. Desquelles choses nous parlerós cy apres en leur lieu, quand nous viendrons à en declarer les yssuës.

D'aucuns Iuifz qui furent crucifiez, & les caualiers & plateformes bruslées.

Chapitre XII.

OR s'auançoient fort les caualiers de Titus, encor que ses gensd'armes receussent beaucoup de dommage de la muraille. Parquoy, ayant enuoyé partie de sa caualerie, leur commanda dresser embuscades par les vallées à ceux qui sortoient de la cité pour y porter viures. Entre lesquelz y auoit aussi quelques soldatz qui ne se pouuoient plus contenter des pilleries de la ville, toutesfois la plus part estoient paures gens du menu peuple, que l'ennuy qu'ilz auoient d'abandonner leur famille, engardoit d'eux rendre aux ennemys, sçachans bien

DE LA GVERRE DES IVIFZ. Feuil. CLXXXVII.

bien qu'ilz ne pourroient pas efchaper auec leurs femmes & enfans que les fedicieux n'en fuffent auertis. Et fi auoient regret de laiffer en leur place leurs amys en la puiffance de ces brigans pour eftre tuez. Ce qui les encourageoit donc de fortir eftoit la faim, & leur reftoit feulement de fe faire prendre en cachette des ennemys, defquelz, eftans furpris, ilz e-ftoient contrains de refifter, tellement que quand ilz venoient à eux rendre il n'eftoit plus temps: & le combat n'eftoit pluftoft ceffé que pre-mierement ilz eftoient fouëttez & tormentez en toutes les façons du monde, puis crucifiez tout vis à vis de la muraille. Laquelle calamité fem-bloit à la verité fort miferable à Titus, qui voyoit que tous les iours pour le moins on prenoit cinq cens Iuifz, & aucunefois d'auantage. Mais il y auoit danger de les laiffer aller, & d'autre part de les garder en fi grand nombre & multitude, eftoit donner vne garde à ceux qui les gardoient. Toutesfois ce qui plus le retira d'en empefcher l'execution, fut l'efperan-ce qu'il auoit qu'ilz fe pourroient flechir & eux rendre pour ne tomber au traitement qu'ilz voyoient eftre fait à leurs compagnons. Mais les fol-datz par hayne & defpit les crucifioient les vns en vne forte, les autres en l'autre, par moquerie & derifion. Et y auoit fi grande multitude de prifonniers qu'on ne pouuoit plus trouuer place pour planter les croix & gibetz, ny affez de gibetz pour les corps. Et neantmoins tant s'en faut que les fedicieux fuffent meuz ou flefchiz de chofe tant calamiteufe & pitoyable, que mefmes ilz s'aigrirent & obftinerent à plus outrager & molefter le peuple. Et ayans attrainez pres la muraille les parens & do-meftiques de ceux qui s'en eftoient fuiz au camp des Romains, & au-cuns du populaire qui fembloient plus enclins à la paix, leur monftroient le traitement qu'on faifoit aux fugitifz, leur faifans à croire que ceux qu'on tenoit ainfi liez n'eftoient prifonniers des Romains, ains ceux qui s'eftoient allez mettre en leur mercy. Cefte chofe empefcha que beau-coup qui en auoient enuye ne paffaffent du cofté des Romains iufques à ce que la verité en fut cogneuë. Et fi fut aufi caufe qu'il y en eut qui deflors fe defroberent pour y aller comme à vne mort affeurée: eftimans la mort qui leur feroit donnée par les ennemys vn repos, au pris de la fa-mine qu'ilz enduroient. Au refte Titus commanda qu'on coupaft les mains à plufieurs des captifz, & les renuoya à la ville par deuers Simon & Iean, à fin que (eftant cogneu le dur & mauuais traitement qu'on leur auoit fait) il ne femblaft point qu'ilz fuffent du nombre de ceux qui de leur bon gré s'eftoient venuz rendre aux Romains. Par ceux cy les admoneftoit qu'a tout le moins ilz vouluffent maintenant eux defifter pour ne le contraindre à deftruire & ruïner la cité. Et par vn change-ment de vouloir gaignaffent en cefte extremité leurs propres ames & vies, & ce tant noble païs & temple qui leur eftoit peculier, & n'auoit rien de commun auec les autres nations. Ce pendant alloit à l'entour de fes caualiers, preffant ceux qui eftoient à l'ouurage, comme deliberé de

Ii iiii   mettre

LE VI. LI. DE F. IOSEPHVS

mettre aufsi toft à execution ce qu'il promettoit de parolles . Mais les Iuifz qui eftoient fur les murs difoient mil iniures à Titus & à fon pere, crians qu'ilz ne fe foucioient pas beaucoup de la mort, ains la preferoient à bon droit à la feruitude : & que fouz efperance de faire beaucoup de mal aux Romains , ilz ne fe foucioient d'eux ny de leur païs, puis (comme luy mefme difoit)qu'ilz eftoient defia perduz. Difoient qu'au regard de Dieu,le monde eftoit beaucoup plus beau que ce temple , qui toutesfois feroit gardé de celuy qui y habite : lequel ayant pour leur ayde & deffenfeur, ne fe foucioient pas beaucoup des menaces qui n'emportent pas touliours effect:liffué duquel eft en la main de Dieu . En cefte forte crioient, meflans parmy ces propos plufieurs parolles iniurieufes . Et en ces entrefaites eftoit là prefent Anthiochus Epiphanes, qui menoit auec foy grand nombre de gens, & fi eftoit d'auantage acompagné d'vne bande qu'on apelloit Macedonienne , dont les foldatz eftoient quafi tous d'vn mefme aage , & vn peu au deffus de dix fept ou dix huit ans, equipez & apris aux armes à la façon des Macedoniens , defquelz aufsi ilz portoient le nom , combien que la plufpart d'eux n'aprochaffent de la prouëffe dont leur race eftoit renommée . Or de tous les Roys qui eftoient en l'obeïffance des Romains celuy des Comagenes fut le plus heureux, iufques à ce que la fortune luy euft changé de vifage . Mais en la vieilleffe il monftra aufsi que nul doit eftre eftimé heureux auant la mort. Luy donc eftant encor floriffant en fon Royaume , fon filz (qui eftoit là prefent au fiege) difoit s'efmerueiller comment les Romains faifoient les retifz à donner l'affault à la muraille. Or eftoit il homme temeraire & hazardeux, & toutesfois fi vaillant qu'il ne faifoit gueres d'entreprifes dont il ne vint à bout . Parquoy comme Titus fe fuft pris à rire, & euft dit , qu'il eftoit permis à vn chacun en monftrer ce qu'il fçauoit faire : Anthiochus en l'eftat qu'il eftoit acompagné de fes Macedoniens, donna l'affault à la muraille , euitant le trait des Iuifz auec fes forces & adreffes , & les traitant de fa part fort mal auec fes flefches. Toutesfois en fin ces ieunes Macedoniens (excepté bien petit nombre) y furent acablez:pource qu'ayans honte de faillir à leur prouëffe fouftindrent fi long temps le combat, que plufieurs y eftans naürez furent contraintz eux retirer:& lors peurent aperceuoir qu'encor qu'ilz fuffent Macedoniens ilz auoient befoin (s'ilz auoient enuie de vaincre) de la fortune d'vn Alexandre . Au refte ayans les platesformes & caualiers des Romains efté commencez le douziefme de May, à peine furent ilz acheuez le vingt neufiefme de ce moys, encor qu'on y euft trauaillé dix fept iours entiers. Or en firent ilz quatre fort grans: dont celuy qui eftoit vers l'Antoniane auoit efté conftruit par la cinqiefme legion vers le meilleu de l'eftang qui f'apelloit Struthium:& l'autre par la douziefme à vingt coudées pres du premier. Quant à la deuxiefme, qui eftoit la plus vaillante, elle auoit bafty le fien vers la part Septentrionale,ou y a vn eftang nommé Amigdalon.

DE LA GVERRE DES IVIFZ. Feuil. CLXXXVIII.

dalon. Et la quinziefme le fien à trente coudées de ceſtuy là, pres le monument du grand preſtre Iean. Eſtans donc les engins aprochez, Iean ayant fait myner ſouz terre du coſté de l'Antoniane iuſques aux caualiers, & mis par deſſouz force pieux & apuyz pour ſouſtenir la myne, y fit mener bonne quantité de boys oint & froté de poix & gluz huyleuſe & bruſlante nommée Aſphalte. Et ainſi ayans mis le feu dedans les apuys & cheirons qui les ſouſtenoient, ne furent pluſtoſt bruſlez que la myne ſa'ffaiſſa en vn inſtant, s'enfonçans les caualiers dedans icelle auec vn bruit merueilleux. Au commencement on ne voyoit que de la pouciere & fumée, eſtant le feu couuert & eſtouffé de ceſte ruine : mais depuis qu'il eut en partie conſommé ceſte matiere de laquelle il eſtoit ſuffoqué, la flamme commença à ſe monſtrer clerement. Dont les Romains eſtonnez de ce cas ſi impourueu, ne ſçauoient bonnement qu'en penſer : & fut l'eſperance de ceux qui eſtimoient ia auoir tout vaincu, par ceſt accident refroidie : leur ſemblant choſe inutile de donner ordre au feu & l'eſtaindre, puis que deſia les caualiers eſtoient abiſmez. Deux iours apres, Simon auec ſes complices, voyant que les Romains auoient fait aprocher les beliers, & commençoient à batre la muraille de ſon coſté, ſe vint attacher aux autres caualiers. Mais il y eut entres autres vn Tephtheüs natif de Garſi ville de Galilée, & Megaſſarus vn des ſeruiteurs royaux de Mariáme, auec vn Adiabenien filz d'vn Nabathée (qui à cauſe de ſa fortune eſtoit nommé Agiras, c'eſt a dire boiteux) leſquelz ayans ſaiſi quelques flambeaux coururent droit aux machines, & ne s'eſtoient trouuez en toute ceſte guerre trois hommes plus à craindre ou plus audacieux que ces trois. Car comme s'ilz euſſent couru droit à leurs amys, & non à la multitude de leurs ennemys, marchans impetueuſement à trauers d'eux, ne s'arreſterent qu'ilz n'euſſent mys le feu dedans les machines : & bien qu'ilz fuſſent repouſſez du trait & à coups d'eſpée, ne peurent eſtre chaſſez de ce danger que le feu ne fuſt attaché aux engins. La flamme s'eſtant leuée, les Romains ſortans de leur fort ſe haſtoiét pour aller au ſecours. Et les Iuifz les reboutoiét de la muraille, & combatoient main à main auec ceux qui s'efforçoient à eſtaindre le feu, n'eſpargnans leurs corps en quelque ſorte que ce fuſt. Les Romains taſchoient de ſauuer leurs beliers du feu, voyans les clayes dont ilz eſtoient armez embraſſées : & les Iuifz s'efforçoient les tirer par le meilleu des flammes. Et bien qu'ilz trouuaſſent le fer fort chaut, ne laſcherent point toutesfois leur priſe. De là le feu s'alla prendre aux caualiers, preuenant ceux qui venoient au ſecours. Au moyen dequoy les Romains ſe voyans enuelopez de la flamme, & deſeſperans de les pouuoir ſauuer, ſe retirerent dedans le camp. Mais les Iuifz les preſſoient de plus fort en plus fort, le nombre d'eux touſiours s'augmentant à cauſe du ſecours qui leur venoit de la ville. Et aſſeurez de la victoire, ſe ruoient d'vne furie plus inconſiderée ſur les ennemys, tant qu'ilz les pourſuyuoient iuſques à leur camp,

li iiii   ou ilz

LE VI. LI. DE F. IOSEPHVS

ou ilz vindrent à combatre contre les gardes. Car deuant & hors le camp des Romains il y a vn guet de gens armez qui feruent les vns apres les autres: fur lefquelz s'obferue vne trefrigoreufe loy : que quiconque d'eux pert fa place, pour quelque occafion que ce foit, doit mourir. Iceux donc preferans la glorieufe mort à vne honteufe punition, fouftindrent vaillamment iufques à ce que plufieurs qui eftoient fuyz, tant pour la honte qu'ilz eurent, que pour l'extremité ou ilz virent leurs compagnons, commencerent à tourner vifage: & ayans rengé leurs arbaleftriers fur le rempart, repouffoient la multitude qui venoit de laville defpourueuë de tout ce qu'il falloit pour la garde & fauueté du corps . Car les Iuifz s'affrontoient à tous ceux qu'ilz rencontroient, & s'enferrans inconfiderement dans les batons, alloient de leurs corps fraper leurs ennemys. Toutesfois ilz ne vainquoient tant de proueffe que d'audace & affeurance : & les Romains leur cedoient pluftoft à caufe de leur temerité, que pour dommage ou mauuais traitement qu'ilz receuffent d'eux . Or Titus eftoit ia arriué de l'Antoniane, ou il s'eftoit au parauant retiré pour chercher lieux commodes à faire d'autres caualiers. Parquoy ayant aigrement repris les foldatz de ce que, combien qu'ilz fe fuffent veuz quafi maiftres des murailles de leurs ennemys, eftoient neantmoins en danger de perdre les leurs (s'eftans prefque laiffé eux mefmes affieger par les Iuifz fortiz contre eux comme d'vne prifon) alla donner auec quelques cheuaux d'elite deffus les flancz des ennemys : lefquelz eftans frapez par le vifage & fe retournans contre Titus tenoient bon iufques à l'extremité . Mais quand la bataille fut meflée, la poudre commença à emplir les yeux, & le cry à occuper les aureilles d'vn chacun, de forte qu'il n'eftoit poffible dicerner les amys d'auec les enemys. Dont vint que perfeuerans les Iuifz, non tant pour affeurance qu'ilz euffent de leurs forces, que pour le defefpoir qu'ilz auoient de leur falut: les Romains commencerent auffi à prendre cueur, tant pour la honte qu'ilz auoient de faillir à leurs armes, & à leur gloire, que pource que Titus eftoit le premier qui fe mettoit au hazard . Et penfe, veu la fierté & grandeur de leur courage, qu'en fin ilz euffent depefché toute cefte multitude de Iuifz, s'ilz ne fe fuffent retirez en la ville auant que le grand choc fuft arriué. Les Romains donc voyans leurs caualiers abatuz, fe trouuerent fort fafchez d'auoir perdu en moins d'vne heure le labeur d'vn fi long temps. Et y en eut qui perdirent toute efperance de prendre la cité , puis que les machines eftoient rompuës.

D'vn

DE LA GVERRE DES IVIFZ.Feuil. CLXXXIX.
D'vn mur que les Romains con-
struirent en trois iours en l'entour de Ierusalem.

Chapitre. XIII.

Voy voyant Titus, assembla les capitaines pour deliberer sur ce qui estoit de faire. Les plus chautz estoient d'auis qu'auec toute la puissance on deuoit donner l'assault à la muraille: disans que iusques alors les Iuifz n'auoient soustenu qu'vne petite partie de l'armée: & que si tout le camp marchoit contre eux, ilz ne seroient pour soustenir l'effort, ains seroient tous couuertz & acablez du trait. Quant aux plus prudens & ceux qui vouloient y proceder de plus grande seureté, les vns estoient d'auis de refaire les caualiers, les autres qu'on deuoit seulement tenir les Iuifz assiegez & les garder de sortir, ou mettre viures dedans la ville, les laissant au pouuoir de la famine, sans se mettre au hazard du combat, attendu qu'il estoit dangereux de s'atacher à gens desesperez, qui n'ont autre enuye que mourir au tranchant de l'espée, lequel leur estant denyé, leur restoit vne calamité beaucoup plus insuportable. Mais Titus n'estimoit point honeste de demeurer sans riens faire auec vne si puissante armée: & si pensoit chose inutile de combatre ceux qui d'eux mesmes estoient assez vaincuz. Pareillement de refaire des caualiers c'estoit chose mal aysée, pour le peu de moyen qu'il auoit de recouurer matiere. Et d'empescher les saillies des Iuifz encor plus

dificile

LE VI. LI. DE F. IOSEPHVS

dificile, n'estant possible d'assieger la ville tout à l'entour, tant pour la
grandeur, que pour la dificulté du lieu. Et bien que celà eust esté faisable,
si n'eust-il pourtant sceu empescher leurs saillies : attendu que si les gens
eussent ocupé quelque chemin cogneu, les Iuifz, tât pour la necessité que
pour la cognoissance des lieux, eussent trouué d'autres voyes secretes.
Et ainsi ayans moyen d'eux enuitailler secretement, le siege eust esté si
long qu'il y eust eu danger que la longueur eust diminué la gloire de la
victoire. Toutes ces choses estimoit faisables, mais la gloire luy sembloit
consister en la depesche & diligence. Au moyen dequoy pour vser de
seureté auec la diligence, s'auisa d'enclorre toute la ville de muraille, ny
ayant que ce seul moyen pour empescher toutes leurs saillies, lequel leur
estant osté auec tout espoir de salut, ilz seroient contraintz rendre la ville, ou aisement conquis par la famine. Toutesfois que ce pendant il ne se
reposeroit point, ains rescroit les caualiers qui donneroient grand empeschement aux Iuifz sans beaucoup trauailler les Romains. Que si cest
ouurage sembloit à aucuns trop mal aisé & impossible à acheuer, ilz deuoient considerer qu'vn œuure peu dificile n'estoit pas digne des Romains : & qu'il estoit impossible à ceux qu'à Dieu de faire quelque grand
ouurage sans labeur. Ayant auec tout propos admonnesté les capitaines,
leur commanda partir leurs gens & les mettre en ordre pour y besou-
gner. Ce fait vne quinte alla diuinement prendre les soldatz, de sorte
qu'ayans party entr'eux le tour de la ville, non seulement les legions
combatoient entre elles à qui feroit mieux leur deuoir, mais aussi les
rangz mesmes entr'eux. Car le soldat faisoit le commandement du cap
desquadre : le cap desquadre du caporal, & le caporal des capitaines de
mil hommes, lesquelz aussi taschoient à monstrer leur deuoir aux colonnelz : & les colonnelz à Titus qui iugeoit des mieux faisans, tournoyant
la muraille par chacun iour, & contemplant la besongne qui se faisoit.
Commençant donc cest ouurage depuis le lieu apellé le camp des Assiriens (ou il estoit campé) mena le mur iusques à la nouuelle ville basse.
Et de là par Cedron iusques à la montaigne des Oliues, retournans par
le Mydi encloit la montaigne iusques à la roche nommée du Colom-
bier, & iusques au prochain tertre qui pend sur la valée de Siloé. De la,
tournant du costé d'Occident, descendit à la valée de la fonteine, d'ou
poursuyuant iusques au sepulchre du grand prestre Ananus, & enuiron-
uant toute ceste montaigne ou Pompée auoit assis son camp, retourna
deuers la region Septentrionale. Et ayant poursuyuy sa closture iusques
au bourg nommé la maison d'Erebinthe, & enclos le sepulchre d'Herodes du costé d'Orient, le ioignit à son camp ou auoit commencé le tour.
Et outre furent bastiz treize fortz par le dehors qui auoient de tour chacun dix stades. Et fut tout ce grand œuure (digne qu'on y employast
quelques moys) acheué en trois iours, de sorte que la soudaineté en e-
stoit incroyable. Estant la ville enuironnée de ceste closture, & y ayant

garnison

DE LA GVERRE DES IVIF Z. Feuil. CLXXXIX.

garnison par tous les fortz, Titus en personne faisoit la premiere ronde, & tournoyoit la cité : la deuxiesme bailla à Alexandre : & les capitaines des legions eurent la troisiesme. Ceux qui estoient commis au guet, veilloient les vns apres les autres, & toute nuit faisoient le tour entre les fortz de la closture.

De la famine qui fut en Ierusa-
lem, & d'vn autre caualier que firent les Romains pour batre dedans la ville.

Chapitre   XIIII.

E N ceste sorte fut retrenché aux Iuifz tout moyen de sortir & espoir de salut : & la famine s'augmentant, auoit ia saisi toutes les familles & maisons, lesquelles estoient pleines de femmes & enfans trespassez, & les destroitz des ruës couuertz de vieilles gens mortz. Les ieunes hommes, & ceux ausquelz l'aage aydoit (enflez & bouffiz, & resemblans aux ombres des trespassez) se tenoient par les places & marchez, tombans l'vn cy, l'autre là, chacun ou la mort le surprenoit: dont ceux qui estoient malades ne pouuoient pas enseuelir leurs parens & amys. Et ceux ausquelz quelque force estoit demourée, n'auoient pas le courage de ce faire, tant pour la trop grande multitude, que pource qu'ilz ne pouuoient pas les cognoistre : ioint que plusieurs mouroient sur les corps de ceux qu'ilz vouloient enseuelir. Il y en eut plusieurs qui auant qu'estre mortz s'allerent rendre sur les tombeaux : & en telles & si grandes calamitez, ame ne faisoit deul, ame ne ploroit, pource que la faim surmontoit toutes autres afflictions. Ceux qui mouroient les derniers contemploient à yeux secz & la bouche torse les autres qui estoient ia trespassez. La ville estoit pleine d'vn profond silence, & la nuit toute remplie de mort. Mais les brigans estoient encor plus cruëlz, lesquelz fouillans les maisons comme on fait les sepulchres, & despouillans les corps mortz, & desnuez de toute couuerture, sortoient rians, & esprouuoient sur eux si leurs espées auoient bonne pointe. S'ilz en voyoient aucuns respirer ilz leur en donnoient à trauers, pour experimenter s'ilz viuoient encor. Mais si quelqu'vn prioit d'estre tué d'eux, ou leur demandoit vne espée pour se tuer à fin d'escheuer la faim, faisans les braues les laissoient au pouuoir de la famine. Au moyen dequoy tous ceux qui mouroient iettoient leur veuë vers le temple, voyans qu'ilz laissoient en vie ceux qui estoient cause de la sedicion. Or ceux qui au commencement auoient la charge & gaiges du public pour enseuelir les mortz,

voyans

LE VI. LI. DE F. IOSEPHVS

voyans qu'ilz ne pouuoient porter la puanteur, ny fournir à les enterrer, les iettoient par dessus la muraille dedans les fossez . Parquoy Titus faisant le tour d'iceux, & les voyant pleins de corps mortz, & le sang corrompu decouler des corps pourriz & infetz, se print à plorer, & leuant les mains au Ciel apelloit Dieu à tesmoing qu'il n'estoit point cause de ce mal. Voylà donc comme pour lors tout alloit en la ville. Les Romains voyans que les sedicieux ne faisoient plus aucunes saillies (car ilz commencerent aussi à sentir la famine) faisoient bonne chere & ioyeuse estás fourniz de bledz & de toutes autres choses necessaires qui leur venoient de Sirie & autres prouinces prochaines . Donc plusieurs s'aprochans du mur & monstrans l'habondance de viures, agrauoient par leur satieté la faim de leurs ennemys . Mais voyant Titus que les sadicieux ne flechissoient pour aucune calamité qui leur suruint, & desirant à tout le moins sauuer le reste du peuple, commença à refaire d'autres caualiers, encor qu'il peust malaisement recouurer matiere, ayant toutes les forest prochaines de la cité esté employées es premiers ouurages, & les soldatz estans contraintz d'en aller amasser à nonante stades loing de là. Les caualiers donc plus grans que les premiers furent commencez de quatre partz vers l'Antoniane. Cesar (visitant les legions & les pressant de besongner) monstroit à ces brigans qui estoient en la ville qu'il les tenoit dedans ses mains. Mais ilz estoiét obstinez à ne se repentir: & ayans les corps separez d'auec les espritz vsoient de l'vn & de l'autre comme s'ilz neussent esté à eux: attendu que ny l'esprit estoit touché d'aucune affection de douceur, ny le corps d'aucune douleur : ains qu'aussi ilz dechiroient comme chiens le pauure peuple ia trespassé, & remplissoient les prisons de ceux qui estoient malades & en langueur.

Du grand carnage qui fut fait

des Iuifz tant dedans que dehors la ville de Ierusalem.

Chapitre.   XV.

Finable-

DE LA GVERRE DES IVIFZ. Feuil. CXCI.

Inablement Simon, apres auoir afligé de diuerses sortes de tormens Mathias filz de Boëthus (le plus fidele & mieux voulu du peuple entre tous les prestres) & par le moyen duquel il s'estoit fait maistre de la ville) le fit mourir. Or ce Mathias voyant le peuple mal traité des Zelottes (ausquelz Iean s'estoit allié) l'auisa de chercher l'aliance & suport de Simon, & à ceste cause luy persuada de le receuoir en la cité: & pource qu'il ne se mesfioit de luy n'en print autrement asseurance. Simon ne fut pas plustost entré & fait maistre de la cité qu'il reputa Mathias (qui auoit conseillé de le receuoir) autant ennemy comme les autres, comme s'il eust donné conseil plus par ignorance & simplicité qu'autrement. Parquoy l'ayant fait comparoir & mis assus qu'il auoit intelligence auec les Romains, sans aucunement le vouloir ouyr en ses iustifications, le condemna, ensemble trois de ses enfans (car le quatriesme s'estoit ia retiré vers Titus) à mourir. Et comme pour recompense de l'entrée qu'il luy auoit donné en la ville, il le priast d'estre tué auant ses enfans, il commanda (pour augmenter son martire) qu'il fust tué tout le dernier. Et ainsi ayant esté produit & monstré comme spectacle aux Romains, fut esgorgé sur ses enfans, lesquelz il auoit veu mourir deuant luy. Et l'auoit ainsi commandé à Ananus filz de Bamadus le plus cruel de tous ses satellites, pour veoir (disoit il en se moquant) si les Romains, ausquelz il s'estoit voulu rendre, viendroient à luy ayder & donner secours, & mesmes deffendit que leurs corps fussent enterrez. Apres ceux là, il y eut vn pontife nommé Ananias filz de Masbalus, homme noble, vertueux, scribe de la court, & de la race de ceux d'Ammaüs qui fut occis auec quinze autres des plus aparens du peuple. Ilz te-

Klz   noient

LE VI. LI. DE F. IOSEPHVS

noient pareillement le pere de Iosephe prisonnier, & firent crier par la
ville qu'homme ne fust si hardy de faire assemblées ou parlement en la
cité, de peur (comme ilz disoient) de trahison. Et s'il y en auoit aucuns
qui se plaignissent ensemble de ces choses, ilz estoient incontinent mis
à mort sans autre forme de proces. Quoy voyant vn nommé Iudas filz
de Iudas, l'vn des capitaines de Simon, & qui auoit la charge d'vne des
tours, esmeu par aduenture de compassion sur ceux qu'on tuoit ainsi cruellement, ou plustost voulant se donner garde pour soymesmes, apella
, dix de ses plus feaux compagnons & leur dist. Iusques à quant auós nous
, deliberé d'endurer ces maux? qu'elle esperance de salut pouuons nous a-
, uoir, gardans la foy aux meschans? Voicy la faim qui commence ia à
, nous assaillir: & peu s'en faut que les Romains ne soient dedans la ville:
, nous voyons que Simon se monstre desloyal enuers ceux mesmes qui luy
, ont procuré son bien, & ne se peut esperer autre chose de luy que pu-
, nition & mauuais traitement: & des Romains certaine alliance & amytié.
, Courage donc, liurons leur la muraille, & sauuons par ce moyen & nous
, & toute la cité. Quant a Simon on ne luy fera point de tort, si (desesperé
, de soymesmes) il reçoyt incontinent la punition à laquelle il ne peut fail-
, lir. S'estans les dix acordez à cecy, il enuoya le matin le reste de ses soldatz l'vn deça, l'autre delà, à fin que rien ne fust descouuert de ce qui a-
uoit esté deliberé. Ce fait commença de sa tour à apeller les Romains,
enuiron l'heure de tierce. Dont les vns par vn desdain les contemnoient
les autres ne s'y fioient point, & d'autres n'en tenoient pas grand compte,
comme faisans estat de bien tost prendre la ville sans danger. Mais ce
pendant ainsi que Titus s'aprochoit de la muraille auec quelques gens
armez, Simon en fut auerty auant qu'il fust arriué. Au moyen dequoy se
saisit incontinent de la tour, ou apres auoir fait mille vilenies aux gardes
en la presence des Romains, les tua & ietta les corps par dessus la muraille. En ces entrefaites Iosephe tournoyant, sans cesser de les prier, fut blessé
d'vne pierre à la teste: dont estourdy du coup, & se laissant tomber, il ne
fut pas plustost cheu que les Iuiz commencerent à sortir dehors, & l'eussent trayné en la cité, si Cesar ne luy eust enuoyé du secours. Par ce moy-
en pendant qu'ilz s'amusoient à combatre, Iosephe fut emporté de là,
hors de toute cognoissance de ce qui estoit auenu. Les sedicieux pensans
auoir occis celuy duquel ilz desiroient tant la mort, commencerent à eux
escrier de ioye: & fut ce bruit incontinent semé par la ville, dont le reste
de la multitude commença à se plaindre & lamenter, pensans qu'à la verité celuy fust mort souz l'asseurance duquel ilz esperoient s'aller rendre
au camp des Romains. Ayant la mere de Iosephe, qui estoit en prison, entendu par cecy que son filz estoit mort, disoit à ses gardes qui estoient
de Iotapate, qu'à la verité elle croyoit qu'il fust mort, & n'auoit point
esté pris vif. Et plorant secretement se plaignoit à ses chambrieres, qu'elle n'auoit receu autre fruit de sa fecondité, sinon qu'elle n'auoit eu le

moyen

DE LA GVERRE DES IVIFZ. Feuil. CXCII.

moyen d'enseuelir son filz, par lequel elle auoit esperé de l'estre. Toutesfois ceste mensonge ne la tourmenta longuement, & si donna courte ioye à ces brigans. Car Iosephe, ayant esté diligemment pensé de sa playe, reuint aussi tost en cognoissance, & s'auançant crioit, qu'ilz ne tarderoient plus gueres à receuoir la punition de la playe qu'ilz luy auoient faite. Et de rechef admonestoit le peuple de garder la foy aux Romains: d'ou vint que sa presence donna au peuple quelque asseurance, & estonna merueilleusement les sedicieux. Quant à ceux qui auoient enuye de fuyr, aucuns contraintz de la necessité, se iettoient du haut en bas de la muraille: les autres, faignans sortir auec des pierres pour combatre, s'alloient incontinent rendre aux Romains. Quoy faisant ces paures gens tomboient en plus dure fortune que celle qu'ilz auoient euë dedans la ville. Et fut l'abondance des viures qu'ilz trouuerent entre les Romains cause de les faire plustost mourir, que la faim qu'ilz auoient laissée en leur maison. Car on les voyoit tous enflez & boufiz de la famine, comme s'ilz eussent esté Hydropiques. Parquoy pensans tout à vn coup remplir leurs corps vuydes & affamez, se creuoient, excepté quelques vns plus auisez qui refrenoient leurs apetitz, remplissans peu à peu ce corps ia tout desacoustumé à la viande. Mais ceux qui s'estoient peu sauuer par ce moyen, vindrent encor à tomber en vn autre inconuenient. Au quartier des Siriens se trouua vn de ces paures Iuifz, lequel ayant deschargé son ventre fut surpris ainsi qu'il retiroit l'or de son ordure: car (comme nous vous auons dit cy dessus) ilz aualloient tout leur or auant que partir, pour crainte des sedicieux qui auoient acoustumé de les rechercher & esplucher: aussi que la cité auoit esté fort opulente en or, & auoient là pour douze Attiques ce qui leur en coustoit au parauant vingt-cinq. Ayant donc ceste inuention esté descouuerte par vn seul, le bruit fut incontinent semé par tout le camp que ceux qui se venoient rendre auoient le ventre tout farcy d'or Au moyen dequoy la troupe des Arabes & les Siriens, leur ayant fendu le ventre les fouilloient & recherchoient. Et croy que ceste fut la plus estrange & cruelle calamité que les Iuifz eussent encores souffert, attendu qu'en vne nuit il y en eut bien deux mil ausquelz on ouurit ainsi les entrailles. Parquoy, Titus auerty de ceste iniustice & cruauté auoit quasi deliberé d'enueloper auec sa caualerie ceux qui auoient esté auteurs de telle mechanceté, & les saccager tous auec le trait, si le nombre n'en eust esté si grand qu'il en eust fallu punir beaucoup d'auantage qu'il n'y auoit de Iuifz tuez. Toutesfois ayant fait assembler les chefz des Auxiliayres, & aussi les capitaines Romains (pource qu'aucuns des soldatz Romains estoient aussi soupçonnez de ce crime) disoit aux vns & aux autres en courroux: sçauoir aux Romains que, si aucuns d'eux par couuoytise d'vn gain non aparant, n'ayant aucune reuerence à ses armes d'or & d'argent, faisoit telles choses. Et aux Arabes & Siriens que s'ilz estoient si hardis premierement de

Klz ii   faire

faire de leur gré telz outrages en vne guerre qui ne leur touchoit, & puis apres se descharger sur les Romains de leurs meurdres & cruautez, & de la hayne qu'ilz portoient aux Iuifz, d'autant qu'il y auoit plusieurs de ses soldatz participans de ceste infamie, il les menassa de mort s'il leur auenoit plus de commettre telle meschanceté. Quant aux legionnaires Romains il leur commanda chercher ceux qui estoient soupçonnez de de ce fait & les luy amener. Mais l'auarice contemne toute punition, & ont tous hommes naturellement vn apetit desordonné de gaigner, ne se trouuant passion en l'homme qui soit à comparer à celle là : ains peuent estre les autres dontées & moderées moyennant quelque crainte. Et aussi Dieu qui auoit deliberé de perdre ce peuple, auoit fait que tout moyen de salut leur tournoit à ruine & destruction : tant que finablement ce que Cesar auoit deffendu sur grosses & rigoreuses peines, se commettoit secretement sur ces pauures fugitifz: dont aucuns pensans se venir rendre à mercy, auant qu'ilz peussent estre veuz des Romains estoient espiez & preuenuz de ces Barbares qui les ouuroient pour tirer ce gain execrable de leurs entrailles. Et toutesfois ilz en trouuoient bien peu qui eussent le ventre farcy d'or : tellement que la seule esperance d'en trouuer estoit cause d'en faire mourir plusieurs. Cest accident en diuertit beaucoup de ceux qui auoient deliberé d'eux rendre, & les fit changer d'auis.

Du sacrilege commis au temple,
& du raport qui fut fait des corps qui estoient mortz dedans la ville, & de la famine.

Chapitre. XVI.

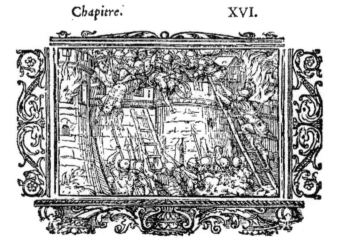

Iean

DE LA GVERRE DES IVIFZ. Feuil. CXCIII.

Ean, voyant qu'il n'y auoit plus que piller sur le peuple, se tourna à deuenir sacrilege, & ayant pris plusieurs ioyaux & presens qui auoient esté faitz au temple, comme coupes, platz, & tables, les cacha en terre, iusques à ne s'abstenir de desrober les potz qui auoient esté offertz par Auguste & par sa femme. Car les Empereurs Romains auoient tousiours honoré & enrichy le temple de dons. Et lors vn Iuif pilloit & desroboit ce qui auoit esté offert par les estrangers : donnant à entendre à ses compagnons que ceux qui combatoient pour Dieu & pour le temple, pouuoient sans crainte abuser des choses diuines, & s'en nourrir : que pour ceste cause n'y auoit aucun danger de respandre le vin & huylle sacrée, que les prestres reseruoient pour les sacrifices. Et ainsi les distribua dedans le temple à la multitude qui sans horreur s'oignoit de ceste huille & beuuoit de ce vin. Et certes ie n'auray point crainte de dire & publier ce que la douleur me commande. Ie croy (à la verité) que si les Romains eussent tardé plus long temps à venir contre ces meschans, que la ville de Ierusalem eust esté abisinée & engloutie de la terre, ou qu'elle fust perie par deluge, ou bien par feu & foudre, ainsi que Sodome, y ayant pour lors en icelle gens beaucoup plus meschans & execrables qu'il n'y eut onques dedans Sodome. Finablement ilz furent cause auec leur obstination desesperée que tout le peuple fut perdu. Et qu'est-il besoin de raconter par le menu toutes leurs calamitez? Manneus filz de Lazare s'estant venu rendre à Titus racontoit que par vne porte qui luy auoit esté donnée en garde, auoient esté emportez cent quinze mil huit cens quatre vingt corps, depuis le iour que les Romains s'estoient campez pres la ville : qui estoit depuis le quatorziesme Auril iusques au premier iour de Iuliet. Ceste multitude estoit des pauures gens : & celuy qui le racontoit n'auoit aucune charge de ce fait : mais estant contraint de payer des deniers publiques ceux qui emportoient les corps, par ce moyen en sçauoit le conte : quant aux autres ilz estoient enseueliz par leurs parens & amys : & leur sepulture estoit les ietter hors la ville. Depuis, quelques autres Gentilz-hommes estans eschapez, racontoient que de conte fait on auoit getté hors par les portes six cens mil corps de pauures gens, & qu'il estoit impossible de nombrer les autres. Au moyen dequoy voyans qu'ilz ne pouuoient fournir à les getter dehors, en emplirent les plus grandes maisons & les fermerent. Disoient ausi que le boysseau de forment auoit esté vendu vn talent : & que depuis, estant la ville enclose de muraille par les Romains (en sorte qu'ilz ne pouuoient plus aller recueillir d'herbes) ilz furent tellement contrains de la famine, qu'ilz se mirent à rechercher les esgoustz & retraitz, se nourrissans de vieille fiente de beuf. Et (qui estoit chose à peine suportable à la veuë) les estrons leur seruoient de viande & pasture. Les Romains oyans cecy en auoient grand' pitié & compassion, & les

Klz iiii   sedicieux

LE VI. LI. DE F. IOSEPHVS

fedicieux qui le voyoient, ne s'en repentoient point : & eurent bien le cueur de fouffrir cefte calamité, iufques à ce qu'elle vint à les toucher eux mefmes. Car le fort & la deftinée qui deuoit tomber fur eux & fur la cité les auoit entierement aueuglez.

Fin du fixiefme liure.

CXCIIII.

Le septiesme liure de Flauius
IOSEPHVS DE LA GVERRE
DES IVIFZ.

Du degast qui fut fait autour de
lerusalem, les remonstrances que Titus fit à ses gens, & des grans faitz d'armes d'vn soldat nommé Sabin.

Chapitre   Premier.

A ruïne & desolation de Ierusalem continuoit touiours de mal en pis, estans les sedicieux aigris & enflammez de leurs calamitez: principalement apres que la famine eut commencé à les assaillir aussi bien que le peuple, & que la multitude des corps mortz (rendant vne odeur puante & infette) fut non seulement horrible à regarder, mais aussi vint à donner empeschemens aux courses & saillies des gens de guerre, qui estoient contrains (comme si en ce lieu y eust eu quelque iournée ou bataille auec grand' deffaite) de marcher & fouller aux piedz les corps mortz, sans toutesfois en auoir aucune pitié ou horreur. Quoy faisant n'estoient pas si auisez de penser que l'outrage & iniure qu'ilz faisoient aux trespassez estoit vn presage de leur malen-

Klz iiii   contre

LE VII. LI. DE F. IOSEPHVS

contre à venir, se preparans à faire la guerre aux estrangers, apres qu'ilz estoient polluz & souillez de meurdres perpetrez sur leurs propres Citoyens : & reprochans à Dieu (au moins comme il me semble) sa trop grande longueur à prendre vengence, puis que la cause de leur si furieuse resistance, procedoit plus d'vn desespoir de leur salut, que d'aucune esperance qu'ilz eussent de la victoire. Or combien que les Romains eussent beaucoup de peine à assembler la matiere necessaire à leurs caualiers si les eurent ilz leuez & parfaitz en vingt & vn iour: ayans abatu (comme deuant a esté dit) tous les abres iusques à nonante stades à la ronde de la ville. Qui fut à la verité chose pitoyable à voir, d'autant que ceste terre (qui au parauant estoit couuerte de toutes sortes d'arbres fruitiers & iardins de plaisance) auoit du tout changé de figure, se monstrant si sauuage, despeuplée, & despouillée de tous arbres, qu'il n'y auoit estranger ayant autrefoys veu le païs de Iudée, & la magnificence des bastimens qui estoient à l'enuiron de la ville, qui se peust tenir de larmoyer, voyant chose si deserte & desolée, & le changement qu'elle auoit fait de son premier estat : estans toutes les marques de sa beauté abolies & entierement effacées par l'iniure & incommodité de la guerre. Et fut ce lieu tant desguisé que si aucun qui en eust au parauant au cognoissance y arriuoit, d'entrée il le mescognoissoit, & encor qu'il vist la cité tout deuant ses yeux, demandoit neantmoins ou elle estoit. Estans donques les caualiers acheuez ilz ne donnerent moindre occasion & commencement de crainte aux Romains qu'aux Iuifz : pource que les Iuifz estoient tous asseurez que s'ilz ne les brusloient leur ville ne faudroit d'estre prise. Et les Romains sçauoient bien aussi que s'ilz estoient vne foys bruslez, il ne leur estoit pas possible de prendre la ville, pour le peu de moyen qu'ilz auoient de recouurer matiere: ioint que les soldatz auoient les corps rompuz du trauail, & commençoient à perdre cueur, molestez des dommages & eunuys que leur faisoient les Iuifz : se trouuans plus tormentez des maux de la cité, que ceux mesmes qui estoient dedans : ausquelz ilz ne sentoient point amoindrir le cueur pour mal ou aduersité qu'ilz endurassent, voyans leurs caualiers surpris par les embusches, leurs machines surmontées par la solidité de la muraille, & leur grande force, par la vaillance & hardiesse des resistans, tellement qu'ilz venoient quasi quelquefoys à perdre toute esperance : principalement quant parmy la sedicion & famine, & entre tant de maux, ilz virent aux Iuifz croistre le courage, tant qu'ilz vindrent à estimer l'impetuosité de ces hommes inexpugnable, & la grandeur de leur cueur inuincible, puis qu'elle estoit nourrie & entretenuë de maux & de calamitez. Et à la verité, qui les eust peu soustenir en la prosperité, veu que l'aduersité leur seruoit d'aguillon à les rendre plus hardis & entreprenans ? Celà donc estoit cause que les Romains estoient plus soigneux à garder leurs ouurages. Quant est de la faction de Iean, elle se fortifioit dedans l'Antoniane pour l'auenir, au

cas

DE LA GVERRE DES IVIFZ. Feuil. CXCV.

cas que le mur euſt eſté abatu . Toutesfois auant que les beliers fuſſent a-
prochez, ſe ruerent ſur les machines : mais ilz ne peurent pas venir à
bout de leur entrepriſe . De ſorte qu'eſtans ſortiz auec flambeaux
pour y mettre le feu, leur eſperance ſe refroidit auant qu'ilz aprochaſ-
ſent les caualiers, au moyen dequoy commencerent à retourner ſans rien
exploiter . Car au commencement ilz ne ſembloient point bien acorder
enſemble, & ne faiſoient leurs ſaillies & eſcarmouches que par boutées &
interualles . Et pour le faire court ne tenoient plus rien de la mode des
Iuifz , leur deffaillant les choſes qui eſtoient propres & peculieres à ceſte
nation , comme l'audace, l'impetuoſité & courſe d'eux tous enſemble,
& le retour ſans bruncher . Ainſi ſe portans plus negligemment que de
couſtume, trouuerent les Romains au contraire plus promptz & deliberez qu'ilz ne ſouloient , voyre tellement ſerrez de corps & de harnois à
l'enuiron de leurs caualiers qu'il n'eſtoit pas poſſible d'en aprocher pour
y mettre le feu, d'autant qu'ilz auoient tous conclud de mourir pluſtoſt
que d'abandonner leur place . Car outre qu'ilz ſe voyoient au deſeſpoir
de toutes choſes ſi ceſt œuure euſt eſté vne foys bruſlé comme les autres,
ilz trouuoient auſſi choſe fort honteuſe & deshonneſte que la vertu fuſt
ſurmontée de la fraude, les armes du deſeſpoir , la diſcipline & experience militaire de la multitude : & finablement que les Romains fuſſent
vaincuz des Iuifz . Qui plus eſt le trait des Romains empeſchoit fort les
Iuifz, lequel tombant ſur ceux qui ſailloient, faiſoit que celuy qui tomboit le premier empeſchoit le chemin aux autres qui le ſuyuoient : tellement que le danger de paſſer plus outre les rendit plus molz , craintifz
& remis . Car s'il y en auoit entr'eux qui s'oſaſſent aprocher iuſques à la
portée du trait, les vns ſe trouuoient eſtonnez de l'eſpeſſeur des ennemys ſerrez ſuyuant leur diſcipline , les autres embrochez des picques ſe
tiroient arriere:tant qu'à la fin s'acuſans les vns les autres de couardiſe &
laſcheté, s'en retournoient ſans riens faire . Ceſte eſcarmouche fut entrepriſe le premier iour de Iuing, de laquelle s'eſtans les Iuifz departiz, les
Romains commencerent à aprocher leurs machines , nonobſtant qu'on
les repouſſaſt de l'Antoniane auec pierres, fer, & feu, & toute autre maniere de trait, dont les ennemys, pour la neceſſité ſe pouuoient auiſer.
Car encor que les Iuifz ſe fiaſſent beaucoup es murailles d'icelle, & ne
fiſſent pas grand conte de toutes les machines des Romains , ſi ne laiſſoient ilz pourtant d'empeſcher qu'ilz ne les affutaſſent.Dont eux croyans que les Iuifz gardaſſent ainſi ſoigneuſement l'Antoniane pour la
deffiance qu'ilz auoient de la foybleſſe de la muraille, & que les fondemens en fuſſent mal aſſeurez, la batoient à toute puiſſance, ſans toutesfois y pouuoir faire breſche . Et bien qu'on leur lançaſt force trait , ſi eſt
ce que ſans ſe monſtrer las ou trauaillez du danger qui les preſſoit d'enhaut, pourſuyuoient à toute force la baterie des beliers . Et ſi d'auenture
ilz ſe ſentoient trop foybles pour ſouſtenir l'impetuoſité des pierres qui

les

LE VII. LI. DE F. IOSEPHVS

les acabloient, aucuns se couurans souz leurs pauois fouyssoient, auec les mains & quelques paulx de fer, les fondemens de la tour : desquelz comme ilz eussent ia esbranlé quatre grosses pierres auec vn obstiné trauail, la nuit suruenant fut cause que les vns & les autres s'allerent reposer : durant laquelle le mur (qui auoit esté fort endommagé des beliers en l'endroit ou Iean auoit myné pour surprendre les premiers caualiers) s'abisma à l'improuiste dedans la myne. Ceste auanture estant ainsi suruenuë contre toute opinion, augmenta le cueur & aux vns & aux autres. Les Iuifz qui se deuoient desesperer pour n'auoir preueu ny s'estre muniz contre cest accident, se tenoient asseurez comme si l'Antoniane eust esté en son entier. Et la ioye inopinée qu'auoient receu les Romains d'vne si soudaine subuersion, fut esteinte & amortie aussi tost qu'ilz eurét aperceu vne muraille que Iean auoit edifiée par le dedans, combien qu'elle leur semblast plus aysée à prendre d'assaut que la premiere, d'autant que non seulement le monter leur estoit rendu plus aysé par les ruïnes de la premiere muraille, mais aussi estimoient le mur nouuellement fait plus foyble & plus aysé à demolir & ruer ius que l'Antoniane. Toutesfois si n'y auoit-il homme qui osast s'auancer dy monter, estans bien asseurez que le premier qui s'y auantureroit n'en parleroit de sa vie. Quoy voyant Titus, & bien auerty que par l'esperance, & moyennant quelque bonne remonstrance les cueurs des soldatz estoient quelquefois renduz plus gaiz & deliberez au combat : & que par exortations & promesses on voyoit non seulement s'imprimer en eux vne oubliance de dangers, ains bien souuent vn mespris & contennement de la mort, ayant assemblé les plus vaillans de ses hommes, pour les esprouuer disoit ainsi. Com-
, pagnons, les concions & harangues par lesquelles on veut persuader aux
, hommes d'entrer en vne entreprise, en laquelle n'y a point de danger,
, semblent couuertement acuser de couardise & lascheté de cueur, tant
, ceux qui en sont admonestez, que celuy qui admoneste : pource que telz
, propos & remonstrances ne sont besoin sinon en affaires de hazard & de
, peril, esquelles chacun de sa part est tenu s'euertuer & monstrer le bon
, vouloir qu'il a. Sçachant donc bien que ceste muraille est malaisée à
, grimper, ie ne vous proposeray qu'vne chose en cest endroit. A sçauoir
, qu'il n'apartient seulement qu'à gens amoureux de vertu, de s'atacher
, aux choses dificiles & hazardeuses : & que ceux qui s'y auanturent ne de-
, meurent point sans en receuoir vn bien grand loyer & profit. Premie-
, rement ce qui parauanture estonneroit quelques autres (sçauoir la pati-
, ence des Iuifz, & leur grande constance es aduersitez) vous doit doubler
, le cueur estant chose fort deshonneste que les Romains & mes soldatz
, (qui durant la paix ont apris à faire la guerre, & en la guerre sont cou-
, stumiers de vaincre) fussent surmontez des Iuifz, ou de force ou de cou-
, rage, voyre sur la fin de nostre victoire : veu mesmement que nous som-
, mes soustenuz & fauorisez de Dieu, en ce que le dommage que nous re-

ceuons

DE LA GVERRE DES IVIFZ. Feuil. CXCVI.

ceuons d'eux ne procede que de leur defefpoir:& leur ruïne & deftruction s'augmente de iour en iour par la faueur que Dieu vous fait, & par
voz vertuz & prouëlles . Qu'ainfi foit, à qui doit eftre imputé leur fedicion, famine, fiege, & ruïne des murailles (fans aucune force de machines) finon à l'ire de Dieu qui les perfecute & nous fauorife ? Pour cefte
caufe ce feroit chofe fort mal feante de vous monftrer moindres à ceux
qui n'aprochent aucunement de voftre valeur, & trahir & vilipender
ainfi le fecours qu'il plaift à Dieu nous enuoyer . Mais comme ne feroit
il deshonnefte, veu que les Iuifz qui n'eftiment pas grande infamie d'e-
ftre vaincuz, & ont acouftumé de feruir & eftre efclaues, femblent
mefprifer la mort pour ne rentrer en feruitude : & ordinairement s'ata-
chent à nous, non pour aucune efperance de victoire, ains feulement
pour vne monftre & brauade ? Et que nous, qui fommes prefque feigneurs & de la mer, & de la terre, & qui deuons eftimer honte de ne
point vaincre, n'ofions nous ioindre à noz ennemys, ains attendions la
famine & la fortune, nous repofans auec noz braues armes,combien que
nous en puifsions venir à bout auec tant foit peu de hazard ? Car il n'y a
rien plus certain que fi nous gaignons vne foys l'Antoniane, la ville eft
aufsi noftre : & bien que ceux qui font dedans nous contraigniffent de
combatre(ce que ie ne penfe pas) fi eft-ce qu'eftans fur la tefte de noz ennemys pour les garder de refpirer & prendre aleine, il me femble que
celà nous doit afleurer de l'entiere & parfaite victoire . Et à fin que ie ne
touche plus auant les louanges & immortalité de ceux qui font n'agueres mortz en la guerre,& par la fureur de Mars. ie ne fouhaite autre chofe à ceux qui ne peuuent auoir cefte opinion, finon vne mort paifible &
naturelle, par laquelle leur ame & leurs corps foient enfemble perpetuel-
lement enfeueliz au tombeau. Y a il donc homme entre les viuans qui ne
cognoifle que les ames deliurées du corps en guerre par le fer, font receuës en la plus pure region du Ciel & colloquées entre les aftres & e-
ftoilles ? fe prefentans puis apres comme efpritz debonnaires & demy-
dieux, & fe faifans aparoir à leur pofterité ? au ou contraire celles que la
maladie du corps & la charongne ont confommées (encor que par facrifices & oblations elles foient purgées & netoyées de leurs offenfes) s'en
vont toutesfois fouz terre en tenebres, & eternelle oubliance, receuant,
tout à vn coup la fin & de leur corps & de leur vie, & de leur memoire
enfemble.Si donc il eft neceffairement eftably à l'homme de mourir, &
que la mort auancée par le glaiue eft plus legere & aifée à paffer que celle que pourroit amener quelconque maladie, qui n'eftimera grande lafcheté & couardife de vouloir efpargner au befoin ce que peu apres on
fera contraint de laiffer par la debte & obligation de nature? Ce que i'ay
dit iufques icy, ie l'ay dit quafi comme s'il ne fuft pofsible à ceux qui fe
mettront en ce hazard d'en efchaper:combien qu'à la verité il y ait quelque efperáce de falut(voyre es chofes plus defefperées) à ceux qui ont le
cueur

LE VII. LI. DEF. IOSEPHVS

, cueur hardy & entreprenant . Car, tout premierement, ce qui est tombé
, nous peut seruir d'entrée & chemin: & ce qui est remparé est aysé à aba-
, tre & demolir : de sorte que tant vous serez plus grand nombre en ceste
, entreprise , tant mieux sçaurez vous secourir & encourager les vns les
, autres , & descourager l'ennemy quand il verra vostre perseuerance &
, obstination . Et parauanture auiendra que vous viendrez à bout de vo-
, stre dessein sans effusion de sang. Ie croy bien que s'ilz nous voyent mon
, ter, ilz se mettront en deuoir de nous empescher . Mais si vous pouuez
, vne foys executer quelque chose, auant qu'ilz s'en aperçoyuent, ou bien
, auec quelque force, ne pensez pas qu'ilz vous puissent iamais soustenir,
, quelque petit nombre que soyez. Et de ma part ie me tournerois à grand'
, honte, si ie ne faisois tant de biens à celuy qui y montera le premier, que
, tous les autres y auront enuye . Et veux dès à present que quiconques en
, eschapera ayt commendement, & soit chef & capitaine sur tous ses com-
, pagnons . Quant aux autres qui y pourront demourer & y laisser la vie,
, ilz seront fort bien recompensez de salaires & bien heureuses retributi-
, ons . Faisant Titus ces belles remonstrances, il n'en y eut pas vn en toute
la compagnie qui ne craignist la grandeur du peril, excepté vn d'entre
les cohortes nommé Sabin, Sirien de nation , qui par là donna à cognoistre la force de son bras , & la viuacité de son courage : combien que qui
l'eust veu au parauant, n'eust pas iugé à la proportion & habitude de ses
membres, ny mesmes à sa contenance, qu'il eust esté homme d'escarmouche. car il estoit d'vn teint noir , & d'vne taille fort gresle & menuë: mais
dedans ce corps mince & delié, & incapable de si grandes forces, habitoit
vne ame hautaine , & du tout heroïque. Cestuy , donc, s'estant presenté
deuant les autres: ie me donne (dist il) de bon cueur à vous, ó Cesar, &
m'en vois le premier pour gaigner le mur: priant que vostre fortune puisse respondre à mon courage & à ma force: que si le hazard se monstre
côtraire à mon dessein, ie vous auertiz que la mort ne viendra point contre mon esperance , ou pour estre le cas autrement succedé que ie n'aten-
dois, ains suyuant la deliberation que i'ay d'employer ma vie à vostre
seruice. Ces propos acheuez, se couurit & para de son pauois auec la main
gauche, & prenant l'espée nuë en la dextre , tira droit à la muraille enuiron la sixiesme heure du iour, suyuy seulement d'onze autres qui desiroient estre imitateurs de sa vertu, lesquelz encor (meuz de quelque in-
pulsion diuine) il deuançoit de beaucoup ne pouuant estre arresté, ny de
la gresle du trait, ny de l'infinité des dardz lancez par ceux qui estoient
sur le mur , & moins encor des grosses pierres qu'ilz faisoient rouller
(dont aucuns des onze furent renuersez) ains se presentant au deuant du
trait & couuert de la multitude des flesches, son impetuosité ne peut
onques estre arrestée, qu'il n'eust ataint le haut de la muraille, & tourné
ses ennemys en fuyte : lesquelz estonnez de telle force & magnanimité,
estimans aussi que plusieurs autres fussent montez auec luy, ne le peurent

DE LA GVERRE DES IVIFZ. Feuil. CXCVII.

rent aucunement fouftenir. Qui donc fe pourra tenir en ceft endroit d'acufer fortune, comme enuieufe fur la vertu, & toufiours contraire & ennemye des hautes & valeureufes entreprifes: car ce perfonnage n'ayant aucunement failly à l'execution de fon proiet, s'eftant de fortune hurté à vne pierre tomba le vifage contre terre, dont auint que les Iuifz retournez, & l'ayans trouué feul là gifant, commencerent à luy lancer dardz de tous coftez: lequel s'eftant leué fur fes genoux, & paré de fon efcu, prenoit au commencement affez bonne vengence de fes ennemys, & en paya content quelques vns qui l'aloient efclairer vn peu de trop pres. Mais en fin il fut fi chargé de playes qu'il perdit le maniement de la main dextre, & fe trouua tout lardé de flefches auant que rendre l'ame. Certainement ce perfonnage, veu fa prouëffe, fembloit digne de meilleure fortune: toutesfois il fina fes iours felon la mefure & grandeur de fon entreprife. Quant eft des onze autres, il y en eut trois qui ayans quafi attaint le haut de la muraille, furent brifez & ecachez des pierres. Les huit autres furent tirez de là, & emportez naürez dedans le camp. Ces chofes furent faites le troifiefme iour de Iuliet.

De l'affault qui fut donné par les

Romains à l'Antoniane, & comme ilz furent brauement receuz & repouffez des Iuifz.

Chapitre. II.

LI Deux

LE VII. LI. DE F. IOSEPHVS

Eux iours apres il y eut vingt soldatz de ceux qui faisoient le guet autour des caualiers, lesquelz ayans demandé leur portenseigne, & deux autres d'vne æsle de la caualerie auec vn trompette, s'en allerent sur la neufiesme heure de la nuit tout doucement & à loysir par ces ruynes iusques à l'Antoniane, ou ayans surpris les premieres gardes endormyes, & fait passer au fil de l'espée, se rendirent incontinent maistres du mur, commandant au trompette de sonner, & en donner le signe, qui fut cause que tous ceux qui veilloient au guet gaignerent le haut, sans prendre le loysir de regarder quel nombre de gens estoit monté sur la muraille : dont fut cause la crainte auec le son de la trompette qui leur faisoient croyre & ymaginer le nombre de ceux qui estoient montez estre beaucoup plus grand qu'il n'estoit. Cesar, ayant ouy le son, fit aussi tost mettre tout le camp en armes, & acompagné des plus principaux capitaines, & de quelques soldatz d'elite, monta droit à la muraille. Or s'estans les Iuifz sauuez au temple interieur, vindrent à resortir par la myne que Iean auoit ouuerte pour abismer les caualiers des Romains, ou s'estans rengées les deux compagnies sedicieuses celle de Iean, & celle de Simon, repoussoient les Romains auec vne grande force & viuacité, estimans que l'entrée d'iceux dedans les lieux saintz seroit leur derniere ruïne & destruction, comme elle auoit aussi esté au commencement de la victoire des Romains. Pour ceste cause y eut trescruëlle meslée pres le lieu saint, taschans les Romains de forcer le temple, & les Iuifz de les rechasser vers l'Antoniane. Auquel combat (estant le trait & le long boys inutiles aux vns & aux autres) commencerent à eux coustiller à belles espées, de sorte qu'en telle meslée & confusion il estoit impossible recognoistre qui tenoit pour l'vne ou pour l'autre partie, tant pource qu'ilz estoient fourrez pesle mesle les vns parmy les autres en ce lieu estroit & enserré, que pource que le haut cry empeschoit de dicerner les voix, & que tant de gens mortz d'vne part & d'autre empeschoient les combatans ia trauaillez de la pesanteur de leurs armes. Que si d'auanture la fortune bastoit mal à l'vne ou à l'autre partie, ceux qui se sentoient les plus fortz ne cessoient d'enhorter leurs compagnons à bien faire, & les plus foybles à se douloir ou plaindre, n'y ayant aucun moyen de fuyr ou de poursuyure l'ennemy. A l'ocasion dequoy les mutations & changemens des combatans, & l'inclination des armes estoient aussi toutes meslées & confuses. Quant à ceux qui tenoient les premiers rengz ilz estoient contrains ou de tuer, ou de mourir, ne leur estant possible de reculer, pource que ceux qui les suyuoient & d'vne part & d'autre les pressoient de combatre & faire teste, ne se trouuant antr'eux aucune espace vuyde ou exempt de combat. Comme donc la hardiesse & grand cueur des Iuifz surmontast la discipline & experience des Romains, de sorte que toute leur armée alloit à vauderoute (ayant duré le

combat

DE LA GVERRE DES IVIFZ. Feuil. CXCVIII.

combat depuis la neufiefme heure de la nuit iufques à la feptiefme du iour) la proüeffe & vertu des vns & des autres eftoit toutesfois entretenuë de la crainte que chacun d'eux auoit de fa ruïne . Mais les Romains voyans que les legions (efquelles ilz auoient toute leur efperance)n'eftoient encor montées, penferent auoir affez fait pour l'heure que d'auoir gaigné l'Antoniane.

De la force & prouëffe emer-
ueillable d'vn foldat Romain nommé Iulian.

Chapitre   III.

R y auoit-il en l'oft vn caporal nommé Iulian, de bien bonne maifon en Bethinie, lequel foit en force de corps grandeur de cueur, ou dexterité d'armes, i'ay cogneu pour le plus braue homme qui fe foit trouué en cefte guerre . Ceftuy eftoit demouré en l'Antoniane auec Titus, & voyant que les Romains plus foybles mal ayfément pouuoient refifter aux Iuifz, fe ietta incontinent en place, & feul prefque victorieux les pourfuyuit iufques tout au dernier coing du temple.Toute cefte multitude fuyoit deuãt luy, cõme fi telle force ou hardieffe ne peuft proceder d'homme mortel : qui fut caufe que fe ruant au beau milieu d'eux, & les efcartant çà & là en depefchoit autant comme il s'en trouuoit deuant luy : donna tel fpectacle que ny Cefar en auoit iamais veu vn plus admirable, ny les ennemys plus horrible ou efpouentable.Mais la deftinée qui ne peut eftre fuye des hommes, le pourfuyuoit aufsi bien comme les autres . Car comme il cuft grand nombre de clouz pointuz fichez à fes fouliers(à la maniere des foldatz)courant fur le paué gliffa, dont du bruit qu'il fit en cheant(à caufe du fon & pefanteur de fes armes)fit tourner vifage à ceux qui fuyoient. Au moyen dequoy les foldatz qui eftoient en l'Antoniane craignans qu'il luy auint inconuenient leuerent vn haut cry:& les Iuifz l'ayans enuironné chargoient fur luy de toutes partz auec leurs efpées & long boys , & ce vaillant homme fouftenoit grande partie des coups fur fon efcu:de forte qu'ayant plufieurs fois tafché à fe leuer debout , eftoit de rechef abatu par la multitude de ceux qui le chargeoient, defquelz ne fceurent pourtant fi bien faire qu'il n'en defpefchaft plufieurs d'entr'eux,tout atterraffé qu'il eftoit : pource qu'eftãt garny d'vn bon morrion& hallecret par les endroitz du corps ou plus ayfément il pouuoit eftre offencé,ne fut pas tué fi ayfément,s'eftant long temps deffendu la tefte couuerte & retirée , & iufques à ce qu'ayant tous les autres membres detranchez les forces luy faillirent , ne fe monftrant

LI ii   aucun

aucun de ses compagnons si hardy que de l'auser secourir. Cesar receut vn merueilleux desplaisir de la perte d'vn si vaillant homme, mesmement en la veuë & presence de telle multitude. Et bien qu'il eust bonne enuye de luy donner luy mesmes secours, si ne pouuoit il toutesfois pour l'empeschement qui estoit entre deux, & ceux qui auoient moyen de ce faire estoient retenuz de la peur. Par ainsi Iulian ayant long temps combatu auec la mort, & blessé plusieurs de ceux qui le faisoient mourir, fut finableméet occis auec extreme peine, ayant acquis vne grande gloire & louange, non seulement en l'endroit de Cesar & des Romains, mais aussi entre les ennemys: lesquelz en ayant rauy & emporté le corps, & mis les Romains en fuitte, les rembarrerent dedans l'Antoniane. En ce cóbat se monstrerent fort gentilz compagnons de la partie de Iean, Alexas, & Gyphteüs: & de la partie de Simon, Malachias, & Iudas filz de Merthon, & Iaques filz de Sosas, capitaine des Idumeans. Il y en eut aussi deux des Zelottes freres Simon & Iudas enfans de Iaïrus qui firent tresbien leur deuoir.

La harangue que Iosephe fit aux

Iuifz, à fin qu'ilz se rendissent aux Romains.

Chapitre   IIII.

Ce fait,

DE LA GVERRE DES IVIFZ. Feuil. CXCIX.

E fait, Titus commanda à ſes genſd'armes de rompre & demolir les fondemens de l'Antoniane, à fin que toute l'armée y peuſt facilement monter. Et ayant fait apeller Ioſephe (pource qu'il auoit ouydire que ce iour (qui eſtoit le ſeptieſme de Iuliet) les Iuifz par faute d'hommes n'auoiét pas fait la ſolemnité apellée Ende-lechiſme, dont le peuple eſtoit fort ennuyé) luy commanda dire de rechef à Iean ce que ia il luy auoit mandé au parauant, ſçauoir que ſi ce-ſte furieuſe enuye de combatre le maiſtriſoit encor, qu'il pouuoit ſortir en bataille auec telle compagnie de gens que bon luy ſembloit, moyen-nant qu'il ne fiſt perir auec ſoy & la cité & le temple: & toutesfois qu'il ceſſaſt de violer & profaner le lieu ſaint, & faire tort & iniure à Dieu.Et ce pendant luy promettoit de celebrer les ſacrifices entrelaiſſez par telz Iuifz que bon luy ſembleroit. Ioſephe ne voulant ſeulement faire enten-dre ſa commiſſion à Iean, mais auſſi à tout le peuple, ſe preſenta en lieu d'ou il pouuoit plus ayſément eſtre entendu, & leur fit ſçauoir en langue Hebraïque ce que Ceſar leur mandoit: ce faiſant les prioit de pardonner à leur païs, reculer le feu qui eſtoit ia tout prochain du temple, & rendre à Dieu les veux & ſacrifices acouſtumez.Ces choſes ouyes le peuple com-mença à faire ſilence, & monſtrer ſigne de grande triſteſſe. Mais le ty-ran ayant dit pluſieurs iniures & maledictions à Ioſephe, finablement adiouſta, que iamais il ne craindroit la deſtruction de ceſte cité, puis que c'eſtoit la cité de Dieu.Lors Ioſephe leuant vn haut cry, C'eſt (diſt il) bien parlé à toy: ie croy que tu l'as conſeruée à Dieu en ſa pureté, & as gardé les choſes ſaintes d'iniure & de violence: ie croy que tu n'as rien forfait ny commis contre ce Dieu duquel tu eſperes l'ayde, & que tuluy as ren-du ſes ſacrifices ſolemnelz: ó meſchant, ſi quelqu'vn t'auoit oſté ta vian-de & repas ordinaire, ne l'eſtimerois tu ton ennemy mortel?& tu eſperes que Dieu te fauoriſe en guerre, toy qui l'as priué de ſes perpetuelz ſacri-fices.Tu en imputes le peché aux Romains, qui encores maintenant def-fendent & souſtiennent noz loix, & s'esforcent faire reſtituer à Dieu les ſacrifices qui par ton moyen ont eſté interrompuz & delaiſſez. Qui ne ſe lamentera & n'aura regret de voir vne ſi grande & inopinée mutation de la ville? veu que les ennemys & eſtrangers corrigent ton impieté, & toy qui es Iuif & nourry es loix des Iuifz, te monſtres enuers icelles plus cruel & inhumain que les aduerſaires n'ont iamais fait?Toutesfois, Ieã ce n'eſt point choſe deshonneſte de ſe repétir d'auoir mal fait, encor que ce ſoit à l'extremité: & ſi tu as enuye de ſauuer la cité, tu as vn bel exemple deuant tes yeux en Iechonias Roy des Iuifz, lequel eſtant aſſiegé des Ba-biloniens, abandonna de ſon bon gré la ville auant qu'elle fut priſe d'aſ-ſault, & auec toute ſa lignée & parenté ſe mit volontairement en ſerua-ge, pour ne trahir les choſes ſaintes, & ne voir bruſler la maiſon de Dieu. Pour ceſte cauſe les Iuifz le louoient par vne ſainte commemoration, &

Ll iii   la memoire

LE VII. LI. DE F. IOSEPHVS

, la memoire de luy tousiours nouuelle, estant transmise de siecle en sie-
, cle, le rend immortel à la posterité. Voylà (ò Iean) vn tresbon exemple,
, encor que le peril fust tout prochain. Toutesfois ie t'asseure bien que les
, Romains te prendront à mercy : enquoy ie te prie considerer que moy
, qui fais ces remonstrances & promesses aux Iuifz, suis aussi de mesme
, nation : dont me semble que tu doys estre asseuré en consideration de
, l'auteur & de celuy qui te donne tel conseil. Et ia à Dieu ne plaise que
, telle soit ma captiuité, qu'elle me puisse faire oublier ou ma race, ou les
, loix & statutz de mon païs. Mais voicy tu te courrouces de rechef, de
, rechef tu cries & me mauditz. Et à la verité ie merite que tu me traites
, encores pirement, puis que contre les destinées ie te admoneste de ces
, choses, & m'efforce de sauuer ceux que Dieu par sa sentence a desia con-
, demnez. Qui est-ce qui ignore les escritz des anciens prophetes, & le pe-
, ril, qu'ilz ont predit estre prochain à ceste miserable cité? N'ont ilz pro-
, phetisé, que lors elle seroit destruite quand quelqu'vn commenceroit à
, exercer meurdres & tueries contre sa propre nation? Et nous voyons non
, seulement la cité, mais aussi le temple tout remply des corps de voz Ci-
, toyens occis. C'est Dieu, c'est Dieu, & non autre qui auec les Romains
, aporte ce feu de purgation, & qui met le feu en ceste cité pleine de tant
, de souillures & abominations. Comme Iosephe poursuyuoit ces propos
auec larmes & pleurs, sa voix fut interrompuë de sanglotz. Dont les Romains ayans pitié de sa douleur, s'en esmerueilloient : & Iean auec ses
compagnons s'en irritoient d'auantage contr'eux, ayans fort grand' enuye de prendre Iosephe. Toutesfois il y en eut plusieurs de la noblesse
qui furent esmeuz de ses propos: & bien qu'aucuns ne bougeassent de là,
pour la crainte qu'ilz auoient du guet des sedicieux, si estoient ilz de
long temps asseurez & resolutz de la ruïne tant de la cité que d'eux mesmes. Les autres ayans espié l'heure de pouuoir sortir seurement, s'allerent
rendre aux Romains, entre lesquelz estoient Iosephe & Iesus pontifes
des enfans des pontifes. Il y en eut trois d'Ismael (qui auoit esté decapité à
Orene) & vn des quatre de Mathias qui s'en fuyt apres la mort de son
pere, lequel Simon filz de Giras auoit fait tuer auec ses trois autres enfans
ainsi que nous auons dit cy dessus. Auec les Pontifes il y eut plusieurs gentilz-hommes qui laisserent le party des Iuifz : lesquelz Cesar ne receut
seulement en toute courtoysie & humanité, ains cognoissant que ce leur
estoit chose fort fascheuse de viure à la mode des estrangers, les enuoya
à Gophna pour y demeurer ce pendant : promettant rendre à chacun
d'eux leurs terres & possessions, aussi tost que la guerre seroit acheuée.
Eux donc ayans asseurance de ceste promesse se retirent ioyeux en la ville qui leur estoit assignée. Incontinent que ces hommes furent partiz &
qu'on ne les vit plus, les sedicieux vont de rechef semer vn bruit, que les
Romains auoient tué ceux qui s'estoient allez rendre à leur mercy, taschans par ce moyen de destourner les autres qui vouloient faire le semblable.

DE LA GVERRE DES IVIFZ. Feuil. CC.

blable . Ceste inuention leur seruit quelque temps , comme ia elle auoit
fait au parauant , & plusieurs qui auoient deliberé de passer au camp des
Romains furent retenuz par ceste crainte . Mais apres que Titus eut fait
retourner de Gophna ceux qu'il y auoit enuoyez, & les eut presenté deuant les murs auec Iosephe pour estre veuz du peuple, il y en eut vn
grand nombre qui se retirerent aux Romains . Parquoy s'estans tous assemblez & rengez debout deuant les Romains, auec larmes & hullemans
prioient les sedicieux, premierement qu'ilz receussent les Romains en la
ville & gardassent leur païs d'estre ruiné : : que si cela ne leur plaisoit,
qu'a tout le moins ilz sortissent du temple , à fin qu'il leur demourast
hors de danger , s'asseurans bien que les Romains n'entreprendroient
sans grande necessité de mettre le feu dedans les lieux saintz . Mais tout
ce qu'on pouuoit faire ne dire à ces brigandz ne seruoit que de les aigrir.
D'ou vint qu'apres qu'ilz eurent dit plusieurs iniures à ceux qui s'e-
stoient allez rendre, rengerent leur trait, leurs arbalestres & engins à pierres dessus les portes sacrées . Tellement qu'à veoir tel mesnage il sen-
bloit que le temple fust vn chasteau ou forteresse: & veu la multitude des
corps mortz, sembloit que l'espace d'alentour fust vn sepulchre ou cyme-
tiere . Et ainsi se iettoient dedans le sanctuaire & lieu inaccessible, ayans
encor & mains & armes toutes chaudes du sang de leurs concitoyens : &
tant mespriserent & firent telle iniure à leur loy que les soldatz Romains
furent côtrains d'vser enuers les Iuifz (violateurs de leur propre religion)
de la mesme indignation & vengence que les Iuifz eussent deu faire des
Romains s'ilz eussent commis le semblable . Mais certes il n'y eut pas vn
d'iceux Romains qui ne iettast sa veuë sur le temple & l'adorast en tout
honneur & reuerence, & qui ne souhaitast que ces brigandz vinssent à
eux recognoistre auant que la maladie fust du tout desesperée. Mais Titus , ayant compassion de leur fortune , blasmoit de rechef Iean & ses
compagnons, disant. N'auez-vous , ó meschans, mis vne barriere au deuant de ces saintz lieux? N'auez-vous pas ordonné certains tableaux gra-
uez en lettres grecques & latines, auec deffences de ne passer outre les
bornes & closture ? Ne vous auons-nous pas permis de mettre à mort
tous ceux qui les trespasseroient voyre fussent ilz Romains ? Pourquoy
donc, ó peruers & transgresseurs de voz propres loix, ausez-vous, fouller
en iceluy les corps mortz auec voz piedz ? Pourquoy souillez-vous le
temple par vne confusion & meslange du sang Citoyen & estranger ? Ie
prens à tesmoings les Dieux du païs & tout autre qui par cy deuant a peu
auoir soing de ce lieu (car ie croy qu'il n'y en a pas vn qui s'en soucye pour
le iourd'huy) i'apelle aussi en tesmoignage mon armée , les Iuifz qui se
sont retirez par deuers moy , & vous mesmes , que ie ne suis point cause
ny vous ay contraint à violer ce lieu. Mesmes ie proteste que si vostre armée en sort qu'ilz n'y aura Romain qui en aproche ou y face quelque iniure ny outrage : & veuillez ou non ie vous sauueray & garderay le

I l iiii   temple.

, temple.

Comme le combat recommença,
& de quelques caualiers qui furent de rechef baſtiz: & des ſaillies faites par les Iuifz.

Chapitre. V.

Donc comme Ioſephe leur interpretoit & donnoit à entendre les parolles du Prince, ces tyrans & brigans, croyans telz propos proceder pluſtoſt d'vne crainte ou deffiãce qu'il euſt de ſes forces, que de bon vouloir qu'il leur portaſt, commencerent à monter en plus de fierté & arrogance que iamais. Dont Titus voyant qu'ilz n'auoient aucune pitie d'eux meſmes, & ne ſe ſoucioient pas beaucoup de ſauuer le temple, delibera (combien qu'à regret) leur donner de rechef l'aſſault. Et voyant qu'il ne pouuoit aprocher toutes ſes forces contre eux pour le lieu qui eſtoit trop eſtroit, choiſit en chacune centaine trente des plus vaillans, & à chacun capitaine donna la charge de mil hommes. Et leur ayant donné Cerealis pour colonnel, leur commanda d'aſſaillir le guet ſur la neufieſme heure de la nuit. Or s'eſtoit-il luy meſme armé & vouloit deſcendre auec les autres, ſans les remonſtrances de ſes amys & des principaux capitaines qui luy firent entendre la grandeur du peril, & qu'il feroit beaucoup plus, demourant en l'Antoniane pour iuger des

mieux

DE LA GVERRE DES IVIFZ. Feuil. CCI.

mieux faisans, que si luy mesmes s'exposoit au danger : attendu qu'il n'y auoit celuy des soldatz qui ne taschast à se monstrer gentil compagnon, se sentant deuant les yeux du Prince. Il obeït donc à ceste admonition : & ayant seulement remonstré aux soldatz qu'il vouloit là demourer pour mieux iuger de leur vertu & prouësse, à fin que les plus vaillans ne demourassent sans recompense, ny les couardz (estans incogneuz) sans punition : & que pour ceste cause il vouloit estre tesmoing & spectateur de tout, puis qu'il auoit la puissance de les punir & remunerer, les fit marcher en bataille à l'heure que nous auons dit cy dessus. Ce fait monta à la guette qui estoit en l'Antoniane, ou il attendoit l'yssuë de la fortune. Mais ceux qui auoient là esté enuoyez ne trouuerent le guet endormy, comme ilz pensoient, qui fut cause qu'a l'arriuée la meslée commença. Ceux du guet se leuerent auec vn haut cry, au bruit duquel ceux de la vil le acoururent à la foule : dont les premiers venuz vindrent charger sur les Romains qui les soustindrent brauement. Et ceux qui suruindrent apres tombans es mains de leurs gens mesmes, ne furent gueres plus gracieusement receuz qu'ennemys : d'autāt que le bruit confus qui se faisoit d'vne part & d'autre, empeschoit de discerner & recognoistre les voix, & le iugement des yeux estoit troublé par l'obscurité de la nuit, auec ce que plusieurs estoiét aueuglez de fureur, ou de courroux, ou de grande peur : qui estoit cause qu'ilz frapoient à tort & à trauers sans discretion sur tous ceux qu'ilz rencontroient. Telle ignorance ne pouuoit pas tant nuyre aux Romains qui estoient enuironnez de leurs pauois bien iointz & serrez l'vn pres de l'autre, & n'aloient sinon en troupes sans oublier leur mot de guet : ou au contraire les Iuifz espars & separez, & reculans aussi temerairement qu'ilz auoient assailly, se traitoient souuent en ennemys : & parmy ces tenebres tuoient leurs compagnons comme si c'eussent esté quelques Romains qui les fussent venuz assaillir. Brief il y eut plus de Iuifz blessez par les Iuifz qu'il n'y en eut par les ennemys, iusques à ce qu'aparoissant l'aube du iour, ilz commencerent à discerner auec les yeux la forme du combat. Au moyen dequoy, s'estans rengez en bataille, commencerent à vser de trait & de dardz. Et ainsi estans acharnez les vns sur les autres n'eussent pas desmarché d'vn seul pas, ny monstré le moindre signe d'estre las ou recreuz : d'autant que les Romains, & à part & en compagnie, se sentans en la presence de Titus, s'efforçoient à qui feroit le mieux : estimant vn chacun d'eux que s'il se portoit vaillamment, ce iour deuoit estre commencement de son auancement & bonne fortune. Les Iuifz au contraire estoient enhardis, & de leur propre danger, & de la crainte qu'ilz auoient de perdre le temple : car le tyran estoit là present qui (priant les vns, & frapant les autres) les incitoit par ses menasses à combatre. Souuentesfois ilz s'atacherent main à main les vns aux autres : mais le combat se chageoit en vn instant, d'autant que ny ceux cy, ny ceux là, auoient assez d'espace ou pour fuyr, ou pour poursuyure l'ennemy. Or

ceux

LE VII. LI. DE F. IOSEPHVS

ceux qui estoient en l'Antoniane tumultuoient ou faisoient bruit selon la fortune de leurs compagnons, les admonestant (quand ilz les voyoient les plus fortz) d'auoir bon courage, & quand ilz estoient les plus foybles, de se tenir fermes & roydes. Et ainsi comme si ce combat eust esté fait en vn theatre, Titus & tous ceux qui estoient auec luy, voyoient & à leur ayse tout ce qui s'y faisoit. Finablement estant l'escarmouche cómencée sur la neufiesme heure de la nuyt, ilz ne se separerent qu'il ne fust la cinquiesme heure du iour, sans que ny les vns ny les autres eussent par vne certaine fuyte habandonné la place qu'ilz auoient premierement prise, laissans en combat si douteux, la victoire à departir entr'eux. Entre les Romains y en eut plusieurs qui combatirent vaillamment. Et des Iuifz du costé de Simon, y eut Iudas filz de Merton, & Simon filz de Iosias. Des Idumeans y eut Iaques filz de Sosas, & Simon filz de Cathla. Des compagnons de Iean, Giphtée & Alexas. Et des Zelottes Simon filz de Iaïrus. Mais sept iours apres, estans les fondemens de l'Antoniane abatuz & ruïnez, le reste de l'armée Romaine se fit vne large & ample voye iusques au temple : au moyen dequoy les legions s'estans aprochées des murailles commencerent à bastir leurs caualiers, l'vn pres l'angle du temple d'audedans qui regardoit le Septentrion & l'Occident: l'autre contre les sieges edifiez entre deux portes de la part d'Aquilon. Les deux autres furent leuez l'vn contre la galerie Occidentale du temple de dehors, l'autre contre la Septentrionale. Ces ouurages toutesfois ne s'auançoient qu'auec grand trauail & misere, estans les Romains contrains d'aller chercher la matiere iusques à cent stades de là, ou souuentesfois ilz estoient surpris d'embuscades ne se tenans assez sur leurs gardes, pour s'asseurer par trop sur leur acoustumée victoire, & trouuans les Iuifz de plus en plus audacieux, pour le desespoir qu'ilz auoient de leur salut. Car si quelques gens de cheual sortoient pour aller au boys & au fourrage, & desbridoient leurs cheuaux pour les laisser paistre pendant qu'ilz estoient à faire leurs amaz, les Iuifz sortans par troupes & squadrons venoient à les rauir & emmener. Et comme cela se fist ordinairement, Cesar estimant (comme la verité estoit) telles rapines proceder plustost de la negligence & peu de soing de ses gens, que de la vertu des Iuifz, proposa par vne rigoureuse punition rendre les siens plus soigneux à garder leurs cheuaux. Dont ayant à ceste fin condemné à mort vn soldat qui auoit perdu le sien, garda par ceste crainte que les cheuaux des autres ne fussent perduz: car depuis ce temps ilz ne les laisserent seulz aller paistre, ains comme si naturellement ilz eussent esté attachez homme & cheual ensemble n'alloient iamais à leurs necessitez qu'ilz ne les menassent quant & quant eux. Ainsi donc les Romains assailloient le temple & bastissoient leurs caualiers. Le iour d'apres qu'ilz furent montez, plusieurs des sedicieux & rebelles qui n'auoient plus que piller, & estoient pressez de la famine, s'estans assemblez se ruerent sur les garnisons des Romains

qui

DE LA GVERRE DES IVIFZ. Fœil. CCII.

qui estoient sur la montaigne des Oliues , & leur coururent sus enuiron la dixiesme heure du iour, pensans aysément les surprendre pendant qu'ilz estoient à eux refraischir sans se douter de rien. Mais les Romains s'estans aperceuz de leur dessein, & s'assemblás des fortz plus prochains, leur resisterent fort brauement, ainsi qu'ilz taschoient franchir & forcer violentement le mur . Et là estant commencé vn cruel combat y eut plusieurs belles apertises d'armes tant d'vn costé que d'autre: estans les Romains aydez (outre leur force & vaillance) d'vn certain art & experience de combatre:& les Iuifz d'vne impetuosité immoderée & de courage effrenez.Aux Romains la honte seruoit de capitaine , & aux Iuifz la necessité.Les Romains pensoient chose deshonneste de laisser eschaper les Iuifz qui s'estoient venuz prendre au fillet : & les Iuifz n'auoient esperance d'eux sauuer, sinon qu'ilz forçassent ceste muraille . Il y en eut vn d'vne compagnie des gens de cheual nommé Pedanius, lequel apres que les Iuifz furent acculez en la valée, donnant des esperons à son cheual, vint(passant à costé)saisir par le talon vn des ennemys qui fuyoit, homme ieune, robuste, & armé de toutes armes : pour ce faire il ne fit que se pancher sur son cheual, & ainsi monstra l'extreme force de ses bras, & de tout le reste du corps,& la dexterité qu'il auoit à cheual.Cestuy donc comme s'il eust rauy quelque beau present, portant ce prisonnier s'en vint à Cesar : lequel esmerueillé de la force de cest homme d'armes , & ayant fait liurer ce captif à mort, pource qu'il auoit tasché de forcer le mur, se mist à donner l'assault au temple , & à faire haster l'ouurage des caualiers.Durant ces entrefaites, les Iuifz rompuz & affoybliz de tant de combatz, voyans la guerre croistre peu à peu, & s'auancer à la ruïne du temple, vindrent à en couper & retrencher (tout ainsi qu'en vn corps pourry on a coustume d'extiper les membres infetz & corrompuz) ce qui leur sembloit nuyre, pour garder la mal de proceder plus outre . Et ayant pour cest effet bruslé partie de ceste galerie,laquelle(tirât d'Aquilon en Occident) se ioignoit à l'Antoniane , en abatirent encor depuis pres de vingt coudées : dont par ce moyen ilz furent les premiers qui commencerent de leurs propres mains à mettre le feu dedans les lieux saintz. Deux iours apres & le vingt-quatriesme du mesme moys, les Romains mirent le feu en l'autre galerie prochaine , de laquelle ayans bruslé enuiron quinze coudées , les Iuifz de rechef abatirent le feste, ne cessans de besongner tant qu'ilz eussent separé tout ce qui ioignoit à l'Antoniane , iaçoyt qu'ilz peussent & deussent de leur pouuoir empescher le feu. Ainsi donc y voyans le feu espris & embrasé , compassoient ocieusement son cours selon qu'il leur sembloit profitable que les choses fussent bruslées . Mais au reste le combat ne cessoit point à l'entour du temple , & y auoit souuent quelque escarmouche entre ceux qui peu à peu venoient à s'entrecourir sus. Durant ces mesmes iours il y eut vn Iuif de fort petite stature, de visaige laid & contemptible, vil de race & de

toutes

LE VII. LI. DE F. IOSEPHVS

toutes autres conditions, nommé Ionathas, lequel s'estant auancé iusques au monument du pontife Iean, & ayant vsé de plusieurs propos arrogans & outrageux contre les Romains, finablement apella au combat de seul à seul le plus gentil compagnon d'eux tous : mais des Romains qui estoient rengez celle part il y en auoit qui le desdaignoient : aucuns (comme souuent il auient) en auoient paour, & les autres esmeuz d'assez iuste raison, n'estimoient point bon de combatre vn homme qui auoit en uye de mourir : d'autant que ceux qui font ainsi desesperez de leur salut combatent volótiers sans aucun soucy d'eux mesmes ou crainte de Dieu. Au moyen dequoy se hazarder contre gens ou n'y a pas grand' honneur à vaincre (mais grande honte & dommage à estre vaincu) semble plustost venir d'vn orgueil & temerité que de hardiesse . Comme donc on eust demouré long temps sans que personne se presentast pour combatre, & ce Iuif(qui de sa part estoit grand venteur) auec plusieurs iniures se moquast de leur couardise, il y eut vn Romain nommé Pudens, d'vne compagnie d'hommes d'armes, lequel indigné de son insolence, ou pource parauanture qu'il le voyoit de petite stature, s'en alla inconsiderement à l'encontre de luy, ou combatant main à main , & se monstrant en toutes sortes le plus fort, se trouua finablement trahy de la fortune:car s'estant d'auanture laissé tomber , Ionathas le tua , & luy ayant mis le pied sur le ventre, faisoit de la gauche reluyre son bouclier,& l'espée de la dextre:& ainsi se secouant & faisant bruire ses armes,& se moquant de l'armée & du trespassé,cryoit apres les Romains & leur dónoit plusieurs lardons,iusques à ce qu'vn centenier nommé Priscus(ainsi qu'il dansoit & se glorifioit en telles vanitez) luy passa le corps d'vne flesche. Ce fait les Iuifz & Romains firent vn haut cry tant d'vne part que d'autre:mais ce pauure homme tout estourdy de la douleur du coup,se laissa tomber sur le corps de son ennemy, & monstra par la fin combien estoit soudaine la punition qui suyuoit l'heur de la guerre demenée sans raison & prudence.

De quelques Romains qui furent

*bruslez par la fraude des Iuifz, & d'vn nommé Artorius qui
fut sauué par vn estrange moyen.*

Chapitre.   VI.

Pendant

Endant que les sedicieux furent maistres du temple, ilz resisterent tous les iours & apertement à ceux qui les batoient des caualiers: mais le vingt-septiesme du mois susdit ilz se vont auiser d'vne tromperie qui fut telle. Ilz remplirent de boys sec, de souffre, & pois raisine tout ce qui estoit d'espace en la galerie Occidentale depuis les poultres iusques au feste. Ce fait comme s'ilz se fussent sentuz fort pressez se retirerent: qui fut cause que quelques folz, pensans qu'ilz fuissent, commencerent à les poursuyure, & auec eschelles taschoient à gaigner la galerie: mais ceux qui estoient plus sages, considerans que les Iuifz n'auoient eu aucune occasion de fuyr, ne bougerent de leurs places. Or la galerie ne fut pas plustost pleine de ceux qui y estoient montez, que les Iuifz mirent le feu dedans: tant que s'eleuant la flamme de tous costez, les Romains & ceux qui estoient hors du danger se trouuerent fort estonnez: & les autres (qui se veirent surpris du feu) au desespoir: de sorte que se trouuans enuelopez de flammes, se iettoient les vns à la renuerse dedans la ville, les autres se precipitoient dedans leurs ennemys. Plusieurs esperans eux sauuer se iettoient parmy leurs gens, & se froissoient & cassoient tous les membres. Aucuns furent preuenuz du feu, & les autres le preuenoient en se tuant. Mesmes le feu auoit incontinent attaint ceux qui s'en pensoient fuyr, tant il s'estoit auancé, & auoit couru en peu de temps. Quoy voyant Cesar, & marry contre eux, qui sans commandement auoient osé monter en la galerie, eut toutesfois quelque pitié d'eux. Et eux (cognoissans qu'il n'estoit pas possible d'estaindre ce feu) auoient toutesfois en mourant ce plaisir, de voir la douleur & tristesse qu'en portoit celuy pour lequel ilz perdoient la vie: d'autant qu'ilz le

Mm pouuoient

LE VII. LI. DE F. IOSEPHVS

pouuoient aperceuoir criant & s'auançant deuant tous les autres , & priant ceux qui estoient en sa compagnie de leur donner tout les secours qu'il leur seroit possible : qui faisoit qu'vn chacun d'eux (mourant à moins de regret)emportoit auec soy les paroles & affections de ce Prince au lieu de quelque honorable sepulture . Il y en eut aucuns lesquelz s'estans retirez au plus large endroit de la galerie & sauuez du danger du feu, furent assailliz des Iuifz, ausquelz ayans longuement resisté tous blessez qu'ilz estoient, furent en fin tous sacagez . Mais le dernier qui y mourut fut vn ieune homme nommé Longus, lequel se monstra si vertueux qu'il a seruy de lustre , & à rendu memorable ceste calamité . Et combien que de tous ceux qui y demourerent il n'y ait celuy qui ne merite sa louange à part , si est-ce que cestuy cy se monstra beaucoup plus vaillant que pas vn de la compagnie . Au moyen dequoy les Iuifz esmerueillez de sa prouësse , & voyans qu'autrement ilz ne pouuoient venir à bout de le tuer, l'admonestoient & prioyent de descendre à fiance: & son frere Cornelius qui estoit de l'autre costé le prioit au contraire de ne faire deshonneur, ny à sa gloire, ny à la discipline militaire des Romains. Auquel voulant obeïr, & leuant son espée en haut pour estre veu & des vns & des autres, s'en donna à trauers le corps. Quãt à ceux qui estoient enuelopez du feu, il y en eut vn nommé Artorius qui se sauua par vne grande ruze: car ayant apellé à haute voix vn de ses compagnons nommé Lucius: ie te faiz(luy dist il)heritier de tous mes biens, si quand ie me ietteray en bas tu viens à me receuoir entre tes bras. Et comme ce pauure lourdaut y fust acouru tout promptement, celuy qui s'estoit ietté d'enhaut fut sauué, & Lucius accablé de la pesanteur de ce faix, & tout brisé du paué mourut incontinent. Ceste malheureuse auanture aporta pour vn temps quelque tristesse aux Romains: & neantmoins les rendit plus sages & soigneux pour l'auenir, leur seruant beaucoup contre les aguetz & embusches des Iuifz, moyennant lesquelles estoient souuent endommagez ceux qui n'auoient cognoissance des lieux , ny de la nature & complexions de ceste nation. Ceste galerie fut bruslée iusques à la tour de Ican, laquelle il auoit bastie sur les piliers qui conduysoient iusques au Xiste, au temps qu'il faisoit la guerre à Simon . Le reste de la galerie fut abatu par les Iuifz, apres que ceux qui y estoiét montez furent consommez du feu . Le lendemain les Romains bruslerent à leur tour la galerie qui estoit du costé de Septentrion iusques à celle du costé d'Orient , le coing desquelles estoit edifié sur la vallée nommée Cedron , qui rendoit sa profondeur admirable & espouentable à voir . Et voylà l'estat auquel estoit le temple.

De la

DE LA GVERRE DES IVIFZ. Feuil. CCIIII.

De la grande famine qu'en-
durerent les Iuifz.

Chapitre VII.

Vant à ceux qui estoient pressez de famine dedans la ville, il y en mouroit vne multitude infinie, & y auoit des pauuretez & miseres si grandes qu'il seroit impossible de les racompter, d'autant qu'en chacune maison ou aparoissoit y auoir quelque chose propre à manger là sourdoit incontinent vne guerre, & venoient les plus grans amys à iouër des cousteaux, priuans les ames miserables de ce qui les entretenoit dedans leurs corps. Et bien qu'on vist tout clairement qu'ilz mouroient de rage de faim, si est-ce que ces larrons & brigans ne ne le pouuoient croyre, ains cherchoient & espluchoient si aucun d'eux, contrefaisant le mort, auoit point caché quelque viande dedans son sein. Et ainsi ouurans la bouche de male famine comme chiens enragez, & se trouuans deceuz de l'esperance qu'ilz auoient de recouurer viande, se laissoient tresbucher parmy les portes comme gens yures & transportez, molestans par vn desespoir deux ou trois foys vne mesme maison en mesme instant. Et telle fut la necesité qu'elle les contraignoit à mettre souz les dens tout ce qu'ilz pouuoient rencontrer, ne faisans dificulté d'a-ualer ce dont les plus sales & infames bestes eussent eu horreur. Finablement ilz mengerent iusques à leurs courroyes & souliers, voyre iusques au cuyr de leurs pauois, lequel ilz arrachoient & faisoient destremper. Mesme leur seruoit de viande le vieil foing qu'ilz pouuoient ramasser, & en ayans recueilly quelque peu pesant le vendoient quatre attiques. Et qu'est-il besoin de vouloir monstrer la rigeur & durté de la famine par les choses qui sont sans ame? Car ie vous reciteray vn fait qui ne fut iamais cogneu ny entre les Grecz, ny entre les Barbares, & n'est moins horrible à racompter, qu'il est incroyable à ouïr. Qui fait, que pour ne donner ocasion à la posterité de m'estimer menteur i'estois deliberé de passer ceste calamité souz silence, n'eust esté que i'auois plusieurs tesmoings d'icelle : & aussi que parauanture i'eusse rendu trop froyde recompense à mon païs, si ie me fusse espargné à declarer les choses desquelles elle a souffert les destinées.

Mm ii   D'vne

LE VII. LI. DE F. IOSEPHVS
D'vne femme laquelle preſſée de

famine fit cuyre ſon filz pour le manger.

Chapitre   VIII.

IL y eut donc entre les habitans d'outre le Iourdain vne femme nommée Marie, fille d'Eleazar, du vilage de Vathechor (qui ſignifie maiſon de l'hiſſope) riche & de noble race, laquelle fuyant auec les autres fut receuë, & depuis aſſiegée dedans la ville de Ieruſalem. Or auoient les tyrans ia pris & pillé tous les plus precieux meubles qu'elle auoit aportez de delà le fleuue, & les ſoldatz & ſatellites entrans de force en ſa maiſon, rauiſſoient de iour en iour le reſte de ce qu'elle auoit peu ſerrer, principalement quand ilz trouuoient quelque choſe bonne à manger. Dont ceſte femme, eſtant courroucée à l'extremité, maudiſſant ſouuent ces brigans, taſchoit à les irriter contre elle: & toutesfois pas vn d'eux ny par courroux, ny par pitié ou commiſeration, ne la voulut iamais tuer. Ainſi quand ceſte pauure femme penſoit s'apreſter quelque choſe pour manger c'eſtoit pour vn autre. Or n'y auoit-il plus aucun moyen de luy rien oſter, & ia eſtoit la faim penetrée iuſques à ſes moëlles & entrailles, laquelle pourtant ne l'aigriſſoit point tant que le deſdain qu'elle auoit de ſe voir ſi mal traitée: qui fut cauſe, que vſant du conſeil que le courroux & la neceſſité luy donnoient, tomba en telle furie qu'elle vint à ſe deſpiter contre nature, de ſorte qu'ayant pris ſon filz qui eſtoit à la mammelle: enfant miſerable (diſt elle) pour qui te garderay-ie en ceſte guerre, famine, & ſedition? encores que tu reſchapes & viues il faudra que tu ſoys eſclaue des Romains: toutesfois la famine eſt plus prochaine que la ſeruitude: & les ſedicieux beaucoup plus cruelz & inhumains que l'vne ny l'autre: il vault donc mieux que tu me ſerues de viande, de furie aux ſedicieux, & de compte & fable à la vie humaine, laquelle ſeule deffaut à la calamité des Iuifz. Ce diſant elle met ſon filz à mort, duqueʼ ayant fait cuyre la moytié la mangea, & couurit le reſte pour le garder. Tout auſſi toſt voicy les ſedicieux arriuer, leſquelz, attirez de ceſte infame & execrable odeur, menacent ceſte femme de la tuer ſi elle ne leur monſtre ce qu'elle auoit apreſté. Elle leur fait reſponſe qu'elle leur en auoit gardé bien bonne part : & ce diſant leur deſcouure l'autre partie de ſon enfant: ilz ne l'eurent pas pluſtoſt regardé qu'ilz commencerent à entrer en horreur & furie, ſe trouuans tous tranſiz & effroyez de l'eſtrangeté du cas. Lors la femme: ceſtuy (diſt elle) eſt veritablement mon filz & mon ouurage, vous pouuez en manger hardiment, puis que i'en ay mangé la premiere : il feroit beau voir que

vous

DE LA GVERRE DES IVIFZ. Feuil. CCV.

vous eusiez moins de cueur, & fusiez plus delicatz qu'vne femme, ou plus misericordieux qu'vne mere. Que si vous auez la pitié en quelque reuerence, refusez si bon vous semble mes sacrifices: i'en ay mangé vne moytié, ie suis contente que l'autre me demeure. Ce fait ilz sortent tous tremblans de la maison, & en ce seul cas se monstrerent craintifz, estans toutesfois entre deux s'ilz prendroient ou laisseroient ceste viande à la mere. La ville fut tout aussi tost remplie du bruit de cas si execrable, & se proposant chacun ceste auenture deuant les yeux, en auoit horreur comme si elle fust à luy mesmes auenuë: tellement que tous ceux qui se sentoient pressez de la famine se hastoient d'aler à la mort : & estimoit-on bien heureux ceux qui estoient mortz auant que d'auoir ouy ou veu vn cas si estrange & abominable. Ceste calamité ne demeura gueres que les Romains ne sceussent aussi des nouuelles, dont les aucuns n'en pouuoient rien croyre, les autres en auoient pitié & compassion : & y en eut aussi qui en prindrent ceste nation en plus grande hayne. Quant à Cesar, il s'excusoit enuers Dieu, protestant d'auoir offert la paix aux Iuifz, & promis d'oublier toutes les fautes qu'ilz auoient commises. Qu'au lieu de concorde & vnion, ilz auoient eleu sedicion: au lieu de paix, la guerre:& la famine, au lieu d'abondance de toutes choses. Et pource disoit, que puis qu'ilz auoient commencé de leurs propres mains à brusler le temple (lequel il deliberoit leur conseruer) ilz estoient bien dignes d'auoir telle nourriture : & toutesfois qu'il couuriroit & aboliroit le crime d'vn si execrable repas, par la ruïne & destruction de tout le païs . Et ne permetroit point qu'en toute la terre, le Soleil regardast cité, en laquelle les meres se repeussent de telles viandes, lesquelles toutesfois apartenoient bien mieux aux peres, puis qu'apres telles calamitez ilz ne pouuoient estre reduitz à mettre les armes bas . Tenant ces propos il auoit opinion que les ennemys estoient entierement desesperez, & qu'il n'estoit pas possible qu'ilz retournassent iamais en leur bon sens, puis que ia ilz auoient souffert toutes les choses par lesquelles on esperoit qu'ilz deussent venir à quelque bóne composition, plustost que de les endurer.

Comme le mur fut pris d'assault,

& le temple bruslé.

Chapitre   IX.

Mm iii   Le

LE VII. LI. DE F. IOSEPHVS

E huitiesme iour du moys d'Aoust que les caualiers furent acheuez par deux des legions, Cesar, voyant qu'en vain il auoit sans cesse batu la muraille auec le plus puissant des beliers, commanda les agencer tous deuant les sieges qui estoient au costé Occidental du temple exterieur. Mais ny la grandeur de ce belier ny des autres pouuoit rien gaigner sur la structure & bastiment de ces pierres, tant elles estoient bien iointes & arrengées. Au moyen dequoy y en eut aucuns qui se mirent à miner les fondemens de la porte Septentrionale, ou ayans trauaillé vn bien long temps, ilz ne peurent arracher autres pierres que celles qui aparoissoient par le dehors, estans les portes soustenuës de celles qui estoient en dedans. Et continuërent ceste besongne iusques à ce que, n'ayans plus esperance que leurs leuiers & instrumens sceussent rien profiter, ilz dresserent leurs eschelles contre les galeries. Les Iuifz se voyans preuenuz, & sans moyen d'empescher que la galerie ne fust eschellée, commencerent à combatre main à main : quoy faisant en precipiterent plusieurs à l'enuers, & en tuerent quelques autres qui   noient au secours. Pareillement en depescherent grand nombre   des eschelles s'estoient gettez dedans les galeries, les traitans   ups d'espée, sans leur donner loysir d'eux couurir de leurs pau ment destournoient à costé quelques eschelles, & les renue vn grand nombre de soldatz, dont elles estoient couuertes : q que plusieurs Romains y laiss rent la vie : principalement pou cuns d'eux voyans leurs enseignes perduës, combatoient pour   stimans que la perte leur pourroit causer vne griefue & perpetu mie. Toutesfois en fin les Iuifz non seulement conquirent les en

DE LA GVERRE DES IVIFZ. Feuil. CCVI.

ains aufsi tuerent tous ceux qui eſtoient montez quant & quant : qui fut
cauſe de faire incontinent retirer les autres, eſtonnez de la mort & deffaite de leurs compagnons . Entre les Romains n'y en eut pas vn qui ne
fiſt quelque gentil acte de prouëſſe auant que mourir, & entre les ſedicieux (outre ceux qui s'eſtoiët portez vaillamment es combatz precedens)
y eut Eleazar neueu de Simon le tyran, lequel y fit fort bien ſon deuoir.
A ceſte cauſe Titus, voyant qu'auec le dommage & mort de ſes gens, il
eſpargnoit vn temple qui ne le concernoit en rien , commanda incontin-
nent mettre le feu aux portes. Et en ces entrefaites ſe vindrent rendre à ſa
mercy Ananus d'Amnaüs (le plus cruel des ſatellites de Simon) & Ar-
chelaus filz de Magadatus : eſperans que puis qu'ilz auoient abandonné
le party des Iuifz eſtans encor victorieux , ilz pourroient obtenir quelque grace de luy . Toutesfois Titus, ayant entendu la cruauté dont ilz a-
uoient vſé enuers les Iuifz meſmes , propoſa de les faire mourir tous
deux : allegant que par neceſſité , & non de leur vouloir ilz s'eſtoient venuz rendre , qui les rendoit indignes d'aucune grace , puis qu'ilz auoient
abandonné leur païs qui auoit eſté bruſlé par leur faute. Toutesfois eſtāt
ſon courroux apaiſé, à cauſe du ſaufconduit qu'il auoit baillé, les laiſſa
aller : non pourtant qu'il les euſt en telle eſtime , ou les traitaſt auſi gracieuſement qu'il faiſoit les autres . la les ſoldatz auoient mis le feu aux
portes, lequel ayant fondu l'argent, eut auſsi incontinent conſommé le
boys : dont s'eſtant la flamme accreuë & augmentée s'atacha auſsi toſt
aux prochaines galeries. Parquoy les Iuifz ſe voyans enuironnez du feu,
perdirent & force de corps & de courage, & ſe trouuerent ſi ſurpris d'effroy & eſpouuentement qu'il n'y eut pas vn d'eux qui oſaſt porter ayde ou
eſtaindre ce feu, ains comme fichez & plantez debout le regardoiët, ſans
que le regret d'vne ſi grande perte les peuſt enhardir de ſauuer à tout le
moins ce qui reſtoit : mais comme ſi ia le temple euſt entierement eſté
bruſlé, s'aigriſſoient d'auantage contre les Romains . Ce iour & la nuyt
enſuyuant, le feu s'augmenta touſiours , pource qu'ilz n'auoient pas peu
tout à vn coup mettre le feu par toutes les galeries . Le lendemain Titus,
ayant commandé à partie de ſes ſoldatz d'eſtaindre le feu, & aplanir le
chemin aupres les portes , pour le rendre plus ayſé à monter à l'armée,
fit aſſembler tous les capitaines : deſquelz ayant choyſi ſix des principaux, à ſçauoir, Tibere Alexandre comneſtable , Sextus Cerealis , Lar-
gius Lepidus , & Titus Phrigius, l'vn colonnel de la cinqieſme legion,
l'autre de la dixieſme, & Phrigius de la quinzieſme : & auec eux Eternius
Fronto conducteur de deux legions Alexandrines, Marc Antoine Iulian
procureur de Iudée , & pareillement tous les capitaines de mil hommes
& gouuerneurs de prouinces , miſt en deliberation ce qu'il deuoit faire
du temple. Aucuns eſtoient d'auis qu'on deuoit vſer du droit & rigueur
de la guerre, remonſtrans que les Iuifz ne s'abſtiendroient iamais d'entreprendre choſes nouuelles tant que le temple demeureroit en ſon en-

Mm iiii   tier,

LE VII. LI. DE F. IOSEPHVS

tier, d'autant que c'estoit le lieu auquel ilz s'assembloient de toutes les parties du monde. Les autres estoient d'opinion qu'on le deuoit sauuer, pourueu que les Iuifz l'abandonnassent, & ne combatissent pour iceluy: que si d'auanture ilz entreprenoient de le deffendre par armes, il ne falloit faire difficulté de le brusler, veu que ia il ressembloit plustost à vne forteresse qu'a vn temple. Que ce faisant, l'offence n'en seroit point tant imputée à ceux qui y auroient mis le feu, qu'à ceux qui les auroient contraintz à ce faire. Finablement Titus, ayant remonstré qu'encor que les Iuifz combatissent & fissent leur fort du temple, il n'estoit toutesfois honneste se venger de la faute des hommes sur les choses inanimées : & qu'à ceste cause il n'estoit pas deliberé souffrir vn tel ouurage : attendu mesmement que le dommage en apartenoit aux Romains, puis que demourant en son entier il pouuoit beaucoup orner & decorer l'Empire. Ayant Titus remonstré ces choses: Fronto, Alexandre, & Cerealis (asseurez de sa volonté) s'acorderent à son opinion. Ce fait il sortit du conseil, & ayant commandé aux capitaines de reposer leurs gens, à fin qu'ilz fussent plus fraiz quand viendroit à combatre, en choisit aucuns entre les cohortes ausquelz il commáda dresser vn chemin par ces ruïnes, & estaindre le feu. Ce iour tant pour le trauail que pour la crainte n'y eut aucun effort ny d'vne part ny d'autre. Le lendemain les Iuifz ayans rassemblé leurs forces & repris cueur, saillirent enuiron la deuxiesme heure du iour par la porte d'Orient contre les gardes du temple exterieur, lesquelz soustindrent assez vaillamment le premier choc: pource qu'estans couuertz de leurs pauois & serrez sur le deuant faisoient comme vne muraille de leurs corps. Toutesfois il estoit aysé à voir qu'ilz n'estoient pas pour durer, estans moindres que les autres & de cueur & de multitude, si Cesar qui regardoit le combat de l'Antoniane ne leur fust venu au secours auec quelques cheuaux d'elite auant que le sort tombast sur eux. Les Iuifz ne peurent pas soustenir son effort, mais estans les premiers tuez, le reste gaigna au pied : lesquelz voyans les Romains eux retirer retournoient à charger sur eux: & s'ilz voyoient qu'ilz leurs fissent teste s'en refuyoient tout aussi tost: & se maintindrent en ceste sorte iusques sur les cinq heures que les Iuifz contraintz d'entrer au temple, furent enfermez dedans. Et Titus se retira en l'Antoniane, deliberé de donner le lendemain matin l'assault au temple, auec toute la force de son armée. Mais il y auoit ia long temps que par sentence diuine ce temple estoit condemné au feu, & apres plusieurs reuolutions d'années (son iour fatal arriué) qui estoit le dixiesme du moys d'Aoust, au mesme iour qu'il auoit au parauant esté bruslé par le Roy des Babiloniens : ceux qui demouroient dedans & en estoient domestiques, furent le commencement & la cause qu'il fut bruslé. Car comme les seditieux fussent demeurez quelque temps en repos, apres le partement de Titus, ilz vindrent de rechef assaillir les Romains, & y eut grosse meslée entre les gardes du temple & les

Romains

Romains qui taſchoient eſtaindre le feu du temple exterieur : leſquelz ayans donné la chaſſe aux Iuifz, les pourſuyuoient iuſques dedans le temple.

Comme le temple fut bruſlé
contre le vouloir & au grand regret de Titus.

Chapitre. X.

Ors vn des ſoldatz, ſans attendre autre commandement, ou autrement penſer à la conſequence de l'acte qu'il alloit faire (poulſé d'vne force diuine) vint empoigner vn tizon ardent, lequel (eſtant ſouzleué de ſon compagnon) il miſt dedans la feneſtre d'or, par laquelle on alloit aux chambrettes qui eſtoient edifiées à l'enuiron du temple, du coſté de Septentrion. Auſſi toſt que la flamme ſe fut hauſſée & le feu embraſé, les Iuifz commencerent à faire vn cry, digne certes d'vne telle calamité, & faiſans la plus grande diligence qu'ilz pouuoient d'y remedier, eſtimoient n'eſtre plus queſtion d'eſpargner la vie, ou contregarder ſes forces, puis qu'ilz auoient perdu ce qui eſtoit cauſe de les rendre ſi ſoigneux & ſur leurs gardes. Or y eut il quelqu'vn qui fit de bonne heure ſçauoir cecy à Titus, lequel (ſe repoſant de fortune en vne tente, tout ainſi qu'il eſtoit retourné du combat) ſaillit en piedz, & ſuyuy de tous les capitaines, & des legions fort eſtonnées,

LE VII. LI. DE F. IOSEPHVS

nées, marcha incontinent droit au temple , pour empefcher qu'il ne fuſt bruſlé : & là y eut grand bruit & tumulte, eſtant vne ſi groſſe armée eſmeuë & ſans ordonnance . Comme donc Titus fit ſigne, & de la main & de la voix aux combatans, leur commandant d'eſtaindre le feu, ny ſa voix fut entenduë (eſtans leurs aureilles eſtoupées d'vn plus grand cry) ny le ſignail de ſa main aperceu , d'autant que les vns eſtoient acharnez au combat , & les autres diſtraitz & empeſchez d'vne furie & courroux extreme, & n'y auoit commandemens ou menaſſes qui peuſſent retenir ceux qui à la foulle ſe fourroient dedans le temple, & ſe laiſſoient mener par tout ou la fureur les conduyſoit : au moyen dequoy ſe trouuerent ſi empreſſez à l'entrée qu'ilz furent contraintz fouller aux piedz les vns les autres, dont pluſieurs marchans ſur les ruïnes des galeries encor ardentes & fumantes, n'auoient gueres meilleur traitement que les vaincuz. Auſſi toſt qu'ilz furét aprochez du temple, faignans n'auoir entendu le cóman dement du Prince, enhortoient ceux de deuant à mettre le feu, qui fit per dre toute eſperance aux ſedicieux d'y pouuoir remedier , ne voyans de toutes pars que fuitte, deſordre, & tuerie , eſtant grande multitude du menu peuple foyble & ſans armes tuée & ſaccagée , quelque part qu'elle fuſt rencontrée : de ſorte qu'autour de l'autel y auoit vn grand nombre de corps mortz amaſſez, le ſang decoulant à ruyſſeaux par les degrez du temple : & roulans du haut en bas les corps de ceux qui auoient eſté tuez en haut. Parquoy Ceſar voyant qu'il ne pouuoit retenir l'impetuoſité de ſes ſoldatz forcenez, & que la flamme ſe faiſoit maiſtreſſe, entra au temple auec les capitaines & gouuerneurs, & là contempla le lieu ſaint, & les ſingularitez d'iceluy, telles à la varité qu'elles paſſoient le bruit qu'en faiſoient les eſtrangers , & ne ſe monſtroient en rien moindres à l'opinion & venterie de ceux du païs. Voyant donc que la flamme n'auoit aucunement penetré au dedans, ny touché encor aux chambrettes qui eſtoient baſties es coſtez du temple, eſtimant (comme la verité eſtoit) qu'il y auoit quelque moyen de le ſauuer , ſaillit luy meſmes en piedz, priant tant qu'il pouuoit les ſoldatz d'eſtaindre le feu : & meſmes commanda à vn centenier de ſa garde nommé Liberalis de les faire retirer, & fraper ſur ceux qui ne voudroient obeïr . Mais ie ne ſçay quelle fureur & impetuoſité de guerre plus vehemente, auec la hayne qu'ilz portoient aux Iuifz, leur faiſoit oublier la reuerence du Prince , & ſurmontoit la crainte qu'ilz deuoient auoir de ſes deffences : ioint qu'aucuns chatouillez de l'eſperance de butiner, voyans les portes couuertes d'or, ſoupçonnoient qu'au dedans tout fuſt plein d'or & d'argent. Et d'auantage vn ſol dat de ceux qui eſtoient entrez dedans , auoit ia mis le feu es pentes de la porte, auant que Ceſar y peuſt arriuer pour empeſcher le feu : lequel voyant la flamme au dedans, ſe retira incontinent, & auec luy les capitaines: leſquelz eſtans dehors n'y eut plus homme qui empeſchaſt les boutefeux. Et voylà comme le temple fut bruſlé contre le vouloir de Titus. Et

bien

DE LA GVERRE DES IVIFZ. Feuil. CCVIII.

bien que ceste perte ayt esté fort deplorable, comme d'œuure le plus admirable que nous ayons iamais veu, ou dont nous ayons ouy parler, tant pour la magnificence de bastiment que pour la grandeur, & tant pour la somptuosité des choses particulieres qui y estoient, que pour la gloire qu'on estimoit estre es lieux saintz, si est-ce que considerant les destinées on pourra prendre quelque consolation, puis que les œuures & places ont leur sort ineuitable aussi bien que les animaux : & s'esmerueillera de la reuolution & cours du temps qui si exactement y fut gardée. Car (comme nous auons dit) cecy auint au mesme moys & iour auquel il auoit premierement esté bruslé par les Babiloniens. Et se trouue que depuis la premiere fondation qui auoit esté commencée par Salomon iusques à ceste destruction, qui fut faite la deuxiesme année de l'Empire de Vespasian, il dura mil cent trente ans, sept moys, & quinze iours. Et depuis la seconde fondation faite par Aggée l'an second du regne de Cirus iusques à la destruction qui auint au temps de Vespasian six cens trente neuf ans & quarante cinq iours.

De la grande boucherie qui fut
faite des Iuifz: de ce qui auint à aucuns prestres, & comme le tresor du temple fut bruslé.

Chapitre   XI.

Tandis

LE VII. LI. DE F. IOSEPHVS

Andis que le temple brusloit, tout ce qui se pouuoit d'auenture rencontrer estoit pillé, & y auoit vn merueilleux carnage de tous ceux qu'on pouuoit récontrer. Là ne se trouuoit aucune pitié de la vieillesse, ou reuerence de la qualité des personnes : mais ieunes & vieux, sacrez & prophanes estoient indiferemment occis, & toutes sortes de gens affligez de la calamité de la guerre : ceux qui se rendoient estoient tuez aussi bien que ceux qui se deffendoient : & la flamme s'augmentant bruyoit parmy les plaintes & cryz des pauures gens mourans. Vous eussiez dit(tant la montaigne estoit haute & le batiment grand) que toute la ville estoit en feu. Et n'estoit pas possible de songer chose plus grande ou plus horrible que ce cry engendré du bruit & fremissement des legions, de la clameur & hullement des sedicieux enclos du feu & de l'espée : & pareillement de l'espouentement du peuple surpris en ce haut qui fuyoit à la mercy des ennemys, & se plaignoit de son infortune & calamité : auquel respondit en pareilles clameurs la commune qui estoit dedans la ville. Il y en eut plusieurs lesquelz assommez de la faim, & la mort leur ayant presque cloz les yeux, qui reprindrent cueur & force pour eux plaindre & lamenter quand ilz virent le temple en feu & en flamme. A tous ces criz respondoit la region d'outre le Iourdain, & les montz d'alentour en redoubloient le son & retentissement. & toutesfois ce tumulte n'estoit rien au pris des maux & calamitez qu'on y voyoit. Car la montaigne ou le temple fut basty estoit tellement embrasée & enuelopée du feu qu'on eust creu qu'elle brusloit de fond en comble : iaçoit que le sang semblast estre encor en plus grande abondance que le feu, & qu'il y eust plus de tuez que de tueurs, estant la terre toute couuerte de corps mortz, & les soldatz contrains de marcher dessus à la poursuitte de ceux qui fuyoient. Quant à la compagnie des brigans & sedicieux, apres que finablement les Romains furent repoussez, se sauuerent dedans le temple exterieur, & de là en la ville, & le reste du peuple s'en fuyt en la galerie de dehors. Aucuns des prestres ayans premierement arraché les broches, & depuis leurs sieges qui estoient de plomb, s'en seruoient premierement au lieu de dardz & iauelotz contre les Romains : & voyans que ceià ne leur profitoit de rien, & que la flamme les enuelopoit, se retirerent sur vne paroy large de huit piedz & se tindrent là. Il y en eut toutesfois deux d'entre les nobles, lesquelz ayans moyen d'eux sauuer s'ilz se fussent mis à la mercy des Romains, ou eussent attendu la fortune qui leur estoit commune auec leurs compagnons, aymerent mieux se ietter dedans le feu, & brusler auec le temple : l'vn fut Meirus filz de Belga, & Iosephe filz de Daleüs. Les Romains considerans qu'en vain ilz espargnoient les edifices d'autour le temple, puis que le temple brusloit, mirent le feu par tout, tant à ce qui restoit des galeries, qu'aux portes, fors seulement en deux, l'vne de la partie

d'Orient

DE LA GVERRE DES IVIFZ.   Feuil. CCIX.

d'Orient, l'autre de la partie de Mydi, lesquelles toutesfois ilz ruinerent par apres de fond en comble. Mesmement bruslerent ces coffres qu'on apeloit Gazophilace, ou tresor: esquelz y auoit force argent, plusieurs vestemens & autres biens. & ou estoient, pour le faire court, toutes les richesses des Iuifz assemblées, d'autant que les plus riches y auoient transporté tout ce qu'ilz auoient de precieux. Pareillement ilz vindrent en vne galerie laquelle seule estoit demourée hors le temple, ou les femmes, petiz enfans, & tout le reste de la commune s'estoient retirez iusques au nombre de six mil. Ceste galerie fut bruslée par les soldatz passionnez de courroux, qui n'auoient pas la patience d'atendre que Cesar eust deliberé ce qu'il en deuoit faire, ou en eust donné commandement aux capitaines. De là auint que les vns furent suffoquez de la flamme, les autres pour l'euiter se precipiterent du haut en bas, de sorte que de tout ce grand nombre il n'y en eut pas vn seul qui se sauuast. Il y eut vn faux prophete qui fut cause de leur mort, pource que ce iour il auoit presché en la ville que Dieu leur commandoit de monter au temple pour receuoir les signes de leur salut. Car lors plusieurs prophetes apostez par les tyrans, annonçoient au peuple qu'ilz deuoient attendre secours de Dieu, à fin que ceux, que ny la crainte ny le guet qu'on faisoit sur eux pouuoit empescher de sortir & se rendre aux Romains, fussent retenuz de ceste esperance. Car il est aysé de faire à croyre ce qu'on veut à l'homme qui est en aduersité. Que si vn seducteur & abuseur promet deliurance des maux qui se voyent estre prochains, celuy qui est en affliction & aduersité se laisse du tout conduyre en ceste esperance, & en croit plus que lon ne veut.

Des signes & prodiges qui apa-
rurent auant la ruyne de Ierusalem.

Chapitre   XII.

Insi donc ce miserable peuple, croyant à ces abuseurs & menteurs contre la deité, reiettoit tous signes & miracles certains & veritables prognostiquans la solitude & desolation future de la cité. A iceux ilz ne croyoient ou s'arrestoient aucunement, ains dissimuloient les ordonnances & aduertissemens de Dieu, comme s'ilz eussent esté transportez & n'eussent yeux ou entendemens, pour les comprendre. Car l'vne foys aparut sur la cité vn comete en façon d'vn glaiue qui dura l'espace d'vn an. Vne autrefoys (& peu au parauant la rebellion & premieres emeuttes de la guerre) comme le peuple se fust assemblé

Nn   pour

LE VII. LI. DE F. IOSEPHVS

pour solemniser la feste des Azimes le huitiesme iour d'Auril, on vit si grande lumiere à l'entour de l'autel & du temple sur la neufiesme heure de la nuit, qu'il sembloit qu'on fust en plein iour, & dura ceste clarté enuiron demye heure. Cecy sembla aux moins expers, estre signe & augure de quelque bonne fortune : mais ceux qui entendoient mieux le secret des choses sacrées, iugerent incontinent ce qui deuoit auenir, auant qu'il en fust aucunes nouuelles. Le mesme iour de feste il y eut vn bœuf qui faonna vn agneau au milieu du temple, ainsi qu'on le menoit pour sacrifier. D'auantage la porte Orientale du temple interieur(qui estoit de cuyure si pesante, que pour la fermer sur le soir il y falloit vingt hommes dont les serrures estoient liées à barres de fer, & les verrouilz d'icelle entroient bien profondement dedans le seuil de la porte, basty d'vne seule pierre) fut veuë s'ouurir d'elle mesme sur la sixiesme heure de la nuit. Ce qu'estant tout aussi tost annoncé au magistrat par les gardes du temple, il y monta incontinent, & à grand' peine la peut refermer. Ce qui sembla de rechef aux ignorans signe de quelque bien auenir, disans que Dieu leur auoit ouuert la porte de tous biens. Et les plus sages & auisez estimoient que la deffence &munition du temple se defferoit d'elle mesme, & que l'ouuerture des portes seroit vn don & grace des ennemys: & ainsi arrestoient entr'eux que ce miracle denotoit vne solitude & desolation à venir. Mais peu de iours apres les festes, & le vingt & vniesme du moys de May, s'aparut vne vision quasi incroyable. Et pourroit-on estimer à fable ou mensonge ce que i'en racompteray, si ceux qui l'ont veu n'estoient encor auiourd'huy viuans, & les maux & calamitez n'estoient suruenuës, dignes de si malheureux & infortunez presages. Auint donc que quelque temps auant que le Soleil se couchast on aperceut en l'aer des chariotz courans par toutes les regions, & des armées en armes trauersans les nuées & enuironnans quelques citez. Et le iour de la feste qu'on apelle Pentecoste les prestres qui, suyuans leur coustume, estoient entrez dedans le temple interieur pour paracheuer le seruice diuin, ouyrent premierement quelque bruit & remuëment, puis vne soudaine voix qui disoit : *Partons d'icy.* Mais ce qui fut encor plus horrible & espouentable, il y eut vn nommé Iesus filz d'Ananus homme rustique & de basse condition, lequel quatre ans au parauant la guerre commencée, & lors que la cité estoit en paix & abondance de tous biens, estant venu à vne feste en laquelle on auoit acoustumé de bastir de petites cabanes & maisonnettes en l'honneur de Dieu, commença en vn instant à crier : *Voix du costé d'Orient: voix du costé d'Occident: voix de tous les quatre vens: voix contre Ierusalem & le temple : voix contre les nouueaux mariez, & nouuelles mariées : voix contre tout ce peuple.* Et auec telz propos alloit nuit & iour criant par toutes les ruës de la cité : dont aucuns des plus aparens ne pouuans comporter ce triste augure & desauátageuse prediction à la cité, le firent empoigner & fouëtter sans remission: mais onques il ne

pria

DE LA GVERRE DES IVIFZ. Fcuil. CCX.

pria qu'on le laiffaft, ny tint aucuns propos fecretz à ceux qui l'eftrilloiét en cefte forte, ains feulement en criant continuoit les mefmes propos. Les magiftratz croyans que ceft homme (comme la verité eftoit) fuft meu de quelque impulfion diuine, le menerét à celuy qui eftoit gouuerneur pour les Romains, ou eftant fouëtté & tellement defchiré que les os luy aparoiffoient, ne fe voulut iamais humilier ny prier qu'on le laiffaft & mefmement ne pleura iamais, ains feulement baiffant fa voix, & fe plaignant le plus lamentablement qu'il pouuoit, refpondoit à chacun coup qu'on luy donnoit : *Malheur, malheur fur Ierufalem*. Et comme Albin (qui eftoit iuge) l'interrogeaft qui & d'ou il eftoit, & pourquoy tenoit telz propos, il ne luy fit aucune refponfe, & ne ceffa de plorer & lamenter la miferable cité, iufques à ce qu'Albin eftimant qu'il eftoit fol & hors du fens le laiffa aller. Depuis cefte heure iufque au temps de la guerre iamais ne s'acointa ny fut veu parler à aucun des cytoyens. Seulement tous les iours comme s'il euft medité quelque harangue ou oraifon, fe plaignoit, difant : *Malheur, malheur fur Ierufalem*. Mefmes comme on le fouëttaft tous les iours, iamais ne maudit ou fouhaita mal à perfonne, ny benift ou remercia ceux qui luy donnoient à manger. Et à tous ceux qui s'adreffoient à luy ne faifoit autre refponfe qu'auec ce trifte & malheureux prefage, mais principalement il cryoit les iours de feftes : & ayant continué cefte cricrie par l'efpace de fept ans cinq moys, ne fe trouua aucunement las ou enroué, iufques à ce qu'eftant la ville affiegée, & fes augures & predictions ayans forty effet, il fe tint en repos. Et lors de rechef tournoyant la muraille commença à crier à haute voix : *Malheur fur la cité, fur le temple, & fur le peuple*. Et ayant finablement aioufté ces motz : *Malheur auffi fur moy mefmes*, il y eut vne pierre laquelle pouffée d'vn angin le tua foudainement, & fut abandonné de fon ame comme il fe lamentoit & deploroit toutes ces chofes. Si quelqu'vn vient à confiderer cecy, certainement il trouuera que Dieu ne demande que le bien & profit des hommes, & leur anonce par tous moyens ce qui leur eft vtile & falutaire. Et toutesfois ilz font fi folz qu'ilz fe laiffent perir & ruiner par maux volontaires & qu'ilz aportent à eux mefmes. Qu'ainfi foit les Iuifz (apres la prife de l'Antoniane) auoient efquarry le temple : iaçoit ce qu'ilz euffent par efcrit es faintes lettres, que lors la cité & le temple feroient pris quand le temple fe trouueroit de quatre coingz & angletz. Mais ce qui les auoit plus animez à faire la guerre, eftoit vne prophetie ambiguë qui fe trouuoit auffi es faintes lettres, laquelle promettoit l'Empire de tout le monde à vn qui enuiron ce temps fortiroit de leurs regions & limites. Et interpretoient celà comme fi proprement ceft Empire leur euft deu apartenir : de forte que plufieurs fages furent deceuz & abufez de cefte interpretation : combien qu'à la verité cefte prophetie ne fignifiaft autre chofe que l'Empire de Vefpafian, lequel auoit efté eleu Empereur au païs de Iudée : mais les hommes ne peuuent fuyr

Nn ii   leur

leur deſtinée, encor qu'ilz l'ayent preueuë. Et voyons que ceux icy interpretoient aucuns de ces ſignes & preſages à leur fantaſie, & des autres ilz ne tenoient compte, iuſques à ce que leur cecité & ignorance fut deſcouuerte par la ruïne d'eux meſmes, & par la deſtruction de leur païs.

Comme Titus fut proclamé Empereur, & les preſtres & ſacrificateurs occis.

Chapitre XIII.

Es Romains voyans que les ſedicieux s'eſtoient ſauuez dedans la ville, & que le temple & tout ce qui eſtoit à l'entour bruſloit, planterent leurs enſeignes dedans contre la porte d'Orient: ou ayans fait quelques ſacrifices, commencerent auec grans criz à proclamer Titus Empereur. Et furent tous les ſoldatz ſi remplis & ſaoulez de la proye & du butin, que la liure d'or commença à ne valoir en Sirie que la moytié de ce qu'elle faiſoit au parauant. Or entre ces preſtres qui s'eſtoient ſauuez, & auoient long temps demouré ſur la paroy du temple, il y eut vn ieune enfant lequel ſe plaignant de l'extreme ſoif qu'il enduroit, demandoit paix & mercy au Romains qui eſtoient commis pour la garde du temple: & comme pour la pitié tant de ſon aage que de la neceſſité il luy euſſent preſté la main pour luy ayder à deſcendre, ce gallant beut ſon ſaoul, & ayant emply vne bouteille qu'il auoit aportée,

gaigna

DE LA GVERRE DES IVIFZ. Feuil. CCXI.

gaigna le haut & s'en refuit deuers les siens, sans que les gardes le peussent onques attaindre, lesquelz ayans aperceu sa desloyauté & trahison le maudissoient & disoient mile injures. Cest enfant repliquoit qu'il n'auoit en rien violé les conuenances, qu'ilz luy auoient baillé la dextre, non pour demourer auec eux, ains pour descendre seulement & prendre de l'eau. Ce qu'ayant fait, il n'estoit en rien contreuenu à sa foy promise. Les Romains qui se virent ainsi deceuz s'esmerueillerent fort de l'astuce & finesse de cestuy qui n'estoit qu'vn enfant. Le cinquiesme iour d'apres les prestres, pressez de la famine, furent contraintz de descendre: lesquelz estans menez par les gardes deuers Titus, le prioient qu'il leur voulust sauuer la vie. Titus leur ayant remonstré qu'il n'estoit plus temps de demander pardon, puis que la chose (pour laquelle à bon droit il les auoit voulu laisser viure) estoit destruite: & que c'estoit chose fort seante & conuenable que les prestres perissent auec le temple, les enuoya pour estre executez à mort. Mais les tyrans & leurs complices voyans que de toutes pars la guerre les poursuyuoit, & estoient si estroitement assiegez qu'ilz n'auoient aucun moyen de fuyr, demanderent à parlementer auec Titus, lequel, ayant enuye de sauuer à tous le moins la ville, tant pour vne humanité & douceur naturelle qui estoit en luy, que par l'incitation de ses amys (qui pensoient ces brigans estre deuenuz plus modestes & raisonnables) se retira vers la partie Occidentale du temple exterieur, pource qu'en cest endroit au dessus du Xiste y auoit quelques portes ou arceaux, & vn pont qui ioignoit la haute ville auec le temple. Ce pont faisoit lors vne separation entre Titus & les tirans, y ayant d'vne part & d'autre grosse troupe de soldatz, dont les Iuifz qui faisoient escorte à Iean & à Simon estoient en suspens & non du tout hors d'esperance de pardon. Et les Romaius s'estoient mis à l'entour de Cesar pour voir & considerer quel recueil il feroit à ces tyrans. Lequel ayant fait deffence aux soldatz de ne tirer ou faire esmeute, ayant aussi fait venir vn truchement, pour donner à cognoistre qu'il estoit le plus fort, commença ainsi à parler. Estes-vous maintenant saoullez (ô hommes) des maux & calamitez de voltre païs? vous qui, sans auoir egard ny à nostre vertu ou puissance, ny à voltre foyblesse & infirmité, auez par vne impetuosité & fureur inconsiderée, perdu & le peuple, & le temple, & la cité, comme aussi iustement vous mesmes perirez. Vous (dy-ie) qui ayans en premier lieu vaillamment esté vaincuz par Pompée, n'auez depuis cessé d'affecter & entreprendre nouueautez, iusques à faire guerre ouuerte au peuple Romain. A ce esté souz l'asseurance de voltre multitude? Mais vous voyez, que petite poignée de l'armée Romaine a esté sufisante pour vous resister. A ce esté souz la confiance de voz Auxiliaires & confederez? Et quelle nation non suiette à nostre Empire voudroit preferer voltre alliance, & choisir celle des Iuifz pour laisser celle des Romains? vous fiez vous en la force de voz corps, sçachans que les Alemans nous sont serfz

Nn iii   & esclaues

LE VII. LI. DE F. IOSEPHVS

, & esclaues ? Vous asseurez-vous de la force de voz murailles ? Et quel
, mur, deffence, ou rempar est plus grand que l'Ocean? duquel les An-
, glois estans cloz & enuironnez, reuerent(pourtant)& adorent les armes
, des Romains? Vous fiez-vous en vostre pertinacité, ou en la ruse & astuce
, de voz capitaines? & vous sçauez bien que les Carthaginiens ont esté par
, nous vaincuz & renduz captifz . Ces choses me font croyre que la seule
, ocasion qui vous a fait esmouuoir contre les Romains, à esté leur dou-
, ceur & humanité, vous ayans premierement rendu la possession de voz
, terres , donné des Roys de vostre nation , entretenu les loix de vostre
, païs, & permis viure nonseulement separez des autres , mais aussi auec-
, ques eux & en leur compagnie si bon vous sembloit. Et d'auantage vous
, auons ottroyé de leuer tribut ou nom de Dieu , & recueillir les dons &
, presens qu'on luy faisoit, sans faire aucun destourbier ou empeschement
, à ceux qui les offroient, à fin que vous (qui estiez noz ennnemys) deuin-
, siez plus riches que nous , & fussiez armez contre nous de nostre argent.
, Ayans donques receu tous ces biens, auez eleué vostre abondance & sa-
, tieté contre ceux qui les vous auoient faitz: & à l'exemple des cruelz ser-
, pens auez ietté vostre venin contre ceux qui vous blandissent & amigno
, tent. Prenons le cas que vous ayez là laissé Neron pour tel qu'ilz estoit, &
, que n'en ayez pas fait grand compte, cognoissans sa lascheté, si est-ce que
, demourás cois en vn malheureux repos, ne plus ne moins qu'vn membre
, rompu ou retiré, auez esté descouuertz, en vne maladie plus grande que
, vous couuiez de long temps : & auec voz impudentes esperances auez
, aussi estendu voz couuoytises excesiues & immoderées . Mon pere est
, venu en vostre païs, non pour vous punir de ce que vous auez forfait con
, tre Cestius, ains seulement pour vous admonester & remonstrer. Et bien
, que pour la rebellion de toute la nation il deuoit s'atacher à la racine
, principale, & soudain raser ceste cité, si est-ce qu'il ayma mieux piller la
, Galilée & les enuirons d'icelle, à fin de vous donner temps & loysir de
, vous repentir. Mais ceste humanité vous sembloit proceder de nostre
, foyblesse: & auez de nostre bonté & douceur donné nourriture à vostre
, audace & temerité. Apres la mort de Neron vous fistes ce qu'ont acoustu-
, mé de faire les plus meschans : vous vous asseurastes sur noz dissensions
, intestines & guerres ciuiles : & voyans que mon pere & moy estions pas-
, sez en Egipte , pensastes que ce temps vous estoit tout propre à nous ba-
, stir & susciter vne guerre. Et n'eustes point de honte de mettre trouble &
, empeschement quand ceux furent declarez Princes & Empereurs, les-
, quelz vous auiez cogneuz & experimentez capitaines humains & de-
, bonnaires. Finablement s'estant l'Empire sauué entre noz mains, & tou-
, tes choses apaisées, lors que toutes nations estranges se resiouïssoient, &
, par leurs ambassadeurs nous gratifioient ceste bonne fortune : voicy de
, rechet que vous vous declarez ennemys, & estans sur le poinct de brasser
, quelques nouuelles menées, nous enuoyastes ambassadeurs par delà le
fleuue

DE LA GVERRE DES IVIFZ. Feuil. CCXII.

fleuue d'Euphrate, & enuironnaftes voftre ville de nouuelles murailles. Mefmes y eut feditions & contentions entre les tyrans, & entre vous guerre ciuile & inteftine, chofes certes fort conuenables à gens aufsi mefchans que vous eftes. M'ayant donc mon pere quafi à regret donné mandemens expres & rigoreux pour venir contre cefte cité, i'y fuis venu. Et ayant entendu que le peuple ne demandoit autre chofe que la paix, i'en eftois fort ioyeux : de forte qu'auant que commencer la guerre ie vous ay priez beaucoup de foys de vous defifter, & durant icelle vous ay quelque temps efpargné: mefmes ay receu à fiance tous ceux qui de leur gré fe font venuz rendre à moy & leur ay gardé la foy : & ayant pitié de plufieurs captifz, i'ay fait fouëtté ceux qui s'auançoient trop de commencer la guerre: & contre mon vouloir ay aproché les machines de voz murailles, retenant toufiours les foldatz qui ne demandoient autre chofe que vous facager. Autant de foys que i'ay efté victorieux, autant de foys vous ay-ie femons de la paix, comme fi i'euffe efté vaincu. Ayant fait mes aproches du temple, oubliant de rechef volontairement les loix & couftumes de la guerre, ie vous priois de pardonner à voz lieux faintz, & garder voftre temple, vous donnant permifsion de fortir, auec affeurance que vous ne receuriez point de mal, iufques à vous donner le chois de la bataille en autre temps & autre lieu fi bon vous fembloit. De tout cecy vous n'auez tenu compte, & auec voz mains propres auez mis le feu dedans le temple. Et maintenant, mefchans que vous eftes, aufez-vous demender à parlementer auec moy ? eft-ce pour fauuer ce qui eft defia perdu ? Dequel falut vous eftimez-vous dignes apres la deftruction du temple? Non contens de ce, encor vous tenez-vous en armes: & bien que vous foyez à l'extremité, ne faites toutesfois aucun femblant de vous humilier. O miferables, fouz quelle efperance le faites-vous? voftre peuple n'eft il pas tout mort ? le temple n'eft il ruïné, la cité à mon commandement, & voz vies entre mes mains ? Et vous penfez que defirer la mort, doyue eftre eftimé quelque grande prouëffe. Mais ie ne veux point debatre auec voftre defefpoir. Mettez les armes bas & vous rendez, & ie vous donne la vie, me referuant, ne plus ne moins que le maiftre en vne maifon, l'authorité de punir ce qui eft incurable, & garder le demeurant, pour moy. Ces propos acheuez, ilz refpondirent qu'ilz ne pouuoient pas bonnement prendre la foy & affeurance de luy, pource qu'ilz auoient iuré de ne le iamais faire : toutesfois que s'il leur vouloit permettre de paffer auec leurs femmes & enfans les fortz dont leurs murailles eftoient enuironnées, ilz fe retireroient en quelque defert, & luy quiteroient la ville. Titus courroucé de cefte refponfe, & que ceux qui ne valloient pas mieux que pris, vouloient ordonner des conditions & articles de la paix comme s'ilz euffent efté vainqueurs, leur fit dire par la trompette qu'ilz ne s'adreffaffent plus à luy, ny s'en affeuraffent aucunemeut, ayant deliberé de n'en efpargner pas vn. Et pource qu'ilz defployaffent hardi-

Nn iiii   ment

ment toutes leurs forces, & de toute leur puissance donnassent ordre à leur salut, ayant proposé de sa part de se gouuerner selon le droit & vsance de la guerre. Ce fait commanda aux soldatz de piller & brusler la ville: toutesfois pour ce iour ilz ne firent rien. Le lendemain ilz bruslerent le palais, le donion, la court, & ce qui s'apelloit Ophla, & s'auançoit le feu iusques au palais d'Helene, qui estoit au meilleu de la haute ville: & les maisons & destroitz des ruës, pleines de gens mortz de faim, ardoient & estoient tous en feu. Ce mesme iour les enfans & freres du roy Izates, & plusieurs des plus aparens du peuple assemblez, prierent Cesar de les receuoir à mercy. Lequel iaçoit ce qu'il fust fort courroucé contre tous les autres, ne pouuant toutesfois oublier ses meurs & conditions, les receut. Pour lors il les tenoit souz garde. Depuis mena les enfans & prochains du Roy liez à Rome pour seruir d'hostages.

Du butin que firent les sedicieux:
& comme la ville d'audedans fut bruslée.

Chapitre.   XIIII.

Es sedicieux, marchans droit au palais royal, auquel (pource que c'estoit place forte) plusieurs auoient mis leurs biens en seureté, en chasserent hors les Romains & ayans tué pres de huit mil & quatre cens hommes du commun peuple qui s'y estoient retirez, pillerent & desroberent toute la cheuance qui estoit dedans. Ilz prindrét aussi deux Romains vifz: l'vn de la caualerie, l'autre de la fanterie: & ayans occis le picton le trainerét par toute la ville, comme si sur vn corps ilz se fussent vengez de tous les Romains ensemble. L'homme d'armes ayant promis de leur donner quelque auertissement concernant leur sauueté, fut mené deuant Simon, ou ne sçachant que dire, fut liuré à vn capitaine nommé Ardula pour estre puny. Lequel luy ayant fait lier les mains derriere le doz, & bander les yeux d'vn linge, le mist en la veuë des Romains comme prest à luy couper la teste. Mais pendant que ce Iuif tiroit l'espée du fourreau, l'homme d'armes se sauua & s'enfuit vers les Romains. Titus (pour autant qu'il estoit eschapé des mains des ennemys) ne voulut pas qu'il fust mis à mort, ains seulement le iugea indigne d'estre du nombre des gensd'armes Romains, puis qu'il s'estoit laissé prendre vif. Et luy ayant osté ses armes le cassa: chose qui deuoit (à vn homme aymant son honneur) sembler plus grieue que la mesme mort. Le lendemain les Romains ayans chassé les sedicieux de la basse ville, bruslerent tout iusques à Siloé. Et bien qu'ilz n'eussent moyen de butiner (pour ce que

DE LA GVERRE DES IVIFZ. Feuil. CCXIII.

ce que les brigans & fedicieux ayans tout pillé & emporté s'estoient retirez en la haute ville)si estoient ilz ioyeux de voir perir la cité.Or quelque chose qu'il peust auenir aux sedicieux, si ne pouuoient ilz estre induitz à repentance,& n'estoient point moins audacieux & arrogans que
si la fortune eust esté pour eux. Finablement regardans brusler la cité a-
uec faces ioyeuses, disoient qu'en toute gayeté de cueur ilz attendoient
la mort, puis qu'estant le peuple occis, le temple bruslé, & la ville en feu,
ilz ne laissoient rien au commandement de leurs ennemys. Toutesfois
Iosephe les voyant en ceste extremité, prenoit grand' peine à prier pour
ce qui restoit de la ville. Et les ayant aigrement repris de leur cruauté &
impieté, & fait plusieurs belles remonstrances pour leur salut, ne gaigna
riens, sinon qu'il fut moqué : car ilz ne se vouloient pas rendre à cause du
serment qu'ilz auoient fait, encor qu'il leur fust impossible de combatre
auec les Romains qu'à leur grand desauantage, estans de toutes pars encloz comme en vne prison. Et l'acoustumance de tuer leur auoit tellement affriandé les bras qu'il leur estoit malaisé de s'en abstenir. S'estans
donques dispercez par la cité se cachoient dedans les ruïnes pour espier
ceux qui estoient entalentez de fuyr : dont plusieurs ne pouuans fuyr à
cause de la famine qui les auoit trop afoybliz¦, furent pris & saccagez, &
leurs corps iettez aux chiens. Mais leur semblant toute autre espece de
mort plus legere & aysée que la faim, fuyoient deuers les Romains, sans
auoir aucun saufconduit,ou esperance de trouuer mercy en leur endroit,
& ainsi tout à propos se laissoient tomber es mains des sedicieux qui ne
cessoient de tuer. Il n'y auoit aucun lieu vuyde en la cité, tout tant estoit
remply de gens ou mors de faim ou tuez par ces brigans, & de ceux que
la faute de viures & sedition auoient fait mourir. Quant aux tyrans &
faction des brigans ilz s'asseuroient & auoient leur dernier refuge es
cloaques & esgoutz de la ville, estimans que s'ilz se pouuoient là sauuer
il seroit impossible de les y trouuer.Au moyen dequoy lesRomains par-
tis, & la desconfiture paracheuée, ilz en pourroient sortir & gaigner au
pied : mais cela estoit vn songe, d'autant qu'il ne leur estoit pas possible
d'eux cacher de Dieu,& des Romains.Toutesfois s'asseurans de ces lieux
sou-terrains faisoient plusgrand feu & brusloient plus de choses que les
Romains:& si quelques vns pour se sauuer du feu descendoient es mynes
& cauernes ilz les tuoient meschamment, & leur ostoient tout ce qu'ilz
auoient:mesmes s'ilz leur trouuoient quelque viande souillée de sang fi-
gé, ilz la prenoient & la deuoroient:tellement que les pilleries & rapines
estoiét cause de les mettre en guerre les vns contre les autres. Et croy que
si la destruction & ruïne ne les eust deuancez, qu'ilz eussent esté assez
cruelz & inhumains d'vser & se repaistre des corps des trespassez.

Comme

LE VII. LI. DE F. IOSEPHVS
Comme la haute ville fut prise
*d'assault, & de quelques Iuifz qui s'alerent
rendre à la mercy des Romains.*

Chapitre   XV.

Esar voyant qu'il n'estoit pas possible sans caualiers de prendre la haute ville, d'autant qu'elle estoit bastie sur vn lieu haut, droit, & inaccessible de toutes pars, departit l'ouurage d'iceux entre ses soldatz le vingtiesme iour du moys d'Aoust. Or estoit-il bien dificile de recouurer matiere pour ce faire, ayant tout l'enuiron de la ville esté despouillé d'arbres iusques à cent stades à la ronde, pour le bastiment des premiers caualiers. Ainsi donc les quatre legions commencerent à besongner au costé Occidental de la ville contre le palays royal, & les Auxiliayres auec le reste des soldatz, & besongnerent du costé du Xiste, du Pont, & de la tour de Simon, laquelle il auoit fait bastir pour luy seruir de forteresse, au temps qu'il faisoit la guerre à Iean. Durant ces iours, s'estans les capitaines des Idumeans assemblez, vont ensemble prendre complot d'eux rendre aux Romains: & ayans enuoyé cinq d'entre eux par deuers Titus, le prioient de leur vouloir donner saufconduit & asseurance. Titus esperant que si les tyrans se voyoient vne foys abandonnez des Idumeans (qui faisoient bonne partie de leur armée) ilz pourroient entrer en telle composition qu'on voudroit, renuoya les

DE LA GVERRE DES IVIFZ. Feuil. CCXIIII.

uoya les ambassadeurs, & leur promist(toutesfois auec grande dificulté) asseurance de leur vie. Comme donc ilz s'apareilloient à la fuite, Simon s'en douta incontinent, & ayant fait empoigner les cinq qui estoient allez deuers Titus, les fit tuer, & mettre tous les capitaines en prison, entre lesquelz le plus noble estoit Iaques filz de Sosas : mesmes enuironna de garde diligente le reste des Idumeans, qui ne sçauoient quel conseil pren dre ayans perdu leurs chefz & capitaines : & toutesfois Simon ne sceut si bien faire que plusieurs ne gaignassent le camp des Romains, pource qu'encor qu'on en tuast grand nombre, si y en auoit il d'auantage qui eschapoiét, & tous estoient gracieusement receuz desRomains.tant pource que Titus, par sa grande douceur & humanité auoit mis en oubly ses premieres ordonnances, que pource que les soldatz assouuiz de tueries, & esperans faire gain d'eux, s'abstenoient de les tuer: & laissans là les plus aparens du peuple vendoient le reste de leur vulgaire, auec leurs femmes & enfans, & en faisoient fort bon marché, d'autant qu'il y auoit grande multitude de ceux qu'on vendoit, & petit nombre d'acheteurs. Et combien que Titus eust fait crier que personne ne se vint rendre seul, à fin que par ce moyen il attirast aussi les familles entieres, si ne laissoit pourtant à les receuoir, ayant commis gens pour les separer d'auec ceux qui auoient merité la mort. Et ainsi y en eut vne multitude infinie de venduz toutesfois il y en eut plus de quarente mil des plus aparens qui furent sauuez, ausquelz Titus donna liberté d'aller ou bon leur sembleroit . En ces mesmes iours il y eut entre les prestres vn nommé Iesus filz de Themuth, lequel estant asseuré de la vie par Cesar (pource qu'il promettoit luy mettre entre les mains aucuns des ioyaux du temple) sortit hors, & ayant pris en la paroy du temple deux chandeliers tous semblables à ceux qui estoient dedans le temple, les luy deliura, auec quelques tables coupes, & tasses, toutes faites d'or pesant & massif. Pareillement luy liura les courtines, les habitz & ornemens des grans prestres, auec les pierreries, & autres vaisseaux ordonnez pour les sacrifices . Aussi fut pris le tresorier & secretain du temple nommé Phinées, qui leur monstra les vestemens & ceintures des prestres, auec force pourpre & escarlate, qui se gardoient pour faire le voyle du temple:& parmy celà quelque quantité de Cynamome, & de Casse, & grande multitude d'odeurs, lesquelles estans meslées on en faisoit des perfums & encensemens à Dieu . Cestuy deliura aussi grand nombre des autres richesses & ornemens sacrez . Au moyen dequoy (encor qu'il eust esté pris de force) il fut pris à mercy, comme si de son bon gré il se fust venu rendre.

Comme

LE VII. LI. DE F. IOSEPHVS

Comme tout ce qui restoit de la
ville fut pris & gaigné.

Chapitre   XVI.

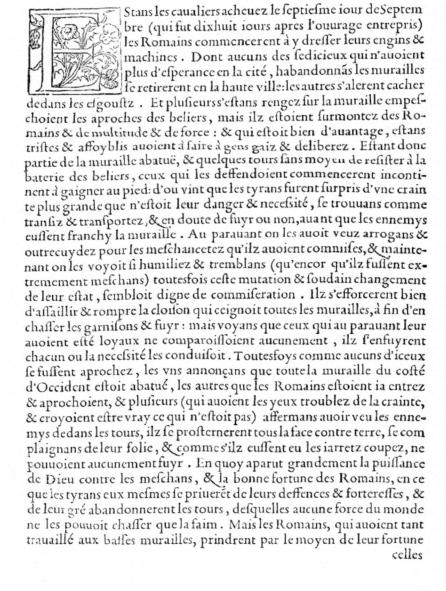Stans les caualiers acheuez le septiesme iour de Septembre (qui fut dixhuit iours apres l'ouurage entrepris) les Romains commencerent à y dresser leurs engins & machines. Dont aucuns des sedicieux qui n'auoient plus d'esperance en la cité, habandonnás les murailles se retirerent en la haute ville: les autres s'alerent cacher dedans les esgoustz. Et plusieurs s'estans rengez sur la muraille empeschoient les aproches des beliers, mais ilz estoient surmontez des Romains & de multitude & de force : & qui estoit bien d'auantage, estans tristes & affoyblis auoient à faire à gens gaiz & deliberez. Estant donc partie de la muraille abatuë, & quelques tours sans moyen de resister à la baterie des beliers, ceux qui les deffendoient commencerent incontinent à gaigner au pied: d'ou vint que les tyrans furent surpris d'vne crainte plus grande que n'estoit leur danger & necesité, se trouuans comme transiz & transportez, & en doute de fuyr ou non, auant que les ennemys eussent franchy la muraille. Au parauant on les auoit veuz arrogans & outrecuydez pour les meschancetez qu'ilz auoient commises, & maintenant on les voyoit si humiliez & tremblans (qu'encor qu'ilz fussent extremement meschans) toutesfois ceste mutation & soudain changement de leur estat, sembloit digne de commiseration. Ilz s'efforcerent bien d'assaillir & rompre la cloison qui ceignoit toutes les murailles, à fin d'en chasser les garnisons & fuyr : mais voyans que ceux qui au parauant leur auoient esté loyaux ne comparoissoient aucunement, ilz s'enfuyrent chacun ou la necessité les conduisoit. Toutesfoys comme aucuns d'iceux se fussent aprochez, les vns annonçans que toute la muraille du costé d'Occident estoit abatué, les autres que les Romains estoient ia entrez & aprochoient, & plusieurs (qui auoient les yeux troublez de la crainte, & croyoient estre vray ce qui n'estoit pas) affermans auoir veu les ennemys dedans les tours, ilz se prosternerent tous la face contre terre, se complaignans de leur folie, & comme s'ilz eussent eu les iarretz coupez, ne pouuoient aucunement fuyr. En quoy aparut grandement la puissance de Dieu contre les meschans, & la bonne fortune des Romains, en ce que les tyrans eux mesmes se priuerét de leurs deffences & forteresses, & de leur gré abandonnerent les tours, desquelles aucune force du monde ne les pouuoit chasser que la faim. Mais les Romains, qui auoient tant trauaillé aux basses murailles, prindrent par le moyen de leur fortune

celles

DE LA GVERRE DES IVIFZ. Feuil. CCXV.

celles qu'ilz n'auoient peu forcer au parauant auec leurs engins : car les trois tours (dont nous auons cy deſſus fait mention)eſtoient trop puiſſan tes pour eſtre endommagées de leurs machines : toutesfois les abandonnans, ou(comme il eſt plus croyable) en eſtans chaſſez par la volonté de Dieu, fuyrent incontinent à la valée de Siloé, ou de rechef ayans repris haleine de la grande crainte qu'ilz auoient cuë, aſſaillirent de ce coſté le parc qui ceignoit la muraille : & vſans d'vne audace plus foyble qu'il ne leur eſtoit beſoin(eſtans rompuz de trauail, de crainte, & de calamité) furent repouſſez par les gardes : de ſorte que s'eſtans eſcartez les vns deçà les autres delà, s'allerent tapir dans les eſgouſtz . Ainſi les Romains faitz maiſtres des murailles, planterent leurs enſeignes deſſus les tours,& auec ioye, aplaudiſſement & chançons celebroient leur victoire, pour auoir trouué la guerre plus ayſée à la fin qu'ilz n'auoient fait au commencement.Finablement ayans gaigné ce mur ſans coup fraper, ne pouuoiēt bonnement croyre que ce fuſt le dernier:& voyans que perſonne ne reſiſtoit s'en eſmerueilloient comme de choſe eſtrange & non acouſtumée. Parquoy reſpanduz par les deſtroitz des ruës, les eſpées nuës, tuoient indifferemment tous ceux qu'ilz pouuoient prendre , bruſlans les maiſons uec tous ceux qui s'eſtoient retirez dedans, meſmes comme ilz en abatiſſent pluſieurs eſquelles ilz eſtoient entrez pour butiner, les trouuoient toutes pleines de mortz , & les familles entieres que la famine auoit conſommez : dont l'horreur de tel ſpectacle les faiſoit retourner les mains vuydes.Or combien qu'ilz euſſent compaſſion des treſpaſſez, ſi n'vſoiēt ilz toutesfois de ſemblable humanité enuers les viuans , ains trauerſans auec l'eſpée tous ceux qu'ilz rencontroient , & eſtoupans les ruës & trauerſes de corps mortz , remplirent tellement la cité de ſang que le feu en eſtoit eſtaint en diuers lieux : ſur le ſoir la tuerie ceſſoit , & la nuyt le feu s'augmentoit . Le huitieſme iour de Septembre venu , & la ville eſtant en feu, on cogneut qu'elle auoit autant enduré de maux & calamitez durant ce ſiege,comme elle auoit à bon droit receu de biens depuis le temps de ſa premiere fondation : & toutesfois n'y auoit choſe qui la rendiſt digne de tant de malheurs, ſinon qu'elle auoit produit la meſchante generation par laquelle elle fut ſubuertie & ruïnée . Titus donc, eſtant entré dedans, entre autres choſes s'eſmerucilla des fortereſſes & deffences de la cité , & des puiſſans rochers ſur leſquelz eſtoient baſties les tours que les tyrans auoient follement abandonnées.Dont contemplant la ſolide hauteur & grandeur d'icelles, & la ſubtile liaiſon de chacune pierre, auec leur largeur & hauteur . Certainement (diſt il) il eſt bien euident que nous auons combatu auec l'ayde de Dieu, & qu'autre que luy n'a fait ſortir les Iuifz de ces places fortes . Et quelle puiſſance d'hommes ou de machines y euſt peu rien profiter ? Telz & ſemblables propos tenoit lors Titus à ſes amysd,eliurant tous ceux qu'il trouua auoir eſté empriſonnez par les tyrans . Comme donc il fit raſer tout le demeurant de la cité , &

Oo   abatre

abatre les murailles, il voulut qu'on reseruast ces tours, pour tesmoignage & souuenance de la fortune, par le moyen de laquelle(qui auoit combatu auec luy)il auoit gaigné choses imprenables. Or pour autant que les soldatz se lassoient de tuer, & qu'il y en auoit encor beaucoup en vie, Cesar commanda de tuer seulement ceux qui seroient armez & se mettroient en deffence, & de pardonner au reste de la multitude. Toutesfois ilz ne laissoient de massacrer les vieillartz & debiles, auec ceux qui leur estoient comandez de tuer: seulement retiroient dedans le circuit du temple destiné aux femmes ceux qui estoient encor en fleur d'aage & qui pouuoient encor seruir de quelque chose: à la garde desquelz Cesar commist Fronto vn de ses affranchiz & bien aymez, pour auiser de la fortune qu'vn chacun d'eux auoit merité. Cestuy fit mourir tous les brigans & sedicieux selon qu'ilz s'acusoient les vns les autres : & ayant choisi quelques ieunes hommes de belle taille les garda pour le triomphe, & enuoya(de tout le reste de la multitude) ceux qui estoient au dessus de dix sept ans liez & garotez en Egipte, pour les faire seruir aux œuures publiques. Titus aussi en distribua plusieurs par les prouinces pour les exhiber es ieux & spectacles, & les faire combatre entr'eux & contre les bestes sauuages. Quant à ceux qui n'auoient encor attaint la dixseptiesme année ilz furent venduz. Durant ces iours que Fronto les separoit, il y en eut onze mil qui moururent de faim, partie par faute de viande qui ne leur estoit ministrée par les gardes qui les hayoient, partie pource qu'estans ennuyez de viure ilz ne vouloient prendre aucune viande. Or y en auoit il telle multitude qu'on auoit grande disette de bledz.

Du grand nombre tant d'occis
que de prisonniers.

Chapitre. XVII.

DE LA GVERRE DES IVIFZ. Feuil. CCXVI.

Il se trouua donc, que durant tout le temps de la guerre, on auoit pris iusques au nombre de quatre vingtz dix-sept mil prisonniers: & que durant le siege il en estoit bien mort onze cens mil : dont grande partie estoient bien de la nation des Iuifz, toutesfois ilz n'estoient pas du païs : car s'estans de toutes les parties de la terre assemblez au iour des Azimes, auoient à l'improuiste esté enuelopez de la guerre, & estans enclos dedans la ville, & le lieu se trouuant trop estroit pour tant de gens, furent premierement surpris d'vne peste, & plus soudainement encor de la famine. Or que la ville fust capable de si grande multitude, il estoit tout certain par ceux queCestius auoit nombrez:lequel voulant faire entendre àNeron(qui ne faisoit compte de ceste nation) la force & fleur en laquelle estoit pour lors la cité, pria les pontifes(si faire se pouuoit) de luy donner le nombre de toute la multitude. Parquoy venuë la feste de Pasques, lors que depuis neuf iusques à onze heures ilz tuent les bestes pour sacrifier (ce qui ne leur estoit loysible de faire qu'ilz ne fussent pour le moins dix de compagnie à en tuer vne, voyre aucunefois vingt, ne leur estant permis de manger seul) on trouua qu'il y auoit deux cens cinquante six mil cinq cens hosties : qui montent (a en compter seulement dix pour hostie) vingt-sept cens mil personnes tous sains & purifiez : car il n'estoit permis aux lepreux vitiligineux, ou ausquelz la semence decouloit, qu'on apelloit Gonoroïques, ny aux femmes ayans leurs moys, ou autres souillez ou vitiez, de participer aux sacrifice:non pas mesmes aux estrangers qui venoient là par deuotion,desquelz vne grāde multitude s'assembloit dehors. Et lors par vne destinée toute la gent fut enclose comme en vne prison,& la cité remplie de si grand nombre de gens se trouua assiegée.Parquoy le nōbre de ceux qui furent publiquement tuez,ou mis en seruitude par lesRomains, excede toute calamité, soit humaine ou diuine:car fouillans par les esgoustz & leuans les pierres qui les couuroient, tuoient tous ceux qu'ilz y trouuoient:& là en rencontrerent plus de deux mil, dont les vns s'estoiét eux mesmes tuez, les autres entretuez, & la plus grande partie estoit morte de faim. Entrans dedans les esgoustz,vne odeur puante les venoit saisir, qui faisoit que plusieurs s'en retournoient tout aussi tost.Les autres par vne couuoytise de se faire riches(voyans qu'on trouuoit plusieurs richesses dedans ces troux & cauernes) marchoient sur les taz des corps mortz & se fourroient là dedans, brief, le gaing faisoit que tout passage leur estoit licite.Plusieurs furent tirez de là y ayans esté emprisonnez par les tyrans qui ne pouuoient en telle extremité cesser d'estre cruelz.Mais Dieu punist & l'vn & l'autre selon qu'il auoit deseruy: car Iean pressé de famine dedans ces esgoustz auec ses freres, suplia en fin que les Romains le laissassent sortir à la fiance qu'il auoit tant de foys mesprisée. Et Simon ayant de grande force longuement resisté à la necessité (comme

Oo ii   nous

LE VII. LI. DE F. IOSEPHVS

nous dirons cy apres)se rendit. Dont l'vn fut reserué pour estre immolé au triomphe : & Iean fut condemné à perpetuelle prison. Quant aux Romains, ilz bruslerent les dernieres parties de la ville, & abatirent les murailles.

Sommaire & brief recueil de
toute l'histoire de Ierusalem.

Chapitre   XVIII.

EN ceste sorte fut prise la ville de Ierusalem le huitiesme iour du moys de Septembre, & l'an second de l'Empire de Vespasian. Or auoit elle bien esté au parauant prise par cinq foys, mais a ce coup elle fut entierement destruite & ruinée. Car combien qu'Asochée Roy d'Egipte, & depuis Antiochus, Pompée, & Sosius ioint auec Herodes l'eussent conquise, si est-ce toutesfois qu'ilz ne la destruirent pas. Bien est vray qu'au parauant le Roy des Babiloniens l'ayant conquise, l'auoit gastée & ruinée, mil quatre cens soixante huit ans & six moys apres qu'elle fut premierement edifiée. Le fondateur d'icelle fut le Prince des Chananéens, qui fut apellé en la langue du païs Roy iuste, pource que tel il estoit. Et pource fut il le premier qui exerça la prestrise deuant Dieu : & ayant fait bastir vn temple, apella Hierosolime celle qui au parauant s'apelloit Solime. Dauid Roy des Iuifz en ayant

ant

DE LA GVERRE DES IVIFZ. Feuil. CCXVII.

ant chassé les Chananéens la remplit d'abitans & cytoyens de son peuple:& quatre cens septante sept ans & six moys apres, elle fut destruite par les Babiloniens . Depuis le temps de Dauid(qui premier y regna des Iuifz) iusques au sac fait par Titus , y eut mil cent soixante dixneuf ans. Et depuis sa premiere fondation iusques à sa derniere prise y eut deux mil cent soixante dixsept ans. Mais ny l'antiquité, ny les grandes richesses , ny sa renommée espanduë par toute la terre, non pas mesmes la grand' gloire de sa religion , l'a peu sauuer qu'elle n'ayt esté destruite & abolie:& telle fut la fin du siege de Ierusalem.

Or depuis que les soldatz n'eu-

Icy commence le septiesme liure au Grec.

rent plus que tuer, ne quoy piller, Cesar voyant que toute matiere defailloit à ces courages eschauffez, & qu'ilz n'estoient pas pour eux espargner s'ilz eussent eu à quoy s'employer, leur commanda d'abatre le temple & la cité de fons en comble , excepté les tours qui aparoissoient par dessus toutes les autres, à sçauoir le Phasele, l'Hippique , & Mariamme, & la muraille qui fermoit la cité du costé d'Occident , à fin qu'elle seruist de rempar & forteresse à ceux qui demoureroient pour la garde des lieux. Et les tours tesmoignassent à la posterité quelle ville & quelle forte place auoit esté conquise par la prouësse des Romains . Quant à l'autre circuit de la cité, il le vous aplanirent si bien , que ceux qui y arriuoient à grand' peine pouuoient croyre que iamais il y eust eu habitation . Voylà donc la fin qu'eut la ville de Ierusalem par la folie de ceux qui se vouloient entremettre de changemens & nouueautez , qui fut ville entre autres tresillustre & renommée par toutes les nations.

Du salaire & recompense des

soldatz.

Chapitre   XIX.

Esar donc delibera de laisser la dixiesme legion en garnison,& quelques compagnies de cheuaux,& bandes de gens de pied . Et voyant toute ceste guerre entierement acheuée , enuye luy prist, tant de louër & extoller tous ceux de l'armée , pour s'estre si vaillamment portez, que de recompenser les plus gens de bien du salaire qui à bon droit leur estoit deu : & ayant pour ceste cause fait dressé vn grand tribunal deuant le fort du camp, y monta, auec les principaux seigneurs de sa compagnie:ou estant debout en lieu eu plus ay-

Oo iii   sément

LE VII. LI. DE F. IOSEPHVS

féement il pouuoit eftre entendu de tous les foldatz, les remercia bien
, fort du bon vouloir qu'ilz auoient perfeueré de luy porter: les louant de
, ce qu'en toutes guerres ou ilz s'eftoient trouuez, auoient toufiours efté
, obeiffans à luy, & combatans, auoient monftré leur prouëffe & vaillance
, en vne infinité de grans perilz & hazardz, amplifians d'eux mefmes
, l'Empire de leur pais, & faifans cognoiftre à tout le monde que ny la
, multitude des ennemys, ny les garnifons & fortereffes des regions, ny la
, grandeur des citez, ny l'audace imprudente & mal auifée, ny la cruauté
, des inhumains aduerfaires auoient puiffance d'eux fauuer des forces &
, mains des Romains: encor qu'aucuns en plufieurs chofes ayent efté fauo-
, rifez de la fortune. Difoit auffi qu'à la verité c'eftoit chofe honnefte à
, eux d'auoir mis fin à la guerre qui auoit par fi long temps duré, laquelle
, auoit eu telle yffuë que mefmes des qu'il entreprift de faire la guerre il
, ne l'auoit point fouhaitée meilleure. Mais qu'encor eftoit chofe beau-
, coup plus honorable & magnifique à eux que les feigneurs Romains &
, adminiftrateurs de l'Empire, pour l'eftime qu'ilz auoient de leur iuge-
, ment, leur faifoit bien ceft honneur que d'aprouuer & receuoir ceux
, qu'ilz auoient declarez, & enuoyez pour Empereur, iufques à leur ren-
, dre graces de l'election qu'ilz en auoient faite. Que tous les aymoit &
, admiroit, ne s'eftant trouué vn feul entr'eux qui iamais fe foit monftré
, moins deliberé que fa force & puiffance le requeroit: toutesfois qu'il vou
, loit bien recompenfer d'honneurs & de prefens ceux qui par leur gran-
, de force auoient combatu plus vaillamment, & honoré leur vie d'actes
, hautz & vertueux, rendans cefte guerre plus noble & illuftre par le
, moyen du grand denoir qu'ilz auoient fait ne pouuát fouffrir que celuy
, qui auoit plus voulu trauailler qu'vn autre fuft fruftré de fa recompen-
, fe meritée: à quoy il auoit deliberé de regarder trefdiligemment: ayant
, plus d'enuye d'honorer les vertuz de ceux qui auoient efté compagnons
, de fa guerre, que de punir les fautes qu'ilz pouuoient auoir faites. Celà
dit, commanda tout auffi toft à ceux qui auoiét telle charge, de nommer
ceux qu'ilz eftimoient auoir fait quelque acte de prouëffe en cefte guerre. Et les ayant apellez chacun par fon nom les louoit en leur prefence
comme celuy qui fe refiouïffoit vn peu trop de fa profperité. Ce fait leur
mettoit les coronnes d'or fur la tefte, & leur faifoit prefens de chaines
d'or, & de longues picques & ymages faites d'argent, auançant vn chacun d'eux, & luy donnant lieu & degré plus honorable qu'au parauant:
mefmes leur diftribuoit en abondance or & argent des defpouilles &
auffi des veftemens, & autres chofes du butin. Au moyen dequoy, ayant
chacun recompenfé felon fon merite, & fait fes veux & prieres auec toute l'armée, defcendit auec grande faueur & aplaudiffement, & voulut
facrifier pour la victoire qu'il auoit obtenuë. Ayant donc fait amener
grande multitude de beufz autour des autelz, & iceux immolez & fa-
crificz, en fit vn feftin à toute l'armée: & s'eftant refiouy par l'efpace de

trois

trois iours auec les principaux & plus honorables, enuoya chacun des gensdarmes au lieu ou il estoit ordonné, & retint la dixiesme legion pour la garde de Ierusalem, sans la renuoyer outre l'Euphrate, ou au parauant estoit sa garnison. Mais se souuenant que la douziesme legion s'estoit laissé vaincre par les Iuifz, souz la conduite de Cestius, la fit sortir de Sirie: & combien qu'anciennement sa garnison fust es Raphanées, l'enuoya pour lors à Melite qui est prochaine d'Euphrate, sur les limites d'Armenie & Capadoce: estimant qu'il auroit assez de la cinqiesme & quinziesme legions iusques à ce qu'il fust en Egipte. Parquoy, estant descendu en la maritime Cesarée auec son armée, y mist en seureté vne grande quantité des despouilles, & commanda que les prisonniers y fussent gardez, pource que l'hyuer empeschoit de passer en Italie.

Comme Vespasian passa la mer

pour retourner à Rome. De la prise de Simon, & des ieux & spectacles qui furent faitz à la celebration du iour de la natiuité de Vespasian.

Chapitre XX.

Oo iiii Pendant

LE VII. LI. DE F. IOSEPHVS

Endant le temps que Titus Cesar tenoit le siege deuant la ville de Ierusalem, Vespasian estant en vn nauire marchand, passa d'Alexandrie à Rhodes: de là, estant porté sur galeres, & ayant visité toutes les citez par ou il passoit, & d'icelles esté receu auec vœux & aclamations de ioye, passa en Grece. Depuis, partát de Corcyre, fut porté à Iapygie : d'ou il commença à prendre son chemin par terre. Mais Titus, estant retourné de la Cesarée maritime, arriua en l'autre Cesarée qui se nomme Philipes, là ou il demeura fort long temps, faisant celebrer toutes sortes de ieux & spectacles : esquelz plusieurs des captifz furent tuez, estans les vns presentez pour combatre contre les bestes sauuages, & les autres contrains de combatre entre eux en troupes, ne plus ne moins qu'eussent fait des ennemys. Là il fut auerty que Simon filz de Girras auoit esté trouué en la maniere qui s'ensuyt. Simon durant le siege de Ierusalem auoit eu charge de la haute ville: & voyant que l'armée auoit forcé les murs, & commençoit à saccager la cité, assembla les plus feaux de ses amys, & quelques maçons & quarriers garnis de marteaux & ferremens propres à telle necessité, & ayant fait prouision de viures pour vn long temps, descendit auec eux en vn des plus cachez & secretz esgouftz de la cité, marchant tousiours en auant iusques a ce qu'ilz trouuerent le bout de ceste cauerne: ou ayans rencontré visage de pierre commencerent à creuser & fouyr, esperans que s'ilz penetroient plus auant ilz pourroient trouuer yssuë en quelque lieu de seureté, & eux sauuer en ceste sorte. Mais le danger monstra assez que telle attente n'estoit pas vraye ny asseurée: car les fouysseurs auoient à peine caué vn bien peu quand les viures (encor qu'ilz en vsassent bien petitement) leur commencerent à faillir. Dont Simon, pensant qu'il pourroit deceuoir les Romains & leur faire paour, s'estant habillé d'vne robe blanche agraphée, & d'vn manteau de pourpre, va aparoir sortant de terre au lieu ou le temple auoit esté au parauant. Au commencement ceux qui le virent se trouuerent tous estonnez & esperduz, toutesfoys ilz ne se bougerent: & peu apres s'estans aprochez plus pres luy demanderent qui il estoit : ce que Simon ne leur voulut declarer, ains leur commanda de luy faire venir le chef de l'armée. Au moyen dequoy allerent aussi tost querir Terentius Ruffus, auquel la charge de l'armée auoit esté laissée : lequel ayant sceu toute la verité de Simon, le garda lié & prisonnier, faisant entendre à Cesar comme il auoit esté trouué. Et voylà comme Dieu en vengence de la cruauté dont Simon auoit inhumainement & tyranniquement vsé enuers ses citoyens, le reduist en la puissance de ses ennemys, desquelz il estoit extremement hay : non que de force il ayt esté mis en leurs mains, mais de son gré se vint rendre & offrir à la mort. Or en auoit il cruellement fait tuer vn grand nombre, leur imposant plusieurs crimes faux & controuuez, & entre autres qu'ilz auoient deliberé d'eux aller rendre

aux

DE LA GVERRE DES IVIFZ. Feuil. CCXIX.

aux Romains. Mais la meschanceté ne peut eschaper l'ire de Dieu, & sa iustice ne demeure point sans effet, ains par succession de temps se venge de ceux qui la violent & les punit plus aygrement, lors qu'ilz se penssent estre deliurez & eschapez pour n'auoir receu leur payement sur le champ. Ce que Simon aprist à ses despens, quand il fut tombé entre les mains des Romains courroucez. Ceste saillie qu'il fit de la terre fut cause qu'on trouua en ce mesme temps vn grand nombre de sedicieux entre les esgouftz. Aussi tost que Cesar fut retourné de Cesarée maritime, on luy presenta Simon ainsi lyé qu'il estoit : parquoy commanda qu'on le gardast pour assister & estre mené comme captif le iour qu'il triompheroit à Rome. Et ayant quelque temps seiourné là, celebra le iour natal de son frere en grâde solemnité: y employant (pour luy faire honneur) gran de partie des condemnez : desquelz demoura sur la place plus de deux mil cinq cens, tant de ceux qui combatirent contre les bestes, que de ceux qui furent bruslez, ou ensemble s'entretuerent. Et bien qu'on les fist mourir en mile sortes, si sembloit il toutesfois aux Romains que la punition n'en estoit suffisante. Apres cela, Cesar vint à Baruth (qui est vne cité de la prouince de Phenicie & colonie des Romains) ou aussi il demeura long temps: & vsa de plus grandes solemnitez en la celebration du iour natal de son pere, tant en magnificence de ieux & spectacles, qu'autres despences & somptuositez : ou aussi y eut plusieurs captifz qui perirent en la mesme sorte qu'auoient fait les autres au parauant.

Des maux & grandes calamitez

que receurent les Iuifz en Antioche.

Chapitre   XXI.

Auint

LE VII. LI. DE F. IOSEPHVS

A Vint, durant ce temps, que le reste des Iuifz qui estoiēt demeurez en Antioche tomberent en griefz & perilleux dangers, s'estant la ville d'Antioche mutinée contre eux, tant pour les forfaitz presentement commis dont ilz les chargeoient, que pour quelques autres perpetrez peu au parauant. Dont m'a semblé necessaire repeter vn peu cecy de loing, à fin que par ce que nous dirons icy, on puisse plus clerement entendre ce qui est auenu depuis. La nation des Iuifz naturelz est espanduë en beaucoup de païs & regions : & entre autres est meslée auec les Siriens à cause du voysinage : & principalement demouroient en Antioche, tant pource que la ville estoit grande, que pource que les Roys qui auoient esté depuis Antiochus leur auoient donné permission d'y habiter en toute liberté & franchise. Car Antiochus surnommé Epiphanes ayant destruit Ierusalem, auoit aussi pillé le peuple. Mais les Roys qui luy succederent rendirent aux Iuifz d'Antioche tous les presens de fonte qui auoient esté pris, qui furent dediez en leur sinagogue. Et outre, leur permirent d'habiter en Antioche auec tout tel droit & priuilege qu'auoient les Grecz. Les Roys qui vindrent apres, les traiterent en la mesme sorte, tellemēt qu'ilz s'acreurent en merueilleuse multitude, & rendirent le temple plus illustre par leurs presens & magnificence, & attirans à leur loy & religion grand nombre de payens les firent comme vne portion & partie d'eux. Or au temps que la guerre fut publiée, & que Vespasian fut nouuellement arriué par mer en Sirie (auquel temps les Iuifz estoient mal vouluz de tout le monde) il y eut vn d'entre eux nommé Antiochus (fort estimé & honoré à cause de son pere qui estoit Prince des Iuifz en Antioche) lequel voyant le peuple d'Antioche assemblé

au

DE LA GVERRE DES IVIFZ. Feuil. CCXX.

au theatre, s'auançant au meilleu d'eux, vint à acuser son pere & les autres Iuifz. leur mettant faucement assus qu'ilz auoient deliberé en vne nuit de mettre le feu en la ville. Ce fait, leur liura quelques Iuifz qui estoient arriuez de dehors, comme coupables & participans de ceste entreprise. Ces choses entenduës, le peuple ne peut contenir son courroux, & ayant commandé qu'on aportast du feu, fit brusler dedans le theatre ceux qui auoient esté liurez : puis en grande diligence delibererent se ruer sur le reste de la multitude : estimans que s'ilz les pouuoient soudainement punir & oprimer que leur païs seroit à seureté. Antiochus les voulant encor plus enflammer, & pensant que s'il sacrifioit à la mode des Payens, celà donneroit tesmoygnage tant du changement de volonté & de religion, que de hayne qu'il portoit aux Iuifz, sacrifia, & commanda qu'on contraignist les autres de faire le semblable : asseurant que ceux qui en firent refuz estoient espies & insidiateurs manifestes. Ce qu'estant esprouué par le peuple d'Antioche, trouuerent peu de Iuifz qui s'y voulussent consentir, les autres qui se tindrent fermes furent tuez. Donques Antiochus, ayant obtenu quelque nombre de gensdarmes du capitaine Romain, persecutoit plus inhumainement ses citoyens, ne leur permettant garder le repos le iour du Sabat, ains les contraignant de labourer, & faire tout ce qu'ilz eussent fait vn autre iour. Enquoy leur vsa de telle rigueur & contrainte, que non seulement les feries du septiesme iour furent abolies en Antioche, mais de ce commencement les autres villes en peu de temps furent reduites à faire le semblable. Ayans les Iuifz enduré tous ces maux en Antioche, voicy qu'vne nouuelle calamité les va de rechef assaillir : pour laquelle mieux donner à entendre, nous auons bien voulu premettre les choses cy deuant dites : & voicy comme le cas auint. Ayant de fortune le marché quarré esté bruslé, auec les archiues & coffres ou estoient les lettres, tiltres & enseignemens publiques, & quelques palais & belles maisons, tant qu'à peine peust on faire que la ville ne fust toute bruslée : Antiochus va incontinent donner à entendre aux Antiochiens qu'autres que les Iuifz n'auoient brassé ceste menée. Les Antiochiens (qui sans l'ancienne haine qu'ilz portoient aux Iuifz pouuoient en ce tumulte de feu facilement estre esmeuz par ceste nouuelle calamité) furent facilement induitz, veu les choses au parauant auenuës de prester plus de foy aux parolles de ce paillard : de sorte qu'ilz se persuadoient quasi auoir veu mettre le feu par les Iuifz, & comme s'ilz eussent esté surpris d'une furie, se ruerent si impetueusement sur ceux qui estoient acusez, qu'à peine ce tumulte peut estre apaisé par le collegue du gouuerneur de la prouince (encor ieune homme) lequel prioit qu'on luy donnast temps d'auertir l'Empereur de ce qui estoit auenu. Or auoit Vespasian ia enuoyé Cesennius Petus en Sirie, pour en estre gouuerneur, lequel toutesfois n'y estoit encor arriué. Au moyen dequoy, ayant son collegue fait diligente inquisition du fait, en trouua toute la verité, sans qu'aucun

de

de ceux qu'Antiochus auoit acufez fuft trouué coupable: ayant ce crime efté commis par ie ne sçay quelz paillardz qui craignoient eftre pourfuyuis de leurs debtes: & auoiét opinion que si le lieu du playdoyer, & le greffe des papiers & regiftres publiques eftoient bruflez, il n'y auroit plus aucun moyen de les contraindre ou pourfuyure en iugement. Les Iuifz voyans leurs acufations fufpenduës & indecifes, & attendans quelle fortune leur auiendroit, demouroient ce pendant en vne merueilleufe crainte.

L'entrée de Vefpafian à Rome,
& du recueil qui luy fut fait à fon retour par les Romains.

Chapitre XXII.

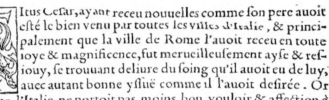

Itus Cefar, ayant receu nouuelles comme fon pere auoit efté le bien venu par toutes les villes d'Italie, & principalement que la ville de Rome l'auoit receu en toute ioye & magnificence, fut merueilleufement ayfe & refiouy, fe trouuant deliure du foing qu'il auoit eu de luy, auec autant bonne yffuë comme il l'auoit defirée. Or eft-il que toute l'Italie ne portoit pas moins bon vouloir & affection à Vefpafian en fon abfence que s'il euft efté prefent: & prenoient l'attente de fon aduenement pour fa venuë mefmes, pour le grand defir qu'ilz auoient de le voir: eftant leur affection & bienueillance enuers luy franche, & fans aucune contrainte ou necefsité. Car en premier lieu, le Senat bien recors des calamitez furuenuës par la mutation de tant de Princes, defiroit ceft Empereur honorable, tant pour fa vieilleffe, que la maturité de fes proueffes & actes belliqueux: la prefence duquel il cognoiffoit ne fe pouuoir adonner qu'au feul falut & profit de fes fuietz. Et le peuple foucieux & preffé de tant de maux inteftins, auoit encor plus grand' enuie de fa venuë, eftimant qu'alors, pour certain, il feroit deliuré de toutes fes miferes & calamitez, & recouureroit fa premiere liberté auec tous fes biens & anciennes poffefsions. Principalement les foldatz & gens de guerre auoient fort grande attente en luy: lefquelz cognoiffans mieux que les autres la grandeur & confequence des guerres qu'il auoit mifes à fin, & ayans efprouué l'inexpertife & lafcheté des autres Empereurs, defiroient grandement eftre deliurez de fi grande infamie, & prioient qu'on receuft celuy qui feul les pouuoit garder & remettre en honneur & reputation. Eftant donc ainfi aymé & bien voulu de tout le monde, il fembloit aux principaux de la ville qu'ilz tardoient trop à luy aller faire le reuerence, & fans auoir la patience d'atendre qu'il fuft arriué fe hafterent

DE LA GVERRE DES IVIFZ. Feuil. CCXXI.

rent de luy aller au deuant, & le receuoir bien loing de la ville de Rome. Le reste du peuple aussi impatient & enuyeux de le voir, sortirét tous à la foule dehors, estimans chose plus aysée de marcher & aller au deuant, que de là demeurer & l'atendre. Et ainsi lors premierement la cité se sentit comme pauure & desnuée d'hommes, d'autant qu'il en estoit beaucoup plus sorty dehors que demeurez dedans. Mais quand on fut auerty qu'il aprochoit, & de quelle humanité il auoit receu ceux qui s'estoient les premiers auancez, tout le reste de la commune estoit à l'atendre par les chemins, auec femmes & petitz enfans : & quelque part qu'il passast, ilz tesmoignoiét en toutes sortes auec voix & aclamations, l'enuye qu'ilz auoient de voir la douceur & gratieuseté de sa face, l'apellans protecteur & saluateur, & seul digne d'estre Prince & Empereur des Romains. Toute la cité sembloit estre vn téple, tant estoit remplie de fleurs & de choses odoriferentes. Estant donc Vespasian à grand' peine arriué au palais pour la multitude qui estoit autour de luy, sacrifia aux Dieux domestiques & familiers pour les remercier de son aduenement & reception. Quant à la commune elle se tourna à faire bonne chere : & s'assemblans par tribuz, parentages, & voisinages pour faire festins & banquetz, sacrifioient à Dieu, & le prioient de maintenir longuement Vespasian en l'Empire Romain, & semblablement son filz & ceux qui sortiroient de leur race en ceste principauté, & leur garder sauue & inexpugnable. Estant Vespasian ainsi receu, la ville de Rome commença à croistre & fleurir en tous biens & prosperité.

Les faitz & gestes de Domitian
contre les Alemans & Gauloys.

Chapitre　　　　XXIII.

Pp　　　　Quelque

LE VII. LI. DE F. IOSEPHVS

Velque temps au parauant que Vespasian arriuast en Alexandrie, & que Titus eut assiegé Ierusalem, la plus grande partie des Alemaignes se reuolta, auec lesquelz conspirans quelques Gaulois leurs voysins, leur auoient donné grande esperance de se pouuoir deliurer du ioug, & soustraire de sa puissance & seigneurie des Romains. Quant à ce qui induisit les Alemans à la reuolte, & à faire la guerre, fut premierement leur naturel desgarny de bon sens (ayans acoustumé d'eux hazarder souz esperance tant petite soit elle) & auec cela la hayne qu'ilz portoient aux Princes: sçachans que leur nation n'auoit peu estre asseruie par autres que par les Romains: ioint aussi que la disposition du temps leur donna quelque asseurance de pouuoir bien faire leurs besongnes. Car voyans l'Empire Romain troublé d'vne sedition intestine par tant & si frequens changemens d'Empereurs, & que ceste partie de la terre qui leur estoit suiette branloit, & promettoit quelque remuëment de mesnage, estimerent meilleur temps ne se pouuoir offrir, que celuy auquel les Romains estoient affligez de discordes & aduersitez. Ceux qui leur mettoient cecy en teste, & les abusoient de ceste esperance, estoient deux des plus puissans du païs, l'vn nommé Classicus, l'autre Bitullus, qui de long temps ne demandoient que nouueautez & changemens des choses: lesquelz voyans l'occasion si à propos, vindrent incontinent à declarer ce que de long temps ilz auoient sur le cueur. Et ia estoient sur le point de faire preuue de ceste multitude qui leur estoit tant affectionnée, ayant la plus part des Alemans promis d'eux reuolter, & la reste parauenture n'y contrariant, quand Vespasian, conuié par vne diuine prouidence, enuoya lettres à Petilus Cerealis (au parauant gouuerneur de l'Alemai-

DE LA GVERRE DES IVIFZ. Feuil. CCXXII.

l'Alemaigne)par lesquelles il le declaroit Consul,& luy commandoit de passer en Angleterre, pour en prendre le gouuernement. Lequel estant prest à partir,suyuant ce mandement, & ayant entendu que les Alemans s'estoient reuoltez, les assaillit comme ilz estoient ia en campagne, & en ayant fait grande boucherie, leur aprist à estre vne autre fois plus sages. Mais encor que Cercalis n'eust point esté en ces lieux, si ne pouuoient les Alemans longuement tarder à estre punis. Car aussi tost que la nouuelle de le rebellion fut venuë à Rome, Domitian Cesar (encor qu'il fust fort ieune)l'ayant entendu,ne fit point ce qu'eust fait vn autre de pareil aage, & ne recula point à faire entreprise de si grande importance : ains tenant naturellement de la force & vertu paternelle,& plus exercé que l'aage ne portoit,voulut incontinent marcher contre ces Barbares.Lesquelz estonnez de la renommée d'vne telle expedition, se rendirent à sa mercy : en quoy ilz firent tel gain, que sans aucune deffaite de leurs gens ilz furent remis souz le premier ioug & seruitude. Estans donc toutes choses apaisées & bien ordonnées en Gaule, de sorte qu'aisement elle ne pouuoit de rechef tomber en troubles, Domitian, illustre & glorieux, pour ses entreprises plus hautes que l'aage ne le portoit, & honorables à son païs, retourna à Rome.En ce mesme temps l'audace des Scythes s'acorda aussi à la reuolte des Alemans.Car ayans les Sarmates(gens cruelz & violens) en grande compagnie secrettement passé le fleuue Ister, tuerent à l'impourueu plusieurs Romains qui estoient es garnisons : & entre autres Fonteius Agrippa lieutenant du Consul, qui les ayant euz à la rencontre auoit fort vaillamment combatu. Ce fait coururent les prochaines regions, pillans, emportans, & bruslans tout par ou ilz passoient. Dequoy Vespasian estant auerty & que la Mysie auoit esté pillée, enuoya Rubrius Galus pour les chastier:lequel en ayant occis plusieurs en bataille, les autres qui se peurent sauuer s'en refuyrent en grãde crainte en leurs maisons. Ceste guerre finie, le chef de l'armée, voulant donner ordre pour le temps à venir, renforça les garnisons de là entour : de sorte qu'il fut impossible aux Barbares de plus y passer. Voylà auec quelle diligence fut combatu en Mysie.

Des merueilles de la riuiere nom-

mée Sabbatique:& des somptuositez & magnificences qui furent faites au triomphe de Vespasian & Titus.

Chapitre   XXIIII.

Pp ii   Le

LE VII. LI. DE F. IOSEPHVS

E prince Titus (comme nous auons dit cy deſſus) ſeiourna quelque temps à Baruth, d'ou retournant, & exhibant pluſieurs magnifiques ieux & ſpectacles par toutes les villes de Syrie ou il paſſoit, abuſoit des Iuifz priſonniers pour monſtre & oſtentation de leur ruïne & calamité. Sur le chemin il trouua vn fleuue, fort digne duquel on face mention. Ce fleuue paſſe entre les Arces & Raphanées, qui ſont deux villes du Royaume d'Agrippe, & a en ſoy vne merueille fort ſinguliere: car comme il ayt grande abondance d'eau quand il fluë, & court aſſez roydement, touteſfois ſe tariſſans les ſources par l'eſpace de ſix iours, monſtre le canal tout ſec iuſques au ſeptieſme iour: auquel (comme s'il n'y euſt eu aucune mutation) il ſe monſtre tel qu'au parauant: & a lon cogneu par certaine experience, que touſiours il garde & entretient ceſt ordre. Au moyen dequoy il eſt auſſi apellé Sabbatique, à cauſe du ſeptieſme iour que les Iuifz tiennent pour ſacré & ſantifié. Le peuple donc d'Antioche, eſtant auerty que Titus arriuoit, fut ſi reſiouy qu'il ne peut plus demourer dedans la ville, ains s'auançant d'aller au deuant de luy iuſques à plus de trente ſtades loing, on voyoit non ſeulement les hommes, mais auſſi les femmes & petis enfans eſtre là à attendre ſa venuë: leſquelz le voyans arriuer, s'ouuroient & ſerroient de chacun coſté du chemin, & le ſaluans luy tendoient les mains: & finablement s'eſiouiſſans, & luy monſtrans tous ſignes de faueur, s'en retournoient auec luy droit à la ville. Or parmy les louanges qu'ilz diſoient de luy ilz le prioyent ſouuent de chaſſer les Iuifz de leur cité. A quoy Titus n'acordoit aucunement, ains eſcoutoit ce qu'ilz diſoient quaſi comme ſans y penſer. Dont les Iuifz incertains de ſa penſée, & de ce qu'il auoit deliberé de faire, ſe trouuoient en vne eſtrange & faſcheuſe perplexité. Titus donc eſtant arriué en Antioche n'y fit aucun ſeiour, ains auſſi toſt print ſon chemin à Zeugme tirant à la riuiere d'Euphrate: ou le Roy des Parthes Vologeſus luy enuoya ambaſſadeurs auec vne coronne d'or pour luy gratifier de la victoire qu'il auoit euë ſur les Iuifz: laquelle ayant receuë fit vn feſtin aux ambaſſadeurs du Roy & s'en retourna en Antioche. Dont comme le Senat & peuple d'Antioche le priaſt affectueuſement d'entrer au theatre, ou toute la multitude l'atendoit, il s'y accorda fort humainement. Parquoy comme ilz le priaſſent de rechef treſinſtamment que les Iuifz fuſſent chaſſez de leur cité, il leur reſpondit de fort bonne grace, que leur païs auquel on les deuoit chaſſer eſtoit ruïné, & qu'il n'y auoit aucun autre lieu ou ilz peuſſent eſtre receuz. Au moyen dequoy les Antiochiens, voyans qu'ilz n'auoient peu impetrer leur premiere demande, vindrent à luy en faire vne autre: le priant de caſſer & annuller les tables d'arain eſquelles eſtoient engrauez les priuileges qui auoient . eſté donnez aux Iuifz. Ce que pareillement il leur refuſa: & laiſſant les affaires des Iuifz en Antioche en l'eſtat auquel elles eſtoient, s'en alla de

là en

DE LA GVERRE DES IVIFZ. Feuil. CCXXIII.

là en Egipte . Comme donc en paſſant chemin il fuſt venu en Ieruſalem, & conferaſt ceſte triſte ſolitude & deſolation à l'ancienne gloire &
nobleſſe de ceſte cité, ſe recordant de la grandeur, ſomptuoſité & beauté qu'auoient iadis eu ces baſtimens ruïnez, auoit compaſſion de la deſtruction d'icelle, ne s'eſiouïſſant aucunement(comme euſt fait vn autre)
d'auoir deſtruit vne ville ſi braue, ains pluſtoſt maudiſſant & priant que
mal auint aux autheurs de la ſedicion qui l'auoient contraint d'en prendre ſi grieue punition . En quoy il donnoit bien à cognoiſtre qu'il euſt
bien voulu ſa gloire eſtre illuſtrée par autre moyen que par la calamité
des pauures puniz & afligez . Des grandes richeſſes qui y auoient eſté ſe
trouuoit encor vne partie parmy les ruïnes: dont les Romains en tircrent
quelque portion,&le reſte leur fut enſeigné par les captifz: de ſorte qu'ilz
en emporterent or, argent, & autres meubles treſprecieux, que ceux auſquelz ilz apartenoient (doutans l'euenement incertain de la guerre) a-
uoient caché dedans la terre . Titus pourſuyuant ſon chemin en Egipte,
& ayant paſſé le deſert en merueilleuſe diligence, vint à Alexandrie, ou
s'eſtant deliberé de paſſer en Italie, renuoya les deux legions qui l'acompagnoient au lieu d'ou elles eſtoient venuës : à ſçauoir la cinqieſme en
Myſie, & la quinzieſme en Hongrie . Ce fait commanda que les deux
priſonniers Simon & Iean, & autres Iuifz eſleuz iuſques au nombre de
ſept cens des plus beaux, plus puiſſans, & mieux fourniz fuſſent incontinent tranſportez en Italie, ayant enuye de les faire marcher au triom-
phe.Ayant donc paſſé la mer ſans fortune,& ainſi qu'il le deſiroit,la ville de Rome ne fut pas moins affectionnée à le bien recueillir qu'elle a-
uoit eſté enuers ſon pere, & luy alla auſi au deuant.Mais ce qui annoblit
& honora grandement la venuë de Titus, fut que ſon pere luy alla (luy
meſmes) au deuant, & le receut : & les citoyens ſe trouuoient comme en
vne diuine ioye, voyans les trois aſſemblez en vn . Peu de iours apres ilz
delibererent de faire vn triomphe commun,pour les entrepriſes & hautz
faitz d'armes qu'ilz auoient mis à execution, encor que le Senat en euſt
decerné à chacun d'eux vn particulier. Parquoy ayans aſſigné le iour auquel ſe deuoit celebrer la pompe de la victoire, il n'y en eut pas vn de
toute l'infinie multitude de la cité qui demeuraſt à la maiſon.Mais eſtans
tous ſortiz dehors auoient choiſi des places ou ſeulement ilz pouuoient
demeurer debout, laiſſans autant d'eſpace comme il leur en eſtoit beſoing pour voir paſſer les Empereurs . Ainſi commançans les troupes des
genſdarmes(chacune conduite de ſes capitaines) à ſe mettre en ſon reng
& ordre,des auant le poinct du iour:& eſtans ordonnées contre les portes
(non du palais d'enhaut mais pres le temple de la déeſſe Iſis, ou les
Princes s'eſtoient repoſez celle nuit)Veſpaſian & Titus corennez de laurier, & veſtuz de robes de pourpre à la façon du païs, commencerent à
marcher des l'aube du iour,& paſſerent iuſques aux galeries d'Octauius,
ou le Senat, les principaux, capitaines, & cheualiers plus honorables

Pp iii   atten-

LE VII. LI. DE F. IOSEPHVS

attendoient leur venuë. Deuant ceste galerie y auoit vn tribunal esleué, & au dessus des chaises d'yuoire toutes prestes, ou estans montez les Princes s'asirent. Et lors les soldatz commencerent à monstrer tous signes de ioye & faueur, publians la vertu de ces Princes par plusieurs tesmoignages. Et lors estoient sans armes, & tous habillez de soye & coronnes de laurier. Vespasian ayant entendu les louanges qu'ilz luy donnoient, & oyant ceux qui estoient pres luy en dire d'auantage, leur fit signe qu'ilz se teussent. Au moyen dequoy s'estant fait vne grande silence vint à couurir grand' partie de sa teste auec son acoustrement, puis firent luy & Titus les vœuz & sermens acoustumez, lesquelz acheuez, Vespasian, ayant à tous sommairement & en general tenu quelque propos, enuoya les soldatz au banquet que tout Empereur selon la coustume est tenu de leur faire: & de sa part se retira à la porte triomphale, ainsi apellée à cause que par icelle la pompe de triophe a tousiours de coustume de passer. Là premierement auoient acoustumé de prendre leur repas, & estans vestuz d'habitz triomphans, & ayans immolé vne hostie aux Dieux colloquez sur ceste porte, passant à trauers les theatres conduysoient là le triomphe à fin que la multitude le peust voir plus à son ayse. Or n'est-il pas possible de racompter la multitude ny la magnificence de ces spectacles ainsi qu'ilz le meritent, soit en subtilité d'inuention ou artifice, ou en toutes sortes de richesses ou nouueauté de nature : car tout ce que les hommes qui furent iamais riches & heureux auoient peu amassé peu à peu d'admirable & magnifique, ces choses monstrerent ce iour tout à vn coup la grandeur & maiesté de l'Empire Romain. Car à voir la grande quantité d'or, d'argent, & d'yuoire mise en toutes sortes d'ouurages, on n'eust pas pensé que celà eust esté porté comme en vne pompe, mais par maniere de dire eust creu que tout y couloit & desbordoit en abondance. Entre autres choses on portoit des robes de la plus rare & exquise espece de pourpre qu'on eust iamais veu, & d'autres aussi diuersiées de plusieurs couleurs en art babilonique. Quant aux pierres precieuses il y en auoit vne infinité d'excellentes, les vnes enchassées en coronnes d'or, les autres employées en diuers ouurages, tellement que nous congneusmes que pour neant nous auions estimé les choses estre rares & malaisées à recouurer. On portoit aussi quelques simulachres qu'ilz estiment leurs Dieux, de grand & laborieux artifice, dont n'y auoit riens qui ne fust d'excellente & precieuse matiere : mesmes monstroient diuerses sortes d'animaux couuertz de leurs propres ornemens. Toutes lesquelles choses estoient portées par vne grande multitude d'hommes vestuz de robes de pourpre & dorées. Pareillement ceux qui auoient esté choisis pour la monstre auoient habitz merueilleusement magnifiques, outre lesquelz n'y auoit pas les plus contemptibles des prisonniers qui ne fust brauement acoustré: de sorte que la diuersité & beauté de leurs vestemens leur faisoit perdre ceste deformité qu'ilz auoient acueillie de fascherie &

ennuy.

DE LA GVERRE DES IVIFZ. Feuil. CCXXIIII.

ennuy . Mais ce qui plus eftonnoit le monde eftoit la fabrique & pourtraitz des villes conquifes que lon portoit: lefquelz eftoient de telle gran
deur que les afsiftans qui fe trouuerent aupres de ceux qui les portoient
craignoient qu'ilz fuffent affez fortz pour les fouftenir, d'autant que plufieurs auoient trois & quatre ftades , dont la magnificence de la fabrique
donnoit plaifir auec l'admiration aux regardans . Et y en auoit grand
nombre couuertes de pierres & de drap d'or . Mais à toutes y auoit or &
yuoire mis en œuure afiché là par diuerfes imitations , vne guerre eftoit
icy reprefentée en vne forte, & là en vne autre, môftrant à la verité côme
tout eftoit auenu. Car vous eufsiez peu voir vne terre heureufe & fertile,
gaftée & ruïnée:vous y eufsiez veu les armées ennemyes entierement facager, les vns fuyans, les autres eftans menez prifonniers : vous y eufsiez
recogneu les murailles excellentes en grandeur, eftre abatuës des machines, les tours des chafteaux rafées, les murailles des groffes & populeufes
citez renuerfées , & les armées entrans à la foulle au dedans, tout s'y re-
prefentoit plein de fang & de tuerye, fe venans reprefenter à l'œil les
prieres de ceux qui ne pouuoient refifter . Vous eufsiez dit proprement
que voyez le feu dedans les temples, apres grand degaft les maifons tom
ber fur leurs propres feigneurs . Vous y eufsiez veu depainte la trifteffe
d'vn fleuue coulant, non pour arrofer les terres cultiuées, pour abreuuer
les hommes ne le beftail,mais paffant à trauers d'vne terre bouillante de
toutes pars:car les Iuifz auoient enduré toutes calamitez durant la guerre. Et ainfi l'artifice & grandeur de ces ouurages faifoient cognoiftre ces
chofes à ceux qui n'en auoient point ouy parler aufsi bien comme s'ilz y
euffent efté prefens.Deuant chacun protraict de ville conquife,marchoit
le capitaine en l'eftat qu'il auoit efté pris. Suyuoient aufsi plufieurs nauires, & les defpouilles eftoient portées par cy par là : entre lefquelles aparoiffoient celles qui auoient efté trouuées au temple de Ierufalem : à fçauoir la table d'or du pois d'vn grand talent: le chandelier d'or dont l'ouurage auoit efté changé , hors l'vfage de noftre couftume , d'autant que
la colonne du meilleu s'atachoit au foubaffement , produifant certaines
petites branches creufes en façon d'vne fourchefiere , eftant chacune d'i-
celles faite par le bout comme vne lampe . Or eftoient elles fept en nombre, en fignification de l'honneur que les Iuifz portent au feptiefme iour.
Apres tout cecy eftoit portée la loy des Iuifz derniere de toutes les defpouilles, laquelle fuyuoient plufieurs qui portoient les fimulachres & re
prefentations de la victoire , le tout pourtrait d'or & d'yuoire . Confe-
quemment Vefpafian marchoit le premier,& Titus apres Domitien che-
uauchoit à cofté, eftant aufsi excellent en beauté,& monté fur vn cheual
digne d'eftre regardé.La fin & la pompe fut au temple de Iupiter ditCa-
pitollin, ou eftans arriuez s'arrefterét.Or y auoit-il vne ancienne couftume au païs, qu'on attendoit iufques à ce que quelqu'vn vint annoncer la
mort d'vn chef des ennemys , ceftuy eftoit Simon filz de Girras lors me-

Pp iiii   né au

LE VII. LI. DE F. IOSEPHVS

né au triomphe auec les autres captifz , lequel estant lyé d'vn cordeau fut trayné par le marché , & batu par ceux qui le traynoient, suyuant vne loy qui est à Rome , qui porte que tous criminelz doyuent estre là executez . Apres donc qu'on eut eu l'auertissement que Sirie auoit eu telle fin , & que tous commencerent à faire aplaudissemens & signes de faueurs, lors commencerent à sacrifier hosties, lesquelles ayans heureuses rencontres, les Princes s'en retournerent au palais ou, ayans retenu quelques vns au festin , les autres auoient solemnellement aparcillé des banquetz en leurs maisons : car la ville de Rome festoit ce iour comme pour vne congratulation de victoire contre ses ennemys, & comme vne fin de maux ciuilz intestins , & commencement de bonne esperence d'heur & de felicité. Apres ces triomphes & que l'Empire Romain fut reduit en ses estatz, Vespasian delibera d'edifier vn temple à la Paix , lequel fut depesché en si grande diligence qu'il passoit toute humaine opinion: d'autant que n'y ayant aucunement espargné ses richesses , l'aorna des plus parfaites & acomplies paintures & tableaux qu'on eust peu recouurer en tout le monde : car toutes ces choses furent assemblées & colloquées en ce temple, pour lesquelles aller voir ceux qui ont esté deuant nous ont couru & vagué par tout le monde, ayans enuye de voir comme ces choses se portoient chacun en ses païs. Il y meit tout le meuble & vtancile d'or qui auoit esté aux Iuifz, se glorifiant fort Vespasian en la possession d'iceux. Quant à leur loy & aux courtines de pourpre des lieux secretz il commanda qu'ilz fussent gardez au palais.

Comme les chasteaux Herodion

& Macheronte furent pris par Bassus Lucilius.

Chapitre   XXV.

Estant

Estant Bassus enuoyé pour estre lieutenant en Sirie, & l'armée mise entre ses mains par Cerealis Vetilianus, il print par composition Herodion auec sa garnison. Depuis, ayant assemblé toute l'armée qui estoit disparce par cy par là & la dixiesme legion, delibera d'aller assieger Marcheronte: Car il luy sembloit necessaire que ce chasteau fuit razé, d'autant qu'estant tenable il en pouuoit semondre plusieurs à reuolte, car la valeur du lieu pouuoit asseurer les habitans de leur seureté, & les assaillans rendoit douteux & craintifz: car tout ce qui est sain de muraille est vne montagne de roche qui s'esleue en merueilleuse hauteur, pourquoy aussi elle semble fort dificile à prendre. Mais par nature auoit inuenté de la rendre plus inaccessible l'ayant ceinte de tous costez des valées, la profondeur desquelles ne se pouuoit comprendre auec les yeux, dont n'estoit aysé de les passer, ne possible de les combler en quelque sorte que ce fust. Car la valée qui trenche du costé d'Occident a soixante stades de longueur, & bornée du lac Asphalthite. De ce trait, Marcheronte se presente en vne hauteur admirable. Du costé de Septentrion & de Mydi les valées ne sont du tout si grandes que la premiere, neantmoins assez fascheuses à receuoir vn siege. Quant à la valée qui est du costé d'Orient la profondeur ne s'en trouue point moindre de cent coudées, & se confine à la montagne qui est à l'oposite de Macheronte. Alexandre Roy des Iuifz, ayant consideré la nature du lieu, fortifia premierement ce chasteau, lequel fut depuis abatu par Gabinius en la guerre qu'il fit côtre Aristobulus. Puis apres à Herodes Roy sembla qu'il falloit auoir soing de ce lieu plus que de nul autre, pour la seure assiette de la ville, à cause principalement du voysinage des Arabes

LE VII. LI. DE F. IOSEPHVS

bes estans scituez en lieu duquel lon peut esclairer leur contrée . Ayans donques enuironné ce lieu d'vne grande muraille & force tours, edifia vne cité d'habitance de laquelle il falloit monter à la forteresse : mesmes à l'entour de la cime auoit edifié vne autre muraille , & aux angletz des tours de cent soixante coudées de haut . Et au meilleu de ce cloz auoit e-difié vn palais excellent & riche tant en beauté qu'en magnificence d'a-bitations . D'auantage fit faire plusieurs citernes & lieux plus propres pour n'auoir disette d'eau, comme s'il eust combatu auec la nature à for-tifier par munitions de main d'homme , ce qu'elle auoit rendu inexpu-gnable par le moyen de l'asiette du lieu . Pareillement fit prouision de grand nombre de traitz, de machines, & de tout autre apareil de guerre qu'il pouuoit asseurer les habitans contre tout siege si long fust-il . En ce palais y auoit vne plante de Ruë de telle grandeur, qu'il n'y auoit figuier qui la passast en hauteur ou en largeur, & disoit-on qu'elle auoit duré de puis le temps d'Herodes, & y eust demeuré d'auantage si les Iuifz qui o-cuperent ce lieu ne l'eussent coupée. En la valée qui ferme la cité du costé de Septentrion il y a vn certain lieu nommé Baaras ou croist vne racine nommée de mesme nom, laquelle de couleur est semblable à la flame, & sur le soir iette raiz comme le Soleil, & n'est pas aysé d'en aprocher ne d'en arracher, pource que tousiours elle se demeine & fuyt la prise, & ia-mais ne s'arreste qu'on ne respande dessus ou de l'vrine de femme, ou du sang de ses moys:mesmement si quelqu'vn lors la touche il est tout asseu-ré de la mort, si d'auanture il ne porte ceste racine pendente en sa main. Il y a encores vne autre maniere de la prendre sans danger , qui est telle: ilz la fouïssent tout à l'entour, de sorte qu'il n'y a qu'vn petit de la racine qui soit dedans terre : puis lient vn chien à icelle , lequel pensant suyure celuy qui l'a attaché, arrache aysément ceste racine , mais le chien meurt incontinent comme estant liuré en la place de celuy qui deuoit arracher ceste recine:cela fait il n'y a plus de danger à la manier. Et ce qui est cause de la faire cueillir auec telz dangers est pour vne vertu qui est en elle.Car si quelqu'vn est possedé des dyables (qui sont les espritz des meschans hommes , & tuent ceux qui ne sont pas secouruz) ceste herbe estant seule-ment apliquée au patient, les chasse . De ce lieu decoulent plusieurs fonteines, mesmement d'eau chaude, moult differentes entre elles de sa-ueur:car aucunes sont amaires,les autres si douces que rien plus. Il y a aus si plusieurs sources d'eau froide lesquelles non seulemét sont double fon-teine & egallement, mais ce qui est admirable, là aupres on voit vne fosse non fort creuse & couuerte d'vn roch, sur lequel aparoissent com-me deux mammelles assez prochaines l'vne de l'autre, dont l'vne gette l'eau tresfroide, & l'autre la gette treschaude : lesquelles meslées ensem-ble composent vn tresplaisant baing, remede profitable à beaucoup de maladies & vices du corps, principalement est bonne pour les nerfz . En ce lieu y a aussi des mynes de souffre & d'alun . Bassus ayant contemplé

la va-

DE LA GVERRE DES IVIFZ. Feuil. CCXXVI.

la valée de toutes pars, & comblé celle du costé d'Orient, delibera faire ses aproches, & commença son ouurage se hastant au plus qu'il pouuoit saisir ceste leuée pour rendre le siege plus facile. Les Iuifz qui se trouuerent, dedans se separans des estrangers lesquelz ilz estimoient vne commune de peu de fait, les contraignirent de garder la basse ville & receuoir les premiers dangers, & de leur part ocupoient le chasteau d'enhaut, tant pour la force du lieu, que pour pouruoir à leur salut pour l'auenir, estimant qu'aysement les Romains les prendroient à mercy, pour ueu qu'ilz leur eussent rendu la place. Mais premierement ilz vouloient experimenter tout moyen d'euiter le siege : au moyen dequoy faisoient tous les iours plusieurs courses auec grande allegresse, estans plusieurs d'eux tuez, & tuans aussi plusieurs Romains. L'esperance qu'ilz auoient de la victoire, ilz la remettoient sur l'occasion du temps: les Iuifz pensans vaincre s'ilz les pouuoient surprendre : & les Romains pourucu qu'ilz peussent soustenir leurs impourueuës saillies, equipez de leurs armes. Toutesfois celà ne deuoit donner fin au siege, mais il y eut vne chose qui suruint d'auenture qui contraignit les Iuifz contre leur opinion à rendre le chasteau, qui fut telle : Il y auoit entre les assiegez vn ieune homme hardy, auantageux, & prompt à la main, nommé Eleazar lequel auoit acquis grand bruit par les courses qu'il auoit faites pensant empescher la leuée, & que plusieurs ne passassent, ayant fort mal traité les Romains en tous les combatz ou il s'estoit trouué, pressant par sa hardiesse ses compagnons pour leur faire trouuer leur combat plus facile & les gardant de peril à la retraite demouroit tousiours le dernier. Estant donc quelque foys la meslée separée, & l'vne & l'autre partie s'estant retirée, cestuy comme mesprisant tout le monde, & pensant qu'aucun des ennemys n'en treprendroit pour lors le combat, demeura hors la porte parlant à ceux qui estoient sur la muraille, & ne pensant à autre chose qu'à eux. D'ou vint qu'vn Egiptien du camp des Romains nommé Ruffus voyant ceste oportunité, ce qu'on n'eust iamais esperé, courut impetueusement & l'alla saisir auec ses armes, & (estans ceux qui estoient sur la muraille effrayez de chose si estrange) porta cest homme au camp des Romains. Or depuis que le capitaine des Romains eut commandé de l'estendre nud, & fouëtter de verges au descouuert, à fin qu'il fust aperceu de la ville, l'accident de ce ieune homme rendit les Iuifz si confuz que leur deul fut beaucoup plus grand que ne requeroit la perte d'vn seul homme. Ce qu'ayant aperceu Bassus, commença là dessus à bastir ses conseilz & entreprises à l'encontre de ses ennemys. Et voulant leur augmenter la pitié qu'ilz auoient de cest homme, à fin que moyennant icelle, & l'enuye qu'ilz auoient de le sauuer, ilz rendissent le chasteau, il luy en auint tout ainsi qu'il l'auoit pensé. Car ayant fait dresser vn gibet comme pour incontinant faire pendre Eleazar, ceux du chasteau l'ayant aperceu, furent aussi tost surpris de plus de douleur, & hullans & crians se complaignoient

LE VII. LI. DE F. IOSEPHVS

gnoient que telle calamité estoit intolerable. Là dessus Eleazar se print à les prier de ne faire si peu de compte de luy que de le laisser mourir ainsi miserablement, & qu'ilz eussent pitié d'eux mesmes & regardassent à eux sauuer, puis que tout le móde vaincu par les Romains se submettoit à la fortune & puissáce d'iceux. Parquoy fleschis de ses propos, & des prieres de plusieurs de ceux de dedans qui suplioient pour luy (car il estoit de grosse parenté & fort bien allié) furent contre leur naturel vaincuz de misericorde: tellement qu'ayans en diligence enuoyé aucuns pour parlementer promettoient de rendre le chasteau, pourueu qu'on leur rendist Eleazar, & qu'on les laissast aller sans danger. Ce qu'estant acordé par le capitaine Romain, la multitude qui estoit en la basse ville, ayant cogneu que les Iuifz auoient fait apointement sans eux, delibererent d'eux en fuyr la nuit. Or n'auoient ilz pas plustost ouuert les portes que ceux qui auoient acordé de rendre le chasteau à Bassus (soit qu'ilz craignissent les autres, ou fussent enuyeux de leur salut) luy enuoyerent vn messager pour le prier qu'il ne laissast ainsi fuyr ceux de la basse ville. Toutefois les plus vaillans d'iceux, qui estoient les premiers, eschaperent, & tout le reste iusques au nombre de mil sept cens furent tuez, & les femmes & petitz enfans mis en seruage. Bassus estimant qu'il falloit tenir promesse à ceux qui auoient rendu le chasteau, les laissa aller & leur rendit Eleazar.

Des Iuifz qui furent tuez par

Bassus, & comme la terre de Iudée fut venduë.

Chapitre   XXVI.

Es choses acheuées, Bassus fit marcher l'armée en diligence vers la forest nommée Iardes, estant auerty que plusieurs si estoient retirez, tant de ceux qui s'en estoient fuys au parauant & durant le siege de Ierusalem, que de ceux de Marcheronte. Estant arriué au lieu & ayant cogneu que cest aduertissement n'estoit faux, encloit premierement toute la place auec sa caualerie, à fin que si aucun des Iuifz taschoit à eschaper il ne luy fust possible à trauers les gés de cheual. Ce fait, commanda à l'infanterie d'abatre la forest ou ilz s'estoient retirez. Qui fit que les Iuifz, ne voyans autre eschapatoire, furent contraintz de monstrer quelque vaillance, esperans que leur audace leur pourroit parauenture ouurir le chemin pour fuyr & eux sauuer. Parquoy auec grand cry se getterent tous ensemble impetueusement sur ceux qui les auoient enuelopez, lesquelz les receurent à beau ieu beau retour : de

sorte

DE LA GVERRE DES IVIFZ. Feuil. CCXXVII.

forte qu'eſtans les vns aydez de l'audace, les autres ſouſtenans en grande contention, le combat dura vne longue eſpace de temps: non toutesfois auec pareille yſſuë & fortune des deux parties: pource que des Romains il n'y en eut que douze de tuez, & bien peu de bleſſez: ou au contraire il n'y eut pas vn tout ſeul Iuif qui en eſchapaſt vif: & n'eſtás point moîs de trois mil furent tous ſaccagez auec leur capitaine Iudas filz de Iaïrus, duquel nous auons parlé cy deſſus, & qui ayant charge durant le ſiege de Ieruſalem, eſtoit ſecretement ſorty des eſgouſtz eſquelz il s'eſtoit caché. En ce meſmes temps l'Empereur eſcriuit à Baſſus & à Liberius Maximus adminiſtrateurs de Iudée qu'ilz vendiſſent toutes les terres des Iuifz: quoy faiſant ne voulut qu'on y baſtiſt aucune cité, ſe reſeruant leurs terres comme propres à luy & de ſon domaine. Et y ayant laiſſé huit cens ſoldatz leur donna pour habiter vn lieu nommé Ammaüs, diſtant de Ieruſalem ſoixante ſtades. Pareillement chargea les Iuifz de tribut quelque part qu'ilz habitaſſent, leur commandant de porter tous les ans deux dragmes au capitole, comme anciennement ilz faiſoient au temple de Ieruſalem. Voylà comme en ce temps les affaires des Iuifz eſtoient gouuernées.

De la grande calamité qui ſur-
uint au roy Antiochus, & du degaſt que firent les
Alans en Armenie.

Chapitre. XXVII.

Q q Auint

Vint l'an quatriesme de Vespasian que le roy Antiochus, estant à Comagene, tomba en grandes infortunes & aduersitez auec sa maison pour la cause qui s'ensuit. Cesennius Petus (qui pour lors estoit gouuerneur de Sirie) escriuit à l'Empereur (on ne scait si ce fut par hayne qu'il portast à Antiochus, ou que telle en fust la verité, car on ne scait rien au vray) par lesquelles il luy signifioit qu'Antiochus & son filz Epiphanes, ayans fait complot auec le Roy des Parthes, auoient deliberé d'eux reuolter & faire la guerre aux Romains: & que pour ceste cause il se falloit de bonne heure saisir de leurs personnes, de peur que si on leur donnoit loysir d'entreprendre les premiers, ilz troublassent de guerre & emotions tout l'Empire des Romains. Or l'Empereur n'estoit pas homme pour ne tenir compte d'vn tel aduertissement & le prochain voysinage de ces Roys rendoit le cas plus soupçonneux & digne qu'on y pourueust d'heure, d'autant que Samosate, principale ville des Comagenes, est assise sur la riuiere d'Euphrate, de sorte que les Parthes y ont aysé passage, & vne retraite fort asseurée: qui fut comme ie croy la cause de ceste entreprise. Ayant donc l'Empereur donné foy aux lettres de Cesennius, & luy ayant donné puissance d'y proceder ainsi qu'il verroit estre bon & expedient, Petus pensant qu'il ne falloit laisser cela derriere, entra incontinent dedans Comagene, sans qu'Antiochus ou ses alliez se soupçonnassent de rien, menant auec soy la sixiesme legion & quelques cohortes & æsles de gens de cheual, & le secours d'Aristobulus roy de Chalcidique, & de Sohemus roy d'Emese. Au commencement ilz ne trouuerent aucune resistance, ne se monstrant aucun qui leur osast faire teste. Dont auint qu'Antiochus effroyé de ceste nouuelle non esperée ne pensa onc non pas de la seule ymagination à faire la guerre aux Romains: ains delibera d'abandonner tout son Royaume en l'estat qu'il estoit, & en sortir auec sa femme & ses enfans, esperant que par ce moyen il se purgeroit du soupçon que les Romains auoient conceu contre luy. Ainsi estant esloigné de la cité enuiron six vingtz stades, dressa ses tentes au meilleu d'vn champ. Ce temps pendant Petus enuoya gens à Samosate pour la prendre, & par eux se saisit de la ville, & auec le reste de son armée poursuyuoit Antiochus, lequel pourtant ne peut estre forcé par telle necessité d'entreprendre aucune chose ennemye contre les Romains: ains se plaignant de sa fortune delibereroit d'endurer tout ce qui luy pourroit suruenir. Ses filz qui estoient ieunes, exercez à la guerre, & puissans de corps, ne pouuoient pas bonnement endurer ceste calamité sans combatre: qui fut cause qu'Epiphanes & Callinicus delibererent d'eux monstrer vertueux, & telz qu'ayans courageusement combatu toute la iournée, se monstrerent de telle prouësse & vaillance qu'ilz se departirent sans que leurs forces fussent aucunement affoyblies. La bataille en ceste sorte acheuée, Antiochus ne pensa pourtant

DE LA GVERRE DES IVIFZ. Feuil.CCXXVIII.

tant qu'il luy fuſt bon de demourer en ſa maiſon, ains s'enfuyt en Cilicie auec ſa femme & ſes filles,faiſant par ce moyen perdre le cueur à ſes genſdarmes, leſquelz (comme s'il euſt fait cela par deſeſpoir de pouuoir garder ſon Royaume)l'abandonnerent, & ſe rendirent aux Romains. Pour ceſte cauſe ſembla neceſſaire à Epiphanes & à ſes compagnons d'eux ſauuer des ennemys auant qu'ilz fuſſent du tout deſtituez de leurs aydes : & ſe trouuerent en tout dix hommes de cheual qui auec eux paſſerent la riuiere d'Euphrate. De là,pourſuyuans leur chemin ſans crainte, arriuerent deuers Velogeſes Roy des Parthes, qui ne les meſpriſa comme fugitifz, ains les receut auſi honorablement comme s'ilz euſſent retenu leur ancienne fortune & dignité. Quant à Antiochus auſi toſt qu'il fut arriué à Tarſe en Cilicie, Petus, luy ayant enuoyé vn centenier pour le prendre,l'enuoya lyé à Rome. Toutesfois Veſpaſian ne permiſt qu'on luy amenaſt ce Roy garroté en ceſte ſorte,eſtimant choſe plus honorable d'auoir eſgard à l'ancienne amytié, que de garder vn courroux inexorable à l'occaſion de ceſte guerre. Parquoy commanda que ſur le chemin on luy oſtaſt les lyens, luy permettant ſe repoſer & entrelaiſſer ſon chemin & demeurer à Lacedemone, meſmes luy aſſigna gros reuenu d'argent pour viure, non ſeulement en abondance, ains auſi pour tenir maiſon royale.Ce qu'ayans entendu Epiphanes & les autres,qui auoient eu peur qu'on fiſt quelque mauuais tour à leur pere, furent deliurez d'vn grand & faſcheux ſoucy, & entrerent en quelque eſperance de pouuoir faire leur paix auec l'Empereur.Et comme Vologeſes en euſt auſi eſcrit à l'Empereur, remonſtrant qu'encor qu'ilz fuſſent bien à leur ayſe, ne s'eſtimoient toutesfois viure, eſtans hors de l'Empire Romain. L'Empereur leur ayant humainement donné permiſſion, ilz s'en vindrent à Rome, ou leur ayant leur pere eſté amené de Lacedemonie, & eſtans receuz en tout honnneur & magnificence dedans Rome, y demeurerent. Nous auons ia dit en quelque lieu que les Alans ſont Scythes qui habitent pres le fleuue Tanaïs & les paluz Meotides, leſquelz,ayans enſemble pris complot de courir laMedée & autres terres d'audelà pour y piller & butiner, parlementerent auec le Roy des Hircaniens lequel eſtoit ſeigneur de ce paſſage que le Roy Alexandre auoit fait en ſorte qu'il ſe fermoit à portes de fer. Leur eſtant ce paſſage ouuert ilz ſe ruerent ſur les Medéens qui ne ſe doutoient de rien, pillans leurs limites bien peuplées & pleines de toute ſorte de beſtail, ſans que perſonne leur oſaſt faire teſte. Car Pacorus Roy du païs, effroyé de peur, fuyant es lieux plus plus inacceſsibles, & luy laiſſant tous ſes autres biens à l'abanbon, auoit à peine peu rachepter ſa femme & ſes concubines priſonnieres, pour la ſomme de cent talentz. Ainſi pillans à leur ayſe,ſans trouuer aucune reſiſtance, paſſerent iuſques en Armenye, de laquelle Tiritades eſtoit Roy. Ceſtuy leur eſtant venu au deuant auec ſon armée, peu s'en fallut qu'il ne fuſt pris vif à la bataille par vn qui de loing luy ayant lancé

Q q ii   vn

LE VII. LI. DE F. IOSEPHVS

vn laz courant pour l'atraper l'euſt tiré à luy, s'il n'euſt ſoudainement coupé la corde auec ſon eſpée, & par ce moyen ſe fuſt ſauué. Les Alans eſtans plus aigris & irritez de ceſte bataille, pillerent tout le païs, & emmenans de ces deux Royaumes vne grande multitude d'hommes, outre l'autre proye & butin, s'en retournerent en leurs maiſons.

Comme la puiſſante forteresse
de Maſſada fut priſe & deſtruite.

Chapitre　　　　　XXVIII.

 Stant Baſſus mort en Iudée, Flauius Silua ſucceda en ſon gouuernement, lequel voyant tout le reſte du païs conquis, excepté vn ſeul chaſteau rebelle, aſſembla tous les genſdarmes qui eſtoient en ces lieux, & les mena à l'encontre. Ce chaſteau eſt apellé Maſſada: & le capitaine de ſes ruffiens & brigans qui s'en eſtoient ſaiſiz, fut nommé Iudas, lequel comme nous auons dit cy deſſus auoit perſuadé à pluſieurs Iuifz de ne donner leurs denombremens quand Cyrenius fut enuoyé en Iudée. Car deſlors ces brigans conſpirerent contre ceux qui voulurent obeïr aux Romains, & les traitoient en toutes ſortes comme ennemys, pillans & emmenans leurs biens, & mettans le feu en leurs maiſons. Et pour couuerture diſoient que ceux là ne deuoient eſtre eſtimez autres qu'eſtrangers ou ennemys, qui par leur laſcheté auoient trahy

la

DE LA GVERRE DES IVIFZ. Feuil. CCXXIX.

hy la liberté des Iuifz (laquelle se deuoit demander, voyre acheter auec guerre & dure bataille) & auoient adoué aymer mieux estre esclaues des Romains que viure en liberté. Tout celà n'estoit qu'vne belle couleur à leur auarice & cruauté, comme on le cogneut assez par l'yssuë: car tous furent compagnons de la reuolte & rebellion, & entreprindrent ensemble la guerre contre les Romains . Mais la cause de ceux cy fut renduë beaucoup pire en l'endroit d'eux mesmes: d'autant que si on venoit à leur reprocher iustement leur meschanceté, & leur monstrer que leur premiere ocasion n'estoit qu'vne couleur & couuerture, ilz en traitoient pirement ceux qui leur faisoient ces remonstrances. Tellement fut en ce temps, la Iudée fertile, & abundante en toutes sortes de meschancetez, qu'il n'y auoit espece de mal qui ne fust si bien pratiqué que celuy eust perdu ses peines qui eust pensé inuéter quelque nouuelle malice ou mauuaistié. Et ainsi, tant en priué qu'en commun, estoient tous ensemble entachez d'vne mesme maladie, & taschoient à surmóter les vns les autres, tant en impieté, qu'a faire mal à son prochain, pour ce que les plus puissans traitoient la commune au pis qu'ilz pouoient, & la commune ne taschoit qu'à les ruyner. Les riches estoient couuoiteux de domination, la cómune ne demandoit qu'à vser de force, leur oster & piller leurs biens. Ces ruffiens & brigands furent premiers autheurs de ceste cruaulté enuers leurs amys & prochains, ne laissans rien derriere en parolles ou actes iniurieux qui peust seruir à la ruyne de ceux auxquelz ilz souhaitoient mal. Toutesfoys Iean móstra qu'au pris de luy tous ceux là estoiét modestes & tolerables. Car non seulement il tuoit tous ceux qui l'amonestoient des choses raisonnables & profitables, les poursuyuant principalement comme citoyens ennemys, mais aussi assembla maux sur maux à son païs, & telz que doit amener celuy qui par son impieté auoit auisé auoir Dieu à mespris : car il tenoit vne table desordonnée, & auoit exterminé toute chasteté & sobrieté legitime & acoustumée au païs : de sorte qu'on ne se deuoit point esmerueiller que cest homme fust peu cómunicatif ou affable aux autres, qui par fureur auoit mesprisé tout deuoir enuers Dieu. D'auantage quel mal n'a esté commis par Simon filz Girras, quel tort, quelle iniure n'a il faite aux hommes libres, par le moyen desquelz il auoit esté créé tyran ? quelle amitié, quel parentage, n'a aygry & rendu ces deux plus cruelz aux quotidians meurdres ? estimans la meschanceté trop lasche & remise, qui ne traitoit mal que les estrangers, & la cruaulté qui se commettoit contre les plus grands amys engendrer vne gloire tresclere & tresillustre. Les Idumeans furent aussi imitateurs de leur fureur: car ayant ces meschants paillardz tué les Pontifes (à fin qu'il ne demourast aucun reste de religion & picté enuers Dieu) raserent tout ce qui restoit encores d'aparence de la cité, & par tout introduirent vne iniustice extreme, en laquelle excella ceste maniere de gens qu'ilz apelloient Zelottes, qui monstrerent bien par effet que

Q q iii   iustement

LE VII. LI. DE F. IOSEPHV

iuſtement ce non leur auoit eſté impoſé: car ilz ſe parforcerent d'imiter toute ſorte de meſchanceté, ne laiſſant rien inimité de tout ce que la memoire nous enſeigne auoir aultresfois eſté fait: iaçoit ce qu'ilz ſe fuſſent donné ce non à raiſon de l'imitation du bien: qui par deſguiſemens, & caulations (à cauſe de leur inhumaine nature) ſe moquoient de ceux qu'ilz offenſoient : & auoient les plus grans maux au reng & eſtime des plus grans biens : & pource ilz eurent vne fin qui reſpondit à leur vie, & receurent la punition meritée, & à eux ordonnée par la volunté de Dieu: d'autant que tous les torments qu'il eſt poſſible à la nature de l'homme porter, furent executez ſur eux iuſques au dernier ſouſpir de leur vie, qu'ilz perirent par diuers ſuplices. Quelqu'vn parauenture dira que le mal qu'ilz endurerent eſtoit moindre que celuy qu'ilz auoient commis, mais auſſi quelle punition leur pouuoit-on donner qui fuſt digne de tât de meſchancetez? Or le temps n'eſt pas maintenát propre pour ſe plaindre, comme il apartiendroit, de ceux qui ſont tombez en leurs cruëlles mains : qui ſera cauſe que ie retourneray au propos que i'auois laiſſé & interrompu. Ainſi donc le capitaine des Romains marcha auec ſon armée contre Eleazar & les meurtriers qui ocupoient Maſſada, ou tout incontinent il ſe fit maiſtre du païs d'enuiron, & aſſit garniſons par tout ou il penſoit eſtre beſoing. Ce fait enuironna de muraille tout le chaſteau pour garder que nul de ceux de dedans peut ſortir, & faire que ceux qui les tiendroient en ſuiection ne bougeaſſent de là. Et de ſa part, ſe campa en vn lieu qu'il auoit choyſi du coſté ou la roche du chaſteau ſe ioinct à la prochaine montaigne, propre pour tenir ſiege, mais mal ayſée pour le bagage & munitions neceſſaires à vn camp. Car non ſeullement il falloit aller querir les viures bien loin, & auec extreme trauail des Iuifz qui auoiét la charge d'en fournir, mais auſſi faloit aporter l'eau au camp d'vn autre lieu, n'y ayant aucune fontaine prochaine de là. Ces choſes ordon nées, F. Silua commença ſon ſiege ou eſtoit bien beſoing de grand art & experience de guerre & de non moindre trauail, pour la force de ce chaſteau qui eſt naturellement baſty en la ſorte que ie vous vois deſcrire. Il y auoit vn rocher d'aſſez grand tour, & eſleué en longueur, ceint à l'entour de vallées droites & inſuperables dedans vn fond inuiſible, leſquelles vallées eſtoient inacceſſibles à toutes ſortes d'animaux cheminans, ſinon en deux endroitz, par leſquelz à grád' peine & difficulté, on pouoit monter au rocher. L'vn de ces chemins eſt tirant du lac Aſphaltite droit à ſoleil leuant : l'autre plus facile & aiſé eſt du coſté d'Occident. Le premier s'apelle Couleuure, pour la ſimilitude qu'il a auec ceſt animal, eſtát eſtroit & ſe tortuant en diuers tours, d'autant que la roche qui aparoiſt ſe flechit & entrerompt, & ſe courbant en elle meſmes s'auance de rechef peu à peu. Et à grand' peine celuy qui va par ce chemin peult auancer ſon pas, pource que leuant vn pied pour marcher il fault qu'il ſoit bien aſſeuré de l'autre : que ſi quelqu'vn choppe & ſe laiſſe tumber, il peut

bien

DE LA GVERRE DES IVIFZ. Feuil. CCXXX.

bien s'asseurer que c'est fait de luy, pource que d'vne part & d'autre de la roche s'ouure vn abisme qui pourroit espouënter & donner horreur au plus hardy homme du monde. Apres qu'on a cheminé par ceste voye la longueur de trente stades, le reste de la croupe n'est pas si estroit ny contraint qu'au parauant, ains commence à s'eslargir en vne plaine. Le Pontife Ionathas fut le premier qui bastit forteresse en ceste plaine, l'apellant Massada. Depuis Herodes eut grand soin de faire bastir le lieu, & edifia le contour de la muraille qui fut de sept stades, de douze couldées de haulteur, & large de sept, le tout de pierre blanche. A l'entour y auoit trente sept tours de cinquante coudées, par lesquelles on entroit es maisons qui estoient ediffiées au dedans tout à l'enuiron de la muraille : car le Roy auoit reserué le hault pour le labourage, estant plus fertile & labourable que toute autre plaine à fin que si quelquefoys ceux qui se seroient retirez à sauueté au chasteau ne pouoient recouurer viures de dehors, ilz ne tumbassent pourtant en disette. Mesmes auoit fait edifier vn palais pour soy, par ou lon monto it du costé d'Occident, lequel estoit encloz dedans la muraille, & se tournoit vers le Septentrion. Le mur de ce palais estoit fort grand, & auoit quatre puissantes tours en ses quatre coings, chascune de la hauteur de soixante couldées. Les bastimens du dedans auec les galeries & baings estoient diuersement & sumptueusement construitz, toutes apuyées de colonnes d'vne seule pierre : & les paroys & parterres diuersifiez d'vne puissante maçonnerie de pierres. Deuant chascune maison tant de la forteresse, que du palais, qu'a l'enuiron, & deuant les tours il auoit fait cauer dedans les rochers plusieurs & grãds puys pour garder l'eau, taschant d'en auoir en aussi grande abundance que ceux qui auoient les fontaines à cõmandement. Et y auoit des caues secrettes qui menoient, sans qu'on s'en aperceust, par dehors du palais de dãs la forteresse, combien que les chemins qui aparoissoyent ne peussent que bien malaysement seruir aux ennemys. Car, comme nous auons dit, du costé d'Orient le chemin est naturellement inaccessible : du costé d'Occident il fit bastir vne tour pour estouper le destroit : laquelle n'estoit pas moins loing de la forteresse que de mile coudées, par laquelle il estoit mal aysé de passer, & encor' plus de la prendre. Car encor' qu'on y allast en asseurance & sans crainte, si estoit elle bastie en sorte qu'il estoit malaisé d'en sortir. Voylà comme ce chasteau fut muny par nature & par artifice, contre la force & violence des ennemys. Mais les prouisions & apareil dont il estoit garny l'enrichissoient de beaucoup, & le rendoient plus longuement tenable : car il y auoit du bled qui pouuoit suffire pour vn long temps : il y auoit vin & huille en abondance, toutes sortes de fruitz & leguminages & force petites palmes confites. Eleazar ayant pris le chasteau d'emblée auec ses brigãs & meurdriers, trouua toutes ces choses preparées & aussi entieres que celles qui y estoient freschement mises, combien que du temps qu'elles y furent premierement mises

Q q iiij   iusques

LE VII. LI. DE F. IOSEPHVS

iufques au iour que le chafteau fut ruiné par les Romains il y euft cent ans paſſez . Qui plus eſt les Romains trouuerent le reſte de ces fruitz ſans eſtre corrompuz. Et ſi quelqu'vn penſoit que l'ær de la place fuſt cauſe de les faire durer ſi longuement , il n'auroit pas mauuaiſe cauſe , eſtant la fortereſſe edifiée en lieu ſi haut que l'ær eſt fort eſlongné de toute matiere terreſtre & corruptible . On y trouua pareillement vn grand amas de toutes ſortes d'armes doｎt le Roy auoit fait prouiſion , qui pouuoient fournir iufques à dix mil hommes, & auſſi force fer, cuyure & plomb en maſſe, qui faiſoit croire tel apareil n'auoir eſté fait ſans gráｄes occaſions. Car on dit que le roy Herodes auoit fait baſtir ce chafteau pour s'y retirer en vne neceſſité, pource qu'il craignoit de tomber en deux dangers: l'vn, que le peuple des Iuifz le depoſaſt pour remettre en la principauté ceux qui auoｉent eſté Roys au parauant luy : l'autre beaucoup plus dangereux eſtoit de la Royne d'Egipte Cleopatra : laquelle ne celant point l'affeｃtion qu'elle auoit au Royaume de Iudée, deuiſoit ſouuéｔ auｃc Antoine , demandant qu'Herodes fuſt mis à mort , & que le Royaume des Iuifz luy fuſt donné . De ſorte que ſi quelqu'vn vient à conſiderer comme Antoine eſtoit affollé de ſon amour il s'eſmerueillera pluſtoſt de ce qu'il ne luy auoit encores obey en cecy, qu'il ne penſeroit comme il luy ayt eſté poſſible de luy refuſer ceſte demande . Ayant Herodes fortifié Maſſada pour ces dangers , la laiſſa comme pour le dernier affaire & labeur des Romains. Car ayant le capitaineRomain ceint de muraille toute la place(ainſi que nous auons dit cy deſſus, pour ſe donner garde que perſonne ne peuſt ſortir dehors) il commença le ſiege , ayant trouué vn ſeul endroit ou lon peuſt dreſſer quelque terrace ou plateforme: car derriere ceſte tour laquelle eſtoupoit ce chemin qui conduiſoit d'Occident iufques au palais & au haut de la montaigne , il y auoit vne continuëlle roche plus large & de plus longue eſtenduë, toutesfoys plus baſſe que Maſſada de trois cens coudées, laquelle eſtoit apellée Blanche.F.Silua, y eſtant monté & l'ayant ocupée,ce｡ ｉmaｎda aux ſoldatz d'aporter matiere pour dreſſer vne terrace & plateforme:leſquelz s'y employans deliberement & y beſongnans de puiſſance , la leuerent de deux cens coudées de hauteur. Toutesfois ceſte meſure ne ſembloit aſſez ferme & ſuffiſante pour porter les machines:au moyen dequoy firenｔ vn tribunal par deſſus de groſſes pierres bien agencées, ayant de hauteur cinquante coudées & autant de largeur.Il y auoit auſſi pluſieurs autres machines ſemblables à celles que Veſpaſian auoit premierement inuentées pour les aſſaux de villes , & depuis luy Titus : & fut dreſſée vne tour de ſoixante coudées toute couuerte de fer, de laquelle les Romains auｃc pluſieurs arbaleſtｒｅｓ & engins de trait, de pierres & baſtons, eurent auſſi toſt repouſſé ceux qui combatoient de la muraille, les gardans bien de monſtrer la teſte.Ｅt ayant outre fait faire vn grand & puiſſant belier , commanda que ſans ceſſe la muraille fuſt batuë : quoy faiſant à peine peut il abatre vn peｔit

pan

DE LA GVERRE DES IVIFZ. Feuil. CCXXXI.

pan de muraille qui eſtoit ia tout fendu & caſſé: à quoy les meurdriers donnerent auſsi toſt remede, ayans fait vn autre mur ou rempar par le dedans qui n'eſtoit point offenſable des machines comme le premier, car il eſtoit encores mol, & pouuoit rompre & abatre la violence du coup pour eſtre baſty de longues poultres iointes bout à bout par ou elles auoiét eſté coupéesdeſquelles y auoit deux râcz tous ſemblables diſtás l'vn de l'autre autant comme le mur eſtoit large, & remplirent de terre & matiere tout ce qui eſtoit entre ces deux rancz: & de peur que mettant terre ſur terre elle ne s'eſpanchaſt & eſcoulaſt ilz les auoient liées d'autres poultres miſes de leur long en trauers, & ceſte œuure leur ſeruoit comme d'vn baſtimét, & les bateries & coups de machines ne profitoiét de rien à l'encontre pource qu'il obeïſſoit, & la terre s'affaiſſant rendoit l'ouurage plus ſerré. Dequoy s'eſtant aperceu F. Silua, & eſtimant que le mur ſe pouuoit plus ayſement prendre auec le feu, fit ietter force flambeaux & fuſées au dedás, au moyen dequoy ceſte muraille eſtant pour la plus part de boys, fut incontinent priſe du feu, & (à cauſe qu'elle n'eſtoit gueres ſerrée) eſchauffée iuſques au bas, commença à ietter vne grande flamme. Le feu encor commançant, & ſouflant l'Aquilon, eſtoit fort contraire aux Romains pource que deſtournant la flâme d'enhaut la chaſſoit contre eux, de ſorte qu'ilz deſeſperoient de leurs machines, & les tenoient côme pour bruſlées. Depuis, s'eſtant le vent ſoudainement tourné, & ſouflant du Mydi (côme par vne diuine prouidéce) repoulſa de gráde force le feu côtre le mur qui eſtoit à l'opoſite, & ia eſtoit tout en feu iuſques au haut: Parquoy les Romains, ſouſtenuz de l'ayde de Dieu, retournoiét ioyeux dedans leur camp, deliberez de donner le lendemain matin l'aſſault à leurs ennemys, & faire la nuit plus ſoigneux guet, pour empeſcher que nul d'eux peuſt ſecretemét eſchaper. Toutesfois Eleazar ne ſongeoit rien moins qu'à fuyr, & n'eſtoit pas pour endurer qu'aucun de ſes gens ſailliſt dehors. Et voyát que le mur eſtoit côſumé du feu, &ne ſongeât à autre vertueuſe entrepriſe, ou moyen d'eſchaper, ains ſeulement ſe repreſentant deuant les yeux ce que les Romains euſſent peu faire à eux, à leurs fémes & enfanss'ilz euſſent eſté victorieux, delibera de leur perſuader à tous de mourir. Et eſtimát que pour l'heure n'y auoit choſe plus pregnáte à celà, ayant ſur le ſoir aſſemblé les plus courageux de ſes compagnôs, leur fit telles remonſtrances. Puis que vous auez de lóg téps reſolu, ó vaillans hommes, de ne ſeruir à Romains ny à autres ſinon à Dieu, lequel ſeul eſt vray & legitime ſeigneur des hommes, le temps eſt maintenant venu qui vous commande de monſtrer par effet ce que vous auez longuement gardé au cueur. Et pource ne nous deshonorens point nous meſmes, & ayans au parauant enduré vne ſeruitude non ſans danger: gardons nous de venir en l'intolerable ſeruitude des Romains, eſtans aſſeurez d'eſtre puniz & mal traitez d'eux ſi nous venons vne foys à tomber vifz entre leurs mains, ayant eſté les premiers à nous rebeller, & les derniers qui leur faiſons la guerre: car

ie penſe

LE VII. LI. DE F. IOSEPHVS

> ie pense que Dieu nous ayt aussi donné ceste grace de bien mourir & en
> liberté, ce qui n'auient pas aux autres qui sont vaincuz sans y penser. . Et
> sommes tous asseurez que le iour ne sera plustost venu que ce chasteau
> sera destruit. Or est libre & franche ceste vaillante condition de mort qui
> procede de volonté & affection, laquelle ne peuuent les ennemys em-
> pescher qui ont affection de nous emmener vifz, & lesquelz il nous est
> impossible vaincre en bataille . Nous deuions parauenture des le com-
> mencement (lors qu'ayant enuye de deffendre nostre liberté nous nous
> faisions mal à nous mesmes, & estions pirement traitez de noz ennemys)
> penser quelle estoit la volonté de Dieu, & sçauoir que la nation des
> Iuifz qu'il auoit autresfois tant aymée estoit condemnée à estre perduë &
> ruïnée : car nous demourant propice & debonnaire, ou à tout le moins,
> moins offencé, il n'eust iamais souffert la perdition de tant & si excellens
> personnages & n'eust aussi abandonné sa tressainte ville au feu & sac de
> ses ennemys . Et nous seulz demourez de la race des Iuifz auons pensé
> vaincre & conseruer nostre liberté, comme si nous n'auions riens forfait
> enuers Dieu, & n'eussions de rien esté coupables, encor que nous eussi-
> ons apris les autres à mal faire. Et pource vous voyez comme il nous don-
> ne à cognoistre que nostre esperance à est vaine, nous ayant reduit en
> vne plus grande necessité, lors que nous auions quelque esperance . Car
> la nature de ce chasteau inexpugnable n'a de rien seruy à nostre salut:
> mesmes Dieu nous ostant manifestement toute esperance de salut, nous
> auons perdu les viures que nous auions en abondance , la multitude de
> noz armes , & tout autre apareil & munitions de guerre . Car le feu qui
> estoit porté contre noz ennemys, s'est par violence retourné contre la
> muraille que nous auons côstruite. Mais ceste vengence & courroux pro
> cede d'vne infinité de crimes que nous auons contre les nostres mesmes
> commis : pour lesquelz ie conseille que nous nous submettons de nous
> mesmes pour estre puniz (non aux Romains noz grans ennemys) ains à
> Dieu qui nous traitera plus doucement : car noz femmes mourront sans
> aucun outrage de personne, & noz enfans exemptz de seruitude : puis a-
> pres nous nous ferons les vns aux autres ceste gratieuse honesteté, ayans
> gardé nostre liberté pour vne glorieuse sepulture . Mais auant il faut
> brusler toute nostre cheuance auec le chasteau : car ie suis asseuré que les
> Romains seront bien mal contens, voyans qu'ilz ne pourront iouyr de
> noz corps, ne de nostre bien & auoir. Laissons seulement les viures pour
> tesmoignage apres nostre mort, que nous ne serons mors de disette, mais
> pource que nous preferions la mort à la seruitude , comme des le com-
> mencement nous auions entrepris . Toutes ces choses remonstroit Elea-
zar, mais ceux qui estoient presens n'estoient tous d'vn mesmes auis & accord car aucuns estoient prestz à luy obeïr, & sembloient surpris d'vn extreme plaisir, estimans telle mort estre honorable . & les autres qui a-
uoient moins de cueur, esmeuz de compassion sur leurs femmes & fa-

milles,

DE LA GVERRE DES IVIFZ. Feuil. CCXXXII.

milles, ou bien espouentez de leur propre mort si euidente, regardans l'vn l'autre auec larmes & pleurs, donnoient tesmoignage des passions & volontez contraires qui se combatoient en eux. Dont voyant Eleazar qu'ilz auoient paour, & que la grandeur de son entreprise estoit rompuë par faute de cueur, craignit que les pleurs & larmes de ceux qui se lamentoient amolissent aussi ceux qui auoient courageusement & de bonne affection receu ses parolles. Parquoy poursuyuit ses remonstrances, & se monstrant plus vif & courageux & remply d'vn esprit hautain, commença à parler plus clairemét & hautemét de l'immortalité de l'ame: & vsant d'vne grande exclamation, les regardoit plorant plus ententiuement qu'auparauant, disant. Or voy-ie bien maintenant que i'ay esté, fort deceu de mon opinion qui ay estimé les hommes vaillans, combatans, pour leur liberté, aymer mieux mourir bien & honorablement que viure. Mais vous me faites bien cognoistre que, soit en prouësse ou vertu, vous n'estes non plus à estimer que le moindre homme du monde, puis, que pouuans par vostre mort euiter tant de miseres, vous la craignez, à, laquelle vous deussiez courir sans reculler, ou sans attendre qu'on vous en admonestast. Anciennement les prieres & oraisons que nous faisions à Dieu(à ce aydans les hautz & courageux faitz de noz ancestres) nous souloient enseigner des nostre premiere cognoissance que le viure est chose plus miserable & calamiteuse à l'homme que le mourir: d'autant que la mort mettát les espritz en liberté, enuoye chacun en son propre lieu pur & net, exemples pour estre le téps auenir exemptz de tout mal & calamité. Et pendant qu'ilz sont detenuz en ce corps-mortel, & participans des mortz d'iceluy, ilz sont à la verité comme mortz. Car ce ne seroit chose bien seante qu'vne chose diuine ayt societé & communication auec vne mortelle. Bien est vray que l'ame coniointe auec le corps peut beaucoup, d'autant que se mouuant inuisiblement rend son organe sensible, & le fait venir à chef des choses plus grandes que la nature de l'homme ne peut porter. Toutesfois quand se sentant deliurée de ce faix qui s'attache à elle, le deprime & affesse en terre, elle s'en retourne en son propre domicile, lors elle participe d'vne force bien heureuse, & de toutes pars franche & libre, demourant ainsi que Dieu, inuisible aux yeux humains: car estant dedans le corps elle ne se voit aucunement, & si y entre & en sort sans d'aucun estre aperceuë, ayant en soy vne nature incoruptible, & donnant occasion de mutation & changement au corps. Car tout ce qui est attouché de l'ame reçoit vie & vigueur, & tout ce d'ou elle se depart demeure mort, sec & pourry, luy fournissant tout ce qu'elle pouoit auoir d'immortalité. De ce propos vous sera preuue & argument le sommeil, durant lequel estans les ames recueillies & amassées, sans aucunement estre esparses ou distraites aux operations du corps, se treuuent en vn plaisant repos, & se tenans auec Dieu pour la cognation & familiarité qu'elles ont auecques luy, sont par tout, & predisent plusieurs choses

LE VII. LI. DE F. IOSEPHVS

, chofes futures . Pourquoy donc craignons nous la mort, puis que nous
, defirons le repos du fommeil?n'eft-ce pas grand' folie que ceux qui cher-
, chent en leur vie liberté font marriz d'vne perpetuelle franchife. A la ve-
, rité il euft efté bon, qu'ayans confideré noftre inftitution domeftique,
, nous fufsions exemple aux autres d'aller promptement & volontaire-
, ment à la mort . Toutesfois s'il eft befoin de nous ayder de la preuue des
, eftrangers, regardons vn peu les fages d'Inde . Ceux cy eftans gens de
, bien, endurent auec grand peine le temps qu'ilz demeurent en cefte
, vie, comme fi c'eftoit vn deuoir necefsaire de nature, & s'auancent de
, deflier leurs ames d'auec le corps, & fans eftre preffez ou pourfuyuis
, d'aucun mal, ains feulement pour le defir qu'ilz ont de conuerfer en im-
, mortalité aduertiffent les autres de leur departement : à quoy tant s'en
, faut que perfonne les empefche, que tous les apellent tresheureux & for-
, tunez, & par eux enuoyent leurs recommandations à leurs parens & fa-
, miliers trefpaffez, tant ilz ont eftimé la conuerfafion des efpritz entre
, eux eftre certaine & affeurée : lefquelz ayans receu ces recommanda-
, tions, & s'eftans iettez au feu a fin que leurs ames pures & immaculées
, foient feparées du corps, meurent en grand' gloire & louange : car leurs
, plus grans amys les conduifent & acompagnent de meilleur courage al-
, lans à la mort, que ne feroient autres gens leurs voyfins & concitoyens
, allans en quelque loingtain voyage . Mefmes fe plaignent & lamentent
, d'eux mefmes, eftimans ceux qui s'en vont bien heureux, eftans ia re-
, ceuz en l'ordre & ranc d'immortalité. N'aurons-nous donc point de hon
, te de nous monftrer moins entendre que les Indiens, & mefprifer def-
, honneftement par noftre lafcheté les loix de noftre païs, qui femblent
, deuoir eftre imitées de tout le móde. Et bien que nous eufsions des noftre
, commencement efté enfeignez au contraire, & que le plufgrand bien qui
, fçauroit auenir à l'homme eft de viure, le plus grand mal de mourir: tou-
, tesfois le temps prefent nous admonefte de porter la mort patiemment
, & de bon cueur, puis que nous mourons necefsairement & par la volon-
, té de Dieu . Car, comme nous voyons, Dieu a de long temps fait vn ar-
, reft contre toute la nation des Iuifz, que ceux là feroient priuez de vie
, qui en deuoient autrement vfer qu'il ne falloit . Parquoy n'atribuez pas
, à noz fautes, & ne donnez point la gloire aux Romains, que la guerre
, qu'il nous ont faite nous ayt tous deftruitz & ruïnez : d'autant que ces
, chofes ne font aucunës par leurs forces, ains vne autre caufe plus puiffan-
, te, s'y eftant entremife, a fait qu'ilz femblaffent auoir vaincu . Qu'ainfi
, foit, par quelles armées des Romains ont efté occis les Iuifz qui habi-
, toient en Cefarée ? ne fuft-ce pas la multitude du peuple de Cefarée, qui
, combien qu'ilz n'euffent enuye d'eux rebeller contre les Romains, les
, affaillit comme ilz celebroient le iour du Sabat, & fans qu'ilz fiffent au-
, cune refiftance les tua tous auec les femmes & petis enfans ? en quoy ce
, peuple ne craignit offencer les Romains, combien qu'ilz ne nous eftimaf-

                                                            fent

DE LA GVERRE DES IVIFZ. Feuil. CCXXXIII.

sent pour ennemys que pour nous estre rebellez. Aucun dira que les Cesariens ont tousiours esté en discord & different auec les Iuifz de leur cité, & qu'ayans trouué temps oportun ilz assouuirent & rassasierent ainsi leur vieille hayne. Mais que dirons nous des Scitopolitans? ceux icy auserent nous faire la guerre pour faire plaisir aux Grecz, & n'ont ausé auec noz voysins prendre vengence des Romains : & la recompense de ceste foy & amytié a esté, que les Grecz les ont cruëllement tous occis, & ruiné leurs maisons & familles. Voylà la recompense qu'ilz eurent du secours, qu'ilz auoient donné. Et nous ayans empesché de chastier & mal mener, les Grecz receurent d'iceux tout tel traitement que nous auions deliberé, de leur faire, comme si eux mesmes eussent entrepris contre les Grecz. Ce ne sera iamais fait si ie veux de tous disputer à part. Et vous cognoissez qu'il n'y a cité en toute la Sirie qui n'ayt tué & saccagé les Iuifz habitans en icelle, qui nous estoient plus grans ennemys que les Romains. Ou, aussi ceux de Damas ne pouuás seulemét seindre vne cause vray-semblable, remplirent leur cité d'vn meurdre execrable, ayans saccagé huit mil, Iuifz auec leurs femmes & familles. Nous auons ouy dire que la multitude de ceux qui moururent par les playes en Egipte, passoit le nombre, de soixante mil : & parauenture que ceux là moururent ainsi en vne terre, estrange, n'ayans sceu trouuer aucun ennemy ou aduersaire à leurs ennemys. Mais tous ceux qui en leur maison ont entrepris la guerre contre, les Romains estoient suffisamment garnis de toutes choses qui peuuent, donner esperance de victoire: car les armes, les murailles, & les forteresses imprenables, & les cueurs prestz à endurer tout peril pour la liberté, rendent les hommes plus courageux & dispos à la reuolte. Ou ces choses, ayans suffy pour quelque temps, puis s'estans esuanouyes, ont esté vn, commencement de plus grans & insuportables maux: car tout a esté pris, tout a esté subiugué par les ennemys, comme si celà eust esté apresté, pour annoblir & illustrer leur victoire, & non pour le bien & salut de, ceux qui les auoient apareillées. Et certes ceux qui sont mortz en la guerre doyuent estre estimez bien heureux, pour auoir esté tuez en combatant, & auant que leur liberté fust perduë. Mais qui n'auroit pitié & compassion de ceste multitude qui a esté subiuguée par les Romains ? qui ne, se donnera la mort plustost que d'endurer ce qu'ilz endurent? Les vns, gehennez & tormentez du feu & du fouët sont perilz : les autres estans à, demy mangez des bestes sauuages, leur ont esté gardez pour vn autre, repas. Et de tous ceux là sont les plus miserables ceux qui viuent encor, & souhaitans la mort ne peuuent mourir. Mais ou est ceste grande, cité? ou est celle qui a esté capitale de toute la Iudée ? estant munye de si, puissantes murailles, ayant tant de tours & forteresses pour sa deffence, tant de prouisions de guerre qu'à peine pouuoient ilz tenir dedans, & si, grande multitude d'hommes pour elle combatans, à quel poinct a esté, reduite celle qu'on pensoit estre habitée de Dieu ? elle a esté rasée ius-,

Rr   ques

LE VII. LI. DE F. IOSEPHVS

; ques aux fondemens , & seulement en sont les ruïnes demourées , sur les-
; quelles ceux qui l'ont destruite ont depuis assis leur camp . Seulement
; aucuns malheureux vieillartz sont demeurez pour se tenir pres les cen-
; dres du temple, quelques femmes en petit nombre ont esté reseruées par
; les ennemys, pour en abuser , au tresinfame dommage de leur pudicité.
; Si donc nous venons à considerer ces choses, qui sera celuy d'entre nous
; qui puisse plus souffrir & regarder la lumiere du Soleil, encor qu'il puis-
; se viure sans danger ? Qui est celuy tant ennemy de son païs, tant lasche
, & couard, tant chiche de sa vie, qui ne se fasche d'auoir vescu iusques icy?
, Que pleust à Dieu que nous fussions tous mortz auant que voir ceste
, sainte cité destruite & renuersée par les mains des ennemys, auant que
, ce saint temple eust esté rasé auec vne si grande impieté . Mais puis que
, nous auons esté allechez d'vne courageuse esparance de pouuoir para-
, uenture venger sa ruïne sur noz ennemys, & qu'auiourd'huy ceste espe-
, rance est esuanouye ; & nous seulz demeurez en ceste necessité, despes-
, chons nous de bien mourir, ayons pitié de nous, de noz femmes, & de
, noz enfans, pendant que nous auons le moyen d'vser de misericorde en-
, uers nous mesmes. Nous sommes tous nez pour mourir, & ceux aussi qui
, naissent de nous, & n'est pas possible aux plus fortz & puissans d'euiter
, la mort. Mais souffrir l'injure & la seruitude, voir sa femme & ses enfans
, estre menez pour en abuser en toute ordure, n'est point vn mal que na-
, ture aporte necessairement aux hommes, & ne les endurent que par leur
, faute & lascheté, n'ayans voulu mourir auant, lors qu'ilz en auoient le
, moyen . Quant à nous, pour la confiance que nous auions en noz forces,
, nous nous sommes rebellez contre les Romains : comme ilz nous aduer-
, tissoient de nostre salut, nous ne les auons voulu croyre . Qui ne voit
, donc manifestement de quel courroux ilz nous traiteront, si nous ve-
, nons à tomber vifz entre leurs mains ? Miserable certes seront les ieunes
, hommes roydes & puissans, dont les forces seront suffisantes à endurer
, tant de sortes de tormens. Et miserables aussi les plus anciens, dont l'aage
, ne pourra porter les maux qu'on leur fera . L'vn verra emmener sa fem-
, me, l'autre orra la voix de son enfant, qui ayant les mains liées luy de-
, mandera secours . Et pource pendant qu'ilz sont en liberté , & ont des
, cousteaux à commandement, qu'ilz nous facent vn seruice tant honora-
, ble que de nous tuer pendant que nous sommes exemptz du seruage de
, noz ennemys, Mourons en liberté, & sortons de ceste vie auec noz fem-
, mes & enfans . Noz loix nous le commandent, noz femmes & enfans
, nous en prient, Dieu nous y contraint, les Romains demandent le con-
, traire, & craignent qu'il y ayt aucun de nous qui meure auant nostre des-
, faite . Donques hastons nous de leur laisser vn esbahissement de nostre
, mort, & vne merueille de nostre force, au lieu du plaisir qu'ilz ont de
, l'esperance de iouyr de nous. Comme il vouloit encor continuër ce pro-
, pos, tous l'interrompirent, & par vne impetuosité effrenée s'enhortoient

Vn

DE LA GVERRE DES IVIFZ. Feuil. CCXXXV.

E fac paracheué, le chef de l'armée laiſſa garniſon dedans le chaſteau, & auec ſon exercite s'en retourna en
Ceſaré, pource qu'en ces regions n'y auoit plus d'ennemys, d'autant que la Iudée eſtoit entierement deſtrui-
te par la longueur de la guerre, ayant donné quelque
ſentiment de ſes troubles & dangers, meſmes aux païs
fort eſlongnez. Et auint depuis que pluſieurs Iuifz perirent es enuirons
d'Alexandrie ville d'Egipte : car ceux de la faction des brigans & ſedicieux qui s'en eſtoient peu fuyr, ne ſe contentoient pas d'y eſtre à ſauueté
ſi auſſi ilz n'entreprenoient des nouueautez, & n'induiſoient ceux qui
les auoient receuz à recouurer leur liberté, n'eſtimans les Romains en
aucune ſorte mieux valoir qu'eux, & maintenans que Dieu ſeul eſto⋅
leur ſeigneur. Et comme quelques Iuifz d'aſſez noble race contrariaſſ⋅
à leurs entrepriſes, ilz les mirent à la mort, ne ceſſans d'enhorter le
autres à rebellion. Dont voyans les Princes des anciés leur audac⋅
fidence, n'eſtimoient pas le plus ſeur de la laiſſer croiſtre ⋅⋅
blans tous les Iuifz en vne congregation, publierent l'a⋅
té de ces meurdriers : & remonſtrans qu'ilz eſtoie⋅
maux qui leur eſtoient auenuz (diſoient : que po
peuſſent fuyr, ilz ne voyoient aucu⋅e eſperance d⋅
ne ſeroient pluſtoſt cogneuz de⋅
taſchoient faire compagnon
de commun à leurs meſcha⋅
multitude qu'elle ſe gardaſt
entre les mains des Romai⋅
roient auoir faite. Ces choſe⋅
y obeïrent, & s'eſtans impetu⋅
drent: dont il y en eut lors ſix
au pied, & s'en eſtoient fuys en⋅
que temps apres furent rame⋅ez : do⋅
la durté de leur cueur, ſoit qu'on la vueille a⋅⋅
nation. Car eſtans afligez de toutes ſortes de tormens dont on ſe pouuo⋅
auiſer, pour confeſſer ſeulement que l'Empereur eſtoit Seigneur, il n'en
y eut pas vn qui s'y acor daſt, ou fiſt ſemblant de le vouloir : & perſiſte-
rent en leur opinion plus forte que toute violence & neceſſité : comme
s'ilz euſſent receu le feu & les tormens non en corps garny d'eſprit, mais
en corps de beſte brute. Dont principalement l'aage des petis enfans fut
admirable aux regardans, n'y ayant pas vn d'eux qui peuſt eſtre perſuadé ou eſmeu à apeller l'Empereur Seigneur, tant eſtoit en eux l'audace
plus grande que l'infirmité des corps.

Rr iii   Du

LE VII. LI. DE F. IOSEPHVS
Du temple d'Onias qui fut
fermé en Alexandrie.

Chapitre XXX.

administrateur d'Alexan-
l'Empereur de ceste emo-
ar suspect cest obstiné apetit
ix reuolter, & entreprendre
gnant qu'ilz se rassemblassent
...pagn..sent encor de quelques au-
, de destruire le ter..le des Iuifz qui estoit en
le cité nomm... ..nion. Ceste cité est en Egipte, laquelle fut habitée &
..si nommée pour la cause qui s'ensuit. Onias filz de Simon l'vn des
..ontifes, estant chassé de Ierusalem, au temps qu'Antiochus Roy de Sirie
..isoit la guerre aux Iuifz, s'en vint en Alexandrie, ou estant treshumai-
..ement receu de Ptolemée qui estoit grand ennemy d'Antiochus, promist de luy ayder du secours des Iuifz s'il vouloit obeïr à ce qu'il luy
diroit. Et ayant le Roy promis d'en faire tout son possible, Onias luy demanda permission de bastir vn temple en quelque partie d'Egipte, & y
seruir Dieu à la mode de son païs. Que par ce moyen les Iuifz auroient
Antiochus en plus grand' hayne, pour auoir pillé & destruit le temple
de Ierusalem, & le prendroient en plusgrande affection & amytié qui
seroit cause que plusieurs en faueur & la religion se retireroient par deuers

DE LA GVERRE DES IVIFZ. Fcuil.CCXXXVI.

uers luy. A cecy s'acorda Ptolemée , & luy donna vne place diſtante de Memphis de quatre cent vingt ſtades. Et eſt ceſte contrée apellée Heliopolitaine, ou ayant Onias fait conſtruire vn chaſteau, y fit auſsi baſtir vn temple, non tel que celuy de Ieruſalem, mais bien y auoit vne tour toute ſemblable, faite de grandes pierres de taille , & haute de ſoixante coudées . L'autel fut de ſemblable façon à celuy qui eſtoit au païs, & l'orna de ſemblables parémens , excepté de chandelier: car il n'y en fit point, mais ayant fait vne lampe d'or ſans beaucoup de façon, qui auoit les rayons en forme d'vn Soleil, la pendit à vne cheſne d'or . Tout l'eſpace qui eſtoit autour du temple fut circuit de brique cuicte, excepté que les portes & entrées eſtoient de pierre . Le Roy leur aſsigna auſsi pluſieurs terres & poſſeſsions , & grand reuenu en argent : à fin que les preſtres euſ ſent abondance de toutes choſes qui eſtoient neceſſaires pour le ſeru de Dieu. Toutesfois Onia ne faiſoit point cecy pour vne bonne int on, mais portoit hayne aux Iuifz qui eſtoient en Ieruſalem, pour l roux de la memoire de ſon exil : & penſoit qu'ayant edif ameneroit là tout le peuple qui eſtoit en Ieruſalem . Or quelque prophetie faite ſix cens ans a parauant : & que ce temple ſeroit edifié en Egipte par vn homm voylà comme ce temple fut edifié. Comme donc L lexandrie(ayant receu les lettres d mpereur ple, & aporté quelque ioyu pus alle de vie à treſpas, Pa ayant fait de grandes mena ces ioyaux , n'y en laiſſa pas qui y venoient par deuotio ceſſible qu'il n'y demeura au Depuis le temps que ce templ mé, il y eut trois cens quarente

De la boucherie qui

des Iuifz en Cirene.

Chapitre   XXXI.

Rr iiii   La

LE VII. LI. DE F. IOSEPHVS

rage de ces meurdriers, comme si c'eust esté quelque
...die contagieu... ,estoit aussi peruenuë & auoit gai...
...uelques villes de Cirene. Car s'estant vn meschant
...nomm... ...has, tisserant de son mestier, sau...
... é à plusieurs pauures gens
...s mena par les desertz pro-
...ns. Vsant de telz abuz &
...e cognoissoient pas. Mais
...irene aduertirent Catulle
...e l'apareil qu'il faisoit pour
...e nombre de gens de pied &
...ans armes, dont la plus grand'
...es estans pris vifz, furent menez
...te entreprise Ionathas pour l'heure le gaigna
...n nn ayant esté cherché en plusieurs païs fut trouué.
a... ...nt esté amené à Catulle, & cherchant le moyen de pro-
...onger sa punition luy donna occasion d'vser d'vne grande iniquité, met-
...nt faucement assus aux plus riches des Iuifz qu'ilz luy auoi...nt persua-
...é de ce faire. Catulle trouuoit fort bon goust en ces accusations, & mes-
...es adioustoit aux choses qui luy auoient esté raportées, les agrauant de
...arolles tragiques & outrageuses, à fin qu'aussi il semblast auoir mis fin
à quelque guerre contre les Iuifz. Et, qui pis est, non content de croyre
tout ce qu'on luy raportoit, donnoit le moyen à ces meurdriers de
mieux bastir leurs calomnies & fauses acusations. Finablement, ayant
commandé à vn Iuif de nommer Alexandre (auquel en courroux il a-
uoit assez donné à entendre la hayne qu'il luy portoit) & ayant aussi
fait

DE LA GVERRE DES IVIFZ. Feuil. CCXXXVII.

fait charger fa femme Berenice de ces crimes & accufations, les fit tuer tous les premiers : puis apres enfemblement tous ceux qui auoient le bruit d'eftre riches & d'auoir de l'argent, en nombre de trois mil. Or pen foit-il bien faire celà fans dáger, pource qu'il apliquoit tout leur bien au fifc & domaine de l'Empereur. Et à fin qu'aucun des Iuifz qui demou-roient en autre pais ne l'acufaft de fon iniuftice, eftendit cefte méterie & fauffeté le plus loing qu'il peut, & perfuada à Ionathas & à quelques au-tres qui auoient efté pris, d'acufer de rebellion & noueautez les plus gés de bien d'entre les Iuifz demourans en Alexandrie & à Rome. Dont entre ceux qui furent ainfi trahiftreufement acufez, Iofephe qui a fait ce liure en eftoit vn. Toutesfois ce faux donner à entendre ne fucceda à Ca-tulle comme il efperoit. Car il vint à Rome amenant quant & foy Ion-thas & les autres prifonniers, penfant qu'il n'y euft autre informat que celle qui auoit efté faite par luy & deuant luy. Mais Vefpa foupçonnant de ce qui en eftoit, en voûlut fçauoir la verité : & a gneu qu'à tort ces perfonnages auoient efté acufez, les ·· fouz à la pourfuyte de Titus : & ordon·   ·athas la p uoit meritée: car ayant premierement ·
douceur & clemence des Princes fut
puny ny chaftié. Mais toft apres eft·
rables, fentoit vn torment extren·
corps, ains aufsi en l'efprit, qui ʰ· ··
furuenoit des frayeurs & efpo·
fans à luy les ombres de ceux ·
arrefter en vn lieu il fe iettoit
qué les tormens & le feu. Ai·
ayant les boyaux vuydes, & les
ftrant iamais la diuine prouiden
nit les mefchans.

Voylà la fin de cette i.   ire que

nous auons promis deduire à la verité à ceux qui auroient enuye de co-gnoiftre quelle fut la guerre d'entre les Iuifz & les Romains : laiffant le iugement à ceux qui la liront en quelle forte nous l'auons expofée. Tou-tesfois ie n'auray honte de me venter affeurement que tout ce que i'ay efcrit eft veritable, ne m'eftant propofé autre but en tout ce que i'ay ef-crit que la feule verité.

*Fin des fept liures de Flauius Iofephus de la guerre des Iuifz,
imprimez à Paris par Eftienne Gi oulleau libraire, pour
luy, Iean Longis, Vincent Sertenas, & Ieau
Bonfons Libraires.*

1 5 5 3.

L. COLET, AVX FRANCOYS TOVCHANT
le Seigneur des Essars.

Noſtre Hercules, entre les belliqueurs,
ſi diſcret, ſage & plein d'eloquence,
par icelle   es corps & cueurs
vſſance:
noſtre France
uſe & feconde)
conde

CPSIA information can be obtained
at www.ICGtesting.com
Printed in the USA
BVHW041005060222
628232BV00012B/1011